本书出版得到
广东省东方历史研究基金会
资　助

《东方历史学术文库》
改版弁言

从 1998 年起，文库改由社会科学文献出版社出版。

设立文库的初衷，"出版前言"都讲了，这是历史记录，改版后仍保留，这也表明改版并不改变初衷，而且要不断改进，做得更好。

1994 年，面对学术著作出书难，由于中国社会科学出版社的毅然支持，文库得以顺利面世，迄 1997 年，已出版专著 25 部。1998 年，当资助文库的东方历史研究出版基金面临调息困难时，社会科学文献出版社又慨然接过接力棒，并于当年又出了改版后专著 6 部。5 年草创，文库在史学园地立了起来，应征书稿逐年增多，质量总体在提高，读者面日益扩大，听到了肯定的声音，这些得来不易，是要诚挚感谢大家的；而需要格外关注的是，我们的工作还有许多缺点、不足和遗憾，必须认真不断加以改进。

如何改进？把这几年想的集中到一点，就是要全力以赴出精品。

文库创立伊始就定下资助出版的专著，无例外要作者提供完成的书稿，由专家推荐，采取匿名审稿，经编委初审、评委终审并无记名投票通过，从制度上保证选优原则；评委们对专家推荐的书稿，是既充分尊重又认真评选，主张"宁肯少些，但要好些"；前后两家出版社也都希望出的是一套好书。这些证明，从主观上大家都要求出精品。从客观来说，有限的资助只能用在刀刃上；而读者对文库的要求更是在不断提高，这些也要求非出精品不可。总之，只有出精品才能永葆文库的活力。

出精品，作者提供好书稿是基础。如"出版前言"所指出的，开辟研究的新领域、采用科学的研究新方法、提出新的学术见解，持之有故，言之成理，达到或基本达到这些条件的，都是好书。当然，取法乎上，希望"上不封顶"；自然，也要合格有"底"，初步设想相当于经过进一步研究、修改的优秀博士论文的水平，是合格的"底"。有了好书稿、合格的书稿，还需推荐专家和评委的慧眼，推荐和评审都要出以推进学术的公心，以公平竞争为准则。最后，还要精心做好编辑、校对、设计、印装等每一道工序，不然也会功亏一篑。

5 周岁，在文库成长路上，还只是起步阶段，前面的路还长，需要的是有足够耐力的远行者。

《东方历史学术文库》编辑委员会
1998 年 9 月

《东方历史学术文库》
出版前言

在当前改革大潮中，我国经济发展迅猛，人民生活有较大提高，思想观念随之逐步改变，全国热气腾腾，呈现出一派勃勃生机，举国公认，世界瞩目。社会主义市场经济在发展而尚待完善的过程中，不可避免地也会产生一定的负面效应，那就是在社会各个角落弥漫着"利之所在，虽千仞之山，无所不上；深渊之下，无所不入"的浊流。出版界也难遗世而独立、不受影响，突出表现为迎合市民心理的读物汗牛充栋，而高品位的学术著作，由于印数少、赔本多，则寥若晨星。尚无一定知名度的中青年学者，往往求出书而无门，感受尤深。这种情况虽然不会永远如此，但已使莘莘学子扼腕叹息。

历史科学的责任，是研究过去，总结经验，探索规律，指导现实。我国历来有重视历史的传统，中华民族立于世界之林数千年者，与此关系匪浅。中国是东方大国，探索东方社会本身的发展规律，能更加直接为当前建设有中国特色的社会主义所借鉴。

新中国成立以来，国家对历史学科十分关心，但限于财力尚未充裕，资助项目难以面面俱到。我们是一群有志于东方史研究的中青年学人，有鉴于此，几年前自筹资金设立了一个民间研究机构，现为中国史学会东方历史研究中心。创业伊始，主要是切磋研究。但感到自己研究能力毕竟有限，于是决定利用自筹资金设立"东方历史研究出版基金"，资助有关东方历史的优秀研究成果出版。凡入选的著作，均以《东方历史学术文库》作为丛书的总名。

我们这一举措，得到了老一辈史学家的鼓励、中青年同行的关注。胡绳同志为基金题词，在京的多位著名史学专家慨然应邀组成学术评审委员会，复蒙中国社会科学出版社允承出版，全国不少中青年学者纷纷应征，投赐稿件。来稿不乏佳作——或是开辟了新的研究领域；或在深度和广度上超过同类著作；或采用了新的研究方法；或提出了新的学术见解，皆持之有故，言之成理。百花齐放，绚丽多彩。这些给了我们巨大的鼓舞，也增强了我们办好此事的信心。

资助出版每年评选一次。凡提出申请的著作，首先需专家书面推荐，再经编辑委员会初审筛选，最后由学术评审委员会评审论证，投票通过。但由于基金为数有限，目前每年仅能资助若干种著作的出版，致使有些佳著不能入选，这是一大遗憾，也是我们歉疚的。

大厦之成，非一木能擎。史学的繁荣，出版的困难，远非我们这点绵薄之力能解决其万一。我们此举，意在抛砖引玉，期望海内外企业界，或给予我们财务支持，使我们得以扩大资助的数量；或另创学术著作基金，为共同繁荣历史学而努力。

《东方历史学术文库》编辑委员会
1994 年 9 月

目　录

序　一 ……………………………………………………… 欧阳哲生 I

序　二 ………………………………………………………… 黄克武 I

绪　论 ………………………………………………………………… 1

第一章　学术事业能量之养成（1893～1926）………………… 23
　　第一节　教育学成 …………………………………………… 23
　　第二节　教育学术网络之铺成 ……………………………… 46
　　第三节　党政能量之蓄积 …………………………………… 56
　　本章小结 ……………………………………………………… 84

第二章　整顿中山大学（1926～1930）………………………… 89
　　第一节　朱家骅的学术观与学术理想 ……………………… 90
　　第二节　整顿学风与革新体制 ……………………………… 104
　　第三节　以培育人才为中心思想革新课程 ………………… 146
　　第四节　学术研究环境之创造与风气之养成 ……………… 157
　　本章小结 ……………………………………………………… 178

第三章　朱家骅与创建时期的中研院（1927～1938）………… 187
　　第一节　中研院的创立及其初基之奠定 …………………… 188
　　第二节　中研院草创阶段朱家骅的贡献 …………………… 213

统计局局长、三民主义青年团干事会之常务干事兼代书记长等。其任职之多、跨行之广，可能在同代学人中无出其右者。朱家骅复杂的人生旅程，一方面表现了他本人有着多方面的才能和干练的工作能力，另一方面也反映了他与执政的国民党有着深厚的人脉关系，他是国民党权力核心圈的人物之一。凭借自己在各方面具备的优越条件，1940年蔡元培病逝后，朱家骅参与角逐中研院院长候选人，顺理成章地成为蔡元培的继任人。

朱家骅与中央研究院的关系既长且深。从中研院初创时他被聘任为筹备委员与地质研究所通讯研究员，到被选为中研院评议会评议员，再到蔡元培聘任其为总干事，最后到担任中央研究院代理院长（1940～1957），朱家骅为中研院的建设可谓倾注了极大的心血。担任中研院代理院长是他一生任职最长的一个领导职务，也是历任中研院院长任职时间最长的一位。为维持中研院的发展，朱家骅在抗日战争中艰难支撑危局，继续拓展中研院的事业；在国共内战的硝烟中排除各种干扰，创设院士会；1950年代完成中研院新的布局，在台湾重建学术研究中心。可以说，朱家骅对中研院的发展承先启后、至关重要。不过，与大家将焦聚对准蔡元培不同，对朱家骅与中研院关系的研究却相对冷寞，海峡两岸相关的研究成果寥寥无几。其中的原因固然一言难尽，但由此可见，研究"朱家骅与中央研究院"的关系，只要把握得当，应是一项既具历史价值、又有学术含量的课题。

黄丽安2002年秋来北京大学求学深造、攻读博士学位，当初与她商量博士论文选题时，考虑以"朱家骅学术思想及其实践研究"为选题。其缘由有二：一是这是一个基本上无人涉及的问题；二是在台北中研院保有朱家骅档案，鲜见人利用。基于这两点理由，尽管起初开题时存有不同意见，我鼓励黄丽安选择这一课题。在北大的六年，黄丽安一方面适应新的环境，与大陆同学和睦相处，积极融入北大学术圈子，给我的学生群体增添了不少的情趣；一方面一头扎进自己的学业，冬去春来，图书馆、宿舍、食堂三点一线，每天如此，年复一年。北大历史学系攻读博士学位的学习时间，最初规定是三年，后来延长到四年，事实上许多博士生的学习时间多至五、六年，甚至更长的时间，这里自然蕴含着对博士论文的要求比一般学校更高。这样长的学习时间和较高的学业要求，确实为国内其他大学所少见。正因为如此，在北大历史学系攻读博士学位，对每一位博士生来说都是一场艰苦的磨砺。为圆满地完成自己的博士论文，黄丽安自动地一延再延，克服诸种困难，表现了顽强的求学精神和坚强的意志力。她最后交出了满意的博士论文，在答辩时获得评委的高度认可。这对她来说，可以想象是一件很不容易的事。

摆在读者面前的这本《朱家骅学术思想及其实践》就是黄丽安以她的博士论文为基础修改而成的一本专著。该著在材料方面，作者查阅了朱家骅档案、中国第二历史档案馆、北京大学档案馆、台湾国史馆等数处档案，参考已出的中研院年度总报告和各种已出版的相关文集、书信、日记、传记、回忆录、年谱和研究著作，搜集材料之丰富，几乎穷尽了海峡两岸相关的原始档案材料和研究文献，这是该书最大的特色，也是最值得肯定之处。在结构方面，全书按时序主要对朱家骅早期学术能量之养成（1893～1926），朱家骅整顿中山大学（1926～1930）、朱家骅与中研院各个发展阶段的历史关系（1928～1937、1940～1945、1946～1949、1949～1957）做了清晰的梳理，同时对 1928～1957 年中研院这四十年的历史作了系统的清理，从而大大充实了中研院前期历史的研究。无论是从中研院院史来看，还是从朱家骅个案研究来说，该书都有其独立的学术价值和特殊的文献价值。该书是黄丽安在北大的学习成果，某种程度上它也表现了北大历史学系实事求是、勇于探索的朴学之风。

黄丽安已于今年 4 月 9 日不幸辞世，在她生命的最后一段日子里，她最牵挂的是这本书的出版。全书的后记，实是她向大家最后的告别词，一一细细交代，给人淡定从容之感。她因病魔缠身，身体不支，书稿未修改完就倒下了，真正是以身殉学！作为她的博士论文指导老师，闻此哀讯，不胜悲痛。此书的出版，我想是对逝者的最大慰藉，也是对我们生者的一次鞭策。丽安的音容笑貌和乐此不疲、匆忙奔走两岸的身影将长驻我心！

欧阳哲生

于京西水清木华园

2017 年 11 月 12 日

序　二

　　2017 年 4 月初，黄丽安博士透过网络跟我即时通信。她表示现在还住在医院，情况时好时坏，"十二月摔伤至今尚未痊愈"，"几乎每天发烧，极为不舒服"，而且前景不太乐观，医生已经和她讨论安宁病房的事情了。接着她又告诉我两件事：第一件是她在中研院博士后阶段在我指导下所做的科研成果《朱家骅中研院书信选》已经校对完成；另一件是她希望我为她即将出版、由博士论文改写的新书《朱家骅学术理想及其实践》写一个序。她还开玩笑地表示当我序写好之时，"那时我也不知道在哪里"。不久她就离开了人世。我为她的辞世感到十分悲伤，也希望借着这一篇序言完成她生前未了的一个心愿。

　　我与黄丽安博士认识大约是十多年前她在北大历史学系跟欧阳哲生兄攻读博士学位之时。不记得是 2004 年还是 2005 年，那一年我与张朋园先生去北京开会，张先生约了丽安出来陪我们四处走走，又一起吃饭、看戏（我还记得我们在王府井剧场看的是曹禺的《雷雨》）。她也告诉我她正在撰写有关朱家骅的博士论文。后来她返回台北之时，常到南港来看张先生与我。2008 年她自北大毕业，先在南台湾的屏东担任教职，后来申请中研院的博士后。2013～2014 年在中研院随我做了两年的博士后研究。在这两年期间,她一边修改博士论文,一边也在近史所档案馆看中研院档案,并抄录朱家骅档。我建议她集中整理朱家骅与中研院学人之间的通信,将每一封信誊录、打字,以备日后出版。在整理朱家骅书信之时她常常和我一起讨论信件内容,我们一起解决了一些难字的辨识与诠释问题。此即上文所提到的《朱家骅中研院书信选》。我也希望此一史料将来有机会能够问世。2012~2013年时,她参加了我主持的"蒋中正与1950年代台湾"共同研究计划。丽安在此项计划中发表了《1950年代蒋中正发展科学之政策研究》,以1949年迁台至1959年"国家长期发展科学委员会"的创设为重心,探讨蒋中正在台湾发展科学之政策。此文后来收入我主编的《重起炉灶:蒋中正与1950年代的台湾》(2013)一书。

黄丽安的博士论文《朱家骅学术理想及其实践》曾获得2010年台北"国史馆"的国史研究奖助。当时此一奖项规定书稿长度不得超过25万字,因此丽安将博士论文之中与中研院相关的部分抽出来,出版了《朱家骅与中央研究院》(2010)一书。全书依时间段落,分别处理1928~1957年朱家骅与中研院的关系。然而因为字数上的限制,许多部分必须割爱。此次出版约四十万字的《朱家骅学术理想及其实践》是一个较为完整的版本,由此可以全面了解丽安对朱家骅的研究。

这一本书是学界中第一本广泛利用中研院近代史研究所"朱家骅档案"所撰写完成的有关朱家骅的一本专书。作者将朱家骅定位为学官两栖的"参政型知识分子"。他一方面拥有德国的博士学位,担任过大学教授,后来转任党政要职。不过他的主要贡献是在学术、文化与教育事业方面,尤其集中在担任中研院代理院长之时。因此丽安强调本书主旨是以朱家骅的个案探究民国时期"参政型知识分子"对近代中国学术转型的贡献与影响。朱家骅的角色尤其表现在调和学术与政治之间,建立学术共同体、坚持学术自由以达到学术救国。

　　朱家骅是中国近代史的一位关键人物，透过他的一生可以解开许多近代史的谜题。我相信所有处理民国时期党政关系、学人从政、学术发展之议题的学者都会从此书之中得到许多重要的讯息。丽安的学术生命虽然短暂，但我坚信此书所发出的学术光芒，将永存于世。

黄克武

2017 年 11 月 10 日

绪　论

朱先生从政之后，就没有时间著作了，但他的事功，并不
比有著作的人不重要。

——胡适①

一　引言

朱家骅（1893～1963），字骝先，浙江吴兴人，1923 年取得德
国柏林大学博士学位。他的童蒙时期正是中国新旧教育体制更换与
新旧文化交替的重要阶段，曾受过传统儒学"四书五经"知识体系
所灌输的"格致诚正修齐治平"启蒙与初级教育；但在 1905 年废科
举后，新式教育成为其继续求学的唯一选择。处在清末民初国家飘
摇、社会动荡的时代中，源于对国家危亡的深切忧患和拯救中华民
族的强烈责任感，朱家骅怀着"为祖国富强"的抱负与"穷求洋人
秘奥"的理想，负笈西洋寻求中国自强和摆脱民族危机之道以实现
自己的"救国"理想。留学经历让他对西方思想文化与科学有深刻
理解与掌握，他以外来文化"承受者"和"集成者"的特殊身份，
形成学贯中西、兼容古今的知识结构。

---

① 　胡颂平编《朱家骅年谱》，传记文学杂志社，1969，第 113 页。

朱家骅是实用科学出身的学人从政者，秉承了中国传统士人"经世致用"的入世政治思想，怀抱着"救国救民"的读书人使命感。"救国"乃至"兴国"，建设中国成为一个与世界并驾齐驱的现代化民族国家，为其终生一以贯之的中心思想。并以此为根基，延伸发展出他的政治和学术理想及其实践行动，成为他从事各类学术文化、教育乃至政治活动的主旋律。因而，他有足够的知识背景和人脉网络，可以担当起推动中国现代化转型的重任，最终登上20世纪中国政治和学术教育文化的舞台。

朱家骅在行政官僚体系中历任要职，经历丰富，是近现代中国知识分子从政典型之一。不管在政府、政党、教育、学术界，还是非官方民间团体中，他经常身兼数职，肩负好几个不同领域的重任，并产生了一定的影响。

朱家骅先后担任的重要职务概述如下：

1. 在政府部门，担任过广东省政府常务委员会主席兼民政厅厅长、浙江省民政厅厅长、教育部部长、交通部部长、浙江省主席兼民政厅厅长后兼建设厅厅长、考试院副院长、国民政府委员会委员、行政院政务委员、行政院副院长、管理中英庚款董事会董事长①。

2. 在国民党中曾担任广州政治分会委员、中央委员兼秘书长、中央政治会议委员、② 军事委员会参事室主任、中央执行委员会秘

---

① 国民政府为管理英国退还庚款，于1931年3月28日成立管理中英庚款董事会（Board of Trustees for the Administration of the Indemnity Fund Remitted by the British Government），隶属行政院，董事长由政府指定，董事15人。中国董事10名，由国民政府选派；英国董事5名，任期1、2、3年者各5人，以抽签决定，得连任。指定朱家骅为董事长。1943年，不平等条约取消，更名为名为中英文教基金董事会（Board of Trustees for the Sino-British Educational and Cultural Endowment Fund），仍隶属行政院。1949年国民政府退到台湾时，该会档案及印信皆运至台湾。1956年该会结束会务时，朱家骅将该会所有的档案文件交由中研院保管。胡颂平编《朱家骅年谱》，第23~24页。

② 1929年3月15日，朱家骅出席国民党第三次全国代表大会，参加主席团，并当选为中央执行委员与中央政治会议委员。自此参加中枢最高会议，深入国民党领导中心，为其参与中央政治的开始。4月，兼任国民党中央政治委员会秘书长。中央政治委员会前身即为中央政治会议。

书长兼党务委员会主任委员、中央执行委员会调查统计局局长、三民主义青年团干事会之常务干事兼代书记长、中央训练团党政教育处处长、组织部长、中央改造委员会评议委员。

3. 在教育学术文化界，起于北京大学德文系主任兼地质系、史学系教授，后任国立中山大学副校长兼教务长与地质系主任、校长，两广地质调查所所长，国立中央大学校长，浙江省警官学校及地方自治专修学校校长，中研院筹备委员与地质调查所通讯研究员、评议员、总干事、代理院长、院士，"国家长期发展科学委员会"委员。①

4. 在民间组织中，曾任中国地质学会理事长、② 中国国联同志会、中华民国联合国同志会会长、③ 国际联盟副主席、联合国中国协会主席、联合国世界联盟名誉副主席、中德文化协会会长、中印学会理事长、中韩文化协会理事长、世界改历协会顾问委员会常任顾问。④

审视并串联朱家骅担任过的所有职务能够看出，其个人事业起

① 1959 年 2 月 1 日，"国家长期发展科学委员会"成立，朱家骅任委员。该会之成立早在第 2 次院士会议中就曾有过决议，但都因经费因素延宕。胡适任中研院院长后，适逢梅贻琦任"教育部"部长，促成该会成立。朱家骅在会议中曾建言，希望该委员会保有半独立性，虽属政府，但不是一个正式机关，同时也可以接受台湾内外捐款，如此可避免预算讨论争执及外间刺激，使长期发展科学计划不受政治影响。胡颂平编《朱家骅年谱》，第 103 页。

② 朱家骅 1925 年即当选中国地质学会理事，40 年来极少间断，先后任理事长 7 次，去世前仍为理事长。《庆祝朱家骅博士七十华诞论文集》，《中国地质学会专刊》第 1 号，中国地质学会，1962。

③ 中华民国联合国同志会原名为中华民国国联同志会，是由蔡元培、胡适等人提议而组，首任会长蔡元培。1936 年春，会长熊希龄请辞，会员大会选出朱家骅继任。国联解体，联合国成立，朱家骅将国联同志会改组为中华民国联合国同志会。朱家骅继任会长后，曾以楼光来、钱端升、陈登桦、杨公达、陈尧圣、刘英士、卫士生等为总干事，并发行期刊《世界政治》。1949 年冬该会迁台，全部文物散失，1950 年 6 月恢复运作。朱家骅直到 1963 年 1 月 3 日去世当天上午还到该会办公。

④ 朱家骅任职的详细年份请参阅胡颂平编《朱家骅年谱》；张朋园、沈怀玉编《国民政府职官年表》第 1 卷，中研院近代史研究所，1987；梁山等《中山大学校史（1924～1949）》，上海教育出版社，1983，第 1～63、141～149 页。

伏变动都与中国时局的诡谲变化有着密不可分的关系。例如，抗战初期负责成立蒋介石智囊单位参事室；任国民党中央党部秘书长时，负责筹备参政会；抗战末期回任教育部长负责战后教育学术复员工作；国共内战时期亦曾任行政院副院长。即便是看似无关紧要的非官方组织，其实都紧扣中国政局的变化，如中韩文化协会①和中德文化协会②。在当时的处境下，他运用其非官方职务的便利，从事国民外交工作。此外，在国民政府的中枢领导阶层中，他向有"专家学者"称誉，其研究涵盖中国现代政治、教育、学术、文化、思想、社会、党派、外交等领域，极富学术价值。

二　文献说明与研究现状

基于篇幅考虑，本处仅对以朱家骅为主体的史料进行研究现状整理，其他与朱家骅相关的旁枝史料不在讨论范围之内。

（一）文献说明

1.《朱家骅档案》

朱家骅位居要津，其职务皆与中国政局演变有着密不可分的关系。对此，他有深刻的自觉与体认，故极为重视史料保存，特设私人"内档"以保存机要文件。1963年去世后，家属依其遗愿，将这批"内档"移交中研院近代史研究所（以下简称近史所）整理与保存，名之为《朱家骅档案》，供学术研究之用。《朱家骅档案》包括函件、电稿、签呈、便条、报告书、备忘录、谈话记录、宣言、新闻稿、名单等，绝大部分为原始文件，是极为珍贵的史料。函电类

---

① 朱家骅1938年10月在国民党中央党部秘书长任内，奉命照顾在华韩侨，并辅助韩国革命行动，而与韩国临时政府人员时有接触。1939年3月，奉命处理韩国包括光复军、韩国党派及政治上适时承认韩国临时政府等重大问题。1942年中韩文化协会成立，朱家骅任理事长。

② 中德文化协会前身为德奥瑞同学会，朱家骅为该会创始人与重要赞助人，任理事长。1932年出资兴建同学会会馆。1933年再出资兴建中德文化协会会所，于1936年完工启用，并在南京成立中德文化协会。1935年托德曼博士代表德国政府赠予朱家骅勋章，感谢他对中德关系的努力；后还获得柏林国家科学院奖章。

中，他人来信多为原件，电文则为抄件，朱家骅写给别人的函稿文件则多是由秘书拟稿或朱家骅口述，经由朱家骅核阅后的草稿备份。

目前，中研院近史所已据《朱家骅档案》整理出版《朱家骅先生言论集》、①《国民政府与韩国独立运动》② 史料集。《朱家骅先生言论集》于 1977 年出版，收有朱家骅从 1925 年 10 月到 1958 年 6 月对外公开的言论 196 篇、70 余万言，内容包括报告、签呈、提案、论著、演讲、谈话、广播、函件、电报、书序等，是目前研究朱家骅的重要参考材料。《国民政府与韩国独立运动》则是利用《朱家骅档案》中的中韩关系类部分文稿编辑而成，大部分是朱家骅在抗战期间协助韩国独立运动时留下的史料，内容涵盖韩国独立运动各党派在华活动、光复军问题、国民政府对韩国独立运动的资助及对在华韩人的关注等。另由"国史馆"出版的《中英庚款史料汇编》亦是利用《朱家骅档案》与其馆藏国民政府档案中有关中英庚款会史料编辑而成。

2. 传记与回忆录

有关朱家骅的传记或回忆录只出版了四部。

《朱家骅先生逝世纪念册》③ 成书于 1963 年，为朱家骅治丧委员会④征集朱家骅门生故旧，如毛子水、沈刚伯、罗家伦、董作宾、蒋复璁、魏岩寿、李书华、杨亮功、程天放、但荫荪、赵元任、劳干、"西德驻华文化代表"嵇穆、"韩国外交部顾问"辛公济等人 82 篇纪念文章而成。他们与朱家骅都有数十年的公交私

---

① 王聿均、孙斌编《朱家骅先生言论集》，中研院近代史研究所，1977。
② 《国民政府与韩国独立运动》，中研院近代史研究所，1988。
③ 朱家骅先生治丧委员会《朱家骅先生逝世纪念册》，大陆杂志社，1963。
④ 1963 年 1 月 3 日下午 5 时，朱家骅心脏病猝发，死于台北新生南路寓所。当日闻丧前往吊唁的人士与亲友，包括当时的"副总统"陈诚、何应钦、钱思亮、李寿雍等百余人；隔日上午 11 时，在台北贵阳街实践堂举行治丧委员会会议，到场的包括何应钦、王世杰、罗家伦、董作宾、陶希圣、张道藩、程天放、黄季陆、谷正纲、唐纵、倪文亚、陈雪屏、朱怀冰、徐柏园、蒋经国、于右任、李石曾、张群、王云五等三百多人，公推何应钦为治丧委员会主任委员，总干事为徐柏园。参见《朱家骅先生逝世纪念册》。

谊，这些回忆文章有助于了解朱家骅的侧面。该纪念册 1986 年由沈云龙收录《近代中国史料丛刊》，更名为《朱家骅先生纪念册》①。

跟随朱家骅数十载的胡颂平 1964 年完成《朱家骅年谱》，是根据朱家骅晚年口述整理而成，仅 18 万字。② 该书虽以年谱形式呈现，但就其史料来源看，应属朱家骅回忆录性质。③ 不过，至今尚无完整的朱家骅年谱问世，该年谱仍是研究朱家骅所必须参考的重要材料之一。略为遗憾的是，该年谱对谱主有关特定问题的言论或观点、私人生活情况、书信往来等方面并未述及，对谱主的交游亦无深刻描绘。

《朱骝先传记资料》④ 是天一出版社分别在 1979 年和 1985 年专为图书馆和学术界出版的一套四册资料，其内容除包括《朱家骅先生逝世纪念册》的大部分文章外，还收录有各期刊、报章、私家日记、碑铭、墓志、行状、行述、年谱、纪念文、回忆录等已出版或发表的文字，应可被视为《朱家骅先生逝世纪念册》的延伸版。

中国大陆已出版的史料集虽没有以朱家骅为主体者，但涉及朱家骅的书信、通电或报告书并不少见，如《蔡元培全集》⑤《胡适遗稿及秘藏书信》⑥《胡适往来书信选》⑦《胡适研究丛刊》⑧《中华民国史档案资料汇编》⑨ 等，同样是研究朱家骅的重要史料来源。

---

① 大陆杂志社编委会编《朱家骅先生纪念册》，沈云龙主编《近代中国史料丛刊》第 109～110 册，文海出版社，1986。
② 胡颂平编《朱家骅年谱》，第 113 页。
③ 胡颂平编《朱家骅年谱》，第 113～115 页。
④ 朱传誉主编《朱骝先传记资料》，天一出版社，1979、1985。
⑤ 中国蔡元培研究会编《蔡元培全集》，浙江教育出版社，1997。
⑥ 耿云志主编《胡适遗稿及秘藏书信》，黄山书社，1994。
⑦ 中国社会科学院近代史研究所中华民国史组编《胡适往来书信选》，中华书局，1979。
⑧ 耿云志主编《胡适研究丛刊》第 3 辑，中国青年出版社，1998。
⑨ 中国第二历史档案馆编《中华民国史档案资料汇编》第五辑第二编教育，江苏古籍出版社，1997。

（二）研究现状

有关朱家骅研究仅有一些零散的论文发表于期刊。主要可分为介绍性文章与学术性研究论文两类。兹按台湾地区和大陆地区分论如下：

1. 台湾地区

《中国现代化先驱：朱家骅传》① 是国民党出版的《近代中国丛书——先烈先贤传记丛刊》传记丛书之一。编纂这部丛书是为了"青年励志"，而非纯学术研究成果。作者杨仲揆以历史小说的笔法，叙述了朱家骅的出身、生活、思想、学术、操持及其对国家民族的贡献等。因此该书应属兼具文学与教育意义的读物。

《朱家骅先生之事功与思想论集》② 主要由万绍章与王聿均两人陆续发表过的关于朱家骅研究文章编辑而成，万绍章的《朱家骅先生言论集献词》，③ 王聿均的《朱家骅先生言论集缘起》、④《朱骝先生的教育理想》、⑤《朱家骅对浙江建设的贡献》、⑥《朱家骅先生的经世思想》、⑦《抗战前后朱家骅对教育的贡献》⑧ 均在其中。王聿均的论文大量引用了《朱家骅档案》和《朱家骅年谱长编草稿（未刊稿）》等第一手资料，极富学术价值。不过，可能由于这些研究论文完成甚早，或因当时原始材料尚未公开，或因材料取得不易，在与其他相关文件资料，如政府会议记录、政府公报或非台湾地区出版资料的互证方面略显薄弱。

除以上两部专著，还有许多关于朱家骅或简或详的一般性生平

① 杨仲揆：《中国现代化先驱：朱家骅传》，近代中国杂志社，1984。
② 王聿均、万绍章：《朱家骅先生之事功与思想论集》，"中华民国联合国同志会"，1992。
③ 万绍章：《朱家骅先生言论集献词》，《大陆杂志》1977 年第 6 期。
④ 王聿均：《朱家骅先生言论集缘起》，《大陆杂志》1977 年第 6 期。
⑤ 王聿均：《朱骝先生的教育思想》，《大陆杂志》1982 年第 5 期。
⑥ 王聿均：《朱家骅对浙江建设的贡献》，《抗战前十年国家建设史（1928～1937）研讨会论文集》，中研院近代史研究所，1984。
⑦ 王聿均：《朱家骅先生的经世思想》，《大陆杂志》1986 年第 5 期。
⑧ 王聿均：《抗战前后朱家骅对教育的贡献》，《珠海学报》1988 年第 16 期。

介绍类文章，如沈元肇的《朱家骅先生传略》、① 龚一之的《朱家骅（1893～1963）》、② 王成圣的《高瞻远瞩　洞烛先机：爱国学人朱家骅》，③ 等等。

　　学术性质论文主要有陶英惠的《朱家骅传》、④ 孙斌的《朱家骅先生思想论》⑤ 和《朱家骅先生与中央研究院》、⑥ 林能士的《从朱家骅档案看韩国独立运动》、⑦ 陶英惠的《深谋远虑奠盘基：朱家骅与中央研究院》、⑧ 林绮慧的《学者办党：朱家骅与中国国民党》、⑨ 赖志伟的《书生从政：朱家骅在国民政府的政治活动（1927～1949）》⑩ 等。

　　陶英惠的《朱家骅传》主要以《朱家骅年谱》《中华民国史事纪要（初稿）纲文备览》⑪ 为参考，佐以《王世杰日记》⑫《三民主义青年团团史资料》⑬《大学院公报》《陈布雷回忆录》⑭《中国近七十年来教育记事》⑮ 等相关文献史料，内容充实丰富，具有一定的学

①　沈元肇：《朱家骅先生传略》，《浙江月刊》1995 年第 9 期。

②　龚一之：《朱家骅（1893～1963）》，《中外杂志》1996 年第 6 期。

③　王成圣：《高瞻远瞩　洞烛先机：爱国学人朱家骅》，《中外杂志》2000 年第 6 期。

④　陶英惠：《朱家骅传》，《国史馆馆刊》第 21 卷，1992。

⑤　孙斌：《朱家骅先生思想论》，《国立编译馆刊》1980 年第 1 期。

⑥　孙斌：《朱家骅先生与中央研究院》，《中央研究院成立五十周年纪念论文集》，中研院，1978。

⑦　林能士：《从朱家骅档案看韩国独立运动》，《国立政治大学历史学报》1992 年第 9 期。

⑧　陶英惠：《深谋远虑奠盘基：朱家骅与中央研究院》，《中外杂志》2000 年第 2～5 期。

⑨　林绮慧：《学者办党：朱家骅与中国国民党》，硕士学位论文，台湾师范大学，2004。

⑩　赖志伟：《书生从政：朱家骅在国民政府的政治活动（1927～1949）》，硕士学位论文，台湾大学，2004。

⑪　《中华民国史事纪要（初稿）纲文备览》第 2 册（1917 年至 1921 年），"国史馆"，1991。

⑫　《王世杰日记》，中研院近代史研究所编印，2012。

⑬　《三民主义青年团团史资料》，南京三民主义青年团中央团部编印，1946。

⑭　《陈布雷回忆录》，传记文学出版社，1967。

⑮　丁致聘编纂《中国近七十年来教育记事》，"国立编译馆"，1970。

术参考价值。《朱家骅先生思想论》主要利用《朱家骅档案》，对朱家骅的哲学思想、文化思想、学术思想、科学思想、教育思想和政治思想等的分析有一些独到见解，但因其大多泛泛而论，对具体问题尚有深入探讨的空间。《从朱家骅档案看韩国独立运动》以《朱家骅档案》中有关中韩关系史料探讨朱家骅之于韩国独立运动的重要性，是一个全新探讨角度。《朱家骅先生与中央研究院》概略性介绍朱家骅对中研院的贡献。《深谋远虑奠盘基：朱家骅与中央研究院》除佐证材料新颖丰富，内容扎实外，还对朱家骅当年离开代理院长职务的真正原因做了前所未有的直接探讨与深入分析，并且是台湾朱家骅研究者第一次引用大陆方面文献史料。

《学者办党：朱家骅与中国国民党》与《书生从政：朱家骅在国民政府的政治活动（1927～1949）》是 2005 年通过的两篇硕士学位论文，其共同特点是广泛利用两岸材料并提供观察朱家骅的不同视野。前者以朱家骅党务工作为中心，探讨朱家骅以学者身份从政办党及其所引发的派系关系与冲突。后者以 1927～1949 年朱家骅在国民政府的政治活动为研究焦点，内容涉及广东省务、浙江省务、教育部部长、交通部部长、中德关系、中央秘书长、组织部部长等与朱家骅有关的政、党事务和职务。

可以讲，台湾地区的朱家骅研究一般具有两个共同特点：其一，所有对朱家骅的论述都是赞誉有加，只褒不贬，未能采批评之学术研究态度。其二，早期的研究可能限于两岸信息难通，除陶英惠外，其他研究者皆未采用大陆方面出版的史料与文献，从而在一定程度上影响研究的深度。

2. 大陆地区

大陆地区学界近年已渐渐关注朱家骅研究，陆续有学术性论文发表，但关注度仍显不足，迄今未有关于朱家骅的研究专著。有关朱家骅的档案文件没有专门的收藏管理单位，大多附属同时期其他人物或朱家骅任职部门类别中，例如中国第二历史档案馆收有丰富的国民政府时期档案，其中即存有不少与他有关的档案资料。

　　介绍民国时期人物的工具书虽对朱家骅做了介绍，但篇幅极小，例如《中国国民党名人录》① 中"朱家骅"条只占一小块。《中华民国史资料丛稿译稿：民国名人传记辞典》② 中有关朱家骅的职称多有舛错。③ 即便某些人物传记涉及朱家骅的篇幅较长，对其评价也多为负面，如《中华民国史资料丛稿　民国人物传》、④《民国著名人物传》⑤ 与《蒋介石的文臣武将》⑥ 等。

　　综上可知，大陆尚未有关于朱家骅的研究专著或是论文。所有与朱家骅有关的文字多附属于其同时期人物的档案史料文献或是工具书。根据这些材料亦可总结出两大特点：第一，有关朱家骅的文字多是简传式介绍，缺乏深入的学术研究，主要的参考文献为《朱家骅年谱》和《朱家骅先生逝世纪念册》，鲜见引用《朱家骅档案》。大体说来，对朱家骅的评价多以负面为主。第二，大陆学界的"过度贬抑"与台湾学界的"溢美"论述，正好产生两极化的强烈对比，显露出政治对学术的微妙影响。

　　总之，《朱家骅档案》还有大量尚未发掘与利用的材料，环绕朱家骅的诸多研究课题，如学术、教育、文化、政治等方面值得学界重视。但环视两岸，至今真正投入朱家骅研究的仍屈指可数。因此，朱家骅研究实有继续深入的研究空间，亦是值得学术界开发的园地。

---

① 《朱家骅》，刘继增、张葆华主编《中国国民党名人录》，湖北人民出版社，1991，第75~76页。

② 《朱家骅》，包华德主编《中华民国史资料丛稿译稿：民国名人传记辞典》第4分册，沈自敏译，中华书局，1983。

③ 例如，继丁文江而任中研院"秘书"，应为中研院"总干事"，而非"秘书"。又如，朱家骅系任"总统府""资政"而非"高级顾问"。《朱家骅》，包华德主编《中华民国史资料丛稿译稿：民国名人传记辞典》第4分册，第95页。

④ 林泽：《朱家骅》，朱信泉、严如平主编《中华民国史资料丛稿　民国人物传》第4卷，中华书局，1984，第129~134页。

⑤ 刘敬坤：《仕途通达的朱家骅》，严如平主编《民国著名人物传》第2卷，中国青年出版社，1996，第452~467页。

⑥ 董剑平：《学者政客朱家骅》，王维礼主编《蒋介石的文臣武将》，河南人民出版社，1989。

三　选题旨趣与研究思路

（一）选题旨趣

中国传统知识分子往往是"学而优则仕"，因而"仕"便有学者与官僚的双重含义。但自鸦片战争以来，随着西方学术思想与学术体制源源不断地渗入中国，中国传统学术观念及其相应体制与规范不断受到冲击，开启了中国学术现代化转型的漫长过程。学术独立于政治之外的"政学分离"原则成为中国学术现代化的重要指标之一；纯学术研究自由之思想、学术独立之精神成为现代学术立心、立命、立典范之根本；"士"与"仕"之间开始出现分离倾向。

欧阳哲生根据清末民初同时接受传统与新式教育的新形态知识分子是否参政，将其大体上区分为三大类型：不问政治的纯学者型，如陈寅恪、王国维；议政不参政型，如胡适、傅斯年；参政型，如朱家骅、罗家伦、王世杰等。[①]　大体说来，民国初年知识分子作为中国由传统到现代转型时期的历史人物，或参政，或议政，或专事学术研究，无可避免地都具有以天下为己任的传统士大夫精神，从不曾忘却身为知识分子对国家未来的重责大任，因而都对政治有不同程度的关怀。[②]

参政型知识分子，普遍说来，在中国完成大学前或大学教育，取得欧美顶尖大学博硕士学位后重返中国。他们既有传统中国知识分子"为万世开太平"的使命感，又相信"科学"是一个独立于政治的自治与理性的力量，也是一个中国"救亡图存"的重要工具。在这样的思维下，投身政治也就是其不得不的必然选择。

朱家骅一生最为人熟知的是他在政界与国民党内位高权重。但作为清末民初以中国现代化为终极关怀的知识分子参政的典型代表，

---

① 此观点依北京大学历史学系欧阳哲生教授在课堂讲授而出。可参见欧阳哲生《自由主义之累：胡适思想之现代阐释》，江西教育出版社，2003，第 291～292 页。

② 即便是专事学术研究的学者，其从事学术研究的最终目的还是在富国利民，在推动国家的现代化。

朱家骅在学术与政治这两个不同的领域同时并进实践他"救国"理想，他在学术文化教育领域的作为及其与学术文化界的关系相形失色，鲜为人知。这自然与他从政后无暇从事学术研究工作，且少有学术研究著作问世有关。但事实上，学术、文化、教育才是朱家骅一生投注心力与关注最多的领域。他终身未曾参与过任何一次思想的论战，却以实际行动提倡并实践五四以来高唱的"民主"与"科学"。

朱家骅在民国时期"学官两栖"类知识分子群体中，之所以具有高度的代表性与典型意义，关键在于他虽身处党、政权力中心，但坚守学人性格与风范，未曾脱离中国教育、学术研究事业，与文化圈子保持紧密的关系。这也是他之所以在担任国民党中央组织部长的同时，仍能继蔡元培之后，主持以"学术自由"为旗帜的中研院，并成为中研院体制化的完成者与台湾学术研究基础的奠定者。史家沈刚伯曾指出：

> 骝先先生……，曾经干过多种性质不同的工作，他对每件事都是不计毁誉地全力以赴。……其立场和兴趣实未尝一天脱离过教育学术事业。自从国民政府成立以来，所有教育学术界，包括中研院、中央图书馆、中央博物馆等机构——一些重大的兴革和艰巨的事业，几乎没有一件不直接或间接与他有关。①

因此，通过研究朱家骅这样一位在某种程度上影响中国现代学术、教育发展进程的重要人物，可以窥探民国以来中国知识分子的为学从政之路。

在此需要特别陈明者，本书所谓"学官两栖"之"学"字，并非限定在"专事学术研究"之学者，而是采广义解释，说的是朱家骅一直担任教育与学术行政机构的领导工作。同时还有以下几点要说明：

---

① 沈刚伯：《追记骝先先生的言行二三事》，《朱家骅先生逝世纪念册》，第258页。

第一，大体来说，20 世纪二三十年代的学人对自身"学术社群"的认定，并不同于现代意义上专指以"从事学术研究"为职业的"学者"而论，而是凡以中国学术事业现代化为终极关怀，为实现这一共同理想而努力的知识分子皆被认定为"学人"。这也就是蔡元培或朱家骅虽然都不从事学术研究，却都能集聚一批自我意识强烈学人，共同为中国现代学术事业贡献一己之力之因。

第二，在 1927 年中研院这个国家体制内的纯学术研究机构成立之前，无论是蔡元培还是朱家骅，国立大学是他们在体制内实践中国学术现代化理想的载体。因此"教育学术"一词在本书中专指 1927 年中研院成立前，中国"教育学术"尚未明确区隔的时期。

第三，本书所论及的"学术自由"是完全不同于"思想自由"的概念与层次。蔡元培与朱家骅同样深受欧洲先进国家，尤其是德国因学术发达、科学进步而强国的历史经验激励，同样都是"学术救国"理想的奉行者，也都坚信"学院自由"是学术进步的基础。但在"思想自由"观点上，朱家骅与蔡元培大不相同。

蔡元培于 1936 年的评议会年会上以《国立中央研究院进行：工作大纲》为题，确立"学术自由"是中研院研究工作进行之首要纲领，并进一步清楚界定所谓的"学术自由"。他说："西洋所谓'学院自由'即凭研究者自己之兴趣与见解决定动向，不受他人之限制之原则，仍应于合理范围内充分尊重之。盖学院自由正是学术进步之基础也。"① 朱家骅对"学术自由"的理解也是专指在"学术研究"方面，而不扩及政治层面。他考察欧洲自中世纪有"大学"开始，即大力倡导在以"教会"为最高原则下的"学院自由"，② 这样的"最高原则"并未影响欧洲大学在学术研究上的进步与成就；德

----

① 蔡元培：《国立中央研究院进行：工作大纲——第一届评议会第一次年会致词》（1936 年 4 月 16 日），中研院总办事处秘书组编《中央研究院院史初稿》，中研院，1988，第 23、24 页。

② 《大学与大学生的使命》（1944 年 12 月 25 日），《朱家骅先生言论集》，第 291～292 页。

国在中央集权政治体制下，学术事业与科学研究成就执世界之牛耳；苏俄 1917 年革命成功后立即进行大学改革，集合党内学者，实施大学党化教育，① 不仅没有影响其学术进步，反而是加速学术进步的成功范例。他观察认为，自 1917 年以来中国思想抉择的混乱便是在"破旧"后，缺乏新中心思想所致。他以为，三民主义是承袭固有道德思想精华与迎头赶上科学世界理想的一套连贯中西古今的博大思想，② 而主张以三民主义为中国新中心思想与整个教育骨干。③ 在此思维下，无论在国立中山大学或中研院，不涉政治的"纯学术研究自由"是他所充分支持的，而不受政治干预的"纯学术研究自由"也是他所尽力护持的，但为实现三民主义教育，④ 对学生施行"党化教育"亦是他所认同，甚至是大力推动的。显而易见，朱家骅发展中国现代教育学术事业，重视"学术研究自由"，但并不强调"思想自由"。这点与蔡元培主持北京大学时强调"思想自由""兼容并包"精神明显不同。

第四，中研院自创院伊始，便是国民政府一官方机构，即是所谓"行政官僚系统"亦包含"学术研究机构"的行政管理系统。建设现代化与科学化国家以确保民族生命永存是朱家骅为学从政的终极关怀。他考察中国相较西方先进国家严重落后的情况，认为关键问题在"制度"建立与"典范"树立。特别是学术事业非"一蹴可就"，必须"铢积寸累"，经过长时间累积与几代人的不断努力始可见功，既难望"速成"，也难求"急功"。⑤ 因此，他对自己的期许

① 《国立中山大学筹备之经过和将来之希望》（1927 年 3 月 1 日），《朱家骅先生言论集》，第 251 页。

② 《党务与教育》（1941 年 1 月 1 日），《朱家骅先生言论集》，第 456 页。

③ 《党务与教育》（1941 年 1 月 1 日）、《我们今后要加紧教育工作：在中央第 85 次纪念周报告》（1930 年 11 月 10 日），《朱家骅先生言论集》，第 456、124～125 页。

④ 《国立中山大学筹备之经过和将来之希望》（1927 年 3 月 1 日），《朱家骅先生言论集》，第 254 页。

⑤ 《国立中央研究院评议会第二届第四次年会开幕词》（1947 年 10 月 15 日），《朱家骅先生言论集》，第 89 页；《朱家骅代理中央研究院长后向蒋介石所做的工作报告》（1930），中央研究院档案，中国第二历史档案馆藏，卷宗号：393－82 重。

不在"开花结果"而在建立"稳固基础",欲后人能在此"稳固基础"上继续不断向前推进。① 他对"稳固基础"的认知就是行政管理系统的法制化与学术研究事业的组织化。这是他弃学从政的重要考量。

(二) 研究思路

由于朱家骅研究涉及层面与领域过于广泛,本书以朱家骅自己最关注与满意的学术教育文化事业为主轴,展开对朱家骅学术理想及其实践的研究。不过,不同于专事学术研究的学者,朱家骅少有学术著作问世,欲探究其学术理想及贡献,从他在教育学术领域的行政领导工作即"学术事功"着手,可能不失为"柳暗花明"之一途。以此为线索,本书以中研院作为朱家骅学术事功研究的主要考察面向。

选择中研院作为切入视角,主要是基于以下三点考虑:

第一,中国现代学术的主流特征并非是对中国传统学术的承继,而是源自西方近代科学在中国的传播。中研院不仅是蔡元培继北大之后实践其为中国建立一独立于政治之"学术研究机构"的学术救国理想之延续,同时亦是以蔡元培为中心的自由主义知识分子实践学术救国理想、对抗国民党一党专制政权的最后阵地。知识界对它寄予极大期待,希望其能奠定中国学术事业基础,有利于国家走向现代化。在此共同理想下,中研院汇集了当时学术界一批有志从事科学研究的精英分子。中研院作为现代中国第一

---

① 朱家骅强调建立"基础"的相关言论可以参见以下诸文:《国立中山大学筹备之经过和将来之希望》(1927 年 3 月 1 日)、《答广州民国日报记者问继长中山大学经过》(1930 年 9 月 18 日)、《全国学术会议召集意义》(1941 年 3 月 21 日)、《科学研究之意见》(1941 年 11 月 30 日)、《戴季陶著〈青年之路〉再版序文》(1942 年 4 月 26 日)、《科学世界与建国前途》(1943 年 4 月 8 日)、《叶祖灏著〈废除不平等条约〉序言》(1944 年 4 月)、《科学之路》(1943 年 7 月 19 日)、《教育工作概况》(1945 年 4 月 23 日)、《国立中央研究院评议会第二届第四次年会致辞》(1947 年 10 月 15 日),《朱家骅先生言论集》,第 260、267～269、5、10～11、702～703、37、716、39、219、88～89 页。

个体制内国家级纯学术研究机构，其历史价值不只在标志着中国现代学术研究事业走向专业化、组织化、体制化与学术社群的形成，还在于在新的学术体制、学术范式、学术规范和研究学科体系的建立过程中，其所展现出来的科学方法、科学思想和科学精神起到了开拓性和示范性作用，从而推动了中国传统学术向现代的转型。

第二，中研院的两个关键性人物，一是尊崇西方自由主义的蔡元培，二是信奉孙中山三民主义的朱家骅，前者创建中研院，后者维系和发展中研院。朱家骅是中研院历任院长中任职最久、影响最深者，中研院也是朱家骅在学术教育文化事业中任期最久、渊源最深的机构。朱家骅继蔡元培之后，接任中研院院长，身为以"学术自由""学术自治"为旗帜的中研院领导人，同时又是国民党一党专政下的党、政核心要员。虽未曾有"重量级"或"国际级"的学术研究成果问世，但其治院方针与领导风格及其在中研院学术社群与国民党政府间"调和鼎鼐"的居中作用与影响，从某种层面上说更具有学术史意义与价值。况且，朱家骅长院期间恰逢中研院最困难阶段，带领中研院走过两度搬迁和重建危境。① 到台湾后，他卸下政务，将全部精力投注于中研院的重建工作。为了筹措经费，不惜开罪当道高层，只为在台湾建立起新的学术研究基地，欲以学术事业之发皇来挽救他心中认定的"国家"。因此，中研院迁台后的起死回生与日后台湾学术研究事业的发展都和朱家骅有密不可分的密切关系。所以胡适曾言："朱先生从政之后，就没有时间著作了，但他的事功，并不比有著作的人不重要。"②

第三，如前所述，蔡元培与朱家骅是中研院发展的两个关键性人物。审视已发表的研究著作中，关于中研院院史的专著有台湾中

---

① 两度搬迁指的是抗战时期与国民政府迁台时期，两度重建指的是抗战后的复员与迁台后的复院重建。

② 胡颂平编《朱家骅年谱》，第113页。

研院总办事处秘书组编印的《中央研究院院史初稿》、① 大陆李扬编著的《国立中央研究院史》② 及美国陈时伟（Chen Shiwei）的博士学位论文③等三部。另外还有多篇学术性论文，如孔庆泰的《前中央研究院的组织机构和重要制度》、④ 徐明华的《中央研究院与中国科学研究的制度化》、⑤ 王聿均的《中央研究院之初创与抗战期间的播迁》、⑥ 何艾生与梁成瑞的《中央研究院的建立与初期发展》⑦等。⑧ 这些研究焦点多集中在中研院这个机构的组织体制发展史及其影响上，而不在个人居中的作用及其所发挥的影响，着重在中研院的"人"与"机构"间的作用与影响，尤其针对朱家骅与中研院间关系，已发表者只有孙斌的《朱家骅先生与中央研究院》⑨和陶英惠的《深谋远虑奠盘基：朱家骅与中央研究院》。孙斌与陶英惠对朱家骅对中研院的苦心贡献有较为深入的研究。不过限于篇幅，两文多有未能详尽之憾；虽侧重史实探究，但对朱家骅发展中国现代学术事业的中心理想及其影响、党政学三栖的多重角色冲突与居中斡旋作用亦未多探讨。亦即在朱家骅与中研院这个课题上，尚多深入探究空间。

因此，本书通过对朱家骅与中研院关系的梳理，探讨他作为参

① 《中央研究院院史初稿》，中研院，1988。
② 李扬编著《国立中央研究院史》，图书情报工作杂志社，1998。
③ Chen Shiwei, Government and Academy in Republican China: History of Academia Sinica, 1929 – 1949. Ph. D. thesis, Harvard University, 1998.
④ 孔庆泰：《前中央研究院的组织机构和重要制度》，《历史档案》1984 年第 3 期。
⑤ 徐明华：《中央研究院与中国科学研究的制度化》，《中央研究院近代史研究所集刊》第 22 期下册，1993 年 6 月。
⑥ 王聿均：《中央研究院之初创与抗战期间的播迁》，《国父建党革命一百周年学术讨论集》第 3 册，近代中国出版社，1995。
⑦ 何艾生、梁成瑞：《中央研究院的建立与初期发展》，《自然》1997 年第 1 期。
⑧ 另外直接以中研院为题并发表的研究还有钱建明《抗战时期迁都重庆之中央研究院》，《民国档案》1998 年第 2 期；《国立中央研究院》，《民国春秋》1994 年第 2 期；《民国时期"国立中央研究院"——中国近代第一个全国最高科学研究机构》，《民国春秋》2001 年第 1 期。
⑨ 孙斌：《朱家骅先生与中央研究院》，《中央研究院成立五十周年纪念论文集》，中研院，1978；朱传誉主编《朱骝先传记资料》第 3 册。

政型知识分子在中国传统学术现代化转型过程中的影响与意义。主要包括两个方面：

第一，本书将立足于中国学术变迁的历史脉络，以中研院的发展脉络为主要观察面向，通过分析朱家骅在中研院的进退作为，探讨他的学术理想及其实践，进一步了解他对中国学术研究事业由传统向现代转型的贡献。

第二，以参政学人对学术史的贡献为视角，尝试进一步发掘朱家骅作为参政型知识分子在学术与政治之间的作用，观察其对中国现代学术史发展的影响与贡献。

在此需要特别说明的是，英国知名的社会心理学家布朗（Rupert Brown）曾指出，"群体"形成的最基本条件之一就是共同命运的体验，认知到一个人的结果可能与他人结果联系在一起。[1]概括说来，"群体"可以被描述为"由于某种共同的经验或目的而合在一起的一群人，或者在一个微观社会结构中紧密联系的一群人，或者彼此互动的一群人。说一个群体存在，这些可能是充分条件。不过也许起决定性作用的必要条件是以上那些人还分享某种观念，即他们属于同一社会单元"。[2] 本书是将中研院定位为当时以发展中国现代学术为"救国"途径的知识分子的一个"汇集地"，是具高度共识的学术社群组织起来的"学术社会"[3]。

美国现代科学哲学家、科学史家库恩（Thomas Kuhn）在 1962年曾提出"科学共同体"的概念。他指出：

> 科学共同体是由一些学有专长的实际工作者所组成。他们由所受教育和训练中的共同因素结合一起，他们认为也被人认为专门探索一些共同的目标，也包括培养自己的接班人。这种共同体

---

① 布朗：《群体过程》，胡鑫、庆小飞译，中国轻工业出版社，2007，第40页。

② 布朗：《群体过程》，第2页。

③ 顾颉刚之语。顾潮编《顾颉刚年谱》，中国社会科学出版社，1993，第169页。

具有这样一些特点：内部交流比较充分，专业看法比较一致。
……因此科学事业就是由这样一些共同体分别承担并推向前进
的。①

施若谷也认为：

"科学共同体"的形成，近代科学的兴起，意味着科学
在社会上取得了独立的地位，科学事业已成为社会的事业。
科学造就了"科学共同体"，而"科学共同体"也造就了科
学：从一定的意义上说，这恰恰是近代科学兴起的一个崭新
标志。②

其实，朱家骅早曾明言：

学术研究一事，非一时可以见功，亦非一人一地所能为力，
必须有巨额之经费，完整之设备，及全国各地上下一致对于科
学研究之热忱，积久不懈，而后学术之昌明乃能宏远。③

朱家骅任中研院院长后曾说过："因重视本身系院构成之一
员，故自服务本院以来，……但对院内同仁服务，不敢不尽心力
为。"④ 他清楚地将自己定位在"学术行政"管理者的位置，而
非从事学术研究之学者，是以"服务"院中学人为目的，但仍是
"院构成之一员"。中国知名物理学家、曾任中研院总干事的萨本

---

① 托马斯·库恩：《必要的张力：科学的传统和变革论文选》，纪树立等译，福建人
民出版社，1981，第 292 页。
② 施若谷：《"科学共同体"在近代中西方的形成与比较》，《自然科学史研究》
1999 年第 1 期，第 3 页。
③ 《全国学术会议召集意义》（1941 年 3 月 21 日），《朱家骅先生言论集》，第 5 页。
④ 《致傅所长函》（1949 年 8 月 5 日），朱家骅档案，中研院近代史研究所档案馆藏
（以下略去），函号：301 - 01 - 07 - 032。

栋也说："本院研究人员之治学，因为造福人群，然尚可充实自己，而事务人员任劳任怨，则为服务他人。"[1] 萨本栋所谓"他人"说的也是中研院之学者。中研院秘书主任王懋勤亦曾说，其任庶务人员系视服务学者为一有意义的工作，以能贡献一己之力为荣耀。[2] 显而易见，当时中研院是以蔡元培为中心、以发展中国现代学术事业为救国途径知识分子群体实践救国理想的载体。在"学术救国"的"集体意识"下，中研院是一个具高度共识的"学术团队"。无论是专事研究的学者、行政领导阶层，还是负责庶务的人员都是此"团队"中不可或缺的一员。在早期极有影响的一项领导力研究中，利皮特（Ronald Lippitt）和怀特（Ralph White）发现，不管你是谁，而是你如何表现，或者至少这点，对领导资格的成功是重要的。而领导者的一个重要功能是在群体中制造一种"社会气氛"，群体的士气和效率则依赖所造成的气氛种类。[3] 沿此观点，以中研院为朱家骅学术理想及其实践的主要观察载体，则更具学术史研究的意义与价值。

（三）研究资料来源

本书主要研究朱家骅作为一个清末民初参政知识分子对中国学术现代化转型的贡献及其影响。从上述文献回顾中清楚可见，目前两岸都尚未有此议题的深入研究。朱家骅既无日记，又鲜有著作；也许因身处体制之内，一生极少针对时政投稿，不参加思想论战；

---

① 《致傅所长函》（1949 年 8 月 5 日），朱家骅档案，函号：301 - 01 - 07 - 032。

② 王懋勤为 1928 年朱家骅任浙江省民政厅长时举办的浙江省第一届县长考试及格者，后随朱家骅至中研院任事。王懋勤曾说，当年之所以愿意到中研院做事，"原基于了解朱先生对院的情感，非比寻常，及基于纯为学者服务心情"王懋勤《怀念骝师》，《朱家骅先生逝世纪念册》，第 499 页。他亦告诉李济，他之所以在中研院服务十五年之久，"实以晚（按：王懋勤的自谦）对于本院人与人之间的相处气氛，衷心喜爱，且为学者服务，工作亦较有意义。其中虽数度欲离，固由于骝公作育培携之深恩，不忍过拂，而对院之喜爱，亦觉恋恋难舍以致委决不下"。《王懋勤呈文代理院长李济》（1958 年 3 月 27 日），朱家骅档案，函号：301 - 01 - 07 - 012。

③ 布朗：《群体过程》，第 60 页。

《朱家骅年谱》内容又过于简略，关于这一命题的材料也相对比较分散。朱家骅研究材料只有从朱家骅服务过的机构档案文件、与朱家骅相关联的历史人物，如蔡元培、胡适和已出版的文献与回忆录中广泛搜罗，有一定的难度。

首先，本书在史料运用方面主要以《朱家骅档案》和中国第二历史档案馆的《国立中研院档案》为主体材料。对藏于台湾"国史馆"的国民政府时期《教育部档案》《国民政府档案》，国民党文传会党史馆有关其政党工作相关记录如《政治会议广州分会纪录》《中国国民党中央执行委员会常务委员会议录暨中央执行委员会常务委员及各部长联席会议会议录》，北京大学档案馆相关资料和不少已出版档案史料，尽量搜集朱家骅与中研院有关的直接史料。其次，为了解朱家骅早期在教育学术界的活动情况，朱家骅服务过的学术教育机构的刊物，如《北京大学日刊》《国立中山大学日报》也是本书重要参考资料。再者，笔者还尽力搜集纪念朱家骅的文章，与朱家骅关联的同时代人物的文集、著述、日记、书信、回忆录、访谈录等间接史料，借此发掘更多关于朱家骅的材料。希望通过不同性质、不同来源的史料，能以不同的视角观察朱家骅。

（四）研究架构

本书以朱家骅主持中研院为主要观察面向，以其治院方针、工作状况、研究院组织章程的变动、研究所扩张、搬迁后等情况为线索，着力挖掘和整理朱家骅的学术理想及其实践。

本书共分为六章。

第一、二章（1893～1930年）以朱家骅的成长过程及其学术活动，如早年由医科转读地质、留学德国的教育背景，在北大任教、整顿中山大学等在学术界的经历为线索，考察朱家骅学术理想的基础与来源。重点分析朱家骅对中山大学的整顿过程，以考察朱家骅学术救国理想的首次实践及其学术行政领导能力的首次展现，观察重要历练对其主持中研院的作用。

第三章（1927～1938年），论述重点在于梳理蔡元培长院时期朱家骅与中研院的关系。探讨朱家骅从中研院草创初始开始担任筹备委员，任地质研究所筹备委员并协助史语所成立，到正逢抗战军兴时接任总干事，对中研院迁移与保全的作为。本章亦对朱家骅接掌中研院后之章节的展开有先导作用，蔡元培长院时期中研院的组织、目标、地位、研究方针与科学研究成果也是探讨的重点之一，以与朱家骅接掌中研院后作一对照。

第四章（1940～1945年）重点讨论抗战期间中研院各所西迁并分散各地，因时局动荡不安与蔡元培骤逝而主持乏人、危如累卵，处于创院以来最艰难时期。朱家骅1940年接任后，意欲突破困境，发挥中研院国家最高学术研究机构之使命，实践他的学术理想与治院方针是本章关注焦点。

第五章（1946～1949年）关注战后复原时期，是中研院学术研究事业发展巅峰期。关注重点在朱家骅如何落实"学术救国"理想，逐步建设中研院真正成为中国现代学术研究中心。

第六章（1949～1957年）关注迁台复院时期，当时中研院12个研究所，迁往台湾的只有史语所、数学所及少数滞留海外学人；二战后的台湾本亟待重建，朱家骅又无官职在身，中研院复建工作倍加艰辛，为其学术事业的另一重要转折与变化。

最后对朱家骅进行评价。透过上述对中山大学、中研院的研究与分析，理解朱家骅作为一个参政型知识分子，其救国思想与学术理想如何推动中研院具体的科学研究、如何建设中研院学术制度、对中国现代学术史有何影响与贡献，企望能客观反映朱家骅的真实面目及其历史地位。

不过，历史研究，尤其是历史人物研究，有关其个人事迹的了解常常是一个不易处理的议题。作为一个新的研究课题，朱家骅研究因其个人所牵涉的方方面面过于广阔，加上以往鲜有人做过相关研究，本书花了较多心力在重建史实部分，相对造成某些议题因限于主题或篇幅而无法深入探讨，只有留待日后再做专题性的探讨。

第一章
学术事业能量之养成
（1893～1926）

鸦片战争后，一次次割地赔款让中国濒临亡国。为挽危局，体制内与体制外知识分子分别采取了种种救亡行动，最后以革命手段将中国政治体制从传统帝制转为民主共和。未料民国以后，军阀割据，外强环伺，政局更加纷乱不定。知识分子思路一变，冀图从发展教育学术着手。中研院便是这群知识分子为奠定国家学术与科学基础，实践其"学术救国"理想的结果。不过，中研院虽为一官方组织，却是以蔡元培为中心的中国自由主义派知识分子对抗国民党一党专政的最后阵地。朱家骅在蔡元培之后维系与发展中研院，既是蔡元培实践"学术救国"理想之承继者，又是自由主义派知识分子最后阵地之守护者。那么，朱家骅有何学术理想？何以能受到学术界肯定，继任中研院院长？欲探究朱家骅及其学术理想根源，必须追述其成长背景、求学历程、学界经历、对公众事务的参与、对实际政治的介入和他与国民党之间的关联，以为本书的开展提供背景认识。同时，朱家骅作为参政知识分子的典型代表，观察他的早期经历亦有助于了解现代中国新式知识分子在此过渡时期多重角色之成因。

第一节　教育学成

与许多热血青年一样，朱家骅早年热情、激进，支持革命、参加革命。但是辛亥革命的成功、年龄的增长与学业的推进，特别是欧洲留学的经历改变了他的人生志向与救国思路。

一　新式学堂下救国理想之萌芽

1893 年 5 月 30 日，朱家骅出生于浙江湖州一个累世经营南货业的商富之家。1898 年的戊戌变法并未撼动传统教育制度，[①]他在父亲安排下到私塾读书识字。但填鸭式的传统教育方式及课程内容无法激起他的求学兴趣与读书喜好。他不仅不爱念书，还常常逃学。在外人眼里，他是个懵懂无知、不求上进的富家纨绔子弟。1903～1904 年一年内，朱家骅双亲先后弃世，长兄祥生与大嫂陈氏挑起家业与抚养幼弟的担当。

1905 年，清政府在内外交困下被迫于 9 月正式谕令废科举、广兴学校。[②] 废科举不仅仅是中国教育制度与政治制度千年以来的重大变革，更是社会结构变迁的关键，首当其冲的就是四民之首的传统知识分子。"读书"与"仕途"已不再存有"必然联系"，知识分子也不再必然兼有文化和政治双重身份，传统政治、经济、文化三位一体的社会结构开始解体。开明的朱祥生为了幼弟的未来，在同事周柏年的引介下，将 13 岁的朱家骅转进了张静江兄长张增熙所办的正蒙学社，并与刚从国外回来的张静江结为忘年之交。[③]

正蒙学社作为一所浙江开明商绅设立的新式学堂，目前虽无资

---

① 其中提出变科举、改书院为学堂，建立兼习中西学的新式学校。但变法失败，一切教育革新尚未来得及付诸实现又回归原点。朱家骅与此"新式教育"擦身而过。《戊戌变法时期的教育措施》，舒新城编《中国近代教育史资料》上册，人民教育出版社，1961，第 43～47 页。

② 《清帝谕停科举以广学校》（1905），舒新城编《中国近代教育史资料》上册，第 62～67 页。

③ 张静江长朱家骅 16 岁，对朱家骅爱护有加。朱家骅不育，张静江还将自己九岁的女儿给朱家骅当义女。《悼张静江先生》（1950 年 5 月 19 日），《朱家骅先生言论集》，第 734 页；胡颂平编《朱家骅年谱》，第 16 页。

料可供了解其当时课程科目与内容，但考诸其他新式学堂教学内容，大致说来，一般都包含西方近代社会科学和自然科学知识，有中外历史、中外地理、外文、数理化和体育等课程，并备有西学书籍供学生阅览，以了解世界大势。换言之，这类学堂在灌输欧美新思想、新学科知识的同时，也非常重视激励学生志气，培养学生的民族意识与爱国思想。①

朱家骅从私塾启蒙教育封闭、单一的教学方式与内容，走进开放、多元的新式学堂后，开始"睁眼看天下"。新式学堂丰富的教育内容启发了朱家骅好学的精神与从事研究科学的兴趣，开启了他与世界接轨的第一步。② 正蒙的教育让朱家骅对亡国危机有所醒悟，开始关心起国事、天下事，也开始用新的价值尺度去重新衡量一切传统观念。他开始思考身为知识分子之于民族、国家与社会所应扮演的角色，开始了他向西方学习之路。此阶段，从朱家骅一改过去逃学习性，奋发向学，第一次校中会考即高居榜首观之，③ 他已继承起传统知识分子经世致用的入世政治观及民胞物与的使命感，立定救国之志。

二　同济医工学堂下西式教育之培养先声

同济德文医学堂（以下简称"同济"）创立于 1907 年。由当时在上海行医且享有盛名的德国医生埃里希·宝隆（Dr. Erich Paulun）、福医生（Dr. Oscar Von Schab）、克礼医生（Dr. Krieg），

---

① 南浔镇志记载："乾嘉以还，皓首穷经者前后相望"，到庚子后，士子群趋西学，"其圣经贤传，唐诗晋字，皆束之高阁，士风为之一变"。《南浔志》卷33，转引自张彬《从浙江看中国教育近代化》，广东教育出版社，1996，第108～109页。

② 朱家骅曾告诉沈刚伯他自幼喜欢研究科学，并以此为志。沈刚伯：《追记骝先生的言行二三事》，《朱家骅先生逝世纪念册》，第259页。

③ 那年秋天，朱祥生到学堂探视时开心极了，一改过去严厉的教导方式。其后允许他到上海进同济学校，并供他自费到德国留学都是种因于此。朱谦：《悼三叔》，《朱家骅先生逝世纪念册》，第309页；朱国勋：《追念先君骝先公》，《传记文学》1976年第6期；胡颂平编《朱家骅年谱》，第3页。

在两江总督端方和具民主思想的商绅朱葆三、虞洽卿等的支持下创办。以"同济"为名，取"中德同舟共济"之意。当年招收的第一班医学预科生只有十余人，多半不懂德文，上课时用英文讲授，聘请了两位德国副教授分任解剖学和生理学课程，并由福医生和克礼医生等在上海执业的德国医生担任其他科目的义务教授。为了强化未来医科学生的德文能力，该校同时开办一德文班，称"语言学校"，三年毕业，作为习医预备学校。该校因采取中德合办形式，草创伊始，规模未具，一切设备非常简陋，教员不多，学费及一切杂支费用合计起来和当时留日学生的费用相差无几，是上海最贵的一所学校。但德国从19世纪后期起，其政治、军事、经济、学术教育文化已执世界之牛耳，一般人都震于德国的强盛，特别是仰慕其医学。到第二年招生时，就吸引了许多学生前去投考，朱家骅即是其中之一。1908年，朱家骅因愤恨清室朝政败坏，且受革命思潮影响，婉拒大哥祥生投考杭州省中（高中）的建议，毅然前往参加同济德文医学堂附属语言学校德文班入学考试，被录取为第二届自费生。[①]

同济纯德式教育体制与德语直接教授是朱家骅与西方直接接触的开始。

朱家骅一入德语学校，老师纳少华医生（Dr. Nasauer）直接以德文教学。升上二年级后，史地、动物、植物、理化等课程均由德国人直接以德文讲授；语言学校校长沈德莱医生（Dr. Schindler）教学极严，生活管教更是严格，举凡学生起居饮食，乃至坐立行卧姿势仪态无所不管，如有错误，动辄罚抄课文十遍。朱家骅坦承，当时觉得甚苦，但这种严格的教育训练对他日后居官治学影响极大。[②]

---

① 胡颂平编《朱家骅年谱》，第3~4页；《我回忆中的同济大学》（1957年5月1日），《朱家骅先生言论集》，第299~300页；朱谦：《悼三叔》，《朱家骅先生逝世纪念册》，第309页。

② 胡颂平编《朱家骅年谱》，第2~4页。

　　1912 年春初，上海德国工程师协会聘请德国科隆机械学校教员伯恩哈特·贝伦子（DiPl. Ing. Bernhard Berrens，毕业于汉诺威大学，为德国特许工程师）在同济增设工科，称为德国机械学校，秋天正式招生。[①] 因其实习工厂规模极大，为当时国内各校所不及，朱家骅与同学黄伯樵、舒震东等多人便相偕弃医从工，由医学校改入机械学校，成为电机科头班生。当时机械学校其实只有贝伦子和一位德国监工两人，开学时教室和工厂虽已造好，但内部设备一无所有，图书仪器与实验设备陆续由德国寄达。贝伦子叫朱家骅等帮忙拆封与装置机件，并告诉朱家骅说，一切从基础学起，这是工科学生最佳的实习机会。

　　1913 年春，贝伦子发现中国人自办的南洋公学工科程度要比同济高出许多后，决心提高工科程度，除添聘德籍教员及机械工头，并增加微积分等课程。由于该校已达德国工科大学和职业学校之间的专科学校程度，他便把校名改为"德国工程师学校"。1913 年寒假初始，有志于实学济世的朱家骅与黄伯樵便利用假期前往汉口参观汉阳铁厂、兵工厂及弹药厂，第一次看到了重工业。

　　同济是当时德国政府在中国办理的重点学校之一，行政体系、课程设计、教学内容、考试制度全按德国大专学校标准设置；教材均用德国医科、工科原文教材，以德语为教学主要语言；教学工作完全采用德式教育模式，注重理论与实践结合、培养学生自主科研能力。所以，教师上课采取演讲式，着重启发诱导学生的创造力与自我思考的能力。在课程设置方面重视学生实习，多让学生自己动手，以求学生能掌握具体技能。以工科为例，参照德国大学有关规

---

① 此时，同济共有三个单位：第一是语言学校，三年毕业，由沈德莱主持；第二是医学校，五年毕业，由福医生主持；第三是机械学校，四年毕业，由贝伦子主持。中文校名合称"同济医工学堂"，但德文名称仍是三个学校，校务各自管理。这三个单位有一个评议会性质的共同组织，称为"康拉妥里洪"（Koratorium），由福医生任主席。

定，同济工科学生第一学年须在校工厂实习一年，不仅图样一定要绘得精密，模具设计精益求精，同时要求在实习工厂、车间能亲自操作机具为技工示范。为此，医工学生毕业前都必须经过一年实习，并通过测试方能毕业。同济考试制度是出了名的严格。医工学校考试方式始终沿用德国大学的惯例，为杜绝作弊，全用口试而无笔试。连中学部每年升级考试都极为严格，留级人数往往超过半数。[①] 正是德国式的教学方式与繁重扎实的课程训练，造就日后同济的医科、机械科享誉全国的名声。

因此，早在 1914 年，中国便有人撰文大大赞赏该校组织及办理"可谓至完美者也"，认为"德文医学校，则纯乎其为德国人之医学校，而绝未参杂以其它之份子也"，且"德人性质，每举一事，必具有周详之思虑，贯彻之精神，不始勤而终惰，不挂一而漏万。其在中国，即始终本此特性以行事"。[②] 朱家骅也曾明白指出他日后治学、治事的态度与观念便是建立于此时。[③]

三　留学之路

留学，对清末民初许多学生来说，是实现救国理想的另一条途径。"故乡吾负汝，十载远别离；万里生还日，六洲死战时；疾声唤狮梦，含泪拜龙旗；吾岁今方壮，服劳或有期。"[④] 这是中国第一个在德国取得工科博士学位的马君武回国时的赋诗言志。"他日立中国强固之根基，建中国伟大之事业，以光辉于 20 世纪之历史

---

① 以医科第一班为例，原有学生十几人，但经历年淘汰，1911 年毕业时，只剩江逢治等三人。《我回忆中的同济大学》（1957 年 5 月 1 日），《朱家骅先生言论集》，第 301～302 页；丁文渊：《国立同济大学》，《中华民国大学志》，中国新闻出版公司，1953，第 52 页；胡颂平编《朱家骅年谱》，第 4～6 页。

② 甘作霖译《英德在中国兴学之比较》（1914），舒新城编《中国近代教育史资料》下册，第 1081 页。

③ 胡颂平编《朱家骅年谱》，第 2～4 页。

④ 《胡适留学日记》，岳麓书社，2000，第 656～657 页。

者，必我留学生也"① 则是那一代中国留学生的普遍宏愿。"求外国高深之学术，促进本国之文明，启发社会之知识"② 则是北京政府教育部对公费留学生的期许。德国作为欧洲文化、思潮、政治与经济重镇之一，从 16 世纪宗教改革以来即左右整个欧洲历史发展，18～19 世纪康德、黑格尔、尼采、马克思等人的学说与思想更是主导近代思潮。其学术研究与高等教育经过 19 世纪初以柏林大学为代表的改革运动后，取得巨大的成就。德国因此被奉为教育兴国楷模、学术强国典范。其军事实力、法政制度、实业技艺自然对中国深怀爱国理想的知识分子具有极大的吸引力。康有为曾有"今各国之学，莫精于德"③ 的赞誉。留学德国不仅是朱家骅作为新一代知识分子的一种"先进"经历，也是他开拓学术视野的一种选择，一种希望"养成自身的伟大，预备将来改良社会、振兴学术"④ 以实现救国理想的选择。

1. 自费留学

朱家骅留学之议最早起自民国初立时。临时大总统孙中山开列有功革命青年六十余人名单，令教育部派送各国留学。朱家骅因自组敢死团对革命军攻下江南制造局有所贡献，在陈其美推荐下荣登榜内，但因孙中山不久去位而未成真。1912 年秋，陈其美与黄兴跟随孙中山进京与袁世凯共商国是，曾与袁世凯谈妥派国民党内有功革命者十人出国深造事。稽勋局长冯自由考核为革命中途辍学有功青年确有高等程度、有深造前途者，拟定官派留洋继续深造名单正式发表。朱家骅时 20 岁，为同济工科一年级生，

---

① 《清国留学生会馆第五次报告》（自甲辰四月起到十月止），转引自王奇生《中国留学生的历史轨迹：1872～1949》，湖北教育出版社，1992，第 172 页。

② 《教育公报》第 8 册，1914 年 12 月。转引自王奇生《中国留学生的历史轨迹：1872～1949》，第 145 页。

③ 康有为：《请开学校折》（1898），舒新城编《中国近代教育史资料》上册，第 153 页。

④ 《对中英庚款董事会第二届留英学生训词》（1934 年 8 月 18 日），《朱家骅先生言论集》，第 387 页。

名列其中。①

官费留学名单公布后，朱家骅便积极着手准备出国事宜。他在同济学的是工科，德国又向以工学傲人，照理他赴德应继续学习工科，以便日后回国落实孙中山的实业计划，发展中国实业。但当时德国并不承认同济学历，② 且自马君武后德国改变政策，已不准外籍学生攻读工学学位。也就是说，朱家骅欲留学德国，势必另起炉灶，选读新科系。

其时，朱家骅考虑民国虽立，但图强必先富国，富国又以开发资源为急，特别是中国地下资源极为丰富，为发展中国实业以实现孙中山的民生主义，有进行研究的必要。③ 尤其是工业化是近代西方现代化的文明特色之一，而发展国家工业化与现代化的基础物资就是煤、铁、石油等地下资源之开采与利用。于是他立志于采矿，打算攻读采矿、地质相关科系。据德国大学关于攻读采矿学系规定，欲入学者需能直接听讲德语与阅读德文的高中毕业生；且需实习12个月，其中6个月必须于入学前完成，另外6个月需在最后考试前完成。同济既无矿科，他又无相关采矿经历，于是商之于贝伦子。贝伦子主动为他联系德国鲁尔区盖尔森教堂城（Gelsenkirche）荷兰

---

① 袁世凯先后发表了三批共计151名有功人员出国留学名单，首批名单包括张群留英、戴季陶与汪精卫留法、朱家骅留德、陈铭枢留日、李四光留英。胡颂平编《朱家骅年谱》，第6页；高平叔：《蔡元培年谱长编》上册，第426页；陈三井：《辛亥革命前后的上海》，李云汉主编《中国国民党党史论文选集》第2册，近代中国出版社，1994，第423～424页；刘志强、张学继：《留学史话》，社会科学文献出版社，2000，第121、149～150页。

② 这时候，德国教育部尚未承认同济医工学堂毕业生学历。江逢治为该学堂第一届医科毕业生，后留学德国。1916年因此去见了普鲁士教育部长。这位部长对江逢治的德文造诣极为赏识，特准他参加博士考试。德国教育部从此承认同济学历。胡颂平编《朱家骅年谱》，第9页。

③ 《中国国民党政治会议广州分会第89次会议议事录》（1928年3月16日），政治会议广州分会纪录，国民党党史会藏，全宗号：政00.4/10；《国立中山大学筹备之经过和将来之希望》（1927年3月1日），《朱家骅先生言论集》，第258页。

煤矿总经理窦汀（Dütting），介绍他到该矿场实习。①

　　1913 年，朱家骅留学手续尚未完备，"二次革命"已起，不久即告失败。国民党人诸如孙中山、陈其美、戴季陶、居正、蔡元培、马君武等人皆走避海外。10 月，袁世凯就任大总统，后下令解散国民党，大举追捕国民党党员。② 他决定依照原议，自费前往德国留学，尝试会通中西文化，以为中国"强国之原素"。③1914 年 2 月，他办妥自费留学德国手续后，3 月与欲避走国外的张静江同行，从上海启程经大连，坐西伯利亚铁路的万国卧车前往柏林。

　　朱家骅到柏林后，先后访晤教授马脱驻斯（C. Matochoss）、友人张君劢、江逢治、戴夏，再往汉堡拜访同济时的工科化学冶金学教授安勒司后，就去见荷兰矿场（Zeche Holland）总经理窦汀（Dütting）。那天窦汀不在，由经理蓄尔滋（Schulze）代见。蓄尔滋认为实习学生就是他的工人，将朱家骅交给总监工悌尔曼亚（Thielemayer），并对朱家骅说："这位就是你的上司，你以后作工，一切要听他的话，受他好好的指导。"就这样，朱家骅进了矿场，一切从头做起，先做石工，开巷子，每天有 3 个马克工资，每一部门实习一个月。一个星期后，窦汀回来，看见他双手已起老茧，赞赏地说："这样很好。年轻人作工，要能吃得苦中苦，方为人上人。"

---

① 朱谦：《悼三叔》，《朱家骅先生逝世纪念册》，第 309 页；中德学会编《德国留学指导书》，中德学会，1937，第 24、33 页；邓家彦口述《邓家彦先生访问纪录》，郭廷以等访问，中研院近代史研究所，1990，第 17 页。

② 宋教仁死后，朱家骅利用课余时间参加多次讨袁声援活动，但目前并无直接资料显示他也被通缉。不过，第一，他仅是同济工科二年级生，并未完成学业，决定自费转往德国留学。第二，他在前往德国经过莫斯科时，经朋友介绍认识中国驻俄刘公使，特别设宴招待。张静江顾虑朱家骅曾参加二次革命，担心此为"鸿门宴"，劝他不必赴约。由上述两点推测，朱家骅应受袁世凯政府的通缉，才选择未完成同济学业离开中国。《悼张静江先生》（1950 年 5 月 19 日），《朱家骅先生言论集》，第 734 页；邓家彦：《追忆朱骝先》，《朱家骅先生逝世纪念册》，第 311 页。

③ 《敬告有志留学者》，《东方杂志》第 14 卷第 6 号，1917 年。转引自王奇生《中国留学生的历史轨迹：1872～1949》，第 173 页。

窦汀一方面因朱家骅是贝伦子引介的关系，另一方面也可能是他觉得朱家骅肯吃苦耐劳，是个不错的年轻人，主动将他的私用双马车借给朱家骅，让他可以利用假日游览鲁尔城区，认识德国。10月，朱家骅拿到了窦汀出具的矿场实习半年证明书，顺利进入柏林矿科大学就读。[1]

目前限于资料无法得知朱家骅修习课程，不过德国大学学术自由与自治独立精神自此深植他的心中。德国大学教育的最高指导原则是"求学自由"。原则上，入学以后，需修习主科与副科。主科须读两门专业基础课程，余无限制，让每个学生按照个人旨趣，自由求学、自由选课、选练习，平常亦不考试。但为锻炼学生体魄，必须每周上一次体育课，全校唯此为必修。在生活上，学生也极为自由，一切自管自治，甚至警察不能任意捕拿，犯罪由学校法庭审判，养成自治之精神。[2]朱家骅日后在北京大学（以下简称"北大"）任教时，曾建议将北大划为一具自治权的"大学城"，[3]显然是受此影响。

前曾述及攻读德国采矿学系学生需在矿场实习12个月始得毕业，并参加德国"特许工程师"的资格考试。朱家骅尚差六个月的实习经历，因此，除专注学校课业，他把握每一次放长假机会前往不同矿场实习。譬如，1915年4月，到凤凰公司的西格兰铁矿（Siagland）实习一个月；暑假时，到荷兰矿场实习；1916年暑假，到赫兹山克楼司坦尔（Harz Claustal）矿场实习，到10月学校开学才返校上课。此时，柏林矿科大学并入柏林工科大学成为第七院，朱家骅通过升级考试，成为三年级学生，[4]并通过德国政府特许工程

---

① 胡颂平编《朱家骅年谱》，第7~8页。
② 《德国留学指导书》，第22、27~28页；《竺可桢日记》第8册，人民出版社，1984，第197页。
③ 此案将在朱家骅北大任教之章节中详述。
④ 依照德国学制，学生每年需通过升级考试后才能晋级。

师预试。①

朱家骅在课业之余也不忘到处游历，实地观察德国与欧洲其他国家的民情风俗。例如他利用圣诞节假期与爪哇华侨同学黄江泉、黄江瀛两兄弟同游荷兰，在海牙过年。黄氏兄弟精通英国、德国、法国、荷兰、马来西亚等多国语言，朱家骅跟着他们在荷兰看了不少东西，长了不少见识。1916 年 4 月赴莱比锡（Leipzig）参观书业展览会。

此时期与朱家骅交往最热络的中国同学有胡春藻、周均时、阎幼甫、陈凤潜、杨茂杰等人。另外，马君武也因二次革命失败再赴德国，入柏林农科大学就读，住在荷兰矿场附近，两人常常见面。

在全心全意投入学习的同时，朱家骅也十分关注中国政局的演变。1915 年，袁世凯承认日本提出的"二十一条"，抵制日货运动遍及全国，远在德国的朱家骅也召集留德同学开会表达反对立场。

德国当时受第一次世界大战影响，青年、学生多半从军，普鲁士教育部遂规定凡是一班不满三个德国学生的课程不能开课，1917年 1 月起严格执行。朱家骅班上经常只有三个中国学生，势必无法开课；加上受欧战影响，欧洲各国邮政与金融机构陷入停滞状态，留欧学生或汇款不能收到，或存款不能及时提取；加之物价飞涨，生计无着，留德学生受到战争的直接冲击，窘迫更甚。朱家骅即因汇兑不通，资斧难继，只好放弃学业，向同学商借川资，于 1917 年

---

① "特许工程师"为德文"DiPl. Ing."之译称。现为德奥等国技术学院或工业大学毕业后授予的学位名称。不过，该称呼初期是德国理工科学生的一项专业资格证考试。一般说来，在德国不从事学术研究者，多半不会申请攻读博士学位。"Dipl. Ing."为工程相关学科学生具从事研发能力的专业资格证明与最高学历证明，是一项极难的考试。此外，开矿在德国是一专门之学，若要成为专业采矿工程师，需要取得特许工程师执照，而当时中国尚未有此项工程师证照制度。朱家骅第一次到德国留学，目的即是开发中国丰富的地下资源。到德国后，他以两年时间积极利用假期前往矿场实习，累计实习超过一年，符合特许工程师预试资格后，即参加考试并顺利通过。朱谦：《悼三叔》，《朱家骅先生逝世纪念册》，第309 页。

初回到上海。[①]

朱家骅第一次留德从1914年至1916年，时间约为三年。1914年初，朱家骅怀抱着开发中国地下富源以发展实业，使中国臻于"文明富强之境"的情怀，自费前往德国专习采矿，踏上艰苦学习路途。此阶段他的目标极为明确，即学习采矿，以期开发"富国""强国"资源。在报国救民理想的鞭策与激励下，他放下富家公子身段，一到德国便直接到矿场从小工做起，忍住做工的劳苦，还强忍德国人将他误认为日本人的辱骂。[②] 朱家骅第一次留德生活可从三方面总结：一是勤奋学习；二是体验生活与社会，但主要仍是侧重专业知识与技术的学习；三是浏览考察风土民情，他虽以德国为学习和研究欧洲文化的中心，也留心德国以外的欧洲其他文化，利用假期去其他国家旅行，以增加对欧洲其他民族文化的感性认识。

2. 首届官派教授留洋进修

朱家骅怀抱雄心壮志远渡重洋自费留学，铩羽而归，颇有壮志未酬之憾。

回到中国的朱家骅正好赶上蔡元培入主北大励精图治，采取"兼容并包"的准则，聘请了许多新锐教授，其中绝大多数是归国留学生。朱家骅恰逢其时，进入北大担任德文教员。

中国派送学生出洋留学早在清末即有成例，但从未有派送教师出国进修之议。1917年5月，教育部公布《国立大学职员任用及俸薪规程》，首次提出了"校长、学长、正教授每连续任职五年以上，得赴外国考察一次"的规定。据此，1918年教育部决定每年从各直辖大学和各高等专业学校中选拔优秀教员赴欧美进修。北大采取公开甄选方式，审查标准系按北大当时教务上之需要及志愿者

---

① 胡颂平编《朱家骅年谱》，第8~9页；朱国勋：《追念先君骝先公》，《传记文学》1976年第6期。

② 胡颂平编《朱家骅年谱》，第8页。

之学养，急需而较为适宜者优先。此时蔡元培欲在北大扩充文理两科，增设地质学门。① 朱家骅留德学的是采矿专业，并有往瑞士研究地质学的意向，正合北大需求，因而名列第一，② 并很快得到教育部批准。③ 这是中国派遣教授赴外国学习研究之嚆矢，也是朱家骅的二度留学。

26 岁的朱家骅这次偕妻同行，1918 年 8 月由沪搭"南京号"渡洋留学，完成未竟学业。因欧战尚酣，遂绕道美国至瑞士。同船的有李济、叶元龙、查良钊、徐志摩、刘湛恩、刘寿民、徐世大、王士强等百余人。查良钊在船上初识朱家骅，对朱家骅的第一印象是：

> 朱先生是以北大教授资格第二次出国研究，因为欧战绕道美国转赴瑞士。这位青年教授既有海洋经验，又富爱国热忱。大家都愿意和他认识请益。④

抵纽约后，因一战缘故，办理欧洲护照很费时日，朱家骅夫妇遂利用等签证时间同时学习英语和法语，提升自己的语言能力。12

① 当时在中央地质调查所主事的丁文江与蔡元培商定，北大恢复地质系负责造就地质人才，地质调查所则负责吸收北大地质系学生，使他们有就业及深造的机会。胡适：《丁文江的传记》，安徽教育出版社，1999，第 30~34 页；胡颂平编《胡适之先生年谱长编初稿》第 2 册，联经出版事业公司，1990，第 406~407 页。

② 北大经审核讨论后举出 8 人开单呈部，依序为：朱家骅教授往瑞士研究地质学（因当时中德断交故）、刘半农教授往瑞士研究语言学、陈大齐教授往美国研究实验心理学、周作人教授往俄国研究东欧近代文学、丁绪宝助教往美国研究植物学、李绩祖助教往美国研究植物学、张崧年助教往美国研究图书馆管理法、李芳助教往美国研究商业管理法。《派遣教员出洋之经过情形》，《北京大学日刊》第 156 号，1918 年 6 月 6 日，第 2 版。

③ 教育部据各校呈送名单，照缺额酌量分配，6 月初公布名单，分别为北京大学朱家骅与刘半农、北京工业专门学校梁引年、北京高等师范学校邓萃英、北京女子师范学校杨荫榆与沈葆德。《部令：教育部训令第三三四号》，《北京大学日刊》第 156 号，1918 年 6 月 6 日，第 1 版。

④ 查良钊：《怀念朱骝先先生》，《朱家骅先生逝世纪念册》，第 374~375 页。

月一战结束，朱家骅夫妇也取得签证，前往瑞士。1919 年 1 月，朱家骅因已有在德国工科大学就读经历，这次便直接进入瑞士德语区伯尔尼大学（University of Bern）[①] 地质系三年级就读，系主任为阿巴茨教授（Prof. Arbeuz），课余仍补习英文。

不久，梁启超、蒋百里、徐新六、张君劢等为观察战后欧洲情况，于巴黎和会后游历欧洲，并在 9 月初到瑞士洛桑（Lausanne）。朱家骅恰好利用假期携眷在洛桑小住，经由张君劢介绍，与他们同游 10 天。10 月新学期开学后，朱家骅便转学到苏黎世大学（Universität Zürich）地 质 系，系 主 任 哈 安 姆 教 授（Prof. Albert Heim）。他同时到隔壁工科大学修习矿物学，受教于矿物学系主任果洛勃曼教授（Prof. Grulbrumann）。此时期，朱家骅在矿石学方面得益甚多。[②]

朱家骅在伯尔尼大学地质系虽仅半年，但该系理论、实验与野外实地练习兼重的学科训练令他印象深刻。当时他在给蔡元培的信里特别指出这项课程设计的特色，建议北大将来可以"多行仿办"。他说：

> 华自从学以来，每除听理论外，兼有实验功课。中因回国年余，抛弃过久，重来肆习，用力转多。……瑞士四处多山，幅员极小，地质一门，学者辈出。……即一岩壑、一巨石、一撮土，均无不素经学者多番研究，确得本真，足为他人考查资料，以作后学从事津梁者。平心思之，此实不可谓过。原是项学问，非专持理论所能藏事，即有深邃理论，如不得实验以确证之，则终是闭门造车故智，无当实用。是间教法除理论外，

---

① 朱家骅本欲就读的苏黎世大学地质学系（朱家骅当时译为"秋里希"大学）为当时瑞士大学中规模最大者，但抵苏黎世时，该校已开学，遂转至伯尔尼大学。不过，一学期后朱家骅还是转到苏黎世大学。《通信：朱家华教授致校长函》，《北京大学日刊》第 366 号，1919 年 5 月 1 日，第 3、4 版。

② 高平叔：《蔡元培年谱长编》中册，第 272 页；胡颂平编《朱家骅年谱》，第 11～12 页。

颇重实验。而实证之地域后多。所以各国人士相率来习是科者颇不乏人。并闻春假期内，两正教授，均当率领学生入阿尔彭（按：阿尔卑斯山）高山，探采土名，以凭实地练习。届时华亦当偕行，意有教授同往，质疑问难，会有其时，当能于平日所学，补益不浅。此事我大学，将来仅可多行仿办。①

另外，他还认为利用假期带领学生野外实习，"不惟导学生于实学，俾不荒废家居，徒耗时日，即登山徒岭，增进学生体育，亦复不少，诚一举两得之计也"。② 他日后在中国领导教育机构时，一再强调理论与实验并重，便是根源于此。

1920 年 3 月，朱家骅转赴德国入柏林大学，从古生物学家庞贝兹专研古生物学，系主任为鲍姆帕茨克（Prof. Pompzeky）。5 月底，朱家骅跟随鲍姆帕茨克到赫兹山作地质旅行，经过奥格河谷有一石矿的石层层次清晰，在鲍姆帕茨克教授讲解石层成因后，当下征得教授同意，以此石层研究作为博士论文题目。③

---

① 《通信：朱家华教授致校长函》，《北京大学日刊》第 366 号，1919 年 5 月 1 日，第 3、4 版。
② 《通信：朱家华教授致校长函》，《北京大学日刊》第 366 号，1919 年 5 月 1 日，第 3、4 版。
③ 这一时期，德国博士学位不是建立在硕士学位基础上，而是大学颁发的唯一学位，博士生教育是大学进阶教育的唯一层次。柏林大学自 1810 年创立以来，因对学术研究的重视，科学研究成为大学的重要职能，教学职能退居其次，绝大多数课程都重视基础理论研究。哲学院的地位也跟着水涨船高，取代了神学院在大学中的地位。在这种背景下，培养"学术科研人才"与"基础理论研究者"成为博士生培养的目标，"哲学博士"（Ph. D.）学位由此而生。这一学位的设置标志着现代学位制度的开端，自此，"博士"学位成为具有现代学术性意义的学位。大学生欲毕业者可提出一具体研究课题，在取得研究所导师认可后即可入所研究，着手博士论文，论文完成，并通过口试，可获颁博士学位。《论大学应设备科研究所之理由》（1935 年 1 月 1 日），《蔡元培全集》第 8 册，第 476 页；《竺可桢日记》第 8 册，第 197 页；汉斯格特·派泽特、格茜尔德·弗拉姆汉：《联邦德国的高等教育：结构与发展》，陈洪捷、马清华译，北京大学出版社，1993，第 4 页；靳军：《德国博士生培养模式研究》，硕士学位论文，北京大学，2000，第 7～9、34～36 页。

这年，德国地质学会在汉诺威市（Hanover）开年会。李四光刚好从英国到德国游历，由朱家骅担任介绍人引介入会。朱家骅在会中结识了叶格尔（Prof. Ott Jaekel）、司底莱（Prof. Stielle）等地质学家多人。[①] 日后朱家骅先后聘请叶格尔与哈安姆到中山大学地质任系主任，并兼任两广地质调查所工作。两位教授在华期间做了大量野外地质调查与研究工作。[②] 12月下旬，朱家骅夫妇到奥地利维也纳、匈牙利、捷克等地旅行，参观欧洲最古老的大学之一布拉格大学。1922年朱家骅30岁生日时，翁之龙、徐悲鸿等20多人齐聚，为他的"而立之年"祝寿。

与此同时，朱家骅也积极准备博士学位考试。德国高等教育除重视专业知识，也要求学生对其他领域有所涉猎，柏林大学将哲学系课程列为主修自然科学或人文科学学生的必修课程。要取得博士学位，除修习主系科目外，还需修习至少两门副系课程。博士学位考试也极为严格，规定需进行笔试和口试。笔试指提交主修学科和副科学科两门学术论文，特别是主科论文必须有特殊贡献，口试则每门三小时。若考试通过，所授予学位为本专业科目博士兼哲学博士（Dr. Phil.）。10月朱家骅博士学位考试，主持哲学口试的是里庶教授（Prof. Riche），问的是斯宾诺莎（Baruch de Spinoza）与笛卡儿（Rene Descartes）的哲学著作；主持地质学口试的是鲍姆帕茨克教授，问的是从无脊骨到有脊骨的古生动物，特别注意三叶虫的构造与中国黄土构成等。两个副科考试是矿物和化学。朱家骅顺利通

---

① 叶格尔最后在北平去世。胡颂平编《朱家骅年谱》，第12页。

② 海姆（Heim Albert，1849～1937）是瑞士构造地质学家、地质学家，长期从事阿尔卑斯褶皱构造地质学研究。1929年应邀来中国讲学，担任中山大学地质系主任，并兼任两广地质调查所工作。在华期间做了大量野外地质调查与研究工作，发表有《四川重庆附近地质构造》、《四川自流井地质构造》等。http://gs.sysu.edu.cn/geoscience2006/people/Heim.htm，最后访问日期：2017年1月17日。

过了考试，取得博士学位。①

在朱家骅之前，专攻地质学的留学生有留日的章鸿钊、留英的丁文江与李四光、留比利时的翁文灏，但皆非专攻古生物学。② 翁文灏 1914 年在地质研究所任主任教授时，"最苦找不到一个肯教古生物学"的教师。丁文江非专习古生物学但只好自任。翁文灏说，丁文江"自身对于古生物学，虽非甚为专精，但也能认识许多标准化石，为中国多数地质学者所难能"。③ 这是中国人第一次教古生物学。

此外，丁文江在民国初年开始推动中国地质学研究时，便感觉到中国地质研究之困难在于"地层内之化石知识之欠缺"。"此种化石，非特须搜集之，保存之而已，尤须予以科学之描述及说明。"④

---

① 德国早期大学都按神学、法学、医学、哲学模式设置院系。那时，知识仍被视为一个整体。大学所开设课程，神学、医学和法学以外的所有课程，包括人文、社会科学、自然科学基础学科方面全部由哲学院包办。当时，"哲学"这个词汇是广泛用来指称对任何一种知识的"探索"，被视为各个学科进步与发展的基础。近代"科学"发展之初，尚未分化成众多学门，也未从哲学中分离出来，哲学院还是"实验验证的科学"和"纯思辨的哲学"的共同家园。《德国留学指导书》，第 32页；胡颂平编《朱家骅年谱》，第 14 页；靳军：《德国博士生培养模式研究》，第34～35 页；吴爱华：《从知识体系到课程体系——英法德美四国大学近代科学教育的比较》，第 8 页；汉斯格特·派泽特、格茜尔德·弗拉姆汉：《联邦德国的高等教育：结构与发展》，第 4 页。

② 当时出国留学的学生学习地质的为数极少。中国现代地质学的开拓者与奠基者如丁文江，1902 年赴日留学，1904 年转赴英国，先入剑桥大学后转格拉斯哥大学，1911 年以地质学和动物学双科毕业，是最早专攻地质学取得学位的中国留学生之一。与丁文江同时取得学位的章鸿钊，1905 年官费赴日本留学，本拟入大学农科，因名额所限，改学地质。1911 年获东京帝国大学理学部地质系学士学位，应聘为京师大学堂农科地质学讲师，为在大学讲授地质学的第一人。翁文灏则于1908 年到比利时鲁汶大学专习地质岩石，1912 年获理学博士学位，为中国留学生第一位地质学博士。李四光 1913 年 10 月入英国伯明翰大学，先学采矿，后学地质学。1919 年获自然科学硕士学位，1920 年至北大地质学系任教。但他们都不是专攻古生物学。

③ 翁文灏：《对于丁在君先生的追忆》，《独立评论》第 188 号，1936 年 2 月 16 日，第 18 页。

④ 葛利普：《丁文江与中国科学的发展——是先锋，是热心工人》，《独立评论》第188 号，1936 年 2 月 16 日，第 21 页。

这需要的就是古生物学专业知识。翁文灏回忆说："在 1919 年以前，我国地质学人才，限于少数国外归来人士（例如章、丁和我）和少数中国毕业后续往外国留学各人（例如李［叶］良辅、刘季辰、谢家荣、王竹泉等），一般的讲，都对古生物不够专精，尤其是，因对无脊椎动物缺少专家，所以地质时代不易精密鉴定。"① 所以，1920 年间，丁文江便劝服北大校长蔡元培共同出资聘请蜚声国际的美国古生物学家葛利普（A. W. Grabau）担任农商部地质调查所古生物室主任，兼任北大地质系古生物学教授，培养中国第一代古生物学家，奠定并开创中国古生物学发展基础。朱家骅此时转攻古生物学是否与此有关，目前尚无史料佐证。

朱家骅以学习地质学项目获得官派出国机会，在瑞士时期着重于矿物学学习，1920 年转入柏林大学后始主攻古生物学，此一转向实意味着他已将志向由从事采矿发展实业，转为纯学理的基础科学研究。

此处需要进一步说明的是，要发展"实业"，开发"富源"，其物质基础在于开采矿石，采矿的科学基础则是地质学。② 地质学是各科学结晶体，其基础课程包括古生物学、化学、物理学、动植物学、矿物学、岩石学、地理学、矿床学等。其中，古生物学是一门以地质年代为研究对象的科学，是地质学中最基础、最重要的学科之一。在当时，研究地层唯一方法只有以古生物学为基础，古生物发现越多，研究越密，对地层层位判断也越正确。③ 不过，古生物学着重学理研究，且因其专有名词多以拉丁文命名，亦是最难学习的学科之一。

再者，科学研究本无国界，地质学更是一门以地球为一整体之研究学科。套用中国地质学创始人之一章鸿钊之语："研究地质是以

---

① 翁文灏：《回忆一些我国地质工作初期情况》，《中国科技史料》2001 年第 3 期，第 200 页。
② 曾在日本学习造船机械专业的李四光就是在英国学了一年采矿后转攻地质学。
③ 章鸿钊：《中国地质学发展小史》，商务印书馆，1955 年影印本，第 44、73 页。

地球为对象的，就是认定地球是整个的。地球上无论何处，可以互相参证，还可以触类旁通借彼定此的。"① 特别是古生物学更是一个跨越空间地界与时间历史的专业学科。古生物学成为科学始于18世纪后期，主流研究方向包括从生命起源到人类出现的生物进化规律和历史进程，从地质历史时期环境的变化，强调生物演化与环境、气候变化间的关联，到重视地史时期生物多样性演变规律等，是一个涉及层面与学科范围极为广泛的现代学科，也是一个历史继承性很强的学科。对古生物学来说，历史积淀的深厚程度对其长远发展有着重要的影响。而历史积淀的标志之一就是古生物"标本"与"化石"，除要以化石为依据，还需要用现生生物标本与相似物种的古生物化石进行对比。由于古生物学研究处处以化石为依据，因此必须以大地为课堂，在实地调查中取得研究材料，具有"重证据实"的严谨学风。此外，在远古时代生物是没有国界的，动物交流迁徙更是超越了现代所谓的"国界"或"洲界"限制，因此国际交流是这个学科发展的必然要求。

这样深具历史观、国际观的学科特质，理论与实验并重、实事求是的学科训练，对朱家骅日后领导教育和学术机构有着极重要的影响。他在推动发展中国现代化教育与学术事业时，并没有把中国局限在自己的学术象牙塔中，而总是将中国摆放在世界一方的天平上，对国家、民族和社会进步表现出强烈的专业关怀。

此外，朱家骅在德国期间曾以德文发表过多篇有关地质学与矿物学的论文。目前所知朱家骅以德文在柏林发表的论文有1922年的 Untersuchung des Kimmidge – Kalksteins "Langenberges bie oker im Harz" 和1923年的 Die Entstehung des Kalksteins 两篇。②

朱家骅此次以北大教授身份留德，除学习自身专业功课外，亦

---

① 章鸿钊：《中国地质学发展小史》，第4页。
② 万绍章：《献辞》，《朱家骅先生言论集》，第6页；国立中央研究院编《国立中央研究院院士录第一辑》，国立中央研究院，1948，第45～46页。

为"北大驻德代表"。这个驻德代表的重点工作即是帮北大采购教学所需之图书、仪器设备，同时兼"招待"工作。[①] 所以，朱家骅取得博士学位后并没有立即回国。除他自己尚须补做博士论文摘要于校刊发表外，北大在德国购买仪器等事尚未办妥，需再多待一年。[②] 当时连北京地质调查所的丁文江、翁文灏、葛利普也委托他在德国代购有关地质学和古生物学的德文杂志图书。[③] 此外，北大本拟邀请爱因斯坦（Albert Einstein）来华演讲，他也曾居间转过信息。[④]

"北大驻德代表"朱家骅的另一要务是负责接待中国初到柏林的北大公费留学生。他因性情爽朗，诚笃热情，他家便成为中国留德学生的交谊中心。每逢中国年节，他们夫妇必会盛情邀请留学生前去聚餐，聊慰乡情。梅恕曾回忆说：

> 我到柏林不久见着朱先生。……自此以后每逢中国年节、端午、中秋、元旦前二三日一定接得朱先生一张印有风景的明信片，内就写着某月某日是旧历佳节，请我在他家里过节或过年，每次都是准备一顿最丰富的中国餐，饭后总要谈到很晚，大家始告别返回住所。[⑤]

---

① 李书华回忆说，1922 年 8 月间，他初到北大任物理系任教。因物理系要从德国购买仪器，第一次听到朱家骅的名字。李书华：《追忆朱骝先先生》，《朱家骅先生逝世纪念册》，第 313 页。

② 胡颂平编《朱家骅年谱》，第 13 页。

③ 朱家骅在 1924 年返国前与丁文江、翁文灏、葛利普等人未曾谋面，但为代购图书仪器事宜，已通讯多次。朱家骅返回北京后，他们即设宴为朱家骅洗尘，以示谢意，这是朱家骅与他们的初次见面。《丁文江与中央研究院》（1956 年 12 月），《朱家骅先生言论集》，第 746 页。

④ 高平叔：《蔡元培年谱长编》中册，第 315、316、581～583 页；《致尉礼贤函》（1922 年 6 月 16 日），高平叔、王世儒编注《蔡元培书信集》（上），浙江教育出版社，2000，第 586 页。

⑤ 梅恕曾：《认识骝先先生四十年》，《朱家骅先生逝世纪念册》，第 386 页。

毛子水和姚从吾也是北大公费留德学生。1923 年春，两人一到柏林，便找到朱家骅请教关于进校手续与日常生活细节等事宜。① 不久，罗家伦也由美赴德，就读柏林大学历史研究所，与朱家骅相逢时，后者已取得博士学位。罗家伦说："当时常相过从者还有傅斯年、俞大维、陈寅恪、金岳霖、段书贻、周炳琳、毛子水、姚从吾诸位。"②

从某种程度上说，北大官派教授身份对朱家骅学术网络铺成有相当的帮助，许多在日后中国教育学术界占有一席之地的知名学者都是朱家骅在此阶段结识的。如丁文江、翁文灏、翁之龙、徐悲鸿、毛子水、俞大维、姚从吾、李济、叶元龙、查良钊、徐志摩、蒋百里、徐新六、张君劢、钱昌照、张道藩、谢寿康等，为他日后领导教育学术机构工作奠下初基。

3. 德国大学教育、学术范式对朱家骅的启迪与影响

朱家骅留德期间，正是德国教育，特别是大学高等教育发展的鼎盛时期，其学术成就位居世界学术中心。在他日后领导中山大学、中研院等教育学术行政机构时的诸多革新措施中，皆可见以柏林大学为参考典范的痕迹。为进一步理解朱家骅教育学术思想来源，在此需先对于柏林大学进行概略说明。

柏林大学拥有"现代大学之母"的美誉，创建时便被赋予振兴普鲁士军事、政治与民族精神的使命。这也使科学研究在普鲁士享有至高无上的地位，成为德国民族和政治生活的一种支配力量。在为国家服务前提下，大学重视维护学术研究的自由与学术机构独立自治权。正是在"学术自由"保障下，柏林大学及其他德国大学得以"自由发展"，成为科学研究中心。

1810 年普鲁士王国内务部文教总管③威廉·冯·洪堡（Wilhelm

---

① 毛子水：《骝先先生哀词》，《朱家骅先生逝世纪念册》，第 257 页。
② 罗家伦：《朱骝先先生的事迹和行谊》，《朱家骅先生逝世纪念册》，第 263 页。
③ 类似于教育部长，是位教育家。

von Humboldt) 在费希特 (J. G. Fichte) 和施莱苏马赫 (F. D. E. Schleiermacher) 的协助下，以成为德国学术中心为目标，以科学研究为主要任务，创建柏林大学。洪堡认为，大学虽由国家主办，但应享有绝对自治权，因而提出思想自由、纯学术研究自由、研究与理论结合、学术研究公开等四项基本革新原则。简言之，洪堡式大学核心思想就是推崇纯学术研究自由、独尊以科学方法从事学术研究，主张大学为研究科学和讨论学术场所，强调科学研究在大学核心地位，更倡导科学研究应超脱社会实际利益的干涉与束缚。与此相对应的教学方针就是，教学和学习过程应当是提供机会并引导学生进行学术研究，培养学生独立思考与独立从事科学研究的能力。①

哲学家费希特为该校第一任校长，在"学术自由"最高原则指导下，允许各种学派并存和自由竞争。聘任教授都是学有专长的学者，既是教学者又是研究者，在传播知识的同时也担负着开拓新知的责任。所以，柏林大学采取讲演、讨论与研究的多元化教学形式，使教学与科学研究紧密结合，树立教授与学生共同研究的学术风气。学生可以根据自己喜好选修各种课程与钻研方向，在导师指导下自由从事高深的科学课题研究，以培养独立从事科学研究能力。柏林大学于1842年创建德国第一个物理实验室，并陆续增设各种自然科学实验室和研究所，为大学进行高深科学研究奠定了重要基础。

洪堡式大学改革成功地使学术研究与大学教育功能结为一体，为德国科学发展立下基础，培养了许多真才实学的理论家和科学家，并吸引许多国际学者投身德国大学的教学和科学研究。德国大学自此成为世界学术与科学研究中心。德国著名教育史家包尔生

① 汉斯格特·派泽特、格茜尔德·弗拉姆汉：《联邦德国的高等教育：结构与发展》，第4页；吴爱华：《从知识体系到课程体系——英法德美四国大学近代科学教育的比较》，第32、39页；陈洪捷：《德国古典大学观及其对中国大学的影响》，北京大学出版社，2002，第153页。

（Friedrich Paulsen）便曾指出："毫无疑问，德国人在科学界所处的地位，主要归功于其大学。"① 英国诗人、评论家阿诺德（Mathew Arnold）考察德国大学后，赞美地指出："法国大学缺乏自由，英国大学缺乏科学，德国大学则两者兼而有之。"② 柏林大学树立起德国大学制度与学术精神，创造了丰厚的学术研究成就，成为 19 世纪欧美许多国家大学相竞效法的楷模。③

实际上，蔡元培对北大的一系列改革，强调"为学术而学术"的纯学术研究精神，提倡纯学术研究自由等，就是受到德国大学学术、教育思想影响。朱家骅主持中山大学时，同样强调尊重纯学术研究的治校精神，以科学方法从事学术研究。他的诸多措施，如实行教授治校的行政管理体制、理论与实验并重的教育方针，甚至以厉行考试评估学生学习情况等，④ 都与他的德国教育经历及其对德国大学教育、学术体系的了解有直接关系。

总之，朱家骅两次留学近九年。他第一次出洋，怀抱着实业救国理想与抱负远渡重洋留学德国，看重的是德国科学技术水准。除到矿场实习，利用假期四处游历增广见闻外，几乎完全在大学中度过。第二次留学，除对专业领域科学技术的学习，他更留心考察欧洲高等教育制度与学术研究发展体例，利用假期四处游览参观欧洲各国古老大学。⑤

目前并未有史料直接说明朱家骅留学时对德国学术教育接触及吸收的情况与程度。但可以想见，朱家骅在德国接受完整的世界第

---

① F. Paulsen, *Die deutschen Universitäten und das Universitätsstudium.* Berlin, 1902, pp. 210, 286～287. 转引自陈洪捷《德国古典大学观及其对中国大学的影响》，第 2、159 页。

② 陈洪捷：《德国古典大学观及其对中国大学的影响》，第 219 页；贺国庆：《德国和美国大学发达史》，人民教育出版社，1998，第 2 页。

③ 阿特巴赫：《比较高等教育》，符娟明、陈树清译，文化教育出版社，1985，第 29 页。

④ 朱家骅对中山大学校务的整顿在下一章将有详述讨论。

⑤ 胡颂平编《朱家骅年谱》，第 14 页。

一流现代高等教育和学术研究训练，特别是身处世界教育学术中心柏林大学，德国大学及其学术研究体制是他最了解与认同的教育、学术研究组织形态，而德国大学在中央集权政体下，"学术兴国""科学强国"的历史经验更为他的救国理想找到了参照典范。朱家骅到北大任德文教员，为进入中国教育学术界的重要开端。蔡元培的教育改革与德文教学工作引发他对学术教育事业的兴趣与关注，从而将救国路径由"实业"转向"教育""学术"救国。官费留学六年让他理解和认识德国大学教育学术，并将视野扩展到欧洲各国高等教育与学术事业发展体例上。他的专业学习也由"采矿"转向"地质学"，尤着重纯学理研究的"古生物学"，是中国第一位专攻"古生物学"的留学生。再者，无论是伯尔尼大学还是苏黎世大学都是欧洲当时顶尖知名高等学府，但他最后还是选择了柏林大学，显见他所心仪的还是德国大学教育、学术研究的成就。朱家骅转向发展中国科学研究事业之心已明。因此，此阶段不仅仅是朱家骅博士学位之取得与求学历程之结束，更是其学术、教育理念形成的最重要阶段。

第二节　教育学术网络之铺成

1917 年初留学德国铩羽而归的朱家骅任北大德文教员，1924 年取得博士学位重返北大，是他教育学术人脉网络重要铺成阶段。

一　第一次北大任教

1917 年初，朱家骅中断德国学业回到上海。是时，北大新任校长蔡元培正广纳人才。朱家骅虽然尚未学成、没有教书经验、年仅25 岁，但凭着早年在同济的德文训练及其德国留学的经历，在当时北大文科预科主任沈尹默①引荐下，进入北大教授德文，为北大最年

---

① 　沈尹默为朱家骅在正蒙学堂时期的革命思想启蒙老师。

轻教授。在开学典礼上，朱家骅结识了胡适、陶孟和、王星拱、何炳松、陈大齐、顾孟余等人。[1]

1. 德文教学

1898 年京师大学堂（以下简称"大学堂"）是在"中学为体、西学为用"思潮下产生。其教育制度、教学思想及教学内容多仿效西方国家大学模式建构；许多教材、教科书也直接采用西方国家原文书籍。因之大学堂特别重视外语教学工作，在筹办章程中便规定设有英、法、俄、德、日五种外国语言课程。

1912 年严复担任校长后，更在全校积极推行外语教学，课堂上除国学课程外，都用外语讲授；课外活动，如开会、讲演、讨论也多用外语。外语中以讲英语者最为普遍，能讲德语者便身价十倍，为众人所羡慕。当时，外国语为全校性的必修课程。此外，理科的物理、数学、化学、土木工学门和采矿冶金学门，德文是学生连上三年的必修课程，在预科也列属兼习课程。

蔡元培留洋多年，自然知道语言对学习西方学问的重要性，入主北大后，除英语外，兼提倡法文、德文、俄文、拉丁文、日文及世界语。[2] 朱家骅初到北大受聘为文科兼预科教授，教授文科本科二年级第二外国语德文课程，每周 5 小时。当时班上学生有新潮社成员罗家伦等十多人。罗家伦回忆说，原本并没有选修朱家骅的课。但听闻朱家骅上课时"精神焕发，教学认真，在教室中全用德语"，也"从善如流"改选朱家骅的德文课。[3]

也许就是因为朱家骅上课得到学生好评，一个月后又兼任文科

---

[1] 胡颂平编《朱家骅年谱》，第 9 页；《北京大学职员履历表》，国立北京大学编《国立北京大学廿周年纪念册》，北京大学，1918，第 31 页。

[2] 《四年度周年概况报告书》（1917 年 5 月 26 日），王学珍、郭建荣主编《北京大学史料》，北京大学出版社，2000，第 3188~3197 页；蔡元培：《北京大学开学式演说词》（1918 年 9 月 20 日），《蔡元培全集》第 3 卷，第 382 页。

[3] 罗家伦时为文科本科学生。罗家伦：《朱骝先先生的事迹与行谊》，《朱家骅先生逝世纪念册》，第 263 页。

预科一年级德文班德文法和德读本两门课程，每周 12 小时。当时文科预科一年级德文班学生蒋复璁后来回忆说，当年朱家骅上课真如罗家伦所说，是"满口德文"，非常认真，要求学生每月作两次口述、两篇作文。"他有时也与我们闲谈，全班十二人，非常和洽，大家用功。"① 蒋复璁认为因为朱家骅的殷切教导，这段时间是他从小学到大学读书生活中最快乐的时期。

1918 年 1 月，第二学期北大文科本科外国语课程有英、法、德、拉丁文四门，每班课程 6 小时。德文两班，课程为"读本"和"文法"各 3 小时。朱家骅任甲班"读本"课及乙班"读本"和"文法"课。文科预科德文班只有一班，每周课程 10 小时，朱家骅负责一年级第一外国语，上课时数为 7 小时。一年级英文班另安排有每周 2 小时的第二外国语课程，分别开设有法、德、日三个班，德文课程亦由朱家骅负责。2 月起，文科预科一年级德文课全由朱家骅一人担任。他一人几乎包办了北大文科本科与文科预科的德文课程。自然地，在当年 7 月举行入学考试时，朱家骅已是文科本科及文理法预科德文科的命题主任委员。②

2. 联名建议大学"自治"案初显现代大学理想

初到北大任教的朱家骅年纪最轻、资历最浅，辈分也最小。从目前有限的资料来看，除了教学工作，他并没有负责有关全校性的

---

① 蒋复璁：《朱骝先先生的追忆》，《朱家骅先生逝世纪念册》，第 283～284 页。

② 《本科外国语教员担任钟点》，《北京大学日刊》第 38 号，1918 年 1 月 5 日，第 3、4 版；《纪事：文预科第二学期课程表》《预科外国语教员担任钟点表》，《北京大学日刊》第 39 号，1918 年 1 月 6 日，第 1～3 版；《纪事：文科外国语用书一览表：（英法德文）》，《北京大学日刊》第 44 号，1918 年 1 月 12 日，第 2、3 版；《文科学长布告》，《北京大学日刊》第 68 号，1918 年 2 月 9 日，第 1 版；《本科外国语教员担任钟点》《预科外国语教员担任钟点表》，《北京大学日刊》第 109 号，1918 年 4 月 12 日，第 3 版；《本校纪事一：本校入学试验委员会组织业已就绪》，《北京大学日刊》第 161、162 号，1918 年 6 月 12、13 日，第 3、3 版；《北京大学新组织》《北京大学现行组织》，《北京大学史料》，第 81～82、116～117 页。

行政业务，所参与的教务工作仅限于德文教授会，[①] 课外活动则主要在全校性社团"进德会"。[②] 至于其现代大学理念，可从他与沈尹默、刘半农、程演生、钱玄同、周作人、王星拱、马裕藻、刘文典、陶履恭、陈独秀、朱希祖、朱宗莱、陈大齐等 15 人联名向评议会提出的"大学城""组织大学俱乐部""制定教员学生制服"建议案中窥见一二。

[①]　"教授会"设置是蔡元培为落实"教授治校"办学宗旨在北大所进行的教务管理体制变革中的一项。德文系照章行事，1918 年 1 月成立德文教授会暨德文教授主任选举会，所有担任德文课程的教授皆有投票选举权。当时北大教授德文的教员计有顾兆熊（孟余）、朱家骅、曾广尧、李惟恒、孙广昭、高孔时、王荫泰、何德美、梅理慈 9 人，当日朱家骅与孙广昭未克出席。投票结果顾兆熊获得 8 票，当选为德文教授会首任主任。未到场的朱家骅获得仅剩的 1 票。其时，朱家骅在北大的资历只有五个月，还是教职员中最年轻者，能得一票的支持，显见对朱家骅在教学、德文学养与行政领导才能方面的肯定。《北京大学新组织》、《教育部有关北大章程的指令附章程》，《北京大学史料》，第 81～82、82～85 页；王学珍：《北京大学纪事 1898～1997》，北京大学出版社，1998，第 39 页；《本校布告》，《北京大学日刊》第 83 号，1918 年 3 月 5 日，第 1 版；《本校布告》，《北京大学日刊》第 55、56 号，1918 年 1 月 25、26 日；《北京大学日刊》，第 59 号，1918 年 1 月 30 日，第 1 版；《本校纪事：德文教授会纪事》，《北京大学日刊》第 91 号，1918 年 3 月 14 日，第 3 版。

[②]　"进德会"1918 年 5 月成立，是蔡元培改变北大学风的另一重要措施，会员分为三种等第。朱家骅为不嫖、不赌、不娶妾的"三不"甲种会员。成立大会上以记名投票方式选举评议员及纠察员，评议员选举朱家骅得 3 票；纠察员选举，他也有 7 票。可见，朱家骅虽未任全校性行政业务，但在教员间人际关系良好。进德会后又修正，他公布该会会员改为不分等，以不嫖、不赌、不纳妾为基本条件；不做官吏、不做议员、不饮酒、不食肉、不吸烟等五戒为自由选择条件。他仍未变更原意，签署为基本三条戒约者。从其选择上已可见出，他并不排斥入世从政。《自写年谱》，《蔡元培全集》第 17 卷，第 477 页；高平叔：《蔡元培年谱长编》中册，第 76、100 页；《进德会通知及名册》、《进德会报告》，《北京大学史料》，第 2568～2571、2571～2572 页；《纪事：北京大学之进德会》，《北京大学日刊》第 50 号，1918 年 1 月 19 日，第 2～4 版；《进德会报告》，《北京大学日刊》第 54 号，1918 年 1 月 24 日，第 3 版；《本校纪事一：进德会报告：（一）教员部被举为评议员而未当选者之票数》，《北京大学日刊》第 155 号，1918 年 6 月 5 日，第 3 版；《本校纪事：进德会报告：（一）教员部被举为纠察员而未当选者之票数》，《北京大学日刊》第 159 号，1918 年 6 月 10 日，第 2 版。《进德会启事》，《北京大学日刊》第 177 号，1918 年 7 月 4 日，第 2 版；《进德会启事第四号》，《北京大学日刊》第 178 号，1918 年 7 月 6 日，第 2 版；《进德会启事第七号》，《北京大学日刊》第 187 号，1918 年 7 月 30 日，第 2 版。

"大学城"一案，朱家骅等之意是仿照欧美"University"及"University Parter"成例，划出一定地段为"北京大学区"。区中除警察一项由官厅主持外，其余均以大学名义主持。他们希望借此达到四大目标：第一，营造良好地方以为他处模范；第二，使学生活动于良好氛围以养成其高尚之精神；第三，教职员学生等居住于同一区域感情必日渐融洽，并可于课外多得切磋琢磨之益；第四，举办地方公益事业以应学校及住户生活上之所必需。"大学区"既以"大学"为主体，则校长自然为大学区"区首长"。基于尊重学术机构与学生人格起见，建议商明警厅，"凡本校学生在本区之内，或虽在区外而着有制服者，除犯重要刑事罪名外，非经本校校长许可，不得加以逮捕或拘禁；如系一般违警，校长认为可由校中自行惩戒者，警厅亦当照准"。显而易见，此议所声张的就是"大学自治权"。

"组织大学俱乐部"一案，他们认为，设置俱乐部有导学生以正当娱乐节省学生无谓靡费、教员学生借此联络感情、破除省界及各科各班自为风气之习惯、便利节俭学生、使校中学生所组织之原有各机关有所统一与促进学生自动办事能力等七大目的。朱家骅等建议以校长为部长，部中总指导员由校长委任，各社团职员由学生自行推举。在俱乐部中，职教员与学生所应尽之义务与所享之权利一律平等。此俱乐部之议关注焦点在于大学城下，全方位关照学生的生活起居，师生情谊之联谊与提供学生正当的课外休闲娱乐。

"制定教员学生制服"一案，建议在校期间穿着制服，并根据欧洲大学制服之式样具体拟定式样。因考虑价廉、便于穿着，冬夏可以通用，不惯穿西服及年老者冬季必须穿着皮服，建议采用欧美通行之 Ca Pand Goren 为大学制服。同时建议制服式样议定后，呈请教育部备案，凡非部中认为大学之学校，不得采用式样相同或类似之制服。又北大教员学生，除将来改充官吏应服公服外，其余无论何处，无论何项交际，均以此种制服为大礼服。该案目的则是为合乎世界大学制定制服之通例，以整齐形式，使学生有尊崇大学之观念，于行检上加以精神管束，更为显示北大已进于世界各大学之列。①

此三案虽是朱家骅与其他教授联名提出，但仔细审视其理由与办法，可以看出实根源于欧洲"大学自治区"之理念，着重在于"纯学术研究"环境之创造、"学术研究风气"之养成与社会典范之树立，更重要的意义在于学术至上，尊重学术"自治权"之体现。这亦显露朱家骅对欧洲现代大学的了解与向往，企图将其"移植"于中国，使北大成为中国第一个大学自治区，树立教育学术研究机构典型的示范意义。

二 第二次北大任教

1. 教学工作

1924 年，重返北大执教的朱家骅同时担任地质系和德文系专任教授。在教学任务上，已横跨文理两科四个学系课程。

朱家骅在预科教授的课程有甲部博物学第二年课程和一年级德文班第一外国文班的德文翻译课程，每周授课共 3 小时。②

地质学系功课分为普通科目、高等科目与野外实习科目三种。该系第一、第二年所习功课均为地质学基础科目，后经教授会审慎编定后，自 1925 年上学期开始一律作为必修课。朱家骅在地质学系所开的课为一年级的地质学概论属普通科目，每周 3 小时，以讲演方式进行，所用教科书为葛利普所著的《地质学》（*Text Book of Geology*）。③ 在国外大学，地质学概论是很重要又不容易教授的基础

---

① 《纪事：拟请组织大学俱乐部、划分大学区域、制订教员学生制服案》，《北京大学日刊》第 47 号，1918 年 1 月 16 日；第 48 号，1918 年 1 月 17 日，第 1～3 版。

② 《国立北京大学预科规则及课程：民国十三年至十四年度》，北京大学档案馆藏，馆藏号：BD1924005；《预科课程说明书》，《北京大学史料》，第 1101、1103、1105 页；《国立北京大学预科规则（1924 年修正）》，《北京大学史料》，第 1851～1852 页。

③ 《专载：地质学系课程指导书》，《北京大学日刊》第 1528 号，1924 年 9 月 26 日，第 2 版；《北京大学地质学系课程指导书，十四年至十五年度》，《北京大学史料》，第 1116 页；《国立北京大学十五年度课程指导书：地质学系课程指导书十五年至十六年度》，北京大学档案馆藏，馆藏号：BD1926006。

课程，一般都会由系主任或资深教师担任。朱家骅刚从德国回来即担任此项重任，显示其地质学专业学术水平在地质学系内是受到肯定的。地质学家黄汲清即是朱家骅当时的学生之一。他回忆说，他们班在一年级时有朱森、李春昱、杨曾威、赵华煦、常隆庆、蒋咏曾、尹效忠等 8 人。在教授朱家骅和王烈的率领下，曾分别去北京南部和西山旅行，初步认识地质学。

史学系部分，在蔡元培强调学术研究下，连文史学科强调的都是"科学的史学"。史学系课程跨度极大，将所有自然科学与社会科学学科安排为基础选修课。朱家骅也因此在史学系开了一门每周一小时的"地史学"，1924 年度列为一年级选修课，1925 年度改为不分年级选修课。①

德文学系部分，朱家骅 1925 年、1926 年两年度所教授的课程是二年级的德文小说（Deutscher Roman）。另外还安排有"德国文学讨论"的特别讲演课程，由朱家骅与杨震文、鲁雅文共同主持，采取学生自由听讲形式，凡校内外学生皆可随时报名听讲。

朱家骅的教学工作可以从三方面来看：第一，在本科三个学系的课程除史学系为选修课外，其余全为必修课，显示朱家骅在其专业学识上是受到肯定的。第二，在课程指导书纲要中，朱家骅详列其授课重点纲要，可以看出他对教学工作的认真态度。第三，朱家骅对中西文化融会贯通的重视，如他在德文系课程中安排有中国哲学思想与中国文学课程，又到史学系开地史课程，可见朱家骅对中国传统文化，对中西方哲学思想与科际间融会整合的重视。

2. 学校行政管理事务

德文系在朱家骅回国之前，中国籍教授只有杨震文一人，照章由杨震文任系主任。1925 年 3 月，杨震文两年任期届满，便不须选

① 《专载：史学系课程指导书（十三年至十四年）》，《北京大学日刊》第 1533 号，1924 年 10 月 2 日，第 2 版；《北京大学史学系课程指导书，十四年至十五年度》，《北京大学日刊》第 1778 号，1925 年 10 月 9 日；第 1779 号，1925 年 10 月 12 日，第 1～3 版。

举，直接改由朱家骅接任。① 朱家骅受到德国大学视哲学为科学研究之母观点影响，接任主任后即将中国文学与中国哲学课程排入德文系一、二年级的必修课程。例如一年级有张凤举的文学概论 3 小时、周作人的欧洲文学史 2 小时；二年级有朱希祖的中国文学史概论 3 小时、徐炳昶的中国哲学史 2 小时和马叙伦的老庄哲学 4 小时。②

同年 10 月，朱家骅当选为北大评议会评议员。评议会是北大最高立法机构与最高决策机构，由全校教授投票选出，代表全体教授公意。1925 年 10 月，新一届评议员选举中总投票数为 75 票，应选名额 17 名，开票结果朱家骅名列第 7。③ 此时距朱家骅重回北大任教只有一年时间。这样的结果，可以说明朱家骅在北大教员中的声望及其良好的人际关系。事实上，自 1925 年上海五卅惨案发生后，评议会最重要的作用不再是学校行政业务之决策与推动，而是与北洋军阀政府的抗争。这也是朱家骅在学界确立地位的关键时期。

3. 学生课余活动之指导

朱家骅对学生社团活动十分支持，例如受聘担任北大学生社团"学术研究会"顾问。学术研究会成立是一个"以研究学术为宗旨"的全校性大型学术性学生社团，发起旨趣即是希望"集合同志，晨夕砌磋，会友以文，以仁辅友。聚则通力合作，散则自由研究。各输所得，各求所好"。④ 其会务包括学术讲演、分组研究、宣读论文、

---

① 当时德文系有教授朱家骅、杨震文、鲁雅文（德），讲师洪涛生（德）、海理威（德）等。《本校布告：校长布告》，《北京大学日刊》第 1639 号，1925 年 3 月 6 日，第 1 版。

② 《北京大学　德文学系课程指导书》，《北京大学史料》，第 1137～1140 页；《国立北京大学十五年度课程指导书：德文学系　课程指导书十五年至十六年度》，第 130～132 页，北京大学档案馆藏，馆藏号：BD1926006。

③ 17 名当选者得票高低分别为：顾孟余 48 票、陈大齐 47 票、谭熙鸿 42 票、朱希祖 42 票、胡适 42 票、李煜瀛 41 票、朱家骅 38 票、沈尹默 37 票、马裕藻 37 票、冯祖荀 37 票、沈兼士 37 票、丁燮林 34 票、高一涵 32 票、徐炳昶 32 票、李书华 32 票、周鲠生 31 票、王世杰 31 票。《校长布告》，《北京大学日刊》第 1792 号，1925 年 10 月 28 日；第 1793 号，1925 年 10 月 29 日，第 1 版。

④ 《发起北大学术研究会旨趣书》，《北京大学日刊》第 1798 号，1925 年 11 月 4 日。出自《北京大学史料》，第 1579～1580 页。

读书报告、刊行杂志、创办学校、学余俱乐等。其中会员的"分组研究"是该会重点活动之一,先后成立英文文学研究组及德文研究组。德文研究组由朱家骅、鲁雅文(Prof. Dr. H Rousselle)、洪涛生(Herr V. Hundhausen)、杨震文等德文系教员担任指导。其组员资格要求甚高,北大学生需能以德语自由谈话,并能在会外作切实研究工作者;而校外同学若有良好德文程度者,经组员或导师介绍并经大会许可,可以加入。该组每周举行常会一次,演说及议题讨论全以德语进行。①

朱家骅对该社团的指导十分热心,1926年"三一八"惨案后避居六国饭店时,依然指导学生,将柏林中国学生总会为日本侵占满洲事以德文书写的《对全世界民众宣言》和《对胶州事件的抗议书》翻译成中文,发表在《北京大学日刊》上,表达对日本帝国主义的抗议与痛恨。②

总结说来,朱家骅1917~1918年虽只在北大教了两学期,但因德文根基深厚,教学认真,年轻热情,又乐于与学生交流,在教学工作中树立了良好的声望。无论在德文教授会主任选举还是进德会评议员与纠举员选举,虽未能入选,但对进入人才济济的北大不到一年的朱家骅而言,能够获得支持应被视为一种莫大的肯定。1924年朱家骅再回北大,即同时在四个学系授课,并先后出任德文系主任与校评议员,开始参与校级行政管理与决策事务,展现其行政领导才能。在校外除应聘负责接收故宫文物点验加封工作、制定古物

---

① 《纪述:北大学术研究会过去的工作与今后的计划,李竞何述》,《北京大学日刊》第1938号,1926年6月21日;第1940号,1926年6月23日,第1版;《北大学术研究会组织就绪》(1925年12月9日)、《北大学术研究会旨趣书》(1925年12月21日)、《(附)北大学术研究会德文组简章》(1926年5月14日)。这些资料皆出自《北京大学史料》,第11580~1581、1583~1584页。

② 译者李竞何是北大学术研究会德文组负责人,朱家骅为该组指导教授之一。这两篇译文皆是受朱家骅委托译成中文并发表在日刊上。《专件:柏林中国学生总会对全世界民众的宣言:李竞何译》,《北京大学日刊》第1877号,1926年4月9日,第1版;《专载:柏林中国学生总会对胶州事件的抗议书,留德中国学生总会》,《北京大学日刊》第1886号,1926年4月20日,第1版。

管理办法外，[①] 1925 年还当选中国地质学会理事，显见他在古生物学专业学养是受到中国第一代地质学者肯定的。

由上述朱家骅在北京大学任教经历来看，他真正在北大执教时间不过三年，以 1918 年 8 月官派赴欧留学为分隔点，正是北大发展最好与最坏的两个时间段。

1917 年朱家骅初到北大，适逢蔡元培入主北大锐意革新之时，是北大发展最好的时期。德国大学是蔡元培对北大种种革新的重要参考体例，对朱家骅来说自然熟悉不过。同时北大改革后的新兴学风及对科系行政工作的参与，让朱家骅认识到发展现代教育学术的重要性，从此改变了他的"救国"途径。

1924 年朱家骅回到北大至 1926 年，是北大发展最坏的时期。1918 年朱家骅官派留洋后，北京政局日益颓败，军阀内战不断，政权更迭不已。因军需过大，严重挤压其他项目经费。自 1920 年起，北京教育界便为教育经费长期积欠问题不断发动抗争，甚至多次引发北京国立八校教职员全体辞职风潮与学生抗争学潮。北京政府无心民生，百姓由充满希望、到失望，最后到绝望。1924 年朱家骅返国时，北京已是学潮不断，蔡元培因无力改变大局已经远赴欧洲。此时对北京学界来说，"市街等同学校，标语口号等同课本"，读书反倒成了"课外作业"。[②] 1925 年起，朱家骅因积极参与、领导北京学界反北京政府的抗争运动，未有机会将其在欧洲考察总结之学术、教育理想付诸实际教学与学校行政事务上，并于

---

① 1925 年 5 月 4 日，东方文化事业总委员会成立，中方 11 人、日方 7 人为委员，管理日本退还的庚子赔款，以柯绍忞为委员长，朱家骅受聘为中方委员。1925 年五卅惨案期间，北京教育界成立"北京教育界沪案后援联合会"，6 月 7 日通过中日文化事业委员会中国委员宣告停职的决议案。胡颂平编《朱家骅年谱》，第 15 页；《日人反对改组东方文化委员已有非正式之声明……决计进行上海分委员会》，《世界日报》1926 年 8 月 7 日，第 7 版。

② 慎予：《蔡元培与北大》，《国闻周报》第 3 卷第 29 期，1926 年 8 月 1 日，第 4 页。转引自吕芳上《从学生运动到运动学生：民国八年至十八年》，中研院近代史研究所，1994，第 29、162 页。

1926 年"三一八"惨案后遭北京政府通缉被迫逃往广州。不过，中山大学一行反为他提供了极佳的实践平台。

第三节 党政能量之蓄积

使朱家骅闻名于中国教育学术界的，不在于他的学术研究成就，不在于他源自德国大学的现代大学教育、学术理念实践，而在于他积极参与并领导北京学界发动多次反北京政府的"革命英雄"形象。显而易见，1924～1926 年，"救亡"的政治风潮已压倒了"启蒙"的教育学术理想。朱家骅前往广州的中山大学之前，是个远离国民党权力核心，单纯支持革命运动的爱国"海归"学者。因此，本节针对朱家骅与国民党的早期关系进行梳理，厘清朱家骅在国民党内的人脉网络，理解朱家骅何能从一单纯学者入主革命旗帜鲜明的中山大学。

一 早年革命经历

自 1840 年鸦片战争开始，清政府连连战败，割地、赔款、开商埠，羞辱之气弥漫全国。戊戌变法的失败说明体制内改革的不可行，与改良派同为天平另一端的革命派声势因此大张。孙中山领导的革命派以革命手段进行"政权"之争的同时，刊行报刊与书籍是其宣传反清革命思想、传播民族主义和爱国思想的重要手段。江浙一带是当时革命党人的宣传重点，"浙东之革命书籍，遂以遍地"，革命思想"普及于中下二社会"。① 新式学堂也是其散播革命思想，培养革命青年的重要据点。朱家骅就读的正蒙学堂便是革命派传播革命思想的新式学堂之一。

这点可以从正蒙学堂负责人鲜明的政治立场得到证实。正蒙

---

① 胡国枢：《浙江在辛亥革命中的地位与作用》，《浙江学刊》2001 年第 5 期，第 135 页。

学堂出资者张氏通运公司总经理张增熙为吴兴南浔四大富绅之一。他于 1902 年捐资创办新式学堂正蒙学社。后来他在二弟张静江引介下加入同盟会，全力支持孙中山革命。学堂主任曹硕金是举人，长于格致实学并讲授新知识，是革命支持者。先后到校任教的梁仲恺擅于数理，沈士远、沈尹默具有深厚国学底蕴，也都是参与反清革命的志士。1905 年，13 岁的朱家骅入正蒙学堂就读。这几位先生对他的现代自由民主政治理念与国家民族意识作了真正启蒙。[1]

随着反清革命势力的高涨，当时也出现了批判"辫子"奴化意义的浪潮，将发辫视为民族解放的先声，以辫子去留代表反清与否的标志。[2]"剪辫者"成了"革命党"的代名词。[3] 年少的朱家骅在此革命氛围浓厚的大环境里，大受"革命救国"思潮的激荡，胸怀救国大志，1906 年（14 岁）剪去了自己的发辫，明确表示支持革命的政治立场，不畏旁人"小革命党"的指称。

1908 年，在同济就读的朱家骅虽然没有加入革命党或参与革命行动，但也开始以自己的方式为革命运动奉献力量。在同济的六年里，[4] 朱家骅最热衷的"课余"活动不是学校的社团活动而是"革命救国"运动。这个经历对朱家骅以后的人生经历有着重要的影响。

当时集会演说是革命派重要的宣传方式，蔡元培即为此"手段"

---

[1] 孙斌：《朱家骅先生思想论》，《国立编译馆馆刊》1980 年第 1 期，第 160 页。

[2] 如邹容在《革命军》中大力提倡剪辫易服。浙江大学堂被退学的学生黄岩也鼓动当地蒙学生"割辫革命""削发归宗"。参见邹容《革命军》，冯小琴评注，华夏出版社，2002，第 27～28 页；黄岩《学界》，《苏报》1903 年 6 月 17 日，转引自桑兵《晚清学堂学生与社会变迁》，学林出版社，1995，第 125 页。

[3] 例如，蔡元培 1903 年 4 月年剪去发辫，穿操衣参加爱国学社组织的义勇队军事训练。许德珩在他 18 岁那年考进了九江中学堂，经地理教师杨秉笙与图画教师王恒介绍，加入了同盟会，剪了辫子，立志革命。许德珩：《许德珩回忆录：为了民主与科学》，中国青年出版社，2001，第 7 页；李喜所：《辫子问题与辛亥革命》，《社会科学研究》2001 年第 6 期，第 116 页。

[4] 朱家骅在同济就学时间为：1908 年 9 月～1911 年 9 月就读语言学校；1911 年 9 月～1912 年 9 月就读医预科；1912 年 9 月～1914 年 1 月转读工本科。

的热切拥护者，① 朱家骅亦是此风支持者。早期，他在上海广阅革命派书报后，为唤起国民思想，开通下层社会，每次放假回家便在乡里发起集会，"奋臂鼓吹"革命。暗杀亦是当时另一种重要的革命手段。1910 年，他在报上看见汪精卫、黄树中刺杀摄政王载沣未遂被捕消息，大受感动与激励，也想起而继之，兴起"暗杀"大官的念头。他想要趁 6 月学校安排到南京参观"南洋劝业会"② 的机会，伺机行刺主持大会的两江总督张人骏，但"无机可乘"。转往参观第九镇标统大会操时又生从军救国之念，不过未成事实，仍返校读书。在南京期间他认识了"革命"同志杜伟与《民立报》广告部主任徐棠。③

　　1910 年于国内外都是不平静的一年。在国内，孙中山发动广州新军起义失败，英国窃据云南片马；④ 在国外，日本吞灭朝鲜，葡萄牙发生革命，废除专制实行共和。其中以英国窃据片马对朱家骅冲击最大。

　　1911 年元月间，朱家骅开学未久，即发生英人图占中国云南片马案。当时有志之士皆认为，英人占领片马实欲背抄藏卫，俯瞰巴蜀，囊括长江上游，淹贯中原腹部，为一大包围之计划，朝廷却置若罔闻。一天，宋教仁、于右任、朱少屏等人到上海小东门讲伊犁、片马问题，宣说革命救国之论。朱家骅听了之后甚为激愤，认为清廷"丧权辱国，莫此为甚"，觉得非全体热血爱国志士群起团结，共同采取实际行动不为功。当晚即密与同学劭骥等集议，计划在上海

---

① 《传略》（1919 年 8 月），《蔡元培全集》第 3 卷，第 664～666 页；《自写年谱》，《蔡元培全集》第 17 卷，第 444～450 页；陈独秀：《蔡孑民先生逝世后感言》，蔡建国编《蔡元培先生纪念集》，中华书局，1984，第 69 页。

② "劝业会"又称"赛会""赛珍会"，是现代各种展览会、博览会的一种统称。"南洋劝业会"是为了招揽南洋有钱华侨回国投资兴办工厂，并传授管理工业经验和技术的博览会。

③ 朱谦：《悼三叔》，《朱家骅先生逝世纪念册》，第 309 页；胡颂平编《朱家骅年谱》，第 4 页；徐棠：《辛亥敢死团缘起与沪军革命史略》（庚辰修增），朱家骅档案，函号：301－01－06－520。

④ 片马地方属云南省保山县治登埂土司管辖，为滇省西防门户。1910 年，英政府派兵两千，驼马两千五百匹，直抵片马，称高黎贡山以西为该国领土。滇人誓不承认，几欲用武，清政府极力制止，与英外部交涉多次，未有结果，遂悬而未决。

发起组织"中国敢死团"（以下简称"敢死团"），名为抵御外侮、共抗强权，实为颠覆清廷、鼓吹革命的秘密团体。议定后，朱家骅即着手筹措经费，并登报广征团员。

朱家骅亲自拟定了敢死团的缘起辞和简章。

> 国之所恃以立者，民耳。国弱不足忧，堪为痛哭流涕者，民气不振、民心死耳。民心不死，则不畏死而敢死，民敢死，则国得以不亡而不死。外患凭陵，国家之存亡已在旦夕，斯正志士从戎报国致命之日。古人云：死或重于泰山，或轻于鸿毛。志士之所以贵者，在择地以死耳。俄占伊犁，英占片马，法要求云南之矿产，他若德、若日，皆私相协约，以图染指其间，以达其利益均沾之目的。茫茫禹域，已无有一寸干净土，我国民心其尽死乎？古人云：哀莫大于心死。我同胞其犹未尽死耶！吾侪必不忍坐视四千余年之古国，沦于异族，四万万神明之贵胄，降为奴隶，起而捐躯、毁家，以纾国难者。……不然，太平洋左岸各国之兵舰，将猬丛矣；蒙、藏、川、滇等处各国之陆军，将蚁集矣。

对此"噬脐之祸"，朱家骅呼吁：

> 不畏死愿意从军的热血同胞，不分男女老幼，宜速起而救此亡国之惨祸。……振旗鼓以抵制彼赤髯碧眼之白皙人种，挽山河于将去，起禹域于将沉，恢复我祖国固有之权力而称雄于世，雪曩昔老大病夫之恶诮，振我异日文明之精神。①

朱家骅词语之间慷慨激昂、气魄万千，爱国情怀与必死决心表露无遗。

---

① 朱家骅：《敢死团缘起辞和简章》，朱家骅档案，函号：301－01－06－520。

本来朱家骅拟借通义银行为敢死团通讯处，但探访张静江未遇，得晤何思敬，又往《民立报》报馆拜访徐棠，登载敢死团启事，由徐棠与何思敬秘密代为收信。

敢死团广告仅刊登一天，《民立报》即遇大火，但报名入团函件已有一百多件，令朱家骅大为激奋，决定将广告移登《天铎报》，改借通义银行为通信处。因此，朱家骅初识戴季陶。① 但通义银行股东大有意见，这时《民立报》已恢复发行，仍改由徐棠处为通信处，收到的报名函件更多。不过，敢死团以该报为通讯处亦对该报造成困扰，创办人于右任还曾为此约朱家骅谈话。朱家骅在获得大哥祥生全力支持后，再改以祥生所开设之日华照相馆为通讯处，确定以后每星期于彼处集会一次。为扩大宣传，复将该团的启事与简章加登于《申报》《新闻报》《时报》《神州日报》等一周，以扩筹经费、广征团员。而风声所播，各地要求入团者将近千人。② 于是，朱家骅更积极推动敢死团的筹备工作，先设总部作为办事机关，后在各地设分团部，例如南京分团由杜伟主持、昆明分团由杨子嘉主持等，主要用费皆由朱家骅自掏腰包。

1911 年 3 月 20 日，召开"中国敢死团"成立大会，订立简章，公推朱家骅担任团长，徐棠任总务，而后正式办理入团者有五百余人。广州"三二九"之役失败更加深朱家骅行动决心。只是该组织系以"御外"为号召，组织既大、声势遂张，致引起英捕房严密侦防。9 月底敢死团总部被公共租界巡捕房发现，幸经陈其美、戴季陶、于右任、张静江、周柏年、宋教仁、范孤鸿等诸人帮忙将办事人员疏散潜伏，才得以继续进行。

随后武昌起义讯传到上海，武汉传檄沪渎，其中提到：

---

① 《天铎报》为陈布雷之兄陈玦怀所办，当时主编为戴季陶。
② 各省人士响应入团者日渐增多，团员中包括各校青年学生，闸北、南市与浦东之警官，上海道署署卫队、吴淞炮台警卫营、高昌庙沪防营之下级官佐，及苏、皖、鄂、川、湘各地志士与文武官员，连南洋华侨都有闻讯回国报名参加者。

云贵地近边徼，瘴烟蛮雨，伪政府早视为化外，故不恤割其土地，以饷友邦。片马割让，尤其末事。为今之计，非革命告成，恐终难保其故土。前者曾组织敢死团，以抗外邦，而何也竟疏于恕无可恕之满虏耶。至于关中健儿，勇于战斗，龙蛇起陆，大动杀机，豪杰建功，固当如是。①

说的就是朱家骅敢死团登报号召御外之事，欲借讽促以响应。看到此檄文，朱家骅及敢死团成员欣喜不已，终日商谈如何前往参加，如何发动上海响应。但因巡捕房侦察森严，集会地一日数迁。当时，在军警界如道署卫队、吴淞炮台营、南北巡警局、沪防营等皆主动推派代表具名册到团，他们虽不敢公然加入敢死团，但密约届时若是起义，绝不反抗。

朱家骅认为时机成熟，遂召集上海团员大会，并请陈其美、宋教仁莅会指导。会中他主张在上海发难响应，夺取沪军营吴淞炮台及制造局，但同志建议先赴武汉报聘投效，当场签名者百余人。只是当时沿江各地搜查特严，行旅不便。最后决定推派朱家骅偕团员黄伯樵等人为代表，赴鄂报聘于黎元洪都督，其余同志留沪，审度情势，再定赴鄂援应或乘机发难之策。朱家骅指定徐棠代为主持，以其同乡好友姚颂年经营的旅馆作为发难时秘密集合之所。他行前再与陈其美等密商在沪起义之事，嘱咐敢死团必须与其他团体共同配合光复上海。

朱家骅征得大哥支持出资赞助众人旅费。阴历9月3日晚上，一行人化装潜行，与黄兴等一百多名同志同舟西上。10月25日抵达汉口后，朱家骅见过居正、军政府副参谋长吴兆麟，要求从军未果，乃分派到战地服务。当时在汉口租界有一德籍医生组织的重伤兵医院，朱家骅熟悉德语且为同济医科学生，被派往服务三个多月。

朱家骅等人抵汉口没几天，上海亦起事。敢死团对江南制造局

---

① 《湖北军政府通告各省文》，朱家骅档案，函号：301-01-06-520。

一役贡献不小，当时武汉各报对敢死团发难经过与团员奋斗历程均有报道。上海底定后，陈其美被公举为沪军都督，成立沪军都督府，将敢死团收编，以敢死团代理团长徐棠为义武宪兵队司令，凡团员死亡、受伤者均分别呈请优恤或给奖。①

1912 年 1 月，孙中山在南京就任中华民国临时大总统，宣告中华民国成立。孙中山即位后，即聘张静江为军总司令专责建军之事。朱家骅 1 月底结束医院工作返回上海，晋谒上海都督陈其美。此时租界区内张静江的通运公司成为国民党人聚集之地。朱家骅因与张静江的私人情谊关系，在通义银行内认识了吴稚晖、李石曾、张溥泉、蔡元培等人。2 月初，张静江便派朱家骅到南京物色青年革命军人，以备南京临时政府北伐之用。他在南京晋谒了孙中山与黄兴。随后南北媾和，已无须训练青年军，朱家骅 3 月初回到上海。之后在周柏年、褚民谊介绍下，加入改组后的国民党。此时朱家骅认为，民国既立，敢死团发起使命已达，便将团务交由徐棠负责，自己则回同济继续学业。

民国建立后，孙中山为培植新一代建国人才，拟定派遣党内青年如朱家骅、张群、戴季陶、汪精卫、陈铭枢、蒋介石、褚民谊、李四光等分至欧美各先进国家留学，其中朱家骅被指派留学德国。显见朱家骅此时已是孙中山欲培植的人才之一。②

朱家骅此时之由国民党荐派官费留德且所学又为矿冶学系，实隐含有孙中山联德思想与学成归国后实践孙中山"建国方略"与"实业计划"中发展农矿之战略任务。德国先进的社会政治思想、政

---

① 徐棠：《辛亥敢死团缘起与沪军革命史略》（庚辰修增）；徐棠：《辛亥敢死团发起与沪军革命史略》（戊寅夏日）；朱家骅：《中国敢死团纪略》（1944 年 10 月）；戴述铭：《敢死团辛亥革命记》（1948 年 6 月 16 日），朱家骅档案，函号：301 - 01 - 06 - 520；胡颂平编《朱家骅年谱》，第 4~6 页。

② 胡颂平编《朱家骅年谱》，第 6 页；《悼张静江先生》（1950 年 5 月 19 日），《朱家骅先生言论集》，第 734 页；杜伟：《我所知道的朱家骅》，《浙江文史资料选辑》第 2 辑，浙江人民出版社，1962，第 89 页；刘志强、张学继：《留学史话》，第 121、149~150 页。

府行政管理体制和世界级的科学技术是孙中山发展中德关系的重要动因。孙中山认为，经济落后的中国应像德国那样，在强大国家政权领导下，通过土地、铁路、交通和森林国有化，以及实行公正教育和社会福利政策，迅速发展经济。而德国所以能在经济、军事上迅速崛起成为世界强国，在其科学的管理体制和先进的生产技术，孙中山主张应以德国为榜样，加强与德国的合作。1913 年他更提出以中、俄、德、奥、土、波六个国家为核心，建立"大陆同盟"区域组织，以树立国际上另一新兴势力的构想，并视中德联盟为欧亚大陆和平稳定的基础因素之一。[1]

1913 年朱家骅留学手续尚未完备，二次革命失败，遂自费留德。朱家骅由一个激进的革命青年转变成为勤奋求知的留学生，专心致力于欧洲先进科学技术之学习。在 1924 年返回北大之前，朱家骅已与国民党组织失去联系。[2] 不过，他早年积极参与孙中山革命运动的

---

[1] 黄季陆：《孙中山先生与德国》，《中华学报》1980 年第 2 期，第 50 页，转引自马振犊、戚如高：《蒋介石与希特勒——民国时期的中德关系》，东大书局，1998，第 4 页；苏瑞林：《两次大战之间德国对华政策的演变》，刘善章、周荃主编《中德关系史文丛》，青岛出版社，1991，第 253 页；威廉·C. 珂尔比：《1914 年前德国在中国》，周东明译，刘善章、周荃主编《中德关系史文丛》，第 349 页。

[2] 对朱家骅第一次出国留学常有一说是由国民党派遣的。如蒋复璁说："经费是由其令兄祥生先生供给，但因与国民党有深切的关系，是由党派遣的。因为戴季陶先生对我说：'我与朱先生同被党派遣出国留学，但我因国父要我办事，不放出国，对我说：外国只要在电影里看看好了。'这是戴先生所引为最大憾事的。"但此说恐有误。朱家骅第一次留学初始提议者确是国民党。后因二次革命起，并未实现。另外，邓家彦回忆 1922 年奉命密游德国，与实业家斯丁尼斯（Stinnes）及陆军参谋总长冯绥克（Von Seck）联络。当时中国驻德公使魏宸组虽为徐世昌任命，然与他为故交，一日设宴款待，与朱家骅于使馆中不期而遇。邓家彦说他这次的秘密任务："不独彼不知之，魏君亦绝未闻也。"而朱家骅曾说，1925 年"首都革命"之前，"已与国民党脱节"，是经由顾孟余与于树德介绍才又重新入党。由此推测，朱家骅在德国期间应未涉入国民党党务。蒋复璁：《朱骝先先生的追忆》、邓家彦：《追忆朱骝先》，《朱家骅先生逝世纪念册》，第 283、311 页；《悼张静江先生》（1950 年 5 月 19 日），《朱家骅先生言论集》，第 734 页；胡颂平编《朱家骅年谱》，第 16 页；朱国勋：《追念先君骝先公》，《传记文学》1976 年第 6 期，第 43～45 页。

经历及其间所结识的国民党元老如张静江、李石曾、吴稚晖、张溥泉、于右任等，为他日后投身国民党党政核心做了铺垫工作。

二　国民革命再起之朱家骅

辛亥革命推翻清政府后，中国仍处于战乱之中。不过，政治重心仍在北京。袁世凯死后，军阀交相攻伐，连年征战，北京政权极不稳定。在他们治下的"中华民国"只是徒具"民主共和"招牌的空壳子。正如陈独秀所说，中国"政治界虽经三次革命，[①]而黑暗未尝稍减"。[②] 加以帝国主义各处寻衅，"再次革命"的种子已藏民心。因而，北洋军阀统治下的北京知识界呼号抗争的主体对象，对外是帝国主义列强，对内是无能腐化的军阀政府。终极目标则是希望对外"取消不平等条约"，恢复国家主权与国际的平等地位，追求民族的生存与自由；对内要肃清无能腐化的政治，改革内政，改造教育，革新社会，建立真正自由、民主、平等的国民政府。1921 年胡适创作的《双十节的鬼歌》歌词中说道："大家合起来，赶掉这群狼，推翻这鸟政府；起一个新革命，造一个好政府，那才是双十节的纪念了！"便反映了当时北方知识界对军阀政府的基本态度。[③] 自段祺瑞上台以后，北京教育界即风潮迭起，如王九龄就任教育总长事件、五七事件等，一步步加深北方学界与北京政府的裂痕。五卅惨案引爆了中国民众长期对军阀政府积压的不满情绪和对帝国主义列强剥削的民族情仇。

1. 五卅运动

1925 年五卅惨案发生时，北京在学界大力声援下成为五卅运动的重镇。当首先发难声援的北京学生界将"五卅惨案"定位为"非

① 指辛亥革命和两次反袁世凯运动而言。
② 陈独秀：《文学革命论》，中国社会科学院近代史研究所编《五四运动文选》，三联书店，1979，第 80 页，转引自萧超然等《北京大学校史 1898~1949》，第 69 页。
③ 胡适：《双十节的鬼歌》，《晨报》1921 年 10 月 10 日，转引自曹伯言、季维龙编《胡适年谱》，安徽教育出版社，1986，第 214 页。

上海一隅之问题，乃外人欺侮中国，实中华民国存亡之问题"时，立即引起广泛共鸣与响应，形成全国性的群众反帝爱国运动。北京学界以北大师生为首，积极投入反帝国主义与反政府运动。北大教授中，朱家骅又是最为积极的策动者之一。

五卅惨案消息传到后，朱家骅即领导一群青年学生集会筹划发动声援运动。6月3日北京学生为五卅惨案全体罢课，他又带着学生发动北京第一场援沪游行示威，要求收回全国英、日租界及领事裁判权，撤换上海英、日领事，打倒卖国政府及帝国主义。他还指导国民党籍学生组织沪案后援会，[①] 在6月举行的群众大会上被推为主席团成员。当时为北大学生，亦是学生沪案后援会与北大救国团重要干部的傅启学指出，他与朱家骅第一次见面的地点不是在北大校园，而是在天安门群众大会的主席台上。傅启学说：

> 当时在主席台上，认识朱先生。群众大会是为支持五卅惨案的被害同胞，要求北京政府对英国严重抗议大会。除通过各种声援议案外，并推举四人晋见当时的段执政。教授被推举的是朱家骅与王世杰，学生被推举的是彭革陈和我。到了执政府，段祺瑞拒绝会晤，王世杰先生很气愤。朱先生则主张将请愿书留下，请接待的人转交，随即离开。这是我与朱先生晤面的第一次。……先生于群众大会后，特来北大第二院救国团办公室，对我们亲切的鼓励。[②]

---

① 陶希圣：《敬悼朱骝先（家骅）先生》、蒋复璁：《朱骝先先生的追忆》、李书华：《追忆朱骝先先生》、李大超：《追念骝先先生回忆北平二三事》，《朱家骅先生逝世念册》，第260～261、284、313～314、440页；胡颂平编《朱家骅年谱》，第15～16页。

② 傅启学为北大学生救国团宣传部部长，因策动英国公使馆华人罢工而得到各方重视，他代表北大救国团出席主席团。傅启学个人也因主持这次罢工行动，开始受到国民党重视。傅启学：《我与骝先先生有关的几件事》，《传记文学》1976年第6期，第33～34页。

　　朱家骅与学生的紧密互动可见一斑。难怪北大教职员组织沪案后援会时，朱家骅就被推为北大教职员与学生的直接对话代表。

　　北大教授将沪案定位为"全国问题，非上海一隅问题"，"不单是一个法律问题，沪案根本上是一个政治问题"，是北京教育界首先对沪案做出回应者。[①] 日后在援沪行动上亦日趋积极。全体教授在6月3日召开紧急会议，决议致函外长沈瑞麟、晋谒段祺瑞，要求训令上海领事团停止一切暴力行为，要求关系国公使退出国境，中国军警驰赴租界保护中国人民之生命。5日发表"左打列强帝国主义，右打腐败的军阀政府"措辞强硬且沉痛的援沪宣言，呼吁国人"兹惨祸横生，国人尤当省悟，务使内政修明，共御外侮"。该宣言清楚表达了北大教授在这次事件中将全程参与的决心。8日，北大师生结队向段祺瑞政府"请愿"。北大教务会议呼应学生罢课诉求，以学年将终，"距例应停课之期不过数日"，而沪事"又已激起一种普遍的国民运动"，令停止教课。[②]

　　随后北大教职员认为，沪、汉事件"英日诬我排外及赤化亟须辩正"，成立"北大教职员沪案后援会"，对外宣布真相，对内募款救济工人、监督政府交涉。成立会上推举朱家骅、沈兼士、李四光、胡适、马寅初、李书华等46人为委员分股办事。朱家骅加入总务股与文书股，与高仁山、陈翰笙、王世杰、周鲠生等人共同策划领导学生运动。朱家骅与余文灿、高仁山、陈翰笙等人因自五卅惨案发

---

①　《专载》，《北京大学日刊》第1721号，1925年6月16日，第1版；《专载关于沪案性质的辩正》，《北京大学日刊》第1722号，1925年6月17日，第1版；《公告》，《北京大学日刊》第1723号，1925年6月18日，第2版。

②　《特载：北京大学教授致段执政函、北京大学教授致外交总长公函、学生会宣传股讲演队启事》，《北京大学日刊》第1712号，1925年6月5日，第1版；《本校布告》，《北京大学日刊》第1732号，1925年6月30日，第1版；《北大教授谒段祺瑞》，《晨报》1925年6月5日，第2版；《北京学界誓死雪耻　北大教授发表宣言》，《晨报》1925年6月6日，第3版；《北京各界雪耻运动坚持猛进》，《晨报》1925年6月9日，第3版。

生以来，一直支持、领导学生运动，遂被推派为北大教职员与学生关于援沪事宜的直接对话代表。

此时北大为援沪已经停课，这四位教授每天上午 10～12 时、下午 3～5 时，固定在北大第二院大学会议室驻点，负责与学生接洽有关援沪事宜。若是学生在非上述工作时间而有实际需要者，这四位教授也提供联系的专线电话，可说是处于 24 小时全天候的待命状态。此外，朱家骅与周鲠生还被推派前往上海向各界说明"沪案系全国问题，非上海一隅问题"，要求中方谈判代表不要希图苟且了事，再次丧权辱国。[①] 北大教授为了援沪，不止劳心，还出力出钱，四处募款。朱家骅对募款也相当热心，至少先后向 32 处个人、单位募得援沪捐款。[②]

五卅惨案后，6 月 11 日再发生汉口惨案，13 日又有九江冲突，接着 23 日在广州沙基发生了更严重的流血冲突事件，使得民众的反帝情绪不断高涨，"武装民众运动""与广东政府采取一致反帝态度"等诉求陆续被提出。[③] 北京各界联席会发动了 6 月 25 日近 30 万人的游行、追悼大会，会中即有代表提出"支持广东革命政府"之

---

① 《公告》，《北京大学日刊》第 1718～1720 号，1925 年 6 月 12～15 日，第 2 版；《专载》，《北京大学日刊》第 1721 号，1925 年 6 月 16 日，第 1 版；《公告》，《北京大学日刊》第 1723 号，1925 年 6 月 18 日，第 2 版；《公告：北京各界援助上海失业同胞募捐总会收款报告（一）》，《北京大学日刊》第 1727 号，1925 年 6 月 23 日，第 3、4 版；《北京各界援助上海失业同胞募捐总会收款报告（四）》，《北京大学日刊》第 1742 号，1925 年 7 月 11 日，第 4 版；胡颂平编《朱家骅年谱》，第 15 页。

② 为救济上海罢工工人，北大教职员沪案后援会成立当天，经济股便议决，由学校向银行借垫 1.1 万余元，于教职员薪俸项下分两月扣还。拟以万元汇上海，余款以一半供教职员委员会经费、一半供学生会经费。另外，北大教职员沪案后援会全体委员还曾联署致函立各校教职员、校长，提议在政府积欠各校之 150 万元经费内，提捐 10 万元。《专载》，《北京大学日刊》第 1721 号，1925 年 6 月 16 日，第 1 版；《北大教职员捐万元》，《北京大学史料》，第 2978 页。

③ 《救国团启事》，《北京大学日刊》第 1723 号，1925 年 6 月 18 日，第 3 版；傅启学：《我与骝先先生有关的几件事》，《传记文学》1976 年第 6 期，第 33～34 页。

主张。① 北大教职员沪案后援会进一步提出了以"经济抵抗""直接
向英提出修改不平等条约""与广东政府一致行动"的主张。其中
"与广东当局作一致之行动"即是朱家骅所提。② 这不仅显示群众的
抗争手段日趋激烈，更显露对懦弱无能的北京政府的否定，和对力
争"废除不平等条约"的广东革命政府的认同。这些诉求在一次次
的运动中不断地在思想上教育群众、激化群众，于是在下一波的反
政府运动中，这些主张陆续由"口号"转化成"实际行动"。

　　朱家骅在长达三个月的五卅运动期间，其抗争思想主轴清晰可见：
对象为军阀政府、帝国主义列强，终极目标为废除不平等条约、收回
国权与推翻"军阀政府"。以"革命"为推翻"军阀政府"的手段隐
见其中，向南方国民政府靠拢的意向不言而喻。尤其他主动积极地参
与、奋力不懈的精神，与对于时局、外交政策种种问题之主张，受到
北方学界与教育界支持，实反映了当时北京学界对时局的主流看法。

　　总之，五卅运动是朱家骅在北方学界与群众运动上初露头角之
时，为他在下一波以"关税自主"为主题的反政府群众运动中的领
导地位奠定了基础。

---

①　对这次运动，朱家骅事前即提出，以取消英、日和中国的一切不平等条约作
　　为北大这次政治运动的唯一目标与主张。五卅惨案月纪念日北京反帝大联盟、
　　马克思主义学说研究会、国民党北京执行部、国民外交后援会等 500 多个团
　　体、数十万人，在天安门举行全世界被压迫民族国民大会。会上通过了惩凶、
　　赔偿、武装自己等 9 项决议，提出要北京政府与广东革命政府采取一致反帝
　　态度的主张。《专载》，《北京大学日刊》第 1721 号，1925 年 6 月 16 日，第 1
　　版；《专载：本会通电》，《北京大学日刊》第 1727 号，1925 年 6 月 23 日，
　　第 1 版；中共北京市委党史研究室编《中国共产党北京历史》，北京出版社，
　　2001，第 141～142 页。
②　北大教职员沪案后援会首先致法总理班乐卫电与致外交部书，请其直接向英提出
　　修改不平等条约通牒，推派朱家骅递部。7 月 1 日集议成立经济抵抗委员会，推
　　定朱家骅、马寅初、徐宝璜、刘光一、王星拱、徐炳昶、朱希祖、皮宗石、李四
　　光、顾孟余、李麟玉、余文灿、周鲠生、唐有壬、吴承洛、沈士远等人为委员，
　　负责实际工作。朱家骅提出，对于粤事，北京当局应与广东当局作一致行动、政
　　府应筹款接济罢工工人等建议，皆获同仁认同与采纳。《专载：北大教职员沪案
　　后援会专纪——委员会议决事项》，《北京大学日刊》第 1734 号，1925 年 7 月 2
　　日，第 1 版。

2. 关税自主运动

沸沸扬扬闹了三个月的五卅运动甫在 9 月落幕，10 月下旬的关税协议再起抗争运动。

1925 年 8 月 10 日，美国公使照会北京段祺瑞政府外交部，同意召开关税特别会议，但提出以"禁止中国的一切反帝言论、反帝团体活动及出版物的出版"为修改关税协议的交换条件。段祺瑞政府接受条件，定于 10 月 26 日在北京召开"关税特别会议"，准备以裁撤厘金为废除关税协议条件，并规定废除协议关税以五年为期限。此种条件无疑再次出卖中国关税自主权。

在此废除不平等条约、反帝国主义为主流民意的时候，这样的关税协议再次引爆民愤。10 月 22 日，北大教职员沪案后援会立即召开全体教职员紧急会议，决定在"关税特别会议"召开当天径赴会场宣达"倒段驱奉""反对关税会议""争取关税自主""废除不平等条约"等主张。为免多生事端，这次行动定位为只单纯地"表达意见"，不拟向任何方面请愿。① 朱家骅被推为大会筹备人。

关税特别会议开幕日，大会筹备人朱家骅双手举着大旗领导北京八校师生与群众走在游行行列最前面。因警方意欲阻挡游行队伍前进，双方发生激烈冲突，结果师生、警察各十余人受伤，北大学生傅启学等多人在混战中被捉往警厅讯问。朱家骅继续领导学生队伍向前猛进，齐集天安门召开大会，当场公决派代表赴警察厅要求释放被捕学生。朱家骅等 11 名代表要求释放被捕学生。学生被释回后，北京大学教职员沪案后援会进一步于 11 月 6 日组织关税自主促进会。9 日，关税会议通过以裁厘为条件的关税自主案。北大教职员沪案后援会决定发动更大规模的示威运动，并成立教授演讲团四处演说关税自主之重要性。16 日，邀约全国学生总会、国民政府北上外交代表团等 30 个团体决定 22 日举行关税自主国民示威运动大会，公推朱家骅为主席，于树德

---

① 《公告：北大教职员沪案后援会紧急通告》，《北京大学日刊》第 1780 号，1925 年 10 月 13 日；第 1789 号，1925 年 10 月 24 日；第 1790 号，1925 年 10 月 26 日，第 2 版。

任事务股主任。①

　　关税自主国民示威运动大会当天，参加的青年学生、民众如预定计划，先到北大、师大、法政大学等校集合，再分向天安门进发。甫出校门，即遭荷枪实弹的武装警察包围拦阻，朱家骅与马叙伦为北大集中点之领导，便带头与警察搏斗，企图冲出重围，于是爆发激烈肢体冲突。这次学生有备而来，以砖瓦、热水壶为武器，冲破封锁线。部分情绪激昂的学生则直捣警察厅，拆下京师警察厅牌匾，搬回北大第三院大礼堂，沿途"万人齐呼，如庆凯旋"。在这次冲突中，北大教授马叙伦、于树德等百余人负伤送医。此时头部受了伤的朱家骅则仍按计划路线领着学生到天安门集会，要求无条件收回关税自主权，解除一切关税条约。事实上，自10月15日起，直奉战争已经开打。奉系军阀内部和冯玉祥的国民军同奉系之间的战争相继爆发。11月下旬，冯玉祥的国民军攻占北京、保定一带。这时奉系将领郭松龄在滦州倒戈，张作霖自顾不暇，无力支持段祺瑞，关税会议最后以无任何结果收场。② 朱家骅、李大钊等人欲趁此军事

---

① 《救国团启事》，《北京大学日刊》第1723号，1925年6月18日，第3版；《公告》，《北京大学日刊》第1791号，1925年10月27日，第2版；《本校布告：紧急启事》，《北京大学日刊》第1792~1795号，1925年10月28~31日，第1版；《纪事：本校教职员全体大会开会纪事》，《北京大学日刊》第1794号，1925年10月30日，第2版；《教职员沪案后援会委员会启事》，《北京大学日刊》第1803号，1925年11月10日，第1版；第1807~1810号，1925年11月17~20日，第3版；《昨日五万人游行示威》，《晨报》1925年10月27日，第2版；《国内专电二》，《申报》1925年10月29日，第4版；《1925年11月2~30日北大校志记事表》，北京大学档案馆藏，馆藏号：BD1927001；李书华：《追忆朱骝先先生》，《朱家骅先生逝世纪念册》，第313~314页。

② 马叙伦回忆当天情况说："后来，（不记月日了）又有一次，仍想在天安门集合，做更大的行动，北大学生由第三院出发，我和朱家骅各领了一队，正要出去，大门已被警察封锁了，大家回头，开边门走，这时，我反成了'殿后'的，而且已离开了队伍，不想边门也有了警察，幸是少数，所以走得快的都冲了出去。那边门平常不开的，门坎离街道上有二尺多高，我刚要下去，被警察飞起一脚，正中我的鼻嘴，都发木了，只好'铩羽而归'；天安门的群众也被军警驱散，但也没有伤害。"马夷初：《我在六十岁以前》，沈云龙主编《近代中国史料丛刊续编》第953册，文海出版社，1983，第92~93页。其他参见《昨日市民两万人示威游行》，《晨报》1925年11月23日，第2版；李大超《追念骝先先生回忆北平二三事》，《朱家骅先生逝世纪念册》，第440~441页；《中国共产党北京历史》，第145页。

乱势发动"首都革命"，一举推翻段祺瑞政府。

　　3. 首都革命

　　在军阀混战局势下，驻防在京、津一带的冯玉祥国民军已表达对"倒段"行动的支持。朱家骅、李大钊、于树德、赵世炎等人认为有机可乘，意欲采取"辛亥革命"成功模式，策划在 11 月 28 日以"关税自主的国民运动"为名，发动"首都革命"。意欲推倒段祺瑞政府，建立真正的国民政府。当时计划要夺取段祺瑞政府各重要部门，打乱其指挥系统，迫使段祺瑞下台。在行动成功后立即召开群众大会，宣布成立"北京临时国民政府和临时政府委员会"，推举徐谦为临时政府主席。

　　这次"大会"为"革命"性质，事前绝对保密。各团体连日积极筹备，参加这次行动的学生、民众都事先分组，按军队编队方式秘密进行训练。直到 27 日才发布将于 28 日下午 1 时召开"民国大会"。28 日上午各学校墙壁间"突然"贴出许多布告，各校门口也散发写有"民众武装起来，团结暴动，首都革命"的传单。预定时间一到，国共两党加上青年党策划的"首都革命"即在北京"起义"，攻占了警察总局和邮电局等重要政府部门。① 接下来的"国民大会"即公推朱家骅为现场总指挥兼大会主席，刘清扬、于树德为副总指挥，学生敢死队负责维持秩序，在神武门前召开"国民大会"。国民党、共产党和各革命团体、文化界、工商各界、市民、学生、工人 5 万余人到场。

　　朱家骅以传声筒大声宣告"打倒卖国政府，建设国民政府"是此次大会宗旨和行动目的，② 并说："革命事业在民众之努力，今日开会，在推翻军阀卵翼下之卖国政府，吾侪现在出发，赴执政府，即迫段祺瑞下野。"③ 游行队伍按军队建置，设立了总司令、副司令。

---

① 《市民迫段祺瑞下野，决议二条托鹿钟麟交涉　昨夜历访张李叶姚住宅》《各学校之布告满墙》，《晨报》1925 年 11 月 29 日，第 2 版；《中国共产党北京历史》，第 146～147 页。

② 《要闻：岌岌可危之临时政府》，《益世报》1925 年 11 月 29 日，第 3 版。

③ 《五万群众集神武门》，《晨报》1925 年 11 月 29 日，第 2 版。

大队进行次序为：总司令、副司令、学生军、臂缠红布的学生敢死队、工人保卫队为前导，大队学生、各团体会员、市民居中，救护队殿后。主席兼游行总指挥朱家骅在报告完毕带领群众喊出"拥护广东国民革命政府""驱逐段祺瑞"等激进口号后，即行出发。①

　北大教授除朱家骅外，李书华、李宗侗、沈兼士、林语堂等十多人都在"首都革命"大旗的前导下列队游行，国家主义青年团与国魂社的李璜、邱椿等五十人也加入其中。沿途高呼"废除一切不平等条约""无条件收回关税自主权""建设民众政府""打倒一切帝国主义""拥护广东国民革命政府"等口号，直奔铁狮子胡同段执政府。② 不过，段祺瑞早不在府内，游行队伍遂转向段祺瑞住宅，其卫队全副武装，戒备极严。总司令朱家骅多次交涉欲入段宅遭拒，在不得其门而入的情况下，只能在门外高呼"请段祺瑞下野""请段祺瑞缴出印信来""迫段祺瑞签字即日离京"等口号。

　若按原订"行动计划"，群众在逼迫段祺瑞签字辞职后，应即转到天安门开"国民大会"，讨论组织"国民政府"办法。但示威队伍在段祺瑞官邸僵持良久，指挥部遂决定取消转赴天安门的行程，直接在段宅门前召开国民会议。议决通过："一、废除不平等条约；二、一切武力智力大生产力团结力为民族的国基所有；三、人民取得一切自由；四、开国民会议建设国民政府。"同时，要求段祺瑞必须于第二天中午前辞职。另外，仍按预定计划以"北京国民大会"名义发出通电，通告全国"段恶服罪，首都已靖"及"国民大会"之议决案。③

---

① 《五万群众集神武门》，《晨报》1925 年 11 月 29 日，第 2 版；《国内专电（一）》、《国内专电（二）》，《申报》1925 年 11 月 30 日，第 3、4 版；《中国共产党北京历史》，第 148～149 页；中共北京市委党史研究室编《第一次国共合作在北京》，北京出版社，1989，第 220～221 页。

② 《半武装之民众示威》，《晨报》1925 年 11 月 29 日，第 2 版；《中国共产党北京历史》，第 149 页；李璜：《学钝室回忆录》，传记文学出版社，1973，第 124 页。

③ 《国民大会发出通电》、《章朱李刘住宅被毁》，《晨报》1925 年 11 月 29 日，第 2 版。

　　第二天，天安门召开"国民大会"，现场旗帜飘扬，悬有段祺瑞的十大罪状，朱家骅任主席。大会开始，朱家骅宣布："昨日之运动，即我等之革命运动，今日之国民大会即是国民共同讨论我国之一切问题。"① 大会通过解除段祺瑞政权"听候国民公判"等七案，复通电各地发布警告段祺瑞书。② 大会结束后，群众接着示威游行，至香厂时因内部意见不合，国民党左右派内讧互殴，使游行队伍无法前进。总指挥朱家骅与副指挥于树德不得不宣告解散。原本应是一场轰轰烈烈的"首都革命"，就在国民党内讧、国民军临阵脱逃下，仓皇落幕，并在烧毁晨报馆的火焰中草草结束。③

　　1924 年，蔡元培便有言："盖以救国问题而言，此时所最急者，在打倒军阀之预备，此断不能如辛亥以前之革命事业，利用几支军队，或放几个炸弹，可以收效。"④ 1925 年 11 月底，朱家骅作为主要领导人之一，在亲近国民党的冯玉祥国民军控制北京情况下，发动"首都革命"，试图以"革命"手段推翻段祺瑞政府，夺取政权。由结果来看，朱家骅等人既无"军队"支持，又无"武备"，即企图以"木棒"对抗"枪弹"发动"革命"行动，有如儿戏。事实上，朱家骅等这次"首都革命"之意是欲以广州"三二九"起义失败为师，想以"热血"激起国民革命风潮。北京国民党员王昆仑回忆说：

---

① 《天安门今日再开会》，《晨报》1925 年 11 月 29 日，第 2 版；《被难之经过》，《晨报》1925 年 12 月 7 日，第 6 版；《国内专电（二）》，《申报》1925 年 11 月 30 日，第 4 版。

② 《有关"首都革命"的报道》（1925 年 11 月 28～29 日），《第一次国共合作在北京》，第 225 页；《国民党北京执行部报告书》，《中国国民党第二次全国代表大会日刊》1926 年 1 月 11 日，转引自吕芳上《从学生运动到运动学生：民国八年至十八年》，第 243～245 页；马夷初《我在六十岁以前》，沈云龙主编《近代中国史料丛刊续编》第 953 册，第 92 页。

③ 游行队伍中总工会与工人联合会发生殴斗情事。反共派的林森、邹鲁在西山会议后，参加首都革命。游行队伍解散后，持有"打去啊！晨报舆论之蟊贼"旗帜的队伍有数十人，则蜂拥至宣武门大街，放火烧了晨报社。《中国共产党北京历史》，第 149～150 页；《国内专电（二）》，《申报》1925 年 11 月 30 日，第 4 版；《被难之经过》《各方之同情》，《晨报》1925 年 12 月 7 日，第 6 版。

④ 《复傅斯年、罗家伦函》（1924 年 12 月 4 日），《蔡元培书信集》，第 707～709 页。

民国十五年春，在北平的国党同志痛心于总理之逝世，总理北上的主张又无望实现，于是决心以党员流血为先驱，领导北方民众爆发"首都革命"。这次运动的目的在于推翻奉皖两系军阀所支持的段政府与北方的国民政府。……这次的运动，同志们是以黄花岗七十二烈士的精神自勉的。还记得在前一晚若干青年同志秘密集会的时候，特由纪人庆同志讲述了一篇广州三月廿九起义的故事，声色俱厉。当时大家激动的一个个怒目捶胸的神态，现在还历历在眼。①

革命虽未成功，革命思想却在群众间茁壮成长，北京学界革命气氛越来越浓厚。在"首都革命"后，北大学生会认为"已经到了一个实际与帝国主义以及军阀斗争，而要实行收回国民政权的时期"；"帝国主义统治中国的局面，与乎反动军阀掌握政权的时期已经快要崩溃而成为过去的事实"。学生会明确提出了"推倒帝国主义统治下的军阀官僚的卖国政府"与"建设为民众谋利益的国民政府，解决目前一切对内对外的问题"两大目标，呼吁全国民众一起"共赴国难"，完成此轰轰烈烈的革命任务。② 学生会的这份宣言清楚显露了"鼓动革命"的企图。另外，北京革命学生敢死队的北大干部也在《北京大学日刊》上公开征求队员，毫不避讳地称，该敢死队是"适应此种环境而产生的一种革命学生的组织"，目的是为"联络学生作国民革命事业"与"做民众运动之领导，并为武装民众的先声"。因而，呼吁"热心革命事业"的同学赶快加入，"共尽历史使命！"③ 这股"革命倒段""建立民国"的革命风潮从北京吹向了上海、开封、汉口、广州、长沙、南京等许多城市，当地民众先后举

---

① 《革命先烈纪念特刊》，重庆《扫荡报》1941年3月29日，第4版。
② 《专载：北京大学学生会对时局宣言》，《北京大学日刊》第1826号，1925年12月9日，第1版。
③ 《北京革命学生敢死队北大干部征求队员启事》，《北京大学日刊》，第1842号，1926年1月6日；第1843号，1926年1月7日，第4版。

行示威游行，要求建立像广州那样的革命政府。① "倒段"声浪是越来越大，革命势力也越来越壮大了！

朱家骅在"关税自主""首都革命"中领导群众抗议，身为总指挥，以身作则，走在最前头，既擎大旗，又高呼口号，还向群众"建国大纲"。群众包围段祺瑞政府请愿时，他始终在前面冲锋陷阵。朱家骅的无畏精神，不仅提高了他个人的"知名度"，同时也让自己被归类为"国民党左派"。郁达夫曾写道："在北京张着左倾的旗帜，是以左起家的人物，到了广州，尽可以登报声明，说：'我非左，我非左！'等到得了位置以后，又可以一面逢迎着有实力的几个人，讲极右的话。"② 讽喻的就是朱家骅。当时也积极参与"首都革命"的青年党人李璜也曾怀疑朱家骅是国民党左派，还感慨地说："朱骝先平时颇谨伤，亦中风狂。"③ 实际上，若从朱家骅与共产党创建人之一李大钊一起发动"首都革命"一事，还有朱家骅在"首都革命"后，由国民党左派的顾孟余与于树德介绍入党观之，朱家骅难逃左倾之嫌。④

在五卅运动至"三一八"惨案期间，朱家骅能够领导反北洋政府运动，除他身先士卒的拼斗精神与个人的领导才能与领袖魅力外，真正因素不在于他是左或右的政治色彩，而在于他既不左也不右的坚定反军阀政府立场。他在这一时期运动中所一再提出的诉求：废除不平等条约、收回国权、推翻军阀政府、建立自由民主的国民政府，传达了当时北京学界主流民意，而这才是他得以带动学

---

① 《中国共产党北京历史》，第150页。

② 袁征：《郁达夫在广东大学》。http://www.saohua.com/shuku/yudafu/zy14.htm，最后访问日期：2017年1月17日。

③ 李璜这时候怀疑朱家骅是国民党左派，或至少是被左派利用。李璜：《学钝室回忆录》，第125页。

④ 于树德为北大教授，1922年加入中国国民党，1924年1月、1926年1月连续当选为国民党第一、二届中央执行委员，曾任国民党北京执行部常务委员。顾孟余为北大经济学系主任，汪精卫挚友，1926年任国民党第二届中央执行委员。1926年3月与李大钊等在北京组织领导"三一八"示威请愿，"三一八"惨案后赴广州，后任国民党中央宣传部部长。胡颂平编《朱家骅年谱》，第16页。

界的关键因素。无论如何，此时期的朱家骅已成了全国闻名的"左派斗士"。[①] 只是成王败寇，"革命"失败，这位"左派斗士""群众英雄"只得暂时先到东交民巷避避风头了。[②]

4."三一八"惨案后北京学界的南下潮

段祺瑞在一连串的反政府运动下评估各方形势，已生即日下野的想法。但此时日本欲扶植中国军阀作为侵略中国的工具，先进兵东三省，后接济张作霖军火粮饷，1926 年 1 月进而援助段祺瑞政府，欲以段祺瑞为其操纵中国政局之傀儡。日本的行径令国人极度愤慨，北京再度掀起对抗"帝国主义"与"卖国军阀"的一连串抗争运动。

对群众的不满情绪，执政府的应对方法就是以"防奸人乘机扰乱首都秩序"为理由，明令禁止开会，"违者重惩"。而"政府"的"明令禁止"群众置若罔闻，各项工作仍按原定计划积极筹备。例如，1 月 14 日举行"反日进兵南满示威大运动"，事前警告日本帝国主义之通电、告全世界民众之宣言都翻译成英、日文电文发出，并四处散发"告全国民众"传单。为扩大宣传，各校学生会亦组织讲演队四处演讲。北大、师大、民大三处也分请名流讲演。北京许多学校也于 13 日、14 日两日放假半天，以方便教职员工、学生参与筹备工作与参加运动。又如 1 月 31 日在天安门前召开"国民讨张反日大会"。主席团包括吴稚晖、李石曾、陈启修、谭熙鸿、徐谦等十余人，朱家骅还登台揭露日本侵略政策。随后大会议决，通电全国讨张反日，厉行对日经济绝交等议案。[③]

---

① 袁征：《郁达夫在广东大学》。http://www.saohua.com/shuku/yudafu/zy14.htm，最后访问日期：2017 年 1 月 17 日。

② 这次示威运动后，朱家骅接受顾孟余、于树德的劝告，躲入东交民巷的外交使馆区。李书华：《追忆朱骝先先生》，《朱家骅先生逝世纪念册》，第 314 页；胡颂平编《朱家骅年谱》，第 16 页。

③ 《浩大的民众反日示威大运动》，《京报》1926 年 1 月 13 日；《昨日三校讲演之盛况》，《京报》1926 年 1 月 14 日；《昨日天安门前之讨张反日大会》，《京报》1926 年 2 月 1 日，皆出自《北京大学史料》第 2 卷，第 3003 ~ 3004、3004、3006 页。

北京学界的反日运动越来越积极，也越来越激进。2月，成立"北京国民讨张反日大会"，办公地点即设在北大，各股职员每天积极活动，组织抵制日货委员会，联合各界一致进行对日经济绝交。21日开始检查日货。3月12日，孙中山逝世周年，学生、群众无视政府禁令，依旧召开纪念大会，依旧大呼"中山先生革命精神不死""打倒帝国主义""取消不平等条约""誓不买卖日货""打倒卖国军阀"等激烈口号。这时朱家骅因领导反日大游行、抵制日货运动，成为日本人"特别注意"的反日学者。①

3月12日，《辛丑条约》关系国英、日、法、美、意、荷、比、西等八国公使向北京政府递交对外国船舶不加以任何干涉等5项要求的最后通牒，要求18日正午前答复。17日，八国通牒全文见诸报端后，人心极为愤慨。国民党政治委员会北京分会立即联合民治主义同志会、北京孙文主义学会、国家主义团体联合会等150余团体集议，公推丁惟汾任主席，当场议决成立北京反对八国通牒大会，计划于18日在天安门开国民大会，举行示威运动。会后推代表分赴外交部、国务院，要求承诺严词驳斥八国最后通牒。朱家骅和八校教职员多人参与其中。18日下午，执政府前荷枪实弹的卫队枪杀了参加示威游行的爱国青年学生，计有47人遇难，200余人受伤，60余人失踪。这就是"三一八"惨案。朱家骅本欲参加活动，因留德同学阎幼甫在北京政府中有熟识之人，探知段祺瑞政府拟于当天派人暗杀朱家骅。阎幼甫深知若坦白相告，朱家骅决不会因此退却，便在当天早上借故约朱家骅一同出门办事，拖延时间，使朱家骅来

---

① 孙斌：《朱家骅先生思想论》，《国立编译馆馆刊》1980年第1期，第181页；李世军：《"三一八"惨案纪实》，北京师范大学校史资料室编《碧血溅京华　纪念三一八惨案六十周年》，北京师范大学出版社，1986，第221～227页；《北京国民讨张日大会近讯》，《京报》1926年2月6日；《讨张反日大会进行抵制日货》，《京报》1926年2月20日；《昨日开始检查日货》，《京报》1926年2月22日，皆出自《北京大学史料》第2卷，第3006～3008页。

不及返回参加请愿运动而逃过一劫。①

　　这次爱国和平请愿运动却惨遭政府屠戮，被杀害的又多是青年学生。消息传出，社会舆论尽是谴责之音。段祺瑞执政府没有承认错误，反于次日发布临时执政令通缉这次事件"祸首"："共产党人"徐谦、李大钊、李煜瀛、易培基、顾兆熊（顾孟余）等五人。②但此"欲盖弥彰"的"通电"与"通缉令"一出，舆论哗然，执政府成为众矢之的。早已成为"花瓶"的国会也于 24 日召集非常会议，通过"所有此案，政治责任，应由段祺瑞一人担负，听从国民处分，其刑事责任，应由法庭分别首从，依法审判"的决议。③ 27 日，广州国民政府也号召"全国人民，及与人民合作之军队"，"一致奋起，以驱除段祺瑞及一切卖国军阀"。④

　　媒体陆续揭露执政府罗织罪名通缉的经过与真相，赫然发现另有一份包括徐谦等 5 人在内的 50 人通缉名单，朱家骅、沈兼士、鲁迅、周作人、林语堂等皆榜上有名。

　　20 日《晨报》社首先揭露，18 日惨案以后形势异常严重，段祺

①　张西曼：《"三一八"爱国运动的教育意义》，《人民日报》1949 年 3 月 19 日，第 4 版；查良钊：《怀念朱骝先先生》，《朱家骅先生逝世纪念册》，第 376~377 页；《北京群众运动空前惨剧　国务院卫队枪击群众死伤累累惨不忍见》，《晨报》1926 年 3 月 19 日，第 2 版；李世军：《"三一八"惨案纪实》、刘厚中：《"三一八"惨案中的勇士——辛焕文事略》，《碧血溅京华：纪念三一八惨案六十周年》，第 227、273~288 页；杨善南：《诱杀之阴谋》、《北京惨案真象》；《国务院门前伏尸遍地》，《时报》1926 年 3 月 26 日；《民众大流血别报》，《京报》1926 年 3 月 19 日，皆转引自江长仁编《三一八惨案资料汇编》，第 44~45、67~83、83~86 页。
②　《政府公报》，第 3570 号，1926 年 3 月 20 日，转引自江长仁编《三一八惨案资料汇编》，第 42 页；《昨晚之特别阁议　有重要议决》，《晨报》1926 年 3 月 19 日，第 2 版；《言论：段祺瑞之指捕令》，《民国日报》1926 年 3 月 20 日，第 2 版；《五人之狱　一网打得尽耶》，《民国日报》1926 年 3 月 21 日，第 2 版；《言论：可笑的通缉令》，《民国日报》1926 年 3 月 22 日，第 2 版。
③　《国会非常会通电宣布段祺瑞十大罪恶》，《世界日报》1926 年 3 月 26 日，转引自江长仁编《三一八惨案资料汇编》，第 100 页。
④　《粤政府北伐计划　联合唐袁共策进行》，《晨报》1926 年 3 月 21 日，第 5 版；《国民政府驱段宣言『誓当领袖民众　为国家除残贼』》，《民国日报》1926 年 3 月 31 日，第 2 版。

瑞下午三时在官邸紧急召集临时阁议，会商善后办法。段祺瑞力主从严惩办，否则难以维持政府威信。阁员中则有"严办到底"与"主调停"二派。经讨论后，一致认为"此事倘非有一卸责方法，则死伤如是之多，责任所在，无以自明"。决定将历次在天安门以"群众领袖"自命之徐谦、李大钊、李煜瀛、易培基、顾兆熊等五人明令通缉，加以"共产党""尊号"，于是就有了所谓"说明真相"的"通电"与"通缉令"，把青年学生的和平请愿说成在徐谦等"共产党"率领下"暴徒数百人""闯袭国务院，泼灌火油，抛掷炸弹，手持木棍，丛击军警"，此事便算了结。原本朱家骅与陈启修皆在榜上，讨论后认为二人资望甚浅，非重要人物，无通缉必要而取消。①

《京报》也于 4 月 9 日大曝内幕，称根据一位曾在府中亲见五十人名单的某君所言，原本执政府方面早已调查详列反对者之名单百余人，"三一八"惨案后，照单挑出徐谦、李大钊等 50 人提付讨论。结论是"名列前茅"的徐谦、李大钊、李煜瀛、易培基、顾兆熊等五人上榜。朱家骅排名第九，显见亦为当局者所欲除之而后快者之一。②

不论通缉的名单是五人还是五十人，"传闻"是否真实，正如鲁迅观察："从别一方面看来，所谓'严拿'者，似乎倒是赶走。"③事实上，19 日下午 3 时李煜瀛、易培基见情势不妙已先避于俄国使

---

① 《通缉令决定之经过前夜两度之阁议》，《晨报》1926 年 3 月 20 日，第 2 版；《国务院门前伏尸遍地》，《时报》1926 年 3 月 26 日，转引自江长仁编《三一八惨案资料汇编》，第 80 页。

② 五十人名单依序如下：徐谦、李大钊、吴稚晖、李煜瀛、易培基、顾兆熊、陈友仁、陈启修、朱家骅、蒋梦麟、马裕藻、许寿裳、沈兼士、陈垣、马叙伦、邵振青、林语堂、萧子升、李玄伯、徐炳昶、周树人、周作人、张凤举、陈大齐、丁维汾、王法勤、刘清扬、潘廷干、高鲁、谭熙鸿、陈彬和、孙伏园、高一涵、李书华、徐宝璜、李麟玉、成平、潘蕴巢、罗敦伟、邓飞黄、彭齐群、徐巽、高穰、梁鼎、张平江、姜绍谟、郭春涛、纪人庆。报道中所开列的名单实只有 48 人。《"三一八"惨案之内幕种种》，《京报》1926 年 4 月 9 日，转引自江长仁编《三一八惨案资料汇编》，第 42～44 页。

③ 《可惨与可笑》（1926 年 3 月 26 日），《鲁迅全集》第 3 卷，人民文学出版社，1973，第 255 页。

馆，徐谦下午5时亦驱车避入东交民巷，顾孟余未久在国民党同志掩护下南下广州。"五十人"名单出现后，榜上有名者也都闻风躲藏。例如鲁迅、许寿裳与其他十几个被通缉者一起躲入西单旧刑部街山本医院的一间破旧什物的堆积房。夜晚在水门汀地面上睡觉，白天以面包、罐头等食品充饥。另外一批包括朱家骅、马裕藻、吴稚晖、李煜瀛、蒋梦麟、马叙伦等十余"黑名单"人物则避居东交民巷的六国饭店和法国医院。当时尚在北大就读的蒋复璁常去探视朱家骅，替朱家骅传递讯息或办点私事。①

　　4月20日，段祺瑞被迫下台。此时，奉军及直鲁联军张学良、张宗昌、李景林等部已占领津、京，国民军退守南口、张家口一线。张宗昌等一进北京为树立权威，即杀鸡儆猴，26日以"勾结赤俄"的罪名枪杀《京报》社长邵飘萍。随后吴佩孚、张作霖抵京，控制北京政权，立即明令严禁各种政治活动，并于8月6日深夜逮捕《社会日报》社长林白水，当夜处决。《世界日报》社长成舍我、北大教授高仁山和学生刘尊一等都先后被捕，北京陷入严峻的白色恐怖之中。② 结果，北京许多大学教授或因政治因素不便到校授课，或

---

① 胡颂平编《朱家骅年谱》，第7～16页；马夷初：《我在六十岁以前》，沈云龙主编《近代中国史料丛刊续编》第953册，第95页；蒋复璁：《朱骝先先生的追忆》，《朱家骅先生逝世纪念册》，第284页；《校长布告》，《北京大学日刊》第1877号，1926年4月9日，第1版；《校长布告》，《北京大学日刊》第1886号，1926年4月20日，第1版；《校长布告》、《教务处布告》，《北京大学日刊》第1920号，1926年5月29日，第1版；《国务院门前伏尸遍地》，《时报》1926年3月26日，转引自江长仁编《三一八惨案资料汇编》，第80～81页；许寿裳：《"三一八"惨案》、许羡苏：《鲁迅在三一八惨案中》，《碧血溅京华　纪念三一八惨案六十周年》，第216、219页。

② 成舍我在1926年"三一八"惨案发生隔日起连续五日的《世界日报》都以头版全版刊登惨案情况，大力指责北洋军阀政府暴行，表明其鲜明的政治态度。《京报》社长邵飘萍和《社会日报》社长林白水被张宗昌以"通敌有据"罪名枪杀。成舍我将此消息以第一条大字标题、加黑边，刊登在下午出版的《世界晚报》上，因此为张宗昌逮捕，拟予枪毙，后为孙宝琦所救。成舍我自诩此事件为人生"第一次值得追忆的笑"的艰险经历。《中国共产党北京历史》，第166页；李书华：《七年北大》，《传记文学》1965年第2期，第20～21页；马夷初：《我在六十岁以前》，沈云龙主编《近代中国史料丛刊续编》第953册，第95页。

认为在军阀黑暗统治下北京教育界僵局难破，先后选择离开北京这个是非之地。

迫使学人离开北京的因素还有最实际的"饭碗"问题。国立九校经费告竭已非一日，各校同仁勉力支持已数年于兹。此时财政部早已筋疲力尽，更加无暇顾及教育经费问题。连向来比较有办法的北大至 1926 年 1 月 12 日止，账簿上存款只剩二角五分八厘，煤炭也只敷三日之用。开学至五月，各职员仅得三元，连最低限度之生活也难维持，学校经费已至山穷水尽的地步。① 顾颉刚 1925 年下半年薪水至 1926 年 6 月还未全部领到，就是因为北大屡屡欠薪，竭蹶万分，1925 年下半年即开始"靠借钱度日"。②

1926 年下半年开始，北京国立各校的经费更加困难。8 月，九校教职员联席会以查良钊为主席为教育经费无着事发表宣言。

> 国立九校经费奇绌，积欠累年，危象迭生，深抱悲观。教员则忍饥授课，职员则枵腹从公。精力耗于校务，苦无点金之术；市肆困于欠赊，莫观乞米之帖。借贷万难，蒿目滋惊，君子固穷，凄其伤矣。甚至雇佣欠赀，校役啼饥，购物无钱，纸墨告罄，此则同人等瞻顾现状，深为危惧者也。……何况本年一学期中，所发经费不过一月，似此而欲维持教育，无异缘木求鱼。③

这份宣言真可谓句句辛酸、字字血泪，道尽 1921 年以来教育界

---

① 《北大教授多往厦大》，《晨报》1926 年 7 月 19 日；《前晚北大联席会议讨论停课索薪问题》，《京报》1926 年 1 月 14 日，皆转引自《北京大学史料》第 2 卷，第 518、2860 页；《北大经费无着　本学期学费亦已抵押》，《晨报》1926 年 5 月 5 日，第 6 版；《北京大学促蔡元培回校　评议会致蔡氏函 1926 年 5 月 18 日》，《申报》1926 年 5 月 26 日，第 7 版；《北大低薪职员要求加成发薪》，《晨报》1926 年 7 月 19 日，第 6 版。

② 顾潮编《顾颉刚年谱》，第 120 页。

③ 《九校教职员联席会宣言　决于两周之内努力救九校》，《晨报》1926 年 8 月 11 日，第 6 版。

的窘困与无奈。巧妇难为无米之炊，10月，国立九校校长只好再次提出总辞职。北大这一年也延迟到10月20日才开学，但直到11月中旬才正式上课，虽已上课却无力印发讲义。第一院在严寒的一月已有数日不能举火取暖，教职员往往只发薪俸四成，工友只发生活费半月。于是北大教授顾颉刚、鲁迅、沈兼士、张星烺、黄坚、陈万里、潘家洵接受林语堂之邀，南下厦门大学任教。顾颉刚本是不愿意去厦门的，但在北京"连淡泊的生活也维持不下了"。① 他无奈地说："我在京穷困至此，实亦不能不去。"② 高一涵、周鲠生、陈翰笙、张真如等也只好纷纷离校他去。③ 朱家骅避居东交民巷六国饭店三个月后，在6月决定应顾孟余之聘到广州中山大学任教，遂化妆先转入疗养院，再跟着蒋梦麟一起秘密离开至上海，再转广州。④

　　另外，广州国民政府自粤省统一军事结束后即有北伐之议。⑤ 此消息适在"三一八"惨案后见诸报端，更激励当时许多倾向或参与

---

① 顾潮编《顾颉刚年谱》，第120页。
② 顾潮编《顾颉刚年谱》，第129页。
③ 《校长布告：顷准北京专门以上学校校务讨论会议决，现因经费无着暂缓开学》，《北京大学日刊》第1963号，1926年9月11日，第1版；《北大开学尚有问题》、《北京大学布告》，《北京大学日刊》第1975号，1926年11月8日，第1版；《北大开学问题已发函征集各教授意见》，《晨报》1926年9月28日，第6版；《国立九校准备关门　下月四日无办法即请政府接收》，《晨报》1926年9月29日，第6版；《北大教职员不愿开课者多》，《晨报》1926年10月1日，第6版；《北大校役工余拉车》，《晨报》1926年10月23日，第6版；《北大教员今日开大会　昨日委员会议决五项》，《晨报》1926年9月14日，第6版；《北大二院听差不干　因欠薪过多》，《晨报》1926年10月18日，第6版；《九校教职员联席会宣言　决于两周之内努力救九校》，《晨报》1926年8月11日，第6版；顾潮：《历劫终教志不灰——我的父亲顾颉刚》，华东师范大学出版社，1997，第97～99页。
④ 朱家骅收到顾孟余从广州寄来中山大学地质系教授兼系主任聘书而决定南下。《最近国立九校之状况　经费困难支持维艰》，《世界日报》1926年7月6日，第7版；《北大教授多往厦大》，《晨报》1926年7月29日，第6版；蒋复璁：《朱骝先先生的追忆》、李于华：《追忆朱骝先先生》，《朱家骅先生逝世纪念册》，第284、314页；李书华：《七年北大》，《传记文学》1965年第2期，第20～21页；胡颂平编《朱家骅年谱》，第16页。
⑤ 《粤政府北伐计划　联合唐袁共策进行》，《晨报》1926年3月21日，第5版。

革命较为积极的青年学生如潮水般涌向革命策源地广州，形成当时学生"到黄埔去"的风潮。

从五卅运动到紧接其后的"关税自主运动""首都革命"，至1926年的"三一八"惨案，这一连串的反北京政府运动虽然主题各异，但并非各自单独的事件，而是具有"内除国贼、外抗强权"同一抗争主张的延续性运动。抗争手段由和平的"示威游行"发展为激进的"武装革命"。抗争主张与手段的变化亦隐含北方学人与南、北政府关系的微妙转变。

"三一八"惨案是结束北京政府统治的关键历史事件。

就政治层面来说，创造了广州国民政府北伐成功的先机。"三一八"惨案让学生界觉悟"吾人欲得最后解放之自由，非打倒帝国主义与铲除国内军阀卖国政府不可"。[①] 而要铲除卖国政府则非实际的革命行动不可。随着全国反军阀运动声浪的不断高涨，青年学生络绎不绝地奔向广州加入革命行列，革命力量的不断集结成为广州国民政府北伐成功的重要因素。

就教育学术界来说，是北方学人离京南下转向广州中山大学的节点。当时许多领导学生运动的教授或因被通缉不便到校授课，或不愿继续在军阀政府黑暗统治下，或因最实际的"饭碗"问题先后南下。而孙中山手创的革命学校"中山大学"适时张开双臂、敞开大门，为这批出走的北方学人与当时回国的"海归"学人提供了一个聚集之所，奠定了日后中山大学成为中国新学术重镇的基础。

对朱家骅而言，这段时间也是他人生的转折点。他过去既有参与革命的经验，又是中国首批官派留学教授。1925年后，既是北大德文系主任、北大评议员，又是北京八校教职员联席会代表，不论在教育界还是学生界皆具一定程度的号召力。加上他本着"身先士卒"的躬行实践精神，领导救国活动，与北京学界师生建立

---

① 杨春洲：《关于"三一八"惨案和南下参加大革命的回忆》，《碧血溅京华　纪念三一八惨案六十周年》，第233页。

起深厚的"革命情感",在青年学生中更具影响力。当时在北大就读的魏景蒙亲睹朱家骅当年以北大名教授领导青年学生,进行反政府运动时的大气磅礴。魏景蒙说,朱家骅当时的气魄,"虽在数十载后的今日,脑海中仍留有深刻印象"。[①] 此外,1925 年 8 ~ 9 月,北大教授为反章士钊事件发生内讧,朱家骅居中斡旋,亦可说明朱家骅良好的人际关系。[②] 由此可知,他当时在北京教育界与学生界是具有相当的声望与号召力。另外,他在领导抗争运动中的主张,多与南方国民党革命政府相合,甚至当众宣读孙中山的建国大纲,鲜明的政治立场,深触军阀之忌的同时,却大获广州国民政府赏识。这自然也是他在 1926 年转往广州中山大学时受到重用的原因之一。

本章小结

朱家骅幼年求学时段正逢中国教育制度与授课内容变革之际,相对受到旧礼教的束缚和旧学影响较少、较浅。正蒙学堂西式的授课内容,开启了他对科学研究的兴趣,投考上海同济德医学堂目的,就是学习德国先进科学知识与技术以投身科学研究事业。

朱家骅从 1908 年就读同济德文学校开始,至 1923 年取得柏林大学博士学位为止,长达 15 年一直接受的是正统德式教育。在此种德意志式严格教育训练下,德意志民族忠于国家、忠于领袖、认真执着的民族特点,严谨的治事与治学态度,真诚、守纪的生活态度,与爱整洁的生活习惯,对他日后居官治事产生了极大影响。因此,有人评价朱家骅是一个"地道的德意志式官员"。[③] 朱家骅在德国留

---

① 魏景蒙:《骝先先生与中广》,《朱家骅先生逝世纪念册》,第 434 页。
② 《北京学潮之扩大　北大首先与教章脱离关系》,《京报》1925 年 8 月 20 日;《这回为本校脱离教育部事抗议的始末》,《北京大学日刊》第 1763、1764 号,1925 年 9 月 21、22 日。皆出自《北京大学史料》,第 2995、2997、2999 ~ 3002 页。
③ 杨树人:《怀念朱骝先先生》,《传记文学》1964 年第 1 期,第 25 ~ 26 页。

学时正值德国在世界大战中溃败，经济元气大伤时期。当时德国人衣着虽多破旧，但补洗得整整洁洁，充分表现在困难中奋斗的朝气。这些景象使朱家骅深受感动，从此认定整洁的习惯和正大的风度是任何一个现代公民所必须具备的。而且身体力行：胡须必须刮净，头发必须梳理整齐，穿的西装必须笔挺整洁，以显现容光焕发气象。他平时生活非常朴素，饮食极为简单，喜食青菜、豆腐、吃红烧肉，但分量甚少。特别是他在吃饭时极不喜欢同桌人抽烟，他说这是德国规矩。不过，朱家骅这套"德式""洋化"的行事作风常招致不明就里者"讲究服饰、喜爱漂亮、以貌取人，而且洋气太重"的负面评价。[1]

欧洲留学期间，朱家骅结识的好友，如胡庶华、周烈忠、阎幼甫、马君武、陈凤潜、杨茂杰、黄江泉、黄江瀛、李济、叶元龙、查良钊、徐志摩、翁之龙、张伯苓、严范生、顾维钧、蒋百里、徐新六、毛子水等建构了朱家骅在留学生群体的人脉网络。特别是朱家骅的德国经历是他日后受到蒋介石重用的重要原因之一。1927年国民党"清党"后，蒋介石不再聘用苏俄顾问转向德国顾问，朱家骅便是居中接洽的主要人物。

北大执教是朱家骅进入教育学术界的开端，也是朱家骅在中国学术界、教育界人脉网络最重要的养成阶段。更重要的是蔡元培教育救国、学术救国理想在北大的实践与其推动北大成为中国现代教育学术中心的努力，启迪了朱家骅教育学术思想，是他由实业救国转而关注教育学术救国之始，自此在教育学术理想上成为蔡元培"教育救国"与"学术救国"思想的追随者与实践者。

朱家骅对欧洲大学教育学术体制与发展脉络的关注，可以从他1918年官派留学期间不断地前往欧洲各国重要大学参访得到印证。1921年3月，蔡元培赴欧洲考察战后教育，到柏林时，朱家骅详细

---

[1]　谢君韬：《完整人格的象征——追忆与骝公二十年前的几件往事》、俞叔平：《从几件小事情看朱骝先先生》，《朱家骅先生逝世纪念册》，第405、290～291页。

地向蔡元培报告了德国高等教育大学战后改革情况。① 从朱家骅两次出国留学期间游历重点的差异，清楚可见他除自己专业功课外，欧洲大学教育学术事业是他关注的另一重点。留学九年，让他有充分的机会和时间透过亲身观察与体验，对德国甚至欧洲大学的历史发展、组织状况、教学与学术研究及其基本原则与学术精神进行系统的了解。他对教育学术与现代文明的密切关联，有着深刻的体认，从此以推动中国教育、学术事业现代化为志向。

朱家骅在北大的教学生涯从 1917 年 9 月至 1926 年夏天离开北京，长达九年。其间朱家骅因得官派留洋机会，去国 5 年余，实际在校时间只有六个学期、三年时间。1917 年朱家骅到北大教书时是北大最年轻、资浅的教授；1926 年 "三一八" 惨案后离开北京时已为学生所崇仰的青年教授之一。朱家骅由单纯教员到参与教授会、担任系主任开始涉入教务行政管理，继而当选评议员进入北大校务决策中心，是他接触教育学术行政管理体系之本末。

北京在国民党掌握全国性政权前，是中国政治、思想、教育学术与文化的中心。北方学人是当时中国知识界群体之首，在思想上引领着中国思潮的发展。五四新文化运动奠定了北大领袖地位，在后五四时期北京学界不论是教授群体还是学生群体都以北大马首是瞻。朱家骅有德国柏林大学博士、北大德文系主任、北大评议会评议员及北京八校教职员联席会代表的资历，近者有助于他领导反北京政府、反帝国主义运动的活动，远者则有助于他未来在中国教育学术现代化事业的推进。

从与国民党的关连上来说，朱家骅自 14 岁在正蒙学堂阶段的自剪发辫，宣示支持革命派立场起，在政治思想上与政治行动上都一直受到孙中山政治思想与建国理想的影响。无论是辛亥革命前对革命运动的卖力宣扬、自费组织敢死团的革命行动，还是 1925 年起发动一连串的反军阀政府运动、当众宣读孙中山的《建国大纲》等，

---

① 　高平叔：《蔡元培年谱长编》中册，第 381～382 页。

无一不是以孙中山的政治主张为其行动张本。他从政后以孙中山的建国大纲为建设现代化中国的施政纲领也就不足为奇。显而易见，朱家骅在政治思想上深受孙中山影响，是孙中山的忠诚追随者，自然也为他日后通往党内核心有着极大的加分作用。

而朱家骅在响应孙中山革命行动的一连串自发性活动中，先后结识张静江、戴季陶、陈其美、于右任、黄兴、吴稚晖、李石曾、张溥泉、居正、褚民谊、蔡元培等当时革命派中的元老级前辈，连孙中山都有幸拜谒。其中，朱家骅因"救国"的共同理想与张静江结为忘年之交，与戴季陶成为莫逆。尤其戴季陶与蒋介石是至交，在蒋介石掌握党政大权后，张静江与戴季陶成为朱家骅通往党政权力核心的重要桥梁。

目前并没有资料显示朱家骅留学期间仍与当时的革命党同志保持联系。但从朱家骅留学期间不时与中国留学生提到"如要救国，又非革命不可"的话语，在回国前夕还不忘鼓励一些与他亲近的中国留学生要"一面读书，一面革命，国家才能有救",[1] 可以看出，朱家骅始终关注国内政治情势发展，认为国事未靖，"革命"为革新政治的必要手段。朱家骅革命思想起源不离传统中国读书人"忧国忧民""国家兴亡，匹夫有责"的爱国思想。在此革命救国思路下，1924 年朱家骅学成归国，虽有意将在欧洲大学所见、所闻、所学贡献于中国现代教育学术事业，只是发展教育学术的"启蒙"理想，终究难敌"救亡"的迫切需求。北京政府无道，发展教育学术理想无以发挥，再起革命是他的必然抉择。由此，也就不难理解朱家骅在 1925 年的五卅运动至 1926 年"三一八"惨案发生这一时期对反政府革命运动的全心投入。

总结来说，研究科学是他的兴趣之所在，发展中国教育学术事业现代化是他的志向。但是，为匡济时政，牺牲自己的兴趣，投身革命与政治又是他身为中国新旧交替的一代知识分子自诩的历史

---

① 梅贻曾：《认识骝先生四十年》，《朱家骅先生逝世纪念册》，第 386 页。

使命。

朱家骅 1926 年转往广州中山大学前的求学经历、革命经历与北京学界经历，为他日后在党、政、学三方面发展蓄积了丰沛能量，奠定了坚实基础。从朱家骅由医转工、转采矿、再转古生物学并兼重哲学的教育养成历程来看，他虽专习自然科学，但兼通人文，对经济、政治、外交、教育、法律、历史、哲学、文学等学科多所窥触，综览会通，因而在北大任教时能同时在文理两科四个学系授课，还曾兼授德国小说课程。① 就是因为受过德国学院派严格的学术训练，深具科学知识、科学修养与科学精神，推崇"科学"并身体力行，故能运用科学方法治事、开创事业，从而培养出朱家骅宏远的学术见识与博大恢宏的气魄，为他日后领导学术教育行政工作能从较高层次上组织、规划和推动中国教育、学术现代化发展的眼光和专业领导能力奠定了基础。

---

① 从胡适 1925 年曾委托朱家骅评论其与徐志摩所翻译的一首源自德国作家的诗文上看来，朱家骅的文学造诣亦不弱。《关于一个译诗问题的批评》（1925 年 10 月 3 日），《朱家骅先生言论集》，第 637～640 页。

第二章
整顿中山大学 （1926~1930）

由思想而发生信仰，由信仰而产生力量。

——朱家骅①

中山大学是朱家骅实践他欧洲大学式的教育学术理想首站，也是他由一单纯学者转变为教育学术行政管理者之重要转折时期。在中研院成立前中国尚未有国家级纯学术研究机构设置，北京大学成为蔡元培推动中国教育学术现代化转型之先锋。但北方政治的纷乱致使教育学术机构陷入难以运作困境，而无法进一步深化发展。这时，中山大学在朱家骅的整顿下，以继北京大学成为中国现代教育学术新中心与引领者为使命，跻身世界一流大学为鹄的，意欲接续起中国教育学术现代化转型之任务。因此，若不了解朱家骅在中山大学对中国教育学术现代化转型的深化所做之种种努力，将无以真实理解他在"学术救国"理想下以建置"国家学院"的高度，欲将"国立大学"建设为中国现代化教育学术机构与现代学术研究基地的用心，及其在中国学术现代化转型与体制化建置传承的关系；更无

① 《党务与教育》（1941年1月1日），《朱家骅先生言论集》，第454~455页。

以清楚说明他日后何以能受蔡元培与学界看重，参与中研院创建、出任总干事并继蔡元培之后当选为院长；也不能了解他终生对学术救国理想的实践与科学主义的奉行，与其之于中国学术现代化的贡献与事功。

第一节　朱家骅的学术观与学术理想

朱家骅同蔡元培一样深受欧洲国家大学发展教育、学术兴国之历史经验激励，坚信"学术为国家与人类命脉之所寄"，[①] 也最为服膺蔡元培所揭橥的"学术救国"主张。朱家骅也与蔡元培一样以欧洲大学，特别是德国式大学为参考典范，视"教学"和"学术研究"为"大学"两项并行不悖的重要职能。不仅关乎国家教育学术事业兴衰，更关系到国力强弱，而他以发展"国立大学"为中国现代教育学术研究事业的基地与中心为职志。此时，无论是蔡元培还是朱家骅对"教育"一词都采取包含"学术"事业的广义解释。朱家骅的学术观与学术理想为其实践行动之思想指导，唯有深入窥探其实质内涵始得理解他在教育学术行政管理工作上的种种作为与努力。

一　学术观

朱家骅以欧洲"科学"事业发展与德国大学哲学院的学科分类经验为理解根源，将"学术"与"科学"视为两个同质性但层级不同的概念而有不同层次的理解与界定。

何谓"学术"？朱家骅认为广义解释应该相当德文中的"Wissenschaft"，"Wissenschaft"则是源自拉丁文的"scienia"。无论是德文的"Wissenschaft"还是拉丁文的"scienia"其含义与范围都

---

① 《第二任教育部部长就职致词》（1944 年 12 月 14 日），《朱家骅先生言论集》，第 171 页。

较英文的"science"含义要广泛。他进一步指出，"Wissenschaft"涵盖有精神科学或人文科学、自然科学、应用科学与哲学四大类，具体为：1. 精神科学或人文科学，如史学、语言学、法学、经济学、社会学与精神学等。2. 自然科学，如医学、解剖学、病理学、生理学、细菌学、动物学、植物学等。3. 应用科学，如采矿学、冶金学、机械工程、电气工程、土木工程、航空工程、造船工程等。4. 哲学，除认识论、形而上学外，如人生哲学、道德学、美学等。而学术研究工作不断与时俱进，学科分类亦更趋复杂，很难进行严格且完整的学科分类，上述分类也只是概略性的分法而已。上述学科研究主体虽在性质上各异，但本质上都有一共同之处，就是追求"真理"，这即是从事"学术研究"的终极目标。

朱家骅指出："任何一种学术，都是有组织有系统的'知识'，这种知识是来作'正确的判断'。所以一般学术研究工作的目的，是依据理性，在于求'真'。"

而近代学术研究工作具有"一方面要兼俱'求正确'和'能怀疑'的两种态度，一方面又要并容'追求新知'和'研究古典'"的特征。启蒙运动以后，学术研究工作有了新的研究方法，进而衍生一种新的学术研究态度，就是"怀疑"的态度。朱家骅认为就是这种怀疑态度，促进学术研究的进步。他说，学术研究工作在努力追求"正确"的同时，也要常常勇敢地提出"怀疑"。因为，"惟其要求'正确'，才使'学术'异于'常识'，惟其勇于'怀疑'，才又使学术异于信仰"。学术研究工作也就是在"求真与怀疑两种态度交互影响之下，才能够无休无止的，不断的向前进步"，才得以不断地超越已往的辉煌成就。

何谓"科学"？朱家骅的理解是，是"我们感官所感觉的客观的对象，经思维之洗炼与组织，而得成为有条不紊不相矛盾的事实"，[①]是"以自然界的一切现象作研究的对象，用实验与归纳的方法求得

———————
① 《科学世界与建国前途》（1943年4月8日），《朱家骅先生言论集》，第29页。

普遍的真理，另一方面更应用此真理以寻求自然界之最合理的利用，借以增进人类幸福"的学问。① "科学"研究的目的"不仅要'认识'万物，而且要'支配'或'使用'万物"。因而，在科学研究中，"理论和实用常常相互影响，不能完全分开"。"整个科学研究就不能不涉及实用方面，所以应用科学和理论科学同样的有它本身的价值。在实用方面，一有了新的、更有用的、更精确的理论和技术以后，那么过去旧的理论和技术就失去它的价值了。"简言之，"科学""寻求真理利用厚生"的学问，是解决人类生存的工具。② 国与国间、民族与民族间的兴亡消长都可以科学隆替决定其命运。所以朱家骅认为："舍科学无以求生存。"③

至于哲学研究，朱家骅认为"是一种思想形式，乃是纯理论的"，其目的"只是要建立一有道理的理论，有道理的理论，是不能推翻的"。因此，古代有名哲的理论直到现在仍然流传，仍然有其价值。

朱家骅总结指出，学术研究中，"进步观念"深深地影响"科学研究"工作，但"哲学研究"工作则不受"进步观念"左右。④ 由此可知，在学术研究工作中，一方面要兼具"求正确"和"能怀疑"的两种态度，另一方面又要并容"追求新知"和"研究古典"两种相反的倾向，在"进步"的指导原则下向前迈进。⑤

上述朱家骅的观点表明，他所界定的"学术"涵盖了"科学"与"哲学"。不过，"哲学"与"科学"并非分立而毫无关联，是为学术研究工作中"理论"与"实用"的一体两面。"科学"是属形而下"物质"层面的研究，"哲学"则关形而上"精神"层面的研

---

① 《科学与军事》（1943 年 8 月 26 日），《朱家骅先生言论集》，第 48 页。
② 《科学与军事》（1943 年 8 月 26 日），《朱家骅先生言论集》，第 48 页。
③ 《青年与科学》（1944 年 3 月 27 日），《朱家骅先生言论集》，第 57 页。
④ 《第二次院士会议开幕致词》（1957 年 4 月 2 日），《朱家骅先生言论集》，第 102 页。
⑤ 此部分主要以朱家骅《第二次院士会议开幕致词》一文为参酌。《第二次院士会议开幕致词》（1957 年 4 月 2 日），《朱家骅先生言论集》，第 101 ～ 103 页。

究。如此的"学术"概念自然是源自德国大学"哲学院"的学科分类。此源自德国大学"哲学院"的学术观便成为朱家骅无论在中山大学还是日后在中研院领导学术行政工作时的思想指导与实践原则。

二　学术理想

朱家骅有着浓郁的爱国情怀，秉承学术、教育救国的学人理想。长达十五年正统德国学院派的教育养成和游历欧美的经历，与蔡元培同样深受欧洲大陆，特别是德国以教育学术兴国、强国之历史经验激励，也成为"科学救国"理想的坚定信徒。面对中国贫弱的事实，他认为，教育行政工作是"百年大计、立国根本"；[①] "学术研究"事业是把中国民族从根本救起的"神圣事业"；教育学术界更是革命建国的一重要领导力量。显而易见，发展学术教育事业一直都与他建设中国、振兴中国的理想紧密联结。

1924 年朱家骅从德国回到中国，正是北方时局混乱之时，他并没有实践教育学术理想的机会。1926 年 10 月入主中山大学后，他便提出要救党、救国、救民族，在中山大学"求一个解决"的主张。[②] 他指出，帝国主义者能够"压迫""制服"全世界，"全靠他的大学办得好，做他们帝国主义侵略和压迫的大本营"。[③] 所以，"想使人民明了主义，要想真真的培植建设的人才，要想发展中国文化，振起民族精神，要想改善人民生活和生存技能，要想纠正解决全国学校的一切纷乱现象，使日趋于良善，要想保持这次军事的胜利，使得永绝乱根"，这一切都应当从"加紧教育工作"着手。[④]

---

① 《中国教育学术团体联合年会致词》（1945 年 8 月 18 日），《朱家骅先生言论集》，第 66 页。

② 《国立中山大学筹备之经过和将来之希望》（1927 年 3 月 1 日），《朱家骅先生言论集》，第 250～251 页。

③ 《国立中山大学筹备之经过和将来之希望》（1927 年 3 月 1 日），《朱家骅先生言论集》，第 251 页。

④ 《我们今后要加紧教育工作》（1930 年 11 月 10 日），《朱家骅先生言论集》，第 124～125 页。

　　面对当时中国学术研究人才极其缺乏与学术研究环境恶劣的困境，朱家骅曾感叹地说："合全中国的人材办不出一个世界上第一流的大学，如巴黎、剑桥、柏林，偏偏国立大学先已有了四五个，私立公立的不计数，焉得不大家都感觉着稀薄的不成话。"①

　　朱家骅为配合当时广州国民政府"革命"与"建国"的双重需求，还考量中山大学是"党的大学""革命的大学"，是孙中山当年宣传三民主义思想的重要阵地的特殊定位，对中山大学他抱有不同于蔡元培之于北京大学的"纯学理"学术研究中心之理想。除了发展中山大学的教育学术事业外，亦注重教育学术与国家、社会的联结性，关注学术研究对于革命与建国的实用效能。朱家骅以"国家学院"与世界一流大学为终极目标，亟欲将孙中山手创的中山大学发展成为全国最为完善的宣传三民主义与研究高深学术的基地。同时为了建设国家的现实需求，期待中山大学成为高深学术研究人才、国民革命干部与建设新中国人才的养育所，希望能根据"党的精神"，发展"学院的好处，学院的良好成分"，也就是"发展学问，有种种创作和发明，以供社会之用"，而非"装饰品"的角色。②

　　事实上，自然科学学者出身的朱家骅清楚教育学术事业是无法"速成"或求"急功"，且也非一人、一时之力可以成就。他不断地公开指出，"学术研究工作乃一延续性之无穷尽工作，日新月异，时时须求进步"，③"研究工作是必须穷年累月，百折不回，才能有成就的"。④为达成上述目标，他就职校务整理委员会委员时，即立志

① 《朱家骅启事》，《国立中山大学日报》第 128 号，1928 年 2 月 27 日，第 1 版。
② 《国立中山大学筹备之经过和将来之希望》（1927 年 3 月 1 日），《朱家骅先生言论集》，第 251、254~255 页。
③ 《抗战以来中央研究院之概况》（1942 年 10 月 10 日），《朱家骅先生言论集》，第 83 页。
④ 《国立中央研究院概况》（1948 年 7 月 26 日），《朱家骅先生言论集》，第 94 页。

以"全部精神"把中山大学"从新做起一个基础"，建设成为中国现代教育学术研究基地。[①] 他所谓的"基础"就是欲为中山大学奠定制度化、法治化、与学术化发展的稳固基础，从而建立一个不为政治干扰的纯学术研究环境。实际上，奠定稳固"基础"是朱家骅作为一个学术行政领导者对自己的基本期许。

充实的研究设备、研究人才的汇集和充足的研究资金是教育学术机构现代化发展的内在基本条件。专业化、组织化、制度化是一个教育学术机构现代化的重要指标，体制化则是使经济贫弱的中国永续发展的关键要素。近现代科学研究的特征之一就是需要进行更深入的分析和实验，且在研究过程中也必须能够总结和吸取别人的经验。因之，汇集科学家的集体智慧与力量，形成一有机的研究组织，是推进学术研究进展的必备条件之一。对组织化的重要性，任鸿隽曾贴切地形容指出，如果把研究精神看作科学的种子，那么"研究组织则为培养此种子之空气与土地"。[②] 不过，在中国政治纷乱的时局中，若不由国家挹注资源是不可能达成目标的。因此，唯有体制化始可有机会获得经济方面的不断资助；唯有制度化才可能将"人为"的外在干扰因素，特别是政治干扰降至最低。

因此，对于发展教育学术事业，朱家骅不断地强调"群体"力量的重要性。他在 1927 年中山大学第一次开学致辞时便指出："要完成这大希望的责任，当然不仅是在委员会几个委员的身上，一般教授、职员、同学以及校工，大家都应该同时负担起大学的

---

① 《向中山大学医学院全体学生训话》（1948 年 10 月 20 日）、《答广州民国日报记者问继长中山大学经过》（1930 年 9 月 18 日）、《国立中山大学筹备之经过和将来之希望》（1927 年 3 月 1 日），《朱家骅先生言论集》，第 284、267、253 页；甘家馨：《给国民党带来新观念新作风的朱先生》，《传记文学》1976 年第 6 期，第 22 页。

② 《中国科学社的过去及将来》（1923 年 1 月），任鸿隽：《科学救国之梦——任鸿隽文存》，樊洪业、张久春选编，上海科技教育出版社、上海科学技术出版社，2002，第 282 页。

责任。使他办得好，能完成他所负的使命的责任来。我们一方面
要共同努力，同时又希望政府的帮忙，一般社会及地方人士的帮
忙，使大学容易发展。"① 二十年后在中研院院士会上，他仍不讳
言直说，正是因为我们"处在一个不重视学术的环境"中，除了
"治学的人，当本着'正其谊不谋其利，明其道不计其功'的一
贯精神，孜孜矻矻地工作，总期对国家学术暨人类幸福有所献
替"；还诚挚希望："第一、政府应本着宪法基本国策章，多多奖
励科学的发明与创造，并予研究工作完善的设备。第二、社会各
方多多鼓励学术的研究，增高学术研究风气，扩大我们智识的
领域。"②

而在行政组织分层负责的概念中，推动教育学术机构的体制化、
制度化与专业化，创造良好的纯学术研究环境，就成了朱家骅作为
教育学术机构的行政领导者，无论是在中山大学还是在日后的中研
院，所努力达成的组织任务和努力护持与维系的。

在国共合作时期，中山大学国、共党籍学生早已形成壁垒分明
的两个对立阵营，朱家骅自己虽实际支持如孙文主义学会等国民党
学生社团活动，但他严格规定，任何学生不得因参加政治活动而违
反学校的规章。1927 年 4 月，国民党右派发动"清党"，国民党籍
学生从事党务工作致请假逾期者，都接到学校发出的书面警告，毕
业考试未及赶回参加者，就被校方批复不得补考，而这两项处置都
由朱家骅亲自下令执行。当时国民党籍学生郑国材品学兼优，才能
出众，因奉命执行党务错过毕业考时间，有几位教授便会同晋见朱
家骅说项，请求通融准予补考，但他态度坚决地回复"校规无例外，
公私要分明"，该生因此未得毕业文凭。③ 朱家骅依法行政、秉公无

---

① 《国立中山大学筹备之经过和将来之希望》（1927 年 3 月 1 日），《朱家骅先生言
　　论集》，第 260 页。
② 《国立中央研究院第一次院士会议开幕词》（1948 年 9 月 23 日），《朱家骅先生言
　　论集》，第 98 页。
③ 陈绍贤：《忆念朱骝公的风范》，《传记文学》1976 年第 6 期，第 34 页。

私的断然处置，不仅成功地树立了中山大学法治的范例，同时也在校园内将学术与政治做一清楚区隔，益见朱家骅对发展纯学术研究环境的用心。

三　纯学术研究自由之尊重

朱家骅深受欧洲大学学术研究自由风气陶冶，深知纯学术研究自由是欧洲大学如法、德、奥等国在学术研究上不可或缺的精神，他亦明白纯学术研究自由之于学术研究进步的重要性。他曾表示："学术为天下公物，大学为研究学术之机关，固非人非历史非为学术以外之目的之所可私有而限制之也。"[①] 所谓"学术自由"，朱家骅的理解是专指在"学术研究"方面，而不扩及政治层面，主张教育学术机关应是一专供"纯学术研究"场所，不应主动或被动的涉及政治活动。

朱家骅指出，所谓"学院自由"（academic freedom）包含甚广，专家学者在从事学术研究时"当然须有研究的自由"。但所谓"研究自由"，乃是"在一种最高指导之下，尽力的追求真理，以期有所贡献"，并不是"消极的离开自己研究的范围，对于其它政治社会，作一种恶意的指摘"。他进一步举例说，欧洲自中世纪有"大学"开始，即大力倡导在以"教会"为最高原则下的"学院自由"，且主要还是注重在学术研究方面。这样的"最高原则"并未影响到欧洲大学在学术研究上的进步与成就。[②] 而苏俄自革命成功后，立即进行大学改革，集合党内学者，实施大学党化教育，指导青年做革命事业建设的基本工作，在短期内即有许多新发明与

---

① 《整理大学办法之说明》（1932年7月23日），黄季陆主编《抗战前教育概况与检讨》，革命文献第55辑，中国国民党党史委员会，1971，第106页。
② 《大学与大学生的使命》（1944年12月25日），《朱家骅先生言论集》，第291～292页。

贡献。并因为基础立定，所以国家巩固，政权稳定。[①] 苏俄党化教育不仅没有影响到苏俄的学术进步，反而是一个加速学术进步的成功范例；是在德国等欧洲大学范式外，另一个在中央集权政治体制下成功地推动学术研究的进展，使国家转危为安的学术救国成功典范。

尤其，教育学术事业是孙中山建国理想的重要一环，中山大学是孙中山手创的唯一大学，筹设之初即负有以三民主义思想为指导，实现孙中山革命建国与改造中国政治社会的双重使命。因此，中山大学对欲实现孙中山建国理想的朱家骅及国民党右派来说，不同于中国任何大学，是深具历史意义与政治意涵的大学，其对三民主义之奉行本无疑义。朱家骅就任校长时便明白指出：

> 本大学与别的大学有许多不同之点。……"中山"是纪念本党总理中山先生的意思。"大学"是一个研究高深学术的机关，概括起来，本大学便是以根据中山先生的三民主义，来研究高深学术，养成国民革命领袖人才为党国努力为目的。……在一个理想的大学中，造成理想的高深学术人才，来救这个危亡的中国。[②]

最重要的是，朱家骅认为，"由思想而发生信仰，由信仰而产生力量"。[③] 1917 年以来的十年间，中国思想的混乱便是在"破旧"后缺乏新中心思想所致。因此，中国需要树立新的中心思想。而三民主义是承袭固有道德思想精华与迎头赶上科学世界理想的一套连贯

① 《国立中山大学筹备之经过和将来之希望》（1927 年 3 月 1 日），《朱家骅先生言论集》，第 251 页。

② 《就任国立中山大学校长讲演词》（1930 年 10 月 6 日），《朱家骅先生言论集》，第 270 页。

③ 《党务与教育》（1941 年 1 月 1 日），《朱家骅先生言论集》，第 454～455 页。

中西古今的博大思想。① 他主张以三民主义为中国新中心思想与整个教育骨干。② 且"三民主义范围很广，在这个广大的范围里，研究自由，是不受束缚的"。③ 所以"三民主义"下的学术研究完全自由，不受限制。

在此原则下，朱家骅在中山大学时期对各学科教授所提出之学术研究计划与需求，无不尊重与尽量配合。例如化学系教授陈可忠以个人所任功课繁重，又须分心协助发展系务，手上尚有研究计划，向朱家骅提出增聘助教的要求，立即获允。④ 又如，数学天文系教授张云于1926年8月到校后就积极筹划在今广州越秀山筹建中山大学天文台，但未获批准。朱家骅主持校政后立即大力支持。1929年夏，天文台建筑完成，以张云为台长，是中国高等学校中最早设立天文台者。同时，该天文台也是中国第二座以"天文台"为正式名称者，对中国现代天文学的科学研究和教学实习都起了积极作用。⑤

中山大学语言历史学研究所所属的民俗学会在顾颉刚的主持下出版了《民俗学会丛书》。当时文史科主任傅斯年是反对最力者之一。傅斯年以为大学出书应当是"积年研究的结果"；但顾颉刚认为，现在的人救世不遑，哪有人能做"积年研究"。值此民俗学提倡初期，前无凭借，为使一班青年后进得到诱掖引导的力量而继续前进，他强力主张"有材料就可印"。《民俗学会丛书》出了两册时，傅斯年就说这本无聊，那本浅薄；到了七八册时，戴季陶就以丛书

① 《党务与教育》（1941年1月1日），《朱家骅先生言论集》，第456页。

② 《党务与教育》（1941年1月1日）、《我们今后要加紧教育工作：在中央第85次纪念周报告》（1930年11月10日），《朱家骅先生言论集》，第456、124～125页。

③ 《大学与大学生的使命》（1944年12月25日），《朱家骅先生言论集》，第292～293页。

④ 陈可忠说，一年中，他在助教的协助下完成了两篇关于辨认有机酸的研究论文，并在中国科学社年会宣读，发表于该社 *Transactions of the Science Society of China* 英文年刊中。陈可忠：《我与中山大学》，《国立中山大学成立五十五周年特刊》，"国立中山大学"校友会，1979，第113～121页。

⑤ 《理学院》，吴相湘、刘绍唐主编《国立中山大学现况》，传记文学出版社，1971年影印本，第185页；梁山等：《中山大学校史（1924～1949）》，第20、55页。

中《吴歌乙集》有秽亵歌谣，辞掉负责的钟敬文。虽然如此，朱家骅对顾颉刚还是全力支持，凡顾颉刚所申请的设备费、印刷费，无不批准。正是因为有朱家骅，顾颉刚在中大才可做出许多成绩，《民俗学会丛书》得以出版包含民间文学作品集、风俗记录及理论著述等三十多种。即便是民俗学会的《民俗》周刊，朱家骅也认为是"一种很有价值的出版物"而全力支持。钟敬文后来也曾撰文指出："当时学校新领导班子成员中，有一位是从北大来的，他当然知道北大这种'新国学'活动的情形和一定意义。由于他所处的特殊地位，他对民俗学活动的支持，也就成为有一定份量的积极因素。"钟敬文说的"有一位是从北大来的"就是朱家骅。①

朱家骅对学生亦以"单位选课制"赋予思想上与研究上的自由。他指出，在法、德、奥等欧洲各大学中，给学生"以一宽大的自由，使在学问的研究上，得到新的意味"，是学术研究上"不能缺少"的要素。② 同时，由学生自由选课"可使学生在思想上与学术研究上得到充分自由与自主"。若是硬使学生选习不喜欢的功课，"反束缚学生思想，阻碍其求知欲"。③ 因此，为使学生有机会研究他们欢喜且有趣味的功课，予学生以学术上的宽大和自由，除必需的基础课程

---

① 钟敬文：《重印〈民俗〉周刊序》，杨哲编《钟敬文生平思想及著作》，河北教育出版社，1991，第409~410页。另见《别国立中山大学同事诸先生书》（1930年12月9日），《朱家骅先生言论集》，第277页；顾潮《为广东学界造新风气》，黄仕忠编《老中大的故事》，江苏文艺出版社，1998，第199~202页；《会议录：语言历史学研究所〈出版审查委员会〉第一次会议记录》，《国立中山大学日报》第189号，1928年5月18日，第2版；《戴校长为语言历史学研究所组织出版审查委员会事致文科主任函》，《国立中山大学日报》第192号，1928年5月22日，第3版；肖向明《"民俗学"在中大》、王文宝《容肇祖与中山大学民俗学会》，吴定宇主编《走近中大》，四川人民出版社，2000，第58~59、105页；白至德《追寻父亲白寿彝先生的学术踪迹——父亲在大学的生活（1925~1932年）》，《史学史研究》2004年第1期。

② 《国立中山大学筹备之经过和将来之希望》（1927年3月1日），《朱家骅先生言论集》，第255页。

③ 《就任国立中山大学校长讲演词》（1930年10月6日），《朱家骅先生言论集》，第270~271页。

之外，其余课程由学生自由选择，课堂上也没有强制的点名制度。①

朱家骅甚至想把办大学这种宽大自由精神，用来办理中山大学附属的高中、初中与小学。朱家骅认为，高、初中及小学为学生基础教育的重要阶段，假如不使他们受过很严格且完善的基础教育与训练，那么将来到了大学不仅常识缺乏，在学术上亦将无所得，甚至大学的自由精神教育也不能接受。当初中山大学自办附属学校的目的既是为直接储备大学人才，也为提供该校教育系学生实习的机会。因此，他希望能以"大学人材来做此种提高中小学生程度的工作"，从小培养学生对自由研究学术的认识与从事学术研究的精神，让这种纯学术研究的自由精神能往下扎根。②

四　科学方法之独尊

朱家骅是"科学主义"的坚定信仰者，也是不折不扣的"科学人"。他考察中世纪欧洲大学演变历程指出，近代所谓"大学"含义上指的是"科学的全体"，说的是"教师和学生共同生活，共同研究的场所"。也就是说，大学为"专讲科学"（Wissenschaft）的纯粹学术研究场所。③ 大学既为"专讲科学"之所，对发扬科学责无旁贷。他掌校特出的风格就是对"科学"的推崇以及对科学方法的独尊与全面推广运用。

朱家骅先医后工，后矿冶，再转地质的求学历程一直都在自然科学领域。两次留欧更深感欧洲大陆早已进入"科学时代"。反观中国的"科学"不仅严重落后，甚至仍在萌芽阶段。朱家骅曾有所感

---

① 医科学生白龙淮说："医学院没有点名的规定，而且，非常自由，要是你有自信心，……全不上课，绝不会有人来麻烦你。"白龙淮：《往事如烟》，吴定宇主编《走近中大》，第41页。另参见《就任国立中山大学校长讲演词》（1930年10月6日），《朱家骅先生言论集》，第270～271页。

② 《别国立中山大学同事诸先生书》（1930年12月9日），《朱家骅先生言论集》，第275页。

③ 《大学与大学生的使命》（1944年12月25日），《朱家骅先生言论集》，第291～292、293～294页。

触地指出，在中国今日复杂的社会中做事，往往有许多困难，许多障碍，但为了"救国"，就要在这种环境中找出一条生路来。此"生路"，就是"取法外国之所长，补救本国之所短"。① 所谓的"外国之所长"，朱家骅与蔡元培同样认为，就是在"科学"，其特点就在"科学精神"与"科学方法"。"科学精神"就是"力求思想不受感情欲望的支配，不崇拜偶像，也不完全相信自相矛盾的推论"。"科学方法"就是"完全依从由实验所求得的事实，以为判断推论的标准"，精髓在于"观察、实验、分析、归纳"。实验法又为科学方法之精髓，应用在物理、化学、生物学、医学等学科已有极大的成就。科学研究的目的在"认识"万物，并要进而"支配"或"使用"万物，所以理论和实用是不可分割的体用关系。朱家骅指出："西洋人重视观察宇宙，做学问不为名利，务期切合实际，不尚空谈。任何理论的成立，必须有事实的证明，这也就是科学的方法。"②

基于上述认识，朱家骅不仅在自然科学、应用科学及社会科学研究强调科学方法的运用，甚至连文史科的研究都要求"科学化"，强调史料的发掘与考证，力求通过有凭有据的材料进行科学论证，进一步创造新理论与新方法。即便是一般认为最为主观、感性的文学，朱家骅都欲使其"革命化""科学化"。其终极目标则欲以"科学"将中国建设成一现代化、工业化国家。他说，工业要发达，根本即要数学、物理、化学等纯理论学科的进步；农业、医学等应用学科也多须靠纯理论科学研究始得进步。同时他与蔡元培一样，主张只有以科学方法整理国故才能再造中国新文明。③ "科学化的中山大学"就成朱家骅努力实践的另一目标。④

---

① 《校闻》，《国立中山大学日报》第 456 号，1929 年 7 月 1 日，第 1~2 版。

② 《如何迎头赶上西洋文化》（1942 年 10 月 31 日），《朱家骅先生言论集》，第 20~21 页。

③ 《科学之路》（1943 年 7 月 19 日）、《别国立中山大学同学诸君书》（1930 年 12 月 9 日），《朱家骅先生言论集》，第 47、281 页。

④ 《国立中山大学筹备之经过和将来之希望》（1927 年 3 月 1 日），《朱家骅先生言论集》，第 252 页。

朱家骅对文史科的"科学化"强调以科学方法系统地研究"国故"，是最能彰显他对科学研究与科学方法推崇的一门学科。他指出，不独理科研究贵实验，"即如考史，便要直接材料做佐证"，强调不可专读死书而"贵直接材料"。他还认为，人文科学的问题果能将事理真相公开发表，开拓知识领域，增进对历史文化的了解，其影响纵属迟缓而间接，其功效有时仍甚巨大。朱家骅举例说明，清代学者如洪亮吉之《贵州水道考》，孙星衍之《寰宇访碑录》，段茂堂之《寻孟蜀石经》，孙诒让之《访启谟大鼎》，多是搜求直接材料；近人以粤语证古昔，以龟甲文证古史，也是这个方法。即论文学，朱家骅也以为"应该要寻直接的材料"。

> 文学的背景是社会，社会是天天都在那里变，文学家也应该要适应，所以文学家描写社会，要到社会里去，抓出材料来，并不是向书本里念出材料来的。书本只不过给你修辞造句的方法，预备创造时候的参考。①

朱家骅对文史科整顿之初即有"科学化"的"彻底计划"，强调广泛运用直接研究材料的"科学方法"。例如"文学系""语言"会跟随时代变迁，与各民族间有重大关联性，视之为"一个正当的重要的科学"，因此提出"国文科学化""中国文学革命化"主张。又如哲学系，他认为学哲学"也要有科学的根底"，要求哲学系学生以自然科学课程为辅课。哲学在研究方法上要重"直接的研究材料"，尽除"间接的研究学说"的陋习，使哲学"成为活的东西，而不是死的古董"，要从哲学的研究中得到一种新精神。②

中山大学各科系因采用科学方法，根据实际材料进行科学研究，

---

① 《别国立中山大学同学诸君书》（1930年12月9日），《朱家骅先生言论集》，第280页。
② 《国立中山大学筹备之经过和将来之希望》（1927年3月1日），《朱家骅先生言论集》，第255～257页。

成绩蜚声海内外。1930 年中国科学社理事会会长竺可桢便函请理科
主任陈宗南、天文台主任张云重组中国科学社广州分社。当时在广
州的社友有陈宗南、沈鹏飞、何衍璿、丁颖、朱庭祜、朱翔声、李
敦化、李应南、金曾澄、施宗岳、陈焕镛、陈可忠、许祯阳、张云、
黄植、朱物华、许崇清、邓植仪、黄巽、冯景兰、谢葆梧、麦克栾、
徐学桢、徐瑞麟等二十余人，大半为中山大学教授。[①] 对此，朱家骅
曾满意地表示："长江一带人士，都公认政局一安定，本校可以成功
为科学研究的完备机关。"[②]

第二节　整顿学风与革新体制

1926 年 6 月，朱家骅在被北京政府"通缉"后，南下广州应聘
为中山大学地质系教授兼主任。其时，国共合作下的中山大学，一
受国民党内左右派政治意识之争影响，二受当时五卅运动及其以后
一连串反军阀政府与帝国主义运动影响，学生无心于学，风潮不断。
朱家骅在戴季陶的力保与广州国民政府平衡党内左右派势力的政治
考虑下，出任中山大学校务整理委员会委员。因其他四位委员都负
有党、政要务，实际"从根"改造中山大学，重立学风的"整顿"
工作便全由朱家骅负责筹划执行。

一　出任校务整理委员会委员

1926 年春"中山舰事件"后，蒋介石集党、政、军三权于一
身。8 月即命戴季陶为中山大学第一任校长，并听从戴季陶的建议，
以集体领导的"委员会制"取代广东大学时期的"校长制"，"集一
时之人望"，以戴季陶为委员长，顾孟余为副委员长，徐谦、丁维

---

① 《特载：中国科学社广州分社由本校教授重新组织》，《国立中山大学日报》第
　588 号，1930 年 1 月 11 日，第 4 版。
② 《欢宴中山大学全校教授席上讲词》（1929 年 6 月 29 日），《朱家骅先生言论集》，
　第 265 页。

汾、朱家骅为委员，组织"校务整理委员会"，明令委员会彻底革新除弊，作"根本改造"。①

这份委员会名单以戴季陶为首、顾孟余为副，实有调和国民党内蒋、汪两派之意。不过，若排除个人政治意识形态观之，这五位委员还确实是名副其实的"集一时之人望"。除戴季陶外的四人皆是在北京时，站在第一线领导学生与列强和军阀政府对抗的"国民革命英雄"。当时在中山大学就读的甘家馨说：

> 那时我们南方的学生，对北方的蔡元培、李石曾、吴稚晖、顾孟余、朱家骅等诸位先生，都非常崇拜，耳熟能详，就好像现在的年轻人对电影明星熟悉一样。那时我们有一个习惯，喜欢持有当代革命名人的照片，每个人身上都有几张，这些革命领袖对我们那时的吸引力，就好像现在的电影明星、歌星对年轻人的吸引力一样。所以我们一听到朱先生的名字，都感到很大的兴趣。②

因此，他们的南下吸引了更多心向革命的青年学子投奔中山大学。

朱家骅的中选，戴季陶应具有绝对的主导权。1926 年 8 月戴季陶被任命为广东大学（中山大学前身）校长时，便因广东政治与校务混乱不愿就任，党政高层与广东大学学生两次派代表到上海请戴季陶就任。第一次戴季陶以身体健康原因婉拒，第二次是当时中央

---

① 戴季陶 8 月发表《受任广东大学校长宣言》及《赴粤后作法》，宣示"只管学校教育，不涉政治"之自持立场与校务改革的基本方针。钟贡勋：《戴校长与母校》、戴季陶：《受任广东大学校长宣言》、戴季陶：《赴粤后作法》，《国立中山大学成立五十五周年特刊》，第 74～75、95～96、96～98 页；《国立中山大学委员会布告》（1926 年 10 月 17 日），转引自钟贡勋《戴校长与母校》，《国立中山大学成立五十五周年特刊》，第 75、100 页；《广大改中山大学　徐谦顾孟余等五人为筹备委员》，《世界日报》1926 年 10 月 20 日，第 7 版；《戴季陶为中山大学委员长　徐谦等为委员》，《世界日报》1926 年 10 月 22 日，第 7 版；《中山大学改委员制　添设工科》，《世界日报》1926 年 10 月 23 日，第 7 版。

② 甘家馨：《给国民党带来新观念新作风的朱先生》，《传记文学》1976 年第 6 期，第 21 页。

政治会议秘书长周柏年代表中央党部与国民政府，广东大学学生会方面也派学生李翼中、陈绍贤、甘家馨等三人随行前往湖州劝进。在上海巧遇甫逃离北京拟至中山大学应聘的朱家骅，朱家骅应周柏年之邀同往劝进。戴季陶最后首肯，但提出要朱家骅同行做副手、顾孟余需留校和学校根本改组三个附带条件。①

朱家骅之所以特别受到戴季陶"保荐"，除了过往的"革命情感"，最重要的是两人发展中国学术教育以"救国""建国"的共同理想。朱家骅曾提及，出任委员一事，戴季陶事先并未征询他的同意，认为戴季陶大约以为他"是个多年教书匠，而且事实上已经进了中大"而把他列入委员会中。② 对国民政府来说，朱家骅在北京反帝、反军阀运动中鲜明的政治色彩与旗帜，自然可以轻易地获得认同与信任。再者，他与委员会中的其他四位委员皆极为熟稔，与戴季陶相识于辛亥革命时期，当时二人即有浓厚的"革命情感"与"同乡情谊"。③ 另外三位则为朱家骅北京大学同事与北京反帝、反军阀运动之同志，同在"三一八"惨案后为段祺瑞政府所通缉。特

---

① 甘家馨说："我们去湖州欢迎戴先生时，带了很多位要人的促驾信件，其中一封吴稚晖先生写的，最后有几句话，我现在还记得，是说：'佛家有云：我不入地狱，谁入地狱？今日正先生入地狱之时也。'由此可见广州迫切要他去。"甘家馨：《给国民党带来新观念新作风的朱先生》，《传记文学》1976年第6期，第20页。另见李翼中《尘座纪历——为先师国立中山大学校长戴公季陶逝世十周年作》，朱家骅等《戴季陶先生逝世十周年纪念特刊》，1959，第85～86页；钟贡勋《戴校长与母校》，《国立中山大学成立五十五周年特刊》，第74～75页；《追念戴季陶先生》（1951年2月12日），《朱家骅先生言论集》，第738页；朱家骅《戴季陶先生与中山大学》，陈天锡编《戴季陶先生文存三续编》，第274～279页；《戴天仇任要职》，《世界日报》1926年5月20日，第3版；《胡汉民由沪赴杭 往访戴天仇》，《世界日报》1926年5月28日，第3版；《戴季陶 再辞广大校长》，《世界日报》1926年6月26日，第7版；《蒋介石张静江电催戴季陶赴粤 中山大学经费月定九万元》，《世界日报》1926年6月28日，第7版。

② 朱家骅：《戴季陶先生与中山大学》，黄仕忠编《老中大的故事》，第65页。

③ 1914年春，朱家骅随张静江绕道西伯利亚到德国留学时，从上海启程坐船到大连，会见了陈其美、沈曼云、戴季陶。再赶程出发时，戴季陶特地到车站送行，并买了帽子、围巾等相赠。《追念戴季陶先生》（1951年2月12日），《朱家骅先生言论集》，第737页。

别是朱家骅在北京"左派革命斗士"形象与激情演讲，使他成为左
右派皆愿意认同与接受的人选，也确实可以担任"调和"左右派的
角色。总之，朱家骅在北京反帝、反军阀政府运动中的出色表现，
确实为他在未来国民政府的地位与发展打下根基，跻身中山大学五
人委员会是最初始的效应。

　　在此之前，朱家骅虽积极参与辛亥革命和北京反帝、反军阀运
动，但从未进入"体制"，不曾担任过国民党党务与政务职务，一直
都只是凭借满腔热血投身"救国"行列。朱家骅被迫逃离北京至中
山大学后，任地质系教授兼系主任职务，同时在国民党政治人才培
训所的广州中央学术院兼课，但未兼有任何党政职务。① 对照其他四
位委员担负党政要职，可以看出此时朱家骅与国民政府、国民党之
间，甚至与蒋介石之间的关系皆甚浅薄，属远离决策核心的外围人
士。相较其他四位委员在党务与政务的丰富经历与当前皆居党政要
津，朱家骅的"纯学人"角色更显突出。

　　不过，校务委员会虽号称有"五人"，校务决策是五人"合议"
的共同决定，但实际上，五位委员除朱家骅外均在党政中央另有要
职，分身乏术，一开始真正负责校务的只有戴季陶与朱家骅。1926
年冬，顾孟余、徐谦、丁惟汾便因北伐军队的节节胜利，与中央党
部及国民政府迁往武汉。而戴季陶事实上没有大学行政经验，又与
学界关系疏远，再考虑到国民党内左右派平衡，十分倚重朱家骅为
中间桥梁的润滑功能。校务委员因多在中央担任要职，经校务委员
会议商定，校中重要方针由委员长戴季陶裁决，日常校务则由朱家
骅负责处理。②

---

① 陆翰芹、苗启平等当时都是中央学术院学生，皆曾受教于朱家骅。朱家骅也在张
　静江家中认识谭延闿、李济深、陈果夫、钱大钧等人。胡颂平编《朱家骅年谱》，
　第 16 页；李熙谋：《怀念朱骝先先生的二三事》，《朱家骅先生逝世纪念册》，第
　366～367 页。

② 方志懋：《朱校长与母校》，《国立中山大学成立五十五周年特刊》，第 109 页；甘家馨：
　《给国民党带来新观念新作风的朱先生》，《传记文学》1976 年第 6 期，第 21 页。

戴季陶作为国民党要员，虽强调在学生中宣扬三民主义的重要性，具体提出"学术为体、政治为用""党的科学化、科学的党化"之治校方针，倡导中山大学的"党化教育"。① 但他观察到中山大学过去因政治纷争严重影响校务推展，力主政、教分立，认为学生不应干预政治。② 他指出：

> 大学事固非易为，然只要立定一个必须将他办好的心，决定此去是为"殉道""殉党"，以死为生，则我死之后，必定因我之死而感动许多人，专心一意，从事教育，不再蹈以前覆辙，将教育机关卷入政治潮流。……中山大学的确是一个最大的基本，倘若有多少人忍耐着，把这一个大学办好，以此为模范，转移全国的学风，则目前走了错路的人，或者可以救得许多，而将来的人，更可不再走错路。③

因此，戴季陶最看重的还是大学的"学术价值"，尊重学术研究自身特点而不可强求如政治之一律。他曾不断重申："大学永久之学术团体，亦是永久之教育机关，其性质则以永久与和平者为

① 戴季陶 1926 年 9 月以《呈国民政府陈明关于中山大学组织上之意见文》为题，向国民政府提陈下列三项治校方针：（一）改校长制为校务委员会制；（二）"学术为体、政治为用""党的科学化科学的党化"之治校方针；（三）教育经费之独立之三大主张。戴季陶：《呈国民政府陈明关于中山大学组织上之意见文》，《国立中山大学成立五十五周年特刊》，第 98～100 页；陈天锡编《戴季陶先生文存续编》第 2 卷，国民党中央委员会，1959，第 613～614 页；朱家骅：《戴季陶先生与中山大学》，陈天锡编《戴季陶先生文存三续编》，第 274～279 页；《追念戴季陶先生》（1951 年 2 月 12 日），《朱家骅先生言论集》，第 738 页。

② 对此现象，戴季陶便曾不以为然地指出："在政治的紧张之中，易于使大学受不安定的苦。去年至今种种不安定的现象，不是由于人的能力，乃是由于根本方针不定，甚可为鉴。"又说，"大学亦事实上不能单纯属于一派，征之任何国家而可见者也。故大学不可偏。偏则难久，必常生风潮，其结果必致影响于学术之独立与进步，甚无益也。"戴季陶：《赴粤后作法》，《国立中山大学成立五十五周年特刊》，第 96 页。

③ 《戴校长致沈主任暨同学同志函》，《国立中山大学日报》第 113 号，1928 年 1 月 7 日，第 1～4 版。

要点。而成绩之表现，亦以学术的价值为本体。既不可求近功，尤不可求表面。"①"大学之基本价值，终在学术，今后中国之改造，亦在于科学的发展。"② 认定大学的目的"是在真实的学术价值，是在永久与和平"，然后大学"方能如龟牛之步，迟而确达"。③

戴季陶与朱家骅一样，始终将办好中山大学与发展国家建设事业、振兴中国理想紧密联结。他指出：

> 现在救中国，惟有实际建设，而教育事业，尤为一切建设工作的根本基础。……我们就本大学的历史来说，是总理手创的，是纪念总理孙先生的唯一学府。从本大学的地位来说，是站在全国南北中三个大学中间的南方唯一的大学。……这一百年来，中国的革命潮流，是从南方推移到北方，也是中国民族的一个大翻身。现在我们的工作，就是要把文化和科学，从广东向北方灌输，……进而推行到全世界。这些文化科学的种子，……就要先把我们中山大学弄好，我们中山大学要能负担发扬文化科学的材料，中大要做文化科学种子的栽植和培养的地方。……现在正是我们努力复兴文明，再造文化的时期了。④

简言之，戴季陶认为中山大学的办学目的在于培养专门科学技能的人才，以为建设、振兴中国的基础。

为达到这个目的，他一方面强调三民主义教育以保证学校不偏离培养人才的根本方向；另一方面注重提高学校学术水平与地位，

---

① 戴季陶：《赴粤后作法》，《国立中山大学成立五十五周年特刊》，第 96 页。
② 戴季陶：《呈国民政府陈明关于中山大学组织上之意见文》，《国立中山大学成立五十五周年特刊》，第 99 页。
③ 戴季陶：《赴粤后作法》，《国立中山大学成立五十五周年特刊》，第 96 页。
④ 钟贡勋：《戴校长与母校》，《国立中山大学成立五十五周年特刊》，第 89～90、93～94 页。

在学术事业上让学者按照学术规范从事研究，行政职员不应干涉。
所以他向国民政府提出改校长制为校务委员会制负责校务整顿工作
的建议时，便提出"除正副委员长外，委员人选以从教授中选任之
原则"，其欲使"学术"不受"政治"干扰之意图甚为清楚。他多
次自谦地表示，"学识、经验、德行、精力"，"身体、精神，乃至学
问经验"都不足以胜大学行政之任，基于"尊重专业"的立场，他
鲜少介入学术行政领导工作而交由当时不涉及党、政事务的纯学者
朱家骅负责。①

　　事实上，戴季陶当时身兼数职，鲜少在校，即便在校期间也只
在大政方针上有所主张，实际校务如人事安排和学校行政工作完全
是朱家骅负责。1926 年 12 月底，戴季陶即离开广州出使日本，中山
大学就由朱家骅以委员资格代行委员长职权，成为校务实际擘画者，
独力撑持校务的彻底整顿与"根本改造"的重任。② 无形中，中山

---

①　戴季陶：《受任广东大学校长宣言》、戴季陶：《呈国民政府陈明关于中山大学组
　　织上之意见文》，《国立中山大学成立五十五周年特刊》，第 95 ~ 96、98 ~ 100 页。
②　1927 年 5 月 16 日朱家骅在致李石曾、吴稚晖信中便指出："中大情形甚为可观。
　　家骅留此，全为此事。去年在中央北迁，及季陶先生北上，五委员仅余骅一人，
　　深虞陨越。然黾勉从事，自今观之，大可发展。"1927 年国民党进行"清党"，5
　　月顾孟余与徐谦皆因政治因素被"撤职查办"。当时朱家骅等曾正式提请由蔡元
　　培、吴稚晖继任递补，适逢 1927 年 6 月大学院新颁大学组织法，明令统一全国教
　　育制度，改"委员制"为"校长制"，仍命戴季陶为校长、朱家骅为副校长，结
　　束中山大学"委员会"体制时代。1927 年 5 月教务长鲁迅正式离职后，朱家骅兼
　　任教务事宜至 1928 年 3 月。不过，国民党北伐结束，戴季陶因中央基础未立，十
　　分受蒋介石倚重，事更繁重，又复在中央任考试院长及训练部长等职，屡次请辞
　　未准。当时多数国立大学校长皆由党国要人遥摄，如中研院院长蔡元培兼北京大
　　学校长，教育部部长蒋梦麟兼浙江大学校长，铁道部部长孙科兼交通大学校长，
　　大学院大学委员会委员易培基兼劳动大学校长，工商部次长郑洪年兼暨南大学校
　　长，考试院长戴季陶兼中山大学校长等，常因不能专注校务，受人诟病。1929 年
　　7 月新修大学组织法便明文规定，大学校长除国民政府特准外，均不得兼任其他
　　官职，且取消副校长一职，是为教育之一变革，也博得舆论界一致喝采。于是，
　　戴季陶辞校长职，推荐朱家骅继任。朱家骅也因此得以摆脱政务，1930 年 9 月辞
　　去浙江民政厅厅长，专心致力中山大学的发展。朱家骅说："我前次出任浙事，
　　本属不得已，今日卸去浙事，是力遂初心。"不过 1930 年 12 月朱家骅即被调至
　　中央大学。李宗侗：《朱家骅傅斯年致李石曾吴稚晖书》（1927 年 5 月 16 日），
　　《传记文学》1964 年第 6 期，第 52 页；《答广州民国日报记者问继长中山大学

大学领导体制已由"委员制"化为"校长制"了。

　　委员会接事时考虑到校务紊乱、学风败坏，各科教授缺乏，应用书籍又不足，且规章制度与实际情况诸多不符，若欲"根本改造"，不停课决无法整顿。所以呈请政府明令停课一学期，在广州国民政府行政上的全力撑持下，一切重新通盘规划、重新组织。办学宗旨、教育方针、规章制度全部重行厘定，学生全部复试分别去留，所有教职员一律停职另任。其中专修学院裁撤，工专、附中归广东省教育厅办理，附小归广州市教育局办理，期以"革命手段"极力刷新，尽除积弊，创办一所"全新"的中山大学。[①]为达这个目标，[②] 朱家骅一面整顿学风，一面厘定制度，一面罗致人才，一面增加设备，实际困难且尤过之。对此，朱家骅却认为"中大情形甚为可观"，"大可发展"，因为"中大经费较充裕，而自改革以后，一张白纸，可以我们经历所见，作些甚新之试验"[③] 而充满信心。

---

① 　经过》（1930 年 9 月 18 日）、《追念戴季陶先生》（1951 年 2 月 12 日），《朱家骅先生言论集》，第 269、739 页；朱家骅：《戴季陶先生与中山大学》，陈天锡编《戴季陶先生文存三续编》，第 274～279 页；郑彦棻：《永念母校三校长》，《国立中山大学成立五十五周年特刊》，第 302 页；吴文晓编《国立中山大学校史（稿）》，《国立中山大学的回顾与展望》，"国立中山大学"校友会，1986，第甲 3 页；《校闻：本校新任正副校长行将就职》，《国立中山大学日报》第 26 号，1927 年 6 月 9 日，第 2 版；《校长布告》，《国立中山大学日报》第 27 号，1927 年 6 月 10 日，第 2 版；《蔡元培先生致朱副校长傅斯年何思源教授书》，《国立中山大学日报》第 44 号，1927 年 7 月 1 日，第 4 版；《校闻》，《国立中山大学日报》第 52 号，1927 年 9 月 29 日，第 2 版；宋湜：《特载：国立中山大学三年来概况及此次中央决定组织大学董事会经过》，《国立中山大学日报》第 514 号，1929 年 10 月 10 日，第 3～8 版；《国民党政治会议广州分会第 27 次会议议事录》（1927 年 5 月 27 日）、《国民党政治会议广州分会第 33 次会议议事录》（1927 年 6 月 17 日），政治会议广州分会纪录，国民党党史会藏，全宗号：政 00.4/5。

① 　《国立中山大学委员会布告》（1926 年 10 月 17 日），《国立中山大学成立五十五周年特刊》，第 75、100 页；《国立中山大学筹备之经过和将来之希望》（1927 年 3 月 1 日），《朱家骅先生言论集》，第 250 页。

② 　《国立中山大学筹备之经过和将来之希望》（1927 年 3 月 1 日），《朱家骅先生言论集》，第 252 页。

③ 　李宗侗：《朱家骅傅斯年致李石曾吴稚晖书》（1927 年 5 月 16 日），《传记文学》1964 年第 6 期，第 52 页。

二　整顿学风

朱家骅无时无刻不在想方设法要将中山大学办成与革命社会结合的最高革命学府与世界一流大学。[①] 他认为整顿紊乱校务，彻底改造中山大学，"重立学风"是首要工作。

1924 年孙中山在广东政权稳固后，为确保革命成功，采取联俄容共政策，同时为培养革命干部和发展现代学术事业与革命军队，还创办了文、武学校，即广东大学和黄埔军校。广东大学为国民革命人才的集中地与培训所，并以发展中国现代教育学术事业为其使命之一。[②] 但在 1920 年代前半期，全国反帝反军阀运动风起云涌，广州方面更是三日一游行，两日一开会，罢课游行不曾停歇，教学和科研工作大受影响。而广东大学为孙中山手创，深具正统、嫡传的政治意涵，尤其在当时"大革命"的风潮中，更具政治号召力，

---

① 《国立中山大学筹备之经过和将来之希望》（1927 年 3 月 1 日），《朱家骅先生言论集》，第 252 页。

② 当时广东专科以上学校只有广东高等师范学校、广东公立法科大学和广东省立农业专门学校，全为公立学校。孙中山 1924 年 2 月下令将上述三校合并改组为广东大学后，即将高师改为文科、理科，法大改为法科，农专改为农科；再增添工科，文、理、法、农、工五预科，师范特科、附属初级师范、中学、小学等。以邹鲁为国立广东大学筹备主任，同时延聘胡汉民、汪精卫、廖仲恺、伍朝枢、马君武、孙科、许崇清、蒋梦麟、李大钊、石瑛、胡适、王星拱、王世杰、周览、皮宗石、郭秉文、吴敬恒、李石曾、易寅村、杨庶堪、陈树人、熊希龄、范源濂、顾孟余、任鸿隽、杨杏佛、胡敦复、黄昌谷、关恩助、程天固、徐甘棠、梁龙、何春帆、陈耀祖、邓植仪等 35 人为筹备委员。1925 年 7 月接收广东公立医科大学为医科。钟贡勋：《母校沿革史稿》、《戴校长与母校》，《国立中山大学成立五十五周年特刊》，第 1~2、72 页；郑彦棻：《国父创办母校经过》，《国立中山大学成立五十五周年特刊》，第 13~15、25~26 页；中山大学档案馆编《孙中山与中山大学》，中山大学出版社，1999，第 1~4、12~17 页；邹鲁：《回顾录》，岳麓书社，2000，第 117~118 页。

"校长"一职便随国民党内政治权力斗争一年数易。① 中山舰事件后，左右派斗争与冲突表面化，广东大学内部矛盾随着校外政治斗争的激化而日趋尖锐，成为左、右两派学生激烈斗争场所。学生各成组织，剑拔弩张，学校里天天风潮，闹得天翻地覆，随时都处在一触即发状态。操场几乎变成游行集合场所，礼堂变成开会演剧的大会场。②

　　1926 年前后在广东大学念预科的杨祖庆说，当时校内怪象时生。

---

① 当时国民党党内容共，国民党与共产党信奉不同的政治主张，党派林立，纷争不已。1926 年 1 月在广州召开国民党第二次全国代表大会，对参加西山会议者如戴季陶处以训诫，邹鲁与谢持等反共最力者均开除党籍。自邹鲁去职后，一年内三易其长。1926 年 6 月派戴季陶接任。戴季陶坚不接任，由经亨颐代理校长。当时在校生林为栋便指出，他未正式上课便换了四次校长，"记得报名应考时，校长是褚民谊，取录发榜时校长是经亨颐，注册时是委员制，委员长戴季陶，副委员长朱家骅，到正式上课时改回校长制，戴朱分任正副校长"。反映了那年头是个多变动的时代，对学生课业确实造成严重影响。林为栋：《往事依稀怀母校》，《国立中山大学成立五十五周年特刊》，第 182 页。另可参考钟贡勋《母校沿革史稿》，《国立中山大学成立五十五周年特刊》，第 3 页；吴文晓编《国立中山大学校史（稿）》，《国立中山大学的回顾与展望》，第甲 3 页；黄福庆《近代中国高等教育研究——国立中山大学（1924～1937）》，中研院近代史研究所，1988，第 99～100 页；高平叔《蔡元培年谱长编》中册，第 726 页；甘家馨《给国民党带来新观念新作风的朱先生》，《传记文学》1976 年第 6 期，第 20 页。

② 例如，C.P.（共产党）、C.Y.（共产主义青年团）、社会科学研究会是共产党的秘密组织，新学生社是非常活跃的倾共学生社团。孙文主义学会、民权社、民社是坚定的反共学生社团，与新学生社是死对头。由于两派学生每有问题，各是其所是，争吵不休，于是又有知用学社的发起，反对"罢课救国，不罢课不能救国"的意见，主张救国不忘读书，知用兼顾。除此之外，尚有倾向革命左派的国民党青年团、极右派的西山会议派和士的党、中间偏右的中社。其他如济难会，醒狮派等学生社团组织，他们反对帝国主义与军阀的立场基本是一致的，但在其他问题上存在着严重的分歧。钟贡勋：《戴校长与母校》、李朴生：《国立广东高等师范学校杂忆》，《国立中山大学成立五十五周年特刊》，第 72、153、164 页；梁山等：《中山大学校史（1924～1949）》，第 23、26、31 页；黄福庆：《近代中国高等教育研究——国立中山大学（1924～1937）》，第 89、95 页；朱家骅：《戴季陶先生与中山大学》，陈天锡编《戴季陶先生文存三续编》，第 274～279 页；郑彦棻：《朱骝先生与国立中山大学》，《朱家骅先生逝世纪念册》，第 348～353 页。

如电影之一幕一幕上演。在礼堂开会，争吵打斗，拍桌掷凳之事，已司空见惯。最妙者，某次在雨操场开会时，主席在台上高声大呼，台下反对者某一女同学持铃登台，在其旁用力摇动，铃声盖话声，历久不辍，主席声嘶力竭，台下叫嚣助威，无法支持，乃告流会。学生中有职业学生，入学非为读书，专为党手。宿舍门前，日必张贴大条标语或大篇文章，栏前揭示"黉宫墙报"四大字。彼此争论、谩骂，一方甫贴出，他方印行撕去，或将己方之文章贴盖其上，迄无少休。处此环境之下，教授纷纷离去，教学真空。[①]

1925 年夏入学的张冠英也说：

入学的最初半年多，一般局势，还受沙基惨案所引发的省港罢工的激荡，非常浮动，校内情形，既受联俄容共及农工三大政策的影响，又有各色各样的教授和学生，也非常复杂，因此外面游行示威的机会固多，而校内开会打骂的场合，更是司空见惯；甚至有些老师上课，也得由同学表决，同时广府、客家、普通三种语言讲授，费时失事。可厌至极！……同学经常因开会而争主席、争发言、辩曲直、不惜扭作一团，大打出手。[②]

当时外间便有中山大学"只会闹风潮""常常闹乱子"的负面批评。[③]

而且广东大学教师学术水平与学生素质普遍不高。1926 年 3 月

① 杨祖庆于 1922 年入附属初中，1925 年升预科。杨祖庆：《黉宫点滴》，《国立中山大学成立五十五周年特刊》，第 179～180 页。
② 张冠英：《记忆犹深的"反共"和"护校"两役的生活》，《国立中山大学成立五十五周年特刊》，第 272～273 页。
③ 钟贡勋：《戴校长与母校》，《国立中山大学成立五十五周年特刊》，第 76～77 页。

应聘到广东大学文科学长的郭沫若曾直言不讳地指出，广东大学号称高等学府，但"本学期之课程，其凌乱杂沓，实有令人难言之痛。中等学堂之科目，滥竽大学；商业学校之簿记，充斥文科。以致选课者每多人数三名，而讲授者则复笑话百出"。[①] 1927 年 1 月任教务长兼文学系主任的鲁迅也曾对友人说道，"此校的程度是并不高深的，似乎无须怎样大预备"，"中大教员，非其专门而在校讲授者不少"。[②]

因此，为改造中山大学，朱家骅根据轻重缓急，自定三大步骤。首先，一时无法更改的，姑且将就，暂不更改；可能改动的，即行改动。其次，拟定能为大学发展立下良好基础的"根本"计划。最后是图谋发展，即设想如何能落实计划"发展这个大学"。[③] 根据上述原则，全面停课进行严加甄别学生、重新聘任教职员与加强学生基础学科知识等三方面是当时整饬学风必须"即行改动"的首波要务。

1. 学生严加甄别

朱家骅考察发现中山大学学生程度参差不齐，甚至基本知识均欠充实，未来对研究高深学问必生窒碍，决定全体学生一律复试，分别去留。欲借"复试"先明了学生基本知识之真实程度，然后才能确定补习教育的课程级别，进而决定下一学期各科教育计划。于是，委员会于 1926 年 10 月公布《大学各本科师范部及各科专门部复试之标准》，明订复试科目为国文、数学、外语三科，并清楚说明考试内

---

① 广州《民国日报》1926 年 4 月 25～27 日，第 6～7 版，转引自袁征《郁达夫在广东大学》。http://www.saohua.com/shuku/yudafu/zyl4.htm，最后访问日期：2017 年 1 月 17 日。
② 《致许寿裳》（1927 年 1 月 31 日）、《致江绍原》（1927 年 4 月 4 日），《鲁迅书信集》上卷，人民文学出版社，1976，第 127～128、133 页。
③ 《国立中山大学筹备之经过和将来之希望》（1927 年 3 月 1 日），《朱家骅先生言论集》，第 253～254 页。

容、方向与及格标准。① 戴季陶与朱家骅对这场复试相当重视，亲临监试，国民政府也郑重地特派孙科到校监考。复试结果出炉，程度之差出乎意料。若照原公布之最低及格标准，本、预两科不及格者多达八百余人，如果依照正常本、预科入学考试为标准，则不及格者更甚于此。朱家骅召集教务会议，决定降低标准，将原定"三科内有两科合最低标准，或有一科能合二等标准者，始为及格"，改为"三科之中有一科能合最低标准者，均予录取"。② 最后全校 2000 余名学生，及格者本科生 933 人，预科生 779 人，淘汰率近二成。③

有学者认为，这次的甄别考试是"借此清除校内共党或左倾学生"的一种非常手段。④ 但从上述考试科目、方式与录取标准皆事先公告，学生去取完全按照考试成绩而不涉及政治因素，还降低原定及格标准的处置方式观之，"甄别考试"是戴季陶与朱家骅希望除却学生的"斗鸡性格"，转向"学术研究"的第一步。而且，中山大学本即定位为"党的大学"，委员会任职期间尚为国共合作时期，一再强调"党化教育"即是为了修正当时国民党内"两个主义"所产生的纷

① 公告的及格标准如下：最高标准，视旧制大学预科，或新制高级中学毕业程度；最低标准，国文则以了解国民革命之意义，而文理通顺为度，数学则以一次方程式为度，外国语则以能遣译最浅显之单句为度。考试题目分为三等：一等试题最高标准。二等试题最高标准与最低标准之间。三等试题最低标准。受考者各自量其程度，自由选作三等题中之一等，或分别选择，例如数学选作一等试题，而外国语选作三等试题，均可。三科内有两科能合最低标准，或有一科能合二等标准者，则为及格。如有不能三科俱作者，须自己述明其不能作之科，是否曾经习过，以为整理学生程度决定补习教育计划统计之材料。至若因此而不能者，则属无可造就，虽欲勉强令其留学而无从矣。《大学各本科师范部及各科专门部复试之标准布告》，陈天锡编《戴季陶先生文存》第 2 卷，第 620～621 页。

② 《改低大学本科预科考试及格标准及对不及格学生办法布告》，陈天锡编《戴季陶先生文存》第 2 卷，第 621～622 页。

③ 甄别考试于 11 月 9 日、10 日、13 日分三天举行。郁达夫也奉命监考。林增华：《"五四"运动后至大革命时期广州学生运动中的左右派斗争》，《广东文史资料》第 24 辑，广东人民出版社，1979，第 99～100 页；陈天锡编《戴季陶先生文存三续编》，第 316 页；陈天锡编《戴季陶先生文存》第 2 卷，第 626 页；黄福庆：《近代中国高等教育研究——国立中山大学（1924～1937）》，第 56～58 页。

④ 黄福庆：《近代中国高等教育研究——国立中山大学（1924～1937）》，第 57～58 页。

争。若一定要说有"政治意图"，那么他们真正所欲清除者应是那些无心学术研究的"职业学生"。

2. 教职员的停职另任

原有教职员一律停职重聘，并非欲将原有教职员全部更换，只是欲以此机会切实按照大学的实际需要，排除冗员，重行聘任。这点用心可从委员会公告的具体办法看出。

（甲）职员中与保管交代及其它必要事务特别有关者，暂不停职，由本委员会先行分别委任，其余则停职听候另委。（乙）教授讲师，原有员数甚多，现在本科即暂行停课，应先由委员会就本期补习教科所必需之教授讲师，先行聘任若干员，其余俟本预科教程规划妥善后，再行聘任。①

原有教职员 400 余人，重聘的只有 70 余人。当时仍在国共合作时期，教师的续聘与否不涉及个人政治立场，纯以其个人学养为考虑。此点可由得到续聘教授中有共产党籍的郭沫若、恽代英、施存统，属左倾的创造社郁达夫等得到证实。

3. 加强学生基础学科知识

在结束学生甄试与教职员重聘后，第一，为使学生不致在停课期间废时失学；第二，对复试及格的学生务求在短期间听、讲、知识程度均有进步，习得足以在学术上继续深造基础知识；第三，因在学期中，新聘教职员不能立即到校，朱家骅在正式重新开学前对学生施以基础学科的补习课程。

朱家骅认为数学是自然科学之母，国文是中国固有文化之基，而英文则是与世界交流最普遍被接受的语言文字。他按照原定授课时间依学生考试成绩分其等级程度，加紧补习国文、数学、外国语

① 《国立中山大学委员会布告》（1926 年 10 月 17 日），《国立中山大学成立五十五周年特刊》，第 75、100 页。

三科基础功课，尤重外语课程。1926 年底至 1927 年初，鲁迅、何思源、傅斯年、陈可忠等新聘教授首波到校，立即加入学生甄别与补习课程行列。傅斯年 1926 年底到校即受到朱家骅倚重，帮助筹划校务、安排课程，处理各类繁杂事宜，由此开始他们两人数十年不变的情谊。①

朱家骅如此大刀阔斧的整顿过程实则危机四伏。当时全程参与整顿的资深教授沈鹏飞说：

> 本校改组成立的时候，我们党的中央与广东政治的状况都是很复杂的。大学内部的份子，与及在广东的青年、党派是很纷歧的，各地的学风，是很嚣张的，广大及委员会以前的中大，风潮迭起，是谁都知道的。在那时期当中，能够避危疑，排万难，确定教育方针，从事整理本校，实在是极不容易的事。②

朱家骅事后也论及当时的危险。

> 学生一律复试，全校教职员解聘重聘。同时马上我们委员会，尤其是戴先生及兄弟我，就接二连三接到许多恐吓信和要暗杀我们的信。他们组织了什么铁血团、什么青年暗杀团等等来对付我们，当时委员会中曾有人提议租屋在校外办公，以避免危险。及至就职之后，仍然发现许多恐吓函件，及专修学院

---

① 陈可忠 1926 年 9 月由美国完成学业回国，应李熙谋之邀赴广州，参加筹备政府拟设立之化学工厂。但至 12 月，该计划因经费无着而取消，乃改应中山大学之聘。陈可忠：《我与中山大学》、《国立中山大学委员会布告》（1926 年 10 月 17 日），《国立中山大学成立五十五周年特刊》，第 113～121、100～102 页；朱家骅：《戴季陶先生与中山大学》，陈天锡编《戴季陶先生文存三续编》，第 274～279 页。

② 沈鹏飞：《专载：本校成立三周年纪念会开会词》，《国立中山大学日报》第 524 号，1929 年 10 月 24 日，第 3、4 版。

散发传单，反对我们，学生时时欲动。①

欲革新，面对如此危境，若稍欠魄力与果断力是不易办成的。无论如何，在国民政府全力撑腰下，总算顺利完成初步整顿工作，稳定乱势，打开新局。

朱家骅接下来就是重新拟订中山大学的"根本计划"，图谋恢宏发展。他以"国家学院"为发展中山大学的目标，为立一个成为世界一流大学的良好基础而竭力经营。学校宗旨与教育方针重新订立，一切规章、制度重行厘定，一面广罗四方教才以为学生之指导，一面增加研究设备，使教者、学者得以实际研究；一面整顿学科、创设新研究学门、重新配置课程；一面整顿学风，提倡学术研究风气，把中山大学内部设备和基本建筑切切实实建设起来，使中山大学基础与规模立定，期能徐徐进展，成百年树人大业。

三　民主管理体制之实践

广东大学原由高师、农专、法专、医专四个不同组织系统的高等专门学校合并而成，行政组织架构上设校长一人，由政府元首任命，对外代表全校，对内主持校务，校长下设秘书长统管全校事务。实际上各校"似合实离"，除名称变更外，各学院自成体系，并无整体一致的系统。在学校行政组织改革方面，朱家骅与蔡元培改革北大时一样，是以"教授治校"为推进改革的中心思想，希望以教授集体领导统理校务、决定校务方针，建立稳固的组织体制，借此改正中山大学过去因政治纷争导致校长去留而影响校务进行的弊病。朱家骅以教授治校的民主体例为中山大学行政组织变革基础，重新统整校务行政管理系统，调整组织权责，将各校真正结合成一系统的研究型综合大学。在新订的组织章程

---

① 《本校校长公宴全校教授讲师记事》，《国立中山大学日报》第286号，1928年10月30日。

中将校务领导决策中心由"校长制"改为"评议会""各委员会"及"校长"之"三权分立"制。除校长及必要的庶务职员外，全部由校内教授兼任。[①]

1. 评议会

新订组织章程，将原"校务会议"改为"评议会"，由校长、各学科主任及经由教授选举产生的教授代表组成，任期一年，是为校务最高决策机关。朱家骅认为："由大学教授组织成的评议会来主持大学一切，务使教授与大学发生最密切的关系和兴趣，大家共同担负责任，这就是要使大学成为民治化，使大学得到德模克拉西这种办法。"[②] 不过，广东政局诡谲多变，评议会直到1930年始得真正落实设置。在评议会成立前，本科交由各科"科教授会议"决策，预科则交由"预科教务会议"决策，仍采取民主决策体制。

2. 委员会

委员会为辅助校长规划校务的智囊单位，按行政事务性质组织各种委员会；设置有组织委员会、建筑委员会、审计委员会、预算委员会、图书馆审查委员会及管理委员会、医学科及医院临时整理委员会、庶务委员会、出版委员会等，各委员会委员全由校内教授互选担任，各该项事务皆交由委员会讨论、筹划，送评议会决议执行。

3. 校长

将原属校长直辖统管全校事务的"秘书处"分设"教务处"与"事务管理处"，另增设"图书馆部"，共同统理学校行政业务，使学校行政成一整体组织。（1）事务管理处掌理教务以外之全校事务，由事务会议决策。（2）教务处掌理全校教务事项，教务行政业务由教务会议决策。不过，朱家骅为落实以"一系的主任，作一系的重

---

① 1927年3月新订中山大学规程，以后虽曾稍加修订，但无太大更动；1932年再经一次修订后至抗战军兴，未再见修订。可见朱家骅制订章程时的深谋远虑。

② 《国立中山大学筹备之经过和将来之希望》（1927年3月1日），《朱家骅先生言论集》，第254页。

心，负一系的完全责任。一科的主任，作一科的重心，负一科的完全责任"的主张，废"学院"改"科"，取消学长和院长制，改设"科主任"。① 各科成立教授会，主任由教授选举产生，任期两年，为各学科最高决策中心。另由各科教授会主任组成学校教务处，领导全校教学行政工作。(3) 戴季陶认为图书馆是大学造成"真实学术价值"的关键"基本力"之一，朱家骅也认为从事学术研究最先要注重的便是图书仪器设备的充实，十分看重图书馆的学术功能与价值。广东大学时期图书馆是将原高师图书馆加以整顿扩充，更名为"图书总馆"，下设农科、法科、理科、医科等分馆，实际上并未有任何实质更动。再者，高师图书馆原是一旧式藏书楼，藏书极为贫乏，设备亦甚简陋，朱家骅便统一全校图书馆业务事权，在学校行政组织体制上，除保留原有之图书委员会负责规划图书馆发展外，将各科"图书馆"统整成为校长辖下三大独立部门之一。接着将原高师、公法、农专、公医等校图书加以接收，归并成一。原图书馆长袁同礼因已离校，改聘图书馆学专家杜定友负责馆务，拟订大规模的国内、外图书购置计划。②

四　跻身世界学林的学科整顿方针

朱家骅站在中国亦为世界一员的视角，根据他个人对欧洲现代

---

① 《就任国立中山大学校长讲演词》（1930 年 10 月 6 日），《朱家骅先生言论集》，第 270～271 页；《校史》，《国立中山大学现况》，第 45 页。

② 戴季陶：《赴粤后作法》，《国立中山大学成立五十五周年特刊》，第 97 页；《国立中山大学筹备之经过和将来之希望》（1927 年 3 月 1 日）、《中国大学教育的现状及应行注意各点》（1931 年春），《朱家骅先生言论集》，第 260、126～127 页；朱家骅：《大学教育问题》，《抗战前教育概况与检讨》，革命文献第 55 辑，第 94～95 页；《国立中山大学各行政机关主任人缘一览表》，《国立中山大学日报》第 5 号，1927 年 5 月 13 日，第 3、4 版；《专载：本校各处部科系主任表》，《国立中山大学日报》第 82 号，1927 年 11 月 12 日，第 4 版；《图书馆学研究会开会》，《国立中山大学日报》第 8 号，1927 年 5 月 17 日，第 3 版；《组织图书委员会，定期开第一次会议》，《国立中山大学日报》第 72 号，1927 年 10 月 27 日，第 3 版；黄福庆：《近代中国高等教育研究——国立中山大学（1924～1937）》，第 63、66～67 页；梁山等：《中山大学校史（1924～1949）》，第 18 页。

大学理念与现代学科建置的理解，以世界顶尖"国家学院"为终极目标，兼顾将中山大学办成高深学术研究人才、国民革命干部与新中国建设人才的培育中心，欲从根本改造中山大学成为一应俱全的科学化、世界化综合学术研究中心，接续起北京大学未竟之中国教育学术现代化转型的历史任务。

此点企图在新订的中山大学组织章程中清楚言明。

> 国立中山大学之前身国立广东大学，既系孙中山先生讲演三民主义及其它主义之所，又系中山先生手创经营，更奉国民政府命令设置，以党化教育树建设之基础。故今确定宗旨，务以国民革命之精神，振兴国民智力之开展。一方恢弘各种科学艺术，以备国人之享受，一方恢弘教育之党化，以坚革命之工作。务洗他国学院与社会隔阂之弊，而成精神与学业为一致之方。①

简言之，中山大学除要发展国家学院专事学术研究以造福社会、国家及广大群众的"好处"与"良好成分"，也要去除过度保守与不经济的"短处"，务使大学与社会"联结"起来，发挥学术的"实效"。②

在此办校宗旨下，朱家骅在学科设置与科系学风调整上，不同于蔡元培以研究高深学问为办学宗旨，强调"学"重于"术"，要把北大办成以"纯学理"研究为重点的文理科大学的目标，而是在广东大学原有的文、理、农、法、医五学科基础上，将中山大学发展成为文、理、法、农、医、工学科健全，兼顾"学"与"术"的研究型综合大学。更进一步的企图则在于中国"国家学院"体制与

---

① 《国民党政治会议广州分会第 13 次会议议事录》（1927 年 2 月 22 日），政治会议广州分会纪录，国民党党史会藏，全宗号：政 00.4/2。
② 《国立中山大学筹备之经过和将来之希望》（1927 年 3 月 1 日），《朱家骅先生言论集》，第 254～255 页。

学术研究基础的建立。

朱家骅站在与世界同步的角度，为能跻身世界学林，求在学术研究上有种种创见和发明，提出了世界化的学科整顿方针。他欲"借理科的发展，来帮助各科"，以德国在医学上、美国在农学上、北大在文化思想上的成就为目标，提出"医科德国式、农科美国式、文科北大式"主张，均衡发展并扩张各学科学术研究领域。① 他注重高深理论研究与实际应用的结合，对于课程内容进行调整与充实；同时确立"先聘好教授才办新学系"的新学科政策，期能循序渐进以收宏效。②

广东大学设置之初即以培养纯学术研究与革命人才为宗旨，规模本较他校为大，除文、理、法、农、医五学科本科与预科外，又附设初中部、小学、幼儿园、海外留学生部、农业专门部、理科师范班，医科两个医院及农林科两个农场等。朱家骅在原有组织基础上进行学科的革新整顿。

预科部分，朱家骅因普通中学程度无法与大学课程衔接，为提高学生基础知识水平仍设预科。但打破原来文、理、法、农、医、工的预科划分方式，重新编配，改为甲、乙二部。原文、法预科归甲部，注重历史、地理等科目；理、医、农预科归乙部，注重数、理、化。规定每位教授均须在预科担任两小时功课，并加聘预科教员。③

本科部分，诚如戴季陶所言："本大学更有一个便利，就是很热心而负实际责任的朱副校长，是理科的教授，他对于理科的建设，自然是热心而且内行的。"对于学科整顿，朱家骅在旧有理、医、

---

① 《朱家骅启事》，《国立中山大学日报》第 128 号，1928 年 2 月 27 日，第 1 版。

② 郑彦棻：《忆述纪念　国父的国立中山大学》，《国立中山大学成立五十五周年特刊》，第 124 页。

③ 《国立中山大学筹备之经过和将来之希望》（1927 年 3 月 1 日）、《国立中山大学校务报告演词》（1928 年 10 月 1 日），《朱家骅先生言论集》，第 260、263 页；《朱副校长在纪念周中之重要报告》，《国立中山大学日报》第 268 号，1928 年 10 月 2 日，第 2～4 版；《校史》，《国立中山大学现况》，第 45 页。

农、文、法学科分类基础上，看重理科基础学理研究的重要性，欲
以其为各学科的中心学科，提出"医科德国化、农科美国化、文科
北大化"之方针。

1. "借理科的发展，来帮助各科"

广东大学理科最初由高等师范之数理化部及博物部扩充而成，
设有数学、物理学、化学、生物学、地质学五系及高师之数理化、
博物二部。朱家骅认为虽然理科各系根基较佳容易进行，不过中国
工业若不发达永不会富强，若要工业发达则"根本要数学物理化学
等科学进步"。①

朱家骅以大学整体发展为考虑，视理科学理研究为其他应用科
学之基础，欲"借理科的发展，来帮助各科"，作为推动各学科发展
之轴心。在研究上极力提倡"自由精神"，在课堂讲授上要求留意
"使别科学生，都有来听讲的机会，使其它各科，都有受纯粹科学训
练的可能"。此外，为求理科的长远发展，他要求学生除书本上的理
论外，要多做研究工夫，期待数、理、化方面能有"新的理论上的
创作"。② 故诸如学有专精的教师聘任、实验设备之充实、课程之改
善、新学系之创设等，他无不竭力而为。

他以为"理科"这个名词无法包含其学科内容而将其改称为
"自然科学科"。虽仍维持化学、物理、地质、数学、生物五学系，
但在实质内涵上拟定各学系未来发展明确方向，更加强调学理与
实际应用的结合。例如，他认为化学有助于解决民生问题者甚多，
设定化学系强调在应用方面，目标在使中国化学工业发达；物理
学系重点方向在电学，目的要使中国工业达到电气化；地质学重
点是中国藏于地下的丰富财源，为发展中国实业大有研究必要。
地质学系除更名为"矿物地质学系"，还计划扩大其规模，向外国

---

① 《别国立中山大学同学诸君书》（1930 年 12 月 9 日），《朱家骅先生言论集》，第
281 页。
② 《就任国立中山大学校长讲演词》（1930 年 10 月 6 日），《朱家骅先生言论集》，
第 271~272 页。

订购标本、仪器、书籍、增设实验室，再由两广政府出资成立两广地质调查所。1929 年在朱家骅主导下，中山大学接收由广州政治分会创设的两广地质调查所。"数学系"更名为"算学天文系"增加天文课程，添建天文台；生物学系为进行研究便利起见分为动物学系和植物学系；增设地理学系，重金礼聘地理学家克勒脱纳（Wilhelm Credner）主持，为中国大学在理科设置地理学系第一人。① 朱家骅认为"测量"工作与军事、政治，特别是土地问题和各种建设事业关系密切，积极筹划增设测量学系，但在中国境内既没有研究这类学问的专门学校，连高等测量人才也寥寥无

---

① 朱家骅是最早看重地理学重要性、提倡地理学研究的中国学者之一。中国历朝历代将地理用于为政而认为地理为"树国本基"。但清季变法设学以来，各种自然科学，如动植物、地质、数学、理化等，继人文科学之后渐为国人所重视，唯独导源最远之地理一科，反被忽视而未有地理学科之研究或学门之设置。1917 年他任教北大时，即向校长蔡元培建议增设地理学系。而后他观察到，近数十年来论及中国地理之典籍对于中国文化与经济状况有深切考察者绝少。尤其关于人文地理方面，举凡记载中国之人口，人口之分布、密度与其经济生活之文字，大都涉于肤浅且过于概括，对于识别人类现象与影响生活方式之自然状况实鲜有注意，而认为有训练担负此种考察工作之青年学子的必要。他本欲在 1927 年下半年即成立地理学系，但中国当时尚未有教授地理学的专业教师人才。为赶速培养此项人才，朱家骅于 1927 年遴选经济、地质、历史等系成绩优异的毕业生，赴欧美专习地理学。1928 年，复与戴季陶联名向国民党中央建议，请于国立各大学理学院内，增辟地理学系；最低限度亦应于华南、华中、华北之三领袖大学内（即中山、中央、北大）首先开设。1929 年秋，朱家骅始透过国际联合会从德国聘请地理学者克勒脱纳（德国第三代地理学家中最多产和最有能力者之一）任地理系主任，在中山大学理科设置地理学系。在此之前，中国大学地理课程皆设在文科，且只教授经济地理。中山大学地理学系课程是按照德国地理教学教育模式设置，特别重视地理技能和野外工作训练。其开设大量必修课和选修课程，居全国同类学校之首。《会议录：十七年度第三十二次教务会议纪事录》，《国立中山大学日报》第 462 号，1929 年 7 月 10 日，第 1 版；《专载：地理系古勒脱纳教授考察北京计划书》，《国立中山大学日报》第 587 号，1930 年 1 月 10 日，第 1、2 版；《国立中山大学筹备之经过和将来之希望》（1927 年 3 月 1 日）、《欢宴中山大学全校教授席上讲词》（1929 年 6 月 29 日）、《中国地理研究之重要》（1942 年 2 月 5 日）、《国立同济大学测量系特刊序——测量之效用》（1942 年 6 月）、《中国地理研究所地理组序言》（1942 年 10 月 27 日），《朱家骅先生言论集》，第 258、266、393～394、704～705、711～712 页；迪金森：《近代地理学创建人》，葛以德译，商务印书馆，1980，第 180 页。

几，故没有实现。后来他到浙江省政府任职时便提议由省政府补助开办费与经常费，在浙江大学工学院成立测量系，为国内大学之首创。[①]

再以师资充实来说，理科本具初基，已有"海归"学人如留法黎国昌、张云、何衍璇，留日费鸿年、留美邰重魁等。丁文江于1926年底离开淞沪总办职务时，朱家骅亟欲聘请他主掌理科，但当时广州党、政、学各方面对丁文江的评价极差，以致没有实现。[②]不过，朱家骅仍陆续网罗到不少国内、外广有声誉的知名教授，壮大了各系教师阵容，如心理学的汪敬熙；生物学的陈焕镛、辛树帜、董爽秋、罗宗洛；物理学的朱物华、黄巽；化学的李熙谋、陈可忠、康辛元、邬保良、李翼纯；地质学的朱庭祜、叶良辅、谢家荣、乐森玛、张席褆、何杰、孙云铸、杨遵仪、斯行健、潘钟祥等。甚至运用他私人情谊聘到外籍教授地理系主任德籍克勒脱纳、地质系主任德籍古生物学家叶格尔、瑞士地质学家哈安姆（Arnold Heim）等。特别是各学系主任皆是当时各学科的重要代表学者，如聘化学系主任陈宗南、算学天文系代主任何衍璇、物理学系主任黄巽、动物学系主任黎国昌、植物学系主任邰重魁、矿物地质学系主任则是朱家骅自兼。[③]

① 《就任国立中山大学校长讲演词》（1930 年 10 月 6 日）、《国立中山大学筹备之经过和将来之希望》（1927 年 3 月 1 日），《朱家骅先生言论集》，第 271～272、257～258 页；《理学院》，《国立中山大学现况》，第 185 页；《校闻：理科最近概况》，《国立中山大学日报》第 489 号，1929 年 9 月 9 日，第 2～3 版。

② 朱家骅甚为惋惜地说，当时"甚至以后成为他知交的人，也极力反对，所以没有实现。如今回想，实在是中山大学一个很大的损失。他不但是一位很好的理学院长，而且是很理想的大学校长"。《丁文江与中央研究院》（1956 年 12 月），《朱家骅先生言论集》，第 746～747 页。

③ 《国立中山大学各行政机关主任人缘一览表》，《国立中山大学日报》第 5 号，1927 年 5 月 13 日，第 3、4 版；《专载：本校各处部科系主任表》，《国立中山大学日报》第 82 号，1927 年 11 月 12 日，第 4 版；《朱家骅启事》，《国立中山大学日报》第 128 号，1928 年 2 月 27 日，第 1 版；梁山等：《中山大学校史（1924～1949）》，第 20 页。

2. 医科德国化

当年中国西医教育尚不发达，师资缺乏，聘请教授困难。学校医科附属之实习医院内部行政既不健全，设备器材也多短缺，是为医科最紊乱时期。① 委员会初接手时，戴季陶甚为焦心，曾有"医科待医""医科无药可救""医科不医"之说。② 但朱家骅认为孙中山一生事业发轫于医，亦曾在广州行医，为纪念孙中山，更为承继孙中山"救人救国救世"大愿，亟欲将"医科根本办好"，以医学闻名世界的德国为典范，提出"医科德国化""西医中国化"的具体改革主张，③ 希望办到"有同济之实，无其臭气"。④

朱家骅早年在上海同济医学堂修习四年，接受的就是正统德式医学基础教育。对德国医学课程设计、中国西医教育情况相当熟稔，更觉振兴中国医学教育至关重要。他基本认为，中医在诊断上不能切实指出病理，只凭一些"阴阳寒热""表里虚实"以为试探性的治疗是"不科学"的。但是一般人仍然迷信中医甚至排斥西医，究其原因，应当责备学西医的人"太注重营业，而轻视科学研究"，专于研究学理者不多，"不能把真正西医理论来应用，往往只顾到外国药方，机械式的应用到病人身上，没有把中国人的体格性质和身体的感应力抵抗力，加以详细的研究"。⑤ 以致国内医学不发达，公共卫生无由改善，百姓大半健康不佳，当疫

---

① 方志懋：《朱校长与母校》，《国立中山大学成立五十五周年特刊》，第110页；黄福庆：《近代中国高等教育研究——国立中山大学（1924～1937）》，第91页；《向中山大学医学院全体学生训话》（1948年10月20日），《朱家骅先生言论集》，第284页。

② 《中山大学法科的建设讲词》，陈天锡编《戴季陶先生文存》第2卷，第648页；《向中山大学医学院全体学生训话》（1948年10月20日），《朱家骅先生言论集》，第284页。

③ 《就任国立中山大学校长讲演词》（1930年10月6日），《朱家骅先生言论集》，第273～274页。

④ 李宗侗：《朱家骅傅斯年致李石曾吴稚晖书》（1927年5月16日），《传记文学》1964年第6期，第52页。

⑤ 《就任国立中山大学校长讲演词》（1930年10月6日），《朱家骅先生言论集》，第273～274页。

疢盛行时死亡率比他国高得多，使整个民族也随之衰弱。另外，因医学落后致使不少北伐军同志枉死，亦令朱家骅深感痛心。而过往学医者毕业后即到租界行医，为帝国主义者、资本家、军阀、官僚和买办阶级所利用，"侧重个人享用，而忽于博爱的利他"也是一弊。①

朱家骅决意针对上述问题大加整顿，尽除积弊，着重关注"各种病症与地方之关系，医药与体格之适应"，欲使"西医中国化"，以创造适合中国民族性格体质的新医学，救中国民族之疾病与衰弱，也希望养成"于革命事业有帮助，于一般民众有幸福"的医生。他主张习医者：

> 毋徒为营业而求学，要常常存为学问而努力为人们福利而牺牲的大志。如此，才能培养出对于学问有创作的学者，对于社会国家有好处的医学人才。再进而言之，对于整个民族，全体人类，也才算有点贡献。②

在朱家骅的主导下，医科由英美学风转为"全盘德国化"，全面引进德国医疗学术与技术，包括学制、课程设计、教材，甚至连新聘教授也都"德国化"，上课亦用德文讲授。另外值得一提的是医科研究所的建置为中国医科大学之首创，其以"迎头赶上"世界顶尖医学为目标，对中山大学医科的学术成长起到了积极正面作用。

当时国内医科教师缺乏，朱家骅为觅良师，不惜重资，以高薪"借材异邦"，请托同济德籍老校长福医生与德国领事在德国代为延揽德籍专家学者。当时医科十二名教授中，曾有八位是德国教授；

---

① 《国立中山大学筹备之经过和将来之希望》（1927 年 3 月 1 日），《朱家骅先生言论集》，第 258～259 页。

② 《就任国立中山大学校长讲演词》（1930 年 10 月 6 日），《朱家骅先生言论集》，第 273～274 页。

随后新聘的中国籍教师亦多留学德国者，如医科主任陈元喜是德国柏林大学医学士，翁之龙、赵士卿、林椿年都是留德学者。① 初期学生虽以德文为第一外国语，但程度尚浅无法直接听讲，助教需兼翻译之责。当时因尚未有毕业生，助教只能外聘。只是懂德语的助教难觅甚于教授，朱家骅曾遍托友人介绍助教，但数月仅二三人，结果符合资格者都是同济毕业者。朱家骅为使学生于最短期内能直接听讲，加紧学生德文功课，至 1930 年医科学生已可以德语直接听讲。①

这些德籍教授在教学之余，到第一、第二附属医院应诊。第一医院主任医师及护士长也曾由德奥国籍者担任。附属医院除设备德国化，查房用德语，写病历、开处方也用德文；为便利沟通，甚至还为医院护士加授德语课程。医科根据学校组织章程设置医学科及医院临时整理委员会时，外籍教授如巴斯勒、古底克、伯尔诺等皆

---

① 1929 年从医科毕业的陈宜诚回忆当时强大"德系"师资阵容指出："国人教授有桂毓泰先生教授一般外科，翁之龙先生教授皮肤科，陈翼平先生教授眼耳喉鼻科，皆为富有经验饱学之士；另尚有姚万年先生为德国化学博士，任药物学助教；及两位德国医学博士欧阳慧澂先生和徐绪先生分任内科及外科助教，他们后来均升任医科教授，或大学理科化学教授。……还有德国医学博士，国际知名的病理学专家梁伯强先生继德教授回国后，受教育部聘为病理学教授；赵仕卿博士

② 为医科副主任，协助古底克主任推行科务。生理学助教梁仲谋先生，细菌学助教李挺先生，妇产科助教罗荣勋先生，三位都出身国立同济大学医学院，和德教授语文相通，配合得宜，教学相长，后来个个升为教授。"陈宜诚：《医科的点点滴滴》，《国立中山大学成立五十五周年特刊》，第 26～28 页。

① 《朱家骅启事》，《国立中山大学日报》第 128 号，1928 年 2 月 27 日，第 1 版；《向中山大学医学院全体学生训话》（1948 年 10 月 20 日），《朱家骅先生言论集》，第 285～286 页；陈宜诚：《医科的点点滴滴》、《踏进母校医学院》、钟贡勋：《戴校长与母校》、方志懋：《朱校长与母校》，《国立中山大学成立五十五周年特刊》，第 27～28、259、78、110 页；白龙淮：《五六十年前百子路上的片段回忆》，《国立中山大学的回顾与展望》，第丙 5 页；《校闻：朱副校长医科二年级学生缄》，《国立中山大学日报》第 227 号，1928 年 6 月 14 日，第 2～4 版；《医科学生会之条陈》，《国立中山大学日报》第 625 号，1930 年 3 月 5 日，第 4 版；《医科学生十月开始德语直接听讲》，《国立中山大学日报》第 663 号，1930 年 3 月 15 日，第 4 版。

被公推为正式委员，参与医科科务决策。① 医科从此彻底成为"德国式医科"，益见朱家骅"医科德国化"执行的彻底。不过，朱家骅的"大逆转"改革，在校内外曾引起不小反弹与阻力。当他提出医科及其附属医院充实设备和延聘德籍名教授计划时，反对者便向校务整理委员会委员长戴季陶告状指称："这位留德博士（按：指朱家骅）对德国教授和器材有偏爱徇私之嫌。"② 朱家骅提出实证资料为自己辩护，并在戴季陶的支持下，始得付诸实现。③

　　再以医科学制变革来说，原医科是并自广东公医大学。该校设有解剖、生理、病理、内科、外科五学系，附设有第一、第二两医院及护士学校，设有解剖学研究室。朱家骅在学制上合并采用国内大学医学院和德国医科大学学制，取消"系"制。医本科采学年制，修业五年，实习一年，不分学系。五年修业中，"预科"两年，主修生物学、化学、物理学、德文等，预科毕业升为医本科，修习满三年后，参加毕业大考。此制是仿德国训练医师的考试制度，通过后才能到医院做为期一年的临床实习。④ 学习课程分为前期学理课程两年与后期临床课程三年两部分。朱家骅侧重医学理论的基础课程，所有主要学科或临床教学如生理学、解剖学、病理学、细菌学（含寄生虫与卫生学）、药物学、内科学、

---

① 《医科学院临时整理委员会要讯》，《国立中山大学日报》第 6 号，1927 年 5 月 14 日，第 3 版；《医院护士加授德语》，《国立中山大学日报》第 479 号，1929 年 8 月 21 日，第 3 版。

② 陈绍贤：《忆念朱骝公的风范》，《传记文学》1976 年第 6 期，第 34 页。

③ 朱家骅当年与这些德籍教授订立每周授课 12 小时，并不得在外兼差的专任聘约。这些德籍教授都非常尽职认真，全部时间除授课外，都用于研究工作和指导学生。许多课程没有人讲授时，他们即自动兼授，竟有多至每周在 20 小时以上者。有些暑假或年假也照常到校工作，即便请假亦不超过一个月。《向中山大学医学院全体学生训话》（1948 年 10 月 20 日），《朱家骅先生言论集》，第 285～286 页。

④ 1931 年毕业于医科的龙嘉朗回忆指出："高中部乙部德文班……专为升医科同学而设。因为当时医学院采用德国学制，教授们几乎全部由校方聘请德国著名医科博士来华担任授课，教材完全与德国各大学医科相同，同学除要读两年预科、五年学术研究，一年医院实习，才算是修业期满。"龙嘉朗：《国父遗泽再忆母校》，《国立中山大学成立五十五周年特刊》，第 219 页。

外科学、妇产科学等，均由德籍教授主讲，并指导学生实习或从事研究。①

朱家骅为求医科长远发展，强调理论与应用的切实结合，落实由教学进而研究，创造良好之学术氛围，提倡精益求精之治学精神。同时培养大学师资，使中山大学医科成为储备医学人才之学术教育中心。在德籍教授主持下，先后成立生理学研究所（巴斯勒教授1927年5月）、解剖学研究所（安得莱苏教授1927年6月）、病理学研究所（道尔曼斯教授1927年6月）、细菌学研究所（古底克1927年6月）、药物学研究所（药物学家范尔鲍1929年）五个研究所，切实从事教学与学术研究工作，以求增强学理基础和临床医学研究，并供中山大学附属之第一、第二两个医院的需用，同时也为医院内科、外科、产妇科、眼耳鼻喉科、皮肤花柳科等实验室树立良好的科学研究基础。研究所的设置大大增强医科的教学与科学研究能力，并有许多重要的研究成果出现，如病理研究所的民族比较病理学研究，广东特殊疾病调查，33大橱人体肉眼病理标本，都蜚声国内外学界。②

此外，朱家骅为培育后进，曾在沪招考医科研究生，可惜无人报名。于是他利用兼浙江民政厅厅长之便，选派浙江籍优秀学生公费入医科就读。他还选派成绩优异的助教或毕业生前往德国留学深造，为中山大学培养教席。通过对后进的培养，在外国教授辞职返国后，各研究所渐次转由中国籍教授主持工作。后又在中国教授梁

---

① 《向中山大学医学院全体学生训话》（1948年10月20日），《朱家骅先生言论集》，第284页；陈宜诚：《踏进母校医学院》、《医科的点点滴滴》，《国立中山大学成立五十五周年特刊》，第259～260、26～28页。

② 《欢宴中山大学全校教席席上讲词》（1929年6月29日）、《国立中山大学筹备之经过和将来之希望》（1927年3月1日），《朱家骅先生言论集》，第266、259页；陈宜诚：《医科的点点滴滴》、郑彦棻：《忆述纪念国父的国立中山大学》，《国立中山大学成立五十五周年特刊》，第28、125页；黄福庆：《近代中国高等教育研究——国立中山大学（1924～1937）》，第136～139页；梁山等：《中山大学校史（1924～1949）》，第22、62～63页。

伯强等人的努力下，针对华南地区的常见病及民族生理病理特点做了大量的解剖调查研究，创造卓越成绩，培养了大批华南医学界教学科研的骨干专家。[①]

总之，在这些德籍教授与留德中国籍教授一丝不苟、毫无怨言的学术研究精神与工作态度带动下，医科学术研究风气日盛，基础渐立，学术声望日隆，成为朝气蓬勃的华南医学教育研究中心。当时到广东游历的德国公使鲍尔希在参观医科、各研究所及医院后，甚为赞叹地说："想不到中国已有这么完备的医科。"[②] 当时的医科学生陈宜诚亦说：

> 院主任古底克教授系细菌学与寄生虫学专家、热带病学权威，年逾六十，终日研究不辍，除教学外，还担任附属医院病人标本检查，并指导广州市公共卫生实施，工作繁剧，经常在万家灯火时候离去，其他教授亦莫不专心致志，以其专业领导学生于学理或技术研究，气氛浓厚，呈一片蓬勃景象。[③]

3. 农科美国化

农科学生虽少，但出身鱼米之乡的朱家骅却十分重视农学与农业发展。他认为，中国以农立国，一切工商业发展皆以农业为基础，"假如农业方面没有成就，那么工商业的基础，也就决不会

---

① 如解剖学研究所主任安得莱苏教授辞职后由潘士华教授接任，生理学研究所巴斯勒教授辞职后由梁仲谋教授接任，病理学研究所主任道尔曼斯教授辞职后由梁伯强教授接任，细菌学研究所主任古底克辞职后由李挺教授接任。陈宜诚：《踏进母校医学院》，《国立中山大学成立五十五周年特刊》，第 260 页；《校闻：朱副校长医科二年级学生缄》，《国立中山大学日报》第 227 号，1928 年 6 月 14 日，第 2～4 版。

② 《校闻：德国公使参观本校医科及第一医院》，《国立中山大学日报》第 400 号，1929 年 4 月 23 日，第 2 版；《欢宴中山大学全校教授席上讲词》（1929 年 6 月 29 日），《朱家骅先生言论集》，第 266 页。

③ 陈宜诚：《踏进母校医学院》，《国立中山大学成立五十五周年特刊》，第 259～260 页。

巩固"。[1] 他更站在发展科学前沿注意到欧、美、日农业生产改良与剧增就是因为植物生理学、细胞遗传学等的进步，使农学日新月异。"实验法在生物科学中的广为运用，也早已使农业脱离全凭经验的境地，而有科学的根据。"[2] 反观中国农业专门学校即使已有二三十年历史，由于没有切实从事研究工作和各种改良试验，对学生又缺少充分的实地指导，使各省在农业改良发展上鲜少成绩。而且孙中山注重农业，认定土地是一切财富的根源，农业是工业基础，最早著作即是关于农政之书，中山大学既是纪念孙中山之校，尤应重视农科。

朱家骅根据官方进出口货表发现中国农产品不足，繁华大商埠及大都市要靠洋米来维持，每年光进口到广东的米就有许多，连过去外销货物大宗的丝、茶近三十年来多被日本丝和锡兰茶打倒。广东、福建等省因农业不发达，农产品不多，百姓谋生不易，需出洋卖力，吃尽各种劳苦。[3] 这些现象都说明了中国农业的衰颓。因而对农科的未来展望，朱家骅提出"美国化"的目标，力矫学生奢靡的都市习惯，"要使造出来的人才，合于实际的乡村需要"。对造林、稻种改良、蚕丝改良、畜牧发展等农林事业除注重学术学理研究外，还注意实际和推广，欲以"事实上的效果，引起一般人的注意和仿效"，达到"农业科学化"和增进生产与农业进步的目的。[4]

广东大学农科教师根基相对稳固，变动较少。农专时期一些在农业研究上很有造诣的学者便已在校任教，如邓植仪、丁颖、沈鹏飞、侯过、利寅、张巨伯、黄枯桐等。新聘教授如陈焕镛、董爽秋、张焯垫、刘荣基、冯子章、杨邦杰、彭家元、桂应祥、林亮东、蒲蛰龙都

---

① 《就任国立中山大学校长讲词》（1930 年 10 月 6 日），《朱家骅先生言论集》，第 274 页。
② 《科学世界与建国前途》（1943 年 4 月 8 日），《朱家骅先生言论集》，第 35 页。
③ 《就任国立中山大学校长讲词》（1930 年 10 月 6 日）、《国立中山大学筹备之经过和将来之希望》（1927 年 3 月 1 日）、《科学世界与建国前途》（1943 年 4 月 8 日），《朱家骅先生言论集》，第 274、259、35 页。
④ 《就任国立中山大学校长讲词》（1930 年 10 月 6 日），《朱家骅先生言论集》，第 274 页。

是学有专攻的学者。朱家骅为落实"农科美国化"的目标,本想高薪礼聘美国学者到校任教,但美国学者"取薪太多",广东政局又动荡不靖,原已允诺者不愿前来,最后只聘到能操英语的德国林学学者芬次尔(Dr. Fenzel)到农科任教兼第一模范林场主任。

不过,当时农科教授以留美国者居多,如农科主任邓植仪是威斯康星大学农学硕士,农学系主任邝嵩龄是加州大学农学硕士,农林科主任兼事务管理处主任沈鹏飞为耶鲁大学林科硕士(曾兼代校长、任农学院长),张巨伯教授是俄亥俄州立大学农科硕士。新聘教授如畜牧学教授刘荣基为威斯康星大学农学硕士;植物学教授陈焕镛为纽约州立森林大学学士、哈佛大学科学硕士;后任农林化学系主任的土壤肥料学教授彭家元是伊利诺大学农学学士、爱荷华州立大学农学硕士。在这批留美教授的规划与实践下,虽无外籍名师帮衬,农科依然向"美国化"目标大步迈进。[①]

对于农科,朱家骅意欲负起造就高深学理研究与中国农林专才的使命,注重理论研究与应用训练。不仅要求解决实际农林问题,更要进一步改良农林产业。在教学与研究体例上仿效美国大学农学院通过教学培育后进、通过农林试验场进行科学研究、通过推广部将科研成果推广落实到实际生产,这种结合教学、科研、生产为一体的体制对农科进行革新。农业调查、土壤调查等研究基本上也是参照美国农学院的做法。农科各种学术研究与广东省各种农业生产事业紧密结合的做法亦为该学科最突出的特点。

朱家骅将原"农艺学""农艺化学""林艺学"三系分别改称为"农学""林学""农林化学"三系。在原附设农场、巡回蚕业讲习

---

① 《国立中山大学各行政机关主任人员一览表》,《国立中山大学日报》第5号,1927年5月13日,第3、4版;《专载:本校各处部科系主任表》,《国立中山大学日报》第82号,1927年11月12日,第4版;《朱家骅启事》,《国立中山大学日报》第128号,1928年2月27日,第1版;《广东中山大学农科　聘定美德教授》,《世界日报》1927年3月21日,第6版;黄福庆:《近代中国高等教育研究——国立中山大学(1924～1937)》,第64、166、218～221页。

所、推广部、气象观测所外，竭力添置有关造林、稻种改良、蚕丝改良、畜牧等附属机关作为学理研究与试验的场所。例如增设农林植物研究所，开发第二农场、农林专门部、广东第一模范林场、石牌稻作试验场与南路稻作育种场、蚕种改良所与育种场、潮州苗圃收归管辖等。其中稻作育种场与稻作试验场、广东第一模范林场、农林植物研究所、土壤研究所，在当时不仅是华南第一，也都是华南地区该领域唯一的学术研究单位。① 农科因拥有各种科学研究单位与试验场，设备齐全，其以科学研究促进教学所做出的具体成绩较为显著，举凡稻作、蚕、农林植物等研究都有很丰硕的成果。无论在学理还是在实际上皆提供了改良农业之重要参考资料。②

4. 文科"北大化"

文化风气之推动昔在书院今在大学。广东为华南文化总枢纽，欲继为中国新文化运动中心自然在其最高学府中山大学。因此，朱家骅文科"北大化"的意义不在于"模仿"北大文科各学系的建置，而在于北大文科师生在中国思想界、文化界、教育学术界的领航人地位与角色，及其引领中国新文化思想风潮的影响力，与再创中国新文化的贡献。他希望中山大学能起而代之。

---

① 《国民党政治会议广州分会第 13 次会议事录》（1927 年 2 月 22 日）、《国民党政治会议广州分会第 64 次会议事录》（1927 年 10 月 11 日）、《国民党政治会议广州分会第 97 次会议事录》（1928 年 4 月 13 日）、《国民党政治会议广州分会第 108 次会议事录》（1928 年 5 月 22 日）、《国民党政治会议广州分会第 109 次会议事录》（1928 年 5 月 25 日）、《国民党政治会议广州分会第 121 次会议事录》（1928 年 7 月 6 日），政治会议广州分会纪录，国民党党史会藏，全宗号：政 00.4/2、政 00.4/8、政 00.4/10、政 00.4/11、政 00.4/12；《校闻：戴校长提议筹办广东农业博览会》，《国立中山大学日报》第 201 号，1928 年 6 月 1 日，第 2 版；《国立中山大学筹之经过和将来之希望》（1927 年 3 月 1 日）、《就任国立中山大学校长讲演词》（1930 年 10 月 6 日），《朱家骅先生言论集》，第 259、274 页；胡颂平编《朱家骅年谱》，第 17、20 页；《研究院》，《国立中山大学现况》，第 352、354～355 页。
② 个人著作方面有：邓植仪《广东土壤提要初编》、彭家元《广东重要土壤肥沃度概述》、陈焕镛与胡先骕合著《中国植物图谱》、芬茨尔《广东雨量季节之分布与森林类别及造林可能之关系》、丁颖《广东野生稻及由是育成之新种》、丁颖与林亮东合著《广东野生稻不实现象之观察》等。各种调查报告有《广东农业概况调查报告》《西沙群岛调查报告》《农林植物研究所五年报告》等。

戴季陶以为："一个综合大学的生命在文科。一个民族的文化主动力在文学、哲学、宗教、美术的思想。一代革命的创造力，造端和完成，也在于此。"而且认为学术上，文科和任何一科的关系都很密切，并视历史学和国文学为一切学术建设的基本，曾有"只要真能把文科办好，革命的前途，便有了八分的把握"之语。不过，文科的整顿是戴季陶最为担心的学科之一，因为"无论那一科，都可以借材外国，只有文科，当中许多重要科目，是绝对不容借材外国的"。[①] 朱家骅虽是理科学者出身，但德国式教育养成过程中哲学是理科学生的必修课程，且他一直都在北大文科任课，还任德文系主任，对文科建置与文科学者皆甚为熟稔，十分看重北京大学哲学和史学在思想上的重要性与影响力。他曾有言：

> 一个大学的哲学和史学部门往往决定它的思想的方向。五四运动是北京大学学生发起的，但是新文化运动的发源不是北大的法学院，而是文学院的哲学和史学系。自五四以后，北大在思想界居于领导地位，哲学和史学部门之重要由此可见。[②]

因此，他以继续北大当年在此一科的趋向和贡献为目标，欲与清朝华南地区官办之最高学府学海堂[③]一较长短，赋予文科输入西方新文化、探讨中国旧文明，再创中国新文明的使命，推动文科"北大化"与"科学化"的整顿与改革，[④] 企图延续和进一步发展北大国学门所开创的"整理国故"的学术事业。对于文科，他想方设法延揽大批北大文科出身的知名学者与引领新文化运动的要角到中山

---

① 戴季陶：《中大的改进》，黄仕忠编《老中大的故事》，第6~7页。

② 转引自陶希圣《敬悼朱骝先（家骅）先生》，《朱家骅先生逝世纪念册》，第262页。

③ 学海堂是由乾嘉时期著名汉学家阮元调任两广总督兼署广东巡抚时，继创建杭州诂经精舍，1825年在广州创办的另一个以专重经史诂为宗旨的书院，是清代省级官办最高学府，是华南地区最重要的文化学术中心。梁启超、胡汉民、制造出我国第一台照相机的科学家邹伯奇等都曾就读于学海堂。

④ 《朱家骅启事》，《国立中山大学日报》第128号，1928年2月27日，第1版。

大学任教。尤其强调以科学方法研究中国文史的重要性与必要性，甚至拟定"国文""科学化"的目标，各学系几乎全部重新建设，是为最能彰显其科学思想与学术思想的一学科。

朱家骅认为，大学生在校时应当以"获得科学知识与正确研究方法""认识自己的文化关系""了解其它民族的文化"为方向，努力研究学术。① 所谓"本国文化的认识"与"外国文化的了解"，朱家骅认为是一体两面的事。他指出：

> 文化是无数代人的最高精神发皇的结果。只有无数代人的不断努力进步才能形成一种高尚的文化。又因历史传统和地理环境的不同，各民族乃各有其特殊的文化，故有中西文化之别。可是文化不是静止的，不是一成不变的，文化是向前发展的，向外扩大的，不能有畛域的。……中西文化或则冲突激荡，或则相因相成，就未来的趋势看，中西文化溶冶成为一个更崇高而优美的新文化体系，也是极自然的事。

又说：

> 文化是人类由自然（实在）出发向价值（理想）追求的一种不断努力的总成绩，文化本身就不是一种状态，乃是一种不断的进展，一方面有了固定的体系，一方面还得吸收新的成分。②

所以朱家骅得出结论是"文化必须创造"，但"光是重视自己的文化或截取外国的文化都不足以创造新的文化"。③ 他主张必须以固有文化为基础，否则世界文化无从融入。他说："国民既忘其民族之

---

① 《大学与大学生的使命》（1944 年 12 月 25 日），《朱家骅先生言论集》，第 294 页。

② 《如何迎头赶上西洋文化》（1942 年 10 月 31 日），《朱家骅先生言论集》，第 14、22 页。

③ 《大学与大学生的使命》（1944 年 12 月 25 日），《朱家骅先生言论集》，第 294 页。

固有文化，对于外来文化之吸收，自失其自主，对于新文化之创造，尤缺其基础。"① 据他观察，1917 年至 1927 年十年间，特别是自第一次世界大战以后各种思想，不管有无价值，不论是否切合需要，皆不经选择，漫无标准地统统搬进中国。他批评说，知识界对种种问题之主张，"不是对西洋只是憧憬，而并未深切的正确认识西洋文化，便是抱残守缺，而并不对国故加以整理与阐扬，终日从事于无意义之盘汤式争辩"。这样的结果反使中国思想陷入严重混乱。造成混乱的关键因素，他认为是"由于新文化尚未形成，旧文化已失去领导的能力，人言庞杂，各趋一途，上自世界国家大事，下至家庭婚姻饮食，均有极端不同的争论，可谓混乱之极，以致政治莫由统一，社会秩序荡然"。②

这个现象使朱家骅确信，唯有能够吸收其他民族文化，才能充实并发扬自己的文化；唯有以固有的民族文化做根基，本身经过"净化"作用，再进一步去吸取其他民族文化的精华，来充实自己文化的内容，促进自己文化的生长。他更看重西洋文化与中国文化"融会贯通"的重要性，强调以科学方法整理国故，有系统的整理、保存中国固有文化，使之与西洋文化融贯而发扬光大，开创中国新文明，为世界再造文明。③ 显而易见，对朱家骅来说，介绍外国文化的最终目的是要改进中国文化，提高中国文化水平，再创中国新文明。

朱家骅为达成上述重大使命，实践文科"北大化"的第一步也是最重要的一步，就是网罗许多北大出身的知名学者，延揽欧美京沪等地蜚声海内外的专家学者，壮大本无根基的文科。特别是以鲁迅为教务长兼任中国语言文学系主任，以傅斯年为文史科主任兼哲学系主任，

---

① 《九个月来教育部整理全国教育之说明》（1932 年 12 月 25 日），《朱家骅先生言论集》，第 132 页。

② 《如何迎头赶上西洋文化》（1942 年 10 月 31 日），《朱家骅先生言论集》，第 16 ~ 17 页。

③ 《如何迎头赶上西洋文化》（1942 年 10 月 31 日）、《大学与大学生的使命》（1944 年 12 月 25 日）、《科学之路》（1943 年 7 月 19 日），《朱家骅先生言论集》，第 18、22、294 ~ 295、47 页。

是朱家骅改革文科的重要助力。再以文史科五学系领头人来看，哲学系主任何思敬、英吉利语言文学系主任刘奇峰、史学系主任顾颉刚、教育学系与教育学研究所主任庄泽宣、心理学系与心理学研究所主任汪敬熙，① 都是当时该学科精英中的精英，且几乎都是北大出身。

其他陆续应聘到校的教师还有许寿裳、丁山、罗常培、杨振声、何思源、孙伏园、陈翰笙、江绍原、许德珩、吴梅、商承祚、容肇祖、崔载阳、龚如里、黄尊生、黄希声、陈功甫、冯天如、谭太冲、张根仁、杨伟业、温端生、关应麟、伍叔傥、陈式湘、伦途如、马太玄、马衡、余永梁、黄仲琴、王鸿真、董作宾、陈锡襄、陈嘉蔼、张见庵、陈洵、葛定华、黄炳芳、杨成志，还有外籍教授如石坦安狄特、珂罗掘伦、诺布、马古烈、史禄国等都是知名学者。②

朱家骅所聘教师之学术领域与面向极为丰富。例如汪敬熙是美国霍普金斯大学心理学博士，庄泽宣专攻教育学，马衡专攻考古学，丁

---

① 原以鲁迅兼任文学系主任、傅斯年为哲学系主任、孙伏园为史学系主任。后因孙伏园与鲁迅先后离职，而有上述之更动。

② 1926 年北京风潮，5 月北大教授林语堂以在北京无法立足，应家乡厦门大学校长林文庆之邀回去任文科主任，并筹备该校"国学研究院"，其时北京欠薪愈剧，且张作霖入关，通缉进步分子，于是就在北大邀请不少著名教授，如沈兼士、鲁迅、陈万里、章廷谦、孙伏园、陈源、张星烺、顾颉刚、林幽、容肇祖、潘家洵、丁山等同去充实这两个部门。沈兼士任厦大国文系主任兼国学研究院主任，不过，研究院布置就绪后即回北大接洽日本庚款事宜。随后庄泽宣、江泽函亦到厦门大学，但国学研究院开办三个月即停办，并辞退教员。朱家骅锐意整顿文科，听从鲁迅的建议，将原厦大国学院学人延揽到中山大学壮大文科师资。顾潮编《顾颉刚年谱》，第 134～138 页；许进主编《1890～1990 百年风云　许德珩》，北京出版社，2000，第 89、136～137 页；佚名：《本校文史科概况》，黄仕忠编《老中大的故事》，第 74～76 页；《文史科告白》，《国立中山大学日报》第 1 号，1927 年 5 月 9 日，第 2、3 版；《通告》，《国立中山大学日报》第 3 号，1927 年 5 月 11 日，第 2 版；《文史科新聘教授汇志》，《国立中山大学日报》第 5 号，1927 年 5 月 13 日，第 2 版；《校闻：本校新聘文史科各系主任》，《国立中山大学日报》第 52 号，1927 年 9 月 29 日，第 2 版；《文科告白》，《国立中山大学日报》第 74 号，1927 年 10 月 29 日，第 2 版；《文科傅主任辞主任及教授职仍任讲师功课》，《国立中山大学日报》第 284 号，1928 年 10 月 27 日，第 2 版；《校闻》，《国立中山大学日报》第 297 号，1928 年 11 月 16 日，第 2 版；《赵元任到广州》，《国立中山大学日报》第 298 号，1928 年 11 月 16 日，第 3 版。

山专攻金文小篆，罗常培专攻方言学，吴梅专攻词曲律则，俞平伯专攻诗歌词曲，沈康培专攻近代史及东方史，陈嘉蔼专攻经传子，赵元任专攻语言学，杨振声专攻六朝文学及近代英文学，商承祚专攻殷文，俄籍马古烈是巴黎大学文学博士，瑞典古登堡大学教授珂罗掘伦为汉语流变专家，诺布为柏林大学梵文、巴里文教授，史禄国是俄国籍人类学家，石坦安狄特是柏林大学哲学博士。甚至连胡适都曾应允到校从事"建设事业"，协助作点"摇旗呐喊"的事。① 俞平伯、沈刚伯、俞大维、毛子水等也都曾应允到校任教。② 当时文史科汇集四方学者于一堂，师资充实，学风大兴。总之，文史科师资是为当时各学科中最为充实、课程内容也最为丰富者。朱家骅为给学生"以一宽大的自由，使在学问的研究上，得到新的意味"，让学生在思想上得到自由而有所进展，文史科是最先实行"单位选课制"的学科。③

在文史科整顿方面，朱家骅对各系有一种"彻底计划的试验"，不仅增置新学门、重视高深学理研究的，还强调广泛运用"直接研究材料"的"科学方法"。原文科有中国文学、西洋文学（英国文学）、史学、哲学和教育学五系，及高师之文史、英语、社会三部。朱家骅为名实相副，首先将"文科"改为"文史科"。各学系亦有所变革，例如"文学系"，朱家骅认为文学具有"国别性"与"世界性"双重特质，主张即便外国文学都有学习的必要。他以传记文

---

① 原先安排胡适上的课程为"古代文学史续"和"诗经研究"与不定期的学术讲演。《广州中山大学聘胡适讲演哲学》，《世界日报》1928年10月25日，第6版；《胡适将来校讲演》，《国立中山大学日报》第155号，1928年4月4日，第3版；《胡适之致戴校长及傅主任函——决定下学期来广州住两个月》，《国立中山大学日报》第201号，1928年6月1日，第2、3版；《校闻：胡适之先生来校期》，《国立中山大学日报》第276号，1928年10月15日，第3版；《校闻：胡适来校之期》，《国立中山大学日报》第310号，1928年12月5日，第1版。

② 不过，这些人在朱家骅主持中山大学期间都未曾到校任职。佚名：《本校文史科概况》，黄仕忠编《老中大的故事》，第74~76页；《朱家骅启事》，《国立中山大学日报》第128号，1928年2月27日，第1版。

③ 《国立中山大学筹备之经过和将来之希望》（1927年3月1日），《朱家骅先生言论集》，第255页。

学为例指出，中国大诗人像李白、杜甫都有英日文的评传著作问世，研究中国文学史也有参考外国著作的必要，要求学生"研究外国的文学，以矫正中国文学之缺点"。①

朱家骅也认为中国的语言文法是中国文化的特长之一。他说："以往欧美语言学者论据不全，认为是不进步的。三十年来丹麦语言学者 Otto Tesperser 才充分指出我国语文无希腊拉丁等文字的累赘和语尾变化，且组织合理，认为是最发达的文法。不过我们连一本文法书都没有，马氏文通也不能当做为文结构的准则，以致一般人读书写作感到困难。国人向不注意文法，文学家讲字面，重声调，而不求意义的明确，以言废辞，以辞害意，养成思想笼统的习惯，而与现实隔离，因之，文化的发展，受了绝大阻碍。才能之人，只做文章，埋没于字面的考究和推敲，文章与思想截然两事，思想不能发达，文学也就缺乏灵感了。"② 他还观察到语言跟随时代变迁，与各民族有重大关联，视之为"一个正当的重要的科学"，并非人们所普遍认知的只是"装饰品"，进而提出"国文科学化""中国文学革命化"主张，将原"中国文学系"改为"中国语言文学系"，"英国文学系"改为"英国语言文学系"。

史学、哲学、教育学三系虽名称照旧，实质旨趣与内容已大异从前。以史学系来说，朱家骅肯定中国史学"是有系统的一种史学"，在世界上占有重要地位。其所不及者在于"研究方法数千年一模一样，毫无进步，并且范围太小，只限于中国，对于世界各地方的史实，完全不注意到"。③ 因此，他强调以科学方法对中国史学进行系统研究的重要性与必要性。

再以哲学系来说，他视哲学系为"最关重要的一种学问"。但

①　《别国立中山大学同学诸君书》（1930 年 12 月 9 日），《朱家骅先生言论集》，第281～282 页。

②　《如何迎头赶上西洋文化》（1942 年 10 月 31 日），《朱家骅先生言论集》，第 19 页。

③　《国立中山大学筹备之经过和将来之希望》（1927 年 3 月 1 日），《朱家骅先生言论集》，第 256～257 页。

他观察到，近代以来中国人研究哲学就"好比中国人做八股文章一样"，只读希腊罗马或者欧洲大陆古代学者亚里士多德、柏拉图、康德等人的著作，甚至专读其著作讲章，对其思想并无自由的研究。只管陈言，不去研究事实，其病在于"研究哲学的方法不彻底"，故哲学不进步。朱家骅主张哲学研究，在思想上，"要自己去思想，自由发挥做一种试验"；在研究方法上，要"直接的研究材料"，尽除"间接的研究学说"的陋习，使哲学"成为活的东西，而不是死的古董"。朱家骅更看重从哲学的研究中"得到一种新精神"。

他以西方大哲学家如斯宾诺莎精于光学、笛卡儿精于算学及解剖学、康德爱好天文和算学为范例指出，这些对于社会有贡献的大哲学家均具极佳的科学根基。他相信哲学常因科学的研究而得到进步和发展。因此，他不同于在德国或奥国学文史理科或医科的大学要求学生必修哲学课程，将此概念"倒转过来"，要求"学哲学的，也要有科学的根底"，[①] 哲学系学生要以自然科学课程为辅课，使哲学"活起来"，使"自研究哲学得来的思想，对于现社会生活有用，成为实用的，致用的，而不是做抄古书的工夫"。[②]

另外，朱家骅添设了心理学系，还四处托人寻觅中国东方语言及德、法、英、日等国语言文学的教授，欲增设他国语言文学讲座，希望能培养学生的第二外国语能力。另外，朱家骅本有以马衡主持考古学系与筹划历史博物馆之计划，但未能实现，只能将其先设于语言历史学研究所中。[③]

---

① 《别国立中山大学同学诸君书》（1930 年 12 月 9 日），《朱家骅先生言论集》，第 281 页。

② 《国立中山大学筹备之经过和将来之希望》（1927 年 3 月 1 日），《朱家骅先生言论集》，第 255～256 页。

③ 《国立中山大学筹备之经过和将来之希望》（1927 年 3 月 1 日）、《别国立中山大学同学诸君书》（1930 年 12 月 9 日），《朱家骅先生言论集》，第 255～256、281 页；《专载：本校筹备考古学系之计划》，《国立中山大学日报》第 60 号，1927 年 10 月 13 日，第 2～4 版。

朱家骅为求进一步研究高深学理，规划每系都有一研究所对应。初期碍于现实条件之不足，中国语言文学系及史学系先以一个范围广大的语言历史学研究所充之，使各学系间有横向联系的管道。教育学系设有教育学研究所、心理学系则设有心理学研究所。此三研究所不仅为当时中国该学系研究机构设置之首创，亦开国内强调以科学方法研究之先锋。[1] 值得一提的是，后来中研院设置的"史语所"便是在"语史所"的基础上成立的。教育学所因为全国教育研究机构之首创，且研究成果丰硕，朱家骅本有意将其独立设"科"，但没有实现。[2] 中研院成立之初，蔡元培本欲将该所直接转纳入中研院体系之中，但碍于体制不合，无法转成。显见该所学术研究成就之备受肯定与瞩目。而心理所长汪敬熙后来亦转至中研院负责心理研究所。

总之，强大的师资阵容、丰富的研究学门与专事高深学术之研究所等影响深远的措施，使得中大文科面目一新，为中国各大学文科中范围最广、特色学科最多、设备最充实者。其显著的学术研究成绩和学术影响力使得中大迅速跃进到中国学术革新的潮头，成为南方学术重镇。对此，朱家骅在 1928 年曾颇为自豪地说：

> 文科原无丝毫成绩可以凭借，现在几乎是个全部的新建设，聘到了几位负时望的教员，或者可以继续北大当年在此一科的趋向和贡献，一年以后，在风气和成绩上，当可以比上当年之学海堂。[3]

---

[1] 对语言历史学研究所，朱家骅原是欲以"历史科学研究所"名之。《国立中山大学筹备之经过和将来之希望》（1927 年 3 月 1 日），《朱家骅先生言论集》，第 256 页。

[2] 佚名：《本校文史科概况》，黄仕忠编《老中大的故事》，第 78 页；《广州中山大学　教育研究所征求全国各学校刊物》，《世界日报》1929 年 4 月 10 日，第 6 版；《朱副校长纪念周中之重要报告》，《国立中山大学日报》第 288～290 号，1928 年 11 月 2、3、6 日，第 4、3～4、4 版；《校闻：本校教育研究所之新计划》，《国立中山大学日报》第 299 号，1928 年 11 月 19 日，第 1 版。

[3] 《朱家骅启事》，《国立中山大学日报》第 128 号，1928 年 2 月 27 日，第 1 版。

5. 法科与工科

改组法科是戴季陶与朱家骅最觉为难者。当时不仅受到左、右派政治风潮影响，学风败坏、教材缺乏、学生程度参差不齐，又完全没有从事学术研究的图书资料设备和组织。当时国内对外国的法律、政治、经济种种理论和学科历史沿革少有研究，对中国的政治史、法制史等法科基本学科亦没有基础，只能"重新建设"。过去的法律、法学、政治、经济专家著作多从帝国主义者角度出发，朱家骅认为这类法条与著作已不适用，益使改革倍感困难，[①] 使戴季陶有"法科无法"之忧。[②]

不过，朱家骅初期仍按照"能改的即改，未能改的，暂时仍旧"的原则，维持原法律学、经济学和政治学三系，未多作更动。后来才由戴季陶主导改革计划，他负责落实执行。[③] 法科改革的基本方针是力求各项研究"务求切近"中国政治、经济、法律与社会问题，研究其历史之变迁和进化，务使其对实际社会各项问题之研究产生正面效应。课程编配与应授课目则由戴季陶、何思源、何思敬、史尚宽、郭心崧等五人拟定，所开各课程皆以教授所专精者为准则，较过去课程更加系统。[④]

在教师聘任上，朱家骅认为"最难集中人才"的就是法科。他提到聘任法科教员的种种难处说："学政治学法律学经济有好成绩的

---

① 戴季陶认为法科无法单独开立这类课程，非和文科通力合作不可，否则法科便毫无基础。戴季陶：《中大的改进》，黄仕忠编《老中大的故事》，第 6 ~ 7、11 ~ 13 页；《国立中山大学筹备之经过和将来之希望》（1927 年 3 月 1 日），《朱家骅先生言论集》，第 257 页。

② 《向中山大学医学院全体学生训话》（1948 年 10 月 20 日），《朱家骅先生言论集》，第 284 页；《中山大学法科的建设讲词》，陈天锡编《戴季陶先生文存》第 2 卷，第 648 页。

③ 法科改革是据戴季陶《中山大学法科的建设讲词》而推动的。《国立中山大学筹备之经过和将来之希望》（1927 年 3 月 1 日），《朱家骅先生言论集》，第 257 页；黄福庆：《近代中国高等教育研究——国立中山大学（1924 ~ 1937）》，第 117 ~ 120 页；《校闻：法科第二次教授会议记录》，《国立中山大学日报》第 45 号，1927 年 9 月 21 日，第 3 版。

④ 杨祖庆：《黉宫点滴》，《国立中山大学成立五十五周年特刊》，第 180 ~ 181 页。

人，肯在这个求远过于供的时代埋头设教，真是希见，若是请些兼差分心的教员，即令是些有学问的人，也免不了腐化。这是我们最劳心的一件。"① 又说："因为法科是一个与政治最有密切关系的，同时国家建设的人才又不敷分配，当接办之后就遇着中央北迁，因此法科教授有的本已聘定了，但不能到校，有的已到校了，又随中央的北迁而离校。要聘外国学者来补充，又比别科感觉困难，当时要想整理真不知从何下手。"② 在国民党政权稳固后，后方的广东更难招聘到一般法科学者。他无奈地说："请好了几位名教授，走到半路，被政府拉去做委员，做法制局长，我们哪有和政府竞争的力量呢？"③

在此"千难万难"的情况下，朱家骅还是聘到了不少国内知名学者，如饶炎、何思源、何思敬、邓公杰、陈建猷、黄季陆、林式增、阮湘（第八路总指挥部政训会编审委员会正主任）、朱公准、马寅初、冯天如、彭学沛、薛祀光、余群宗、郭心崧、黄荫普、高廷梓（政治系主任兼图书馆主任）、邓孝慈、史尚宽、谢瀛洲等先后应聘到任，师资阵容大有增进。④

至于工科原来只有预科，未及设置本科。朱家骅认为工学对物质建设十分重要，且南方尚无造成这类高深人才的地方，1926 年初刚到校时即打算设置，"务以此为建设广东之用"。当时负责广东省政的李济深还

---

① 《朱家骅启事》，《国立中山大学日报》第 128 号，1928 年 2 月 27 日，第 1 版。
② 《朱副校长纪念周中之重要报告》，《国立中山大学日报》第 288～290 号，1928 年 11 月 2、3、6 日，第 4、3～4、4 版。
③ 《朱家骅启事》，《国立中山大学日报》1928 年 2 月 27 日第 128 号，第 1 版。
④ 当年法科学生杨祖庆说："教授因由各地罗致，故皆一时精英：经济系中，如讲授经济学的皖籍留德之陶因博士，经济政策的湘籍留日之刘光华先生，经济学史的滇籍邓孝思先生（忘记留学何国），粤籍留美、担任财政学的高廷梓博士，会计学的黄荫普硕士。"杨祖庆：《黉宫点滴》，《国立中山大学成立五十五周年特刊》，第 180～181 页。"邓孝思"应为"邓孝慈"之误。其他参见《欢宴中山大学全校教授席上讲词》（1929 年 6 月 29 日），《朱家骅先生言论集》，第 266 页；《中山大学教师名录法科》，黄福庆《近代中国高等教育研究——国立中山大学（1924～1937）》，第 205～209 页。

发了一个"十万一月工科"的宏愿。① 1929 年时又一度拟成立工科，但终因经费无法筹措，直到 1930 年他离开中山大学也未落实。②

第三节　以培育人才为中心思想革新课程

朱家骅以欧洲大学教育学术研究机构为典范，认为大学既是一个专讲科学的纯粹学术研究场所，教学亦是其目的之一。学生是经过小学、中学、大学入学试验的全国青年中最优秀分子，应是"准备作追求真知真理的学者"，亦是"下一代国民的领导者"。因此，大学教育"重在学术的研究与文化的提高和创造"，首要目的是求人类知识的进步，同时培养继起的学术研究者，是"学者教育""造士之学"。③ 不同于蔡元培"纯学术"目标，他更"务实"地考虑中国当前"刷新政治，提倡实业，努力各种建设"的急切需求，认为近代大学的目的已不只是"研究学术"和"养成研究学术的人才"那样单纯，还需进一步使大学与社会联结起来，供社会之用，对党政人员、工程师、司法官、高等文官、技师、医师、中学师资等各种人才，必须担负养成责任，务使"大学"不要成为一个"装饰品"。④ 因而发展中山大学成为全方面人才培育所也是朱家骅的目标之一。

朱家骅默察世界各国之高等教育都是预先经过精心思虑的。例如，苏俄即针对建设的需要变更办大学的方针，使学生在短期内得

---

① 李宗侗：《朱家骅傅斯年致李石曾吴稚晖书》（1927 年 5 月 16 日），《传记文学》1964 年第 6 期，第 52 页。

② 工学院 1934 年 7 月才成立。《中山大学改委员制添设工科》，《世界日报》1926 年 10 月 23 日，第 7 版；《就任国立中山大学校长讲演词》（1930 年 10 月 6 日），《朱家骅先生言论集》，第 275 页。

③ 《大学与大学生的使命》（1944 年 12 月 25 日），《朱家骅先生言论集》，第 291～294 页。

④ 《国立中山大学筹备之经过和将来之希望》（1927 年 3 月 1 日），《朱家骅先生言论集》，第 255 页；李宗侗：《朱家骅傅斯年致李石曾吴稚晖书》（1927 年 5 月 16 日），《传记文学》1964 年第 6 期，第 52 页。

到相当的专门技能。因此，他认为苏俄建设计划的成就应归功于教育计划的成功。当时正值中国国民革命时期，他视苏俄的成功经验为中国极佳的学习典范。不过他也认为，中国的革命与别的国家的革命不同。他指出：

> 不但制度上欲要求改革，并要物质建设，和制度改革并行。……不但推翻旧势力，打倒军阀，打倒帝国主义，打破中国一切恶习惯、社会恶组织便算了事，更要把新中国建设起来。无论破坏或建设方面，在在要有知识阶级去做指导。

特别是"做建设"，朱家骅主张：

> 要先求教育的普及，特别是高等教育，如果没有一个适当的整个的精密的计划，便没有建设的人材，大学毕业生便不是我们所真正需要的人材。……那末建设也不过纸上谈兵而已。

其实，朱家骅1917年在北京大学任教时便已观察到中国大学教育缺乏适当且精密的整体计划，课程分配轻重倒置、先后失序、重复设置；[1]对学术研究所需之图书仪器甚为忽视；高等教育也没有按照国家需求培养实务人才，致使大学毕业生没有出路，国家也因此缺乏人才。朱家骅认为"教育为立国根本"，也是"党国基础之所关"，"学者教育"更是促使国家民族继续进步的重要方法，万不能"因循漠视"，应重视对国家人才之培育。[2]朱家骅在纠正上述种种

---

[1]　朱家骅点出当时大学教育有"重床迭架"多设课程的弊病。他说："譬如法学院中，既有中国外交史，不平等条约便无另设课程之必要。因为把不平等条约除了以后，中国外交史还有甚么可讲的呢？这样分配课程，岂非重床迭架？"《中国大学教育的现状及应行注意各点》（1931年春），《朱家骅先生言论集》，第128～129页。

[2]　《大学与大学生的使命》（1944年12月25日），《朱家骅先生言论集》，第291页。

错误，与发展中山大学为全方位"人才培育所"的目标下，对课程设置强调基础课程的教授、科际间的整合、理论与应用的结合，并施以严格考试检验学生学习成果。还要求学生在校期间以"求学"为首务，要"获得科学知识与正确研究方法"，"认识自己的文化关系"，"了解其它民族的文化"，以"君子无终食之间违仁"的精神努力从事学术研究。严格规定任何学生不得因参加政治活动而违反学校规章，务使中山大学真有效用，不要做一个"装饰品"。①

一　注重基础课程与科际整合

在学习课目分配方面首重基础课程。朱家骅认为，学生在求学时代学问要循序渐进，一急切，便不会有成就。② 他指出，研究之学科必须由基本而专门，做有系统之研究，"倘轻重倒置，先后失序，轻于基本而重于专门，先于专门而后于基本，则学生先乱其门径，研究学术，安得有济"。③ 课程设置注重序次轻重先后之际，还"必须尊重学术体系，使学生习于自力研究，专深之图，可任学生于毕业后之继续求成，不必虑其专深之不能穷，而纷设各种专门问题之课程"。④

---

① 《国立中山大学筹备之经过和将来之希望》（1927 年 3 月 1 日）、《别国立中山大学同学诸君书》（1930 年 12 月 9 日）、《大学与大学生的使命》（1944 年 12 月 25 日）、《我们今后要加紧教育工作：在中央第 85 次纪念周报告》（1930 年 11 月 10 日）、《向中山大学医学院全体学生训话》（1948 年 10 月 20 日）、《台湾省第一届全省教育会议致词》（1948 年 1 月 18 日），《朱家骅先生言论集》，第 255、282、291、294、124、284、211 页；朱家骅：《大学教育问题》，黄季陆主编《抗战前教育概况与检讨》，革命文献第 55 辑，第 93 页；陈绍贤：《忆念朱骝公的风范》，《传记文学》1976 年第 6 期，第 34 页；李宗侗：《朱家骅傅斯年致李石曾吴稚晖书》（1927 年 5 月 16 日），《传记文学》1964 年第 6 期，第 52 页。

② 《别国立中山大学同学诸君书》（1930 年 12 月 9 日），《朱家骅先生言论集》，第 277～278 页。

③ 《九个月来教育部整理全国教育之说明》（1932 年 12 月 25 日），《朱家骅先生言论集》，第 147 页。

④ 《九个月来教育部整理全国教育之说明》（1932 年 12 月 25 日），《朱家骅先生言论集》，第 147 页。

　　因此，朱家骅主张"在可能范围以内，尽先充实内容，不必多开科系，先把科系的内容充实起来，不必多设课程，务使每一课程，都是必要，能使学生获得良好的成绩"。[1] 着重使基础且重要的课程都有固定讲座，"欲使学生在各科系的基本功课上，得有确实而且深刻的训练和研究"。[2] 至于高深理论和专门问题之研究，朱家骅以为："专门学术之研究，就体系言，原无止境，决非大学四年之教育所能为功。必待学生于毕业后继续不断作专深之研究，方为有济。"[3]

　　朱家骅除强调基础学科的重要性，对打破科际藩篱与强化科系间的横向联系同样关注。他站在整体学术发展的高度思考，将各科系功课打通，采取单位选课制的措施。他认为这样不仅能节省大学经费，在学术研究上亦能有"相辅相成""相得益彰"之效。[4]

　　朱家骅基本认为大学虽为"研究学术"之所，但昔人所谓"通天地人谓之儒"之语，在现今已"绝对的不逻辑"。因为"科学的分科越密，学术的进步越快"，主张"各人都应该尽各人的力量，向一条很狭的路上分头的跑"。[5] 不过朱家骅也指出，"学问是相联贯的，是相互为用的"，不能仅限片断观察。学实科或自然科学的人也应该通晓其他学问，所以他主张"研究一种科学，关于其它有关系的科学，也要有深切的研究"。他以欧洲大学学理科者要兼习哲学，还要读数理哲学；学社会科学的人要明了工商的实况为典范，认为

---

[1]　《中国大学教育的现状及应行注意各点》（1931 年春），《朱家骅先生言论集》，第 126～127 页。

[2]　《就任国立中山大学校长讲演词》（1930 年 10 月 6 日），《朱家骅先生言论集》，第 270～271 页。

[3]　《九个月来教育部整理全国教育之说明》（1932 年 12 月 25 日），《朱家骅先生言论集》，第 147 页。

[4]　《别国立中山大学同事诸先生书》（1930 年 12 月 9 日），《朱家骅先生言论集》，第 276～277 页。

[5]　《别国立中山大学同学诸君书》（1930 年 12 月 9 日），《朱家骅先生言论集》，第 279 页。

此即为西洋学术"固专与精，然亦至博大"之所在。[①] 他强调辅课学科的重要性，要求学生"以一种科学做中心，以有关的科学作辅佐"。[②]

他不但按照德、奥等欧洲大学之法，要求学理科者同时必修哲学功课，还要求文科学生也要选修理科功课。如研究伦理学的要研究算学、力学；研究心理学的要以生理学作辅课；学历史的兼学人类学、人种学、社会学、语言学、生物学、政治学、经济学等；学古史的也要懂地理学、古生物学等；哲学系学生亦要有"科学根底"，必须以自然科学课程为辅课。[③] 因此，对于理科功课之讲授，朱家骅要求"尤其留意，使别科学生，都有来听讲的机会，使其它各科，都有受纯粹科学训练的可能"。[④]

上述朱家骅的课程改革理念还反映在学生修业学制与课目成绩比重分配上。在学生修业学制上，广东大学时期各科不同，如文科采用单位制，理科采用选科制，法科与农科采用年级制与选科制结合的办法，医科采学年制。[⑤] 朱家骅修正为除医科仍用学年制外，其余各科皆采用学年制与学分制结合的办法，排定必修与选修两种课目，按照规定的学年秩序修习。

在课程设置上，朱家骅希望能让学生"从此得了一个做学问的基本"。[⑥] 将修习课目分为基本课目、辅助课目、专攻课目、实地工

---

① 《如何迎头赶上西洋文化》（1942 年 10 月 31 日），《朱家骅先生言论集》，第 21 页。
② 《别国立中山大学同学诸君书》（1930 年 12 月 9 日），《朱家骅先生言论集》，第 279 页。
③ 《国立中山大学筹备之经过和将来之希望》（1927 年 3 月 1 日）、《就任国立中山大学校长讲演词》（1930 年 10 月 6 日）、《就任国立中山大学校长讲演词》（1930 年 10 月 6 日）、《别国立中山大学同学诸君书》（1930 年 12 月 9 日）、《如何迎头赶上西洋文化》（1942 年 10 月 31），《朱家骅先生言论集》，第 255～256、271、279、281、21 页。
④ 《就任国立中山大学校长讲演词》（1930 年 10 月 6 日），《朱家骅先生言论集》，第 271～272 页。
⑤ 梁山等：《中山大学校史（1924～1949）》，第 9～10 页。
⑥ 《国立中山大学筹备之经过和将来之希望》（1927 年 3 月 1 日），《朱家骅先生言论集》，第 255 页。

作、外国语言五大类。再根据重要程度，拟定学生成绩考核比重。原则规定：基本课目为必修课，至少占 25%，学生无选择自由；辅助课目至少占 5%，专攻课目至少占 10%，为选修课程，皆在教授指导下选择；实地工作为学业的另一主体，至少占 30%，从第三年开始在教授引导下进行；外国语言占 10%，为所有学生的必修课目。①

显而易见，朱家骅与蔡元培在北大"废科改门为系"以求融通文理界限，以免学生养成专己守残之习的改革用心相同，十分注重基本课目，强调各科系课程的打通。他的主要目的就是希望使大学毕业生"具有普通的常识，了解基本的理论"，毕业以后可以"离开别人指导，而单独工作，继续研究"。② 朱家骅认为这才应是目前中国大学应有的效果，而非要学生毕业后个个立刻成为大学问家。

二　重视理论与实务合一

在"学"与"术"问题上，蔡元培认为："学与术可分为二个名词，学为学理，术为应用。各国大学中所有科目，如工商，如法律，如医学，非但研究学理，并且讲求适用，都是术。纯粹的科学与哲学，就是学。学必借术以应用，术必以学为基本，两者并进始

---

① 梁山等：《中山大学校史（1924～1949）》，第 17～18 页；《组织大纲》，《国立中山大学现况》，第 55～56 页。

② 朱家骅对当时大学教育不重视基础课程曾指出："学哲学的，并不看重哲学概论和哲学史，康德的纯粹理性之批判，却非听不可。经济学系，经济学概论可以不有，马克思的资本论却非有不可。文学方面，文学史之类的功课不关重要，各个名家作品非个别的特设课程不可。地质系中，非有一个专门古生物的讲座不可，至于普通地质学随便叫个什么人，学采矿的或学土木工程的人来执教，却不关紧要。物理方面，普通物理学可以不注意，爱因斯坦的相对论，不管教者学者如何，都非有不可。有人说数学系的微积分，都可以马马虎虎找一个人来担任的。"《中国大学教育的现状及应行注意各点》（1931 年春），《朱家骅先生言论集》，第 127～128 页。

可。"① 因此"术"与"学"关系"至为密切",应"以学为基本,术为支干,不可不求其相应"。② 朱家骅也同样认为,"学固以致用,用以学为本",二者是不可分开的。朱家骅尤其认为,中国原属文化发达国家,在世界各种文化中具有悠久的光荣历史和特殊价值与地位。导致中国贫弱与文化衰败的症结是"士农工商四民之间鲜有密切关系",以致文化进步不速。特别是为首的士大夫阶级,以读书为晋身之阶,目的在做官,"独善其身"观念牢不可破,除了读书以外,"四体不勤,五谷不分",忽视农工的实际问题,使得"学术晦涩,文化退步",自然科学莫由发达。③ 所以,朱家骅十分强调"学术"与"社会"的联结,极重视理论与应用的结合与相互印证。除由教授授课外,重视让学生有实务练习及印证学理之机会。

为培养学生日后从事学术研究的能力,强调学生以科学实证方法从事学术研究的训练。基本上,一、二年级学生以专业基础知识和基本训练的课堂讲授为主;三、四年级学生则重实地田野调查或实验室内的研究工作,希望能借此开发国内未发现新事物。④ 为便利学生实习及推广学术应用起见,各学科皆附设足供学生实习之场所。⑤

此外,还重视田野考察的安排,内而广东全省,外至广西猺山、

---

① 《在爱丁堡中国学生会及学术研究会欢迎会演说词》(1921年5月12日),《蔡元培全集》第4卷,第339页。
② 《读周春岳君〈大学改制之商榷〉》(1918年4月15日),《蔡元培全集》第3卷,第290~291页。
③ 《如何迎头赶上西洋文化》(1942年10月31日),《朱家骅先生言论集》,第20~21页。
④ 佚名:《本校文史科概况》,黄仕忠编《老中大的故事》,第78页。
⑤ 例如,医科附设第一、第二医院,农科附设林场、农场、蚕桑养殖场,教育学附设初级中学与小学,生物学系则在广州粤秀公园建设动植物园,法科的法律系设有模拟法庭、政治系设有模拟议会、经济系则有经济状况调查及研究。

云南，西至片马川边，无不有该校学术调查队的足迹。① 其中，教育学系的广东各县教育现状调查、乡村教育试验、台山教育调查；生物系的广西猺山动植物生态田野调查兼民族调查；理科的川边地理地质调查队、滇边地理民族调查、两广地质调查、南沙群岛调查等皆为学术上开创性的调查，具有极大的学术贡献。因此，朱家骅曾有欲使调查研究工作"不限于两广和西南"而"必令推行至于全国"之宏图。② 总之，朱家骅重视实地调查的作风，对中山大学在教学与研究上的学术增进大有帮助。

三　学生外语能力的培养

朱家骅将发展中国学术事业放在国际学术平台上考虑，因而对学生外语能力的培养与提高极为重视。他指出："欧洲各国大学最初是国际性的，中世纪的大学简直可以说是一切国籍不同的学生的'生活集团'，有几个大学即以'Nation'来分院。"虽然欧洲大学后因政教分离，大学国际性慢慢降低，但在学术研究工作上仍旧保持国际的合作，尤其在研究过程中绝不可忽略国际合作。外国语文之被一般大学所重视，访问教授或交换教授与外国留学生之被一般大学所欢迎，是欧洲大学重视国际合作的最佳例证。因此，他主张"必须在这方面多加注意与努力"。③

另一个"现实"问题是，朱家骅认为中国虽开化甚早，但文化落后却是不能不承认的事实。特别是中国科学没有基础，缺乏好的中文参考书，自然非得参考外国书籍，向国外"取经"。即便是外国

---

① 例如，自校务委员会成立后，即派生物学系教授到广西、海南等处采集五六千种标本供学生研究。地理学系学生每年十数次到西南各省及广东沿海一带，考察人文地理及地文地理。地质学系每年到两广各地短期考察调查十余次。化学、物理两学系也不时前往各工厂参观，每年更组织考察团前往全国重要各市镇及日本东京、横滨等地考察。即便专攻学理研究的数学天文学系学生也多利用假期主动前往各地旅行，以增广见闻。

② 《就任国立中山大学校长讲演词》（1930年10月6日），《朱家骅先生言论集》，第271~272页。

③ 《大学与大学生的使命》（1944年12月25日），《朱家骅先生言论集》，第295页。

文学深切展现该国民族精神、社会背景、风俗思想种种也有学习必要。而英、法、德等科学发达国家的大学生也必须修习一两个国家外语课程。因此他重视学生外语能力的提高，积极添设德、法、俄、日等国语文讲座，欲使德文、法文与英文一样普遍，目标是单独设系；即便无法实现，至少也争取能供学生作为第二外国语学习之用。① 对于学生外语能力的训练与加强，朱家骅拟定的目标是：

> 办到多数的钟点操某一语为母语的人教，每种外国语总要有一个该一语学的专家，和几个有资格的该国人教员，合上中国的教师力量可以在讲室中得精确之学者，在讲室外又以往来得不断的训练，凡语言学及近代的外国语教学法可以施行。②

朱家骅有效提高学生外语素质的具体措施是将外语课程与其他课程分开，从预科开始严格训练，厉行严格考核制度，务使学生"具有充分看外国参考书的能力"。③ 1928 年考入预科甲部的甄兆璋说：

> 当局为提高学生质素，整顿校风，对学生之考核极严。记得在预科第一学期期考，名为"甄别试"，如成绩不及格者即著令退学。当时除国文、历史两科外，其余均采用英文课本，英文程度稍差、经"甄别试"不及格而遭退学处理者颇多。④

朱盛荃于 1930 年进入预科修业，他也说：

---

① 《国立中山大学筹备之经过和将来之希望》（1927 年 3 月 1 日）、《别国立中山大学同学诸君书》（1930 年 12 月 9 日），《朱家骅先生言论集》，第 256～257、281～282 页。

② 《朱家骅启事》，《国立中山大学日报》第 128 号，1928 年 2 月 27 日，第 1 版。

③ 《就任国立中山大学校长讲演词》（1930 年 10 月 6 日），《朱家骅先生言论集》，第 270～271 页。

④ 甄兆璋：《校园中一段难忘的往事》，罗永明主编《我们的中大》，中山大学出版社，2001，第 13 页。

高中部的班级数很少，大约每年级只有两班，英文老师究竟有多少位，我也不很清楚，但相信不会太少。我在这三年中，授课的英文老师全部是外籍人。……三位老师都是白种人，国籍我已记不清楚，学校聘请这许多外籍老师来教我们英文，相信必有其道理，但对我来说，却使我一直吃足了苦头（乙部：是准备升读理工农医四科，甲部是文法商）。①

四　厉行严格考试

朱家骅虽提出取消"毕业"、废除学位制度的主张，并非要一并废除考试制度。相反地，他深受德国大学重视考试制度影响，坚信严格的考试制度是测验学生学业成绩、提高学生程度、考核教育成果的重要方式，还认为应与政府之人才晋用连成一线。

朱家骅指出，考试除了可以让学生把历年所习之功课重新温理，其重要作用还在于提高大学毕业生地位、统计中国人才、检验大学教育成绩。唯有如此才能与政府考选人才之考试制度互相联络，俾大学造就人才与政府聘用人才"贯为一事"。② 他说："学生程度如何，乃为教育之结果，此种结果必认真考察，否则无以谋教育之改进。"特别是大学为"研究学术之所"，除对学生"自习、实验、实习及实地考察等事，应随时加以考查外，严格考试亦需推行"。③ "毕业考试"更是"必须特别举行"。因此朱家骅在中山大学新订规程明文规定，必须举行毕业考试。

---

① 朱盛荃：《东渡传薪》，罗永明主编《我们的中大》，第24页。
② 1927年度全国留级和不能毕业学生竟超过55%。朱家骅强烈主张，中国要提高大学毕业生地位，要检查大学教育成绩，非有一个很慎重的大学毕业考试不可。《中国大学教育的现状及应行注意各点》（1931年春）、《九个月来教育部整理全国教育之说明》（1932年12月25日）、《国立中山大学筹备之经过和将来之希望》（1927年3月1日），《朱家骅先生言论集》，第129～130、152、254页。
③ 《九个月来教育部整理全国教育之说明》（1932年12月25日），《朱家骅先生言论集》，第151、152页。

对于"严厉"考试制度，1924 年考进医科的白龙淮"余悸犹存"地回忆说，在校期间"最怕的是考试！"医科考试采用德制，与英美制大不相同。"医预科两年考一次、本科三年考一次。一课不及格，有一次补考的机会，两课不及格，就连补考的机会都没有了。留班的最高额是两次，要是多过两次，……就是踢你出医学院去。"① 他后来虽脱离考试已有 56 年之久，但"有时在夜里作梦，还在身受考试煎熬"。② 显见朱家骅对考试制度的"雷厉风行"。

此外，为鼓励学生从事学术研究，朱家骅还一度拟议取消"毕业"二字与废除学位制度。朱家骅认为，大学既是学术研究机构也是"学者教育"机构，学无止境，不应有所谓"毕业"。学生在大学毕业之后，并非"学业已经完全终了"，而是"刚是到了一个研究学问的路上"。③ 因此，他期许学生拿到文凭后"勿忘救国救民"，勉励学生"前途在做事，不在文凭，而于学问，尤须求深造，继续奋斗"。④ 对毕业同学留校者，更希望"在所中从事深造，以期有贡献于学界，而树学术独立之风气"。⑤ 至于学位制度，朱家骅则以为，中山大学是根据党的精神，以完成国民革命，实现三民主义为目标。但"学位"是"带有阶级性的"的旧名词，而欲将其取消。虽然最后未真正落实，但在当时革命潮流影响下，其取消毕业和学位的主张是相当创新的。⑥

---

① 白龙淮：《五六十年前百子路上的片段回忆》，《国立中山大学的回顾与展望》，第丙 6 页。

② 白龙淮：《五六十年前百子路上的片段回忆》，《国立中山大学的回顾与展望》，第丙 5 ~ 丙 6 页。

③ 《校闻》，《国立中山大学日报》第 456 号，1929 年 7 月 1 日，第 1 ~ 2 版。

④ 《校闻：本校第二届毕业典礼志盛》，《国立中山大学日报》第 222 号，1928 年 6 月 29 日，第 2 ~ 3 版。

⑤ 《校闻》，《国立中山大学日报》第 606 号，1930 年 2 月 11 日，第 1 版。

⑥ 1928 年的本科毕业生"学士文凭"改为"毕业文凭"，预科则改为"预科毕业证书"。《大学布告》，《国立中山大学日报》第 221 号，1928 年 6 月 27 日，第 1 版；《国立中山大学筹备之经过和将来之希望》（1927 年 3 月 1 日），《朱家骅先生言论集》，第 254 页。

第四节　学术研究环境之创造与风气之养成

"国家学院"是朱家骅改造中山大学的目标。中山大学学术研究环境之创造和风气之养成是他的另一重点工作，希望"在最短的时间，造成一种国立中山大学的学风"。[①] 但要达成此目标，"人才"和"设备"是两大基本条件。[②]

一　延聘中外学者

朱家骅出身德国学院派，深知学术风气关系一大学之兴衰。优良师资及其教学热忱是树立学风的关键要素。他指出，大学为学术研究机关，但要从事学术研究，就须先去聚合一班"具有研究能力习惯与嗜好的学者"。学术研究永无止境，在大学任教者除了自己应该努力研究之外，还得"特别注意养成一批后继的学术研究者，以使其道得传，而且愈传愈昌明"。因此，朱家骅与蔡元培一样，积极延揽中外饱学之士充实教师阵容。

朱家骅聘师准则除了学者自身学养外，尤注意其能否一方面领导已有教学经验的讲师与助教从事学术研究，培养大学师资；另一方面也能注意养成学生自动研究习惯和独立从事研究工作能力。[③] 最大特点在于大量聘用具有科学观、运用科学方法研究学术的学者。基本上多是"海归"学人，至少也是新式教育下养成的知识分子。同时一些中国实际建设需要，但尚未设置，或尚在萌芽的学科，朱家骅也开学科研究风气之先，甚至不惜重金礼聘外

---

① 《别国立中山大学同事诸先生书》（1930 年 12 月 9 日），《朱家骅先生言论集》，第 276 页。

② 《第二次院士会议开幕致词》（1957 年 4 月 2 日），《朱家骅先生言论集》，第 102～103 页。

③ 《大学与大学生的使命》（1944 年 12 月 25 日），《朱家骅先生言论集》，第 293～294 页。

籍知名专家学者到华主持，欲借此迅速缩小与国际先进学科的差距。

不过，朱家骅对教师的聘任因限于中山大学当时为"党的大学""革命的大学"的特殊定位，不同于蔡元培的兼容并包、不拘一格网罗众家的开放聘师方针，"必须考虑"学者政治思想，至少不可"反革命"。①

广东大学时期，由于广州地理上偏于南方一隅，气候与北省人不适宜，语言又不通，加上地方多故等种种因素，致难以多得良好教才。当时校长邹鲁虽特地请易培基专在北京及长江各处延揽良师，但成效不彰。想要聘请外国教员，又因学生外语能力差、普通科学学科基础不佳，即便聘到外国良师，学生也无法吸收而作罢。不过，在国民革命旗帜的号召下，朱家骅负责中山大学之前，校中仍有一些有造诣的学者，如曾仲鸣、许崇清、吴康、钱秣陵、程天固、周佛海、谢瀛洲、褚民谊、朱秩如、谢凤池、廖仲恺、陈公博、陈宗南、张云、何衍浚、黄巽、费鸿年、黄著勋、黎国昌、冯友兰、张崧年、徐信符、古公愚、成仿吾、郭沫若、王独清、陈启修、郁达夫、张真如、黄国华、陈元喜、杨子骧、梁伯强、李其芳、丁颖、沈鹏飞、利寅、郭嵩龄等。②

朱家骅在教师延揽上亦有如邹鲁"常存'广大'纵未能聚世界之学者于一堂，亦当聚国内学者于一堂"之鸿志。③除续聘上述负有声望的学者，更无时无刻不想方设法网罗国内、外富有学识之人。

---

① 《国立中山大学筹备之经过和将来之希望》（1927年3月1日），《朱家骅先生言论集》，第253页。
② 《朱副校长纪念周中之重要报告》，《国立中山大学日报》第288～290号，1928年11月2、3、6日，第4、3～4、4版；钟贡勋：《戴校长与母校》，《国立中山大学成立五十五周年特刊》，第85页；黄福庆：《近代中国高等教育研究——国立中山大学（1924～1937）》，第64～65页；梁山等：《中山大学校史（1924～1949）》，第7页。
③ 转引自黄福庆《近代中国高等教育研究——国立中山大学（1924～1937）》，第64页。

不过，为聘良师，朱家骅遇到不少困难。

朱家骅碍于中山大学为"革命的大学""党的大学"的特殊定位与当时广东政治局势的纷乱，对教师的思想主张不得不特别关注。有些学者学问虽好，但其思想"不合革命"，便无法聘任。[①] 除上述广东先天条件的劣势依然存在外，中央党部和国民政府北迁武汉，许多已聘定的人才，或随政府北迁，或被政府中途拦截。[②] 同时，国民革命势力推展至长江流域，各地陆续创办"中山大学"。争聘师资的结果使广州中山大学尚未得到"合作"之益，即需面对师资延聘雪上加霜的困境。尤其1927年4月国民政府定都南京以后，政治、文化重心北移，华中、华北局势陆续安定，北大、清华、武大等大学也逐渐恢复上课，其地理、交通、气候等先天条件，甚至后天待遇都较中山大学优越，不少教师纷纷他去，许多教师也不愿应聘至粤任教。[③] 朱家骅曾多次懊恼地表示："在这层上广州不特比不上当年的北京，并且比不上现在的江浙；那些地方，总有些学者肯自来，即拉时也比不上拉来广州一般的费气力，费唇舌。"为此，他形容他自己"总是整日的未得患得，既得患失，有时也真正恼人，尤其是已经来了还要走的"。[④]

不过在中国政局未定之前，除中山大学能够照常运行外，其他各校均几陷停顿状况。那时朱家骅确实集拢了一批学有专精的北方学人，聘得许多优秀教授。基本上，朱家骅广延各方人才是从延揽国内知名学者、招揽"海归"学人、直接聘请外籍专家三方面着手。

第一，延揽国内知名学者，特别是以北大教授为重。当时朱家骅甚至有全揽北大师生到中山大学的构想。为此，朱家骅还曾专电

---

① 《国立中山大学筹备之经过和将来之希望》（1927年3月1日），《朱家骅先生言论集》，第252～253页。

② 例如，本已聘定郭沫若为文科学长，后来也随北伐军离职了。

③ 《朱家骅启事》，《国立中山大学日报》第128号，1928年2月27日，第1版；《朱副校长纪念周中之重要报告》，《国立中山大学日报》第288～290号，1928年11月2、3、6日，第4、3～4、4版。

④ 《朱家骅启事》，《国立中山大学日报》第128号，1928年2月27日，第1版。

北京，请李石曾、吴稚晖、李大钊代为物色国内知名学者及北大教授中最有学问者到粤。朱家骅在给李石曾、吴稚晖的信里说道：

> 我们又在这里筹一齐聘北大文理等科之良教授来此。既可免于受压迫，并开此地空气。已去请者，有马叔平、李玄伯、丁山、魏建功、刘半农、周作人、李圣章、徐旭生、李润章诸先生。并请一切被压迫之同学来，筹三万，以为贫学生之贷金，及来广川资。我们于大学日用省得无复加，且于此等事上大大破费一回。①

当时各校经费困窘几乎陷于停顿状态，加上北方军阀政府白色恐怖与政局长久不安的驱逼，许多著名教授纷纷南下。相比之下，中山大学是孙中山亲手创办，在国民政府全力支持下校务照常推动。就政治局势言之，广州相对稳定，在国民革命热潮下呈现一片朝气蓬勃的气象。同时，国民政府给学校的经费补助亦是相对充裕。因此，在朱家骅的积极延揽和著名学者的相互推荐下，包括鲁迅、郁达夫、顾颉刚、许寿裳、江绍原等人都在此时聚于中山大学。

第二，招揽学有专精的归国留学生。朱家骅凡听闻有学有专精之归国留学生，不管识与不识，都主动致函延揽，劝其为国效命。当时人在国外的傅斯年、沈刚伯、罗家伦、吴康、辛树帜、许德珩、汪敬熙都收到过朱家骅情理并茂的"邀聘"函电，不少人在回国后到中山大学任教。朱家骅聘任傅斯年时未曾与他谋面，只凭1917年在北大任教时沈尹默曾对他说过"傅孟真这个人才气非凡"这句话。1926年他为了充实中山大学文学院，想要找一位对新文学有创造力，并对治新史学负有时名的学者来主持国文系和史学系，与戴季陶、顾孟余商量后，决定聘请傅斯年担任文学院院长兼两系主任。1926年冬，傅斯年从德国回来到校后即协助延聘有才学的教授。1927年

---

① 李宗侗：《朱家骅傅斯年致李石曾吴稚晖书》（1927年5月16日），《传记文学》1964年第6期，第52页。

春，他创办历史语言研究所，对教务贡献甚大。朱家骅认为当时中山大学的声誉隆盛，傅斯年出力很多。

吴康是原来广东大学教员，1925年邹鲁去职后前往欧洲留学。他在欧洲时也接到素未谋面的朱家骅"劝归"信函。吴康说：

> 骝先先生以前未尝谋面（我在北大，民国九年毕业，后即离开），至是始与我通信，劝我早日归国，记得某一次来函云：
> "北大友好，傅孟真、何思源……皆在校裏助。校长戴君在京来书，时念尊况，吾兄岂忍久留海外，独善其身？……"末二语使我非常感动，我复函将赴德一行，俟学业告一结束，即当东返。[①]

不过，未及吴康返国，朱家骅已到南京接长中央大学。

第三，借才异邦，重金礼聘外籍知名学者。朱家骅不惜重金礼聘外籍知名学者到华，主持缺乏教师的重要学科。例如俄籍人类学家史禄国、柏林大学哲学博士石坦安狄特、瑞典籍汉语流变语音学大家珂罗掘伦、柏林大学梵文教授诺布、俄籍巴黎大学文学博士马古烈、德籍古生物学家叶格尔、瑞士地质学权威哈安姆、德国林学专家芬次尔、德国地理学家克勒脱纳、奥地利地质学家古力齐、德国籍的生理学教授巴斯勒、病理学教授道尔曼斯、内科教授兼医生柏尔诺柯、妇科教授兼医生伏洛牟特、解剖学教授安德莱苏、细菌学教授古底克、药物学教授范尔鲍、外科教授乌里士·西雅教授兼任第一医院助产学校主任。当时为扩充文科，朱家骅甚至想礼聘世

---

① 但1931年秋，朱家骅仍连续三次去电吴康，邀他东归，长南京中大文学院。《悼亡友傅孟真先生》（1950年12月29日），《朱家骅先生言论集》，第741页；吴康：《我回忆中之朱骝先先生》，《朱家骅先生逝世纪念册》，第373页。另见罗家伦《朱骝先先生的事迹与行谊》，《朱家骅先生逝世纪念册》，第263页；许进主编《1890～1990百年风云　许德珩》，第88页；许德珩《许德珩回忆录：为了民主与科学》，第134页；《心理学教授汪敬熙将抵校文史科前聘心理学教授》，《国立中山大学日报》第5号，1927年5月13日，第2版。

界著名学者杜威及罗素到校任教。①

　　朱家骅延揽教师以学术为重，以教师个人之学识与经历为衡量标准。"从不曾减低标准"聘过一位讲师或教授，是朱家骅最为自豪的一件事。他曾说："我从来没有用过半个私人，事务上的用人都是用我敬信的本地人的荐举，教员之延聘，更不参照丝毫友情，或者察察而过，竟对朋友更格外不益。所以我们现在所聘到的教授，都是闻名推举的，很少的以前有一面之交。"

　　1928 年 10 月，朱家骅为了节省经费、排除冗员，在人事聘任问题上，还曾在校报上刊登正式公告，强调用人"端赖经验学识"。他在公告中指出："本校教务事务均划分部分掌理，各有专司，所以任用各部分人员，端赖经验学识，否则用非其材，殊于校务进行，滋多妨碍，此后各科处部院场主任，如有荐用人员，需附具该员详细履历，以资考察，而便量材器使。"② 他凭借过去在国内外学界的人脉关系，加上新聘教师如鲁迅、傅斯年等人的竭力襄助，③ 中山大学

---

① 即便是外国学者，为配合国民革命属性需求，也要求至少要能对中华民族的革命运动表示同情并"不妨碍革命工作者"。《国立中山大学筹备之经过和将来之希望》（1927 年 3 月 1 日），《朱家骅先生言论集》，第 252～253 页；《本校文科下学年之新希望》，《国立中山大学日报》第 458 号，1929 年 7 月 3 日，第 1 版。

② 《朱家骅启事》，《国立中山大学日报》第 128 号，1928 年 2 月 27 日，第 1 版；《公布：大学通告（第 148 号）》，《国立中山大学日报》第 270 号，1928 年 10 月 4 日，第 1 版。

③ 朱家骅与鲁迅在北京大学任教时即相当熟稔，朱家骅掌理中山大学后即多次函电正在厦门大学的鲁迅，聘其任教务长兼任文学系主任。同时安排鲁迅住进中山大学最中央的"大钟楼"，给了鲁迅最大一间房，以示对鲁迅的礼遇。1927 年 1 月，鲁迅到任后立即参与繁重的开学筹备工作。至当年四月下旬辞职为止，主持和参与制定各种规章制度，处理教务方面的具体问题和教学活动，付出了全部精力。另外也积极延聘教师，力荐许寿裳、江绍原到中大，并拉来厦门大学国学所许多北方学人。鲁迅后因与国民党政治观点的差异离开中山大学。不过鲁迅过世时，朱家骅为其纪念委员会委员之一，可见朱家骅与鲁迅政治立场虽不同，但私谊不错。《致周建人函》（1937 年 7 月 16 日），《蔡元培全集》第 14 卷，第 284～285 页；许寿裳：《广州同住》，吴定宇主编《走近中大》，第 51～52 页；《致许寿裳》（1926 年 12 月 29 日、1927 年 1 月 29 日、1927 年 1 月 31 日）、《致章廷谦》（1927 年 2 月 25 日）、《致江绍原》（1927 年 4 月 4 日），《鲁迅书信集》上卷，第 122、127～128、129～130、133 页。

文、理、法、农、医各科在短短几年内便人才齐备。

譬如，文科有鲁迅、孙伏园、傅斯年、许德珩、汪敬熙、江绍原、许寿裳、刘奇峰、董作宾、容肇祖、顾颉刚、罗常培、罗膺中、庄泽宣、俞平伯、杨振声、丁山、商承祚、陈功甫、伍叔傥、崔载阳、黄希声、吴梅、陈洵、陈翰笙等。

理科有袁武烈、刘俊贤、朱物华、朱志涤、康辛元、李翼纯、辛树帜、罗宗洛、董爽秋、谢家荣、叶良辅、朱庭祜、张席提、何杰、孙云铸、杨遵仪、斯行健、潘钟祥、李熙谋、黄巽、陈可忠、康辛元、邬保良。

农科有陈焕镛、刘荣基、冯子章、杨邦杰、彭家元、桂应祥、林亮东。

法科有刘振东、何思敬、何思源、朱公准、马寅初、冯天如、彭学沛、薛祀光、余群宗、郭心崧、黄荫普、高廷梓、邓孝慈、史尚宽。

医科则有翁之龙、陈翼平、姚万年、欧阳慧溠、徐绪、梁伯强、赵仕卿、林椿年等。[1]

据1927年6月开学时统计，全校共有教师151人，其中本科教师97人，计教授58人、讲师39人；预科教师54人，计教授9人、讲师45人。[2] 中山大学一时成为人才济济、群雄荟萃之所。

这一批在其专业领域各有造诣的教授皆是有志发展中国现代学术事业，他们或是"海归"学人，或是中国新式教育下成长的新式知识分子。在共同理想下，除教学极为认真外，思想开明，学术思想活跃，科学研究活动频繁，是朱家骅推动中山大学革新的重要助力。鲁迅曾记述那一段紧张而繁忙的生活。他说：

---

① 《国立中山大学教师名录》，黄福庆：《近代中国高等教育研究——国立中山大学（1924～1937）》，第195～228页。

② 梁山等：《中山大学校史（1924～1949）》，第23页。

在钟楼上的第二月，即戴了"教务主任"的纸冠的时候，是忙碌的时期。学校大事，盖无过于补考与开课也，与别的一切学校同。于是点头开会，排时间表，发通知书，秘藏题目，分配卷子，……于是又开会，讨论，计分，发榜。①

中大定于三月二日开学，里面的情形，非常曲折，真是一言难尽。不说也罢。我是来教书的，不意套上文学系（非科）主任兼教务主任，不但睡觉，连吃饭的功夫也没有了。②

我现在真太忙了，连吃饭工夫也没有。③

文、理、法、农、医各学科的领导人都是当时各学科的拔尖分子。他们积极从事科学研究、编写出版刊物、定期做学术演讲，致力于新知识、新思维的传播，甚或担任学校行政、教务领导职务，带给中山大学一种学术研究的风气，推动了该校学术事业的发展与繁荣。④当年的中大学生钟贡勋回忆当时的转变说："自此以后，学生寄宿大楼三层，已变为黄昏以后灯光莹然，有许多学生在灯下低首研习，迥异于未甄别之时了。"⑤

---

① 《在钟楼上》，《鲁迅全集》第 4 卷，第 45 页。

② 《致章廷谦》（1927 年 2 月 25 日），《鲁迅书信集》上卷，第 129～130 页。

③ 《致李霁野》（1927 年 2 月 21 日），《鲁迅书信集》上卷，第 129 页。

④ 例如，化学系初期除系主任有一办公室外，其余教师共一办公室。新聘留美教授陈可忠志在研究，便商请系主任陈宗南在走廊分隔一间作为他个人办公及实验用。他于课后布置实验设备供学生上课实验用，并鼓励其他助教如遇到难题共同解决。各任课教师见其热心从旁协助，课后皆乐于到他办公室相互交流，并长日留校研究讨论，助教等受此影响也乐于参加各项研究，学术研究风气自此大兴。学生"多数皆甚用功，下课后，常来办公室质疑问难"。陈可忠回忆说："他们对于研究兴趣，非常浓厚，上下午无课时，多在实验室，从事研究。后我而来之教授，系中亦各为另辟一办公室，俾可留校从事课业或研究，而同学亦得常与各教授接触。故化学系同学与教授，及教授与教授之间的感情，十分融洽。"陈可忠：《我与中山大学》，黄仕忠编《老中大的故事》，第 147、149～150 页。

⑤ 钟贡勋：《戴校长与母校》，《国立中山大学成立五十五周年特刊》，第 76 页。

二　研究设备之充实

早在 1917 年朱家骅在北京大学任教时便已观察到中国大学教育对图书仪器等学术研究设备极为忽视的弊病。他指出，中国大学教育"非但缺乏适当且整体的精密计划，十之八九的学校经费，都支应在人事费用，反而从事学术研究最先要注重的图书仪器设备缺乏经费充实"。就是因为设备不完善、校舍不敷使用、预备室和研究室非常缺乏，弄到教授在讲堂授课外，对学生研究之指导，人格之修养，几于全不负责。"教授成了智识的贩卖者，大学成了智识的贩卖所。欲以此而求学术文化之进步，谈何容易！"特别是当时中国国民经济窘迫、教育经费艰巨、老百姓生活穷苦与大学学术基础尚待建立之时，好不容易缩衣节食"腾出少数的经费"用来办大学，朱家骅强烈主张要"处处节省"，认为教职员不必多请，以"各教员各有专责，各职员依着'事务应教务而生'"原则，大力整饬中山大学之人事，尽先充实教学与研究之图书设备。①

朱家骅认为大学教育中"课程为教学之实质，设备乃为教学之工具"，视整理课程与增加设备为不可分离之一事。② 他说：

> 大学目的要使学生得到一个良好的基础，并且引起他们对于学术的兴趣，指导他们慢慢能够单独工作，其他方面，要供教授以研究高深学术机会，增进国家和社会的文化。倘图书不足以供参考，仪器不足以供试验，教授固然没法研究，教育学生的目的，也难得完全达到的呢。③

---

① 《中国大学教育的现状及应行注意各点》（1931 年春），《朱家骅先生言论集》，第126～127、128～129 页。

② 《九个月来教育部整理全国教育之说明》（1932 年 12 月 25 日），《朱家骅先生言论集》，第 148 页。

③ 《中国大学教育的现状及应行注意各点》（1931 年春），《朱家骅先生言论集》，第127 页。

朱家骅对中山大学研究设备的充实仍以欧洲一流大学为参照:

> 外国无论任何大学,如为完善者,每开一讲座,设一学系,必先将此讲座与学系所必须之教学设备与研究设备,求其完备,而后再事开设。开设以后,更随时增补,求其精密。盖研究学术与普通教学,性质不同,普通教学其应用设备者为教员。研究学术其应用设备者为学生。研究设备,必随学术进步而增加,学生程度须随研究设备而提高。学术无止境,设备亦无止境。①

不过,中山大学规模太大,由纵向观之,从附小、附中、预科、本科、研究所到海外留学生无所不备;横向来看,有文、法、理、农、医五科,还有附属医院、护士学校、农场、林场等,经费益显不足。朱家骅接手前,全部经费尚不够薪水、日用开支。接手后,各科、部、馆、处、场、院等均逐渐扩充,除本科,文、法、理、农五科18系,12个研究所外,尚有预科学生八百多人,华侨学生特种补习班等亦逾百人。图书仪器增置繁多。以医科为例,附设医院二处,常日收容病患数百,其建筑设置等费尤多。农科附属农场二所应垦荒地七八千亩,用费亦繁。附中、附小两校学生各逾千数,开销亦不少。另外还有公费留学补助每年所费不赀。② 新聘各国专门

---

① 《九个月来教育部整理全国教育之说明》(1932年12月25日),《朱家骅先生言论集》,第149页。

② 欧战结束时,李石曾、吴稚晖在法倡导勤工俭学,青年赴法留学的很多,其中粤籍的不少,后来这批学生的经济情形日渐拮据,甚至有借债度日的。邹鲁便据里昂中法大学学生报请,将该校划作广东大学海外部之一,将经费列入广东大学预算,嗣后由校接济。大元帅孙中山二月六日令准予将里昂中法大学海外部,定为广东大学海外部之一,及确定管理权责。广东大学承担了这批学生的费用,计算约有60人,回国后充实师资阵容。因此广大的留学名额,规定为60人,俟有空额时,再陆续补充;并设海外部主其事。1925年时,有毕业生,邹鲁就补派教授吴康,男学生郑彦棻、女学生黄绮文等13人前往补额。朱家骅延续这项措施,选派优秀毕业生出洋深造,计每年全费生6名、半费生6名;原则上每年保持在

教授，　最多时曾至十五六人，支薪更是不菲。① "节流"并不是一件容易的事。

朱家骅负责校务期间，坚持让"教员在工作上不感觉着缺乏"，② 视各种研究设备、图书仪器的充实为倡导学术研究风气之必要，始终极力撙节费用，把握薪水开支不过 6/10 的原则，维持日常经费项下事业费占学校经费半数的标准。他一面取消一切浮支，尽力减少其他一切杂支；一面设法扩大财源，以增加教学与研究所需的教室、图书仪器等硬体设备。③ 朱家骅为节省不必要的开支，甚至曾以"卧薪尝胆"为号召，明令禁止校内一切"无谓浪费"。④ 自

---

① 学留学生 40 名。郑彦棻：《国父创办母校经过》，《国立中山大学成立五十五周年特刊》，第 21 页；邹鲁：《回顾录》，第 120 页；黄福庆：《近代中国高等教育研究——国立中山大学（1924～1937）》，第 64～65 页；梁山等：《中山大学校史（1924～1949）》，第 42 页；《国民党政治会议广州分会第 25 次会议议事录》（1927 年 5 月 17 日）、《国民党政治会议广州分会第 40 次会议议事录》（1927 年 7 月 15 日），政治会议广州分会纪录，国民党党史会藏，全宗号：政 00.4/3、政 00.4/6。

① 《朱家骅启事》，《国立中山大学日报》第 128 号，1928 年 2 月 27 日，第 1 版；《朱副校长在纪念周中之重要报告》，《国立中山大学日报》第 268 号，1928 年 10 月 2 日，第 2～4 版；《校闻》，《国立中山大学日报》第 467 号，1929 年 7 月 17 日，第 1 版；《国立中山大学校务报告演词》（1928 年 10 月 1 日），《朱家骅先生言论集》，第 261～263 页。

② 《朱家骅启事》，《国立中山大学日报》第 128 号，1928 年 2 月 27 日，第1 版。

③ 例如争取到中基会每年的讲座与设备补助费，还与广东省政府交涉补助经费，规划白云山作为学校实验林场。当时学校经费并不宽裕。朱家骅仍不惜欠债先行添置图书设备。1928 年 6 月因校款支绌，积欠商务印书馆书籍价款甚巨，迭次函来催汇，幸经大学院院长蔡元培暂垫始得清结。到了 1930 年图书馆已积欠国内外书店计有：美国书店 14 家、德国书店 1 家、商务印书馆。《拨汇商务书馆书价二万元》，《国立中山大学日报》第 213 号，1928 年 6 月 15 日，第 2 版；《图书馆报请结书帐》，《国立中山大学日报》第 624 号，1930 年 3 月 4 日，第 2 版；《中国大学教育的现状及应行注意各点》（1931 年春），《朱家骅先生言论集》，第 131 页；钟贡勋：《戴校长与母校》，《国立中山大学成立五十五周年特刊》，第 94 页。

④ 朱家骅在校刊公告指出："现当国家多难之秋，正人民卧薪尝胆之日，本校为继承总理遗志之学府，凡我员生，……以后本校及各科礼堂，一切集会，永不得反乎卧薪尝胆之宗旨，用锣鼓大戏，张灯结彩，及作一切无谓之浪费，庶几由崇俭之观念，而兴救国之决心……并望各院校，及庶务职员，体民生之疾苦，念物力之艰难，严守节省经费之誓词，确立廉洁忠贞之风范，事事切实，人人刻苦，以造求纯朴严谨之校风者，挽回浮华虚伪之国俗，本校长有厚望焉。"《公布：校长布告》，《国立中山大学日报》第 187 号，1928 年 5 月 16 日，第 1 版。

1930 年度，甚至施行图书、仪器购置至少占全部预算 3/10，并划清图书、仪器两项预算，以 2/5 为图书经费、3/5 为仪器经费的措施。①

1. 充实图书

以文史类图书为例，朱家骅把对古今历史的了解看作完成国民革命事业的重要条件，十分重视广泛搜集历史研究材料，图书搜罗一改前人以藏书为玩好之传统观念，着重研究材料之集合。②

1927 年 5 月，朱家骅向国民党广州政治分会上报一个搜集各种图书庋藏于广州中山大学图书馆的计划，获得批准施行并得国民政府通令各机关一体遵照；③ 亦曾致函上海交涉署请将中美图书交换事务移交中山大学图书馆办理。④ 此外，为纪念孙中山，图书馆特设 "革命文库部"，专搜关于革命之各国文字图书及伟人图照遗物，以资保存而供众览。最重要的是，他注意各种古籍书刊资料、志书、史料书、家谱的搜罗。朱家骅不顾旁人对顾颉刚将 "有用之钱买无用之物" 的购书计划的批评意见，支持顾颉刚 "引起研究之兴趣，不作旧习之传袭" 的购书主张，于 1927 年派

---

① 《会议录：评议会第四次重要决议案》，《国立中山大学日报》第 654 号，1930 年 4 月 10 日，第 1 版。

② 《朱家骅函政治分会搜集各种图书计划书》，《国立中山大学校报》第 24 期，1927 年。转引自梁山等《中山大学校史（1924～1949）》，第 18 页。

③ 当时国民政府曾通令所属各机关一体遵照：一、通令各属机关及各市乡之社会团体，凡有印刷品及已不需用之旧文件，均送中山大学，永远保存；二、通令各县县长，征求各县居民之家谱、族谱及各民族之材料；三、通令各县，政府用优厚报酬、奖状、奖章、纪念品乃至以赠书人名命名书库等办法，鼓励各族、县之旧家大族出售、藏人、寄赠藏书与金石书画等古物；四、通令南洋各领事，尽量搜集华侨及南洋土人之材料。《国民党政治会议广州分会第 25 次会议议事录》（1927 年 5 月 17 日）、《国民党政治会议广州分会第 33 次会议议事录》（1927 年 6 月 17 日），政治会议广州分会纪录，国民党党史会藏，全宗号：政 00.4/3、政 00.4/5。

④ 上海交涉署设有中美图书交换处，储美国书籍极富，唯该署以非文化机关至未能充分利用此项书籍，殊为可惜，朱家骅曾致函该署请将中美图书交换事务移交该校图书馆办理。《校闻：交涉交换中美图书》，《国立中山大学日报》第 4 号，1927 年 5 月 12 日，第 2 版。

顾颉刚到北京、江浙一带全权负责图书采购事宜。[1] 顾颉刚此次购书历时四月余,杂志、日报、家谱、账簿、日记、公文、职员录、碑帖、医卜星相书之秘本、民众文学书、上海滩上石印小本等,无一不在搜求之列,收集范围之广在全国图书资料采购中为首创。总计购书约12万册,5.6万余元。[2] 顾颉刚对这次的搜书相当满意,他认为: "二十年中的重要史料虽不完全,总算有一个规模。"[3] 为管理各地寄交材料及新添购之图书史料,图书馆内新设置 "旧书整理部",朱家骅指定顾颉刚担任主任一职,主持整理他所购之书。[4] 同时这次采购收获颇丰,图书馆出版了《图书馆周刊》逐一介绍新购图书,[5] 图书馆出版馆刊在当时各大学中也是

---

[1] 当时派遣顾颉刚购书尚有调和鲁迅与顾颉刚矛盾之意。原来鲁迅与顾颉刚在厦门大学时闹过笔墨官司,顾颉刚到广州时,鲁迅便对学生说: "顾颉刚来了,我立刻走。"停了三天课,1927年4月21日辞职。傅斯年亦以若聘顾颉刚,彼亦辞职要挟。中大学生开会结果,主张三人皆留。纷乱多日后,朱家骅出面作调人,一方面积极挽留鲁迅,许他暂时请假离校;另一方面派顾颉刚到江浙一带为校中图书馆购书。所以顾颉刚与鲁迅在中大并未见面,结果仍是 "顾来周去"。《图书馆派员赴京采购古书》,《国立中山大学日报》第3号,1927年5月11日,第3版;《国立中山大学图书总馆启事》,《国立中山大学日报》第5号,1927年5月13日,第1版;顾潮编《顾颉刚年谱》,第113、140页;顾潮:《历劫终教志不灰——我的父亲顾颉刚》,第113页;顾颉刚:《杂忆中大》,吴定宇主编《走近中大》,第55页。

[2] 顾潮编《顾颉刚年谱》,第143～144页;顾潮:《历劫终教志不灰——我的父亲顾颉刚》,第119页;顾潮:《为广东学界造新风气》,黄仕忠编《老中大的故事》,第194～196页。

[3] 顾潮编《顾颉刚年谱》,第165页。

[4] 1929年9月,图书馆新订规程重新改组,将原 "旧书整理部"改为 "典藏部"。顾颉刚本不欲接任,但为回报朱家骅对他全力的支持,特别是处理他与鲁迅的纠纷,还是答应了。顾颉刚:《致胡适信》(1928年2月27日),转引自顾潮《为广东学界造新风气》,黄仕忠编《老中大的故事》,第196页;顾潮:《历劫终教志不灰——我的父亲顾颉刚》,第119页;《校闻:图书馆按照新章改组》,《国立中山大学日报》第498号,1929年9月21日,第3～4版。

[5] 该刊为让读者知悉新购进之中、西文图书书目及采集所得的方志目录、古器物目录、碑帖目录等情况,刊载了各类书目。对征集所得之碑帖、有出版价值而尚无力付梓的善本、稿本、绝版书作节要介绍。顾颉刚与马太玄、陈槃等还利用这批资料共同研究,合写清代著述考。另外,关于图书馆设置与图书分类编目等议题亦有所讨论。黄增章:《建国前中山大学文科刊物述要》,黄仕忠编《老中大的故事》,第112页。

首创。

除了上述的"大肆搜书",朱家骅在1928年10月还将其个人所有英、德、法文近两百种,中文30余种藏书赠予图书馆,使中大图书馆中西书籍馆藏呈现全新面貌,斐然可观。[①] 据1927年上半年统计,总馆及各分馆中外文藏书7.5万多册、古物字画1200多件。1928年度,根据教育部统计,中山大学图书册数在全国国立大学中已首屈一指;至1931年度,藏书已近25万册,在全国公、私立大学中,排名第二。[②] 图书馆自改革后[③]借阅人数日益增加。根据1927年图书馆4月借阅人数统计,总馆4月除假日停止阅览外,每日平均约为323人,单日最高人数为467人,最少也有248人,法、农、医各分馆尚不在内。

2. 仪器设备添置

朱家骅为增加学生临床实习机会和研究便利,全面地引进欧美最新仪器设备,不断派遣采集队前往华南地区采集动、植物标本。原则上,法、医、农三科以"科"为大单位添购,文、理两科以

① 《朱家骅启事》,《国立中山大学日报》第128号,1928年2月27日,第1版。
② 第一为私立燕京大学238514册,中山大学243800册次之,北京大学227879册再次之。1934年度,中山大学图书馆有中、外文藏书30余万册,藏书量为全国各大学之冠。据教育部1934年统计,全国大学图书馆藏书最多的为中山大学,其次为燕京大学、北京大学、金陵大学。如此可观的成绩,与戴、朱二人在任时打下的基础是分不开的。《国立各大学图书仪器标本统计表十七年度数》,黄季陆主编《抗战前教育政策与改革》,革命文献第54辑,中国国民党党史委员会,1971,第175~176页;《国立中山大学现状》,《全国高等教育概况》,革命文献第56辑,中国国民党党史委员会,1971,第268~270页;黄福庆:《近代中国高等教育研究——国立中山大学(1924~1937)》,第150、153页。
③ 为便利师生与校外人士广泛利用,图书馆亦修订了阅览规则。例如,延长图书馆开放时间至夜间10时;将新到的中外文图书先行陈列,自由取阅,阅毕留置台上,由管理员放回原架;图书馆采开放主义,校外人士均可入馆阅览。《图书馆四月份借阅人数之统计》,《国立中山大学日报》第2号,1927年5月10日,第3版;《本校布告》,《国立中山大学日报》第108号,1927年12月27日,第1版;《公文》,《国立中山大学日报》第142号,1928年3月16日,第1版。

"系"为小单位增设之。①

以医科为例，朱家骅接办的头三年，从拮据的学校经费开支中腾挪出总计70万元以上，至上海和国外添置医学期刊、书籍、新式仪器等实习设备，添建校舍、增设研究所、扩充医院病房等。三年中，购置显微镜多达240架，医院器械由1625件增至2540件，病床数也增至两百多张，比起成立多年的同济大学有过之而无不及，为国内各大学所罕见。②

又以理科化学系为例，该系在1928年春附设工业化学研究所，之后不断扩充，其设备有研究室、实验室、陶瓷工场、制革工场、制纸工场、车厂等，为学生实习探研之用。再以文史科来看，心理学系添置实验室，为中国关于动物行为研究实验室中最完备者。教育学研究所除研究室外，设教育图书室四间，心理实验室、教育博物室、教育编译室各一间，其中图书室藏有中、西文教育类书籍约4万册。

又如语言历史学研究所之考古学会成立后，以所藏古物尚嫌未备，派员赴北平从事搜罗，购回甲骨、铜器、陶器、石像等250余件。总计仪器部分由原10100多件，至1930年增为19500多件。动植物标本亦多达17万余件，大部分是师生自采自制。③ 中山大学在仪器设备、标本数额方面皆为全国大学之翘楚。

因此，朱家骅长校期间，图书、仪器设备大增，学术地位也跟着水涨船高。

①　《朱家骅启事》，《国立中山大学日报》第128号，1928年2月27日，第1版。
②　黄福庆：《近代中国高等教育研究——国立中山大学（1924～1937）》，第91页；梁山等：《中山大学校史（1924～1949）》，第22页；方志懋：《朱校长与母校》、陈宜诚：《踏进母校医学院》，《国立中山大学成立五十五周年特刊》，第110、259页；《中山大学是党的大学》（1942年7月4日），《朱家骅先生言论集》，第283页。
③　黄福庆：《近代中国高等教育研究——国立中山大学（1924～1937）》，第51页；梁山等：《中山大学校史（1924～1949）》，第42页；钟贡勋：《戴校长与母校》，《国立中山大学成立五十五周年特刊》，第94页；陈天锡编《戴季陶先生编年传记》，第347～348页。

三　广设研究所与实验场室

朱家骅以德国大学发展现代教育学术事业为参照蓝本，以大学教育后进与研究学术功能为两条相辅相成的发展主轴。在此思路下，研究所的设置不只是朱家骅完整大学组织体系的重要一环，还是他提倡学术研究、提高学术水平、发展中国现代学术研究事业的重要建置。

对于研究所，朱家骅期待甚深，要求"不专是教课"而希望"真真能够做研究工夫，得到新的贡献，在世界学术界争光荣"。① 为达此目标，也为树立中山大学学术研究校风，他与蔡元培一样，以一系一研究所为目标，竭力支持各科系筹办高深学术研究之研究所与实验场所，作为师生从事高深学术研究之所。②

蔡元培在北大虽强调高深学问研究的必要性，曾主张大学研究院"不可不设"，③ 但限于经费与人力条件只在 1922 年开办了一个国学门研究所。朱家骅在中山大学期间，先后成立医科细菌学研究所、解剖学研究所、病理学研究所、生理学研究所、药物学研究所，理科的两广地质调查所、化学工业研究所，文史科的语言历史学研究所、心理研究所、教育学研究所，农科的农林植物研究所等 11 个研究所。未及设置研究所的学系，对于实验场室之相关设施的增设亦不遗余力，如农科的稻作试验场、土壤调查所、农场 8000 余亩、广东第一模范林场 1.5 万余亩、气象观测所、南路蚕业试验场，算数天文系的天文台等。各研究机关除供教学及学术研究外，并择优秀毕业生为助教留校研究，但尚未招收研究生。

上述各研究所之创设在当时中国各大学中皆为各该学科之"先

---

① 《就任国立中山大学校长讲演词》（1930 年 10 月 6 日），《朱家骅先生言论集》，第 271 页。

② 《国立中山大学筹备之经过和将来之希望》（1927 年 3 月 1 日），《朱家骅先生言论集》，第 255 页。

③ 《论大学应设各科研究所之理由》（1935 年 1 月 1 日），《蔡元培全集》第 8 卷，第 3 页；《我在北京大学的经历》（1934 年 1 月 1 日），《蔡元培全集》第 7 卷，第 503 页。

驱"，具典范意义。例如，医科五个研究所开中国医科大学设置研究所之先河；农科农林植物研究所为华南地区唯一之植物研究机关，土壤研究所为华南唯一之土壤研究机关；文史科的语言历史学研究所、心理研究所及教育学研究所皆为中国大学该学科研究所之首创。这对中国各大学研究所之设置与高深学术之探究具有倡导之功。同时，朱家骅所选任的各研究所主持者，如语言历史学研究所所长傅斯年、教育学研究所所长庄泽宣、心理学研究所所长汪敬熙、医科研究所的五位德籍教授，都是当时中国该学科中的一时之选。他们受到西方科学研究方法训练，具科学精神，在安定的学术研究环境下运用科学研究方法，取得了丰硕的学术研究成果。

尤其值得一提的是，朱家骅创设、主持的两广地质调查所对华南地区地质调查研究有深远影响与贡献，并由此确立他日后在中国地质学界与中研院的专业学术地位。

朱家骅认为中国地下资源极为丰富，为发展中国实业，为实现孙中山的民生主义，有加以研究、开发的必要。[①] 地质调查在中国只有十年历史，调查范围又仅限于北方几省及长江下游，尚未大规模展开。且中国地质调查研究人才缺乏，培育新一代本土地质调查人才也甚重要。1927 年 4 月，朱家骅利用代理广东省主席之便，向广州政治分会提出在中山大学内设置地质调查所专事两广地质调查之议，[②] 是当时关注两广地质调查的第一人。[③] 9 月，两广地质调查所成立，[④] 朱家骅兼任所长，是中国第三个官办地质调查所，其人员编

<hr>

① 《设立两广地质调查所意见书》（1927 年 5 月），《朱家骅先生言论集》，第 1 页。

② 《中国国民党政治会议广州分会第 23 次会议议事录》（1927 年 5 月 3 日），政治会议广州分会纪录，国民党党史会藏，全宗号：政 00.4/3。

③ 华南地区之地质调查研究工作，在 19 世纪末 20 世纪初，仅有美、法、日等国个别的地质学者曾至两广对局部地区开展过路线地质调查。

④ 两广地质调查所隶属于国民党广州政治分会，经费由财政部拨开办费 1.5 万元，广西省政府拨 5000 元。经常费月支 1 万元，广西出 1/4。《中国国民党政治会议广州分会第 30 次会议议事录》（1927 年 6 月 7 日）、《中国国民党政治会议广州分会第 31 次会议议事录》（1927 年 6 月 10 日），政治会议广州分会纪录，国民党党史会藏，全宗号：政 00.4/3。

制、经费与规模仅次于实业部地质调查所。[①] 朱家骅循北大与地质调查所教学与科学研究密切结合的模式，推动中山大学地质学系和两广地质调查所合作进行华南基础地质和矿产资源的调查研究。[②] 同时，以两广地质调查所为中山大学地质学系的师资、学生实习与高深学术研究之依托，奠定华南地学人才培育基础。

在地质调查研究人才的聘任上，除先后聘任到所的第一代中国籍地质学家叶良辅、朱庭祜、谢家荣、张席褆、何杰、孙云铸、杨遵仪、斯行健、潘钟祥、徐渊摩、冯景兰、乐森璕、李学清，还借重外国知名地质学家，如享誉国际的德国籍古生物学家叶格尔、瑞士籍地质学家哈安姆、奥国籍古力齐到中山大学任教。其中叶格尔不仅任地质系主任，还兼两广地质调查所顾问及该所古生物股主任。1928 年 9 月叶格尔抵华后，朱家骅即行恢复地质学系，改称矿物地质学系。在叶格尔病逝后，又聘请他在瑞士苏黎世大学求学时的地质系主任哈安姆接任。除此之外，朱家骅仍积极网罗国内地质人才。黄汲清回忆说，地质学本来比之物理、化学是一个少为人知的学科。地质系学生的前途多没有保障。不过，他 1928 年 6 月从北大地质系毕业，并不担心就业问题。因为，李四光与朱家骅是他们的老师。当时中研院由李四光主持开办地质研究所，朱家骅则在广州创办两广地质调查所，并来电欢迎他们班同学"全去工作"。[③]

---

① 据章鸿钊 1935 年统计，1913 年北京政府工商部附设地质调查所，丁文江为所长。1916 年 1 月变更为实业部地质调查所，由张轶欧、丁文江、翁文灏领军。1927 年 3 月，李毓尧、刘基盘在湖南省创办湖南地质调查所，隶属湖南省政府建设厅。1927 年 9 月，朱家骅创办两广地质调查所，隶属广州政治分会，1929 年 4 月政治分会裁撤，改隶中山大学。中研院 1928 年成立地质研究所，所长李四光。章鸿钊：《中国地质学发展小史》，第 19~21 页。

② 《中国国民党政治会议广州分会第 89 次会议议录》（1928 年 3 月 16 日），政治会议广州分会纪录，国民党党史会藏，全宗号：政 00.4/10；《国立中山大学筹备之经过和将来之希望》（1927 年 3 月 1 日），《朱家骅先生言论集》，第 258 页。

③ 《欢宴中山大学全校教授席上讲词》（1929 年 6 月 29 日），《朱家骅先生言论集》，第 266 页；黄汲清：《我的回忆：黄汲清回忆录摘编》，38 页。

该所调查过的区域遍及两广，远及今香港、西沙群岛、浙江、四川、内蒙古等地，[1] 从事地层、古生物、构造地质、地貌、矿产等方面的专题研究，对于建立该区域的地层名称、划分地层年代、地壳运动和岩浆活动分期，东南地区地壳演化的研究贡献卓著，[2] 开了中国人于华南从事地质调查研究的先河，也为中国华南地质调查研究事业的发展奠定了稳固基础，是中国当时具影响力的地质调查研究机构之一。1927 年 12 月，朱家骅又兼任浙江省民政厅厅长，将两广地质调查所的调查工作推及浙江省。

此外，朱家骅对于与地质学相关之学科，如地理学、生物学、土壤学、测量学、人类学等在中国的发展十分关注，是民国以来重视提倡与发展生物学、[3] 地理学与大地测量

---

[1] 《附录二：两广地质调查所》，《国立中山大学现况》，第 330～332 页。

[2] 《广州市志》，www. gzsdfz. org. cn/gzsz/15/kj/sz15kj010701. htm，最后访问日期：2008 年 6 月 30 日。

[3] 生物系设于 1924 年，初以教学为主。朱家骅到校后，即推动开展科学研究工作，先将生物系分为动物学系和植物学系，以费鸿年与陈焕镛分任系主任（1928 年两系合并为生物系，系主任辛树帜），共同组织中大"南方生物调查会"，赴广西、海南等处采集动植物标本五六千种供学生研究，历时三月余，并在广州粤秀公园建设一座动植物园。1928 年再成立采集队，分赴西南各省，如广西猺山、大明山，贵州南部苗岭山脉之云露山、斗逢山及西部之梵净山，湖南西南部的金童山，广东各县及海南岛沿岸等地。在 3 年的野外调查中采集发掘了大量生物学界前所未知的新科属。总计在西南各省采集到动物标本 6 万余件、植物标本 20 余万件。特别是广西猺山地方，植物种类繁多，所得标本不仅数量极多，有许多还是世界上最新奇的种类。例如其中一套植物标本，只羊齿类就在 2500 种以上。这批标本不仅奠定了中大生物系标本实验室的基础，更因填补了世界标本的空白而为国际生物学界所肯定。由于猺山采集成绩远近驰名，1929 年 7 月在浙江省政府举办的杭州西湖博览会特别开辟陈列室，专供猺山动植物标本陈列。植物学家陈焕镛则应邀赴欧出席在英国举办的万国植物学会。广州艺术院索赠猺山动植物标本、湖南省教育厅与南京晓庄学校皆索赠生物系出版物，德国柏林博物院则致送生物系四川鸟类标本。《国立中山大学筹备之经过和将来之希望》（1927 年 3 月 1 日），《朱家骅先生言论集》，第 257 页；郑彦菜：《忆述纪念　国父的国立中山大学》，《国立中山大学成立五十五周年特刊》，第 125 页；《理学院》，《国立中山大学现况》，第 185、187～188 页；张宏达：《解放前中大生物系学术活动拾遗》，罗永明主编《我们的中大》，第 47 页；费鸿年：《五进中大——历史回顾片断》，黄仕忠编《老中大的故事》，第 157～158 页；《校闻：征集革命文物备寄杭陈列》，《国立中山大学日报》第 400 号，1929 年 4 月 23 日，第 2 版；

学①研究且成绩显著的学者之一。1932 年朱家骅辞去两广地质所所长时，将自己收藏的 4000 余册地质图书都捐给了该调查所，说明他对地质研究事业的关注与重视。

朱家骅就是因为创办、主持两广地质调查所，对中国现代地质、地理学的发展做出了贡献，因此，他虽未有中文地质方面学术著作问世，仍深受中国地质学界敬重，终生与地质学界保持紧密关系。例如，1928 年受聘与李四光共同筹备中研院地质研究所，并被聘为地质调查所之通讯研究员；1930 年当选中国地质学会理事长；②

《校闻：西湖博览会本校出品》，《国立中山大学日报》第 422 号，1929 年 5 月 20 日，第 2 版；《杭州西湖博览会本校猺山生物部布置之经过》，《国立中山大学日报》第 457 号，1929 年 7 月 2 日，第 2 版；《校闻：艺术院索赠动植物标本（之本校采有猺山动植物标本，皮藏不少）、湘教厅来书索赠图书》，《国立中山大学日报》第 414 号，1929 年 5 月 10 日，第 2 版；《德国柏林博物院致送本校生物系四川鸟类标本》，《国立中山大学日报》第 480 号，1929 年 8 月 22 日，第 3 版；《函请省府举行森林保护大运动、浙江教育厅索取教育刊物、南京晓庄学校索赠生物系出版物》，《国立中山大学日报》第 508 号，1929 年 10 月 3 日，第 3 版；《生物系新订参观规则》，《国立中山大学日报》第 565 号，1929 年 12 月 12 日，第 2 版；《补助陈焕镛主任赴欧旅费》，《国立中山大学日报》第 668 号，1930 年 4 月 26 日，第 2 版。

① 朱家骅认为地质调查研究和土地测量同为发展中国实业的"基本事业"，1927 年兼任广东省民政厅长时，便委托德籍森林学教授芬次尔拟定珠江三角洲地区航空测量计划，但因时间太短未及实施。当时他还曾计划在中山大学内设置测量学系，也未能实现。亦曾利用在浙江省任职之便由浙江拨专款在浙江大学设置专系，不过在朱家骅离职后该校撤销此系，并入土木系。朱家骅只好改由中英庚款会考派留学生专习此专业，并在地理研究所下设大地测量组。《设立两广地质调查所意见书》（1927 年 5 月）、《复庚款生陈永龄述提倡大地测量学经过》（1938 年 12 月 23 日）、《复同济大学校长赵士卿述提倡大地测量学经过》（1939 年 7 月 13 日）、《函同济大学校长周均时转请改进测量学系之意见》（1940 年 9 月 2 日），《朱家骅先生言论集》，第 1～4 页；王聿均：《朱家骅对浙江建设的贡献》，《抗战前十年国家建设史（1928～1937 研讨会论文集》，中研院近代史研究所，1984，第 110 页。

② 中国地质学会成立于 1922 年，中国著名地质学家及在华工作的外籍知名学者章鸿钊、翁文灏、王烈、丁文江、李四光、葛利普（A. W. Grabau，美国）、袁复礼、叶良辅、赵汝钧、安特生（J. G. Anderson，瑞典）、麦纳尔（L. Miner，女，美国）等 26 位学者为发起人。章鸿钊为首任会长，谢家荣为首任秘书长，是在中国建立的最早的学术团体之一。朱家骅与该学会关系密切，1925 年当选为理事与第四届评议员，1928 年当选为第六届评议会副会长（会长是丁文江，另一副会长葛利普），第五届、第七届任评议员。又是第九届至第十一届、第二十届

1935 年当选为中研院评议会数理组地质学评议员；1948 年当选为中研院数理组地质学院士，皆因此故。

在朱家骅的主持下，中山大学学科门类相对齐全，研究所及实验场室之设置皆开当时之先河。1935 年 5 月，中山大学与清华大学、北京大学同列为教育部首批设置研究院的研究型大学，这是对中山大学学术研究成果的肯定，愈发显现朱家骅创办前沿学科的学术远见。

四　鼓励学术性刊物与丛书出版

朱家骅留学期间便对欧洲进步的出版事业十分留心，总结认为"出版品是代表一个国家的时代文化"。[①] 特别是学术性刊物是各学科研究成果展现与学术交流最重要的载体，亦是学术研究现况的反映。为提供师生学术研究心得交流与发表研究成果的园地，他全力支持和鼓励学术性刊物与丛书出版。

一些具有全国影响力、代表当时华南学术界水平的学术性刊物都在此时问世，也是中山大学术性刊物发展最繁荣的一个时期，又展现了中山大学学术研究风气大兴的盛况。例如农科的《农声》，法科的《社会科学论丛》《广州批发物价指数》《社会研究》，教育系的《教育研究》、教育研究所的《教育研究（国立）中山大学教育研究所》，文

至第二十五届理事会理事。中国地质学会从第九届起，评议会改称理事会，会长改称理事长，评议员改称理事。朱家骅 1930 年当选为第八届会长、1942 年再次担任第十九届理事长。此外，1925 年新任会长王宠佑为纪念其师葛利普教授，捐资设立金质"葛氏奖章"，"对于中国地质学或古生物学有重要研究或对地质学全体有特大贡献者授给之"。得奖人无国籍限制，每两年授给一次。葛氏奖章从 1925 年设立到 1948 年共有 9 位地质学家荣膺该奖，朱家骅于 1948 年（第九届）获奖。1957 年朱家骅主导中国地质学会在台复会，被推举为在台复会的首届理事长直至 1963 年去世。关国煊：《朱家骅先生与中国地质学》，朱传誉主编《朱骝先传记资料》第 4 册，第 22～23 页；阮维周：《追思，（朱家骅）》，《中国地质学会专刊》第 6 号，中国地质学会，1963，第 93 页；李磊：《中国地质科学体制化与留学生》，硕士学位论文，北京大学地球与空间科学学院，2004，"表九"，第 23 页；《中国地质学会昨日举行第六届年会》，《世界日报》1929 年 2 月 14 日，第 6 版。

① 高良佐：《朱骝先先生与中国出版事业》，《朱家骅先生逝世纪念册》，第 466 页。

科的《语言历史学研究所周刊》（后更名为《文史丛刊》）、《民俗周刊》，理科的《自然科学》《天文台》《两广地质调查所年报》，医科的《医学季刊》等。其研究成果都具学术贡献，且能持之以恒，创刊以后均如期出版，未尝间断。

同时为提倡校内学术研究风气，把学生课余兴趣导引到学术研究方面，以提高学生探求学问兴趣与自动研究之精神，鼓励组织各种课外学术研究团体。诸如国立第一中山大学职员联合会、中山大学同德会、物理学会、哲学系同学会、教育学系同学会、地学研究会、语言学会与历史学会等教职员联谊社团、师生交流的学会社团渐次成立。学生刊物亦跟随出版，如《中大学生》对此成果，朱家骅甚感欣慰。在他要离开中山大学时，曾赞赏地表示："成绩也是可观，在今日都很切要，都应该维持下去，并且设法求其扩充。"①

本章小结

朱家骅自 1926 年 10 月就任中山大学整理委员会委员，至 1930 年 12 月卸任，前后主持校政共四年余。这四年正是中山大学从纷扰不安的政争中转向安定发展学术研究的关键阶段。1926 年"三一八"惨案后，在北方白色恐怖的驱逼与南方革命气象的感召下，北方大批界精英聚集中山大学。中山大学校务委员会五位委员除戴季陶外，皆为北大教授出身，朱家骅甚至有"招待北大员生"，转移中国思想、学术、教育、文化至中山大学的构想。② 虽未成事实，却也为中山大学今日在华南的学术地位奠定了稳固基础。既促成了南北学术的交流，也启动了南方的学术研究事业，使中山大学成为当

---

① 《别国立中山大学同事诸先生书》（1930 年 12 月 9 日），《朱家骅先生言论集》，第 277 页。

② 《蔡元培先生致朱副校长傅斯年何思源教授书》，《国立中山大学日报》第 44 号，1927 年 7 月 1 日，第 4 版；李宗侗：《朱家骅傅斯年致李石曾吴稚晖书》（1927 年 5 月 16 日），《传记文学》1964 年第 6 期，第 52 页。

时少数具影响力的中国高等学府之一。此外，在北方学界几乎无以为继的时期，中山大学承继北京大学在中国教育、科学、文化现代化转型中的历史使命和为国储才的时代任务，发挥了中国教育学术现代化转型承先启后的作用，更为中国现代高等教育体制与学科系统立下范例，开创了中山大学最初的学术辉煌。顾颉刚因此曾有"直到现在，中大同学想起那时还觉得是一个黄金时代"的赞语。[①]

朱家骅于中山大学与蔡元培于北京大学，在建立中国"学术社会"，以发展中国现代教育学术研究事业的这个理想上大体相同。不过，朱家骅更为明确的是以德国柏林大学在中央集权政治体制下，担负国家民族复兴的创建目标，以发展成为教育学术中心的历史经验为改造中山大学的重要参照。

朱家骅将中国置于世界一员的高度，以与国际接轨的用心，切实比较中国与西方先进国家的差异。无可否认，中国当时在政治、社会、经济、教育、学术、文化等各方面无一不是处于严重落后的状态，加上当时国民革命被破坏，国家建设有实际需要，这些朱家骅都欲在中山大学"求一个解决"。他的具体"解决"方案就是以"国家学院"为中山大学的建设目标，创立培养革命干部、国家建设人才与学术研究人才的"人才培育"所。不过，延续蔡元培在北京大学建立中国"学术社会"的未竟理想才是朱家骅的终极关怀。因此，他十分强调"制度"的建立与"法治"的精神，尤其重视"范式"的树立。

就政治思想上来说，朱家骅在推动中国现代化、工业化的建国理想是以孙中山的三民主义为指导思想。而中山大学系为纪念孙中山之学校，自创校以来定位极为清楚，即是"党的大学"与"革命的大学"，奉行孙中山的三民主义自无疑义。但是朱家骅并不以此钳制学者在纯学术研究上的自由，相反地，鉴于辛亥革命后十余年来军阀割据严重阻碍了中国教育学术事业现代化转型的进程，所以在

---

① 顾颉刚：《我与中大》，黄仕忠编《老中大的故事》，第161页。

主持中山大学之后，朱家骅便努力创造一个不受政党干扰的纯学术研究环境。因此，无论在中山大学还是在日后的中研院，朱家骅都努力护持、维系一个安定的学术研究环境，尽力避免党政事务干扰学者学术研究之自由。对等地，他也希望学者可以不涉党政运动而全心投入学术研究事业。

朱家骅作为一个教育学术机构领导者与行政体制改造者，体制建立与制度健全是他关切的重点之一。"科学""民主"是五四新文化运动以来知识界的主流思潮，是国家完成现代化转型的重要指标，亦是蔡元培改革北大的重要指导。这些无一不引领着朱家骅对中山大学进行改革与建设。尊重学术研究的自由是他治校的基本原则，"教授治校"是他亟欲落实的民主管理体制；科学方法的全面运用则是他对学术研究的强烈要求。显然，他所欲发展的不只是大学的"学术性"，还同时将大学视为中国现代化转型的"基地"。

在中山大学的"学术性"上，朱家骅以"国家学院"的高度，积极推动中山大学成为文、理、法、工、医、农综合性的研究型大学。而"国家学院"的重责大任便是在学术研究上的开创性与对学术研究风气的引领。在学制和建置上，以"一系一研究所"为目标，建立起系科分化与研究所设立相匹配的制度，落实并确立大学教育预科、本科、研究所三级体制。文、理、医、法、农等学科专门研究所的创设，为体制内纯学术研究机构的学科分类提供了设置参考。这也就清楚显示了在体制内纯学术研究机构设置之前，国立大学研究所在推动中国现代学术研究事业发展上的重要地位与作用。此外，在文、理、医、法、农的学科分类布局与学科内涵革新上，如医科德国化、农科美国化都是跟随世界学术研究的主流脉动调整，其跻身"世界学林"的意图明显。而终极目标是希望为中山大学奠下永续发展的基础，树立中国教育、学术现代化的典范，并以此为中国现代化的先声。

朱家骅负责校务期间，以欧洲一流大学为改革参照体，融合中国文化特长，顺应建设国家的实际需求，并根据当时办学普遍弊病一一设法改良，以深远的学术眼光，实施了许多新措施。初则奉命停课整顿，重订规章；继则延揽国内外著名专家学者，充实师资；陆续建立新兴学科，开辟新的课程系统；强调理论与实际应用的结合，增设着重学理研究之各学门研究所、实验室；充实设备，购置欧美先进的图书仪器设备，并重视实地田野调查与考察。将中山大学由一所院系设置不完整、设备简陋的学校，逐步发展成为一所拥有较完整之学科、研究所、附属医院、中学、小学、农场、林场、实习工厂等规模宏大、设备齐全、基础坚定的研究型综合大学，为这个高等学府带来新气象，并树立了中山大学学术研究的校风。

中山大学就在这样安定的环境与良好的学术研究条件下茁壮发展，迅速成为中国南方学术重镇、名副其实的华南最高学府，和一所具有学术影响的大学。其教学与科学研究工作，尤其是那些开风气之先的系所，对中国，特别是华南的建设及学术事业起了促进作用，对我国培养现代化人才与发展现代科学研究与技术产生了重要影响。他对中山大学的全面整顿，既促成了南北学术交流，也带动了南方学术研究风气与学术事业的繁荣。事实上，中山大学此后在广东政局多次的变动中，无一日停课，无一班辍讲，学校秩序始终安定如常，[1] 是朱家骅成功推动完成中山大学制度化、学术化、法治化的明证。

对中山大学的改革，朱家骅最自豪的一件事是在他负责中山大学的四年中，校内不曾发生过任何风潮，学生专心向学，研究学术的兴趣日益浓厚。

---

[1] 《国立中山大学校务报告演词》（1928 年 10 月 1 日），《朱家骅先生言论集》，第 261 页；《本校布告》，《国立中山大学日报》第 104 号，1927 年 12 月 10 日，第 1 版；《朱家骅启事》，《国立中山大学日报》第 128 号，1928 年 2 月 27 日，第 1 版；《朱副校长纪念周中之重要报告》，《国立中山大学日报》第 268 号，1928 年 10 月 2 日，第 2～4 版；《专载：本校成立三周年纪念会开会词沈鹏飞》，《国立中山大学日报》第 524 号，1929 年 10 月 24 日，第 3～4 版。

对此成果，戴季陶每每高兴地对人说，他从前认为医科既无药可医，法科更无法无天，现在医科居然可以医了，法科也有法了。凡外界对中山大学有所称誉，他都归功于朱家骅，[①] 有"大学之有今日，骝先之力也"之赞语。[②] 时任中山大学教授李熙谋认为朱家骅对中山大学教务、校务，"擘划至多"，尤为重大者，"为介绍西欧教育思想，及策进欧洲典型的大学规模，除文理工农各学院外，他竭力发展医学院与法学院，罗致国内名教授，来中山大学任教，不数年间，使中山大学蔚成为全国著名最高学府之一，皆骝先先生之力也"。[③]

当时中山大学学生郑彦棻也认为，中山大学的学术成就确系朱家骅的"努力为多"。在他负责中山大学校务那几年中，的确把这所华南的最高学府"办得有声有色"。他回忆说：

> 不但安定了学校的环境，又罗致了国内外许多第一流的好教授，添置了不少图书仪器设备。而且还养成了学校中良好的读书风气，使学校不曾发生过任何风潮。在那个时代里，他这些不平凡的成就，的确算得上是办教育办出了奇迹的。[④]

---

① 戴季陶 1927 年 10 月致函校方时，便称："大学在此一年之中，得任潮先生维护，骝先先生努力，渐见整理，然学术建设之匪易，非有十年刻苦经营断难为良好基础。"戴季陶的机要秘书宋湜也指出，戴季陶曾对他说："中山大学现在已经有了若干基础，这都是朱副校长及各教授同事过去努力所得结果。"《校闻：最近戴校长季陶之沪电》，《国立中山大学日报》第 72 号，1927 年 10 月 27 日，第 3 版；宋湜：《特载：国立中山大学三年来概况及此次中央决定组织大学董事会经过》，《国立中山大学日报》第 514 号，1929 年 10 月 10 日，第 3～8 版；朱家骅：《戴季陶先生与中山大学》，黄仕忠《老中大的故事》，第 66 页；陈天锡编《戴季陶先生文存》第 2 卷，第 626 页。

② 《戴校长致沈主任暨同学同志函》，《国立中山大学日报》第 113 号，1928 年 1 月 7 日，第 1～4 版。

③ 李熙谋：《怀念朱骝先先生的二三事》，《朱家骅先生逝世纪念册》，第 366～367 页。

④ 郑彦棻：《朱骝先先生与国立中山大学》，《朱家骅先生逝世纪念册》，第 351 页。

他在《曼谷世界日报》的社论中也曾论及当时的盛况。

> 北伐之前，潮人之就学于广州高师者，虽间有人，然不甚众，时教会所办之岭南大学，几为一般青年升学之最高对象。及中山大学成立，戴先生季陶与朱先生出任正副校长，于是不论潮汕各省县立中学毕业生之赴羊城升学者，则大多舍岭大而趋于中大。盖中山大学当时为南方唯一之革命大学，而主持校政者，又为革命之元勋先进，故所有潮汕青年，不论出身，均以投考中大为荣也。①

总之，朱家骅为接续中国教育学术研究事业体制化与现代化转型任务，推进中国教育学术现代化的蜕变所做出的努力，展现出对中国现代学术事业发展的前瞻眼光，以及领导学术行政的才干和对实践理想之坚持，为他在教育学术界树立了良好的声望。值得一提的是，北伐的成功造就了朱家骅在到广州不及一年的时间，便由一个不兼负任何党政要职的纯学者变为党政学三栖要人。这亦是他人生的一个关键转折点。

在教育学术方面，就任中山大学校务整理委员会委员独掌校务，是他一生从事领导教育学术行政工作的开始。1927 年中山大学改校长制，朱家骅为副校长，1930 年 9 月改任校长。其间他利用代理广东省主席之便，推动筹设两广地质调查所，自任所长，是为推动华南地质调查研究之第一人。11 月，他以兼任浙江省民政厅厅长之便，成立浙江警官学校及地方自治专修学校，亦任校长。这一年蔡元培改教育部为大学院，以大学委员会为决策机构，他为当然委员之一。11 月蔡元培筹备中国体制内第一个"国家学院"中研院时，朱家骅受聘为筹备委员，与翁文灏、李四光、谌湛侯、李济、徐渊摩一起

---

① 《曼谷世界日报》1963 年 1 月 5 日，转引自《朱家骅先生逝世纪念册》，第 299～300 页。

负责筹办地质调查所，并协助傅斯年在中山大学语言历史学研究所的基础上筹设中研院历史语言研究所。

在政务方面，1927 年 4 月起朱家骅陆续接任广东省政府常务委员会主席兼民政厅厅长、教育厅厅长（未就）、[①] 浙江省政府委员兼农工厅厅长（未就）、浙江省民政厅厅长。[②] 在党务方面，1927 年 5 月起先后出任国民党广州政治分会委员、国民党"三大"中央执行委员、中央政治会议委员。自此参与国民党中枢最高会议，开始进入国民党领导决策圈。

不过，朱家骅的工作重心始终在教育学术事业。他认为中山大学为"纪念总理之学府"，所负救国使命至为重大，以发展其为"最高的革命学府"为志向，其间无论在粤或在浙任党政工作，都不愿脱离教育学术工作。[③] 例如，1927 年被任命为广东省政府常务委员会主席兼民政厅厅长时，经再三催促始"勉允暂代"三个月。后再被任命为教育厅厅长时便坚持未就。与此同时，浙江省政府委员兼农工厅厅长一职，朱家骅也以中大为重不愿就任。9 月再被任命为浙江民政厅厅长时仍坚不肯就，后因广州政局不稳及蒋介石亲自劝说，朱家骅考虑中大一时不能恢复，在获得广东省主席李济深、校长戴季陶同意后，打算先"暂行兼职"至浙江省府觅得适合人选后即立刻去职，"仍然专办大学"。[④] 结果，1928 年 10 月浙江省政府改组，

---

① 1927 年 8 月朱家骅请辞广东省政府委员兼教育厅厅长，并荐许崇清继任，最后朱家骅仍为省政府委员。《国民党政治会议广州分会第 49 次会议议事录》（1927 年 8 月 16 日），政治会议广州分会纪录，国民党党史会藏，全宗号：政 00.4/7；《朱家骅辞粤教厅长　专任第一中大校长》，《世界日报》1927 年 8 月 11 日，第 6 版。

② 当时浙江省主席为何应钦，11 月 22 日朱家骅晋谒蒋介石，蒋介石劝朱家骅到浙江接事。胡颂平编《朱家骅年谱》，第 18～19 页。

③ 《中山大学是党的大学》（1942 年 7 月 4 日）、《答广州民国日报记者问继长中山大学经过》（1930 年 9 月 18 日），《朱家骅先生言论集》，第 283、267～269 页。

④ 《国民党政治会议广州分会第 89 次会议议事录》（1928 年 3 月 16 日），政治会议广州分会纪录，国民党党史会藏，全宗号：政 00.4/10；《答广州民国日报记者问继长中山大学经过》（1930 年 9 月 18 日），《朱家骅先生言论集》，第 268～269 页。

由张静江主政，朱家骅仍任浙省民政厅厅长兼中山大学职务。张静江就职后，坚持要他留在浙江服务，屡次力辞未果。戴季陶也要他在广东看守革命策源地，不允他辞去大学职务。就这样，朱家骅同兼两处职务达三年之久，直到1930年9月始得"展其素愿"，辞掉浙江民政厅厅长，"尽力校事"。①

朱家骅因为在中山大学的出色表现，于1930年底调任中央大学任校长。他仍有一番宏图大志，欲建立中央大学"首都大学"的领导地位，②但九一八事变后便因中央大学学潮不断而引咎辞职。

此外，中国在国民党取得全国性政权之前，一因政局混乱，二因经援难求，三因纯学术研究刚刚萌芽，四因科学研究人才贫乏，并无纯学术机构存在的空间与机会。有政府固定经济支持的"国立大学"成为蔡元培与朱家骅发展现代化教育学术之基地与中心，同时兼重培育后进，以此加速推动中国教育学术事业的成长。"大学"因而成为有志学术研究事业的新式知识分子重要汇集地。不过，就是因为在政府行政体制内，必受其钳制而对主持者产生局限。以蔡元培来说，他因坚持理想，在无力改变现状后，选择离开北大。朱家骅虽然党政色彩极为鲜明，但作风开明，亦具宽大胸怀，可是受限于中山大学为"党的大学"特殊定位，聘任学者仍需考虑其政治思想。他虽一再强调大学的学术研究价值，但仍认同党化教育的必

---

① 校长办公室秘书长宋湜也曾代表朱家骅两次赴京，力辞浙省兼职，但是中央与浙江省主席张静江坚不许辞。不过，同年11月中央又公布朱家骅为中央大学校长，于12月中旬就职，以郭心崧（仲岳）为教务长。宋湜：《特载：国立中山大学三年来概况及此次中央决定组织大学董事会经过》，《国立中山大学日报》第514号，1929年10月10日，第3～8版；《答广州民国日报记者问继长中山大学经过》（1930年9月18日），《朱家骅先生言论集》，第268～269页；高廷梓：《对朱骝先生的片段回忆》，《传记文学》1976年第6期，第26页；李熙谋：《怀念朱骝先先生的二三事》，《朱家骅先生逝世纪念册》，第366～367页；《国民党政治会议广州分会第24次会议议事录》（1927年5月10日）、《国民党政治会议广州分会第27次会议议事录》（1927年5月27日），政治会议广州分会纪录，国民党党史会藏，全宗号：政00.4/5。

② 陶希圣：《敬悼朱骝先（家骅）先生》，《朱家骅先生逝世纪念册》，第262页。

要性。应当承认，朱家骅可以对中山大学如此大刀阔斧地进行改革与建设，广州国民政府的重视与在经费上的大力支持①是关键因素，这也是同一时期北京大学之落与中山大学之起的重要之因。而蔡元培在北京大学只能从纯学理研究的大学做起，朱家骅却可以"国家学院"高度，发展中山大学为一研究型综合大学。这即清楚说明中国教育学术事业在现代化转型过程中，政府态度的关键作用和"学术"与"政治"的界限难以划清。因而，下一章研究的中研院这个纯学术研究机构"体制化"的组织建置模式自然也成为当时的一个必然选择。

---

① 1929 年广东局势一度动荡，蒋介石的北伐军军情紧急，传有前方军队饿肚子打仗的事。但在此种情形下，经戴季陶向蒋介石请求接济，蒋介石特别从战费中筹出五万大洋给中山大学为紧急备用金。《欢宴中山大学全校教授席上讲词》（1929年 6 月 29 日），《朱家骅先生言论集》，第 264 页。

第三章
朱家骅与创建时期的中研院
（1927～1938）

国民政府是民国以来第一个将发展国家学术研究事业置于建国计划重要一环的政权，也是第一个将国家学术研究机构列入政府行政组织中者。1927 年成立中研院是一个高度政治化的决议，却是中国现代学术史上具有历史意义的一件大事，标志着教育与学术从此脱钩。

1927 年，蔡元培在大学院院长任内推动中研院设置之时，朱家骅年仅 35 岁，为国民党政府党、政、学三栖的"青年才俊"。因其当时在党、政、学三界的角色与地位，在中研院筹设之初便受聘为筹备委员之一，自此终身与中研院结下不解之缘。

自由主义派蔡元培在大学院下大学区试验失败的同时，政治与教育理念也与蒋介石渐行渐远。于是，蔡元培选择再次远离权力核心与政治纷争，退守中研院，以发展中研院为一远离政治纷争的纯学术研究机构，作为他在体制内实践"学术救国""科学救国"理想的最后阵地。因此，一般认为，中研院是以蔡元培为中心的自由主义派知识分子群体在体制内的最后净土。不同于杨杏佛与丁文江这两位前总干事，1936 年接任总干事的朱家骅信奉三民主义。朱家骅在接任总干事之前，之于中研院创建一直都是"从旁协助"的角色，并未真正直接涉足院内事务。因之，本章将检视蔡元培主持中研院时期的组织创建与发展，以及此时作为蒋介石政权党政核心要员的朱家骅，在此学术与政治冲突间之于中研院的作用，以作为后面章节开展之基础。

第一节　中研院的创立及其初基之奠定

北京大学是蔡元培实践"教育救国""学术救国"理想的第一个平台。但混乱的政局严重地阻碍着教育学术事业的发展，尤其 1926 年"三一八"惨案后，北方学人纷纷走避，打乱了北京大学发展成为中国第一个现代化教育学术机构的进程。1927 年，蔡元培主持的大学院是全国最高教育学术行政机关。但大学院迅即取消，随后筹设的中研院遂成为他继续领导国内有志于学术救国理想的知识分子，推动中国学术现代化的最后平台。

一　中国科学事业之起步与中研院之成立

民国成立之初，随着中国留学运动的兴起与"海归"学人的增多，中国学界已有在体制内设置独立于政治的"国家学院"的倡议。① 但民国初年政局混乱与经济困窘，让这种"不事生产"的纯学术机构没有发展机会与空间。随着五四新文化运动的洗礼，"科

① 目前可考的最早提议者是深受法国学术文化影响的马相伯在 1913～1914 年，与章太炎、梁启超联名上书袁世凯，建议仿照法兰西科学院（Academie Fransaise），建立一个"不干政治，上不属政府，下不属地方"的"函夏考文苑"。1924 年冬，孙中山离粤北上时，提出设置"中央学术院"为全国最高学术研究机关，作为革命建设的基础，并命汪精卫、杨杏佛、黄昌谷草拟计划，不过也未实现。《致李石曾》（1919 年 4 月 16 日），《蔡元培全集》第 10 卷，第 399 页；方豪：《马相伯先生年谱新编》下编，第 13 页；许美德：《中国大学 1895～1995：一个文化冲突独世纪》，许洁英译，教育科学出版社，2000，第 67～68 页；陈哲三：《中华民国大学之研究》，第 13 页；樊洪业：《马相伯与函夏考文苑》，《中国科技史料》1989 年第 4 期，第 39～42 页；《中央研究院院史初稿》，第 1 页；国立中央研究院文书处编《国立中央研究院十七年度总报告》，国立中央研究院总办事处，1929，第 45、262～274 页。

学"确立了其在中国现代社会中的地位，科学研究逐渐被重视。特别是从事科学研究与重视科学事业的新式知识分子已渐渐形成专业群体，各种学术研究机构陆续设立，在科学、教育、工程、法律、天文、地质等领域陆续有学会之组织，显示中国学术研究组织化的趋势。

在这些团体中，属以英国皇家学会为楷模而组织的"中国科学社"规模最大。中国科学社由在美国留学的任鸿隽、杨杏佛、赵元任、周仁、秉志、章元善、过探先、金邦正等人于1915年12月25日成立。[①]英国皇家学会成立于1662年，是一个多元学科的学术社群自发性结盟的学术机构。中国科学社便以此为目标，意欲以民间团体自愿结盟的方式，联结中国第一代科学家发展为国家级的纯学术研究机构。[②]1918年迁回国内后，成员由最初创办时的30余人增加为400余人，位居联系中国科学家的中心位置，同时也是中国参与国际学术会议的半官方代表。

但是，中国科学社毕竟只是当时中国民间学术团体之一，不具有官方性质，其学术权威性亦不足以代表中国学术界。因此，1926年10月底在东京举行的第三届泛太平洋科学会议上，中国代表即遭

[①]　《中国科学社社史简述》，任鸿隽：《科学救国之梦——任鸿隽文存》，第724页。

[②]　当时在康乃尔大学的任鸿隽和杨杏佛在中国科学社制度和组织结构模式制定上扮演重要角色。两人同为传统到现代的过渡世代，都曾任孙中山的秘书，而后都决定投身科学研究事业。中国科学社采行英国皇家学会模式，说明了两件事：第一，中国政府未提供中国现代科学事业发展的空间与机会，而中国社会也不具备发展的条件。第二，当时以"学术救国""科学救国"为中心思想的新一代知识分子，发展中国现代学术研究事业的强烈企图与努力。因此，1927年中研院成立后，中国科学社的许多创建者都参与其中，成为中国第一代专业化的科学家，例如创社领导人杨杏佛、丁文江、任鸿隽都担任过中研院总干事，重要成员如周仁为工程所所长、竺可桢为气象所所长、丁西林为物理所所长，赵元任、胡适、秉志、翁文灏也都是中研院的成员。

遇被质疑"以何种资格参与会议"的窘况。① 对此，任鸿隽事后曾撰文痛心地说：

> 太平洋科学评议会，不让中国加入，他们唯一的借口，就是中国没有一个代表全国的科学机关。后来我们虽然把中国科学社抬了出来，搪塞过去，但在外国人心目中，我们中国还是没有一个学术的中心组织的。我们在东京的时候，每天有人问：你们中国有学术研究会议（National Research Council）吗？我们的答应是：没有。他们再问：那么，你们有科学院（Academy of Science）吗？我们的答应还是：没有。说到第二个"没有"的时候，你可看得见失望或轻蔑的颜色，立刻出现于你的问者的面上，你自己的颜面上也不免有点赧赧然罢？固然，一个学会的有没有，于一国的文化，并没什么大关系，但至少可以代表我们学术的不发达，或我们的不注意。
>
> ……
>
> 所以到了时机勉强成熟的时候，希望我们有这种相当的组织。②

此事大大刺激了中国学界，认为成立一个能代表国家的"国家学院"已刻不容缓。此外，当时中国科学研究事业初萌芽，四周强邻虎视，尤其日本学者在中国大量搜集有关中国的文化、经济、社

---

① 泛太平洋科学会议是由美国、澳大利亚、日本等国发起的当时最具国际影响力的学术会议。第一次于1920年在美国檀香山举行，第二次在1923年，这两次未曾有中国代表参加。1925年中国受邀派员参加1926年在日本举行的第三次会议。中国各学术团体推派竺可桢、翁文灏、任鸿隽、陈焕镛、秦汾、胡先骕、沈宗瀚、王一林、薛德焴、魏岩寿等12人与会。竺可桢：《泛太平洋会议之过去与将来》，《科学》1927年第4期，转引自冒荣《科学的播火者——中国科学社述评》，南京大学出版社，2002，第211页。
② 《泛太平洋学术会议的回顾》（1927年4月），任鸿隽：《科学救国之梦——任鸿隽文存》，第382~383页。

会资料，进行各方面的研究调查。[①] 当时学界普遍认为，为杜外人觊觎，应及早成立一系统而又具全国代表性的学术研究团体专事学术研究，提高中国学术水平。再者，1926 年张作霖入关，大举通缉反北洋政府知识分子，且北洋政府财政已入绝境，欠薪极剧，各大学教职员生计艰窘，纷纷另谋出路。蔡元培为赓续北大被中断的学术研究事业，汇集北大散去和北大当时未能延揽的学者，也有设置"科学研究院"的构想。[②]

　　就政治层面来说，孙中山是民国创建以来第一个为中国工业化、现代化发展提出完整建设计划的人，发展教育学术事业一直是他建国计划的重要环节。1912 年民国建立，他认为今后的任务在进行民主建设、经济建设与发展生产，更加重视教育的作用，多次讲话、

[①]　自 1840 年鸦片战争以来，俄、英、德、法、日、美等国先后在北京、香港、上海、青岛和一些通商大邑、沿海口岸及岛屿设立各种气象观测机构，其中以 1872 年底由法国人设立的上海徐家汇观象台历史最久、根基最深。在中国投注大量金钱，进行大规模科学研究者，首推日本。1900 年设置的东亚同文书院以二十年之精力，从事精密的中国经济社会调查；1907 年在大连建立的地质调查所系为探查中国东北矿产资源；1908 年起在东北"满铁"系统中亦先后成立了中央试验所、铁道技术研究所、卫生研究所、气象观测所等研究机构。日本外务省对支文化事务局更以庚子赔款之大部分，在上海设自然科学研究所、在北平设人文科学研究所，开办费都在五百万元以上。《国立中央研究院十七年度总报告》，第 49、273～274 页；黄福庆：《东亚同文会——日本在华文教活动研究之一》，《中央研究院近代史研究所集刊》第 5 期，1976 年 6 月，第 337～368 页；黄福庆：《欧战后日本对庚款处理政策的分析——日本在华文教活动研究之二》，《中央研究院近代史研究所集刊》第 6 期，1977 年 6 月，第 185～221 页；蔡元培：《国立中央研究院工作报告》，黄季陆主编《抗战前教育与学术》，革命文献第 53 辑，第 366 页。

[②]　蔡元培在给胡适的信中先后提到这个想法。1926 年 7 月 2 日信中说："对于'别有高就'之教员，自然为北大惜之。……又科学研究院果能成立，而凡现在由北大散去之学者，与北大现在尚未能延揽之学者均能次第会聚，静心研究，于中国文化上放一点光彩，以贡献于世界，则目前北大之小小挫折，亦不患无所补偿。"1926 年10 月 8 日又说："北京国立各校将来终有统一之办法，若有一最高等之研究院（大学院），不分畛域，选各校一部分较优之教员为导师（自然可别延国内外学者），而选拔各校较优之毕业生为研究生，则调和之机，由此而启。……此等研究学术机关，即不在北京，亦无不可，文化中心，人力可以转移之。"《复胡适函》（1926 年7 月 2 日、1926 年 10 月 8 日），《蔡元培全集》第 11 卷，第 265、279～280 页。

著文反复强调教育学术在国家建设中的地位和作用,① 曾有"今破坏已完,建设伊始,前日富于破坏之学问者,今当变求建设之学问,世界进化,随学问为转移"② 之语。在《建国方略》之《心理建设》中也强调今日文明已经进入科学时代,任何国家建设必须要在追求与学习科学知识后实践,③ 并不断提出"拿学问来救中国"的呼吁。④ 因此,1924 年冬孙中山离粤北上时便提出设置"中央学术院"为全国最高学术研究机关以作为革命建设的基础,并命汪精卫、杨杏佛、黄昌谷草拟计划,但因病逝北京而无由实现。1927 年蒋介石政权定都南京。就政治意涵来说,蒋介石政府既以孙中山正统与合法承继者自居,以孙中山三民主义为建国思想、建国大纲与建国方略,那么发展国家学术,实现孙中山建国计划之未竟遗愿,也成为国民政府建国计划的首要之事。就现实来说,此时中国大学教育及留学事业在人才培育的数量上大有进展,且值此建国重要时期,各种建设事业亟须专门知识为助。

这时,不论政界还是学术界都深感学术研究之迫切与必要,这对中研院成立产生了极大的催化作用。

不过,最重要的助力是蔡元培于 1927 年 4 月国民政府成立后接任大学院长,短暂地重回"体制",为"国家学院"中研院的

---

① 例如,1912 年 8 月孙中山提出建国大纲宣言 10 项,其中第 8 项即为振兴教育。转引自陈进金《抗战前教育政策之研究(民国 17 ~ 26 年)》,第 49 页。孙中山这方面的论述可参见《女子教育之重要——在广东女子师范第二校讲演》(1912)、《民国教育家之任务——在北京教育界欢迎之演词》(1912 年 9 月)、《建国方略之心理建设》(1918),舒新城编《中国近代教育史资料》下册,第 1015 ~ 1020 页。

② 孙中山:《民国教育家之任务——在北京教育界欢迎会之演词》(1912 年 9 月),舒新城编《中国近代教育史资料》下册,第 1016 页。

③ 孙中山:《建国方略之心理建设》(1918),舒新城编《中国近代教育史资料》下册,第 1019 ~ 1020 页。

④ 《立志要做大事,不可要做大官——在广州岭南学生欢迎会的演说》(1923 年 12 月 21 日),《孙中山全集》第 8 卷,中华书局,第 534 ~ 535 页。

成立①提供了有利的政治条件与经费支持。

　　"国家学院"（the academy，或称"研究院"）起源于柏拉图创立的"柏拉图学园"（Academy），当时主要是一种向学生传道授业的教学组织。16 世纪前后，在以"人文主义"为中心、复兴古典文化为旗帜的文艺复兴运动中，自称"Academy"的学术团体纷起，成为学者聚集在一起阐述各自学术主张与论点的场所。"Academy"便自然成为这类学术研究团体的代名词。初时活动侧重于文学，后渐转向科学，分化为学术团体与专业学校的研究机构。到 18 世纪，在法国国王路易十四的推动下设立了法兰西科学院，聘请当时著名的科学家从事科学研究工作。在他们的共同努力下，迅速推动了法国科学事业的发展，使法国一跃成为欧洲大陆的科学中心。17～18 世纪欧洲的科学革命促成了近代科学的诞生与工业革命的爆发，伴随而来的是科学主义的兴起和流行。其他各国纷纷仿效设置"国家学院"，汇集全国与世界各国最具学术权威的学者专门从事科学研究及指导、联络、奖励国家学术研究工作。从此，"国家学院"成为国家最具学术权威的研究机构，亦是现代"学术精英团体"的代名词。②

　　1927 年 4 月国民政府成立后，蔡元培被任命为教育行政委员会委员。秉持他过去一贯坚持教育学术独立之思想主张，意欲摆脱民初以来教育行政管理官僚化与政潮因素严重阻碍学术教育发展的弊病，旨在谋求教育学术独立化及教育行政学术化，使教育、学术能不受政治因素干扰而能独立发展，蔡元培在国民党中央政治会议第 102 次及第 105 次会议中，以教

---

①　蔡元培在谈到中研院成立意旨时便明确指出："其责任不仅在格物致知，利用厚生，树吾国文化与实业之基础，且须努力先鞭，从事于有关国防与经济之科学调查及研究，以杜外人之觊觎。此本院所以虽处国家经济困难之时，而进行一切，不敢稍懈也。"《国立中央研究院十七年度总报告》，第 273 页。另见蔡元培《国立中央研究院进行：工作大纲——第一届评议会第一次年会致词》（1936 年 4 月 16 日），《中央研究院院史初稿》，第 23～24 页。

②　朱家骅：《国立中央研究院简说》（1953 年 12 月 23 日），朱家骅档案，函号：301 -01 -07 -005、301 -01 -07 -007；朱家骅：《序》，《国立中央研究院概况：中华民国 17 年 6 月至 37 年 6 月》，第 5 页；陶英惠：《蔡元培与中央研究院一九二七～一九四〇》，《中央研究院近代史研究所集刊》第 7 期，1978 年 6 月，第 2 页。

育学术之"独立自主"为最高指导指标，提出变更教育制度案，建议仿效法国大学院制，改"教育部"为"大学院"，作为全国最高教育学术机关，管理全国学术及教育行政事宜；实行大学区制，以大学区为教育行政之区域划分单元。同年6月17日，蔡元培被任命为大学院院长。

蔡元培主导下的"学术化大学院"与过去"官僚化教育部"的最大差异在于"学术独立于政治"的追求，其实质内涵具有三大特点：第一，学术与教育并重，以大学院为全国最高学术教育机关；第二，院长制与委员会制并用，以院长负行政全责，以大学委员会负议事及计划之责；第三，计划与实行并重，设中研院实行科学研究，设劳动大学提倡劳动教育，设音乐院实行美化教育。①

① 1927年4月17日，国民政府定都南京前夕，在南京举行的国民党中央政治会议第74次会议上，蔡元培与李石曾、吴稚晖、张静江等共同提议，以秉承孙中山拟设"中央学术院"为全国最高学术研究机关遗训为由，顺利通过决议，由蔡元培、李石曾、张静江三人共同起草中研院组织法，这是筹设中研院的最早记录。事实上，大学院与中研院能够顺利设置的最重要因素是"党国四老"数十年来对于发展国家学术教育共同理想的实践。早在蔡元培第一次留学期间（1907～1911），同在法国的"革命党人"吴稚晖、李石曾、张静江即是蔡元培交往最密切的革命战友。当时吴、李、张等在巴黎筹设世界社，刊行《世界画报》和《新世纪》作为革命党的宣传报，也同时鼓吹科学、宣扬科学主义思潮。《新世纪》在第一期即以《新世纪之革命》为题，表明《新世纪》的政治立场与科学思想。1913年9月二次革命后，蔡元培再度游学法国。1915年与吴稚晖、李石曾、张静江等在法国成立以"传布正当之人道，介绍真理之科学"为宗旨的世界社，致力于介绍西方学术文化、推广专门研究。此外，"四老"也热情支持旨在传播西方科学和学术文化的海外留学生团体组织，如1915年中国科学社成立时，蔡元培、吴稚晖等便立即去函鼓励。由上可知，"党国四老"长久以来对于教育与科学研究事业的推动与扶助不遗余力。《提请变更教育行政制度之文件》（1927年6月7日）、《关于设立中华民国大学院的提案》（1927年6月13日）、《大学院公报发刊词》（1928年1月）、《关于大学院组织之谈话》（1928年4月12日）、《蔡元培全集》第6卷，第35～38、39～43、159～162、209页；《中华民国大学院组织法》（1927年7月4日），黄季陆主编《抗战前教育与学术》，革命文献第53辑，第3～4页；《国立中央研究院十七年度总报告》，第1～6、45、262～274页；《宁政府注意建设问题政务·党务·财务·教育》，《世界日报》1927年5月23日，第2版；《宁政治会议通过大学院组织法共计十一条》，《世界日报》1927年7月7日，第6版；《李煜瀛等昨午欢宴各界报告，北平研究院筹备经过说明研究院分为理化等八部，又报告天然博物院设立用意》，《世界日报》1929年9月13日，第6版；陶英惠：《蔡元培与中央研究院一九二七～一九四〇》，《中央研究院近代史研究所集刊》第7期，1978年6月，第4～5页；胡颂平编《朱家骅年谱》，第19页；李书华：《二十年北平研究院》，《碣庐集》，传记文学出版社，1967，第113～162页。

　　此际，依蔡元培的规划中研院仅为大学院之附属机构之一，是其全面发展中国现代教育学术事业的重要一环但非中心。因此，依中研院组织法规定，中研院院长由大学院院长"兼任"（即由蔡元培自兼）、研究院秘书长则由大学院教育行政处主任"兼任"。但是，大学院制度遇到重重阻力，难以为继，熔"学术与教育"为一炉的理想很快破灭。蔡元培为确保中研院学术的超然地位，避免被置于改组后的"教育部"下，不得不在体制内首次把"教育"与"学术"事业清楚切割，赶在离任大学院院长前修正中研院组织法，将"中华民国大学院中央研究院"修改成为"国立中央研究院"，跳脱教育行政体系管控，成为直属国民政府的独立、单纯学术研究机构。同时亦将中研院的定位由"中华民国最高科学研究机关"修改为"全国最高学术研究机关"，赋予其领导中国学术研究事业的重大使命，确立其"国家学院"的地位与性质。蔡元培仍为中研院院长，以杨杏佛为总干事。[①]

　　中研院院长一职是辞去大学院院长的蔡元培在体制内实践"科学救国""学术兴国"理想的最后平台与坚守"学术独立"精神的最后阵地。蔡元培致力于科学研究以发展国家学术，其用意"不外求于科学进展之大路上尽其能力，因以提高国内学术之水准，并祈冀我国在国际间得逐渐的列于进步的学术之林也"。[②] 他从此脱离教育行政领导工作，将其晚年主要精力放在中研院的学术研究事业发

[①]　这一点可以从1927～1928年短短一年间，中研院组织法二次修正中得到印证。中研院组织法于1928年1月的《大学院公报》中公布，定名为《中华民国大学院中央研究院组织条例》。1928年4月10日第一次修正，名之为《修正国立中央研究院组织条例》。1928年11月9日再次修正，更名为《国立中央研究院组织法》。《中央研究院院史初稿》，第6、9页；李扬编著《国立中央研究院史》，第8页。

[②]　蔡元培：《国立中央研究院进行：工作大纲——第一届评议会第一次年会致词》（1936年4月16日），《中央研究院院史初稿》，第24页。

展上，以中研院为吸纳国内外有志于科学研究的知识分子另一新阵地。①中研院也确实成为有志专心于科学研究者的重要汇集地，从此成为发展中国现代学术事业的中心。

中研院的成立标志着中国现代学术社群已然成型，学术研究事业体制化、专业化、组织化与制度化的开始，亦展现了这批以"学术"为救国良方的"海归"学人亟欲迎头赶上西方先进国家的用心。这也说明了新成立的政权对于发展国家学术事业的关注。中研院在作为建设国家整体计划的一环与由国家挹注经费的基础上，形成了现代中国国家与学术社群间新的关系模式；而其参照苏联国家科学院的组织制度模式亦为 1949 年之后两岸学术研究机构的组织体制奠定基础。

二　纯学术研究自由与学人治院传统之树立

蔡元培主持中研院仍秉持过往领导教育学术行政工作时的中心思想：为中国新一代知识分子创造一个纯学术研究的场所。他以纯学术研究自由为治理中研院的指导原则与精神指标，奉行"人才主义"的纳才方针与策略，坚持"学人治院"的领导体制是贯彻"学术独立"主张与民主精神的最佳体现，"科学方法"则是中研院从事研究工作的基本守则。

---

① 大学院时期，蔡元培意将学术与教育熔为一炉，而以学术为重心。既然"时不我与"，蔡元培选择了"学术"，于 1928 年 8 月 17 日辞去国民党中央政治会议委员、国民政府委员、大学院院长、代理司法院院长等职。他在辞呈中写道："愿以余余生，专研学术，所以为党国效力者在此。"清楚表明从今往后，不愿再涉足政坛，只愿专任中研院院长，致力于科学事业，专研学术之心意。《辞大学院长等辞呈》（1928 年 8 月 17 日）、《中央研究院与中央大学联合招待国民会议代表的大会欢迎词》（1931 年 5 月），《蔡元培全集》第 6 卷，第 287、106 页；《论大学应设各科研究所之理由》（1935 年 1 月 1 日），《蔡元培全集》第 8 卷，第 3~4 页；蔡元培：《国立中央研究院进行：工作大纲——第一届评议会第一次年会致词》（1936 年 4 月 16 日），《中央研究院院史初稿》，第 26~27 页。另参考《国立中央研究院十七年度总报告》，第 45、262~274 页；《中央研究院院史初稿》，第 1~2、6、9、256 页。

1. 纯学术研究自由之尊重、科学方法之确立

蔡元培坚信"学院自由"是学术进步的基础。因此，纯学术研究的自由是他治理中研院的指导原则，并以此为中研院的精神指标。他在1936年4月16日第一届评议会第二次年会上，明确提出"学术自由"是中研院研究工作进行之首要纲领。

对内，他强调"学术自由"的重要性，主张在合理范围内充分尊重各专家的个人兴趣。他指出：

> 在院内实行与已设研究所有关各科学之研究，一面权衡各项科学问题之轻重，以定进行之程序，一面充分顾及所谓"学院的自由"。
>
> ……
>
> 西洋所谓"学院的自由"即凭研究者自己之兴趣与见解决定动向，不受他人之限制之原则，仍应于合理范围内充分尊重之。盖学院自由正是学术进步之基础也。[1]

对外，中研院虽为国家"最高学术研究机关"，但蔡元培在尊重纯学术研究自由的原则下，坚决反对利用其地位去统制国内一切科学研究事业的"唯我独尊"做法。在学术交流上，强调应加强与院外学术研究单位与大学间的平等合作。他说：

> 我们虽是最高的研究机关，但决不愿设法统制一切的科学研究，丁先生说得好，国家什么东西都可以统制，惟有科学研究不可以统制，因为科学不知道有权威，不能授权威的支配，中央研究院只能利用他的地位，时时刻刻与国内各种机关联络交换，不可以阻止旁人的发展，或是用机械的方法来支配一切

---

[1]　蔡元培：《国立中央研究院进行：工作大纲——第一届评议会第一次年会致词》（1936年4月16日），《中央研究院院史初稿》，第23、24页。

研究的题目，这是本院成立以来一贯的方针。①

而"科学方法"的运用与普及，不仅是蔡元培发展中国现代科学研究事业重要的一环，而且是其筹设中研院以之为全国学术研究中心与基地的初始目的。在中研院组织法中明文规定："为研究科学真理，及解决时代问题，得就一种科学之全部或一部份设立各种科学研究机关，用实验方法进行科学上之探讨。"②

由此可见，中研院各研究所自行从事科学研究的目的除欲谋领导中国科学研究事业的进步外，以"科学方法"从事高深学术研究，推广与普及"科学方法"为国内一般社会所运用，亦是中研院各研究所自行从事科学研究重要的法定任务。

2. "学人治院"之民主领导体制

中研院依组织法规定直属于国民政府，为中华民国最高学术研究机关。就系统言，为国府统治下之一院；就性质言，为一纯粹学术研究机关；就职责言，则兼学术研究、发表、奖励诸务，综合先进国之中央研究院，国家学会及全国研究会议各种意义而成。因此，蔡元培对"学术独立"与"学人治院"之民主体制的建立与实践，至少可从中研院之行政组织架构、设计精神等方面观察。

根据中研院组织法规定，院长下分行政、研究、评议三大部门。行政部门极为精简，院长之下设总干事一人，商承院长总理"总办事处"，执行、管理全院行政事务。研究部门则以中研院自设之各研究所为主体进行科学研究，所长是推动各所科学研究工作进行的灵魂人物。评议部门则拟设评议会为全国最高科学研究的评议机关，由院长聘任国内30位学者专家与中研院各研究所所长共同组成。同

---

① 《中央研究院与中国科学研究之概况》，《蔡元培全集》第8卷，第173页。
② 《国立中央研究院十七年度总报告》，第1～6页；《中华民国大学院中央研究院组织条例》，黄季陆主编《抗战前教育与学术》，革命文献第53辑，第5页。

时依规定，全院除院长由国民政府特任，评议员由国民政府"聘任"外，上至总干事，下至行政办事人员均由院长聘任。[①] 值得一提的是，院长"出缺"时，并非由国民政府直接任命，而是由评议会推选三位院长候补人，呈请国民政府从中遴任一人；评议员亦是经由学界自行选出后交由政府"聘任"。

也就是说，中研院除评议会之外的人事权全掌握在"院长"手中。院长蔡元培的聘任准则向来是采取"兼容并包"的人才主义。对中研院行政与研究部门的领导干部聘任，沿袭北大"教授治校"的领导风格，始终以中研院为一纯粹学术研究机关之性质为考虑基准，吸纳专事学术研究人才于中研院。同时，蔡元培虽贵为一院之长，通常将自己置于"精神领袖"地位，把握"学人治院"的民主领导准则，对聘任的总干事、各所长及干部人员总是委以全权，使其发挥所长。大体言之，除重大事项外，一般情况他皆是充分授权，只作"原则性建议"。因此，在蔡元培治下，总干事之于行政部门、各所所长之于研究部门，皆居于实际领导的核心地位，在中研院院务的推展与扩充上扮演着极为重要的角色。[②]

蔡元培掌院 13 年，中研院先后成立 10 个研究所，共延聘过 4

---

① 总办事处主办研究院的行政事务并兼办那些不属于各个研究所和评议会范围内的事务。《中央研究院院史初稿》，第 22 页；《国立中央研究院十七年度总报告》，第 1～6 页；《国立中央研究院工作报告》，黄季陆主编《抗战前教育与学术》，革命文献第 53 辑，第 358 页。

② 蔡元培兼社会科学研究所所长时，担任社会组主任的陈翰笙回忆蔡元培主持中研院时的情景说："蔡先生是院长兼社会科学研究所所长，但所内的具体工作，全都放手让我主持，从不干扰。重要事务，由我去向他报告，他仔细地、认真地、虚心地听取报告，先征求我的处理意见，然后由他提出具体办法来同我商榷。……他不仅对我是这样，他对中央研究院每一个工作人员，不论职位高低，都以谦虚诚恳的态度平等相待。"蔡元培虽"德望素孚"，但傅斯年认为，行政方面的肆应，似非其所长，曾有"真不敢恭维"的评语。陈翰笙：《追念蔡孑民先生》，《蔡元培先生纪念集》，第 155 页；陶英惠：《蔡元培与中央研究院一九二七～一九四〇》，《中央研究院近代史研究所集刊》第 7 期，1978 年 6 月，第 33 页。

位总干事及 15 位所长,① 都是当时中国学术界学有专长的"海归"学者。其中,杨杏佛、朱家骅、李四光、丁燮林、周仁、杨端六、陶孟和、唐钺、汪敬熙、傅斯年、高鲁、竺可桢、余青松、任鸿隽、王琎在中研院创办之初即参与筹备工作。② 在蔡元培尊重纯学术研究的院风与民主管理的体制下,短短几年间,中研院便汇集了大批当时在学术界居领导地位的学者,共同为繁荣现代中国的学术事业和实现现代化国家的目标而努力,奠定了中国科学研究事业的初基。

三 研究纲领之确立

进行独创性的科学研究与促进、指导和协调全国学术研究事业是中研院设置的两大使命与任务。研究所与评议会之成立不仅仅在于完成中研院行政、研究、评议三权分立的重要行政组织建置;更重要的意义是为落实以上两种任务。不过,中研院创立之初,中国科学研究事业尚无基础,科学人才无论在质与量方面均极贫乏,欲实行"指导、联络、奖励学术研究"的第二项任务,确有执行上的困难。故不得不策略性地将"实行科学研究"列为中研院的首要任务,由本身设置研究所从事科学研究以为示范,期能引领学术研究风潮,促进科学事业及科学人才之全面发展,普及科学知识,谋求科学研究得以迅速发展,待稍有基础后,再落实第二项任务。③ 因此,中研院创设初期设置各个研究所为其中坚,侧重于自身从事科学研究工作。

① 蔡元培时期,历任总干事分别为杨杏佛、丁文江、朱家骅、任鸿隽。十个研究所历任所长如下:地质研究所所长李四光、天文研究所所长高鲁(后为余青松)、气象所所长竺可桢、物理研究所所长丁燮林、化学研究所所长王琎(1934 年庄长恭、1938 年任鸿隽)、工程研究所所长周仁、社会科学研究所所长杨端六(1929年蔡元培兼任、1932 年杨杏佛兼代所长)、历史语言研究所所长傅斯年、心理学研究所所长唐钺(1933 年改聘汪敬熙)、自然历史博物馆馆长钱天鹤(1934 年改组为动植物研究所,所长王家楫)。

② 《大学院各委员会委员名录》、《中央研究院各研究所筹备委员名录》,黄季陆主编《抗战前教育与学术》,革命文献第 53 辑,第 10~18、18~21 页。

③ 《中央研究院院史初稿》,第 20、36 页。

对此，蔡元培在 1929 年 7 月的《国立中央研究院院务月报》发刊词中即开宗明义地指出：国立中央研究院之设，在中国尚为创举……其组织分行政、研究、评议三部，而研究为其中坚。①

中研院筹设初始的目的"不仅在格物致知，利用厚生，树吾国文化与实业之基础"。对于科学研究，考虑到当时"须努力先鞭，从事于有关系国防与经济之科学调查及研究，以杜外人之觊觎"，② 以及中研院的财力状况，筹设初期中研院仅规划设置与国计民生有直接、紧迫关系的理化实业、社会科学、地质、观象四个研究所。③ 显而易见，筹设初期"实用科学"为其研究重心。不过，随着上述四个研究所的扩张与变更，先后设置了物理、化学、工程、地质、天文、气象、历史语言、心理、社会科学及动植物等 10 个研究所，中研院研究重心明显地已由"实用科学"变为纯学理研究的"理论科学"。

就是因为各所偏重学理研究，蔡元培认为，科学研究的目的在于"发宇宙之秘奥，成事物之创造，斩然有新的发见与发明"。所谓"发见与发明者"，"本不能刻期袭取，或期诸数年以后，甚而或期诸数十年以后，均未可知"。因此，对于各研究所的研究工作，蔡元培1929 年时还指示，要抱持"非求速成，而常精进"的原则，并不汲汲于"研究成果"的立即展现，但要求"以不懈之精神，作有恒之

---

① 《国立中央研究院院务月报发刊词》（1929 年 7 月），《蔡元培全集》第 6 卷，第 404 页。

② 《国立中央研究院十七年度总报告》，第 49、273～274 页。

③ 理化实业研究所及社会科学研究所之设置更意在抵制日本在沪设自然科学院。单就这两研究所的研究内容观之，社会科学研究所于调查社会状况及改进劳工待遇大有裨益，理化实业研究所与工商业关系甚大，基此考虑，中研院筹备委员会认为此两所之所址以在工商业中心之上海市内为宜。再进一步观察列强行止，特别是日本，对于中国的社会经济文化事业投注大量资金，展现其"高度"的"研究兴趣"，实为未来侵略中国之准备。此时日本甫在上海设置了自然科学院，因此将上述两所设置在上海，以为抵制日人之文化侵略，促进上海市政。《国立中央研究院工作报告》，黄季陆主编《抗战前教育与学术》，革命文献第 53 辑，第366 页；《宁大学院将在上海建设研究院意在抵制日本科学院…已经上海市政会议》，《世界日报》1928 年 1 月 15 日，第 6 版。

进取"，每月要有"进度报告"。①

　　只是国民党进入"训政"时期后，国内中间派知识分子对于国民党以训政之名行专制之实的做法展开了批判。以党代政、个人独裁和人民无权是当时舆论主要批判的重点。1931 年九一八事变后，不满国民党一党专政和在日本的威迫下不能团结御侮的言论遽增。于是围绕如何面对此国家民族存亡危机之问题，关心国事知识分子间的论战由政治体制的"民主与独裁"之争，蔓延到学术研究方向的"应用科学与理论科学"之辩。

　　面对如此情势，蔡元培在 1936 年 4 月召开的第一届评议会第二次年会上，总结中研院成立七八年来的工作，② 追维中研院创设时之理想，再按中研院组织法所赋予之职责，以《国立中央研究院进行工作大纲》为题发表演说，明确提出中研院研究工作进行纲领。其中，在中研院研究方向上便以"基础科学和应用科学之兼顾兼得"为此"应用科学与理论科学"论战定调。另外，针对 1935 年 5 月教育部开始在高等学校设置"研究院"引发外界对大学研究院和中研院性质与功能的误解，蔡元培也特别陈明中研院为"精研之地"，大学研究院为"深造之所"。蔡元培的上述报告经评议会一致通过，作为中研院此后学术研究之"工作大纲"与"进行方针"。③

　　该研究工作大纲内容归纳如下：④

　　（1）中研院为"精研之地"性质之确立。

　　中研院在组织建置上本即跳脱德、法大学教育与学术并行的格

---

① 《国立中央研究院院务月报发刊词》（1929 年 7 月），《蔡元培全集》第 6 卷，第 404 ~ 405 页。
② 丁文江担任总干事时，总结界定中研院的研究工作可分为"常轨性任务""应用科学"和"纯科学"三大类。蔡元培即根据丁文江的这个界定，提出他对中研院未来研究工作方针之指示。丁文江：《中央研究院的使命》（1935 年 1 月），《中央研究院院史初稿》，第 28 ~ 33 页。
③ 蔡元培：《国立中央研究院进行：工作大纲——第一届评议会第一次年会致词》（1936 年 4 月 16 日），《中央研究院院史初稿》，第 27 ~ 28 页。
④ 蔡元培：《国立中央研究院进行：工作大纲——第一届评议会第一次年会致词》（1936 年 4 月 16 日），《中央研究院院史初稿》，第 23 ~ 24、24 ~ 25、25 ~ 26、27 页。

局，而采用苏联教育与学术分离的国家科学院模式。亦即中研院是由学者专家组织专事科学研究的学术研究中心，培育后进人才与学生深造交由高等教育实践。因此中研院虽为政府行政组织架构中一官方机构，但其性质与地位完全不同于一般政府行政机关或大学研究院。中研院组织法明文规定中研院为"最高学术研究机关"，非"教育机关"。事实上，对于外界对大学设置研究所与中研院同以研究高深学问为目的"相类"的误解，蔡元培多次在公开谈话中陈明，两者在从事研究之主体、偏重之方针与机构之属性方面有明显区隔。

例如，蔡元培 1931 年 5 月在中研院与中央大学联合招待国民会议代表的大会上致欢迎词时便指出："大学的研究院，着重在招收大学毕业生，与以深造的机会；中央研究院则在供给专门学者以精研之地，不偏重在招收研究生。"[①] 1935 年 1 月撰文主张大学应设各科研究所时也说："大学研究院既须兼顾教员、毕业生、高级生三方面之方便，故其所设研究所的门类愈多愈善，凡大学各院中主要科目，以能完全成立为善，庶不至使一部分之教员与学生失望。"中研院系纯学术研究工作者所组成的学术团体，其目的是便利研究工作的进行和发展。"以研究员为主体，……其科目不求备，视有特殊之研究员与社会有特别之需要而设之，除研究员所需之助理外，是否有兼收研究生之需要与可能，完全由研究员决定之。前者稍偏于博大，而后者稍偏于精深，不必强求其一致也。"[②]

1935 年 5 月，教育部为倡导高深学术研究，加强大学的学术研究效能，明令指定中央大学、清华大学、北京大学等高校设置研究院，朝研究型大学发展，这是中国现代教育政策的一大变革。不过，外界因大学研究院亦着重在"高深学术研究"，而对大学研究院与中研院之性质、功能多所误解。为此，蔡元培特别在 1936 年召开的评

---

① 《中央研究院与中央大学联合招待国民会议代表的大会欢迎词》（1931 年 5 月），《蔡元培全集》第 6 卷，第 106 页。

② 《论大学应设各科研究所之理由》（1935 年 1 月 1 日），《蔡元培全集》第 8 卷，第 3～4 页。

议会年会中再次陈明中研院不同于大学研究院，不赞同中研院"本末倒置"的"从事于与学术研究无关或所关甚少之教育事项"。从此确立中研院为"精研之地"之属性。

他指出："本院但尽其学术研究之职任内，即同时可为高等教育作不少之助力，若舍其本务，兼办纯属于教育之工作，转因形势之不便减其收获。"他并进一步说明中研院虽不直接从事教学工作，但对教育工作影响深切。第一，"但得随时应政府之顾问，对教育事项贡献其专门知识，或助政府临时的执行此等事项之检定或监理工作。"第二，"研究之结果，固可为一般的扩充知识之资，而研究工作所树之标准，又可为提高高等教育之水平之用。"第三，各所助理员及练习助理员之培植，皆经选拔之大学毕业生，"在本院各所经长期之训练后，差可独立研究，后来若经大学吸收以为师资，校之在大学毕业后未经此项长期培植者，根柢自有不同"。①

（2）理论科学和应用科学之兼顾兼得。

中研院为国家最高学术研究机构，过去重心虽偏重理论科学研究，但是在此国族存亡之际，无论应用科学还是理论科学之研究都是责无旁贷。蔡元培指出：

> 根据上次欧洲大战之史实，吾人深知，凡科学发达之国家，皆可于应战时召集其国内作纯粹科学研究者，临时变作为国家军事技术服务之人，本院同人准备于如此机会之下用其技术的能力，尽其国民的责任。在准备过程中，本院之个人及集体，自当随时应政府之需求，供献其技术的能力。②

因此，蔡元培首先要求各研究所要"充分注重""利用科学方法以研

---

① 蔡元培：《国立中央研究院进行：工作大纲——第一届评议会第一次年会致词》（1936 年 4 月 16 日），《中央研究院院史初稿》，第 26～27 页。

② 蔡元培：《国立中央研究院进行：工作大纲——第一届评议会第一次年会致词》（1936 年 4 月 16 日），《中央研究院院史初稿》，第 26 页。

究我国之原料与生产诸问题"，以适应抗战的急切需要。接着他则强调，基础科学和应用科学互为因果关系，主张两者兼顾，不可偏废。他说：

> 科学研究，本不当专以应用为目的，若干具有最大应用价值之科学事实，每于作纯粹科学研究时无意得之。……纯粹科学研究之结果，固多为应用科学之基础，而应用科学之致力亦每为纯粹科学提示问题，兼供给工具之方便。故此二事必兼顾然后兼得，若偏废或竟成为遍废。况若干利用科学之实际问题，为此时社会及国家所需要者，不可胜计，本院允宜用其不小部分之力量从事于此。……此后中央研究院有关各所更当确定其一部分力量专作此项科学应用之试验，以其结果供之社会。

（3）学术研究之基本规范。

因现实资源有限，蔡元培基本主张，在"学院自由"准则下，学术研究应从其"长远影响"而不应以"一时功效"来衡量其轻重缓急。他指出：

> 此类科学问题之研究，无论其属于实验科学或记录科学或人文科学，仅应以其问题自身之重要性，定工作程序之先后，未可泛然浅然，但以立见功效及直接应用等标准约束之。……即至若干科学研究毫无经济价值且永无应用可言者，如不少人文科学之问题，果能以事理之真，布之世人，开拓知识之领域，增加对人文进化之了解，其影响纵属迟缓而间接，其功效有时乃极巨大。故本院各所之实践纯粹的研究者，其用意不外求于科学进展之大路上尽其能力，因以提高国内学术之水平，并祈冀我国在国际间得逐渐的列于进步的学术之林也。

因而对于研究工作优先顺序，他提出三点原则性规范。

第一，一种研究可为其它若干研究之凭借者，则此工作宜列在先。第二，有地域性之研究，吾人凭借大优于外国人，若吾人放弃，转受国际间之合理的责难者，宜尽先从事。第三，凡一研究，因其问题特属重要，或致此研究须用精密之技能，其结果可为他种相关工作之标准者，宜尽先从事。

为保证学术研究的质量，蔡元培也提出"宁缺毋滥"的主张。蔡元培指出，应以实际人力及财力为考虑，"若问题虽属重要，但如无适宜研究人员，宜宁付阙如，勿加勉强；若研究所需大量设备非财力此能购置者，也宜应暂缓，以免不及标准之嫌"。

（4）"常轨性"服务工作之重视。

中研院各研究所除了自己从事"纯粹研究"外，还有不少工作在性质上是"常轨性或永久性"的服务工作。诸如天文所之编制历本观察变星、物理所之地磁测量、气象所之观测温度、普通之化学分析、材料试验、制绘地质图、采集动植物标本、编校史料、制作生活统计等。蔡元培认为这类工作虽严格而论不属于"纯粹研究"，但"甚多纯粹研究正以此类工作为之聚集材料，整理事实，此类材料若未充分聚集则甚多纯粹研究即无从着手"。对于此类工作要求："其已有者，当更充实之，其扩充应与其它机关合作或联络者，当与相当机关接洽，制成方案进行之。""已开端者，更当求其正确细密，务合于国际的最高标准。"

（5）"奖励学术研究"任务之落实。

学术奖励制度是科学体制运行的动力。中研院草创初年因着重在自身研究工作，无暇顾及"奖励研究"之任务。直到1936年1月始决定在社会科学所、地质所各设奖励金额一名，用以纪念中研院已故两总干事杨杏佛与丁文江，并明定限于青年学者，以鼓励对人文科学和自然科学研究有贡献的青年学者。蔡元培亦明白指示，"今后当于此事上多所努力"。

总之，中研院从 1927 年开始筹备，到蔡元培于 1940 年逝世，就第一项任务"自作研究"着手，在研究所的建设上，按照组织法的规定设置，由最初规划的 4 个研究所，增至 10 个研究所，分设南京、上海两地。此外，尚有中央图书馆筹备处、工程研究所附设中央陶磁试验场、天文研究所附设天文陈列馆、气象研究所附设北平气象台、历史语言研究所附设历史博物馆。[①] 自此，中国不论自然科学、人文社会科学还是生物科学，开始了由国家统一指导的科学研究事业。

四　设置评议会为联结中国学术界之组织

中研院的体制设计就是仿效先进国家"国家学院"制，理应由学者专家为"会员"（member，即后名之为"院士"）构成中研院组织主体。但因中研院筹设之初中国政治情势复杂，选举"会员"颇有困难。且当时中国科学研究事业基础未固，亦无成熟之学人，设置院士尚非其时。不得不迁就事实，采渐进方针，先设置性质与欧美各国之全国研究会议（National Research Council）相同的评议会，作为全国学术评议的最高机关，以为全国科学界优秀人才与学术组织之间、中国和外国的主要科学机构之间进行学术交流合作的枢纽。[②]评议会之于中研院是院长之下行政、研究、评议三角行政组织架构中的重要一角，各研究所纷纷成立后，设置评议会便成为完备中研院行政组织体制的重要一环，可使"国家学院"民主化管理体制进一步完善，亦使中研院"指导、联络、奖励"国内学术研究的目标与使命得以落实。

为此，中研院成立之初拟定的六年三期总计划中便规划，于

---

① 《中央研究院院史初稿》，第 3～5 页；李扬编著《国立中央研究院史》，第 7 页；《国立中央研究院十七年度总报告》，第 1～6 页。

② 《国立中央研究院工作报告》，黄季陆主编《抗战前教育与学术》，革命文献第 53 辑，第 358 页；《国立中央研究院十七年度总报告》，第 1～6 页；《中央研究院院史初稿》，第 167 页。

1928 完成拟定评议会组织条例、1929 年选举评议员成立评议会。[①]
自第二次院务会议起即郑重其事地屡次论及评议会之组织及人选问
题，并先后推定评议会组织条例起草人、拟定聘任评议员之参考名
单，还屡屡在院务会议中讨论。初期因各所设备尚未完成，永久院
址尚未建筑，评议会筹备无法进行；后又因评议会条例内容牵涉复
杂而迟迟无法成立。[②] 也就是说，在中研院成立初期，真正运作的组
织只有行政与研究两部门。直到 1935 年在总干事丁文江的积极推动
下评议会始得成立。

　　1934 年 5 月，丁文江出任总干事时，中研院已成立的 10 个研究
所渐次充实，研究工作日益进展，粗具规模。但因评议会没有成立，
缺乏对外联系的单位，对于第二项"指导、联络、奖励学术之研究"
任务无由着手进行，亦即当时的中研院研究工作实与外界隔绝。

①　1927 年 11 月 20 日制定的《中华民国大学院中央研究院组织条例》，1928 年 4 月
　　10 日修正公布施行的《修正国立中央研究院组织条例》，1928 年 11 月 9 日再次
　　修正公布的《国立中央研究院组织法》都有设置评议会的专条规定。《国立中央
　　研究院十七年度总报告》，第 49、273~274 页。

②　例如，第 2 次院务会议确定中研院之评议会英文名为"National Research
　　Council"，每年举行一次。第 3 次院务会议进一步确定评议会由 11 个学科 30 名
　　聘任评议员组成的方案，并依照现实情况分配各组之人数；同时拟定各组名单，
　　由院长圈定。在第 4 次院务会议上亦讨论评议会之人选及成立时期应规定案，
　　推定王世杰、竺可桢、李四光起草评议会组织条例。第 5 次院务会议虽将评议
　　会之组织章程案排入议程，不过此案并未进行讨论而予保留。在 1930~1933 年
　　4 年之总报告中的院务会议记录中甚至没有讨论评议会的记录。仅在第 23 年度
　　的总报告书中简单说明："前以评议会之条例未备，故迄未成立。"《第 2 次院
　　务会议》（1928 年 6 月 30 日）、《第 4 次院务会议》（1929 年 1 月 13 日）、《第
　　5 次院务会议》（1929 年 2 月 16 日）、《第 6 次院务会议》（1929 年 6 月 21
　　日），《国立中央研究院十七年度总报告》，第 55、60~61、65、66、68 页；
　　《第 7 次院务会议》（1929 年 9 月 8 日）、《第 9 次院务会议》（1930 年 1 月 4
　　日），国立中央研究院文书处编《国立中央研究院十八年度总报告》，第 49、54
　　页；国立中央研究院文书处编《国立中央研究院二十年度总报告》，第 47 页；
　　国立中央研究院文书处编《国立中央研究院二十三年度总报告》，国立中央研
　　究院总办事处，1935，第 4~5、169 页；《国立中央研究院工作报告》，黄季陆
　　主编《抗战前教育与学术》，革命文献第 53 辑，第 358 页；《中国国民党第五
　　次全国代表大会中央研究院工作报告》（1935 年 11 月），《蔡元培全集》第 8
　　卷，第 204 页。

其时，政府对学术事业的管理并不完善，学术发展缺乏总体规划，各机构之间缺乏统一领导和相互协调之共同组织；各级科研机构的分工合作不仅从未有效进行，且出现不必要的重复工作。例如，中央研究院和北平研究院同属体制内学术研究单位，虽然层级不同，但在研究所的设置上就多有重叠之处，即是一种专业人力、国家经费与社会资源的浪费。① 外界对中研院空有国家最高学术机构之名而未能善尽职责早有非议。同时，中研院为全国"最高学术研究机构"，院长一职不仅关系中研院之兴废，亦攸关中国学术发展之隆替。蔡元培年事渐高，未来院长之继任人选问题也不得不有所准备。丁文江认为，院长继任人选如由评议会推举，一方面可确立中研院国家最高学术研究机构的独立性与超然地位；另一方面亦使中研院立于稳固且比较独立的发展基础，确保中研院学术研究事业的稳定发展。

当时，更重要的外在因素是对日战事的逼近。日本在 1931 年九一八事变后迅速占领东北三省，1932 年 3 月还在东北扶植了"满洲国"。这一连串的侵略行动激起了全国性的民族主义情怀与国家主义热情。大体说来，这时知识界与舆论界除持续对蒋介石的独裁专制与国民党一党专政大力抨击之外，最关心的议题是救亡图存之策与要求政府奋起抗日事。"全民抗战"是当时全国上下的主流共识，"学者参政"则是此时知识界对学术社群的强烈呼吁。② 当时丁文江

---

① 例如，中研院隶属国民政府设有 10 个研究所，北平研究院隶属教育部设有 9 个研究所。两者相类的研究所就有物理、化学、动植物、史学四大研究所。

② 蒋介石先前一方面因在政治上以训政之名行专政之实，并压制异议言论，打击异己，引起当时知识界的普遍反感。另一方面在大学院制存废问题与蔡元培失和，使蒋介石与知识分子间始终保持一定的距离，进入政府部门工作者为数不多。但在此国族存亡的迫切危机压力之下，普遍认为唯有专业化与组织化的集体力量才是救国之道。当时知识界便提出学者参政的呼吁。例如，中国科学社创设之时以英国皇家学会作为典范，就是希望与现实政治保持距离。但 1936 年时，对翁文灏担任行政院秘书长一事雀跃不已，认为是"本年首可庆幸之一事"。因为"政府之重要科学家龚掌国务，与大科学家之肯直接参与政府，以谋国事之改善"，期盼翁文灏"应用科学方法，严密政治机构，发挥其最大效力，务求达到'政治科学化'地步"。《科学论坛——迎民国二十五年》，《科学》第 20 卷第 1 期，1936 年，第 1 页。另外有关"学者参政"的言论亦可参见以下诸文：叶叔衡

便有"宁可在独裁政治之下做一个技师，不愿意自杀，或是做日本的顺民！"之慨言。①

另外，九一八事变后，蒋介石虽然宣传奉行"安内攘外"的政策，但已秘密着手对日战争的准备工作。1932 年 11 月国防设计委员会在南京成立，蒋介石自任主席，翁文灏任秘书长。此为一体制外单位，是中国第一个由学者专家、实业家与政府技术官僚结合组成的机构，是蒋介石为战前准备的智囊团，也开启了知识分子参政的热潮。这象征着执政当局对专业学者为国家政府服务的渴望与学有专精的学者在此国难期间服务国家的一致性，形成中国战前和战争期间研究国防工业经济政策的重要力量。国防设计委员会的研究和成就受到蒋介石的肯定，1935 年 2 月直接将其改组为资源委员会，正式纳入中央政府官僚体系，专责国防工业建设。虽然有部分专家学者进入了政府部门服务，但是在政府之外还有更多的学术力量需要集结。

于是，社会上便期望政府能更进一步建立可以协调、整合国家学术资源，促进学术发展的学术组织。② 同时，对许多体制外有心在此际报效国家的爱国科学家来说，他们缺乏一个可以与政府联结的正式组织。诚如叶叔衡所言，在此国族存亡的迫切危机之下，"只靠若干私人分头讨论，恐怕其结果比晋人的清谈差不了多少"。③ 在对日战争即将来临的前夕，中研院作为国家最高学术机构，自然应真正负起联结国内教育学术机构团结一致为国效

　　《现在要集中全中国的知识能力来解决国防问题》，《独立评论》第 16 号，1932年，第 4~9 页；丁文江《中国政治的出路》，《独立评论》第 11 号，1932 年，第 2~6 页；张君劢、张东荪《我们要说的话》，《再生》创刊号，1932 年 5 月；《祝中国工程师学年年会》，《大公报》1932 年 8 月 22 日，第 2 版。

①　丁文江：《再论民治与独裁》，《独立评论》第 137 号，1935 年，第 22 页。

②　例如，1936 年中国科学社在社刊《科学》上呼吁政府设置"科学实业研究部"。《科学论坛——迎民国二十五年》，《科学》第 20 卷第 1 期，1936 年，第 2~3 页。

③　叶叔衡：《现在要集中全中国的知识能力来解决国防问题》，《独立评论》第 16号，1932 年，第 4~9 页。

命的重责大任。对内完善中研院组织体制，对外团结全国体制内外的学术研究机构报效国家，中研院评议会的成立已是刻不容缓。

就在政府需学者专业知识以应对战时国防工业与经济建设、体制外专家学者报效国家的爱国情怀、社会对专业学者发挥组织力量充满期待之下，形成了民国以来中国学术界第一次团结一致的共识。

丁文江在取得蔡元培全力支持后，开始积极起草评议会组织条例。在时任国民党中央政治会议委员朱家骅的护航下，1935 年 5 月 27 日《国立中央研究院评议会条例》出台，[1] 为评议会的设置提供了法律依据。

评议会本为促进全国学术交流合作的中心枢纽，看重评议员的学科专业知识与领导能力和各学术机关的代表性。因此，对评议员的候选资格，《国立中央研究院评议会条例》第三条规定：凡"对于所专习之学术有特殊之著作或发明者"或"对于所专习之学术机关，领导或主持在五年以上成绩卓著者"皆具被选举资格。第二条规定："中央研究院评议会第一届聘任评议员，由中央研究院院长及国立大学校长组织选举会，投票选举三十人，呈请国民政府聘任之。"而中研院院长、各研究所所长为"当然评议员"，组成评议会。亦即评议员之产生采用排除执政当局干涉的超然民主选举方式。如此一来，既可确保中研院之学术独自主性，奠定其永续发展的基础，同时还可以落实中研院促进中国学术界交流合作的职责。

1935 年 6 月 24 日，在南京举行第一届评议员选举，加上当然评议员 11 人，总计 41 人，组成第一届评议会。9 月 7 日在南京举行第

---

① 《国立中央研究院十七年度总报告》，第 1～6 页；《国立中央研究院二十三年度总报告》，第 9～10 页；胡颂平编《朱家骅年谱》，第 37 页；《丁文江与中央研究院》（1956 年 12 月）、《国立中央研究院概况》（1948 年 7 月 26 日），《朱家骅先生言论集》，第 748～749、94 页。

一届评议会成立大会。① 原本规划于 1929 年成立的中研院评议会终于顺利成立。至此,中研院"组织"才算真正"完备",初具国家学院气质。从此,中国各个研究机构与科学研究精英将可得到更进一步的交流与联系。蔡元培即称赞评议会的成立,为中国学术合作之枢纽,担负起将其他研究机构联系到一起的中央协调机关的责任,是中研院史上可以"特笔大书"的一件事情。② 评议会的成立是中国现代学术史上一项具多重历史意义的创举。第一重意义在于中研院"国家学院"组织体制上的完备。第二重意义在于由评议员选举院长之规定排除了政治介入的因素,确保中研院的学术自主性,也奠定了其永续发展的基础。第三重意义则在于提供了一个体制内的空间协调与整合全国学者专家与技术官僚共同讨论中国的学术政策与未来发展方向的平台。

总之,中研院在蔡元培领导的 13 年间,于科学研究人才汇集上确实是当时中国首屈一指;在设备完备上,虽限于经费未能满足各所所需,但也是当时中国各有关科学研究机构中相对较为齐全者。中研院走过披荆斩棘的创院阶段,完成了组织创制。不过,若从创建 9 年始得设置评议会,完备行政组织体制;原定应设的 14 个研究所也只成立了 10 个;成立初期因陋就简各所分散各地,未有一属于全院之中心基地等事实观之,亦清楚说明中研院发展过程的不顺遂。而影响中研院发展进程的重要因素之一,是院长蔡元培与总干事杨杏佛对蒋介石一党专政和漠视人权的公开反对,③ 影响了执政当局对

---

① 《中央研究院院史初稿》,第 169、192 页;《中央研究院第一届评议会组成名单》,中国第二历史档案馆编《中华民国史档案资料汇编》第五辑第一编教育(一),江苏古籍出版社,1994,第 1344 页;国立中央研究院文书处编《国立中央研究院首届评议会第一次报告》,国立中央研究院总办事处,1937,第 7 ~ 8 页;《国立中央研究院二十三年度总报告》,第 9 ~ 10 页。

② 《中央研究院与中国科学研究之概况》(1935 年 11 月 4 日),《蔡元培全集》第 8 卷,第 174 ~ 175 页。

③ 1932 年 12 月 17 日成立的中国民权保障同盟是一支反国民党一党专政、藐视人权的组织。其初期重要成员包括蔡元培、杨杏佛、宋庆龄、胡适、蒋梦麟等。在杨杏佛的组织下,发动了一连串的反蒋行动与解救反蒋的异议分子,如许德行、丁玲而激怒当局。杨杏佛于 1933 年 6 月 18 日为国民党特务所杀。

中研院的支持程度与态度，而这也清楚说明了作为一个体制内机构的局限性。

第二节　中研院草创阶段朱家骅的贡献

1927 年大学院成立，院长蔡元培根据大学院组织条例着手筹备中研院，朱家骅被聘任为筹备委员。[1] 在中研院筹备与草创阶段，[2]朱家骅已是党、政、学三栖的青年才俊。在教育界、学术界先后担任中山大学副校长、校长、中央大学校长、两广地质调查所所长与大学院学术委员会委员。在政府部门曾任广东省省府委员、民政厅厅长、建设厅厅长，浙江省省主席、民政厅厅长，教育部部长与交通部部长。在国民党内，1927 年起任广州政治分会委员，1929 年当选国民党中央委员，任中央政治会议委员，进入国民党决策核心。1931 年 4 月，国民政府成立"管理英国退还庚款董事会"（以下简称"中英庚款会"），朱家骅为董事长。因此，他充分运用其身处党、政、学三方面的便利性，对中研院多所照拂。

一　担任地质调查所筹备委员

地质学因与能源矿产等地下资源开发有直接关系而深受当政者重视，且因其深具地方性质，是西方现代学科最先成功移植并实现本土化，且取得显著成就的少数学科之一，也是最早和国际学界接轨的学科。因此，为开发中国地下富源，发展中国实业，地质调查所（后定名为地质研究所）为中研院筹设之初即规划成立的研究机构之一。

朱家骅以其地质学的学历背景和创设两广地质调查所推动中国

---

① 《国立中央研究院十七年度总报告》，第 45、262～274 页；胡颂平编《朱家骅年谱》，第 19 页。

② 至 1936 年朱家骅担任中研院总干事之前。

地质调查研究事业的贡献，与翁文灏、李四光、徐渊摩、谌湛溪、李济等同时受聘为地质调查所筹备委员。地质调查所筹委会多次会商筹备进行方针，复经由李四光、徐渊摩及地质专家叶良辅会拟组织大纲后，以李四光为主任，徐渊摩为研究员兼秘书，积极筹备。筹备初始最为困扰的是人才难觅的问题。当时中国地质科学发展不过 20 年左右，人才亦不过数十人，经验丰富者大都已任事于地质调查研究机关及教育机关。地质所初期 6 位专任研究员中，叶良辅和谢家荣即是从两广地质调查所挖角而来。① 地质所于 1928 年 1 月在上海正式设所，朱家骅因身兼中山大学副校长与党政多项要务，无法专任，以两广地质调查所所长应聘为兼任研究员。②

二 协助中研院史语所成立

朱家骅的文化观重视中西合璧，强调以中国固有文化为基础，始得以吸收西方文化，方能进一步使中国文化获得不断地更新与重生。他十分看重中国史学之于世界的地位，认为中国是几千年来史籍最完整的国家，是有系统的一种史学，在世界上占有重要位置。只可惜在史学研究，特别是在治学方法上，一直沿袭旧法，未有进步；且只限于中国，范围太小，对世界各地方史实完全不曾注意。另外他也观察到语言是与时代同时变迁的，并与民族之间有着重大关系。1926 年他在改造中山大学时，便欲使中国史学与文学"科学

---

① 1927 年 11、12 月间广东政局不靖，两广地质调查所的调查研究工作大受影响，所中人员陆续离开。

② 当时聘任的专任研究员有李四光、叶良辅、李捷、孟宪民、李毓尧、俞建章。刚开始朱家骅以两广地质调查所所长受聘为"兼任研究员"，后来"兼任研究员"改称为"通信研究员"。此后朱家骅一直受聘为地质所的通信研究员。《国立中央研究院十七年度总报告》，第 154、417 页；《国立中央研究院二十二年度总报告》，第 57 页；《国立中央研究院二十四年度总报告》，国立中央研究院总办事处，1936，第 69 页；国立中央研究院文书处编《国立中央研究院职员录十七年度》，第 9 页；《地质所致总办事处续聘职员名单》（1938 年 7 月 22 日）、《聘请朱家骅为中研院地质研究所通信研究员》（1939 年 1 月），朱家骅档案，函号：301 - 01 - 07 - 018、301 - 01 - 07 - 027。

化""革命化"，提倡以科学方法重新研究"国故"。当时他便聘尚在德国的傅斯年任中山大学中国语言文学系主任，欲在中山大学设置中国东方语言历史科学研究所。①

傅斯年受德国兰克学派影响，重视以科学方法研究史学，认为应该要把历史语言学和自然科学一样看待，立志要为这门学问开辟一条新的途径，主张用新的工具，新的材料，研究新的问题，意欲在此建立"科学的东方学正统"。朱家骅与傅斯年因理想一致，理念相合，在中山大学就建立了刎颈交谊。傅斯年就是在朱家骅的全力支持与充分授权下，于1927年8月筹设"语言历史学研究所"，分设考古、语言、历史、民俗四学会，是继北大国学门研究所后，较早设置研究所的大学之一。②

中研院设置的清楚目标是以"科学方法"进行"科学研究"。但筹设之初仅就中国当前需要与中研院实际经济状况，先筹设地质调查所、理化实业研究所、社会科学研究所、心理学研究所和观象台五个研究单位。在最初的30余名筹备委员中，与历史、语言等学科有关联的只有社会科学研究所历史学门的胡适、地质调查所考古学与人类学门的李济、心理学研究所的傅斯年。即便在组织法最初拟先设置的11个研究所中也并没有历史语言研究所。傅斯年便不断向院长蔡元培、总干事杨杏佛说，强调以科学方法研究历史学与语言学的重要性，建议在中山大学语言历史学研究所基础上进行扩充，设置历史语言研究所（以下简称"史语所"）。③ 1928年《修正国立

①　《国立中山大学筹备之经过和将来之希望》（1927年3月1日），《朱家骅先生言论集》，第256～257页。

②　北京大学国学门是中国第一个大学研究所。清华大学之国学研究所及交通大学之经济研究所继之。国立中山大学语言历史学研究所、教育学研究所次之。《中央研究院院史初稿》，第48页；《国立中央研究院十七年度总报告》，第46页；胡颂平编《朱家骅年谱》，第20页。

③　"历史语言"同列合称是傅斯年根据德国洪保尔德一派学者的理论，详细考虑而决定的。《附纪念史语所傅故所长孟真五十六岁诞辰特刊序》（1951年2月10日），《朱家骅先生言论集》，第744页。

中央研究院组织条例》第四条便将历史语言研究所列入预设之研究所，将原定之人类学与考古学学科纳入其中，傅斯年、顾颉刚、杨振声受聘为常务筹备委员。随后，朱家骅受蔡元培之托，协助傅斯年在中山大学筹办起中研院史语所，筹设之初即借用中山大学余屋为筹备处，下分历史组（主任陈寅恪）、语言组（主任赵元任）、考古组（主任李济）三组，于 1928 年 7 月成立，10 月底迁出中山大学，以广州东山柏园为所址办公。[①]

三　建议中研院外文译名

中研院最初设置的目标与任务为 "实行科学的研究与普及科学的方法"，并以之为中国学术研究事业之发展基地与中心。中研院重视科学研究，除清楚体现于已设置的各研究所外，该院的译名 "Academia Sinica" 亦是重要象征。这个译名是由朱家骅提议的。

1928 年 2 月底，蔡元培在大学院召开一个非正式的中研院筹备会谈话会，主要讨论中研院外文名称。当时参加者除蔡元培外，尚有吴稚晖、李石曾、褚民谊、杨杏佛与朱家骅。朱家骅回忆说，当时大家都主张用外文名，但他考察西方 "国家学院" 发展的历史渊源，发现最早形成的 "学术研究" 组织就是用 "研究院"（Academia）这个名词，因此提议用拉丁文 "Academia Sinica" 为外文名，以此为参照典范与发展目标。不过，众意以为此名称含义过于广泛，当场并未形成决议。最后，中研院正式成立时，还是采纳了朱家骅的建议，选用了这个名称。对于这个 "洋名字"，胡适曾阐

①　当时傅斯年为中山大学专任教授，至中研院史语所初期系以 "代行所长" 之名。直到 1929 年从中山大学离职，始正式受聘为所长。同年 3 月，史语所迁往北平北海公园静心斋。《附纪念史语所傅故所长孟真五十六岁诞辰特刊序》（1951 年 2 月 10 日），《朱家骅先生言论集》，第 745 页；《国立中央研究院十七年度总报告》，第 1～6、215、218、220～221、272、415～420 页；《中央研究院院史初稿》，第 17、38～39、48、64～65 页；顾潮：《历劫终教志不灰——我的父亲顾颉刚》，第 128、163 页；赵新那、黄培云编《赵元任年谱》，商务印书馆，1998，第 155～156、166 页。

述其深意："这个洋名字的正确译文应该是'中央科学研究院'。它'研究'的方向和对学术衡量的标准，亦以'科学'为依归。"[①] 这个"洋名字"就一直沿用至今。[②] 这点也显现出朱家骅个人的学术涵养和对西方科学事业发展渊源的深刻认识。

四　主导中英庚款会补助中研院设备费

1931年9月中英庚款会成立，以英国退还庚款作为基金，借充各部会办理生产建设事业，再以借款息金办理教育文化事业。[③] 中英庚款会在组织上虽采行董事会制，但根据章程规定，该会系一准官方机构，董事多由中英两国政府之技术官僚担任，[④] 性质与由中国教育界领袖组织的中华教育文化基金董事会（以下简称"中基会"）大不相同。在董事长朱家骅的主持下，其事业无论是铁路交通、电讯、水利等建设的借贷投资，还是息金于学术、文教事业的运用，多是配合国民政府训政时期的国家建设计划和对日抗战之战前准备

---

① 《中央研究院院史初稿》，第20～21页；陶英惠：《蔡元培与中央研究院一九二七～一九四〇》，《中央研究院近代史研究所集刊》第7期，1978年6月，第20页。

② 朱家骅回忆说，那次会后，与会六人还特地拍了一张照片。他非常珍惜这张照片，1932年他担任教育部部长时，还特地将这张照片挂在教育部会客室中。但到了1936年，他担任中研院总干事时，这张极具纪念价值的照片已经遗失，令他非常惋惜。1949年大陆政权易主后，以郭沫若为院长的中国科学院也沿用"Academia Sinica"的拉丁译名。朱家骅：《国立中央研究院简说》（1953年12月23日），朱家骅档案，函号：301-01-07-005、301-01-07-007；《中央研究院史初稿》，第20～21页；胡颂平编《朱家骅年谱》，第19页。

③ 该会自成立至1958年结束会务，董事长一职都是由朱家骅担任。总干事为杭立武，1946年由徐可熛接任。

④ 中国籍董事是由中国政府就教育、实业、铁道、外交、财政五部和建设委员会推荐人选出任。英籍董事也是从银行、商业、经济、工程、教育界人士挑选，由英国外交部推荐，中国政府聘任。该会虽采董事会形式，但机关管辖权、董事任免权、庚款运用支配权都在国民政府管控中。综上观之，该会官方色彩浓厚，与"永久的信托机构"中基会性质大不相同。周琇环：《中英庚款的退还与运用》，硕士学位论文，台湾师范大学，1998，第249～250页。

而兴办，对于国家学术、文化、教育、交通、生产建设方面多有助益。① 这既是国民政府，也是兼任董事长朱家骅可资运用的政府预算外的一笔巨额经费。

特别是政府财政在 1932 年"一·二八"事变后更加窘困而紧缩全国政费。1934 年中英庚款会开始运用借款息金资助文教、学术机构。因此，无论在 1937 年对日宣战之前还是之后，中英庚款会都是学术、教育、文化界的重要资助者。以 1936 年为例，中英庚款会的教育文化经费支出即占当年度全国教育经费的 6%。②

朱家骅便主导，分三年补助中研院制造科学仪器设备费 10 万元，③ 1937 年度再补助中研院 5 万元。另外，中研院钢铁、玻璃、陶瓷试验场及棉纺织染实验馆，每年购买材料、添置设备需款甚巨，也都得到中英庚款会的经费补助。在中研院创建时期，中基会和中英庚款会的补助便成了中研院充实设备的重要经费来源，是除政府之外最重要的经援机构。④

五　为中研院评议会组织条例护航

1933 年杨杏佛遇刺身亡，丁文江接任总干事后发现中研院评

---

① 周琇环：《中英庚款的退还与运用》，硕士学位论文，台湾师范大学，1998，第161～207、219 页；《中英文教基金会董事会概况》（1949 年 4 月），《朱家骅先生言论集》，第399～406 页；胡颂平编《朱家骅年谱》，第24、32～33、35、36页；李书华：《追忆朱骝先先生》、胡秋原：《一个刚毅木讷的书生——悼念朱骝先先生》、陈顾远：《纪念朱先生文》，《朱家骅先生逝世纪念册》，第314～315、346、383 页。

② 1933 年，中英庚款息金已达几十万元，朱家骅开始用于补助图书馆、中央博物馆、保存文化史迹古物，补助高等教育及研究机构建筑设备费用、考选留英学生等学术、文教事业项目。周琇环：《中英庚款的退还与运用》，硕士学位论文，台湾师范大学，1998，第211～219 页；胡颂平编《朱家骅年谱》，第32～33 页。

③ 第一、二年各拨 3 万元，第三年拨 4 万元。

④ 朱家骅以英庚款对中研院的挹注，特别值得一提的是对抗战期间中研院史语所的迁徙费用的垫付与迁台后对增设研究所的经费补助，这两部分在以下章节将会有所讨论。《中央研究院院史初稿》，第47～48 页；李扬编著《国立中央研究院史》，第27～28 页。

议会未成立，无由落实"联络、指导、奖励全国学术研究工作"的法定任务，研究工作多与外界隔绝。再者，中研院筹设之初系为大学院附属机关之一。蔡元培当时既是大学院院长，又是中研院筹建的推手，"形式上"他虽是由最高政权机构直接任命为中研院首任院长，事实上他是中研院院长的不二人选，自然也就不涉及"选举"院长或是院长人选争议问题。因此，中研院创设初期三度修订的《中央研究院组织法》中，皆明文规定院长系由国民政府直接"特派"，国民政府对于中研院院长具有绝对的任命权。①

丁文江认为，为确保在蔡元培之后中研院仍能保有其学术独立自主性，院长人选产生方式确有变革之必要，遂积极推动设立评议会。为此，必须修改《中央研究院组织法》与新订《国立中央研究院评议会条例》《国立中央研究院评议会选举规程》，对选举院长候选人规程、选举评议员规程和第一届评议员的产生方法等提供法律依据。丁文江是评议会成立最重要的推手，而时任国民党中央政治会委员与国民政府交通部部长的朱家骅则是最关键的政治支持力量。因为，朱家骅也认为指导、联系、奖励全国科学研究事业是中研院的重大使命，是丁文江起草组织条例的重要咨询人与支持者。他不仅对评议会条例草案提出意见，有关院长由"官派"到排除政治介入的由评议员"票选"产生的重大变革，更是在他的全力护航下才能顺利过关。

根据新修订的《国立中央研究院评议会条例》第五条的评议会

---

① 1927 年的《中华民国大学院中央研究院组织条例》对院长的产生方式明文规定："本院设院长一人，主持全院行政事宜，以大学院院长兼任。"1928 年新修正的《修正国立中央研究院组织条例》对于"院长"的产生方式是变动较大的一部分。法条中将"院长"由原本"以大学院院长兼任"修正为"由国民政府特任之"。其最大差异即在于此时中研院院长与大学院院长的关系已由从属的"当然兼任"变为独立的"政府特任"。这也意味着中研院自此不再是大学院下的一个学术研究机构，为一个独立机构，此正为该院在组织体制上一次大的变动。《国立中央研究院十七年度总报告》，第 1~6 页。

之职权中的第三项规定："中央研究院院长辞职或出缺时，推举院长候补人三人，呈请国民政府遴任。"第十三条也规定："中央研究院院长辞职或出缺时，得由秘书召集临时评议会，推举院长候补人。"这是中研院历次修正组织条例中首次出现"院长"由院内自行选举产生的法条。另外《国立中央研究院评议会选举规程》第三章第十五条规定："评议会依据中央研究院评议会条例第十三条推举中央研究院院长候补人，用记名投票法，以得票过半数而票数最多之三人为当选。如第一次投票之结果，得票过半数之人数不足额时，应重行投票至足额时为止。"① 上述条文清楚可见，其中对于中研院这个国家最高学术研究机关的院长人选之推选办法、候补人之参选资格、任期等都没有明文规定，亦不涉及罢免院长问题。既无任何资格限制，又不经过推荐或资格审查，同时也没有任何竞选形式。这意味着院长候补人人选由评议会评议员投票决定，政府无涉足空间，从而在法律条文上排除了国家政权对学术界的控制，展现中研院学术社群对"学术自主"的坚持。

另外，制定评议会组织法为蔡元培掌院时期，条文中所定之"中央研究院院长辞职或出缺时"亦可视为对蔡元培为终身院长（除非他本人辞职）的默认与肯定。此外，此条例规定，三名院长候补人最后由政府从中确定一人，将院长的"最终"任命决定权交给国民政府，无法如苏联科学院学部大会那样由评议会直接选举产生院长。实际上显露了国民党政府对中研院院长人事任命权无法完全松手，这也透露出当时中国学术与政治之间的角力与妥协。

依法定程序规定，修改《中央研究院组织法》与新订《国立中央研究院评议会条例》需先由国民党中央政治会议审议通过后，

---

① 中研院院长候补人之选举本是由评议员"记名投票"选举，后来朱家骅提案修正，改为"无记名投票法"，以得票过半数最多之三人报请国家元首遴选特任。《国立中央研究院二十三年度总报告》，第 9～10 页；《国立中央研究院首届评议会第一次报告》，第 7～8、10～12、18 页。

才交国民政府公布施行。但是此二法案牵涉中研院院长人事任命权，可谓"兹事体大"。尤其蔡元培在 1934 年杨杏佛被国民党特务组织暗杀身亡后，与蒋介石实质决裂。以蔡元培与蒋介石的"紧张关系"，中研院又被视为知识界以蔡元培为首的反蒋势力根据地，丁文江极担心这两法案可能在中央政治会议上遭到封杀。朱家骅时任国民党中央政治会议委员兼交通部部长，为党政核心要员。因之，丁文江常常前往交通部与朱家骅磋商组织条例细节，寻求朱家骅的全力支持，更希望朱家骅能影响其他中央政治会委员，一起支持此案。

朱家骅当时对评议会条例唯一有意见的部分在评议会的全国代表性。朱家骅以为，评议会之评议员仅以中研院已有的研究科目为限，不包括其他学科学者，评议员的代表学科不够广泛，恐引起外界对评议会的全国代表性不足的疑虑，因而提出扩大学科范围的主张。但丁文江认为当时中研院的研究工作多是闭门自行研究，与外边隔绝，外界已大有微词。现阶段成立评议会，与各大学及各研究机构取得联系合作，落实中研院第二项任务，使中研院有稳固而比较独立的发展基础才是当务之急。他不厌其烦地力劝朱家骅，不要再坚持扩大学科范围的主张，以免再生其他枝节使评议会无法成立。丁文江的至诚，终使朱家骅放弃己见，除在会议中全力护航，还争取到另一位举足轻重的中央委员——戴季陶的全力支持，使修改《中央研究院组织法》与订立《国立中央研究院评议会条例》两项法案得以按照中研院所拟之草案顺利通过并施行。[①]

---

① 此条例之修正送交国民党中央政治会议法制组审查时，召集人是戴季陶。在他的全力支持下顺利过关，于 1935 年 5 月 27 日公布施行。《提请审议中央研究院评议会条例》，蔡元培：《蔡元培论科学与技术》，高平叔编，河北人民出版社，1985，第 248～250 页；杨树人：《怀念朱骝先先生》，《传记文学》1964 年第 1 期，第 26 页；胡颂平编《朱家骅年谱》，第 37 页；《丁文江与中央研究院》（1956 年 12 月），《朱家骅先生言论集》，第 748～749 页。

应当承认，丁文江对延宕多年始得突破防线顺利成立评议会，确实厥功至伟。不过，朱家骅作为关键角色却也是功不可没。特别是有关中研院院长出缺由评议会选举院长候补人之制度，若非获得戴季陶全力支持不可能获得通过；戴季陶之肯支持，无非是因信任朱家骅。也就是说，若非朱家骅在国民党中央政治会议上的全力支持，中研院评议会组织条例必无法顺利过关，也就不可能由此彰显中研院学术独立精神的民主选举制度产生。这也显现出朱家骅对学术社群自主权的尊重与护持，亦见他对推动纯学术研究环境的用心与着力。

另外，朱家骅已不从事学术研究工作。1932 年辞去两广地质调查所所长职务时，还将自己收藏的 4000 多册地质学书籍赠予该所，说明他未来将不会再从事学术研究工作。但他仍以主持两广地质调查所多年且成绩卓著，符合"对于所专习之学术机关，领导或主持在五年以上成绩卓著者"之评议员条件，当选第一届地质学组聘任评议员。其实，早在 1928 年 8 月中研院草拟评议会组织条例及 30 名聘任评议员名单时，朱家骅即名列地质学与地理学组名单。[①] 显而易见，学界对于朱家骅作为一个地质学家的认同与肯定，不在于他的政治权位，也不在于他是否自己从事学术研究工作，而看重他对于地质学研究与中国地质调查事业的贡献与付出。

第三节　继任总干事

朱家骅在创院期间担任筹备委员后，联系他与中研院直接关系

---

① 1928 年 8 月 13 日中研院第 3 次院务会议时，便已拟定评议会将由 11 个学科 30 名聘任评议员组成，聘任评议员则由院在长草拟名单中圈选。《中研院第 3 次院务会议》（1928 年 8 月 13 日），《国立中央研究院十七年度总报告》，第 60 ~ 61 页；《翁文灏函朱家骅》（1939 年 9 月 23 日），朱家骅档案，函号：301 - 01 - 07 - 008。

的是地质研究所通讯研究员头衔，当选为第一届聘任评议员是他涉
足中研院院务之始。1936年，朱家骅接任总干事，为实际主持院务
之始。这是继中山大学、中央大学后，又一个他直接领导的教育、
学术研究机构，是其继续推动中国学术现代化，实现其"学术救国"
"科学救国"理想的另一伸展平台。

　　总干事职务在院长蔡元培的"充分授权"下是中研院院务推动
的"灵魂人物"。1936年1月5日，丁文江病逝长沙后一星期，蔡
元培即针对总干事继任人选，在上海紧急与各所长进行长达四个半
小时的讨论。朱家骅、翁文灏、任鸿隽、胡适、李书华、王世杰是
当时的热门人选。①

　　其中以朱家骅在党、政、学界资历最完整，行政经验最丰富，
涉猎层面也最广，而为蔡元培心目中最佳的继任人选。以学界经历
来说，他是为柏林大学古生物学博士，先后担任过北大教授、中山
大学与中央大学校长、两广地质调查所所长，又为中研院筹备委员、
地质调查所通讯研究员、首届评议员，与院中同仁颇有情谊。就党
政资历来说，曾任广东省代理主席、省府委员、民政厅厅长、建设
厅厅长，浙江省省主席、民政厅厅长，教育部部长、交通部部长，
又是现任国民党决策中心中央政治会议委员与中央委员，党、政关
系深厚。另外还是中英庚款董事会董事长，在他主持下，该会一直
都是政府之外中研院的重要经济资助单位。当时，朱家骅甫交卸交
通部部长职务，无行政官职在身。② 因此，蔡元培积极争取朱家骅接
任总干事，除亲函力劝朱家骅接事，还主动提出修改组织法将"总

---

① 《竺可桢日记》第6册，第8页；《王世杰日记》上册，第151页。
② 1935年日本力谋中日通航，时任交通部部长的朱家骅为维护国家主权与中国领空
　权，坚持上海与福冈通航应比照中法协议模式进行，即广州机可飞河内，河内机
　不得飞广州，机型由中国决定，飞行员由中国任之。日本政府大怒，对政府施
　压，甚至还曾扣留朱家骅之夫人，欲强迫朱家骅妥协，但朱家骅坚守民族大义，
　不为所动。不过，朱家骅因此事受到内外交谪，于1935年底去位。李书华：《追
　忆朱骝先先生》、曹仁溥：《景行永仰》，《朱家骅先生逝世纪念册》，第315、
　472页。

干事"改称"副院长",以"副院长"之衔聘任朱家骅。另外还请朱家骅的好友,如顾毓琇、傅斯年与在南京的数位所长从旁劝进。6月初,在蔡元培再次亲访恳谈下,朱家骅终于点头,6月15日正式到院视事。[①]

朱家骅在交卸交通部部长职务之前,即对政治感到失望而厌烦,常常与友人论及从事学术研究才是基本工作。对总干事一职,他所迟疑者是认为对日战争在即,中研院总干事关乎中国未来学术研究事业现代化发展,责任尤其重大,自己脱离学术研究工作多年,且当时兼职甚多,深恐无法胜任,仅愿从旁协助而不敢"贸然轻就"。不过,当朱家骅同意接下总干事职务的那一刻起,他即有重回学门、大显身手的宏图,企望推动中研院成为"名副其实"的"国家最高学术研究机构",以此为基地,发扬科学研究精神,普及科学知识与方法,使中国能迎头赶上世界先进国家,与之并驾齐驱。

朱家骅正式到院后,他的学界友人纷致函电道贺,并对他多所期许。例如,胡适当日便由北平电贺:"吾兄允就中研院总干事深为院庆贺。"上海中国无线工程学校校长方子卫以"科学救国"四字相赠,表共勉之意。中研院化学研究所所长庄长恭则代表所内同仁致函朱家骅表达欢迎之意。同时,庄长恭认为,德国1911年建立之威

---

① 顾毓琇记得当时蔡元培特意请他与中研院所长周仁面劝朱家骅接下此职,并向朱家骅转达,若是朱家骅觉得"总干事"之职衔"不太合适",将建请中央修改组织条例,聘为"副院长"。朱家骅当即回答表示:"名义无问题,因历任总干事,杨杏佛、丁在君等均为极有地位之人,且帮助蔡先生决不计较名义。"顾毓琇:《纪念朱骝先先生》,《朱家骅先生逝世纪念册》,第354~355页;《函傅斯年(至速件)》(1941年5月22日),朱家骅档案,函号:301-01-07-002;赵新那、黄培云编《赵元任年谱》,第206~207页;《蔡元培全集》第16卷,第475~477页;《竺可桢日记》第6册,第82页;李学通选注《翁文灏日记(1936年)选》,《中国科技史料》2002年第1期,第49页;胡颂平编《朱家骅年谱》,第37~38页。

廉皇帝学会（Kaiser - Wilhelm - Gesellschaft）[①] 所设置的 32 个研究所中，有 7 个是成立于大战时期，其余各所或产生于戎马仓皇之际，或新设于经济极困难之时期，但各研究所皆成绩斐然可观。该院是各国最著名的学术研究机关中性质与中研院最相近者，实在值得中研院取法。特别是朱家骅旅居德多年，与德国学界熟稔，期待朱家骅"能本多年在国内外学术界所得之经验，将此机关在'学院的'意义之下，纳如正轨"。中研院各研究所如何充实内容，"使其工作在'学院'水平之上"，则为当前要务。[②] 显然，朱家骅虽已不从事学术研究，但在中研院这个以科学研究为实践救国理想的"海归"学术社群中，仍被视为当然的一分子，他过去在教育学术行政工作的事功及发展中国现代学术事业的理想与实践均得到极大肯定。

　　1932 年淞沪事变后，朱家骅强烈意识到，敌人胆敢侵略中国，究其原因是中国的科学落后。他以为现代战争已是"科学战争"，唯有同时加紧国家建设和发展科学，才能够储备抗战所需，奠定建国根基。[③] 为康济时艰，响应九一八事变以来学界与社会各界"学者从政"的呼吁，他在 1932 年捐书弃学，辞去任职五年的两广地质调查

---

① 德国皇帝威廉二世相信科学技术的兴起能够增强国家实力，因此于 1911 年建立了威廉皇帝学会，以增强德国科研力量，是德国最高学术机构，前后有 32 名研究员获得诺贝尔奖。1933 年纳粹上台后极为重视科学技术发展，该学会获得巨额经援。虽然后期有很多犹太裔科学家遭到迫害，但科学研究工作不曾中断。1945 年 5 月第二次世界大战结束，德国战败投降，该学会面临解散命运，几经多方协商达成协议，1948 年更名为"马克斯·普朗克科学促进协会"（Max-Planck - Gesellschaft zur Förderung der Wissenschaften e. V. ，简称 MPG），以纪念著名德国量子论创建者物理学家马克斯·普朗克，为一独立的、非官方、非营利的科研组织，至今仍是德国科学技术研究中心，下设 80 个分支研究机构，拥有包括科研人员在内的上万名员工。

② 《胡适电》（1936 年 6 月 15 日）、《庄长恭函》（1936 年 6 月 15 日）、《上海中国无线工程学校方子卫电》（1936 年 6 月 16 日），朱家骅档案，函号：301 - 01 - 07 - 001；《蔡元培全集》第 16 卷，第 490 页。

③ 《抗战两年来的教训》（1939 年 7 月 9 日），《朱家骅先生言论集》，第 468 页。

所长职务，于 2 月接任教育部部长，[①] 他希望能运用投身政治的便利
加速推动中国现代学术事业的发展，以强化国力、对抗外侮。但
1935 年 7 月起，他即对政治感到厌倦，常劝朋友"从事学术工作，
才是自己的基本工作"。[②] 1936 年 6 月，朱家骅继任总干事，对于院
务推展与中国学术事业现代化之发展，心中有图，腹中有案。只是
其两年半任期间国家多事，时局动荡不安，正是中研院由发展黄金
十年转向颠沛流离之间。

一　抗战前实现学术研究中心的宏图大志

朱家骅就任总干事后，以"学术研究中心"为终极目标，在杨
杏佛与丁文江已建立的基础上，进一步推动中研院向前迈进。1928
年 7 月中旬中研院曾配合国民政府"训政时期"的开始，根据院中
各机关工作的轻重缓急，拟定为期六年、分三阶段的院务进行纲领。
第一阶段为"完成筹备期"；第二阶段"集中建设期"是在京、沪、
平三地集中建筑、充实已有各所之所址、实验设备，同时希望能在
这两年间召集全国学术研究会议以收联络合作之效，并积极参加各
种国际研究会议；第三阶段为"扩充范围期"，即根据中研院实际经
济能力和科学进步实际情况，在不与其他研究机关重复的前提下，
就组织法已列而未设，或未列而应有之研究所，择要逐渐增加，期
限无定，并拟扩充已设各所之研究工作与评议会事业及经费。[③] 上述
"工作纲领"原计六年完成，实际上直到丁文江过世，第二阶段仍未

---

① 九一八事变后，国民党中央政治会议即决定由朱家骅担任教育部部长，但朱家骅
　　力辞不就。1932 年淞沪事变，日本侵华意图极为清楚。隔日国民党中央召开紧急
　　会议，由汪精卫组阁，仍命朱家骅为教育部部长。朱家骅在几经思量后，才于 2
　　月 20 日到教育部接事。
② 胡颂平编《朱家骅年谱》，第 37 页。
③ 《国立中央研究院十七年度总报告》，第 49、53～54、273～274 页；《中央研究院
　　院史初稿》，第 2 页；李扬初著《国立中央研究院史》，第 6～7 页；《丙编教育概
　　况第四学术机关及学术团体》，教育部教育年鉴编纂委员会编《第一次中国教育
　　年鉴》，传记文学出版社，1971 年影印本，第 1124 页。

完成。

朱家骅认为从事研究工作，与指导、辅助、联系、奖励全国科学研究事业是中研院的两大任务。尤其，日侵在前，战事将临，中研院不能"关门研究"。因此，在上述"纲领"计划的基础上，加上意欲团结全国教育学术机构，整合全国学术资源，合作进行学术研究，以发挥组织力量对抗外侮的报国企图，对内积极推动南京"研究本部"之设置与前沿学科研究所的扩充，以求充分发挥"组织力量"；对外则主动与其他研究组织和各大学密切联系，力求加强与院外学术研究单位的交流与合作，以团结教育、学术界一致抵御外侵。

1. 集中各研究所于南京，建造真正"学术研究中心"

中研院筹设之初因处北伐戎马倥偬之际，经费紧绌，无临时设备费用，也未有建筑费，故无法集中建筑院址容纳各研究所，第一阶段的"完成筹备期"目标仅在于"达到最低限度之工作需要"。因而各研究所因陋就简尽量利用现有资源分头开办。所有开支，如购地、建筑、租赁民房、装修所址、购置仪器、图书等都是撙节支付。就地点而言，各研究所分处南京、上海、北平等地，或自购简陋小屋，或租赁民房，皆为临时性质，且极为分散。① 1930 年进入到第二阶段的"集中建筑期"时，曾依照计划，分别在京沪勘定两地为永久院址，② 不过碍于经费，一直未得落实。

---

① 例如，1928 年天文所在南京鼓楼设临时办公室，气象所则因原址狭小，不适陈列仪器之用，决定在南京钦天山北极阁建筑气象台。地质所初租上海宝通路，1928 年迁至霞飞路。社会所初在南京平仓巷，后迁至上海宝通路，再迁亚尔培路。史语所更是先在广州中山大学校内筹设，后才在北平设分所，为中国历史研究中心。

② 《大学院十六年度工作报告书（呈国民政府原文）》、《大学院中央研究院工作状况》、《国立中央研究院工作报告》，黄季陆主编《抗战前教育与学术》，革命文献第 53 辑，第 26～27、355～356、356、360～364、366、367 页；《中央研究院在沪设备限期移京》，《申报》1930 年 2 月 5 日，转引自《胡适日记全编》第 5 册，曹伯言整理，第 651～652 页；《丙编教育概况第四学术机关及学术团体》，《第一次中国教育年鉴》，第 1123 页。

朱家骅以中研院身为国家最高学术研究机构的高度思量，认为若欲将中研院建设成为真正的国家级学术研究中心，首要工作是使各所集中工作，形成"研究本部"，作为学术研究基地。他首先想要迁动的是在上海的物理、化学、工程研究所。他以为，若以长远发展眼光来看，此三所在上海缺乏扩展腹地，势必另觅宽阔所址；既然需要另觅新地，无如借此机会将三所迁移到南京集中；而且十里洋场的繁华并非专心做学问的好地方。为此，他迭次与丁燮林、庄长恭、周仁三位所长商讨改进之道。①

既要集中各所建造"研究本部"，院地势必扩大，朱家骅本想以中研院原址为中心向周边扩建，但军政部以在军事区域范围内为由，否决这个提案。朱家骅不得不向城外寻觅新院址。经过将近一年的仔细勘查，1937 年 5 月初选定中山门外的 2000 余亩地皮作为中研院集中各研究所之新址和未来建立中国现代学术研究中心之发展基地。不过，因抗日战起，未及实现。②

2. 研究所之增设

朱家骅以苏联国家科学院的发展促进科学进步为例，十分看重研究所从事科学研究对于国家建设的学术功能。他指出，国家学院如能于"领导""联系"之外，也从事科学研究工作"更可以使新兴的科学研究事业进步加速，收效加宏"。③ 同时，根据上述中研院工作进行纲领，第三阶段的重点工作就是扩充研究工作范围，就组织法已列而未设或未列而应有之研究所择要逐渐增加。④ 因此，朱

① 目前并未见有当时讨论的细节资料。只知朱家骅以为，三所如何改进实为中研院的"基本问题"。对于人才网罗，朱家骅则认为，与其借才外国，"自应先以罗本国第一流人材，否则何从谈起"。《航复李仲揆、汪缉斋》（1944 年 1 月 5 日），朱家骅档案，函号：301－01－07－005。李仲揆为李四光，汪缉斋为汪敬熙。

② 《竺可桢日记》第 6 册，第 241、280、294 页。

③ 朱家骅：《国立中央研究院简说》（1953 年 12 月 23 日），朱家骅档案，函号：301－01－07－005、301－01－07－007。

④ 《国立中央研究院工作报告》，黄季陆主编《抗战前教育与学术》，革命文献第 53辑，第 367 页。

家骅也积极推动增设研究所以引领中国学界从事新学科研究潮流。

中研院自 1930 年起即因中原战事关系，经费支绌，常常无法按期拨给，7 月经费至 11 月中旬方始领足，致使有研究所面临"无米之炊"的窘境，还需向他所借款应急。① 九一八事变未久，淞沪战起，上海附近一带化为焦土，国库收入锐减，国家财政又陷困难，国难临头，各机关均缩减经费，官员则停止薪给，仅发维持生活费，中研院职员亦在停俸之列，至于经费则按三成支给。经费积欠日多，自 1931 年 11 月至 1932 年 6 月止，中研院平均收入每月不满经常费预算额 3/10，只好裁员减薪，使 1931 年度的事业计划大受影响，业务根本无法推动落实。1936 年朱家骅担任总干事后，凭借过往的党、政关系，中研院才又获得每年支银元 130 万元，每月另有 10 万元作为临时建设费。② 也因此，朱家骅才有机会将第三阶段"扩充工作事业期"的"纸上规划"化为"实际作为"，进一步增设研究所，扩展研究所组织，健全研究学科。

目前虽未见有完整的增所计划或相关材料，但是从现有的资料，至少可知他先后规划筹设新添的研究所有地理研究所、生理研究所、药学研究所、近代史研究所。其中地理研究所与生理研究所是 1927 年中研院筹设初始即拟设置之学科类组；近代史研究所与药学研究所是朱家骅以其学术前瞻性眼光认为有着手进行学术研究之必要者。③ 不过，近史所因主持乏人而未能成案；药学研究所、生理研究所和地理研究所则因抗战军兴，中研院迁徙务繁，根本无暇筹设新

---

① 《中央研究院第 11 次院务会议》（1930 年 11 月 14 日），《中央研究院院史初稿》，第 43 页。

② 抗日战争爆发，经常费按六三折实发，其他费用一律免除。《国立中央研究院二十年度总报告》，第 47 页；《中央研究院院史初稿》，第 41～43 页；李扬编著《国立中央研究院史》，第 28 页。

③ 根据中研院组织法第三条明文规定，中研院研究所得因科学之发达与时代之需要，得添加新组；或将原有之组，分立扩大。《复黄鸣龙》（1942 年 2 月 2 日），朱家骅档案，函号：301－01－07－019；《中华民国大学院中央研究院组织条例》，《国立中央研究院十七年度总报告》，第 1～6 页。

所。而朱家骅也于 1939 年去职，推动乏人，自然无法实现。

　　3. 加强对外学术交流

　　中研院成立之初受经济情况限制，着重发展各研究所之科学研究事业。为使研究员专心致力于研究工作，在组织法和研究所组织通则中都分别明确做出"院长综理全院行政事宜"，"所长综理所务并指导研究事宜"，"专任研究员应常川在所从事研究工作"，"兼任研究员于特定时间到研究所工作"等规定。为落实这些规定，蔡元培以身作则，率先实践，辞去本兼各项政府职务，集中精力办院。①在 1929 年 1 月第 4 次院务会议上针对在所外兼职现象做出"各所所长、组主任、专任研究员在所外之兼职，应即辞去，其办法由各所所长负责进行"之决议。在 2 月第 5 次院务会议中又通过"本院各所所长、秘书组主任及专任研究员之在外兼职兼薪者，应于本月报告本院，并设法于最短时间辞去兼职"之决议。经过两次院务会议及蔡元培的彻底执行，10 月底中研院专任以上研究员兼职情况彻底结束。②

　　对于这项规定，朱家骅有不同的看法。朱家骅认为，中研院与大学两者之差别在于前者偏"精深"，后者重"博大"。朱家骅说："驯至近代，大学中'教育'性质较'研究'性质，更为明显。大学稍侧重于博大、研究院侧重于精深。"③　两者立意虽不相同，但在

---

　　①　蔡元培前后三次请辞在政府部门的本兼工作。第一次为 1928 年 8 月 17 日，他在辞呈表明愿以余生，"专研学术，所以为党国效力者在此"。同年 10 月 23 日，国民政府改组，蔡元培再辞所兼监察院院长、司法部部长职务。1935 年 7 月，蔡元培为表明办中研院的决心，更印发张"启事"，声明（一）辞去兼职 23 项；（二）停止接受写件；（三）停止介绍职业。高平叔：《蔡元培年谱长编》下册（1），第 277～278 页；高平叔撰《蔡元培年谱长编》下册（2），第 238 页；《致蒋介石等函》（1928 年 10 月 10 日）、《致吴稚晖函》（1928 年 10 月 13 日），《蔡元培全集》第 11 卷，第 408～409、410～411 页；《致国民党中央常务、执行、监察委员函》（1928 年 10 月 25 日），《蔡元培书信集》（上），第 919 页。

　　②　《国立中央研究院十七年度总报告》，第 65、67 页；《国立中央研究院十八年度总报告》，第 51 页。

　　③　朱家骅：《国立中央研究院简说》（1953 年 12 月 23 日），朱家骅档案，函号：301－01－07－005、301－01－07－007。

人力资源上具有相辅相成的作用。朱家骅指出："研究人员，如不在大学教书，则不易明了大学情形，尤其不易物色后进，而且当时各大学师资缺乏，本院殊不易罗致许多人才，不与外界联系合作。"①因此，各研究员除自行从事研究工作外，朱家骅鼓励研究员走出研究室，主动到大学与师生进行交流与激荡，以另一种方式落实"提倡科学研究""普及科学方法"之任务。因此，朱家骅随即在院务会议中针对专任研究员不得兼课之规定提出修正案，通过依照政府公教人员规定，研究人员可在各大学兼课四小时以内的决议。

4. 重视新生代人才之培育

中研院成立之初即有招收研究生，由研究员指导从事研究训练之议。②但因现实条件所限，只有物理所曾于1934年度招收过3名研究生，其他各所则都着重在实际科研中对低阶研究人员的锻炼与奖掖。

朱家骅认为人才教育培养制度关系到一个学术机构的新陈代谢与延续。他说："百年大计，在于树人，青年学子，为国家命脉所系。"③"青年是我们国家民族的新血液，是改变一种风气与发挥一种运动的推进机"，是"未来的科学研究与发明上的生力军"。对于青年学子，他所抱持的最大期待是希望他们可以端正人生态度，培养科学研究精神。他相信只要青年能埋头努力，献身科学研究，"毫不犹豫的负担起这种伟大神圣的工作"，就可以使中国逐渐成为一个现代化与科学化的国家，为世界人类造福。④基于此认识，他主张各

① 《三十年来的中央研究院》（1957年6月9日），《朱家骅先生言论集》，第108页。

② 1928年6月30日召开的第二次院务会议所议事项中即有"各研究所招考研究生问题"一项，8月的第三次院务会议又讨论了研究生待遇问题。《国立中央研究院第二次院务会议》（1928年6月30日）、《国立中央研究院第三次院务会议》（1928年8月30日），《国立中央研究院十七年度总报告》；《国立中央研究院工作报告》，黄季陆主编《抗战前教育与学术》，革命文献第53辑，第358页。

③ 《致留在上海的文化界人士一封短简》（1941年1月1日），《朱家骅先生言论集》，第484页。

④ 《我们对于青年的希望》（1946年8月26日），《朱家骅先生言论集》，第367、368页。

研究所在自行从事学术研究之外，也要注意训导培植青年学术研究工作者，招收研究生。① 特别是朱家骅观察到，当时大学毕业生出路不广，此时中研院自己招收研究生，造就后进人才应非难事。在朱家骅主导下，1936 年 11 月《国立中央研究院设置研究生章程》正式出台，对研究生的报考资格、考试科目、学习期限、学习期间待遇都做了明确规定，使各所招研究生有章可循，从而使中研院的人才培养正规化、制度化。同时为了奖励研究生，章程并设置奖励办法规定："研究生修习期内，如有重要贡献者，得由本院给予奖励。"朱家骅虽要求各所酌量招收研究生，但各所对此不甚热心，故未实现。②

二　抗战时意图建造西南"学术研究本部"

1936 年 6 月，朱家骅任总干事没几天，蒋介石即意欲朱家骅担任湖南省政府主席与回任浙江省主席。朱家骅皆以中研院院务推展关系国家百年大计，尤其对日战争为期不远，后方学术研究推展以为军事后备补给更为重要，并一再强调，他既接任总干事，即欲全心全意担任此职，多次以"既就院事，不便中途引去"为由坚辞。不过，"一二八"淞沪战后，浙江为京沪之后方，亦为国防之前线，还兼负蒋介石的抗战战略位置，地位更形重要，凡诸设施必须以支持战事为第一要图。因此，蒋介石不顾朱家骅的一再婉拒，于 1936 年 12 月自行任命朱家骅为浙江省主席。③ 而院长蔡元培在辞去大学院院长后，因不愿过多卷入国民政府的政治纷争，常驻上海办事处办公。总干事朱家骅是院内实际行政总枢，统揽全局，连院务会议蔡元培也完全授权朱家骅召开。

---

① 朱家骅：《国立中央研究院简说》（1953 年 12 月 23 日），朱家骅档案，函号：301 - 01 - 07 - 005、301 - 01 - 07 - 007。

② 《中央研究院设置研究生、助理员章程及有关文书》，中央研究院档案，中国第二历史档案馆藏，卷宗号：393 - 1631；徐明华：《中央研究院与中国科学研究的制度化》，《中央研究院近代史研究所集刊》第 22 期下册，1993 年 6 月，第 248 页；《三十年来的中央研究院》（1957 年 6 月 9 日），《朱家骅先生言论集》，第 108 页。

③ 1936 年 12 月 1 日行政院院会决议，以朱家骅为浙江省主席。

　　朱家骅前往浙省接事之前，估计抗战在即，以他个人之力，势必无法兼顾浙江省务与中研院院务，遂先到上海面见在11月底由感冒引发急病的蔡元培。本欲请辞总干事，但因蔡元培这次急病濒危方脱离险境，朱家骅与院内同仁顾及蔡元培的健康，集议后认为此时不是向蔡元培请辞时机。且蔡元培在夫人周峻的"严密监控"下，"外人见者甚少"，中研院同仁仅工程所所长周仁与物理所所长丁燮林得见。朱家骅前往拜见时，蔡夫人还"禁告"已就浙职，并派人"监其说话"。① 于是，朱家骅只好就任浙江省主席驻节杭州，并同时兼任中研院总干事之职。对于中研院院务则不时趁入南京之便，亲往处理，但所有事务性工作都偏劳傅斯年代为处理。与此同时，中日形势，风云日急，教育界与学术界已清楚意识到中日战争的不可避免。为增强国家国防力量，学术界与教育界人士一方面积极呼吁团结一致，为国族存亡贡献力量；另一方面开始向华中与西南一带觅地筹建校舍，作迁移准备。朱家骅位居中枢，深知局势演变，预料中日战争爆发为期不远，即开始为中研院迁移后方做种种准备。例如，先将地质调查所部分移往庐山，史语所将原藏北平的明清内阁大库档案南迁，计划在长沙筹设总办事处的工作站以备战时应变搬迁等。②

　　未久，发生卢沟桥事变，蔡元培尚未完全恢复，朱家骅于7月14日晚间在南京家中召开紧急临时院务谈话会，商讨迁移疏散之紧急应变措施。会中朱家骅原则决定，先在长沙设置工作站作为战时

---

① 《致胡适》（1936年12月10日），欧阳哲生主编《傅斯年全集》第7卷，湖南教育出版社，2002，第153页。

② 《函王敬礼》（1938年9月27日），朱家骅档案，函号：301 - 01 - 07 - 001；《悼亡友傅孟真先生》（1950年12月29日），《朱家骅先生言论集》，第741～744页；《中央研究院院史初稿》，第51～52页；高平叔：《蔡元培年谱长编》下册（2），第356页；胡颂平编《朱家骅年谱》，第38页；《致胡适》（1936年12月10日），欧阳哲生主编《傅斯年全集》第7卷，第153页；《蒋中正电嘱朱家骅盼决心接受主浙事务》（1936）、《蒋中正电嘱孔祥熙拟调黄绍竑主鄂朱家骅主浙》（1936）、《蒋中正电告翁文灏等下周二提会发表调黄绍竑朱家骅主鄂浙令》（1936）、《蒋中正电叶楚伧朱家骅催顾孟余入京主持政委会未到前由陈布雷继代》（1936），蒋中正总统档案之革命文献、筹笔，"国史馆"藏。

迁运的中心，除在上海之工程、物理、化学三所之部分笨重设备寄存外，其余各所全部设备和人员都集中长沙。此外，中日战争初期的主战场即在江浙一带，身为浙江省主席的朱家骅责任重大；中研院为国家最高学术研究机构，其保全与迁移工作也大意不得。因战事危难日亟，后防重要，浙省政务殷繁，朱家骅实难远离，分身乏术。所以，在征得傅斯年同意"偏劳照料"迁移工作后，致电蔡元培请准由傅斯年代行总干事职务。①

紧接着，爆发"八一三"淞沪战事，京沪局势紧张。中研院与平津两地三所大学奉令迁往长沙与南昌一带。代理总干事傅斯年召集院务会议指示各所尽速打点行装启程。碍于运输工具及交通困难，决定分程疏迁：物理、化学、工程三所疏迁昆明；南京七所，除地质所疏迁桂林、气象所疏散重庆外，其他各所连同物理所在南京紫金山所设的地磁台，都以长沙为疏散目的地；总办事处则随国民政府所在地先迁汉口。自此，中研院在炮火硝烟中踏上了迁徙流亡之路。各研究所连同总办事处辗转万里，或桂，或赣，或滇，或湘，陷入颠沛流离之苦境。11 月，战事危急，国民政府再令各文化机关限三日内迁往内地，中研院总办事处于 11 月 17 日由汉口迁往长沙，蔡元培则于 11 月底以年老体衰，养疴于香港，遥领院务，实际院务完全交由朱家骅全权主持。第二次迁徙因觅屋困难，至 12 月底方决定各所之动向：地质分赴湖北巴东、桂林；天文、心理、社会、动植物与史语所一部分赴桂林或阳朔；史语所语言组赴昆明；气象所赴重庆；总办事处留长沙。②

朱家骅发展中研院的全盘规划未及落实，即因对日全面抗战而

---

① 《密电蔡元培》(1937 年 7 月 31 日)，朱家骅档案，函号：301 - 01 - 07 - 005；《三十年来的中央研究院》(1957 年 6 月 9 日)，《朱家骅先生言论集》，第 108 页。

② 《三十年来的中央研究院》(1957 年 6 月 9 日)，《朱家骅先生言论集》，第 108 页；《竺可桢日记》第 6 册，第 354 页；《蔡元培全集》第 17 卷，113、142 ~ 143 页；高平叔：《蔡元培年谱长编》下册 (2)，第 416 页；《中央研究院院史初稿》，第 51 页。

中止，但他对中研院各研究所的迁徙原则，自始即想延续他在南京建立中研院"学术研究基地"的构想，希望各研究所能"集中"一处，以期在战时发挥"科学研究"的最大效能。

事实上，九一八事变后日本步步紧逼，国民政府认为必须加强发展重工业以为基础国防建设，遂设置资源委员会专责重工业发展；并评估西南地区具天然屏障为极佳的战时根据地，于是逐步把经济建设重点放在西南地区。朱家骅认为，西南地区为抗战之重要根据地，当此之际，尤需积极从事科学研究以为建设西南与开发西南资源之重要凭据。事实上，对中国西南地域的科学研究，朱家骅在中山大学任职期间已甚重视，曾先后主导由外籍地质学教授哈安姆组织四川及西康地质调查队、地理学教授克里德纳组织云南地理调查队，是最早重视中国西南边疆发展的学者之一。因此，他曾于8月中旬向竺可桢提及不赞成中研院这种"一哄而散"的迁徙方式。面对中研院的第二度迁徙，朱家骅强力主张各所要能"集中"工作，以求在昆明重建"研究本部"，发挥组织之力量，使得"学术研究中心"重现于西南，作为中国学术研究之新根基。朱家骅在1938年1月即分别函电各所长，明确表达希望中研院各所"集中昆明"的主张。① 他认为，中研院为国家最高学术研究机关，国难当前，更应与国家社会成密切之联系，使国家得学术之用、社会获学术之益。在中研院必须迁移之际，为"保全"已奠下的学术研究初基，也为发挥学术研究之最佳实用效能，极力倡议各所"集中"在昆明建立新的"研究本部"，作为"抗战建国"专责理论研究的"学术研究中心"，以期发挥"组织"力量。② 朱家骅"独钟"昆明与主张各所

---

① 《电各所长》（1938年1月），朱家骅档案，函号：301-01-07-031。
② 《电桂林中央研究院陶王李汪四兄并转周庄俞丁竺诸兄（密）》（1938年2月5日），朱家骅档案，函号：301-01-07-006；《抗战两年来的教训》（1939年7月9日）、《告全国教育学术界同仁书》（1940年3月24日）、《学校党务的诠释》（1940年6月22日），《朱家骅先生言论集》，第468、437、446页；《蔡元培全集》第17卷，第163页。

"集中"的主要原因总结起来有三。第一，远离战场。当时政府评估昆明远偏西南为日军轰炸难及之处，① 朱家骅认为可令研究人员于安全无虞之地，安心继续因战争迁徙中辍的研究事业，俾使"同仁所服务之科学研究机关，得以全部的复见于西南"。第二，与其他教育学术机关互取研究上之联系与合作。朱家骅考虑到战时研究材料与工具取得困难，因此他择地的重要考虑条件之一就是"须择高等教育文化机关所在地区，以便互取研究上之联系"。当时不少教育学术机关，例如北大、清华、南开已迁至昆明。第三，借此加强对西南、西北的研究，扩充各所研究工作之领域。② 显而易见，表象地维系中研院作为"国家最高学术研究中心"的"整体性"与"完整性"并非朱家骅的思考重点，科学研究工作的赓续，学术研究领域的扩充，抗战所需的储备，建国根基的奠定，最终达成"抗战建国"的目标，进一步将中国推向现代化国家之列，才是他关注的焦点。

只是朱家骅的这个"高见"并未获得各所支持。以气象所为例，所长竺可桢认为，各航空机关多以汉口为中心，就实用需求来说，天气预报应在汉口，迁移昆明则"只求其能安心工作"，因此不主张迁移昆明。当时已迁往桂林的心理所所长汪敬熙、社会所所长陶孟和、动植物所所长王家楫、地质所所长李四光则因中研院各所自日寇入侵以来，已二度迁徙，等同此年度大部分时间都花在装运旅行而荒忽研究工作。这次迁移自接洽地点至安顿又再费时一个多月。再者，地质、社会两所因抗战关系，应在鄂、湘、桂、粤各省进行的调查研究工作纷至沓来。此时若再迁徙，各种工作势必再度中断。尤其中国幅员广大，为工作方便计，本即有在各适宜地点设立工作站之必要。这次抵桂后，深觉该地四通八达，西下珠江，北通湘鄂，于工作殊为便利，诚为扩充各所工作领域之良好地点。另外，这次

---

① 郭廷以：《近代中国史纲》，香港中文大学出版社，1980，第665页。

② 《电各所长》（1938年1月），朱家骅档案，函号：301－01－07－031；《抗战两年来的教训》（1939年7月9日）、《抗战以来中央研究院之概况》（1942年10月10日），《朱家骅先生言论集》，第468、77页。

迁移，桂省当局热心协助，不只运搬迅速，且费用特别节省，尤其是对于中研院在桂林及阳朔之各所凡所求者，无不设法应诺，其尊重中研院与扶持科学研究之用心殊堪感谢，若在此时各所尽行他徙，实悖乎人情。因此该四所长联名致函朱家骅，表达虽认同设置"研究本部"的主张，但认为集中迁滇"兹事体大，似非可一蹴而成"。建议朱家骅"徐徐图之"，采"渐进"政策，即由各所在财力、交通及工作可先允许之范围内，分别派遣人员赴滇，先构成"具体而微"之"研究本部"，大部分人员则仍在桂省继续原来之研究工作。①

　　2月下旬，国民政府迁往重庆后，总办事处为便利业务接洽也随迁重庆。朱家骅还是认为各所"集中昆明较为适宜"，②又再次分别致电在桂林各所长与蔡元培重申这项主张。不过，朱家骅向来尊重中研院纯学术研究精神和各所自决的传统，类此意见相左之事，向不会坚持己见而是交由院务会议"公决"。此案朱家骅自然按照过去惯例提交将在香港举行的院务会议，欲由此"得一解决"。

　　当此危难之际，各所分散各处集会不易，且1938年度的评议会亦因战事紧急多变无法召开。院中待商之事，如迁徙之善后处理问题越积越多，特别是关于"此后院务之进行与各所研究工作"都有待院务会议集议决定。于是朱家骅2月底陈请蔡元培在港召开院务会议。这次会议是中研院西迁后的第一次院务会议，由蔡元培亲自主持。朱家骅及十所长全员到齐，会议连续进行两天。会中基于现实考虑，推翻朱家骅"集中昆明"之议，确定物理、化学、工程、天文、史语五所迁昆明；地质、心理、社会科学、动植物四所留迁桂林与阳朔；气象所与总办事处迁往重庆。另历史语言所在昆明与第一临时大学合作。会后，各所即按计划分别向桂林、昆明、重庆

---

① 《李四光、汪敬熙、王家楫、陶孟和同函》（1938年1月24日）、《李四光、汪敬熙、王家楫、陶孟和同电》（1938年1月26日），朱家骅档案，函号：301-01-07-031；《竺可桢日记》第8册，第197页

② 《分电桂林中央研究院李仲揆、陶孟和、汪缉斋、王仲济与香港蔡元培》（1938年2月20日），朱家骅档案，函号：301-01-07-031。

三地迁移。至此，朱家骅以昆明为基地，建造西南之"学术研究中心"，以推动科学研究事业的计划就此告寝。[①] 不过，在 1939 年的评议会年会中即因中研院在抗战期间暂迁西南，益感西南各省学术研究之重要，应趁此时机，促成西南永久研究机关之基础。因而做出中研院应在西南各省"广置永久研究机关，以求文化之平均发展，而利内地之开发"之决议，作为中研院抗战时期发展学术研究事业的工作重点，[②] 由此可以看出朱家骅的学术远见。

本章小结

1927 年中研院的创建是中国"科学救国"思潮的产物。中研院成立并被定位为"国家最高学术研究机构"，由国家行政拨款，赋予领导中国科学事业发展的重责大任，是政府部门开始关注与重视发展中国现代学术研究事业之始，亦为中国学术研究事业体制化、专业化、组织化与制度化的重要标志，更是中国知识分子"科学救国""学术救国"群体意识的载体与实践平台。因此，在蔡元培"科学救国"大旗号召下，集合了中国当时在自然科学、人文科学和社会科学领域中杰出的精英分子，是为当时中国最大的科学研究人才汇集所，从而形成了中国现代学术社群。最初聘任的筹备委员、[③] 成立后的各所所长、历任总干事几乎都是在欧美日受过西方科学洗礼的"海归"学者，而各所所长也几乎都是中国该学科的重要奠基人。他

---

① 《电李四光、汪敬熙、王家楫、陶孟和》（1938 年 2 月 5 日）、《院务会议提案》（1938 年 2 月 18 日），朱家骅档案，函号：301 - 01 - 07 - 006、301 - 01 - 07 - 031；《竺可桢日记》第 6 册，第 478、479 页；高平叔：《蔡元培年谱长编》下册（2），第 427、437 页；《蔡元培全集》第 14 卷，第 310 ~ 311 页；《蔡元培全集》第 17 卷，第 163、167 ~ 168 页；《三十年来的中央研究院》（1957 年 6 月 9 日），《朱家骅先生言论集》，第 109 页；《中央研究院院史初稿》，第 52 ~ 53 页；李扬编著《国立中央研究院史》，第 31 页。

② 《国立中央研究院第一届评议会第四次年会记录》（1939 年 3 月 13 ~ 14 日），朱家骅档案，函号：301 - 01 - 07 - 008。

③ 仅有极少数委员没有留过学，但在国内也是学有专精的知名学者。

们以苏联国家科学院的组织建构为主要参照体，融合中国实际政治、经济与学术条件，形成特有的中国式"国家学院"体制。因此，从中研院的组织大纲、成立宗旨与任务、组成分子、研究范围观之，其欲以集体力量共同推进中国学术事业的现代化，以发展中国科学事业为救国、强国之道的宏图已清晰展现。

清政府自1860年代的"洋务运动"即已注意到西方科学，不过迟至20世纪初才开始现代科学事业的起步与发展。发展学术从未是民国以来当权者建国计划的焦点。在1917年蔡元培整顿北京大学之前，没有名副其实传授现代科学知识的国家高等学府。中研院成立前既无足以代表中国科学界与学术界的"学术机构"，中国人自己设立的专业科学研究机构也屈指可数，① 连具现代意义的科学家也都是凤毛麟角。

当时中国科学研究机构仅限于地质、生物、天文、化学等几个学科，且那时的地质学重点工作是做调查，生物学多是采集标本。② 这个事实清楚说明了当时中国科学研究事业并未开展，科研人才匮乏，执政当局对学术研究事业毫不重视。就是因为中国科学研究事业尚未开始，中国现代物理研究奠基者之一的严济慈于1928年年底决定再次赴法国深造，就是要"使自己更充实，使科学在中国的土

---

① 民国建立以来，中国人自建最早的研究机构为1913年5月在北京泡子河古观象台设立的中央观象台，是第一个近代观象台。接着是1916年北洋政府工商部的地质调查所、1922年中国科学社的生物研究所、1923年私人企业成立的黄海化学研究所、1923年的河南地质调查所、1926年浙江省科学院、1927年朱家骅成立的两广地质调查所及湖南地质调查所。在大学里成立研究所者只有1922年北京大学设国学门、1926年国立交通大学设工业研究所。据教育部1925年统计指出，当时全国共有44个学术团体。《丙编　教育概况　第四学术机关及学术团体》，《第一次中国教育年鉴》，第1121～1123页；教育部教育年鉴编纂委员会编《第二次中国教育年鉴》第六编，文海出版社有限公司，1986年影印本，第1～2页；李扬编著《国立中央研究院史》，第1页。
② 这是因为科学研究工作开始进行时，一切基础知识尚未取得。丁文江便认为："必须高瞻远瞩，认清全盘形势，等到基础打定之后，才可就关键地方，做小范围的精细工作。"翁文灏：《回忆一些我国地质工作初期情况》，《中国科技史料》2001年第3期，第198页。

地上生根"。他在临行前的欢送会上这样说："我这次是代替我的儿子出去的，科学在中国的土地上生了根，到了我的儿子这一辈，中国科学水平提高了，他们就用不着出国。"①

1927年国民党全国性政权确立后，提供建立和发展"纯学术机构"所必需的政治与经济稳定的基础条件。以发展科学事业，提倡科学思想，普及科学精神与方法的科学研究机构纷纷成立，成绩可观。根据教育部统计，中华民国成立前，全国还没有一个专门从事科研的机构；1925年时有44个学术团体，其中研究自然科学及应用科学者占半数；②至1935年1月全国各主要学术机关团体有142个，其中属科学一类的有73个，占总数的51.4%。③这个统计数字清楚地说明，中国在科学研究领域的进步，是中国现代学术事业发展的第一个黄金时期。诚如电气学家顾毓琇在1936年所言："我们实在已经从普通谈谈科学的时代进步到研究科学的时代，而论文的标准亦从科学杂志的介绍文字，提高到专科学报的专门著述了。"④因此，有学者便称许1937年前十年"是民国以来教育学术的黄金时代"。⑤

中研院在蔡元培长院时期设置了10个研究所，形成京沪两个学术研究基地；成立评议会为全国最高学术评议机构，讨论重要科研项目，专责国内外学术机构之交流与合作工作，奠定了中研院作为"国家学院"的初基，是当时中国最高学术水平的综合

---

① 金涛：《严济慈先生访谈录》，《中国科技史料》1999年第3期，第237页。

② 《丙编　教育概况　第四学术机关及学术团体》，《第一次中国教育年鉴》，第1121～1123页。

③ 《中央研究院与中国科学研究之概况》（1935年11月4日）、《中国的中央研究院与科学研究事业》（1936年3月）、《二十五年来中国研究机关之类别与其成立次第》（1936年9月30日），《蔡元培全集》第8卷，第164、296～307、388～389页。

④ 顾毓琇：《七科学团体联合年会的意义和使命》，《独立评论》第215号，1936年，第8页。

⑤ 物理学家严济慈大量发表科学研究论文是从1925年到1938年。因此他说，1930～1938年是他"一生安心搞科学研究的重要阶段"。金涛：《严济慈先生访谈录》，《中国科技史料》1999年第3期，第239页；郭廷以：《近代中国史纲》，第670页。

性学术研究机构。由此足证"科学救国"理想已逐渐化成行动，付诸实现，且由各研究所成立的先后顺序及演变情形亦可窥见各学科在中国发展的趋势。中研院在 1932 年 3 月获法兰西学院赠予白理安奖金、1934 年 7 月受聘为伊朗亚细亚学院名誉会员、1935 年 8 月应"科学团体国际评议会"邀请加入该组织；与此同时，一些国家的学者如英国作家、诺贝尔得主萧伯纳，意大利无线电发明家马可尼、樊迪文夫妇于 1933 年先后抵华访问中研院，进行学术交流活动。[①] 诸此种种都是中研院成立后，中国学人学术成就与中研院"国家学院"在国际学术界中已开始受到重视的最佳例证。

　　不过，在这所谓"黄金十年"间，中国仍深处忧患之中。"五三"惨案、九一八事变、淞沪事变相继发生，日本扶持伪满洲国及冀东伪政权。因此，并不允许中国学术事业有充裕发展的机会，科学事业也无法如计划推展。

　　1937 年对日抗战全面爆发迫使中研院各所分途撤迁后方，是中国教育、学术事业另一场浩劫。面对国家内忧外患的艰困处境，蔡元培仍乐观地认为：

　　　　大家觉得中国现在内忧外患的过程中，可以悲观的事情实在太多，可是我们仔细观察一下，便知进步的地方亦未尝没有。开始提倡到现在，还不过区区数十年的科学事业便是比较可以"引以自慰"的一端。
　　　　……
　　　　一国国势的增长，和科学事业的进步成为正比例。年来国家多故，科学事业不能顺利发展，无庸讳言。可是科学

[①] 《中央研究院与中国科学研究之概况》（1935 年 11 月 4 日），《蔡元培全集》第 8 卷，第 178 页；陶英惠：《蔡元培与中央研究院一九二七～一九四〇》，《中央研究院近代史研究所集刊》第 7 期，1978 年 6 月，第 49～50 页；《中央研究院院史初稿》，第 49 页。

救国的运动，已逐渐由理想而趋于实践，不能不说是一种好现象。①

日本侵华完全扰乱了中国现代科学事业发展的进程，打乱了中研院已步入正轨的研究工作，战火迁徙更使研究工作被迫中断。虽然中研院在大后方艰苦的环境中仍砥砺前行，但毕竟难现辉煌。朱家骅担任总干事期间正是中研院由发展黄金十年转向颠沛流离之间。抗日战争全面爆发，打断了他发展中研院的"远大计划"，所有曾为推动建设中研院成为"名副其实"的国家学院的努力，包括在南京设置"研究本部"、扩充研究组织等规划全因战事奉命西迁而化为乌有。中研院必须迁移时，他又希望全院能集中迁移昆明作为西南的"学术研究本部"，以此为基地全力发展中国科学事业，以完成抗战建国大业。不过，这一切设想也都因现实困难而胎死腹中，只能退而求其次，力求"保全"各研究所及迁移后的持续工作。

再者，1936年6月朱家骅接任总干事时，已是中英庚款会董事长。12月即因战事将近，在蒋介石战略配置下接任浙江省主席（至1937年11月）。本欲请辞总干事，却又适逢蔡元培重病初愈无法言辞，初期只好两地奔波。中研院奉命西迁，事繁任重，自1937年7月起总干事一职即请傅斯年代理。朱家骅于1938年3月起更兼党务核心领导要务多职，如国民党中央政治会议委员、军事委员会参事室主任，兼中央党部秘书长，兼党务委员会主任委员，兼中央调查统计局局长，兼三民主义青年团干事会之常务干事兼代书记长等。因此，若问朱家骅在任总干事之前或是期间，之于中研院或是中国现代学术研究事业的实际进展有何具体贡献？若由上观之，确实难见其功。

不过，在他任总干事之前为中研院评议会组织法有关"院长补

① 《中央研究院与中国科学研究之概况》（1935年11月4日），《蔡元培全集》第8卷，第178页。

选由评议会执行"等法条在政府审议时的全力护航，创建维护中研院学院自主性的民主制度，确实功不可没。在任总干事之后，虽有一半任期由傅斯年代理，但事实上朱家骅仍充分掌握院务情况，负实际决策之责。特别在蔡元培与蒋介石实质决裂后，同任党政要职的朱家骅更是中研院与党政部门沟通的重要桥梁与缓和剂。对于中研院全院能顺利迁移西南与维持研究工作之不断亦有"保全"之功。

第一，傅斯年虽代理总干事，朱家骅仍负实际决策之责。

1937年7月31日起朱家骅虽请假由傅斯年代理，但事实上，细阅这时期朱家骅与院内同仁的书信、公文往来，随处可见他仍遥领院务并负实际决策之责，而不是不作为的"居其名"。例如，朱家骅为了解迁徙后院中人员变动情况，1938年2月5日致电各所长要求呈报各所现留人员名单。1938年6月3日，陶孟和、汪敬熙、李四光、丁燮林、王家楫等五位所长联名致函朱家骅，条举关于下年度各所留资停薪及其他机关借调人员处置办法之意见，要朱家骅及早裁决定案。又如，各所长对于迁移情况除向蔡元培报告外，亦直接以信函方式向朱家骅汇报。地质研究所所长李四光、动植物研究所所长王家楫先后于1938年1月20日、28日函朱家骅，报告迁移状况及将来工作计划。又如，总办事处会计主任王毅侯虽常常向朱家骅与傅斯年同函报告总办事处事务，但复函裁决王毅侯所提之亟待解决问题者都是朱家骅独自署名，非与傅斯年联名。①

朱家骅仍实领中研院院务的另一"明证"，是朱家骅对院务的"否决权"。其中一例是有关中研院基金运用之事。各所长曾在院务

---

① 《国立中央研究院总办事处函》（1938年2月5日）、《复国立中央研究院总办事处函》（1938年2月11日）、《陶孟和、汪敬熙、李四光、丁燮林、王家楫联名函》（1938年6月3日）、《复陶孟和、汪敬熙、李四光、丁燮林、王家楫》（1938年7月11日）、《王家楫函》（1938年1月28日）、《李四光函》（1938年1月20日）、《王敬礼同函朱家骅、傅斯年》（1938年2月7日）、《王敬礼函傅斯年》（1938年2月11日）、《王敬礼函》（1938年2月16日）、《复王敬礼》（1938年2月20日），朱家骅档案，函号：301-01-07-018、301-01-07-018、301-01-07-023、301-01-07-031。王敬礼即王毅侯。

谈话会中决议，由于迁移，各所经费支绌，迁移运费由基金款暂付。朱家骅得知后认为中研院基金尚未完成立法程序，恐届时遭人"挑剔"造成困扰，先行终止这项决议进行，直接致电各所长表达"暂不动用为宜"，同时还指示总务主任王毅侯，"基金利息未成法案以前，绝对不能动用"。并依其意见，将此案提交即将在香港举行的院务会议公决。① 另外，1938 年 6 月 1 日，傅斯年与王毅侯联名同函朱家骅请示关于新编 1939 年度中研院概算若干需先行决定之问题。其中关于地理研究所之筹办，傅斯年与王毅侯认为，当时棉纺实验馆和地理与生理研究所之筹备已经停顿，建议将此三项预算转作中研院的"预备费"。此意见，蔡元培觉得"甚妥"，但朱家骅认为"地理所仍须进行，可照前例"。结果，王毅侯仍依照朱家骅的意见，将地理所经费列入并函陈院长。② 诸此种种皆为朱家骅实领院务，仍具决策权与主导权之明证。

第二，中研院与党政之桥梁。

朱家骅在中研院与官方沟通、斡旋上更发挥了极其关键作用，展现他任总干事职的重要地位。当时最大的一件事是素有"傅大炮"之称的傅斯年向行政院院长孔祥熙公开连续"放炮"，得罪了孔祥熙。此事使中研院受到波及。事情的原委是，1938 年国民政府为"集思广益"，团结全国力量，设立国民参政会，于 1938 年 7 月在汉口召开第一次大会。参议员傅斯年即在会上对行政院长孔祥熙贪污腐败多所质问，并迭函蒋介石直言痛批孔祥熙之弊。③ 傅斯年颇为得

---

① 《电复李四光、汪敬熙、王家楫、陶孟和》（1938 年 2 月 2 日）、《王敬礼函朱家骅与傅斯年》（1938 年 2 月 7 日）、《院务会议提案》（1938 年 2 月 18 日），朱家骅档案，函号：301 - 01 - 07 - 031。

② 《傅斯年、王敬礼同函》（1938 年 6 月 1 日）、《复傅斯年、王敬礼同函》（1938 年 6 月 9 日）、《王敬礼函》（1938 年 6 月 11 日），朱家骅档案，函号：301 - 01 - 07 - 016、301 - 01 - 07 - 017。

③ 傅斯年在担任国防参议会委员时，即曾致函蒋介石大力指责孔祥熙。《上蒋介石》（1938）、《上蒋介石稿》（1938 年 7 月 12 日），欧阳哲生主编《傅斯年全集》第 7 卷，第 175、179～183 页；《王世杰日记》上册，第 97 页。

意地与人言及此事：

> 我一读书人，既不能上阵，则读圣贤书所学何事哉？我于此事，行之至今，自分无惭于前贤典型，大难不在后来在参政会中，而在最初之一人批逆鳞也。若说有无效力，诚然可惭，然非绝无影响，……士人之节，在中国以此维纲常者也。①

不过傅斯年的"得意之作"却为中研院招来大麻烦。据说，傅斯年给蒋介石的批孔函落入孔祥熙之手，孔祥熙大怒。由于中研院经费在教育部经费项下，当时财政部本已规划缩减经费，孔祥熙在中政会上即主张普减为五成，教育部经部长陈立夫力争后，教育文化经费得给七成之九折，即六成三。此外，孔祥熙还在国防最高会议中大骂中研院说："怎么把我的财政部也打了对折？中央研究院每年百多万，做得些什么事？比财政部的经费还多。"② 意欲"杯葛"中研院下年度预算。幸亏是朱家骅出面撑持，多方"努力"，才化解危机，保护中研院的继续生存与发展。③

第三，中研院迁移保全之功。

这次抗战中的大搬迁，中研院的珍贵典籍、图书、古物、仪器设备量多物重，又易受损。研究人员与职工眷属颇众，且老弱妇孺皆有，长途跋涉，人与物皆须加意照顾。傅斯年除了要负责史语所的迁移，还要筹措整个中研院迁移事务性工作，功不可没。但是疏迁所需交通运输工具极多，特别是战时皆以军运为第一优先，交通

---

① 《致胡适》（1940年8月14日），欧阳哲生主编《傅斯年全集》第7卷，第221页。
② 《蔡元培全集》第17卷，第176页；高平叔：《蔡元培年谱长编》下册（2），第430页。
③ 杨树人：《怀念朱骝先先生》，《传记文学》1964年第1期，第26页；徐树英：《政学殊途的君子之交——傅斯年与朱家骅》，聊城师范学院历史系等编《傅斯年》，山东人民出版社，1991，第267页。

工具为支持前方军事而受管制，车船均不易雇得。另外，基于军事考虑，重要道路亦普设关卡，通行不易。迁移经费在战时国家财政窘困的情况下，申请尤多周折。诸此种种若非朱家骅利用其公私关系——为中研院取得"便利"，各研究所难以迁到安全地点，继续工作。又如，李济负责押运史语所迁滇之测量、照相仪器、图书表册共六十件，途经河口关卡，但因时间匆促，不及按规定手续备具公文而受到阻挠，朱家骅即以速件致函当时的关务署长郑蓬仙关说请求，始得"特别通融"免税放行。① 另外，史语所有出版品二百余箱，急拟由长沙运往九龙，朱家骅再函粤汉路局局长陈延炯给予"便利"。②

一般认为，朱家骅自主持浙江省政后，事务性院务主要都是交由傅斯年代为处理，尤其在七七事变后，傅斯年正式代理总干事，一肩扛起中研院疏迁工作，此时"保全"中研院为傅斯年之功。朱家骅自己也说：

> 七七之变，淞沪战事旋起，浙江首当其冲，不能稍离，而京中告急，更无法兼顾院事。在这一年余之中，院内诸事，无论巨细，悉承孟真照料，甚至全院西迁，也都由他一手办理。③

但综合上述情形可见，朱家骅任总干事期间因同时兼任党政要职而为中研院最佳的保护者。蔡元培就是因为清楚知道，当此转徙避地、中研院风雨飘摇之际，院务百端待理，且事事影响今后百年大局，以朱家骅当时在党政界的地位与影响力，更是佑护中研院研究工作可以赓续的重要支柱与势力。而这也是蔡元培坚持，宁愿朱

---

① 《致关务署郑署长蓬仙》（1938 年 2 月 22 日），朱家骅档案，函号：301 - 01 - 07 - 031。

② 《函粤汉路局陈局长延炯》（1938 年 3 月 21 日），朱家骅档案，函号：301 - 01 - 07 - 031。

③ 《悼亡友傅孟真先生》（1950 年 12 月 29 日），《朱家骅先生言论集》，第 743 页。

家骅只"居其名"也不愿朱家骅离职之故。①

　　持平而论，此一时期在朱家骅与傅斯年两位总干事分工合作、相辅相成的共同努力下，带领中研院顺利向西南迁移，维系院务持续不断地发展。也因此，1939年3月13日国立中央研究院第一届评议会第四次年会，为朱家骅交卸总干事后第一次召开的评议会。与会评议员认为，朱家骅与傅斯年在中研院播迁困难之际，"尽力维持"使中研院院工作不致停顿，"劳绩独多"，一致同意将其"劳绩"，"加载记录，以志感谢"。② 中研院同时有两位总干事领导院务的情况是绝无仅有的。

　　只是在1940年3月蔡元培去世后，辞脱总干事一年余的朱家骅为评议会选为中研院院长候补人之一，并于9月被任命为"代理院

---

① 朱家骅自1936年12月接浙江省政后，即一再呈辞总干事未获核准。他认为，战事猝起，留浙日多，常此远离，根本无助于中研院科学研究事业的推展。且自1937年冬国民政府撤至武汉后，蒋介石即嘱朱家骅在"左右相助"，包括在军事委员会下筹组智囊性质的参事室，接任中政会与最高国防会秘书长。还有意要朱家骅在1938年3月底以"专使"名义出使德国会晤希特勒，甚至一度要朱家骅担任驻德大使。因此，朱家骅于1937年11月起一再向蔡元培请辞，并荐傅斯年自代。但蔡元培始终"温谕慰留"，婉劝"勿辞"。1938年2月底，蔡元培还裁示："骝先无论到何地，总干事之名不能取消，仍请孟真代理。"亦即朱家骅届时必须赴德一行，仍要他"居其名"，院事交由傅斯年代理。迟至八月蔡元培仍撂下"骝兄辞总干事，孟兄辞史语所长，决不答应"的结语。《函戴季陶》（1938年1月21日、2月16日、3月）、《朱家骅请辞参事室主任并报告参事室人士、经费等情形》（1938年4月30日）、《函蔡元培》（1937年11月7日、1938年2月21日、8月8日、9月3日、9月27日）、《电蔡元培》（1938年3月13日）、《蔡院长致傅孟真函》（1938年8月18日）、《函傅斯年》（1938年8月18日、9月12日）、《复王敬礼》（1938年9月5日）、《王敬礼函》（1938年9月1日）、《函陶孟和》（1938年9月6日）、《复中央大学校长罗家伦》（1938年9月9日）、《复赵元任》（1938年3月1日），朱家骅档案，函号：301-01-06-004、301-01-03-003、301-01-07-001、301-01-07-005、301-01-07-020、301-01-07-027、301-01-07-031；《蔡元培全集》第14卷，第331~332页；《蔡元培全集》第17卷，第111~113、153、157、169、234、241、261页；高平叔：《蔡元培年谱长编》下册（2），第409、418~420、425、428、458页；胡颂平编《朱家骅年谱》，第38、44~45页；《竺可桢日记》第6册，第480页；《王世杰日记》上册，第89、91页。

② 《国立中央研究院第一届评议会第四次年会记录》（1939年3月13~14日），朱家骅档案，函号：301-01-07-008。

长"，建设中研院这个国家最高学术研究机构的重担与发展中国现代
学术事业的重责，最后依然回落在朱家骅身上。

朱家骅十分敬佩蔡元培的深谋远虑。他指出，蔡元培早在清末即
已看出学术是救国、建国乃至立国的最大要素，倡导"学术救国"主
张。毕生尽力，栖栖惶惶，牺牲个人安乐，努力向这条道路奔走。自
民元以来，新学制之建立、教育方针之改进、社会学术风气之养成、
国际文化之沟通，无一不是他一贯精诚所在。特别是北京大学之整顿，
"对我国固有之学术，董理精研，不偏不废，同时复将欧美各国学术之
精华，尽力灌输，沟通融会"。[①] 创办和发展中研院时，以埋头苦干
之精神，"综道术于一尘，扬国粹之闳美，钻西化之高坚，檠立国之
本根"，始得奠定"学术救国"之宏基。[②] 中研院是朱家骅与蔡元培
最后共事之所，这次"代理"长院令朱家骅深有"睹成典之尚存，慨
哲人之不作，人琴之痛，云胡能已"之慨。[③] 因而遥瞻未来之岁月，
如何体会蔡元培的志向，继承蔡元培的事业，以完成蔡元培平生所
揭橥的"学术救国"的使命，又应如何调和中研院学术社群与蒋介
石政权间的差异，朱家骅弥感职责重大。

---

① 《悼蔡子民先生》（1940 年 3 月 24 日），《朱家骅先生言论集》，第 724~725 页。
② 《蔡子民先生逝世三周年纪念辞》（1943 年 3 月 5 日），《朱家骅先生言论集》，第 732 页。
③ 《永念子民先生的精神》（1941 年 3 月 5 日），《朱家骅先生言论集》，第 725 页。

第四章

抗战时期守成不易（1940～1945）

朱家骅因过去在教育学术领域所展现的跨学科学术涵养以及推动中国学术事业的贡献等原因，在蔡元培 1940 年去世后由中研院评议会评议员票选为三位院长候补人之一，由国民政府主席圈定为"代理"院长。

不过，中研院自 1939 年起随着中国战局的严峻变化，此时也陷入最为困顿时期。在此抗战危局中，如何维护中研院在战时之不坠及其研究人员之不散，如何善尽"国家学院"的义务与责任达成使"国家得学术之用""社会获学术之益"的目标皆非易事。换言之，中研院不仅"维持"不易，"发展"更难。"院长"一职，除了在学术界有"至高荣耀"的光环外，不仅不是"闲差"，实是"苦差"。

中研院是体制内的一个学术组织，政府是其主要经费来源，无法完全独立于政治控制之外。朱家骅以一信奉三民主义的参政知识分子，主持高扬"学术自由"与"学术自治"旗帜的中研院，其以国家行政组织力量推动中国学术事业现代化发展的远大理想虽与蔡元培及院内学者是一致的，但在此学术与政治的矛盾之间，分寸拿捏与处置是相当值得观察的一个面向。

第一节　出任中研院代理院长

1940 年 3 月 5 日，蔡元培的遽逝令闻者惊愕与悲恸。按章由中研院评议会评议员依法集会票选三位院长候补人，呈请国民政府主席遴选一人。这是中研院评议会第一次执行这项"补选院长"的职权。"选举院长"，史无前例。既无先例，理论上就是"依法行事"。原定 3 月 22 日在重庆召开的评议会年会重点本是第二任评议员的改选，但选举新院长成为主要任务。单纯就继任人选来说，谁够资格、谁孚众望马上成为中国学术界、知识界，甚至政治圈的焦点议题。① 谁能令这帮"一人一义"学人折服成为蔡元培的接班人，挑起这个处于战乱，风雨飘摇的国家最高学术机关重担？谁能接继维护中研院学术自由与独立自主的责任？谁又能承继推动实现学界以蔡元培为中心的"学术救国""科学救国"的理想？这些都是学术界、知识界关心与讨论的话题。

这次院长选举是评议会第一次执行这项补选院长职权，为维护学术独立自主的精神，院长选举相关法条设计中对于"院长候补人"既没有资格限制，也不须经过"推荐"；既没有"参选者"，也没有"候选人"，自然没有"竞选活动"，也就无从考虑"候补人"的"主观意愿"。就法条设计精神来说，院长候补人人选完全由评议员各自凭着"学术良知"投票决定。只是当国家最高政权机关领导人蒋介石"下条子"有所"指示"时，这次院长补选便会成为政治与学术之间的角力。评议会这项补选院长职权能否由"纸上法条"成为实质代表中国现代学院学术独立自主精神之"典范"，这次的补选是最佳的试验，具历史性的示范意义。因此，中研院这次院长补选意义非同小可，继任人选益发不能不更加慎重。

一　选举院长候补人

当时学界最属意于朱家骅、胡适、翁文灏、王世杰、任鸿隽为院长候补人选。此五人，单就学历、经历来看，确实是一时之选。

---

① 陈源 1940 年 4 月 21 日给胡适的信中便曾说到当时各界对此问题的关注。《陈源致胡适》（1940 年 4 月 21 日），《胡适往来书信选》（中），第 464 页。

这五人向来与学术界维持紧密关系，亦皆为中研院筹设时的重要成员，还都同为评议会评议员，与中研院有深厚渊源。除任鸿隽外，其他四人更都曾在蔡元培主持下的北大共事过。有意思的是，这五人除了任鸿隽与政府无直接关系外，其他四人在当时学人从政报国的热潮下，皆分任党、政要职，深受蒋介石倚重。

评议会秘书翁文灏3月5日晚即与竺可桢讨论院长继任人选问题，达成初步共识，拟推举胡适、王世杰与翁文灏三人为候补人。傅斯年与其亲近的朋友都说要选胡适一票，连陈寅恪这种素不管事之人也热心参与意见，并矢言出席评议会年会只为投胡适一票。后来评议员渐集，也都说胡适这一票必不可少。不过，当时胡适驻美大使职务关系国家至重，众人都担心选出胡适将会影响其驻美大使任务。也有人担心，胡适若当选一时恐无法就任。① 陈源及其友人虽不是评议员，但对此议题亦曾热烈讨论过，一致认为胡适、朱家骅、王世杰和翁文灏是最适当的人选。② 那时也有人提出李石曾、佛菩萨、吴稚晖、顾孟余等人。③ 陈源说，考虑到吴稚晖"一则说他没有这方面的兴趣，再则他的主张不尽相同，最重要的是说他年龄太高，近来身体也不太好，恐不久又得重选"，"佛菩萨谁也不愿意招揽他。李呢，也许正好借此将中央研究院与北平研究院合并，可是谁也不愿意惹他"。至于顾孟余，陈源等人则认为一般对政治没有兴味的科学家都"不愿以研究院为酬勋（没有跟汪去也）的奖品"。④

就在学界热烈讨论新院长继任人选问题的同时，蒋介石也十分

---

① 《复姚从吾》（1940年3月21日），朱家骅档案，函号：301-01-23-238。

② 王世杰一开始便向傅斯年表达不愿当选候补人，并认为院长以专任为宜，而顾孟余是可以参考的人选。《王世杰日记》上册，第257页。

③ 陈源信中的"佛菩萨"不知所指为何人。顾孟余则是段书贻"突然想到"提出的建议名单。《陈源致胡适》（1940年4月21日），《胡适往来书信选》（中），第464页。另见《致胡适》（1940年8月14日），欧阳哲生主编《傅斯年全集》第7卷，第216～217页；《竺可桢日记》第7册，第310页。

④ 《陈源致胡适》（1940年4月21日），《胡适往来书信选》（中），第464、465页。

关切，打算安排顾孟余继任。① 不过，因为蒋介石的"参与意见"，使得原本单纯的继任院长选举搅进了许多矛盾与纠葛。蒋介石之所以属意由顾孟余出任，以目前现有的史料来看，应是起自王世杰的"建议"。王世杰曾在日记中记载，关于中研院院长之继任人选，他与段锡朋认为，甫弃汪精卫而投奔蒋介石的顾孟余是个适合的人选，中研院长学术地位崇高，不碍政治，是安插顾孟余的适当位置。两人在3月7日即联袂向蒋介石的幕僚长、国防最高委员会秘书长张群进言，获得认同。② 蒋介石也认为这群核心幕僚的分析言之有理，遂欲"推荐"顾孟余接任中研院院长，并先后直接或间接将此"意旨"转达给与学术界关系密切的部属，如朱家骅、翁文灏、王世杰、段锡朋、陈布雷等人，要他们向评议会委婉、技巧性地"推荐"顾孟余。

顾孟余在国民党内争之中，向为汪精卫所器重，1938年12月汪精卫投日时，顾孟余坚守民族气节与汪精卫"决裂"，对瓦解汪派和维护团结抗战的大局起了积极作用，一时颇得好评。1939年12月，顾孟余在蒋介石的邀请下回到重庆。若单纯从他个人的学术经历与党政关系来看，堪任院长一职。不过，顾孟余自1927年"三一八"惨案被北京政府通缉离开北大后，就全心投身政界，与汪精卫站一阵线，和学术界渐有距离。当时有不少学者认为，顾孟余涉政过深，政治色彩过于浓厚，也因他曾经与汪精卫同气而质疑他投靠蒋介石的政治立场。而且就在顾孟余甫投靠蒋介石的敏感时间上，目前尚未有资料直接证明当时蒋介石"推荐"顾孟余的真正原因。但当时一般认为，蒋介石是基于政治考虑，打算以"名重权轻"的中研院院长为对顾孟余的政治酬庸。③ 评议员汪敬熙也曾明言："我决不投他票，他只是个

① 顾孟余自港至渝，蒋介石欲其留渝，借以影响外界对汪精卫的观感。据顾孟余说，陈璧君对伪组织事已趋消极。《王世杰日记》上册，第240页。
② 《王世杰日记》上册，第256页。
③ 所以最早段锡朋提议顾孟余时，才有陈源等之"一般对于政治没有兴味的科学家却不愿以研究院为酬勋（没有跟汪去也）的奖品"之说。《陈源致胡适》（1940年4月21日），《胡适往来书信选》（中），第465页。

polititian[1]！"傅斯年平心而论，认为顾孟余"清风亮节，有可佩之处，其办教育，有欧洲大陆之理想，不能说比朱、王差"，只是难题在于"除非北大出身或任教者，教界多不识他，恐怕举不出来"。[2]

由于"推荐"顾孟余的效果不佳，翁文灏在 3 月 16 日接到陈布雷明言蒋介石"盼以顾孟余为中研院院长"的信函，大犯众怒。[3] 当时朱家骅与段锡明详细一算，顾孟余最多只可能拿下八票，其中一票还包括了原本直言"决不投他票"的汪敬熙在内。这样的结果，让原本最积极热心此事的王世杰与段锡明泄了气，觉得此事无法推动。傅斯年也认为，对付这班"一人一义"学者"实在没法运动，如取运动法，必为所笑，于事无补"。且只会适得其反，只有"任其自然，且看有无公道。我们只是凭各人之良心，希望政府守法律。此外皆做不到"。[4]

3 月 20 日，评议会召开的前两日，大部分评议员已聚集到重庆，朱家骅、胡适、翁文灏、王世杰、马君武及顾孟余六人是他们私下商讨的热门院长候补人。这天蒋介石"下条子"直令评议员要选顾孟余。[5] 原本的"口头转达"变成"书面命令"；原本"非正式"的"协商"，变成了"正式"的"要求"了。蒋介石对评议员"下条子"，无异是对读书人气节与风骨的侮辱和蔑视。如果评议员选出蒋介石所指定之人，便是向政治屈服，弃守学术独立自治的民主选举精神。蒋介石此举引发评议员的"众怒"而遭一致抵制。傅斯年当场火冒三丈，[6] 并在事后谈到"下条子"的严重影响指出："介公一下条子，明知将其举出，则三人等于一个人，于是我辈友人更不肯，

---

① 意为政客，原信如此拼法，应为 politian。
② 《致胡适》（1940 年 8 月 14 日），欧阳哲生主编《傅斯年全集》第 7 卷，第 217 页。
③ 《翁文灏致胡适》（1940 年 5 月 21 日、1940 年 8 月 12 日），《胡适往来书信选》（中），第 467、473～474 页。
④ 《致胡适》（1940 年 8 月 14 日），欧阳哲生主编《傅斯年全集》第 7 卷，第 217、222 页。
⑤ 《致胡适》（1940 年 8 月 14 日），欧阳哲生主编《傅斯年全集》第 7 卷，第 222页；李学通：《翁文灏年谱》，山东教育出版社，2005，第 209 页。
⑥ 王世杰当天还在日记里记载，傅斯年为此事"大怒"，并归罪于王世杰。《王世杰日记》上册，第 258 页。

颇为激昂。""顾之一说,若是翁、朱、王三位大卖气力,作为自动的自让,再有充分时间,也许可以做到,但条子一下,即无法挽回。"[1] 气象所所长兼浙江大学校长的竺可桢在隔天也向陈布雷与张其昀表明:"恐评议会中通不过。"[2]

依照往例,评议会集会前夕会有一次针对即将讨论之议案进行非正式意见交换的"会前会"聚餐。3 月 21 日,总干事任鸿隽与评议会秘书翁文灏做东招待抵达重庆之评议员傅斯年、王世杰、朱家骅、茅以升、凌鸿勋、陈寅恪、姜立夫、郭任远等 30 人。为了院长补选事,向来不管"俗事"的陈寅恪竟首先发言,大大倡言其"academic freedom"(学术自由)说,并主张"院长必须在外国学界有声望,如学院之外国会员等"为佳。[3] 陈寅恪明显指的是胡适。接着陈寅恪的话,任鸿隽则提出"在国外者,任要职者,皆不能来,可以不选"的意见。但若是照任鸿隽的"建议",在国外的胡适、任要职的朱家骅、翁文灏、王世杰则都要被排除在外,而这些人又是当时最热门的候补人。此话一出,当下即受到傅斯年的反对。傅斯年反驳说:"挑去一法,恐挑到后来,不存三四人,且若与政府太无关系,亦圈不上,办不下去。"[4] 最后由胡先骕提议,干脆先进行一次"Straw Vote"(测验性投票)。结果翁文灏得 21 票,胡适得 20 票,朱家骅得 19 票,为院长候补人之前三强。其他还有李四光得 6 票,王世杰、吴稚晖、秉志、傅斯年、马君武与竺

---

[1] 《致胡适》(1940 年 8 月 14 日),欧阳哲生主编《傅斯年全集》第 7 卷,第 222 页。

[2] 《竺可桢日记》第 7 册,第 321 页。

[3] 当时西南联大教授如陈寅恪、汤用彤等均认为,若图抗战建国时期对外交与学术双方俱利,应以胡适担任"最佳"。理由有三:(一)胡适为现任驻美大使,今若上下一致举他为院长,可以增加彼在美欧之地位。使他发言更于党国有利。(二)中研院等于欧美之国家学院,向受崇敬。民主国家如英、美、法朝野重之,集权国家如德、意亦然。此举在国际上可以引起好感,自不待言。(三)胡适为普鲁士国家科学院的名誉会员,在世界学术界已有地位。此举不但可引起德国同情,亦易博得世界各国之重视。《姚从吾函》(1940 年 3 月 14 日),朱家骅档案,函号:301 - 01 - 23 - 238。

[4] 《致胡适》(1940 年 8 月 14 日),欧阳哲生主编《傅斯年全集》第 7 卷,第 218 页。

可桢各得一两票。令人诧异的是原本呼声相当高的王世杰只得 1 票，顾孟余则连 1 票也没有。① 当时一般推测王世杰是受顾孟余事件的拖累。②

3 月 22 日，评议会正式开议。出席的评议员计有王世杰、王家楫、朱家骅、任鸿隽、何廉、李济、李四光、李书华、吴定良、余青松、汪敬熙、周仁、秉志、竺可桢、林可胜、姜立夫、胡先骕、茅以升、翁文灏、凌鸿勋、陶孟和、张其昀、陈寅恪、张云、陈焕镛、傅斯年、叶企孙、谢家声、叶良辅等 30 人，当场公推王世杰为临时主席。王世杰为会议主席，不参与投票，总选举票为 29 张，选举依法采用记名投票方式。开票结果，翁文灏、朱家骅各得 24 票，胡适得 20 票，李四光得 6 票，任鸿隽与王世杰各 4 票，竺可桢 2 票，蒋介石属意的顾孟余仅得 1 票。结果果然如假投票一样，以朱、翁、胡三人当选为院长候补人。③ 这是中研院由评议会选举院长的第一次实践。傅斯年非常自豪地认为，如此的选举结果充分显示"此会全凭各人之自由意志，而选出之结果如此，可见自有公道，学界尚可行 democracy！"④ 确实，对学界来说，中研院这批学者抵制最高当局

---

① 关于测验性投票的得票数，傅斯年、竺可桢两人所记略有不同。竺可桢所记为翁文灏 21 票，胡适 20 票，朱家骅 19 票。傅斯年后来补记为翁 23 票，胡 21 票，朱 19 票。竺可桢为当日所记，故取其说。《竺可桢日记》第 7 册，第 321 页；《致胡适》（1940 年 8 月 14 日），欧阳哲生主编《傅斯年全集》第 7 卷，第 217 页；李学通：《翁文灏年谱》，第 209 页；《王世杰日记》上册，第 259 页。

② 但傅斯年认为"决无影响"。傅斯年的理由是："顾之一事，只有我们三五人知之，他人从未想到此，尤不能想到与雪艇联为一系也。"傅斯年并进一步分析王世杰"得票较少"的原因是他在教育部长任内"惹恼了好多有大学背景之人"，且"不习自然科学，与'科学家'少认识（评议会大多数为科学家）"，因此"人以为是个法官"。不过，究竟是否还有其他因素，尚未见有其他论及者。《致胡适》（1940 年 8 月 14 日），欧阳哲生主编《傅斯年全集》第 7 卷，第 217～218 页。

③ 《翁文灏函 附国立中央研究院第一届评议会第五次年会记录（1940 年 3 月 22～23 日）》（1940 年 5 月 11 日），朱家骅档案，函号：301 - 01 - 07 - 008；《致胡适》（1940 年 8 月 14 日），欧阳哲生主编《傅斯年全集》第 7 卷，第 218 页；《竺可桢日记》第 7 册，第 322 页；胡颂平编《胡适之先生年谱长编初稿》第 5 册，第 1704 页。

④ 《致胡适》（1940 年 8 月 14 日），欧阳哲生主编《傅斯年全集》第 7 卷，第 218 页。

的"条子",不仅彰显了学术自由的精神,维护了学术独立的尊严,更重要的意义在于树立了学术不受政治干预的典范。但对掌握中国最高政权的蒋介石来说,在"下条子"后,面对毫不留情面的测试性投票结果,并未再有其他强行施压或黑箱作业举止,平情而论,对学术界也还算"尊重"。翁文灏事后在给胡适的两封信中也认为幸亏是蒋介石对于众评议员以此项选举应"以评议员之自身意见为之,不宜有其它意见之影响","应凭各人自心,不宜有所勉强"之意见,表示"可予尊重",亦"并无成见",才得以"平安选举"。①

既然当局"并无成见",那么剩下的只是三择一,理应是简单而无争议,但其实不然。蒋介石圈定院长人选过程曲折不断,3 月 23 日完成的选举直到 9 月中旬,也就是半年后才有正式任命。

首先是在结果揭晓的同时,出现朱家骅当场以身兼党政要务无法专心院务为由,宣布不愿接受的窘况。由于中研院院长候补人选举,没有"候选人",没有竞选活动,全凭评议员良知与学术发展前瞻眼光以自由意志票选决定。原则上在正式投票结果出炉之前,无人能确定谁会当选院长候补人,自然也就无法征询"被选举人"主观意愿。朱家骅不愿接受是否尚有其他考虑,目前并未见有直接史料论及,倒是傅斯年曾推测:"朱、翁二人皆以此忤旨,派他们设法举顾出来,而未办到,偏举上自己。至于不能兼职,乃纯是借口也。"② 但是就当时实际情况推估,"忤旨"考虑也许有之,但"不能兼职"说,也非"纯是借口"。因为两人虽都是"科学救国""学术救国"的坚定信仰者,亦是当时蒋介石身边的红人与重要的技术官僚,政务繁又兼职多。以当时战乱情况,朱家骅更关心国家战时与未来学术科学事业发展的进展,看重中研院国家学院地位与角色。他认为,在此国难时期本身院务事多繁杂,院长一职在此时特别重

---

① 《翁文灏致胡适》(1940 年 5 月 21 日),《胡适往来书信选》(中),第 467、473 ~ 474 页。

② 《致胡适》(1940 年 8 月 14 日),欧阳哲生主编《傅斯年全集》第 7 卷,第 218 页。

要，应以专任为宜。因此，深感难以兼顾胜任。①

　　事实上，回顾朱家骅1938年不顾蔡元培的百般挽留，最后采取"自动宣布"辞去总干事职务最重要的原因就是"分身乏术"。朱家骅早在试验性投票出线后，即一再向评议会同僚声明他无意出任院长，恳劝大家不要选他。在正式投票前，朱家骅又重申款曲；在选举结果揭晓后，仍坚辞不愿接受。只是朱家骅的"宣示"依法无据，自然不被大会接受，最后朱家骅还嘱总办事处暂缓呈报选举结果。②不过，朱家骅的"嘱托"纯粹只是他个人主观意愿与认知。因为，此次院长候补人之选举乃为当时学术圈天大之事，选举的结果岂能瞒得住？再者，这次选举深受蒋介石"关切"，院方怎敢听从朱家骅的"嘱咐"，暂缓呈报？即便院方不呈报，蒋介石又岂可能不知结果？且一次完全依法进行的选举，院方又该以何理由不报？再说，三择一的情况下，朱家骅未必会中选，即便朱家骅个人不愿意接受，还有其他二位候补人，他们的权益自然不能因朱家骅个人而受到影响。因此，不管朱家骅主观上愿不愿意接受这样的选举结果，中研院评议会在23日选举结果出炉后，即于26日正式呈文国民政府主席，报告选举结果，呈请国民政府主席由当选之三名候补人中遴任一人为中研院院长。③

　　蒋介石从21日评议员的试验性投票中得知中研院评议会坚拒顾孟余并拟推选胡、翁、朱为院长候补人时，便属意胡适。④ 23日评议会的选举结果出炉后，24日王世杰晋见蒋介石面告选举结果时，蒋介石只是笑了一下，并没有多言。但25日即对当时的行政院副院

---

① 《三十年来的中央研究院》（1958年6月9日），《朱家骅先生言论集》，第109～110页；《复陶孟和》（1940年9月19日），朱家骅档案，函号：301-01-07-002。

② 《三十年来的中央研究院》（1958年6月9日），《朱家骅先生言论集》，第109～110页；《复陶孟和》（1940年9月19日），朱家骅档案，函号：301-01-07-002。

③ 《中研院评议会呈国防最高委员会秘书处公函：中研院评议会选出候选人呈请遴任》（1940年3月26日），国民政府档案，"国史馆"藏，微卷号：262；《翁文灏致胡适》（1940年5月21日），《胡适往来书信选》（中），第467页。

④ 《王世杰日记》上册，第259页。

长孔祥熙说："他们既然要适之，就打电给他回来罢。"① 蒋介石的金口一开，胡适要回国任中研院院长的消息不胫而走②。4月上旬，蒋介石曾以半带询问的口气向陈布雷表示，他原拟定顾孟余，现既格于定章，须由评议会选举三人之中圈定一人。朱家骅不久将另有使命，且不时可以调遣。翁文灏在经济部近有三年计划，所以这两人均不能膺任，唯只剩胡适尚可调遣，有意将驻美大使胡适调回任院长职。③ 接着又在4月30日指示外交部部长王宠惠，拟将胡适调任中研院院长，驻美大使遗缺"以何人为宜，请与孔副院长切商"。④

不知道是真如蒋介石所言的翁、朱皆有重任，只剩胡适尚可调遣，还是如同傅斯年所言朱、翁二人皆以此"忤旨"，坚持不就，⑤亦或是蒋介石故意刁难评议会的"逆旨"？蒋介石决策的真实动机目前不得而知。但蒋介石的这个决定，真是令推举胡适为院长候补人之一的学界大感"意外"，颇有被反将一军的感觉。中研院院长的继任人选便因此拖延了六个月，迟迟无法定案。

从一开始，朱家骅、翁文灏、王世杰与胡适四人便是院长候补人呼声最高者。其中，胡适虽公认是蔡元培接班人的第一人选，不过这帮爱国知识分子也有一共识，即是"国家外交上唯一希望在美"。在此中美关系的关键时刻，胡适驻美大使任务的重要性远远超过中研院院长职务，为国家大局着想，皆愿胡适"留在美任"。⑥ 评议会集议前，各评议员对于到底该不该与要不要推

① 《致胡适》（1940年8月14日），欧阳哲生主编《傅斯年全集》第7卷，第218页。
② 周鲠生打电话给王世杰说华盛顿方面盛传胡适将回国接任中研院院长。《王世杰日记》上册，第260页。
③ 《竺可桢日记》第7册，第336页。
④ 《电重庆外交部王部长宠惠》（1940年4月30日），蒋中正总统档案之事略稿本光盘版，"国史馆"藏，光盘号：060100-139/00633。
⑤ 《致胡适》（1940年8月14日），欧阳哲生主编《傅斯年全集》第7卷，第218~219页。
⑥ 《致胡适》（1940年8月14日），欧阳哲生主编《傅斯年全集》第7卷，第220页。

举胡适，心中充满矛盾与冲突。陈源在给胡适的信中便说了他的矛盾。

> 我认为中央研究院的院长，最适当的人选当然是你，但是你现在在美国的使命太重要，不能回来也是事实。……我与一部分朋友至今仍认为你是蔡先生唯一的继任人，但又不愿意你在此时离开美国，所以不知道自己希望的是那一样。①

傅斯年与周枚荪也有过一段讨论的对话。当时傅斯年问周枚荪说："你想，把适之先生选出一票来，如何？"周回答说："适之先生最适宜，但能回来吗？"傅斯年说："他此时决不能回来，此票成废票。"周说："这个 demonstration 是不可少的。"傅斯年又说："那么，选举出他一个来，有无妨害其在美之事？"周枚荪说："政府决不至此，且有翁、朱、王等在内，自然轮不到他。"②

由此可证，胡适虽是首选，但他驻美大使职务令许多人迟疑。其他三人全是当时蒋介石跟前的要臣、红人，在四选三的情况下，谁会出局？谁会中选？在蒋介石"下条子"之前难以预测。蒋介石条子一下倒先确定了胡适的必然入选。陈寅恪在投票前私下言之"我们总不能单举几个蒋先生的秘书（意指翁、朱、王）"即为明证。傅斯年事后给胡适的信中亦坦白说明评议员推举胡适纯只是为了表达对胡适学术成就的推崇，更重要的用意在于"抵制当权"，展现学界之"正气、理想、不屈"，表达维护学术独立自主的尊严，并非真心要他舍驻美大使回国就任中研院长。傅斯年说：

> 举先生者之心理，盖大多数以为只是投一废票，作一个

---

① 《陈源致胡适》1940年4月21日，《胡适往来书信选》（中），第465页。
② 《致胡适》（1940年8月14日），欧阳哲生主编《傅斯年全集》第7卷，第216～217页。

demonstration，从未料到政府要圈您也。我辈友人以为蔡先生之继承者，当然是我公，又以为从学院之身分上说，举先生最适宜，无非表示表示学界之正气、理想、不屈等义，从未想到政府会舍翁、朱而选您。我初到渝时，曾经与雪艇、书诒谈过举你一票事，他们都说，"要把孟余选出，适之也必须选出，给他们看看。" 当时可以说是没有人料到照顾到你。

……

我们的意思，只是"正经事，正经办"，且不惜忤旨（不举顾）。①

这也就是在正式选举时胡适仅得 20 票，排名第三的原因。② 只是对于蒋介石"独钟"胡适这样意外的演变，学界皆大感诧异。因此傅斯年才会在信中反复说："从未料到政府要圈您"，"从未想到政府会舍翁、朱而选您"，"其选举乃纯是为的'学院主义'、'民主主义'，闹到此地步，真是哭不得笑不得耳"。③ 其话语中实充满始料未及的懊悔与无奈。

当蒋介石"几乎确定"要调回胡适任中研院院长时，这帮学人便开始运动"力保"胡适留任驻美大使，希望能有所补救。④ 同时，胡适这位驻美大使深得美政府与各界信任，蒋介石有意召胡回国的

---

① 《致胡适》（1940 年 8 月 14 日），欧阳哲生主编《傅斯年全集》第 7 卷，第 216 ~ 217、218、219 页。

② 《陈源致胡适》（1940 年 4 月 21 日），《胡适往来书信选》（中），第 465 页。

③ 《致胡适》（1940 年 8 月 14 日），欧阳哲生主编《傅斯年全集》第 7 卷，第 220 页。

④ 其中运动最热心、最积极的是王世杰、傅斯年、周鲠生等一派学人。周鲠生自美听到这个消息后即在四月中旬来电，力劝中央不要在此时更动胡适。傅斯年则为此事数访张群，同时还想出"万不得已"时的"下下策"，就是先发表翁文灏为"代理人"，使"大使改任"一事先停顿，意在缓兵。王世杰认为，胡适绝非第一流的外交人才，但是他深信："美国外交政策凡可以设法转移的，让兄去做，较任何人为有效。"《王世杰致胡适》（1940 年 8 月 8 日），《胡适往来书信选》（中），第 471 ~ 472 页；《致胡适》（1940 年 8 月 14 日），欧阳哲生主编《傅斯年全集》第 7 卷，第 219 页；《竺可桢日记》第 7 册，第 336 页。

消息很快传到华盛顿。美方对于中国是否将更换驻美使节等问题至为关切，早在 3 月 31 日即电询有无调回胡适任中研院院长之意。无可否认，在如此诡谲多变的国际局势中，美国是支持中国抗战的最大外援力量。此阶段的驻美大使职责更比任何时期、任何其他使节重要得多，这使蒋介石迟迟无法下最后决定。直到八月初，蒋介石面对变化多端的国际局势与中国内政的诸多困境，才"暂时再度取消"要胡适回国的想法。①

胡适既因驻美大使无法脱身，院长人选只有在朱家骅与翁文灏之间选择，但蒋介石却迟迟不圈定谁做院长。这种拖延对评议员和中研院来说形同"惩罚"。翁文灏在 8 月 12 日致胡适信中便说到中研院因院长未决，院务日渐困难的窘境，请求胡适协助解决。他说："院长人选迄未决定。叔永为总干事，实际上又并非代理院长。目前物价日高，院中主持无人，经费艰穷，极可忧虑。此事未知可否约集热心院事者数人，同向政府建议。尊见如何，电示为盼。"② 9 月 10 日，竹垚生也告诉胡适："渝滇旧友时有来信，……中院院长预定三人，想有所闻，至今尚未圈定，不知何故。孟和处曾去信询问，迄未得复。"③

而六七月间，日本加紧西侵，云桂告急，中研院"必须再度迁徙"。蒋介石于行政院会议下达指令，要求在昆明各教育学术机关"限期迁移"，会中点名中研院的古物及善本图书"应收藏于安全地点"。中研院收到此令后，在昆明各所当即日夜准备一切，史语所及社会科学两所即于 8 月初开始由川滇公路向宜宾迁移，但是其他应迁之天文、化学、工程三所则以经费无着仅装箱而无法起运。④ 面对

---

① 胡适谓彼决不就中研院院长职，如解美使职，则将往昆明任北大教授，以保其独立发言之自由。《王世杰日记》上册，第 260、287、288 页；《翁文灏致胡适》（1940 年 5 月 21 日）、《陈源致胡适》（1940 年 8 月 29 日），《胡适往来书信选》（中），第 467、482 页。

② 《翁文灏致胡适》（1940 年 8 月 12 日），《胡适往来书信选》（中），第 473～474 页。

③ 《竹垚生致胡适》（1940 年 9 月 10 日），《胡适往来书信选》（中），第 438 页。

④ 《中研院行文教育部草稿》（1940），朱家骅档案，函号：301-01-07-031。

日本飞机对昆明狂轰滥炸的巨大压力和威胁，加上滇越战线日益吃紧的战局，若不迁移，中研院的生存确实是"极可忧虑"。①

9月，中研院因院长虚悬，年度预算乏人批核，无法送出院门，如此延宕，势将致中研院下年度无经费可用，各所长均甚焦急，只好决议向国防最高委员会请愿。9月2日，评议会秘书翁文灏、总干事任鸿隽及傅斯年联袂向国防最高委员会秘书长张群"陈情"，请蒋介石早定中研院院长人选。11日前后，朱家骅在得悉将被圈定后，于国防最高委员会开会前一日上签呈给蒋介石，恳陈不能继任之由，并转荐翁文灏任之。不过，蒋介石仍决定由朱家骅出任院长，朱家骅仍一再恳辞，但未获准。这项人事任命虽尚未经国民政府正式发布，但自此有关中研院院务裁决已经开始向朱家骅请示。例如，9月14日社会科学所所长陶孟和即函朱家骅表示欢迎之意。陶孟和信中说："顷得我兄将来院之讯，闻之欣快无似，昔兄在院功绩昭著，内外景仰，及以政务鞅掌去职，同仁莫不惆怅，年来院政废弛，诸待整理，今得我公，令院新气象可预卜也。"同时，任鸿隽早有辞意，陶孟和还进一步向朱家骅推荐以傅斯年继任。他说："惟念我兄以百忙之身，当需有力臂助，如尚无适当人选，窃以孟真最为胜任，内外可无异议。"又如，泸县李庄需款孔急，傅斯年便同时致电朱家骅与总务主任王毅侯，要朱家骅"设法借款汇往"。由于傅斯年未言明所需数目，9月15日，王毅侯即请示朱家骅"借款事如何，敬请训示"。9月16日总干事任鸿隽也跟着向朱家骅当面请辞总干事与化学研究员兼所长职务。9月18日，国民政府正式发表人事命令，但值得玩味的是，仅给朱家骅以"代理"之名。朱家骅收到派令时又立刻给蒋介石上辞呈。蒋介石在辞呈上批了"此事重要，勉为其难"八个大字，研究院各所所长也纷纷劝驾，刎颈之交的傅斯年则又

---

① 日本1940年6月乘法国在欧洲战败，迫令滇越铁路停止为中国运输物资，中国通海口的交通线全断。7月英国亦接受日本要求，封锁滇缅公路。后因美国对日态度趋于强硬，三个月后，始行重开。9月，日军入驻越南北部，广西、云南遭受威胁。郭廷以：《近代中国史纲》，第697页。

"责以大义"，朱家骅才于 9 月 20 日接任"代理院长"一职。① 只是任谁也没有料到，朱家骅这一"代"便是 18 年。无论如何，延宕长达六个月的院长继任问题终告解决。

蒋介石在翁文灏与朱家骅之间为何选择朱家骅而弃翁文灏？朱家骅是"依法"由评议会选出的三位院长候补人之一，蒋介石为何不直接任命他为正式院长，而以"代理"任之？现有史料中未有论及此中缘由者，推估原因可能有二：一是"虚位"以待胡适的归国；二是朱家骅的一再推辞，坚持不就。

在"保胡派"为胡适留任驻美大使职务奔波时，傅斯年与王世杰等人便已商量出一个"权宜"的下下策：若是蒋介石坚持一定要胡适接掌中研院，则退而求其次，建议蒋介石先以"代理"方式，一则解决中研院院长悬虚问题，二则解决驻美大使调任问题，三又可为胡适"保住"院长之职，遂蒋介石之愿。② 事实上，由蒋介石迟迟不肯对中研院院长做出最后圈定即可清楚看出，蒋介石对胡适的"独钟"。但驻美大使事关至要，基于国家利益考虑，最后蒋介石只能"割爱"；但要"割爱"又有诸多不舍。因此，8 月 8 日王世杰晋见蒋介石再次力劝留任胡适时，蒋介石只是说"暂时再度取消"。③ 这就说明，蒋介石并未死心，只是碍于当时大环境之不许可。这可能就是蒋介石至 9 月仍迟迟不愿圈定院长继任人选的原因。只

---

① 《陶孟和函》（1940 年 9 月 14 日）、《中央研究院总务主任王敬礼函》（1940 年 9 月 15 日）、《任鸿隽函》（1940 年 9 月 16 日）、《复陶孟和》（1940 年 9 月 19 日），朱家骅档案，函号：301 - 01 - 07 - 002、301 - 01 - 07 - 031；《国府文官处公函——特派朱家骅代理国立中央研究院院长》（1940 年 9 月 18 日）、《国立中央研究院院稿函国民政府——呈报遵于 9 月 20 日到院视事》（1940 年 9 月 19 日）、《朱家骅补行代理院长宣誓就职礼》（未有日期）、《朱家骅代理中央研究院长后向蒋介石所做的工作报告》（1941），中央研究院档案，中国第二历史档案馆藏，卷宗号：393 - 642、393 - 82 重；李学通：《翁文灏年谱》，第 223、225 页；《三十年来的中央研究院》（1958 年 6 月 9 日），《朱家骅先生言论集》，第 109～110 页；胡颂平编《朱家骅年谱》，第 51 页。
② 《致胡适》（1940 年 8 月 14 日），欧阳哲生主编《傅斯年全集》第 7 卷，第 219 页。
③ 《王世杰日记》上册，第 287 页。

是中研院群龙无首已达半年之久，随时可能断炊，蒋介石只有"暂时"接受傅斯年等人的折中办法，以"代理院长"方式暂先解决中研院之急。

不过，若按照傅斯年等人的"建议"，是以翁文灏为代理人，为何会是朱家骅？事实上，蒋介石在胡适不可能出任院长后原欲任翁文灏，[①] 最后改由朱家骅暂代之实际缘由目前无从查证。不过，有一说是翁文灏在院中有"人和"上的问题。[②] 确实，连胡适也认为翁文灏待人平和，但"处下"功夫有待修正。1938 年朱家骅请辞中研院总干事，翁文灏曾是继任人选之一。当时胡适便跟翁文灏说："御下稍嫌过严，不免以中世修士之道律己而又律人，故不甚适宜做中研总干事（你的旧日部下同仁，颇有出怨声音。我也不满意于你从前对我说的'又便宜又好'的取人标准!）"[③] 胡适之言倒可以佐证翁文灏确实多少有"人和"问题。[④] 另有一说是翁文灏当时为经济部长兼资源委员会主任，身负国家战时国防经济实业发展大政，是蒋介石最为倚重的技术官僚，实在无法脱身。[⑤] 若以当时中国对日本的苦战实况推测，理由似乎更为充分。

若就翁文灏个人意愿来说，他确有担任院长之意。早在 1936 年翁文灏即充满豪情壮志地对胡适说："中研若非杨杏佛那样盲干，若由我和在君来计划，规模决不会有这样大。"1938 年 5 月时，胡适与徐新六也一致认为翁文灏是院长的理想人选，认为翁文灏此时"最宜畜养资望"。胡适在给翁文灏信中说道：

① 李学通：《翁文灏年谱》，第 225 页。

② 《三十年来的中央研究院》（1958 年 6 月 9 日），《朱家骅先生言论集》，第 109～110 页。

③ 《胡适致翁文灏》（1938 年 5 月 17 日），耿云志、欧阳哲生编《胡适书信集》（中），北京大学出版社，1996，第 726 页。

④ 胡适的晚年谈话录也再次提到翁文灏御下稍嫌刻薄。但是否直接影响到蒋介石挑选他担任中研院院长职务，则有待发掘更多史料证明。胡颂平编著《胡适之先生晚年谈话录》，联经出版事业公司，1984，第 169 页。

⑤ 李学通：《书生从政——翁文灏》，兰州大学出版社，1996，第 207 页；《竺可桢日记》第 7 册，第 336 页。

将来中研院长一席于你为最适宜。此非"亲民"之官，不必常与各所所长直接接触，既有余闲可以从容整理平生要做的研究工作，又有余闲可以为天下国家想想一些真正重要问题，为国家社会作一个指示者。法令规定候选者三人，而你的学术地位之崇高，必居三人之一，毫无问题；若政府无根本大变动，你的最后当选，也毫无问题。①

因此，蔡元培过世当天，他与竺可桢等草拟的三名院长候补人名单中，他自己便是其中之一。② 当评议会选举前对院长继任人选提出名单时，热门人物王世杰与朱家骅皆纷纷表态婉拒"推举"，目前并未见任何资料显示翁文灏有类似举动。事实上，早在1938年翁文灏即存跳出政府之念头，但国难当头又绝非易事，翁文灏甚为无奈。现在若是能借此摆脱政治，又能以中研院为基地施展发展国家学术事业以为救国之基的抱负，翁文灏个人甚是愿意。只是翁文灏为经济部长兼资源委员会主任委员，担负国家战时经济发展重任，特别是战时资源开发重任与民生物资的统筹，其任务之于内政的重要性，就如同胡适驻美大使之于外交任务，两害相权取其轻，面对国家民族之大利益时，只有放弃一己之小欲。

对蒋介石来说，对翁文灏的取舍应如同对胡适一般。因此，院长候补人三人中，排除了翁、胡两人后，朱家骅就成为唯一人选。

对朱家骅个人来说，他纵有发展国家学术事业以迈向世界之林的理想，但总干事两年半的经历，他清楚知道中研院的实际情况与困境。1938年他坚辞总干事的原因即是他为府中要人，分身困难，深恐"贻误"国家学术研究发展大业。现在国家情况更糟于前，中研院院务推动势必更加艰巨，他依然身兼数职，若要挑起此重担，

① 《胡适致翁文灏》（1938年5月17日），耿云志、欧阳哲生编《胡适书信集》（中），第726页。

② 傅斯年及汪敬熙曾告诉王世杰，翁文灏极想继任中研院院长职。《王世杰日记》上册，第257页。

以个人有限之力实在难为。就个人学术分量来说，三人之中，朱家骅资历最浅、成就最小、影响力也最小。蔡元培为前清翰林，其个人的学识与学养自是不必多言，民国初年任教育总长，是"学术救国"最早的倡议者，尤其他对思想自由、学术自由与学术独立精神的尊重与护持，一直以来都被知识界奉为精神领袖。朱家骅纵是蔡元培"学术救国"理想的追随者与实践者，但论在知识界的辈分，以他1917年入北京大学教书时是最年轻的教授之一来看，当时学界、教育界中多是他的前辈或平辈。再论学术研究成就，朱家骅更远远不及胡适、翁文灏，甚至不如其他中国各现代学科的领导人，如史语所所长傅斯年、地质所所长李四光。难怪朱家骅自认"才薄"，不够资格与分量担起国家最高学术研究机构之领导重任，自始即一再坚辞。朱家骅在事后与傅斯年的一次通信中提到了他的心路历程。

> 弟对院事因自知不能胜任，素愿从旁帮忙，不敢亲自参与，故在君兄逝世后，对于总干事一职辞之再三，继在武汉时，坚决求去者，亦即此故。此事迄今思惟，犹觉有负子公，心中耽耽，院长一职岂敢一试，……迟至各兄复以大义相责，不得已勉为维持。[1]

此外，朱家骅就任代理院长几个月后，为争取经费，即上签呈给蒋介石报告中研院的工作情况，里头亦有一段话说："去岁奉命承乏中央研究院代理院长之职，任重才薄，深虞陨越；故曾竭诚陈情，用祈鉴宥，旋奉钧命，谆谆责以事关重要，勉为其难；迫不获已，勉就代任。"[2] 因此，"短暂代理"也许是朱家骅愿意接受此新职务

---

① 《复傅斯年》（1941年5月22日），朱家骅档案，函号：301-01-07-002。
② 《朱家骅代理中央研究院长后向蒋介石所做的工作报告》（1941），中央研究院档案，中国第二历史档案馆藏，卷宗号：393-82重。

的折中办法。可能也就是因为当时他已陈明只愿"短暂代理"，所以1941年召开评议会时，即有意将院长问题提出讨论，但"考虑再三，又恐影响院务，徒遭兄等见责"，最后作罢。①

翁文灏针对朱家骅"暂代"院长一事曾在日记里提道："傅认为此事是王世杰的意见，王不欲让胡适离驻美大使任，但仍欲留此任以待之，故此时只让朱代理。因王与朱平时交谊不佳，所以此时只让朱暂代，因此朱颇不悦。"② 翁文灏的"朱颇不悦"之说，目前无法查证。不过由此可知，朱家骅"代理"院长"虚位"以待胡适，确实曾有此传闻。③

总之，蔡元培为中研院首任院长，是由最高政权机关直接任命，不涉及选举过程。1935年公布施行的中研院评议会组织条例是历次组织条例修正中，首次出现"院长"由院内自行选举产生的法条，且根据院长选举相关法规规定，对院长候补人既无任何资格限制，又不经过推荐或资格审查，院长候补人人选完全由评议员个人各自"凭良心"投票决定。理论上，在开票之前，谁能中选为一未知数，也就没有"预先"操作的空间，排除了国家政权对学术界的控制权。就法律条文精神来看，蕴含学术独立自主、不受"外力"影响的重要意涵，是中研院学术独立自主的价值与精神的体现。

正当学界为评议会"顶住"蒋介石的"条子"，展示了学界的

---

① 王世杰也私下认为朱家骅兼任院长不甚相宜。《致傅斯年函》（1941年5月22日），朱家骅档案，函号：301－01－07－002、301－01－07－011；《王世杰日记》上册，第334页。

② 李学通：《翁文灏年谱》，第225页。

③ 事实上，1948年10月，陈布雷认为朱家骅代理院长已达八年半，领导中研院在抗战期间照常工作，增设研究所，战后复员，选举院士，完成国家学院体制，国际声誉也蒸蒸日上，工作"尚称努力"，似应正式任命朱家骅为院长，以"藉酬劳勤"，而呈请正式任命朱家骅为中研院院长。但蒋介石并未说明缘由，仅在公文上批上一个"缓"字。朱家骅就这样一"代"十八年，最后仍由胡适接下棒子的结果观之，蒋介石也许真有"虚位"以待胡适之意。《陈布雷呈请正式任命朱家骅为中央研究院院长》（1948年10月11日），国民政府档案之国府人事，"国史馆"藏，微卷号：404，第88～90页。

"正气、理想、不屈"之义，为学术界树立维护学术独立自由的典范
而欢欣鼓舞之际，"中研院院长"职务竟如"烫手山芋"，候补人朱
家骅与胡适先后表态不愿就任。"今午接胡适之一信，谓彼决不就中
央研究院院长职，如解美使职，则将往昆明任北大教授，以保其独
立发言之自由。余将此信送布雷阅。"① 评议会依法举出三位"院长
候补人"在延宕六个月后，由朱家骅出任，却以"代理"之名派任。
这是中研院第一位也是唯一一位"代理"院长，且一"代"就是
18 年。

　　这样的结果，套用傅斯年事后感触良深的话说："'学院的自
由'、'民主的主义'，在中国只是梦话！"更讽刺的是把胡适拉入其
信仰的自由主义之中，"却生如许枝节，亦是一大 irony！"傅斯年的
话发人深省，倒也为当时中国学术与政治间的关系做了最佳的诠释
与批注。再者，投票前的"热门候补人选"朱家骅、翁文灏、王世
杰与胡适皆任党政要职，且由傅斯年"若与政府太无关系，亦圈不
上，办不下去"② 之言观之，"院长"之"党政"关系确实也是必要
的考虑因素之一。这也令人不得不感叹，在此战乱不止、时局不靖
的中国，学术与政治难以真正划清界限，尤其作为体制内的学术机
构要对抗政治的介入以维护学术的自治权就更加困难，益显发展中
国现代学术事业之不易。

二　朱家骅被举之因

　　蔡元培过世时，西南联大的教授即深以"纯粹学术方面之自由
研究精神将失领导"为惧。③ 从上述院长候补人选举过程中可以看
出，朱家骅自始至终都是院长候补人最热门的人选之一。其中胡适
如上述在一开始即因驻美大使任务重大被排除后，朱家骅与翁文灏

---

① 《王世杰日记》上册，第 287 页。
② 《致胡适》（1940 年 8 月 14 日），欧阳哲生主编《傅斯年全集》第 7 卷，第 218、
　　219 页。
③ 《姚从吾函》（1940 年 3 月 14 日），朱家骅档案，函号：301－01－23－238。

其实才是学术界真正属意的院长继任人选，当时连远在国外的评议员赵元任都寄下内投"翁、胡、朱"三人的选票。由此观之，朱家骅是受到中国学术界与知识界认同的。傅斯年曾分析朱家骅"得众望"的三大缘由是："任总干事二年，院中人甚熟"；"中英庚款会整年的礼贤待士"；"为人善与各人要好"。①《星期评论》总编刘英士则认为，朱家骅见重于世的三大理由为："一因北大与粤中大，二因办事有气魄有见识，三因委座信任。"②傅斯年与刘英士皆言之有据，立论中肯。总结两人之言，即可看出在战乱不休的中国与一党专政的政治体制之下，欲推动学术事业进展，除需具备学术行政领导才干、学术涵养等个人特质外，良好的学术人脉网络、党政关系与充裕经源亦是不可或缺的条件。

以党政关系来说，傅斯年的"若与政府太无关系，亦圈不上，办不下去"③之说，即已说明中研院院长若无党政关系是不可能被政府圈选，亦透露了中研院作为体制内的学术研究机构，存在无自主财源的局限性与必受政治钳制的无奈。这次选出的三位院长候补人当时都是为了"共赴国难"而投身政治的知识分子。朱家骅为国民党组织部部长、翁文灏为经济部部长兼任资源委员会主任、胡适为驻美大使，其职务对当时的中国都有不可取代的重要性。其中朱家骅1926年在广州中山大学主持校务时便已兼跨党政界。是国民党组织部部长兼任中央调查统计局局长。特别是朱家骅与戴季陶为莫逆之交，戴季陶又是蒋介石的结拜兄弟，其党政关系如何，不言而喻。

就经源来看，朱家骅兼任中英庚款会董事长、胡适为中基会董事、翁文灏是经济部部长兼任资源委员会主任，都各拥"财源"，是当时体制外推动中国教育、学术事业现代化的重要助力。

再以学术网络关系来看，无论是胡适或是翁文灏皆以其个人学

---

① 《致胡适》（1940年8月14日），欧阳哲生主编《傅斯年全集》第7卷，第218、219页。

② 《刘英士函》（1940年11月6日），朱家骅档案，函号：301-01-06-006。

③ 《致胡适》（1940年8月14日），欧阳哲生主编《傅斯年全集》第7卷，第218页。

术成就，奠定了在中国现代学术事业发展上之不可取代地位。胡适是自由主义在中国的代表人物，是学界、教育界与知识界一致认定的蔡元培"当然"接班人。翁文灏是中国地质学研究事业的开创人与重要领导人之一。朱家骅除了留德期间以德文发表的地质学研究外，在中国不曾有过任何专业学术研究成果发表。相较胡适与翁文灏在学术研究上的响亮成就，他明显失色。显然，朱家骅让学术界、教育界与知识界认同，作为蔡元培的接班人，不只是他的党政关系、"海归"资历与曾经有的同事或是同乡关系，究其关键因素应该还是朱家骅在教育学术领域，如在北大任教时期、整顿中山大学时期、中央大学时期、教育部部长时期与中研院总干事时期，所展现的个人跨学科的学术涵养、学术行政领导才干和其以"欧洲大学"为建立中国现代学术教育事业之参照体，推动中国学术事业现代化与国际化的前瞻眼光及实践。

以朱家骅个人来说，中国现代化与科学化是他为学、从政的中心思想与指导方针。受到德国与俄国以学术强国、兴国的历史经验激励，视学术研究为神圣事业，[①]坚信学术事业是一切事业的基础，没有学术就没有事功，终生记取知识分子对国家学术教育文化的重大责任，即便身任党政要职也要为发扬教育、学术而努力。1932年朱家骅在日本侵华日亟的国族存亡危机下出任教育部部长。当时他便语人："我们教书匠今天参加中枢政治，至少要为文教方面做点事。"[②]

显然，朱家骅弃学从政的目的之一就是希望从改良政治着手，为学术界提供良好的研究环境，以加速推动中国教育、学术事业现代化进程。傅斯年说他是个"好做事"的人。[③]朱家骅也认为自己

---

① 《抗战以来中央研究院之概况》（1942年10月10日），《朱家骅先生言论集》，第83页。

② 胡颂平编《朱家骅年谱》，第26页。

③ 《傅斯年函》（1940年10月11日），朱家骅档案，函号：301 - 01 - 07 - 002。

"喜欢想而又喜欢做事"。① 因此，他在担任中山大学校长、中央大学校长、教育部部长、中英庚款会董事长时，积极推动中国现代教育、学术事业发展；在浙江省政府民政厅厅长、省府主席、交通部部长，乃至中国国民党秘书长、组织部部长任内，依然本着扶持学术的一贯热诚，从推动学术现代化发展的角度思考问题。

譬如，淞沪事变后，全国政费仅发三成。朱家骅一上任，即争取到教育部的"教育经费"自3月起改发五成、7月起十足发放，自此建立起他个人与教育部的威信。

又如，朱家骅是一个爱国主义者，在留学德国期间对欧洲先进国家之政治、教育发展极为留心，因此深认图书、古物对国家历史、文化教育的特殊价值，认为国家图书馆及博物院并不只是一种普通的社会教育机构，而为"一种学术"，与研究院及大学同样是一种"学术研究机构"。朱家骅任教育部部长，1933年在无开办费、无预算的情况下，以兼交通部的便利设立国立中央图书馆筹备处，以蒋复璁为筹备主任，每月经费先由交通部拨付。为保存珍贵文化古籍，他决定选印《四库全书》，限于经费，决定先行选印《四库全书》中无刊本及仅有明本而流传极少者。② 同年，为保护故宫博物院古物，主导先将1.2万箱古物国宝装箱运至南京，再设立国立中央博物院，以傅斯年为筹备处主任，交通部初期亦补贴每月经费。他还运用兼任中英庚款会董事长之便利，主导由中英庚款会补助中央图书馆与中央博物院300万元的建筑费。

1930年11月，朱家骅即在国民党中央委员大会上提案设立国立编译馆。虽决议通过，但行政院方面并未落实。1932年他任教育部

---

① 但荫荪：《忆往事情骝公》，《朱家骅先生逝世纪念册》，第411页。
② 《四库全书》原本在扬州、镇江、杭州各有一部，但前两者毁于太平军之役，杭州文澜阁也因是役残佚不全。朱家骅1928年兼任浙江省民政厅厅长时，即派人补写杭州文澜阁《四库全书》残缺部分。但日军侵华日亟，又印费浩大，才决定先行选印珍贵部分。高佐良：《朱骝先先生与中国出版事业》，《朱家骅先生逝世纪念册》，第463页。

部长后便亟欲推动成立，但教育部项下经费不足。于是他争取到铁道部部长顾孟余的支持，由铁道部每月补助 5000 元，设立国立编译馆，以辛树帜为馆长，专事翻译外国重要名著，审查教科书，尤其注意"科学名词"的编订与统一，对中国现代科学事业发展有大助益。

朱家骅在第一个教育部部长任内厘定了《小学法》《中学法》《职业教育》《专科教育》《师范教育》等法规，奠定了小学及中等学校教育基础，并亲订《中小学课程标准》颁布施行，为中国教育史上的创举。为加速扫除文盲，着手推行义务教育，设置"短期小学"，推行"识字运动"，为此还指示国立编译馆编辑一套四册的教科书和教授法。[①] 诸此政策之推行皆为中国现代教育学制系统化与法制化奠定基础，对中国现代文教事业有一定的贡献。

值得一提的是朱家骅自 1931 年兼任中英庚款会董事长以来对于学术、文教事业的发展更是不遗余力。自 1934 年，中英庚款会开始以息金资助文教、学术机构。无论在 1937 年对日宣战之前还是之后，都是学术、文教界除政府外的重要资助者。1932 年淞沪事变后，政府财政窘困，政费紧缩；加上其他各国退还庚款运用各有专项，[②] 中英庚款会此时的专款补助使文教、学术界的工作不致停顿，尤显重要。[③]

以 1934 年为例，学术、文教机构受其资助者，除前述中央博物

---

① 胡颂平编《朱家骅年谱》，第 26～32 页；蒋复璁：《朱骝先先生对于中国图书馆及博物馆的贡献》、《朱骝先先生的追忆》，《朱家骅先生逝世纪念册》，第 266～267、284 页；杨亮功：《怀念朱骝先先生》、胡秋原：《一个刚毅木讷的书生——悼念朱骝先先生》、陈顾远：《纪念朱先生文》，《朱家骅先生逝世纪念册》，第 322、346、383 页。

② 例如，法庚款大部分充作中法银行基金、俄庚款在欧战后取消、美庚将部分专作清华经费，相形之下，英庚款可以支配于教育文化事业的经费较多。

③ 周琇环：《中英庚款的退还与运用》，硕士学位论文，台湾师范大学，1998，第 211～219 页；胡颂平编《朱家骅年谱》，第 32～33 页。

院与中央图书馆外，大学中有中山大学、中央大学、武汉大学、浙江大学、北洋工学院、上海医学院、南开大学、燕京大学、厦门大学、湘雅医学院、辽宁医学院，研究机关则有中研院、北平研究院、国立编译馆、中央卫生实验处、中国营造学社及中英文化协会。补助项目分为建筑、设备、讲座三项。另外还考送留英公费生为国"养才"，自 1933 年 8 月至 1936 年 10 月共举办四届，录取 79 名。①

　　又如抗战爆发后，平津、华东、华中和华南的大部分科教机构遭到严重破坏。东南各大城市及沿海区域在抗战前逐步建立的各类大学、科研机构、重要工厂、科学文化设施都不得不向西南各省迁移，工作停顿、仪器图书遗失均所难免。迁移后，房屋之借用与营建、水电之供给、仪器药品之补充都感困难。蔡元培以此为"学术界之大损失"而深感惋惜。② 中英庚款会自 1939 年起也因政府停付庚款，各部会借款息金亦无法收取，工作亦渐趋停顿。③ 因此，抗战期间朱家骅主要将中英庚款息金用于抢救古物、抢购珍籍、自办教育与学术事业、救助文教学术研究人员。北平研究院副院长，中英庚款会董事的李书华便认为，朱家骅对中英庚款会会务的推进"贡献甚大"。④

　　1. 抢救古物、抢购珍籍

　　1937 年 11 月，中国军队退出嘉兴、杭州，社会秩序紊乱，庋藏于南京朝天宫的故宫文物竟无人看管。朱家骅即发动人力抢运，令中英庚款会先垫付所有搬运费用。抗战期间，上海等沦陷区公私所

---

① 中英庚款会总共举办 9 届考试，考选 193 人，培养了许多杰出的人才，如钱锺书、张文裕、俞大纲、李国鼎、伍启元、钱清廉、李祁、陈永龄、王之卓、夏坚白、周鸿经、唐培经、林家翘、林致平、李华宗等。胡颂平编《朱家骅年谱》，第 32～33 页；周琇环：《中英庚款的退还与运用》，硕士学位论文，台湾师范大学，1998，第 219～231、239～244 页；李书华：《追忆朱骝先先生》、蒋复璁：《朱骝先先生的追忆》、蒋复璁：《朱骝先先生对于中国图书馆及博物馆的贡献》，《朱家骅先生逝世纪念册》，第 315、284、266 页。

② 蔡元培：《蔡元培论科学与技术》，第 321 页。

③ 李书华：《追忆朱骝先先生》，《朱家骅先生逝世纪念册》，第 315 页。

④ 李书华：《追忆朱骝先先生》，《朱家骅先生逝世纪念册》，第 315 页。

藏善本珍籍颇多散失，朱家骅担心若不加以搜购，恐此文化宝籍流出国外。他于1940年12月指示馆长蒋复璁利用中英庚款会原补助中央图书馆建筑费100多万元到敌后抢购，总计购得珍本、孤本、宋本书籍12万册。1927年中国与瑞典科学家斯文赫丁（Seven Hedin）合组西北科学考察团，1930年在居延发掘汉代木简一批，称为"居延汉简"。朱家骅也以中英庚款会拨款补助整理。1940年朱家骅指示将这批木简运抵香港，继续由中英庚款会补助，在商务印书馆摄影制版，制成照片两份；一份寄到上海制版，另一份寄给昆明中研院史语所研究员劳干做释文。1941年12月香港沦陷，交通隔绝，无法内运，朱家骅为防止散失，遂交由当时的驻美大使胡适寄存美国国会图书馆。①

2. 自办教育、学术事业

1937春，朱家骅主导拨法币20万元补助西北甘、宁、青各省教育，为这笔经费的使用方式于6月聘请陶孟和、顾颉刚、王文俊、英人戴乐仁组织"西北考察团"前往上述各省作实地考察。但该团出发时抗战已起，因而未至宁夏。1938年1～2月，朱家骅便根据该团之建议在兰州设甘肃科学教育馆、在青海设湟川中学、在酒泉设河西中学、在贵州安顺设黔江中学。

---

① 上述古物珍籍都在朱家骅的主导下移藏台湾。有关故宫文物抢救部分，参见胡颂平编《朱家骅年谱》，第41页；陈顾远《纪念朱先生文》，《朱家骅先生逝世纪念册》，第383页。有关古籍搜购部分参见胡颂平编《朱家骅年谱》，第51页；蒋复璁《朱骝先生对于中国图书馆及博物馆的贡献》、陈顾远《纪念朱先生文》，《朱家骅先生逝世纪念册》，第266～267、384页；徐可熛《谈庚款忆骝公》，《传记文学》1976年第6期，第30页；谭慧生《朱家骅》，《民国伟人传记》，百成书店，1976，第549页。有关居延汉简部分，参见胡颂平编《胡适之先生年谱长编初稿》第5册，第1712页；胡颂平编《胡适之先生年谱长编初稿》第6册，第2187～2188页；石璋如口述《石璋如先生访问纪录》，陈存恭等访问，第399～400、407～408页；《复胡适之》（1951年9月30日），朱家骅档案，函号：301－01－07－010；《行政院交议案件通知单》（1957年4月6日）、《教育部函行政院秘书处》（1955年5月2日）、《行政院代电》（1955年5月5日），教育部档案之中央研究院档案，"国史馆"藏，卷宗号：196/261－6未编册2、196/261－3。

抗战期间他见后方图书馆缺乏，又计划由中英庚款会出资在重庆、昆明、贵阳、兰州、西安等五地，与当地教育机关合作建筑图书馆，但因战时困难，仅得在重庆与昆明设置。不过战后他仍依照原计划设置了兰州图书馆和西安图书馆筹备处。1939 年他再推动设置纯学术研究机构中国地理研究所和中国蚕桑研究所；1940 年应教育部之请合办中国心理生理研究所；1942 年因视美术为文化之重要部分还成立中国美术学院。[①]

3. 救助文教、学术研究人员

朱家骅历来视"学术"为国家与人类命脉之所寄，[②] 而研究人员是"国家至宝"。[③] 他默察中国经数十年之努力培养，科学人才仍未甚多，"亟须多加维护培植"。[④] 自1925 年负责广州中山大学校务以来，即"爱护人才"与注重"培养人才"。抗战军兴，朱家骅考虑到中国需要人才"如是之切"，培养人才"如是之难"，主张对这些"业已养成的少数有用人才"，要更加"尽力加以爱护"。[⑤] 但抗战一开始，因学术、文教机构向后方大迁徙，全国教育界普遍发生失业现象。特别是北方各大学教授和研究机构大半停办或紧缩，南下学人多发生生活问题，新毕业大学生在此情形下更难谋事。

朱家骅认为有志学术研究者不能安心工作，甚且改就他业一

---

① 中国地理研究所以黄国璋为所长，设在重庆北碚。中国蚕桑研究所以蔡堡为所长，设在贵州遵义。中国心理生理研究所以郭任远为所长。中国美术学院以徐悲鸿为院长，设在重庆沙坪坝。胡颂平《朱家骅年谱》，第40、44 页；周琇环：《中英庚款的退还与运用》，硕士学位论文，台湾师范大学，1998，第125～129、235～239 页；蒋复璁：《朱骝先先生对于中国图书馆及博物馆的贡献》，《朱家骅先生逝世纪念册》，第267 页。

② 《第二任教育部部长就职致词》（1944 年12 月14 日），《朱家骅先生言论集》，第171 页。

③ 《致陈院长辞修函稿》（1951 年6 月23 日），朱家骅档案，函号：301-01-07-032。

④ 《国立中央研究院评议会第二届第二次年会开幕词》（1944 年3 月8 日），《朱家骅先生言论集》，第87 页。

⑤ 《悼朱子元君》（1942 年9 月19 日），《朱家骅先生言论集》，第731 页。

事，是国家学术、文化上的"重大损失"。① 1938 年起，朱家骅即令中英庚款会拨专款在内地各大学广设讲座，为教授安排教席；并另设科学研究补助金，使青年科学人员可以继续从事科学研究。② 该会的援助，使不少学者的学术研究工作得以继续进行。梁启超之子中国建筑研究开创者梁思成、任职史语所的考古学家梁思永两兄弟便是因此得以继续研究工作。1942 年他们因病且穷受困李庄，朱家骅便由中英庚款会补助研究金项下资助解难，协助他们赓继学术研究工作。③

　　朱家骅上述"济一时之急"的措施，不仅裨益学人，扶助战时中国文教、学术事业不至中辍，亦为他自己在教育界、学术界与知识界树立德望。

---

① 《拟院长上委座签呈稿》（1943 年 9 月），朱家骅档案，函号：301 - 01 - 07 - 016。

② 当时英庚会针对文教、学术人员的补助有下列三类：（一）在内地各大学广设讲座：一方面用以容纳北方一部分教授，另一方面也可充实内地各校教授。如云南大学、重庆大学、广西大学、四川大学、湖南大学等，设置讲座四十余席。（二）资助科学工作人员以补助一般原有工作而被疏散的科研人员。（三）设置科学研究助理，以补助大学新毕业而有志于科学工作的一般青年，使之得以安心从事学术工作。朱家骅特筹专款于 1938 年 3 月设立"科学协助制度"，"协助"自然及社会科学事业发展，总计有 180 多人得到资助。1939 年 2 月，又决议在大学或研究机关设置"科学研究助理"125 名，以一年为期，如有成绩则可继续补助研究。总计曾受补助者近 700 人。胡颂平编《朱家骅年谱》，第 46 页；蒋复璁：《朱骝先先生的追忆》，《朱家骅先生逝世纪念册》，第 285 页；周琇环编《中英文化基金会呈请行政院核备该会结束事》（1958 年 3 月 17 日），《中英庚款史料汇编》下册，"国史馆"，1993；周琇环：《中英庚款的退还与运用》，硕士学位论文，台湾师范大学，1998，第 234～235 页。

③ 梁思成因夫人林徽因卧床两年，梁思永是闹了三年胃病甚重，忽又患肺病甚重。二人万里跋涉由湘转桂、滇、川，已弄得吃尽光光，又连此等病，其势不可终日。史语所所长傅斯年"看着实在难过"，担心二人"若无外边帮助要出事"。所以瞒着两兄弟向朱家骅求援，希望以两人皆是"今日难得之贤士，亦皆国际知名之中国学人"为由，争取蒋介石拨专款资助。朱家骅个人与梁启超亦有交情，对于梁家两兄弟的困状亦"不胜扼腕"。只是，考虑旬余，"既未便签呈，又无其它筹款之法"，在苦无进行之方后，仍由庚会以协助研究名义稍予补助。《傅斯年函》（1942 年 4 月 18 日、7 月 11 日）、《复傅斯年》（1942 年 5 月 7 日），朱家骅档案，函号：301 - 01 - 07 - 012。

　　特别值得一提的是，朱家骅运用中英庚款会资助文教、学术界的同时，正是他开始专事国民党党务工作之始。1938 年起，他先后担任军事委员会参事室主任、中央政治会秘书长、党务委员会主任、中央调查统计局局长[1]兼三民主义青年团干事会之常务干事兼代书记长，[2] 中央训练团党政教育处处长。1939 年 12 月调任组织部部长兼中央调查统计局局长，开始将组织党务扩展到高等学校。[3] 但他在积极扩张党务、网罗学人入党的同时，对中研院等纯学术研究机构非以一般行政机关视之，对学术、文教界学者的扶持与照护一如往昔。

　　例如，朱家骅对学人入党之事从不相强，尊重学人之自主意愿。1938 年时，他便谕示下属要"特别注意"，对于介绍学人入党"必须其本人要求或预征同意，不可先寄表等"。[4] 又如，抗战前后一两年，北平研究院内迁昆明，受战事影响停发经费数月。朱家骅时任中央政治会秘书长，便"鼎力帮忙赞助"在最高国防会议上争取恢复四成经费。[5]

　　1942 年营救蔡元培夫人周峻、陈寅恪脱困又是一例。1941 年年底日军占领香港时，蔡夫人与陈寅恪皆未得出。陈寅恪经济困迫，

① 中央调查统计局属中央党部，向由秘书长兼任局长。当时朱家骅即向蒋介石请辞，建议另派专员专任，但未获准。因此，朱家骅将实际业务交由副局长徐恩曾主持，朱家骅只做原则性指示。胡颂平编《朱家骅年谱》，第 46 页；《签呈总裁请另派干员专任调查统计局局长职务》（1938 年 4 月 20 日），朱家骅档案，函号：301－01－06－300。

② 三民主义青年团为国民党征集和训练党务工作人员的新机构。于 1947 年 9 月的国民党六届四中全会决议并入国民党。

③ 1940 年 2 月，朱家骅感到国民党在知识界基础薄弱，"苟非及图改善，前途堪虑"。决心要党务打进学校，在组织部普通党务科成立学校党务科，派杜元载为科长。同时，朱家骅认为昆明学校森立，联大地位最为重要，若能在联大推进党务，树立中心力量，实足影响全国教育界，"则党国得益匪浅"。因此 3 月，指派姚从吾负责西南联大党务工作。有关朱家骅在学校党务的工作颇有研究价值，但非本书之研究命题，不拟在此申论。《复姚从吾》（1940 年 3 月 7 日），朱家骅档案，函号：301－01－23－238；胡颂平编《朱家骅年谱》，第 49～50 页。

④ 《复方显廷》（1938 年 6 月 15 日），朱家骅档案，函号：301－01－06－331。

⑤ 《李书华函》（1938 年 5 月 12 日），朱家骅档案，函号：301－01－06－331。

卧病难起，欠债甚多，欲离香港又无旅费，"情形甚惨"。① 朱家骅
四处打探，1942 年 4 月得知陈寅恪所在处后，立即以组织部系统汇
款救济，并协助陈寅恪返回内地。② 朱家骅的及时援手，让陈寅恪
"如死复生，感奋至极"，而有"感激之忱，非纸墨可宣"之语。③
蔡夫人情况亦同。蔡元培夫人及子女滞留香港，生活窘迫。朱家骅
不管旁人"可笑"的"异议"，④ 四处筹款给予经济援助，并助其到
内地。⑤ 此事，傅斯年至为感叹，并感佩朱家骅伸出援手，而曾有
"此等事（蔡夫人事、XX⑥ 事）在今日只有吾兄热心耳。弟心有余
而力不足，尤佩兄之热诚毅力"之赞。⑦ 另外，中国教育学开拓者之
一的庄泽宣也因缺乏川资而困澳门，朱家骅除以经济资助外，还积
极为其谋事。⑧ 1942 年中研院史语所欲聘甫自英国取得考古学博士
学位归国的夏鼐到所工作，朱家骅也运用组织部的系统询问夏鼐意
愿，并指示就近垫发夏鼐至渝川旅各费。⑨

　　除此之外，勇于负责之精神与魄力、知人善用、充分授权而不

---

① 《高廷梓函》（1942 年 3 月 31 日），朱家骅档案，函号：301 - 01 - 23 - 357。
② 《电陈寅恪》（1942 年 4 月 22 日、5 月 2 日、5 月 9 日）、《陈寅恪电》（1942 年 4 月 30 日）、《朱学贤电》（1942 年 5 月 1、2 日）、《致王毅侯》（1942 年 5 月 23 日），朱家骅档案，函号：301 - 01 - 23 - 357。
③ 《陈寅恪函》（1942 年 6 月 19 日），朱家骅档案，函号：301 - 01 - 23 - 357。
④ 朱家骅之语。《致傅孟真》（1942 年 6 月 29 日），朱家骅档案，函号：301 - 01 - 23 - 574。
⑤ 《陈寅恪函》（1942 年 6 月 19 日）、《复陈寅恪》（1942 年 7 月 28 日）、《分致陈寅恪、蔡无忌》（1942 年 9 月 21 日）、《急电蔡夫人》（1942 年 6 月）、《致傅孟真》（1942 年 6 月 9 日）、《叶恭绰函》（1942 年 10 月 27 日）、《沙孟海签呈（密）》（1942 年 11 月 4 日）、《复邱清漪》（1942 年 11 月 16 日）、《朱学贤电》（1942 年 11 月 14、20 日）、《复朱学贤电》（1942 年 11 月 17 日）、《张国栋签呈》（1943 年 1 月 2 日），朱家骅档案，函号：301 - 01 - 23 - 357、301 - 01 - 23 - 574。
⑥ "XX"为原信难辨之字。
⑦ 《傅斯年函》（1942 年 7 月 11 日），朱家骅档案，函号：301 - 01 - 07 - 012。
⑧ 《陈寅恪函》（1942 年 6 月 19 日）、《复陈寅恪》（1942 年 7 月 28 日），朱家骅档案，函号：301 - 01 - 23 - 357。
⑨ 《致电夏鼐、致电徐浩（浙省党部书记长）》（1942 年 10 月 13 日）、《徐浩电》（1942 年 10 月 24 日）、《夏鼐电》（1942 年 10 月 27 日）、《致李济》（1942 年 10 月 30 日、11 月 4 日），朱家骅档案，函号：301 - 01 - 07 - 029。

加以干预、舍己从人与包容异见的雅量是朱家骅担任行政领导工作，无论在政界还是在学界，为其共事者称道的领袖特质，其对学人尤其尊重、维护与支持，而多令人有"知己之感"。①

傅斯年是其中之一。傅斯年才气纵横，学问渊博，但个性极强。朱家骅对傅斯年无论在中山大学、中研院、北大，还是在台湾大学，都是尽全力支持，且每遇繁难问题，必与之磋商恳谈。傅斯年与朱家骅虽是至交，但有时意见、主张相左。朱家骅为了不与傅斯年当面争执，多托中间人居中商谈，得出共识。因此，傅斯年挚友之一的毛子水便说："傅孟真先生在中山大学文学院和中央研究院的成就，世人都知道；但设使没有朱先生的知人善任，虽有大才如孟真，即能成就，亦必困难得多。我每想到孟真在中山大学及历史语言研究所的事业，便不能不想起朱先生的鉴识，这等处是朱先生使我终身敬服的地方。"②

顾毓琇担任中央大学工学院院长时，校长朱家骅对院务推展始终全力支持。他说："回忆一年半在中央大学，对于工学院院务推进，始终得朱先生之支持。朱先生以教授长校，始终维持教育家之风度。先生对中山大学及中央大学之教职员及校友学生始终爱护。"③

九一八事变后，中央大学学潮不断。1932 年行政院院长汪精卫派教育部次长段锡明继任校长，一进校长室便遭殴打。汪精卫一怒之下令教育部部长朱家骅解散中大，逮捕学生，并指名捉拿缪凤林等三位教授。但朱家骅认为学校可以改组，学生可以甄别，但是教授绝不能轻加侮辱，纵令他们曾鼓动学潮。因此他只解散了中央大

---

① 杨亮功之语。杨亮功：《怀念朱骝先先生》，《朱家骅先生逝世纪念册》，第 319 页。胡适也说，朱家骅当了 18 年的院长，像傅孟真、陶孟和、李四光，共有十多位所长，都是很有脾气的人。他能维持 18 年之久，我真佩服他。胡颂平编著《胡适之先生晚年谈话录》，第 173 页。

② 毛子水：《骝先先生哀词》，《朱家骅先生逝世纪念册》，第 257 页。另见杭立武《敬悼朱骝先先生》、李文斋《朱骝先先生二三事》，《朱家骅先生逝世纪念册》，第 324、370 页。

③ 顾毓琇：《纪念朱骝先先生》，《朱家骅先生逝世纪念册》，第 354 页。

学，聘请李四光与俞大维为委员进行整理。① 随后他先发文任命罗家伦为中央大学校长，再亲至其寓所与之恳谈，一再以国家民族学术文化前途大义相责，始让原本坚决谢辞的罗家伦点头。事后朱家骅常对朋友说："我逼志希担任中大校长，苦了志希，救了中大。"②罗家伦则将中央大学整顿之功归于朱家骅的全力支持。他说："我整理中大的初期，常有若干人事上的麻烦或规章上不必有的牵掣，我对部方有忍不住的地方，他总是支持我，劝我放手去干。这种气度，也使我感觉到非一般人所能及。"③

朱家骅任组织部长时，对负责西南联大党务工作的姚从吾总是全力支持。姚从吾曾言，朱家骅采纳他的"蒭荛之言"，为他"增加对青年之信用"。④

因此，沈刚伯赞扬朱家骅在教育文化界"无形地产生过一种好影响，也可以说是一种力量，那就是他在给从事文教的人们一种鼓励"。⑤刘英士也曾对朱家骅评论道："群众拥戴之力不兴焉。公之群众为士大夫，绝非吃党饭者。我是一个士大夫，我只愿为士大夫之领袖服务。一个单纯的组织部长，不能唤起我的注意，更谈不到效忠。"⑥

综上所言，显见朱家骅虽同兼党、政、学职务，但"学术"才是他的中心旨趣。由此也可理解，朱家骅专事国民党组织工作，却可以网罗许多知名学人加入国民党。⑦ 即使在各高等学校积极扩张党务，

---

① 沈刚伯：《追记骝先先生的言行二三事》，《朱家骅先生逝世纪念册》，第258页。
② 罗家伦：《朱骝先先生的事迹与行谊》，《朱家骅先生逝世纪念册》，第264页。
③ 罗家伦：《朱骝先先生的事迹与行谊》，《朱家骅先生逝世纪念册》，第264页。
④ 《姚从吾函》（1940年3月24日），朱家骅档案，函号：301-01-23-238。
⑤ 沈刚伯：《朱骝先先生的成就与修养》，《传记文学》1976年第6期，第8页。
⑥ 刘英士写这封信给朱家骅时，朱家骅为国民党组织部长。信中的"公"指的是朱家骅。《刘英士函》（1940年11月6日），朱家骅档案，函号：301-01-06-006。
⑦ 如傅斯年、李书华、徐旭生、董爽秋、翁之龙、林超、赵士卿、李秉琼、萧一山、丁文渊、罗常培、徐学禹、贺麟、华罗庚、赵九章、伍廷扬、张伯苓。贺麟当时还指名要朱家骅与周炳琳担任介绍人始愿意入党，显示他对朱家骅的认同。《周炳琳函》（1942年9月9日），朱家骅档案，函号：301-01-06-332；《申请入党、介绍入党及补发党证》1、2卷，朱家骅档案，函号：301-01-06-331、301-01-06-332。

却仍获教育界、学术界与知识界认同，被推举为中研院院长候补人。

这又可看出，对这批怀抱"科学救国""学术救国"理想的学人来说，评断一个人或"学"或"官"的主要指标不在于"从政"或"为学"，而在于其个人之学术涵养与其发展中国现代学术事业之理想及实践，亦即他对中国现代学术事业进展的贡献。这即是在"救国""强国"意念下的"集体意识"的展现，亦是一种中国传统士大夫"学而优则仕"观念的延续与中国政、学尚未全然分离的表现。

政、学分离是学术专业化的象征，也是学术现代化的一项重要指标，还是中国由传统到现代转换过程中新式知识分子自我角色的一种选择。但在政治不清明、社会动荡不安与国家民族危机下，这群由传统到现代转型过渡时期的知识分子，其知识体系是现代的，"舍我其谁"的气概却仍是传统的。诚如余英时所言："西方文化（包括马克思主义）的冲击使中国知识分子获得了重大的思想解放是一件无可否认的事实。……但是这种影响仅限于思想信仰的内容方面，中国知识分子的性格并没有发生革命性的变化。"[1] 朱家骅是其中具代表性的一人。

朱家骅 1924 年取得柏林大学博士学位回到中国，志趣在研究学术，但因政治混沌而积极投入反政府的政治运动。1932 年，在日本侵华日亟之时，他最终选择了放弃学术研究，投身政治。但 1935 年 7 月起便对政治感到厌倦，失悔当初的决定。[2] 他为学从政的转换历程正说明了那个时期的知识分子在面对国族存亡危机时，选择为学或从政的内心冲突与矛盾。这也说明了当时的知识分子无论参政、议政，还是全然不问政治，都仍关心政治。在政、学尚未全然分离之前，他们仍习惯于亦学亦政的角色。而这也就是朱家骅虽未有傲人的学术研究成就，却能以一国民党组织部部长当选中研院院长候补人的另一个原因。

---

① 余英时：《中国知识分子论》，河南人民出版社，1997，第 128～129 页。
② 胡颂平编《朱家骅年谱》，第 37 页。

第二节 守成与开创兼具的治院方针

朱家骅就任后为中国学术事业之发扬、隆替做的全盘打算，尤瞩目于迎头赶上西洋文化，从根救起中华民族之国家需要。他虽深知研究学术"为百年大计，铢积寸累，难望速成"，不过值此关乎国族生死存亡之非常时期，他认为："一方面应求急切之功，使研究工作适应抗战需要，一方面尤须为久远着想，分工不厌其细，研究不厌其精，毕生尽瘁，专心致知，使学术研究之独立与发展名实允孚。"① 因此，朱家骅以蔡元培"工作大纲"所示之要旨为基础，配合抗战建国之需要，拟具新的工作基本方针，于 1941 年在就任后主持的第一次评议会中正式提出，企盼由此使中国科学精进不懈，坚固国基，迎头赶上西方科学。②

一 蹈循遗规，勉力维持

在朱家骅看来，蔡元培主持教育学术事业"致力也勤、所容也广、所处也正"之精神可谓一代典型、当世师表，蔡元培"献身学术，发展教育，创导文化"之伟大精神则是他常常萦回于心不能忘者。③ 因此，如何本蔡元培"忠于学术、勤于研究之博大精神"，继续蔡元培平生志业将其发扬光大，使中国学术事业日趋发皇，教育文化事业日见灿烂，共同完成学术救国、建国之使命，④ 朱家骅决定

---

① 《代理中央研究院院长就职谈话》（1940 年 10 月 1 日），《朱家骅先生言论集》，第 73 页。
② 《代理中央研究院院长就职谈话》（1940 年 10 月 1 日），《朱家骅先生言论集》，第 73 页；《朱家骅代理中央研究院长后向蒋介石所做的工作报告》（1941 年），中央研究院档案，中国第二历史档案馆藏，卷宗号：393 - 82 重。
③ 《永念子民先生的精神》（1941 年 3 月 5 日）、《国立中央研究院评议会第二届第一次年会致辞》（1941 年 6 月 30 日），《朱家骅先生言论集》，第 726、74 ~ 75 页。
④ 朱家骅：《拟开会辞 蔡元培》（1940 年 3 月 5 日），朱家骅档案，函号：301 - 01 - 22 - 047。

"蹈循遗规，勉力维持"，与中研院同仁共相策励，继续努力。

1. 萧规曹随

朱家骅在就职演说中便指出：中研院成立已13年，此次奉命代理，"惟有蹈循遗规，勉力维持，与本院同仁共相策励，继续努力"。[①] 随后在上呈蒋介石的工作报告中，也表明中研院研究学术方针，是"经前蔡院长规划详明"，他"惟有蹈循遗规，适应时代需要，勉励以赴，与院中同仁共相策励继续努力"。[②] 他在第一次以评议会议长主持的评议会中也言：

> 蔡先生党国元老，一代典型，加以治学办学之经历，允为当世师表，故能建兹弘业，为后世基。家骅少从问故，长居属僚，高山景行，仰钻弥深。今来备此职，将一以蔡故院长之遗训为成规，匪仅所谓萧规曹随而已。[③]

朱家骅不断提及之蔡元培"遗训"，即蔡元培手订并经全体评议员通过之《国立中央研究院进行工作大纲》。朱家骅认为，时代虽剧烈演进，但该纲领"将永垂为不朽之论"，他当"巨细奉行，以为途径，庶几差少陨越"。[④]

朱家骅除以蔡元培"遗规"为治院首要准则，还提出新的工作方针，主要有以下四端：

（1）侧重西南研究

随着对日战事的延长，旧的图书、仪器在迁徙中损失，新的图

---

① 《代理中央研究院院长就职谈话》（1940年10月1日），《朱家骅先生言论集》，第73页。

② 《朱家骅代理中央研究院长后向蒋介石所做的工作报告》（1941），中央研究院档案，中国第二历史档案馆藏，卷宗号：393－82重。

③ 《国立中央研究院评议会第二届第一次年会致辞》（1941年6月30日），《朱家骅先生言论集》，第74页。

④ 《国立中央研究院评议会第二届第一次年会致辞》（1941年6月30日），《朱家骅先生言论集》，第74页。

书与设备本因战时交通不便不易取得。1939 年日本占据华中、华北以后，情况更甚。外援难求，开发西南、西北内陆资源自给自足在此时亦是抗敌之外的另一件要事。事实上，朱家骅担任总干事时之所以一再希望能在昆明设置"研究本部"，用意即在此。

朱家骅认为，过去因为交通不便专家学者每不易到西北、西南从事研究，对于西北、西南实际研究材料感觉缺乏，引为憾事。现在有许多高等教育文化机关迁移到西北、西南，"正是一个实地研究的机会"。从前只能听到的，如今可以亲眼看到，还有各种调查、探测、考察工作也都得到不少便利，这于自然科学的研究有极大帮助。且在此抗战期间图书、仪器等设备之添置本即有种种不便，以致从事室内研究工作时不免感觉困难。因此之故，朱家骅鼓励"要多做野外工作，利用各种自然现象，以补设备不足"。他十分看重这种野外调查对推动学术研究的重要性，认为如能利用这种机会，多做实地研究，不仅在研究方面可获得实际材料，且于国计民生必有极大贡献。因此他希望全国学术界"尽量利用，积极提倡，养成这种风气"。[1] 朱家骅延续他在总干事期间强调因地制宜，从事西南研究重要性的主张，再次重申，"本院既侨居西南，当于西南可研究之问题，多所致力，既合本院工作大纲之所示，又有因利乘便之益。此中各项工作，如地质之探察，地质之测量，若干矿产之研究，皆在设法扩充中，不待悉举"。当然，朱家骅清楚知道，就目下战争环境，工作进行实难责以常时之进度，特别是当时各所设备不无欠缺，欲发挥其最大能力实属困难。不过朱家骅认为即便事实如此艰难，"亦当努力"，使其"不远于上述宗旨，不失本院立场，以从事各种研究工作"。[2]

在此艰难环境中，朱家骅积极主导组织"西北史地考察团"，支

---

① 《科学研究之意见》（1941 年 11 月 30 日），《朱家骅先生言论集》，第 11 页。
② 《国立中央研究院评议会第二届第一次年会致辞》（1941 年 6 月 30 日），《朱家骅先生言论集》，第 76 页。

持天文所之西北观测日食计划，动植物研究所的"川边动植物调查团"计划，推动气象所之西南测候网之设置①等工作。各所亦有所成绩，如历史语言研究所在迁云南与四川时，曾先后进行贵州、四川及西康等地之民族调查，获得丰富之边疆文物资料，对于西南边省土语方言之研究及川康滇黔各地少数民族之调查，尤足供政府边政及推行边疆教育之参考；心理所做西南各省纱厂心理工效、职工选择及训练；社会科学研究所在桂林时做广西行政问题之调查与研究；化学所在昆明时做云南盐产及利用西南矿产试制无机药物之研究；工程研究所对于云南木材之研究及光学玻璃之设计与试造亦有成绩。气象研究所研究四川水旱问题，预告嘉陵江水位，测定重庆、昆明、贵阳、西安、宜山等地的气候、雨量等。

（2）实践中研院联络、推广科学研究之两大任务

中研院受经费与战事之影响，自创院以来多侧重自行从事科学研究，致遭外界"孤立派主义"之批评。②朱家骅任总干事时即欲改正此弊。此时经费与物资缺乏、资源有限，又欲力谋配合国家抗战需要与各研究所工作仍能日求益晋，朱家骅更强调与院外政府事业单位、其他学术研究单位合作以达校正之效。朱家骅说：

　　中央研究院就其性质言之，为适应目前需要并助长学术研究之发展计，宜于若干专门技术问题，上备政府之谘问，或可受政府之委托，作专题之研究，此类工作亦当推广，使政府与事业皆得本院之助，以改进其工作，易于成功。就本院本身言，

---

① 西南气象测候网是由气象所所长竺可桢等在首届评议会第五次年会提请建议政府资助建设，俾利全国测候网之逐步推进，以应抗战建国需要。1940年10月，该案送交国府财政、教育两专门委员会审查时，朱家骅先后致函当时国防军事委员会秘书长张群与特种经济调查处处长李超英，请其在委员会审查时"加以注意"，并请其"代向两会同志言之"。《王敬礼签呈》（1940年10月4日）、《致张岳军秘书长》（1940年10月8日）、《张群函》（1940年10月9日）、《李超英（特种经济调查处长）》（1940年10月12日），朱家骅档案，函号：301-01-07-026。

② 《傅斯年函》（1940年10月11日），朱家骅档案，函号：301-01-07-002。

亦可借助于政府及各项事业之经费设备，人力物力，以策进工作之发展，事半而功倍。至于因此而使科学精神与方法普遍于全国，则关系尤巨者也。①

此外，朱家骅为进一步纠正"孤立"之错误，更主导与院外学术研究机构进行学术研究合作计划。例如，朱家骅主导组织的西北史地考察团便是由中研院与中英庚款会之中国地理研究所、中央博物院组成。为进行民族素质研究，朱家骅指示中研院史语所、社会科学所和动植物研究所要与中国地理研究所、中国科学社生物研究所共同合作进行研究。而后朱家骅还提出与各大学交换教授的主张，认为此事至为重要，"否则与各大学不能沟通，本院自陷孤立，损失甚大"。另外，朱家骅在抗战时期推动新增设的研究所，如实验医学研究所筹备处设在重庆歌乐山龙洞湾上海医学院内、数学研究所筹备处设在西南联大内等，皆为落实他这点主张的实际作为。②

（3）设备之充实

朱家骅认为，真正所谓的"学术中心"是必须要有"人才"和"设备"才能够达成研究任务与使命。③ 他并以世界各国之国家学院为例指出，"各国之学术研究院，其规模在其设备，其成效由其设备"，因此，他在中山大学时即已十分重视充实研究设备。中研院居领导中国现代学术发展之地位，如不充分完成其设备"即不足以达其目的"，若完成其设备"则有助于国家之建设文化者至大"。朱家骅当然也清楚知道以战时的国家财力与交通封锁的现实，是不容许无限制之充实。为中国现代学术事业之将来长远发展论，朱家骅认

---

① 《国立中央研究院评议会第二届第一次年会致辞》（1941 年 6 月 30 日），《朱家骅先生言论集》，第 76 页。

② 《王家楫函》（1943 年 9 月 8 日）、《复王家楫》（1943 年 9 月 14 日）、《复李仲揆、汪缉斋》（1944 年 1 月 5 日），朱家骅档案，函号：301 - 01 - 07 - 023、301 - 01 - 07 - 005。

③ 《第二次院士会议开幕致词》（1957 年 4 月 2 日），《朱家骅先生言论集》，第 102 ~ 103 页。

为充实设备一事"不可不于此时先立其意"。他把希望寄托于未来，深信"将来中国必有一日，不惜巨费，兴设宏伟，以开此永久之大计"。朱家骅因是代理院长，此事之完全实现，"祈祷其完成于后贤之手"，实寄望于后来继任之人。在他代理期间，"愿立此目标，努力以赴"。值此战时，朱家骅为求"在院同仁得充分工作"，提出"今当以目前工作为设备之范围，迫切需要，俭之又俭，能凑合之即凑合之，为设备之方程"的务实办法。①

只是因战时情形特殊，充实设备是难之又难，几乎无法照预定计划办理。例如战时新成立的数学所筹备处便因为所订购的图书一直无法运入中国而迟迟无法正式成所。

（4）网罗人才，增设研究所

朱家骅认为，中研院现有已设之所"未尽科学之要目"，经费缺乏固然是主要原因，但"人才难得，不可广所设立，致违名实，尤为要义"。②此时他延续在中山大学时期"先聘好教授才办新学系"的作风，③亦强调"必先得贤才，而后敢以创设"。对于此事，他也在会上宣示"在职期中，当于此事多所留意"。④

由于朱家骅坚持必须要领导工作与献身研究之"学术人才"和工作上必须之"设备"齐备始可正式设所。⑤抗战期间，本此原则，朱家骅先后增设了数学研究所、体质人类学研究所、医学研究所三筹备处及植物研究所，是中研院成立以来增所最多的时期。不过，受战争影响，人才罗致不易，设备充实困难，抗战期间只有植物所顺利设所。

---

① 《国立中央研究院评议会第二届第一次年会致辞》（1941 年 6 月 30 日），《朱家骅先生言论集》，第 76 页。

② 《国立中央研究院评议会第二届第一次年会致辞》（1941 年 6 月 30 日），《朱家骅先生言论集》，第 76 页。

③ 郑彦棻：《忆述纪念 国父的国立中山大学》，《国立中山大学成立五十周年特刊》，第 124 页。

④ 《国立中央研究院评议会第二届第一次年会致辞》（1941 年 6 月 30 日），《朱家骅先生言论集》，第 76 页。

⑤ 朱家骅：《国立中央研究院简说》（1953 年 12 月 23 日），朱家骅档案，函号：301 - 01 - 07 - 005、301 - 01 - 07 - 007。

二　对纯学术研究与学人治院体制之尊重

朱家骅于中山大学时期在发展国家现代教育、学术事业上，即以苏联在国家统筹计划下发展现代学术事业的成功模式为师。他就任中研院院长后，以开明的态度，尊重蔡元培时代创立的纯学术研究自由院风及延续学人治院的民主行政管理体制，希望为学者提供一个安心从事研究工作的纯学术环境。

1. 尊重纯学术研究

朱家骅深知欧美各国之国家学院都为国家一流专家学者之超然组合，不涉政治行政范围，用意即在尊重纯学术研究的自由，使国家学术事业可以充分发展。朱家骅在中山大学时期即十分尊重"纯学术"研究的自由。接任院长后，自然仍延续蔡元培时代树立的"学术自由"精神为中研院的学术研究指标。

不过，朱家骅自 1927 年负责中山大学以来，即认定三民主义为中国新的中心思想，认为唯有以此为中心思想，抗战建国之大业始得同时并进。[①] 因此，当时外界对"学校党务"影响"学术自由"的批评，他反驳认为是"不确实"的看法。在他主持下的国民党组织部的学校党务方针是"传播中心思想，及增强组织力量"，是要"以全国共信的中心思想为自由的范围，去发挥研究精神，更要以集中的意志，集中的力量，去增强我们的组织，使中国成为学术昌明，组织坚强的现代国家，其目标与教育学术界相同，其工作与教育学术界相应"。他进一步指出，中国科学不如人处甚多，"必须件件从深刻的研究功夫中求得真理"，才能有贡献于国家社会，促成国家的长足进步。因此他一再强调提高与发挥研究精神之重要性，研究精神之发挥则"又必须在研究自由的空气之中，才能收获实际的功效，又是不待说的"。朱家骅总结认为，"纯粹研究的自由"是要特别维

---

① 《学校党务的诠释》（1940 年 6 月 22 日），《朱家骅先生言论集》，第 445 页。

护促进者，"自无干涉之处，这是不容怀疑的"。①

基于此认知，朱家骅虽同时兼任国民党组织部部长负责后方各校党务，为保持学术研究的超然地位，不要求中研院的研究人员入党。他对总干事及各研究所所长之聘任无一不是学术界具领导才干之菁英、对发展中国现代学术事业有理想抱负之人，以其学养、学术人望为聘任之考量。

朱家骅新增聘之各所所长如数学所筹备处主任姜立夫、医学研究所筹备处主任林可胜、体质人类学研究所筹备处主任吴定良、植物所所长罗宗洛、气象所所长赵九章都是该学科之翘楚。特别是中研院总干事之人选，向为教育学术界所关注，其基本条件便是"有能力并有名为人知者"。② 胡适认为朱家骅所聘任的总干事，如傅孟真、萨本栋、周鸿经、杨树人都是能干的人。③

朱家骅聘任的总干事最早是由史语所长傅斯年兼任，1942 年 9 月傅斯年因病请辞总干事，遂聘请清华大学物理系主任兼主持特种研究所的物理学者叶企孙继任。④ 两年后叶企孙返回西南联大任教，聘得北平研究院副院长李书华接任。⑤ 1945 年李书华请辞，改聘物理学家萨本栋继任。1949 年萨本栋过世后，改聘数学家周鸿经。历

---

① 《学校党务之鹄的》（1940 年 7 月 7 日），《朱家骅先生言论集》，第 450、448 页。

② 《傅斯年函》（1941 年 5 月 21 日），朱家骅档案，函号：301 - 01 - 07 - 002。

③ 胡颂平编著《胡适之先生晚年谈话录》，第 50 页。

④ 当时朱家骅征询各研究所所长意见，提出名单有叶企孙、吴政之、周枚荪、段书诒、汪敬熙、吴有训、杨振声、赵元任、何廉、陈受颐、李书华、杨振声、蔡作屏，最后决定叶企孙。而这份名单的最大特点在于，除段书诒外，无一不是当时学界负有学术声望，并有发展中国现代学术理想之学人。《傅斯年函》（1941 年 4 月 23 日）、《复陶孟和》（1941 年 5 月 27 日）、《分函姜立夫、王家楫、周仁、任鸿隽、竺可桢、张钰哲》（1941 年 5 月 27 日）、《致汪敬熙》（1941 年 6 月 27 日），朱家骅档案，函号：301 - 01 - 07 - 002。

⑤ 关于叶企孙坚辞中研院总干事的原因，当时他曾向中研院同事透露，主要原因有三：首先原因是跟傅斯年合不来；叶同时觉得长期脱离教书，不合适；当初离开昆明时，是向联大（按：应是向清华）请的假，按当时规定不能超过两年。虞昊、黄延复：《中国科技的基石：叶企孙和科学大师们》，复旦大学出版社，2000，第 436 页。

任总干事无一不是受朱家骅为推动中国学术现代化之理想与热忱所感动而同意前来协助。

以叶企孙为例，叶对政治向无特别倾向，对国民党亦无好感。傅斯年当时对于叶企孙的评语是"固执颇露于外，然思想实单纯、公正，党派观念似无之"，[①]"叶来是一件大好事，其人实公正而孚众望"。[②] 他在清华大学的职务地位等同于中研院之总干事，为清华校长梅贻琦的重要左右手。叶企孙之所以同意出任总干事是经详细考虑后，"虽自恐才难胜任，然因该院之发展与全国学术前途之关系甚大，亦未尝不可尽其绵力，逐渐使该院之研究事业更上轨道"。[③] 当时因朱家骅同时担任国民党中央组织部部长，叶企孙就任时便与朱家骅约法三章，决不愿到国民党党务机关商讨中研院的事务，并要求朱家骅每星期至少到中研院两小时共商院务。对这两个"要求"，朱家骅皆欣然应允，若遇有须急办之事，朱家骅则约叶企孙至家中商讨，从未"违言"。[④]

2. 延续学人治院之开明领导风格

朱家骅下放中研院人事权，交由院务会议集体决议，体现了他延续蔡元培"学人治院"的开明领导风格。中研院人事除院长由国民政府特任、评议员由国民政府聘任外，总干事以下之各所长、研究员等人员由院长函聘，均不受铨叙规定之限制。朱家骅为进一步落实"学人治院"的民主领导体制，将院长此项人事权下放，以便各所可以自由遴选研究人员。再由总干事、总务主任、各所所长等组织成立人事管理委员会，明确规定各所研究人员之进退标准，将各所重要人事纳入严正、公平、公开的轨道。

为提高研究人员之学识经验水平，修正研究所组织通则，明文规定要以在认可之国内外大学毕业后担任教授、副教授或研究

---

① 《傅斯年函》（1941 年 4 月 23 日），朱家骅档案，函号：301 - 01 - 07 - 002。
② 《傅斯年函》（1941 年 5 月 21 日），朱家骅档案，函号：301 - 01 - 07 - 002。
③ 虞昊、黄延复：《中国科技的基石：叶企孙和科学大师们》，第 435 页。
④ 虞昊、黄延复：《中国科技的基石：叶企孙和科学大师们》，第 551、568 页。

员，并任研究工作 2~8 年，且具有重要学术成绩者为合格。对研究员聘任较前为严格，其进退完全依据其研究成绩，提交各所所务会议议决，再经院长召集的院务会议投票表决做最后决定，以此确保各所任用研究人员多为国内学术经验专精之学者，对于研究工作多有推动。人事管理委员会原规定每季度开会一次，但因战时各所分处各地，各所所长不易到渝开会，未能如期举行。不过该会制有研究人员工作调查表，于年终发交各员填报，据此考核。①

三 理论科学之倡导

中研院创立之初即以纯学理研究为研究重心。九一八事变引发学界的"理论科学"与"应用科学"论战，1936 年 4 月蔡元培明确指示各所基础科学和应用科学要"兼顾兼得"。蔡元培根据第一次世界大战时，各科学发达的国家于战时召集其国内专作理论科的学者为国家军事技术服务的经验，同时指示："本院之个人及集体，自当随时应政府之需求，供献其技术的能力。"② 因此，在 1935~1937 年抗战全面爆发前的三次评议会年会中，③ 先后通过翁文灏、陶孟和和丁燮林的《中国科学研究应对于国家及社会实际急需之问题特为注重案》，胡先骕、秉志、张其昀、谢家声、王家楫的《请由中央研究院与国内各研究机关商洽积极从事

---

① 《中央研究院三十年度工作成绩考察报告：中国国民党五届十中全会纪录》（1942 年 11 月），杜元载主编《抗战时期之学术》，革命文献第 59 辑，中国国民党党史委员会，1972，第 286、288~289 页；朱家骅：《国立中央研究院简说》（1953 年 12 月 23 日），朱家骅档案，函号：301－01－07－005、301－01－07－007；《三十年来的中央研究院》（1958 年 6 月 9 日），《朱家骅先生言论集》，第 110 页。

② 蔡元培：《国立中央研究院进行：工作大纲——第一届评议会第一次年会致词》（1936 年 4 月 16 日），《中央研究院院史初稿》，第 26 页。

③ 1935 年第一届评议会成立后，连续三年在南京北极阁举行年会。第四次年会本应于 1938 年 4 月召开，但以中研院疏迁，未能如期举行。直到 1939 年 3 月在昆明云南大学举行。

与国防及生产有关之科学研究案》等有关国防研究和强调应用科学的决议案。[①]

抗战全面爆发，国民政府开始向西南撤退，各研究所亦随之迁徙。面对国族存亡的危机和物资短缺的生存挑战，中研院当然要响应政府的号召，投身国家需求的应用科学研究。1939 年起，日本占据华中、华北，进驻越南，并开始对国民政府控制区进行经济封锁和毁灭性的空中轰炸。[②] 蒋介石继 1938 年 3 月的临时全国代表大会通过"抗战建国纲领"，号召集合全国人力、物力抵御日本侵略之外，[③] 又再于 1939 年 3 月在重庆举行国民参政会第三次会，号召全国人民不分上下，全面支持政府对日抗战。[④]

为响应蒋介石的号召，1939 年 3 月中研院评议会第四次年会中，特别针对抗战时期的学术研究方向达成了多项决议：（1）中研院应在西南各省广置永久研究机关，以求文化之平均发展而利内地之开发。（2）中研院理化研究所应与政府及社会实业机关切实合作，以增加效能。（3）参照第三次年会会议决议，联络国内各研究机关，厘定战时工作计划，以求于抗战前途有所贡献案。（4）由中研院发起，会同教育部、经济部检讨全国研究事项之方针及分工合作之办法。[⑤]

中研院作为国家最高学术机构自然应起带头作用。因此，这些决议案成了中研院战时的新研究方针，从而将中研院的研究方针由理论与应用科学"兼顾兼得"转偏向应用科学。在这次会议之后，中研院各研究所有不少的研究都转向应用科学和国防工业

---

① 《国立中央研究院首届评议会第一次报告》（1937 年 4 月），中央研究院档案，中国第二历史档案馆藏，卷宗号：393 – 1567。

② 郭廷以：《近代中国史纲》，第 709 页。

③ 郭廷以：《近代中国史纲》，第 665 页、第 693 ~ 694 页。

④ 朱汉国：《南京国民政府纪实》，安徽人民出版社，1993，第 638 ~ 639 页。

⑤ 《委员长训词》（1939 年），中央研究院档案，中国第二历史档案馆藏，卷宗号：393 – 132；朱家骅：《国立中央研究院第一届评议会第四次年会记录》（1939 年 3 月 13 ~ 14 日），朱家骅档案，函号：301 – 01 – 07 – 008。

方面。①

对日战争对中研院研究政策有着重要的影响。在战争的特殊环境下，为满足国家的实际需求，各国皆不得不集中目标于应用科学，中国亦是如此。政府与社会皆不惜重资添设新机构以发展应用科学（如资源委员会），连中研院也有重应用之趋势。② 这种现象令朱家骅十分忧心，恐重蹈清末"体用"错误观念之覆辙，认为"这实在是我国学术界的一个危险现象"。③ 朱家骅为导正抗战以来这种"急功近利"，对应用科学的过分注重而忽略理论科学研究重要性的错误，不厌其烦地倡导"纯粹科学乃是应用科学之母"的观点，宣扬为学术而研究的精神，不断呼吁战时应该理论科学和应用科学并重。

朱家骅在1941年第一次主持评议会的致辞演说中，便根据蔡元培手定之《工作大纲》中强调纯粹科学研究之重要性部分，再提出延伸演绎，强调中研院既居中国学术界领航员角色，自当以身作则，

① 例如工程所协助中央与云南省政府在昆明合办中国电力制钢厂，利用滇省之煤铁矿藏制炼精美钢料，以供后方之需要。动植物研究所趁迁居西南之便，与经济部、中央农业试验所合作，自川边及西康开始进行西内森林之调查。物理研究所为国立西南联合大学及国立云南大学试制各项教学仪器以节省外汇。地质研究所针对广西省煤、铝、铋、钨等矿产需要至急，与广西省政府建设厅、经济部地质调查所合作组成考察队，分赴桂省各地考察，以解决此项迫切问题；又与资源委员会及粤桂两省合作在黔桂路沿线考查地质及探矿产。李扬编著《国立中央研究院史》，第86页；《中央研究院院史初稿》，第16～17页；《竺可桢日记》第8册，第42、46～47、57、120、154、186、306、308、317、494、497、503、524、536、546、582、583、587～588页；《竺可桢函》（1941），朱家骅档案，函号：301-01-07-026；《三十年来的中央研究院》（1958年6月9日），《朱家骅先生言论集》，第109页。

② 例如，地质研究所自抗战开始即暂停纯学理上之探讨，全力从事内地各矿区之估计，期为开发资源之助。又如，工程研究所则暂停普通工作，多致力于有关军事之工程问题，特别是迁滇之后，曾努力从事各项实际工作，并受中央与云南省政府合办之中国电力制钢厂委托，代为筹划设备、厘定出品、装置机器等一切有关技术之设施，期能为协助国防工业发展之一助。《中央研究院工作报告——中国国民党五届六中全会》（1939年11月）、《中央研究院三十年度工作成绩考察报告——中国国民党五届十中全会纪录》（1942年11月），杜元载主编《抗战时期之学术》，革命文献第59辑，第238～239、241、286页。

③ 《科学研究之意见——在自然科学社第14届年会讲》（1941年11月30日），《朱家骅先生言论集》，第10页。

树立典范。他明确指出："遵此所示而奉行之，纯粹科学方得进展。
而科学之应用，方得立其基础。"特别是中研院为国家设置之最高学
术研究机关，应该：

> 必先将此义把握住，然后始可察知时代之向背，同时各方
> 之需要有轻重，能夫为求真知真理而努力，则应为本院工作之
> 最前义，……盖要从根救起中华民族，必须迎头赶上西洋文化，
> 纯粹科学之发展为一切文明之基础。失此基础，则一切应用科
> 学无所附丽，更不论宏大。故为建国久远之大计，本院不能不
> 探本寻源，注重于纯粹科学之研究，以求真知真理也。①

当然，在此国难期间，朱家骅之意并非要中研院"独尊"纯粹
科学研究而不做"应用科学研究"。相反地，朱家骅认为"学与用足
不可分的，学固以致用，用以学为本"。② 他进一步说明：

> 我们随时都希望国家得科学之用，社会得科学之益，可使
> 事业方面和社会人士对科学有深刻的了解，同时益增其对于科
> 学之信念，盖必如此，而后科学始有裨于国家之建设，而促成
> 科学本身在中国真正昌明。不过在这高唱实用太过的时候，希
> 望大家不要忽略这些纯粹理论科学，致失平衡的发展。③

朱家骅对于中研院的研究工作除着重纯粹科学研究外，亦同时
强调需兼顾与国家社会成密切联系，俾国家得学术之用，社会得学

---

① 《国立中央研究院评议会第二届第一次年会致辞》（1941 年 6 月 30 日），《朱家骅
　先生言论集》，第 75 页。
② 《如何迎头赶上西洋文化》（1942 年 10 月 31 日），《朱家骅先生言论集》，第 21 ~
　22 页。
③ 《科学研究之意见——在自然科学社第十四届年会讲》（1941 年 11 月 30 日），
　《朱家骅先生言论集》，第 9 ~ 10 页。

术之益。此点主张亦同于蔡元培曾在《工作大纲》所说之纯粹科学与应用科学"必兼顾然后兼得"之方针。[①] 朱家骅认为蔡元培此点所示，足征应用科学实亦辅助纯粹科学之发展，倘以应用论应用科学则"浅之乎其言之矣"。所以朱家骅曾在 1941 年的评议会致辞时特别提出：

> 盖科学之应用，不能认为仅以适合国家社会之需要为已足，……对于科学本身之需要与国家之需要两相兼顾之意。又科学本身与科学之应用，系相依而发展，其与国家及社会之发展，亦非可分离，科学本身如此，科学应用亦如此。……况此时国家需要建设事项之专门知识极殷，国人所期望于本院者甚大，本院尽其微能，推广科学之应用，分所宜然。此不特直接的国家社会一时之造福，且间接的普遍科学风气于全国，使人民接受科学知识，并集全国各地上下之力，以求科学迅速发展，于治学，于建国，均有莫大影响。虽本院历年来为经费设备所限制，稍有贡献，未敢言多；今后自当勉力为之，与一切事业机关觅取密切联系，亦望政府各机关充分予以赞助与合作也。[②]

不过随着战事的延长，应战时的实际需要，着重应用科学研究的现象愈见严重。特别是一般青年人多把学术看作单纯的谋生手段，以毕业后出路为首要考量。在大学里学习纯粹科学者比例

---

① 蔡元培在《工作大纲》中指出："亦有甚多科学，曾以实际应用之需要而发展。纯粹科学研究之结果，固多为应用科学之基础，而应用科学之致力亦每为纯粹科学提示问题，兼供给工具之方便。故此二事必兼顾然后兼得，若偏废或竟成为遍废。况若干利用科学之实际问题，为此时社会及国家所需要者，不可胜计，本院允宜用其不小部分之力量从事于此。"蔡元培：《国立中央研究院进行：工作大纲——第一届评议会第一次年会致词》（1936 年 4 月 16 日），《中央研究院院史初稿》，第 25～26 页。另见《国立中央研究院评议会第二届第一次年会致辞》（1941 年 6 月 30 日），《朱家骅先生言论集》，第 75 页。

② 《国立中央研究院评议会第二届第一次年会致辞》（1941 年 6 月 30 日），《朱家骅先生言论集》，第 75 页。

少于习农、工、医者，习农、工、医者尤少于习经济、银行、会计者；故大学整个理学院学生数目，尚不及经济系一系之多。① 1940 年曾发生大学理学院招不到学生的窘境。② 1943 年中央大学投考学生计 5947 人，投考工学院者占 31%，法学院者占 25%，师范与农二院约各占 12%，文学院亦占 10%，医、理二院只各占 5%，③ 完全失掉为学术而研究的精神。朱家骅认为一般青年"误抱短见，惑于致用之说"的这种现象几近"杀鸡取卵"，是极为"危险"，亦是"极大的错误"。因为现代工业上、实业上的一切进步，科学的日新月异，莫不溯源于纯粹科学之发明与发现，亦都是研究者经年累月在实验室里所得的果实。因此，应该要饮水思源，归功于纯粹科学的研究，纯粹科学事实上比应用科学更为重要。④ 尤其

---

① 卢于道：《抗战七年来之科学界》（1944），杜元载主编《抗战时期之学术》，革命文献第 59 辑，第 112 页。

② 学界与教育界部分具远见人士对中国高等教育偏重应用科学的趋势早曾忧心地提出警告。1937 年 5 月胡适在给翁文灏信中便指出："国家教育，似仍宜为国家打长久算盘，注重国家的基本需要，不必呕呕图谋适应眼前的需要。……仍在纯粹理论科学及领袖人才的方面。中央研究院、北大、中基会一类的机关还应继续培养基本需要的人才，不必赶在人前面去求眼前的实用。无用之用，知之者希。若吾辈不图，国家将来必蒙其祸。"1938 年 2 月中研院心理所所长汪敬熙也忧心地告诉朱家骅："此种趋势如不早为之矫正，对于十年后之大学教育有严重之影响。因国内理论科学之人材本不敷用。若无后起之人，则五年至十年后，更无可负担输入理论科学之人矣。"而 1940 年的大学招生，全国录取新生 6000 多名，同济、四川、中山、重庆、西北五大学竟连一个理科学生也招不到，而工院学生竟占 3000 以上。当时浙江大学校长竺可桢便忧心忡忡地表示："吾国科学前途大可悲观矣。实际高中毕业生并不知化学与化工有何分别，更不知各种工业之发达，其根基全在理化上。"竺可桢在日记中亦有关于此问题之记载。胡颂平编《胡适之先生年谱长编初稿》第 5 册，第 1586～1587 页；《汪敬熙函》（1938 年 2 月 4 日），朱家骅档案，函号：301 - 01 - 07 - 016；《竺可桢日记》第 7 册，第 465 页。

③ 郝景盛：《抗战七年来之科学》（1944），杜元载主编《抗战时期之学术》，革命文献第 59 辑，第 123 页。

④ 《青年与科学》（1944 年 3 月 27 日）、《科学研究之意见——在自然科学社第 14 届年会讲》、《朱家骅先生言论集》（1941 年 11 月 30 日）、《科学世界与建国前途》（1943 年 4 月 8 日）、《如何迎头赶上西洋文化》（1942 年 10 月 31 日）、《科学之路》（1943 年 7 月 19 日），第 58、10、33、36、21～22、44 页。

1943 年，蒋介石出版了《中国之命运》一书。他在书中规划了一个中国战后重建的十年工业计划，并详列十七大类政府将投资项目，如铁路、高速公路、飞机制造业、水利、汽车、电力、工矿业、港口电讯等，其中没有理论科学研究。蒋介石忽视理论科学研究激起相关学者的强烈不满。1943 年 4 月，中研院天文所、化学所、物理所和动植物所等多所纷纷指出，蒋介石的工业计划中除了地质学和地理学外，没有任何纯理论学科，是本末倒置的做法。他们并担心，蒋介石对应用科学的偏爱，不仅会误导青年学生未来的事业选择，更将影响中国未来学术事业的发展。[①]

为导正此偏重应用科学之弊，1943 年起朱家骅便在各种场合的讲演中大力倡导纯粹科学研究的重要性。

例如，1943 年 3 月，他在中国地质学会年会致辞时便强调：

> 理论愈精确，则应用之学亦愈进步，而事业亦愈发达，所谓学以辨而愈明，理以究而愈精。不过此为应用不离开理论立说。
> ……
> 我们今日以环境需要，或生活困难，而趋向于应用，但终不可忽略了理论的研究，以达到科学救国之目的。[②]

1943 年 4 月，在国民党青年团第一次全国代表大会讲演上亦指出：

> 学以致用，本是当然。我们要使国家很快得到科学之用，

---

① 《国防最高委员会致中央研究院函》、天文所：《国立中央研究院天文研究所同仁对于中国之命运一书研讨结果及批评意见》、物理所：《依照中国之命运一书择其对于本所研究工作有关者之具体实施办法》、化学所：《谨遵照中国之命运一书所述原则要旨及其精神拟具国立中央研究院化学研究所工作实施计划》、动植物所：《各所依照"中国之命运"内容拟就与工作有关之具体实务办法》，中央研究院档案，中国第二历史档案馆藏，卷宗号：393－136。

② 《中国地质学会第 19 届年会致词》（1943 年 3 月 5 日），《朱家骅先生言论集》，第 26、27 页。

社会得到科学之益，在抗战期内，自更需要所谓"实学"；就是战后一切经济建设，也有待于应用科学。我们当然并不轻视应用科学。然而纯粹科学乃是应用科学之母，为了爱惜金蛋，尤应养活那只生产金蛋的鹅。

又说：

纯粹科学乃是人类文明的基础，尤其是实用科学的根本，必须根本坚固，而后枝叶扶疏。若仅注重实用，而不探讨理论，只向欧美学习一些雕虫小技，便已沾沾自喜，则仍无所胜于满清末年的见地，决不能把科学的种子移植到我中国的园地。①

在 1944 年召开的评议会第二次年会中，他再次重申理论科学研究的重要性。他说：

战时需要，使国人观感，特别重视应用科学。以科学家立场论之，科学本无所谓纯粹应用之分，其所采取之研究方法，根本相同，不过其所研究之问题不同而已。……各国每有应用科学家于研究应用科学之余，从事于纯粹科学之研究工作，以求其更进一层之进步。②

朱家骅在三民主义青年团南岳夏令营讲演中以苏联三个五年计划抵抗强大的德国为例，指出：

所谓苏联的五年计划，实际就是一个国防计划，也就是科

---

① 《科学世界与建国前途》（1943 年 4 月 8 日），《朱家骅先生言论集》，第 35～36 页。
② 《国立中央研究院评议会第二届第二次年会开幕词》（1944 年 3 月 8 日），《朱家骅先生言论集》，第 87 页。

学的应用。一般人仅知苏联曾实施五年计划，而不知其实施此项计划时，对理论科学更为注意。……在近年来在纯粹科学上有惊人的贡献，尤其是在数学和物理方面。[1]

他也以当时英、美、德等科学先进国家为例说明，其工业之发展莫不因为纯粹科学人才辈出，乃能臻于飞跃发展之域。他说：

> 年来各国虽在战时，也仍鼓励科学家在实验室中，日夜从事纯粹科学研究，并不责以近功。这在表面上看来，似为不急之务，然其结果则对应用科学之发展，常有意想不到的功效。所谓"君子务本，本立而道生"，似亦适用于治学。纯粹科学是本，应用科学是道，我们必先务本，才能得道。

朱家骅更语重心长地说：

> 现在我国的实业发展，还在幼稚阶段，大部分固仅袭取他国成法，……今后欲求实业发达，国防进步，更有赖于国内纯粹科学之进展。我国素缺研究纯粹科学之传统，进步当甚迟缓，必须迎头赶上，方能步武列强。[2]

同时，为了唤起学术界与青年学生对纯粹科学研究的重视，朱家骅不断倡导科学精神培养的必要性与为学术而研究的精神。他尤其推崇从事纯粹理论科学研究的学者，认为如果没有能献身学术、毕生致力研究的真正学者，则"不但学术之在中国无发展之望，及国家亦安能生存！"[3] 同时，从事纯粹理论研究时，"尤不必汲汲于

① 《科学之路》（1943年7月19日），《朱家骅先生言论集》，第43~44页。
② 《科学世界与建国前途》（1943年4月8日），《朱家骅先生言论集》，第36页。
③ 《科学研究之意见》（1941年11月30日），《朱家骅先生言论集》，第10~11页。

求得应用，不必汲汲于得到当世之同情，对一物一事之研究，可以穷年累月，或尽毕生之力以赴之，务在求得其真知真理，而不问其它"。①他并以中国之王夫之、印度阿旃陀为典范，赞扬其"富贵不能淫，贫贱不能移，威武不能屈"，不以学术作猎取名利工具的治学精神，与其"守之以恒，朝斯夕斯，终身不倦"的勤学态度。②

此外，朱家骅鉴于中国科学发展未久，经数十年之努力培养，科学人才仍未甚多，纯粹科学人才为数尤少。此少数人才"实为造就后进之基础，亟须多加维护培植。非特纯粹科学之本身荣枯攸关，其予应用科学事业之影响，亦至巨大"。③因而呼吁，对于从事纯粹科学研究的学者要"更加以尊重与协助，俾能孜孜不倦，终身从事，庶几可以提高我国现代学术的水平，奠定我国学术的基础"。④

朱家骅为由中研院引领风气，除指示各所需加强理论科学研究，并增设专事理论科学研究的数学研究所、植物研究所、医学研究所及体质人类学研究所筹备处。例如，他在 1943 年便曾嘱咐化学所长吴学周"须特别注重纯粹学理问题之研究"。⑤在朱家骅的领导之下，中研院逐渐修正其研究方向，从强调应用科学的进程转回以理论科学为主、以应用科学为辅的"兼顾"轨道。⑥1944年，根据统计，各研究所进行的研究中，有 72 项研究计划是关于

① 《中国地质学会第十九届年会致词》（1943 年 3 月 5 日），《朱家骅先生言论集》，第 26 ~ 27 页。
② 《科学研究之意见》（1941 年 11 月 30 日）、《中国地质学会第十九届年会致词》（1943 年 3 月 5 日），《朱家骅先生言论集》，第 10 ~ 11、27 页。
③ 《国立中央研究院评议会第二届第二次年会开幕词》（1944 年 3 月 8 日），《朱家骅先生言论集》，第 87 页。
④ 《科学研究之意见》（1941 年 11 月 30 日），《朱家骅先生言论集》，第 10 ~ 11 页。
⑤ 《化学所长吴学周函》（1943 年 5 月 2 日），朱家骅档案，函号：301 - 01 - 07 - 019。
⑥ 《国立中央研究院三十三年度工作成绩考察报告》（1944），中央研究院档案，中国第二历史档案馆藏，卷宗号：393 - 1008。

纯科学研究，占全部研究计划的65%；应用科学则有38项，占总数的35%。[1]

四 以科学求胜战之期许

第一次世界大战时即有人言，一战四年间的科学进步相当于和平时期的一世纪，朱家骅认为此"非过甚之词"。朱家骅虽不赞同侵略主义者的"战争进化论"，但无可否认地，科学确随战争而进步，并且"加速"进步。朱家骅认为：

> 当战争的时候，交战团体的双方莫不力求减轻自身的损失，加强对敌的打击，借以争取胜利，所以殚精竭虑的从事于科学方面的创造发明。科学家既全体动员，集中研究的目标，政府又不惜财力，予以无上便利，当国家民族生死存亡的关头，反成了科学上突飞猛进的机会，特别是近代历次的战争，莫不如此。即在平时，为准备充实战时的军事力量，也需要尽力加强国防，而国防的基础，仍须建立于科学的上面，方能发挥最大的效用。所以增强国防必须借助于科学，同时一般近代科学家亦莫不以国防为第一件注重的事项。[2]

因此，后方的科学建设与前方的军事战斗同等重要。朱家骅深具信心地表示："倘从而加倍努力，要做到后来居上，亦是不难的。"[3] 自此朱家骅更加积极倡导推动中国现代科学事业的发展，亟欲运用科学力量，争取最后胜利。

朱家骅以德国科学研究兴衰关乎其二战中的胜败为范例指出，德国在一战时虽为战败国，所有一切国防设备都在国际监视之下被

---

[1] Shiwei Chen, Government and Academy in Repubican China: History of Academia Sinica, 1929 – 1949. Ph. D thesis, Harvard University, 1998, p. 162.

[2] 《科学与军事》（1943年8月26日），《朱家骅先生言论集》，第49页。

[3] 《科学之路》（1943年7月19日），《朱家骅先生言论集》，第40页。

摧毁，并受尽《凡尔赛条约》的种种限制，但凡尔赛条约只对其军事、政治和经济加以束缚，未阻止其科学发展进步。因此在短短 20 年里，德国不但完全恢复过来并且"力量空前"，对整个世界造成威胁。朱家骅认为，德国所凭恃者并非"魔力"而是"科学之力"。但未经几年即为苏联所败，朱家骅分析德国败因还是"科学"，认为应归咎于希特勒压迫科学家。朱家骅说：

> 希特勒已吃了科学所结的美果，而不爱护科学园中的长工，一九三三年后，先后放逐有名和无名的科学专家数千人之多，连为德国争光的权威学者亦被拘禁或放逐。自从一九四〇年起，德国飞机的产量与构造，似乎渐渐赶不上英美，遂致今日日夜被炸，制空权已逐渐削弱了。[①]

反观原为科学落后的苏联之所以可以俘虏 20 余万德国大军，亦是拜"科学"之赐。朱家骅指出，苏联在 1917 年十月革命前原是一个落伍的国家，其科学基础与科学先进国家相形见绌。革命成功后苦心研究，详密筹措全国的建设计划并立即切实施行。随后苏联政府注意到若不着重科学研究，仅仅致力于皮毛的建设难补国基，纵有零星成就也难蔚为大观，达成巩固国本、发展国力的奇效，于是 1924 年在莫斯科召开科学会议，力求科学发展，其后对于科学的提倡不遗余力。在第二个五年计划的第三年内，即用巨额经费推广研究机关，提倡科学研究，仅为一个研究所，苏联政府便愿意花几千万卢布罗致千余名学者专家。诸此种种措施让朱家骅赞叹苏联，未依赖外力彻底执行三个五年计划的建设，终在此次苏德战争中收得成果。[②]

---

① 《科学世界与建国前途》（1943 年 4 月 8 日），《朱家骅先生言论集》，第 36～37 页。
② 《科学世界与建国前途》（1943 年 4 月 8 日）、《科学与军事》（1943 年 8 月 26 日），《朱家骅先生言论集》，第 37、49～50 页。

朱家骅总结认为，这是一场科学战争，也昭示科学时代的来临。因此，"科学"不仅为国防的基础，也是国家民族乃至全人类命脉之所系，更是一国立足于世的基本条件。他说："科学是解决人类生存的工具，舍科学无以求生存。科学进步，便可促进人类进化，科学退步，便可迫使人类退化。乃至一国与一国间，一民族与一民族间，其兴亡消长，都视科学的隆替以决定其命运。"[①] 相形之下，中国的科学研究，朱家骅不得不坦言"确实不够的很"。[②] 朱家骅说，中国近代科学基础树立虽始自清末同治初年，但中国科学发展迟缓，至今基础依然薄弱，各种事业依然落后，科学"始终还没有在中国生根"。[③] 科学研究机关最大的是中研院，然以"规模不能随时扩展，经费亦有限，故只能抱望洋兴叹之感。在这种情形之下，科学如何得到迅速进步呢？"[④] 朱家骅并以敌国日本发展科学在中国之后，其科学程度却已和欧美各国并驾齐驱；连印度都已有学者获得诺贝尔奖，认为这些都是我国科学界"尚待努力"的明证。[⑤]

总之，特别是到抗战后期，朱家骅深切体认到中国离现代国家的基础"还是很远"，若再不迎头赶上将必遭淘汰。更加急切推动中国科学事业发展，不断呼吁学术界"淬砺"研究精神，加紧努力，提倡科学、振兴实业，期能达成"科学建国"的理想。他强调，唯有发展中国的科学才能真正致国家于富强康乐的地位，"抗战的胜利和民族的复兴胥由于此，发扬中国的文化，以增进人类的福利，肩负我们中国对事业的责任，亦胥由于此"。[⑥] 他期待中研院能切切实

---

① 《青年与科学》（1944 年 3 月 27 日），《朱家骅先生言论集》，第 57 页。

② 《科学世界与建国前途》（1943 年 4 月 8 日），《朱家骅先生言论集》，第 37 页。

③ 《科学之路》（1943 年 7 月 19 日），《朱家骅先生言论集》，第 39～40 页。

④ 《科学世界与建国前途》（1943 年 4 月 8 日），《朱家骅先生言论集》，第 37 页。

⑤ 《复黔江中学全体学生兼告河西湟川两中学学生会》（1941 年 1 月 28 日）、《科学世界与建国前途》（1943 年 4 月 8 日）、《科学之路》（1943 年 7 月 19 日）、《青年与科学》（1944 年 3 月 27 日）、《建国与青年》（1947 年 3 月 29 日），《朱家骅先生言论集》，第 391～392、33、40、47、57、370 页。

⑥ 《科学之路》（1943 年 7 月 19 日），《朱家骅先生言论集》，第 47 页。

实地为中国现代学术研究奠定扎实的理论科学研究基础，引领中国学术事业向现代化与国际化迈进，从而以"科学"求胜战、以"科学"使国家现代化，实现把中国民族"从根救起来"的理想。①

第三节　中研院的燃眉之急

1939 年，日本确定南进侵略政策后，严密封锁中国对外交通，学术研究所需之图书、仪器、原料无法运达后方。日军对中国后方的轰炸远及西北的兰州、西安与西南的昆明、重庆。② 中国于久战之后，财力、物力日艰，外援微不足道，通货膨胀开始，研究工作受到极大影响。朱家骅接任院长时，尚不论其发展院务的"远大抱负"，摆在他眼前的就有总干事请辞、经费困窘与再次迁徙困难重重等院内问题亟待解决。

一　任鸿隽坚辞总干事

任鸿隽的辞意早在朱家骅被任命之前已经产生。其实，任鸿隽原有接任院长之志，在 1940 年 3 月评议会选举院长候补人的会前会聚餐中，任鸿隽有"在国外者，任要职者，皆不能来，可以不选"的建议。但是当时无人体察出任鸿隽有自任的"深意"，傅斯年还立即反对说："挑去一法，恐挑到后来，不存三四人，且若与政府太无关系，亦圈不上，办不下去。"③ 23 日评议会正式投票，结果任鸿隽只得了 4 票。这样的结果"惹得他的太太大怒"，傅斯年等人始恍然

---

① 朱家骅认为，中国现在已进入一以"整个中华民族之血，来决定整个中华民族之命运，奠定中华民国弈世无疆富强康乐之基础"的积极创造阶段。参见《告全国教育学术界同仁书》（1940 年 3 月 24 日）、《科学之路》（1943 年 7 月 19 日），《朱家骅先生言论集》，第 437、47 页。

② 尤以重庆为主要目标，各地一年内总计被空袭 2600 余次。郭廷以：《近代中国史纲》，第 697 页、第 708～709 页。

③ 《致胡适》（1940 年 8 月 14 日），欧阳哲生主编《傅斯年全集》第 7 卷，第 218 页。

大悟，理解任鸿隽当时所言何意了。[①] 事后，任鸿隽即透露辞意。朱家骅确认接任院长后，任鸿隽即多次向朱家骅表达辞意，态度坚决且无挽留余地。[②] 总干事一职，为中研院之阁揆。对朱家骅而言，他是"勉就代任"，原望院中一切"悉仍旧惯"，[③] 目的只为与院中同仁"暂时共同维持，度此难关"。[④] 当前院务繁杂、经费困难、各所还要再次迁徙，无总干事统筹协助，朱家骅尚有其他党政要职，他如何可以独力处理院务？这无疑是朱家骅面对的一个大难题。[⑤]

朱家骅原属意由老成持重的陶孟和接任，但陶孟和自认"对行政毫无经验前"，且"马齿已长，尤不胜繁剧"，表示"万难应命"，屡荐傅斯年以代。[⑥] 但傅斯年也不愿意干。一听讯息即连忙函电朱家骅，屡陈自己不适合的原因。在 9 月 27 日的信中傅斯年说："弟以所迁移万难分身，院内外胜任者不乏人。"9 月 28 日傅斯年又说：

---

① 蔡元培在筹设中研院时，聘用之总干事与各所所长几乎都是中国科学社社员或是重要干部，例如杨杏佛、丁文江、李四光、竺可桢、丁燮林、周仁、汪敬熙、王琎、王家楫等。第一届聘任评议员为中国科学社社员者极多，如胡适、翁文灏、赵元任、胡刚复、秉志、胡先骕都是。若以任鸿隽本有致力于发展中国科学事业之志，且又为中研院总干事，加上评议员多是中国科学社社员推估，任鸿隽自认颇有机会，并有志于此也是不无可能。只是院长补选人既无"参选人"，又无"竞选"活动，碍于情面，实难自己表态。但无论如何，在评议员凭自由意志投票下，29 张选票中任鸿隽只得 4 票，都显示任鸿隽在评议员中并未"孚众望"的事实，也难怪任鸿隽的夫人陈衡哲会"大怒"。《致胡适》（1940 年 8 月 14 日），欧阳哲生主编《傅斯年全集》第 7 卷，第 218 页；冒荣：《科学的传火者——中国科学社述评》，第 191、193 页。

② 《任鸿隽函》（1940 年 9 月 16 日），朱家骅档案，函号：301 - 01 - 07 - 002。

③ 《复陶孟和》（1940 年 9 月 19 日），朱家骅档案，函号：301 - 01 - 07 - 002。

④ 《电桂林中央研究院李仲揆、汪缉斋》（1940 年 9 月 24 日），朱家骅档案，函号：301 - 01 - 07 - 002。

⑤ 朱家骅于 10 月 3 日才由傅斯年的来信得知，原来任鸿隽并非真的想要辞职。傅斯年对于任鸿隽竟有欲留之意，也感诧异地说："叔永愿留之意如此，非弟始料所及，彼亦自云'总干事不过是院长之秘书长'。以弟料之，其作风必不能与兄共事长久而愉快，然彼似不自解，颇为可惜，要之，当早决耳。"《傅斯年函》（1940 年 9 月 28 日），朱家骅档案，函号：301 - 01 - 07 - 002。

⑥ 《陶孟和函》（1940 年 9 月 20、23、30 日）、《复陶孟和》（1940 年 9 月 19 日），朱家骅档案，函号：301 - 01 - 07 - 002。

弟之一说，在"困难"及"牺牲"及"无好结果"各理由
上，姑不论，目下有不可克服之理由如下：（1）史语所搬家用
钱最多，若以兼代总干事之时为之，昆明各所，将以为弟之举
动完全徇私，于前途有莫大之不利。（2）敝所搬家中，一团乱
烘烘，弟不在，恐出无限枝节。然若待搬家完毕，则三个月以
后之事矣。故此事之不便如此作，皆就公事着想也。其实目下
可觅之人院内外不少。内如巽甫，外如任远，弟皆以为适宜，
且不止此。乞兄考虑之，若非敝所正在搬家，则弟决不徒以困
难为理由也。凡此皆肺腑之言也。

9月29日傅斯年更坚决地说："总干事一职，弟决不可勉为其
难。"[1]

中研院迁徙事繁任重，朱家骅在协商迁运事宜时已大碰钉子，
总干事还迟迟难定，甚至连当时力劝朱家骅接任院长的傅斯年都坚
决表达"决不可勉为其难"的强硬态度。朱家骅于9月30日与10
月3日先后以"至速件"回复傅斯年，动之以情、说之以理，还告
诉傅斯年，若再坚持不就，他只有"及早引退"。

朱家骅在9月30日电文说：

务请吾兄惠允偏劳，勉为其难，否则弟亦只有及早引退，
免误院务，弟此次勉允维持，实由兄一再责以大义，今亦晓以
大义，责兄风雨同舟，知兄必有以教我也。[2]

10月3日的信里，朱家骅又说：

---

① 《函傅斯年》（1940年9月24日）、《傅斯年电》（1940年9月27日）、《傅斯年函》
（1940年9月28、29日），朱家骅档案，函号：301 - 01 - 07 - 002、301 - 01 - 07 -
011。
② 《电傅斯年》（1940年9月30日），朱家骅档案，函号：301 - 01 - 07 - 002。

必请兄担任，否则弟亦不干，……巽甫兄不在此，恐不允，奈何徒延时日，对内对外之印象俱不好，颇足影响院务，且外人对院无好感，日前为装运事，竟大碰钉，更有不满本院之语，故非请兄偏劳不可也。①

朱家骅的"引退"之言始让傅斯年"勉允兼任"。但这件事也让傅斯年"两日不得睡觉"。② 不过对朱家骅而言，能够聘定傅斯年，中研院难题已解决大半。上述往返函电充分显示了朱家骅与傅斯年友谊之深笃。

二　经费支绌

经费窘困是朱家骅上任后另一个亟须处理的难题。

中研院院长职缺悬虚半年，院中重大事项主持乏人，院务日渐困难。诚如翁文灏言："目前物价日高，院中主持无人，经费艰穷，极可忧虑。"③ 尤甚者，年度预算无人批核，无法上呈国府，若再不及时送出，下年度中研院将因无款可支而断炊。此时又因战事蔓延，国民政府明令中研院在昆明各所必须"限期迁移"。国民政府此令无疑是"火上加油"，迁徙事宜兹事体大，院中却仍无人主事，使各研究所所长甚为焦急。在苦无良策之下，才会采取向国防最高委员会"请愿"解决院长虚悬问题的手段。④此举实说明，中研院确实已到山穷水尽的地步，否则哪会需要采取"请愿"这种"非常手段"，请求政府赶快圈定院长人选，使院务可以前进。9 月 18 日国民政府才正式任命朱家骅代理院长，

---

① 《复傅孟真》（1940 年 10 月 3 日），朱家骅档案，函号：301 - 01 - 07 - 002。
② 《傅斯年函》（1940 年 10 月 11 日），朱家骅档案，函号：301 - 01 - 07 - 002。
③ 《翁文灏致胡适》（1940 年 8 月 12 日），《胡适往来书信选》（中），第 473～474 页。
④ 《中央研究院院史初稿》，第 170 页；《三十年来的中央研究院》（1957 年 6 月 9 日），《朱家骅先生言论集》，第 109～110 页；胡颂平编《胡适之先生年谱长编初稿》第 5 册，第 1704 页。

傅斯年在 9 月 15 日前后即因需款孔急，急电总办事处及朱家骅"设法借款汇往"。①

　　经费不宽裕是中研院自创院以来一直存在的问题。抗战军兴后，情况更加严重。1937 年 7 月抗日战争全面爆发后，经常费按六三折实发，其他费用一律删除。若以 1941 年度的经费与 1928 年度的经费相较，只增加 64%，但物价已涨 20 倍，其困难情形不言而喻。针对经费难题，朱家骅在 1940 年 10 月就职演说中便意有所指，语透玄机地表示："至于本院经费，十余年来未有增加，平时应付，原已不敷，近更日形拮据，余深信中央重视学术不惜奖助，必能有相当之解决也。"② 果然，朱家骅上任后即签请国民政府国防最高委员会委员长蒋介石增加预算基数。③ 蒋介石对于朱家骅这项请求，"特准破例增加"。④ 因此，中研院 1941 年度预算即恢复为 130 万元，实支即较 1940 年增加 37%。此外，对中研院 10 月初所请之追加 1940 年度预算 22.1 万元，行政院方面虽未如数准予，但也追加了 15 万元。1941 年度的预算总计多得 40 余万元，较 1940 年增加 50%。特别是当时教育部部长陈立夫还得与财政部争各大学经费时，蒋介石对朱家骅有关中研院经费之请，可以说几乎是尽力应允。⑤ 益显朱家骅的"朝中关系"对中研院的帮助，及当时蒋介石对朱家骅的重视。

① 《王敬礼函》（1940 年 9 月 15 日）、《徐可燨签呈》（1940 年 9 月 17 日），朱家骅档案，函号：301 - 01 - 07 - 031。
② 《代理中央研究院院长就职谈话》（1940 年 10 月 1 日），《朱家骅先生言论集》，第 73 ~ 74 页。
③ 当时各机关预算都有一定基数，要增加经费必须变动基数。
④ 《中央研究院院史初稿》，第 41 ~ 42 页；《三十年来的中央研究院》（1957 年 6 月 9 日），《朱家骅先生言论集》，第 109 ~ 110 页；《国立中央研究院简说》（1953 年 12 月 23 日），朱家骅档案，函号：301 - 01 - 07 - 005、301 - 01 - 07 - 007。
⑤ 《傅斯年函》（1940 年 10 月 11 日）、《王敬礼（毅侯）函》（1904 年 10 月 11 日）、《复周聂其璧》（1941 年 3 月 22 日），朱家骅档案，函号：301 - 01 - 07 - 002、301 - 01 - 07 - 016、301 - 01 - 07 - 018；《朱家骅代理中央研究院长后向蒋介石所做的工作报告》（1941），中央研究院档案，中国第二历史档案馆藏，卷宗号：393 - 82；《竺可桢日记》第 7 册，第 482 页；《中央研究院院史初稿》，第 43 页。

三　再次迁移困难更甚

中研院各研究所自 1937 年七七事变后，即据政府指令分向重庆、桂林、昆明等不同的地方撤退转移。当时在昆明者，有历史语言、社会科学、天文、化学、工程五所及物理所之小部。在桂林者，有地质、心理两所及物理所之大部。在重庆北碚者是气象所及动植物所。1940 年六七月间，日寇加紧西侵，广西边区已与日军有所接触，越南已允停运中国物资，滇缅公路又遭英人封锁，情势吃紧，史语所于 6 月决定再次迁徙，社会所亦决定跟进。两所确定迁移四川南溪县李庄镇板栗坳后，于 8 月着手由川滇公路向宜宾迁移。8 月起滇越战线益加紧张，8 月 6 日越南与日军签订日军假道实施限制条件，允日军登陆海防。七八月时，日机狂炸重庆，甚至在 8 月 20 日造成市区大火，损失惨重。面对日军狂轰滥炸，因恐危及昆明，蒋介石在行政院院会上切令中研院等在昆明之各教育学术机关必须"限期"迁出，并特别指示必须将古物及善本图书收藏于安全地点。[1]

中研院在昆明各所虽是"奉令迁移"，但是政府给的迁移费用却大大不足。中研院昆明五所在上述迁移办法确定后，即日夜赶工打包准备迁移。不过，此时真正确定迁移地点与动手准备的只有史语所与社会科学所。其他如天文、化学、工程三所一则经费无着，一则地点未定，仅已装箱而无法起运。就在中研院昆明各所着手准备迁徙时，蒋介石私下又有昆明除空袭外并无大碍，"不迁亦可"

---

[1]　由于当时撤退到昆明的文教机关很多，例如中央博物院在竹园村、营造学社在麦地村、中央地质调查所在瓦窑村、中研院社会科学研究所在落索坡龙头村的北边、北平研究院在黑龙潭等，而昆明这一变局使得这些文教机关不得不再次撤离。史语所的石璋如回忆日军当时的不时"骚扰"说，日本人飞机常来昆明，"虽然在乡下的我们没有看见飞机，也经常听见警报，于是六月就决定再搬家，让芮逸夫先赴四川考察，考察过后再决定地点、进行搬家"。《石璋如先生访问纪录》，第 213 页。另见《竺可桢日记》第 7 册，第 461 页；《中央研究院在昆明各所迁来四川各项办法及所需最低限度用费说明书》（1940）、《中研院行文教育部草稿为代向行政院提议追加拨给六十万元迁移费》（1940）、《康泽函》（1940 年 10 月 1 日），朱家骅档案，函号：301 - 01 - 07 - 031。

之说，令中研院迁移事又悬在半空中。朱家骅认为，因历史与社会科学两所已着手迁移，当尊重所长傅斯年与陶孟和之决定，其他各所若不想迁，他也一定尊重。傅斯年因为在滇各所颇有"好东西"，迭函向朱家骅建议"搬"是上策。① 否则一旦出事，中研院将"不仅残破且凋零矣"。② 不过，就是要搬，"款不足太巨，必另设法"。③ 傅斯年并告诉朱家骅："若兄勉力达到此事，则中央研究院得其延续，其功伟矣。否则以后大难办也。"④ 最后仍因适合地点难觅，⑤ 是否迁移也有争议，⑥ 只有史语所与社会科学所按照既定计划迁至李庄，物理所迁到桂林，⑦ 化学所、天文所与工程所则未移动。⑧

---

① 《傅斯年同函朱家骅与杭立武》（1940 年 9 月 29 日）、《傅斯年函（抄件）》（1940 年 9 月 29 日），朱家骅档案，函号：301 - 01 - 07 - 002、301 - 01 - 07 - 011、301 - 01 - 07 - 031。

② 《傅斯年再函》（1940 年 9 月 29 日），朱家骅档案，函号：301 - 01 - 07 - 011。

③ 《傅斯年电》（1940 年 9 月 27 日），朱家骅档案，函号：301 - 01 - 07 - 002。

④ 《傅斯年函》（1940 年 9 月 29 日），朱家骅档案，函号：301 - 01 - 07 - 011。

⑤ 例如，天文所曾有"大部迁峨眉，一部迁天水，一部迁泸州"之议。但傅斯年认为峨眉少晴天，泸县不可住，迁天水运费过大，"根本不可行"。最后，天文所之计划系留一小部在昆明观察，大部工作在西北观察日食。又如，工程研究所因交通工具缺乏，运输极其困难，详慎考虑后决定不迁，并拟有在西川筹设工作站及暂时迁移书籍仪器等至乡间之办法。化学所原亦有迁往宜宾西之清水溪之说，不过最后未成行。《傅斯年函》（1940 年 10 月 14 日）、《工程研究所函》（1940 年 10 月 14 日）、《傅斯年函（致丁巽甫函由丁转来）》（1940 年 10 月 25 日），朱家骅档案，函号：301 - 01 - 07 - 031。

⑥ 例如，化学所所长任鸿隽即不主张迁移，他不断提出"何以要迁"的疑问。《傅斯年函（致丁巽甫函由丁转来）》（1940 年 10 月 25 日），朱家骅档案，函号：301 - 01 - 07 - 031。

⑦ 物理所为求尽速恢复工作，最后将人员及极少量之设备集中于桂林。《丁燮林函》（1940 年 10 月 21 日），朱家骅档案，函号：301 - 01 - 07 - 020。

⑧ 《复傅斯年》（1940 年 9 月 24 日）、《任鸿隽电》（1940 年 10 月 10 日）、《丁燮林函》（1940 年 10 月 21 日）、《电周仁（中研院工程研究所长）》（1940 年 10 月 8 日）、《周仁函》（1940 年 10 月 14 日），朱家骅档案，函号：301 - 01 - 07 - 002、301 - 01 - 07 - 016、301 - 01 - 07 - 020、301 - 01 - 07 - 021；《中研院行文教育部草稿为代向行政院提议追加拨给六十万元迁移费》（1940）、《中央研究院在昆明各所迁来四川各项办法及所需最低限度用费说明书》（1940）、《工程研究所函》（1940 年 10 月 14 日），朱家骅档案，函号：301 - 01 - 07 - 031。

虽说这次迁移的只有史语所与社会科学所及物理所小部分，但是迁移经费不足，风波不断，迁移难度却是历次最高的。对此，傅斯年曾有感而发："每次迁移，皆不需用此等大力，此次则全盘荆棘，奋斗一月，问题始解决过半。"[1] 又说这次搬家，"真到焦头烂额之局面"。[2] 傅斯年的感叹道出了这次迁徙的困难。

史语所部分，傅斯年一开始即评估认为，该所"古物关系重大，其图书馆在此时政府辖境中，绝对第一，一失即国家之大损失"，[3] "本所之存在，关系国学界者不少也"。[4] 总的来说，搬仍是上策，但运费却"大不得了"。此阶段由于抗战军兴，物资缺乏、物价上涨，因此迁移事宜还得跟时间赛跑，否则越迟费用越高，越难争取到全额经费。9 月 15 日，朱家骅尚未走马上任，傅斯年便急电朱家骅，"泸县李庄需款孔急请陈院长设法借款汇往"，要朱家骅"筹钱"。同时兼任中英庚款董事会董事长的朱家骅随即先由中英庚款会借垫 6 万元给傅斯年解急。9 月 22 日，总干事任鸿隽也电称，中研院这次迁移需费 60 万元，教育部只给了 40 万元，短少 20 万元，也要朱家骅向教育部交涉，"务求"拨足 60 万元。由于迁移费用严重不足，在朱家骅的授意下，由中英庚款会先汇出 6 万元至李庄给傅斯年"救急"。[5]

傅斯年 9 月 29 日再连发两信给朱家骅，信中不断说，"敝所迁移事进行万分困难""经费问题，大是困难""以款论，所差尚远""去年以二万元运即此之物，今年二十万运不走也"的话。傅斯年估

① 《傅斯年致函浩徐（抄件）》（1940 年 10 月 29 日），朱家骅档案，函号：301－01－07－031。

② 《傅斯年函朱家骅、杭立武》（1940 年 10 月 29 日），朱家骅档案，函号：301－01－07－031。

③ 《傅斯年函》（1940 年 9 月 25 日），朱家骅档案，函号：301－01－07－031。

④ 《傅斯年函（抄件）》（1940 年 9 月 29 日），朱家骅档案，函号：301－01－07－011、301－01－07－031。

⑤ 《傅斯年急电》（1940 年 9 月 15 日）、《徐可嫖签呈》（1940 年 9 月 17 日）、《王敬礼函转任叔永来电》（1940 年 9 月 22 日）、《致陈立夫部长》（1940 年 9 月 24 日），朱家骅档案，函号：301－01－07－031。

计光史语所迁建费用全数非 50 万元不可，"举债"是唯一之途。他并指出，若无此数"必是局部搬家"，若史语所"搬得不上不下，半搬半否，以后乃全不可工作"，将只是"半天吊"，则以后史语所"乃不堪问"。由于中英庚款会尚有博物院建筑费未拨款 50 万元，傅斯年向朱家骅提出以史语所古物向中英庚款会"质借"迁移费的建议。①

　　为求"保全"国家最高学术研究机构与国家之文化史实，朱家骅确实用上了一切关系，使尽全力寻找财源。朱家骅在收到傅斯年的信后，立即以"至速件"急电旧属昆明邮政总局局长郭心崧、昆明交通部川滇公路管理处马轶群，请托他们主动直接与傅斯年联系，无论在迁移经费还是交通运输等各方面"尽力协助一切"。又致电教育部部长陈立夫、教育部次长顾毓琇和余井塘请托无论如何"设法增加"迁移费。庚会方面，朱家骅则亲批交照办。另外则回复指示傅斯年，中研院迁移事"可照原计划进行"，经费部分他"当力为设法"。② 至于昆明迁移费若一时周转不灵，则指示傅斯年"可商郭仲岳兄（郭心崧——引者），由院向邮政总局暂借，弟负全责，立归还，决不使其为难，或商士华兄（马轶群——引者）向他处暂借亦可"。③

　　不过在向教育部争取经费方面，昆明各所迁移需费与教育部所能提供者差距太大，朱家骅几度与教育部部长陈立夫书信交锋，皆

---

① 一、由中研院保证归还，或酌定一利息（须比银行息为廉以免出不了）分年拟还。二、将善本书让给中英庚款会作价。三、将古物让给中英庚款会，以后由该会支配。傅斯年打的算盘是，"此等古物后来皆归博物院。以此为理由，或可从其建筑费，而由本院保证分年归还之"。最后朱家骅采用由中研院保证归还的方式质借。《傅斯年函朱家骅、杭立武》（1940 年 9 月 29 日），朱家骅档案，函号：301 - 01 - 07 - 002。另见《傅斯年函》（1940 年 9 月 29 日），朱家骅档案，函号：301 - 01 - 07 - 011、301 - 01 - 07 - 031。

② 《分电（急限即刻到）贵阳俞樵峰部长、傅孟真、何敬之总长、电昆明邮政总局郭仲岳局长（密并转马轶群）、致陈立夫（教育部长）、顾毓琇（次长）、余井塘（次长）》（1940 年 10 月 1 日），朱家骅档案，函号：301 - 01 - 07 - 031。

③ 《电傅斯年》（1940 年 10 月 3 日），朱家骅档案，函号：301 - 01 - 07 - 031。

大碰钉子，无法如愿。例如，朱家骅以"至速件"函教育部部长陈
立夫，催促续拨尚未拨发之 20 万元事。陈立夫以中央财政困难，态
度坚决，表示"难再拨款"。

面对陈立夫的"坚决"，朱家骅亦不愿示弱，语气强硬地以"不
愿中研院崩溃于我手"将"实时引退"相胁。朱家骅说：

> 本院迁移费原案本列六十万元已承贵部先拨四十万，尚少
> 之二十万元，务请立即转请先行续拨，以应急需，因此项迁移
> 费不敷太巨，必须增加，否则弟惟有实时引退，以谢国人，盖
> 弟本仅允勉为维持，实不愿中研院崩溃于我手也。现即就历史
> 语言研究所一所而论，其在昆待运之古物、善本图书关系国宝
> 者甚多，设以运费无着，而遭意外，则为万劫不复之损失，后
> 世追问，责任悔将无及，所以必请增加者，悉为国家之文化史
> 实前途计，非仅为本院计也。①

不过，教育部早对中研院"未能恢复工作"而一直"未能满
意"。② 朱家骅的"要挟"无法对陈立夫奏效，陈立夫坚决如故。他
于 10 月 11 日回复朱家骅表示，中研院直隶国府，如迁建费确实不
敷，"建议"朱家骅"径行签请总裁特准增拨若干"。③ 朱家骅眼见
此事各方接洽均无希望，最后还是走了签请蒋介石"特批"一途。④

---

① 《函教育部长陈立夫（至速件）》（1940 年 10 月 4 日）、《陈立夫函》（1940 年 10
　月 4 日）、《复陈立夫》（1940 年 10 月 9 日），朱家骅档案，函号：301 - 01 - 07 -
　031。
② 《竺可桢日记》第 6 册，第 391 页。
③ 《陈立夫函》（1940 年 10 月 11 日），朱家骅档案，函号：301 - 01 - 07 - 031。
④ 朱家骅当时急电傅斯年及各所长，要求将最重要而具体的成绩简要概述，以备他
　晋谒蒋介石请求拨款时做详细报告用。《电傅斯年》（1940 年 9 月 30 日）、《李仲
　揆、汪缉斋、王家楫、吕蔚光、王毅侯（急速件）》（1940 年 9 月 30 日）、《电傅
　孟真》（1940 年 10 月 12 日）、《致傅斯年（至速件）》（1940 年 10 月 15 日），朱
　家骅档案，函号：301 - 01 - 07 - 002、301 - 01 - 07 - 017、301 - 01 - 07 - 018、
　301 - 01 - 07 - 031。

这次迁移除了地点、经费特别费心外，连运输车辆也发生"被扣"状况，而且"放行"一事，用傅斯年的话说是"比钱还困难"。① 由于军需抢运为蒋介石亲自"严令"执行，但朱家骅认为古物、善本保全非关史语所或是中研院，系国家文化史实，为"保全"使其不入"万劫不复之重大损失"，四处大卖交情，希望尽速迁往安全之地。

傅斯年为史语所迁移事，早与妻兄兵工署署长俞大维敲定两单位出资合运的合作方式，解决运输车辆费用问题，未料运送史语所之古物、善本图书的车辆中途却为军事委员会运输统制局所扣。傅斯年在 9 月 25 日、26 日连发两封函电向朱家骅"求救"。②

朱家骅认为史语所大批善本系为国宝，关系国家文化史实，兹事体大，立即联系何应钦和俞飞鹏。因正值抢运军需紧急时刻，俞飞鹏同意已装者先运一批，未装者缓运，并承诺近日内至滇一行时，将实际勘察情形再定其他。③ 朱家骅在收到俞飞鹏回复后，又于 10 月 1 日再致电俞飞鹏、何应钦，强调古物、善本均为国之瑰宝，失之则"万劫不复"，央求"全部放行"。④

但何应钦 3 日始回信，表示仅同意已装车者"查明放行"，其未装车者则"暂缓装运"。⑤ 于是当天朱家骅便亲往与何应钦面商解决之道。只是商设良久，几度交锋，未得圆满结果。何应钦坚持，军

---

① 《傅斯年函（致丁巽甫）》（1940 年 10 月 25 日），朱家骅档案，函号：301 - 01 - 07 - 031。

② 《傅斯年电》（1940 年 9 月 25 日）、《傅斯年函》（1940 年 9 月 26 日），朱家骅档案，函号：301 - 01 - 07 - 031。

③ 《分致何应钦、俞飞鹏》（1940 年 9 月 27 日）、《俞飞鹏（军事委员会运输统制局长）函》（1940 年 9 月 28 日）、《电傅斯年》（1940 年 9 月 28 日）、《（至速）俞樵峰》（1940 年 9 月 28 日）、《急电傅斯年》（1940 年 9 月 30 日）、《俞飞鹏电》（1940 年 9 月 30 日），朱家骅档案，函号：301 - 01 - 07 - 031。

④ 《分电（急限即刻到）贵阳俞樵峰部长、傅孟真、何敬之总长、电昆明邮政总局郭仲岳局长（密并转马轶群）、致陈立夫（教育部长）、顾毓琇（次长）、余井塘（次长）》（1940 年 10 月 1 日），朱家骅档案，函号：301 - 01 - 07 - 031。

⑤ 《何应钦部长函（军事委员会运输统制局）》（1940 年 10 月 3 日），朱家骅档案，函号：301 - 01 - 07 - 031。

需品是奉蒋介石"严命"搬运者,且有数万吨之多。值此连夜抢运期间,凡由昆明等处出发之公商卡车队、普通商货及各机关公用物品,一律暂予停运,亦属一时应急之计。他清楚表明"最大"让步底线是同意让已装车的古物、善本图书运出,未装车者仅能原车再搬运一次。

朱家骅无可奈何下,只好一方面再次请托负责现场把关的俞飞鹏"务必设法通融",另一方面也请托郭心崧利用邮局运输系统协助史语所。不过,邮局系统也因汽油缺乏,重班汽车全停,仅于主要干线勉强维持,班车专运信函犹感不敷,公路车辆亦仅允运少数轻班邮件来去,既缓又不可靠,而史语所所欲交运古物、书本计一百吨,数量极巨,以邮局班车根本无法负荷。10月5日,朱家骅便得郭心崧"心有余力不足"的复电。显见当时局势之紧张与情况之危急。

于是朱家骅再于10月6日急电俞飞鹏请他无论如何都要"竭力设法"将史语所一百吨的古物、善本书放行。10月8日,俞飞鹏抵达昆明后即允全部放行。就在傅斯年兴高采烈地向朱家骅回报"人及物"均已开始移运的同日,随即又发生海关要求对古物进行"抽税"的情事。10月8日朱家骅再收到傅斯年急电告知,第一批古物海关处言要抽税,经力交涉,始允保证放行,未免后续运送再出此类问题,傅斯年请朱家骅即函财政部关务署,对于一切古物、善本、科学标本、图书、仪器等一体放行,勿加留难。朱家骅立即修书一封给行政院副院长孔祥熙关说,由于事情紧急,并特派贺师俊处长面递。至此器物图书运输问题始得完全解决。①

百吨文物运输为难事,相较之下人员运输应较容易,但事实

① 《电傅斯年》(1940年10月3日)、《何应钦部长函(军事委员会运输统制局)》(1940年10月3日)、《郭心崧复电》(1940年10月5日)、《傅斯年电》(1940年10月5日)、《分电沈士华转俞樵峰、傅斯年》(1940年10月6日)、《急电俞飞鹏》(1940年10月6日)、《傅斯年电》(1940年10月8日)、《沈士华电》(1940年10月8日)、《马轶群(昆明交通部川滇公路管理处)电》(1940年10月8日)、《郭心崧电(昆明邮政总局)》(1940年10月8日)、《致孔祥熙副院长(交贺处长面递)》(1940年10月9日),朱家骅档案,函号:301-01-07-031。

上傅斯年的说法是"至难",仍是朱家骅在上层打通关系始得顺利进行。原来,史语所家眷甚多(全部家眷约六十人),同仁之老父、老母幼子女尤占多数。其中年在七八十以上者有十人,如李济之的太翁、李方桂的太夫人等。所以傅斯年拟分两次开行,每次一客车,一卡车,老弱在客车上,年壮夫妇在卡车上。傅斯年认为如此办法最为经济,但事实上是"舍此亦想不到他法"。傅斯年本来以为人员运输部分只牵涉车辆租借问题,好不容易得马轶群同意租借一部客车,但承办主管却不同意,坚要有国民政府特许中国运输股份有限公司总经理陈地球指令不可。于是朱家骅随即请陈地球协助租借车辆问题,始得顺利成行。①

总之,这次虽非全院迁徙,但过程中状况连连却是历次迁徙所未有,益见中研院此时徒具"国家最高学术研究机构"之美名,实则处境艰困。诸事得以解决大半者,傅斯年认为是朱家骅"大力相助"之功。② 特别是史语所图书文物国宝之顺利迁运,傅斯年更归功于朱家骅,认为"此皆吾兄之大力也"。③

事实上,从上述诸具体事例可见朱家骅在此危难之局的"保全"之功,维护中研院各研究所之研究工作不致中断。持平而论,朱家骅与傅斯年的精诚合作是此时稳定中研院的关键。不过,连朱家骅在上层疏通亦碰过钉子,更显见当时中研院处境的艰困。

第四节　困境中求发展

在战争状态下,因物资匮乏与交通运输困难,稀缺的资源多用

---

① 《致陈地球(延炯)(国民政府特许中国运输股份有限公司总经理)》(1940 年 10 月 24 日)、《陈地球函》(1940 年 10 月 25 日)、《复陈地球》(1940 年 10 月 29 日)、《致傅斯年》(1940 年 10 月 29 日)、《傅斯年函》(1940 年 10 月 25 日),朱家骅档案,函号:301 - 01 - 07 - 031。

② 《傅斯年致朱家骅、杭立武函》(1940 年 10 月 29 日),朱家骅档案,函号:301 - 01 - 07 - 031。

③ 《傅斯年函》(1940 年 10 月 4 日),朱家骅档案,函号:301 - 01 - 07 - 031。

于国防工业建设。自抗战军兴以来，政府对应用科学研究不惜花费大量金钱，添置研究机构，专事应用科学研究（如资源委员会）。但纯理论科学研究之机构，上自纯学术研究之专门机构（如中研院），下至各大学附属之研究院所，多因经济困难、图书设备仪器取得困难而难以发展。因此，纯学术研究事业的进展总体说来是"步履蹒跚"。① 朱家骅深知战时一切困难，中研院环境更为不佳，"难期成效""不能有为"。正如傅斯年所言，以朱家骅的"好做事"，自然"不以此为已足"。② 为克尽国家最高学术研究机构之职责，对内先求"整理内部，健全自身"，③ 对外他还努力推动中研院与国内、外学界接轨，落实中研院联络与合作发展科学事业之任务。

一　扩大研究组织规模

中研院成立的首要任务就是进行科学研究以开风气之先，成为典范。随着中国科学事业的成长，在各个学科领域学有专精可以独当一面的学人亦不断增加。中研院作为国家最高学术机构，对于实行科学研究之学科领域自应"与时俱进"，尤必须站在时代的最前沿，以为先锋。朱家骅积极推动中研院组织法的修正，扩大研究所之学科研究领域，再配合创建最为迫切需要之研究领域，新设研究所。

1. 推动修正中研院组织法

如前论及，蔡元培在主院时便曾清楚界定中研院为"精研之地"、大学教育为"深造之所"。④ 是以中研院为"最高学术研究机

---

① 卢于道：《抗战七年来之科学界》（1944），杜元载主编《抗战时期之学术》，革命文献第 59 辑，第 113 页。

② 《傅斯年函》（1940 年 10 月 11 日），朱家骅档案，函号：301 - 01 - 07 - 002。

③ 《复傅斯年函》（1942 年 3 月 2 日），朱家骅档案，函号：301 - 01 - 07 - 012。

④ 蔡元培说："大学研究院和中研院目的虽同，办法却稍稍有别。大学的研究院，着重在招收大学毕业生，与以深造的机会；中央研究院则在供给专门学者以精研之地，不偏重在招收研究生。"《中央研究院与中央大学联合招待国民会议代表的大会欢迎词》，《蔡元培全集》第 6 卷，第 69 页。

关"，并非"教育机关"，故蔡元培并不赞同中研院"从事于与学术研究无关或所关甚少之教育事项"。① 朱家骅与蔡元培持同一看法，认为中研院系纯学术研究工作者所组成之学术团体，其目的"是为便利研究工作的进行和发展"；大学则在学术研究之外，仍须注意训导培植青年学术研究工作者，特别是至近代，大学中"教育"性质较"研究"性质更为明显，立意不尽相同。② 并且，现代科学分工细密，一个专家不易精通一个科目所包括的各个专门部门；故如按普通分法设所，研究工作不易深入，所长亦难领导全所工作，且与大学学系研究重复。因此，他主张"各研究所之名称，不宜仍用大学系称，致与大学之研究毫无区别"。1943 年朱家骅着手推动修正中研院组织法，增设新的研究学科，其用意即"重在分门研究，以定研究所名称，俾能分工合作，使所长充分发挥领导能力"，③ 并同时增设新的研究学科。

不过，在送请立法院审议时，因立法委员意见分歧，故修正后之组织法并未能尽如朱家骅之理想。例如，将原有之 14 个研究所增至 23 个研究所，其中不少增列之所系立法委员欲中研院开展之研究项目，非朱家骅之意。④ 又如，"实验医学研究所"之名系与林可胜

① 蔡元培：《国立中央研究院进行：工作大纲——第一届评议会第一次年会致词》（1936 年 4 月 16 日），《中央研究院院史初稿》，第 27 页。

② 朱家骅：《国立中央研究院简说》（1953 年 12 月 23 日），朱家骅档案，函号：301 - 01 - 07 - 005、301 - 01 - 07 - 007；《中央研究院院史初稿》，第 8 ~ 10 页；陶英惠：《蔡元培与中央研究院一九二七 ~ 一九四〇》，《中央研究院近代史研究所集刊》第 7 期，1978 年 6 月，第 17 页。

③ 《三十年来的中央研究院》（1958 年 6 月 9 日），《朱家骅先生言论集》，第 110 页。

④ 据 1936 年 11 月之国立中央研究院组织法，中研院设 14 个研究所。1943 年 11 月 17 日修正公布之组织法中，增列哲学、教育学、法律、经济、医学、药物学、地理、民族学、体质人类学等 9 个研究所，总计为 23 个研究所，标志着中研院组织的壮大。当时将原"国文研究所"更名为"中国文字研究所"、"工程研究所"改称"工学研究所"、"社会科学研究所"改称"社会研究所"、"心理研究所"改称"心理学研究所"。不过新增之所有哪些是朱家骅本欲增者，哪些是立法院增列者，目前尚未见有史料说明。《国立中央研究院组织法》（1943 年修正版），杜元载主编《抗战时期之学术》，革命文献第 59 辑，第 211 ~ 214 页；1936 年修正版参见《国立中央研究院首届评议会第一次报告》，第 7 ~ 9 页。

洽商，尊重林可胜意见，并经过院务会议通过者。这次修正遭立法院将"实验"二字删去，更名为"医学研究所"，迭经力争无效。① 另外，立法院当时甚至有意将"社会科学研究所"之名取消，激起社会科学研究所所长陶孟和与同仁的强烈反对，② 终经朱家骅全力争取，始得折中更名为"社会研究所"。

朱家骅为进一步健全组织，落实"学人治院"的民主领导体制完全，将原订之"本院于必要时得增设其它研究所"，修正为"国立中央研究院于必要时，得依评议会之决议，增设其它研究所或研究室"。同时，原本各研究所所长及研究员聘任系属院长职权，朱家骅也全部下放，由修正法明文规定"关于各研究所所长及研究人员之资格，由评议会定之"，③ 从而进一步将中研院的人事聘任制度化，排除人为因素的干扰。

2. 新增研究所扩充科学研究领域与壮大组织规模

1943 年 11 月新修正公布之国立中研院组织法明定中研院下设物理、化学、工程、地质、天文、气象、历史语言、国文学、考古学、心理、教育、社会科学、动物、植物、哲学、教育学、法律、经济、医学、药物学、地理、民族学、体质人类学等 23 个研究所。据此，朱家骅配合国家战时之迫切需要，觅得适合之主持人后，在抗战期间先后推动新增数学研究所、医学研究所、体质

① 《复李仲揆、汪缉斋》（1944 年 1 月 5 日），朱家骅档案，函号：301 - 01 - 07 - 005。
② 这事激怒了社会科学研究所所长陶孟和与同仁。陶孟和迭函朱家骅，其中少不了许多重话。诸如，社会所同仁"决不承认，决不接受，特此郑重声明，如院方认为弟等应亟退避贤路，亦明白示知。"又说："弟一生委身于社会科学，主持研究，垂二十载，所获成绩在国内开创例，在国外受赞誉，今届行将就木之年，乃遭此奇辱，……日惟冀能发扬我国社会科学，今乃得如此待遇实为寒心。"强烈要求朱家骅："在吾兄主持学术研究期间竟发生此不幸，更不得不为吾兄深致惋惜也，万望从速设法保存原名是所企。"《陶孟和函》（1943 年 12 月 1、17 日），朱家骅档案，函号：301 - 01 - 07 - 028、301 - 01 - 07 - 028。
③ 《国立中央研究院组织法》（1943 年修正版），杜元载主编《抗战时期之学术》，革命文献第 59 辑，第 211～214 页；1936 年修正版参见《国立中央研究院首届评议会第一次报告》，第 7～9 页。

人类学研究所筹备处和植物研究所，为中研院在大陆期间设所最多的时期。

第一，数学研究所筹备处。

数学研究所是朱家骅就任院长后第一个积极推动新增的研究所。朱家骅认为，数学为一切科学之基础学科，是理科领导之学，中国提倡科学数十年迄无成就者，不首先注重数学为主要原因之一。朱家骅指出：

> 数学是一切科学的基础，如研究近代物理，就需要解析，代数，几何和数理统计。在研究物理的过程中，如遇到数学的问题则须由数学研究人员去解决，尽管数学研究人员不必懂得物理，但研究物理则不容忽视数学的研究。……若不注意这一点，只谈研究，则科学在我国的前途是不会光明的。[①]

朱家骅 1926 年在中山大学时即设有数学天文系，为中国高等学校中最早设立数学天文系者。1927 年中研院创设之初，数学研究所曾明列在中研院初设之 11 个研究所之首。不过，因为当时中国数学基础还相当薄弱，能进行现代数学研究者屈指可数，1928 年 11 月修正中研院组织法时便删去了数学研究所。经过十多年的教育养成，数学人才大量涌现，学界便又有筹设数学研究所之议。对此，朱家骅 1936 年担任总干事时便认为，中研院已成立之研究所中，除历史语言与社会科学二研究所外，其余均属理工应用学科而无理论基础学科为一大缺憾。此外，针对当时学界及高等教育即有偏重应用科学而忽略理论科学研究之趋势，朱家骅便有意推动设置数学研究所以为倡导理论科学研究之先锋。

1938 年去职后，朱家骅又欲在中英庚款会内设置此所，以先作

---

① 《数学研究所之介绍》（无日期，依内容推估应为 1949 年迁台以后），朱家骅档案，函号：301-01-07-005。

矫正之举，但适逢抗战军兴，庚会利息收入大减，新设置之地理、蚕桑二所又才开始筹备而未能如愿。1940 年朱家骅就任院长后，便积极着手推动数学研究所设置，以此提倡基础科学之研究，导正国内偏重应用科学之弊病。①

朱家骅原本拟将天文研究所分成算学与天文二组，以当时中国数学权威亦为评议员的姜立夫为所长，现任天文所所长余青松改任研究员。但在广征意见后，他决定独立设置数学所。11 月 25 日，院务谈话会通过设数学研究所筹备处、聘姜立夫为主任的决议。② 对于研究所筹备处所之选定，姜立夫借鉴美国普林斯顿研究所做法，提议设在昆明西南联大校园内，"一方面可以调剂研究员之生活兴趣，一方面又与优秀青年不致失去联络，易收切磋观摩之效"。③

姜立夫的这点主张，正与朱家骅欲改正外界对中研院孤立主义批评的治院方针不谋而合。故数学所筹备处直接设于昆明西南联大校园内。

本来，当评议会通过数学所设所之议时，总干事傅斯年曾建议正式成所。但姜立夫认为数学所筹备工作分"人才"与"设备"二大端，数学设备极为简单，而"书籍为命脉所系"，④ 因此坚持"至

① 《复姜立夫》（1941 年 1 月 3 日）、《致姜立夫》（1943 年 2 月 9 日），朱家骅档案，函号：301－01－07－022；朱家骅：《国立中央研究院简说》（1953 年 12 月 23 日），朱家骅档案，函号：301－01－07－005、301－01－07－007；《国立中央研究院十七年度总报告》，第 1～6 页。

② 竺可桢对朱家骅之议曾私下认为，姜立夫对于行政事务毫无兴趣，且与南开关系甚深，恐其不愿脱离。结果姜立夫也认同朱家骅的主张，认为中研院于此时增设算学研究所对于国内学术前途"关系匪浅"，且数学所之筹设"适符国内学人跃跃欲试之要求"。为国家学术发展计，对于"筹备之命"义不容辞。1941 年 3 月 14 日，中研院评议会第二届第一次年会中通过追认增设数学研究所的决议，正式聘请姜立夫为数学研究所筹备主任，设置数学研究所筹备处。《竺可桢日记》第 7 册，第 465、489 页；《姜立夫函》（1940 年 12 月 25 日）、《数学研究所之介绍》，朱家骅档案，函号：301－01－07－022、301－01－07－005。

③ 《姜立夫致傅斯年函》（1940 年 12 月 25 日），转引自张奠宙、王善平《陈省身传》，第 118 页。

④ 《姜立夫函》（1947 年 2 月 14 日），转引自张奠宙、王善平《陈省身传》，第 123～125 页。

早须在第一批书籍收到之后"始可正式成所。① 受战事影响，运输受阻，直到抗战结束，向国外购置图书器件全未到滇，数学研究所之成立遂一延再延。人才网罗方面，姜立夫向朱家骅提出与各大学通力合作，"打成一片，而非与各大学争夺人才"的折中办法。即在正式成所之前，不聘研究员，暂聘"通信研究员"，并建议每人每月酌予研究补助金若干，聊供纸笔打字之需，兼寓奖励储才之意。不过，依照中研院惯例，通信研究员是无薪职，朱家骅认为"无此先例"，依法难行。在几经研商后，采取"兼任研究员"的折中做法，于数学研究所成立之前，先开始研究工作。姜立夫自1942 年 3 月起聘苏步青、陈建功、江泽涵、陈省身、华罗庚五人为兼任研究员。②

1945 年抗战胜利，数学筹备处脱离西南联大，随中研院迁到上海并接收由日本建立的自然科学研究所，于 1947 年 7 月正式建所。③

第二，医学研究所筹备处。

如前章述，朱家骅在中山大学时期即积极推动中国现代医学之发展。1936 年担任总干事时，朱家骅便与中国现代生理学奠基人，也是北京协和医院领导小组成员林可胜商酌筹备设立生理研究所之构想，嗣以战事迁延，而林可胜担任军医署署长而中辍。

至 1941 年时，看到抗战期间大后方医药卫生设备奇缺，疾病丛

① 《姜立夫函》(1943 年 1 月 28 日)，朱家骅档案，函号：301 - 01 - 07 - 022。

② 姜立夫因为图书器具迟迟无法购得，主张"书籍毫无，工具缺乏，到所工作，失去意义"。但数学所筹备处之研究工作亦不应因此停滞不前，且当时数学人才国内本极不多，一些有能力、有声望的数学研究者都分散在各大学里，所以姜立夫始有此议。《姜立夫函》(1942 年 2 月 12 日、1943 年 1 月 28 日)、《复姜立夫》(1942 年 2 月 27 日)，朱家骅档案，函号：301 - 01 - 07 - 022；《姜立夫致朱家骅函》(1947 年 2 月 14 日)，转引自张奠宙、王善平《陈省身传》，第 123～125、87、118、379 页。

③ 《三十年来的中央研究院》(1958 年 6 月 9 日)，《朱家骅先生言论集》，第 110 页；张奠宙、王善平：《陈省身传》，第 113、116、119、126、382、383 页；《姜立夫致朱家骅函》(1947 年 2 月 14 日)，转引自张奠宙、王善平《陈省身传》，第 123～125 页。

生，非常需要医学病理之研究，以推进实际医药卫生应用之改善与
进步，于是朱家骅又再起念，拟再设法筹设，仍欲借重林可胜。
1943 年朱家骅再与林可胜取得联系，再申前议，并针对研究主轴与
名称进行讨论。林可胜主张用"实验医学研究所"名称，朱家骅虽
觉得此名甚广泛，但最后仍尊重林可胜的意见。1943 年 3 月 10 日将
筹设"实验医学研究所"一案提交中研院院务会议讨论通过，以林
可胜为医学研究所筹备主任。①

　　林可胜随即针对组织、人选、研究问题、经费等事项，拟定实
验医学研究所筹备具体计划。② 当时朱家骅与林可胜规划，在获得院
内通过设置决议后，即于 1944 年完成研究人员之延聘工作，待林可
胜捐款购置仪器运至内地后则正式成所。为延揽人才，朱家骅根据
林可胜罗列拟聘之平津协和医学院如张锡钧、关颂韬等在医学临床
研究颇负盛名之学者名单，秘密指示国民党组织部洛阳人员路秀三
据此名单"设法分别转知，务劝彼等迅速来渝，并转知有关方面之
同志，沿途照料为要"。只是平津为日本占领区，讯息辗转传递，直
到 10 月才获得确实回复，关颂韬等人因有家室之累，且在北平行医
收入甚丰"无法南来"。连捐款购置设备一事也因战时种种困难而无
下文。③

　　实验医学研究所筹备处设置虽经院务会议通过，朱家骅并与林
可胜迭次洽商，但因上述实际种种问题，筹备工作一直停留在"纸
上谈兵"阶段，并未真正落实筹备工作。在 1943 年底，立法院修正
中研院组织法时，还将"实验医学研究所"之"实验"二字删去。④

────────────

① 《致汪敬熙》（1941 年 9 月 29 日、1943 年 3 月 1 日），朱家骅档案，函号：301 -
01 - 07 - 024、301 - 01 - 07 - 030。
② 《林可胜函》（1943 年 4 月 9 日），朱家骅档案，函号：301 - 01 - 07 - 024。
③ 《致汪敬熙》（1943 年 3 月 1 日）、《函路秀三（密）》（1943 年 3 月 3 日）、《路秀
三电》（1943 年 10 月 26 日）、《致林可胜》（1943 年 11 月 1 日），朱家骅档案，
函号：301 - 01 - 07 - 024。
④ 朱家骅力争无效。《复李仲揆、汪缉斋》（1944 年 1 月 5 日），朱家骅档案，函
号：301 - 01 - 07 - 005。

直到 1944 年 3 月第二届评议会第二次年会决议通过设置筹备处后，始由研究员冯德培为"代理"筹备处主任，于 12 月在重庆歌乐山龙洞湾上海医学院内成立筹备处。抗战胜利后，该筹备处随同其他各所东返，迁入前上海自然科学研究所内，接收该所原有之医学方面普通设备及图书，始稍具规模，并积极从事购置图书设备及选聘与训练人才，期能早日正式成所。不过，迄至 1949 年国民党撤离大陆时仍未正式成所。[①]

第三，体质人类学研究所筹备处。

朱家骅鉴于民族素质改进攸关国家民族未来前途，希望能透过科学研究而有突破性发现。历史语言所第四组人类学组包括"文化"与"体质"两部分，即以研究中国民族学为主要方向。在此基础上，朱家骅决定将该组扩充为体质人类学研究所。1944 年 3 月第二届评议会第二次年会决议，聘定研究员吴定良为筹备处主任，4 月在四川南溪李庄设置筹备处。[②]

朱家骅认为此项研究课题关乎国家民族未来前途甚巨，非常重视。只是所需经费决非筹备处所能负担，且筹备伊始，仪器、设备均极空虚，以中研院经费之困难情况，绝不可能划拨专款充作是项设备与调查费用。因此朱家骅以回任教育部部长之便利，指示高等教育司"酌予补助充作设备与调查费用"；并上呈军事委员会争取经费补助。朱家骅为推动此项研究进行，在 1944 年秋主导由教育部召开民族素质专家会议，分别指定有关研究机关及团

---

① 《中央研究院工作报告——中国国民党六全大会》（1945 年 5 月），杜元载主编《抗战时期之学术》，革命文献第 59 辑，第 352 页；李扬编著《国立中央研究院史》，第 33 页；《中央研究院院史初稿》，第 54～55 页。

② 筹备处成立后，吴定良即积极着手进行民族素质改造问题之研究，详拟 15 年研究计划，初期研究重心在于研究西南儿童体质、骨骼、发音、血型与血色素。《吴均一函》（1945 年 4 月 22 日），教育部档案之中央研究院档案，"国史馆"藏，卷宗号：196/261－8B；李扬编著《国立中央研究院史》，第 33～34 页；《中央研究院院史初稿》，第 55～56 页；《中央研究院工作报告——中国国民党六全大会》（1945 年 5 月），杜元载主编《抗战时期之学术》，革命文献第 59 辑，第 352 页。

体负责研究，并通令全国各大学有关学系及研究学部注意研究有关问题。

　　然经费短绌却是这项研究计划无法推动的致命伤。朱家骅虽努力在教育部经费项下尽量提供协助，但此时正值抗战胜利复员阶段，诸事皆需用钱，就算教育部尽力帮忙，亦大有未尽之处。例如，军事委员会虽认为这项研究有关"民族素质改进研究"可准照办，但对于此项研究经费，则希"暂就各研究机关原预算内匀支，俟著有成绩或有特殊需要时，再行饬核补助可也"。① 值兹各校经费均感支绌之际，根本无款可以匀支，教育部若不予以补助，则此事将成"空谈"。可是教育部本身各项预算均已有指定用途，无款可拨。朱家骅遂呈请行政院指拨专款 500 万元，将 200 万元拨发中研院体质人类学研究所筹备处，300 万元分配于有关研究机关团体及各大学有关学系及研究学部。不过由于筹备处创设伊始，仪器、书籍均感缺乏，委托中英科学合作馆李约瑟博士订购相关书籍杂志两批皆无款可付；人类体质素质调查研究已有两项开始进行，需用款项至为迫切，筹备处主任吴定良一再向朱家骅"请款"。因此，上述方案根本"缓不济急"。

　　为解"燃眉之急"，朱家骅再次亲批，由教育部想办法先补助研究调查费 50 万元，至于图书仪器部分则可开单送核准，由教育部美金项下酌拨购置。关于补助研究调查费 50 万元一节，原拟在高等教育司高等教育救济费项下，及各级学校扩充改良费高教部分项下开支，未料高教司以上两项经费早已超支，且无他款可以动用，最后只好转向学术研究补助费项下开支。为使研究工作顺利进行，朱家骅还特别指示教育部下属迅速汇款。至美金部分，教育部此时根本已经无款可支，只好待拟图书仪器开单送核后再议。另外，1946 年 1 月底，吴定良因由中研院名义申请外汇绝端困难，再向教育部申请外汇，希望由教育部在该年度补助文教机关购书项下拨款订购最近八年欧美各国之新书。

<hr>

① 《吴均一函》（1945 年 4 月 22 日），教育部档案之中央研究院档案，"国史馆"藏，卷宗号：196/261 – 8B。

只是此时教育部自己经费大缺而无力补助。①

　　由于无钱购置设备，筹备处主任吴定良于 1945 年 6 月听说美国捐赠教育部医药器械种类颇多，正由医学教育委员会转发各大学应用，立即行文教育部，请拨与该所亟须应用之器械以利研究。朱家骅立即指示在"可能范围内，设法配给"。教育部立即将公函转知医学教育委员会拨发器械，不过等公文到时，该批医药器械已经分配完毕，需等待下批分配。② 最终，限于经费难以充实，所址无着，且胜利复员后，各校需人孔亟，不仅无法延揽到人才，连筹备处主任吴定良都决定赴浙江大学任教，业务乃告停顿，遂于 1946 年决定"暂时"停止筹备，其工作仍由史语所收回接办。③

　　第四，植物研究所。

　　朱家骅为古生物学者出身，早年在中山大学时期便十分看重植物学研究，曾主导将中山大学生物系分割成立动物学系和植物学系。④主掌中研院后，鉴于动植物所因植物研究人员不及全所三分之一，对植物研究不甚注意，早有将动植物研究所之植物学部分划出独立

---

① 《教育部笺函吾均一先生》(1945 年 7 月 4 日)、《教育部函复中央研究院》(1945 年 8 月 7 日)、《国立研究院体质人类学研究所筹备处主任吴定良呈》(1946 年 1 月 28 日)、《教育部代电》(无日期)、《吴均一函》(1945 年 4 月 22 日)、《教育部函体质人类研究所筹备处》(1945 年 5 月)、《教育部签呈：朱家骅批示》(1945 年 5 月 22 日)、《教育部函体质人类研究所筹备处》(1945 年 6 月 5 日)，教育部档案之中央研究院档案，"国史馆"藏，卷宗号：196/261 - 2、196/261 - 3、196/261 - 8B。

② 《中央研究院体质人类学研究所函》(1945 年 6 月 9 日)、《教育部会函中央研究院体质人类学研究所》(1945 年 7 月 6 日)、《国立中央研究院体质人类学研究所筹备处公函》(1945 年 7 月 7 日)、《教育部会函国立中央研究院体质人类学研究所筹备处》(1945 年 8 月 21 日)，教育部档案之中央研究院档案，"国史馆"藏，卷宗号：196/261 - 2。

③ 《朱家骅、翁文灏致评议员胡适》(1946 年 11 月 11 日)，北京大学档案馆藏，馆藏号：BD1946121 - 1；朱家骅：《国立中央研究院简说》(1953 年 12 月 23 日)，朱家骅档案，函号：301 - 01 - 07 - 005、301 - 01 - 07 - 007；《三十年来的中央研究院》(1957 年 6 月 9 日)，《朱家骅先生言论集》，第 110 页。

④ 《国立中山大学筹备之经过和将来之希望》(1927 年 3 月 1 日)，《朱家骅先生言论集》，第 257 页；《理学院》，《国立中山大学现况》，第 185、187～188 页；张宏达：《解放前中大生物系学术活动拾遗》，罗永明主编《我们的中大》，第 47 页；费鸿年：《五进中大——历史回顾片断》，黄仕忠编《老中大的故事》，第 157～158 页。

成所的构想。特别是动植物研究所由阳朔迁至重庆北碚后，朱家骅便欲趁迁居西南之便，推动有关西南之植物学研究，只是一直苦无适当人选主持。

正巧1942年10月朱家骅收到心理所所长汪敬熙为植物学家罗宗洛谋一工作之信函。罗宗洛为日本北海道帝国大学植物生理学博士，朱家骅在中山大学时便聘其至校任教。于是，朱家骅先网罗罗宗洛至动植物研究所任职，在1944年召开的第二届评议会第二次会议中提案通过动植物研究所分设之决议，动物所仍由王家楫任所长，植物所则聘罗宗洛为所长。①

不过，动植物研究所分立，图书部分较易划分，牵涉的主要"利害"关系的是所内设备分割问题。动植物研究所成立之初即因所聘研究人员多习动物学，所中仪器设备侧重于动物方面。值此战时，设备充实本极不易，现又要分割，恐将造成研究工作之困难。初期动物所颇不愿分开，部分设备亦不愿划分移交，以致新设之植物所设备毫无，经费亦无着落。② 于是朱家骅发动募捐，募得法币100万元，罗宗洛即利用此款于1944年5月1日正式在北碚成立植物研究所。③

二 加强国际学术交流合作

与国际学界的交流与合作本是学术进步至关重要的，但是，自抗战以来，中研院限于经费，与国际学术交流形如隔绝，陷入

---

① 《心理所所长汪敬熙函》（1942年10月9日）、《致王家楫、复汪敬熙》（1942年10月20日），朱家骅档案，函号：301-01-07-023；朱家骅：《国立中央研究院简说》（1953年12月23日），朱家骅档案，函号：301-01-07-005、301-01-07-007。

② 所长王家楫在动植物研究所未分立之前即函朱家骅表达对仪器划分的意见："抗战以前，本院各所虽规模已具，但图书仪器之十分完备者寥寥无几，敝所因后起，尤感先天不足。"《王家楫函》（1944年1月15日），中央研究院档案，中国第二历史档案馆藏，卷宗号：393-2232。

③ 李扬编著《国立中央研究院史》，第33、83页；《中央研究院院史初稿》，第19、55、88、93页。

孤立状态。朱家骅为打开僵局，在经费极端困难下，支持评议会发行《学术汇刊》和《科学纪录》两本学术性院刊，并派员参加国际学术会议。此外，二战后期国际主义抬头，中国被纳入世界四强之一。朱家骅一为提升中国的学术研究水平，二为将中国学术事业延伸到国际学界，三则企望以学术合作进一步巩固中国的国际地位，遂积极推动中研院与英、美等世界科学先进国家进行学术合作事业。

朱家骅对于"学术"的理解，本起源于西方之"大学"。他与蔡元培在中研院设置之前皆以"大学"为发展中国现代学术研究中心之基地。朱家骅考察西方之"大学"一词，如英文的"University"、德文的"Universität"都是从拉丁文的"Universitas"蜕化而来，具"国际"与"综合"之意。简言之，欧洲各国大学最初是具"国际性"的。朱家骅指出："中世纪的大学简直可以说是一切国籍不同的学生的'生活集团'，后来政教分离，大学的国际性慢慢减少了，但在学术研究工作上，仍旧需要保持国际的合作。"所以在启蒙时代以后，近代欧洲每一个国家的大学虽各有不同学风，但于学术研究方面"仍然多采国际合作的态度"。[1] 受此学术观之影响，朱家骅坚信学术研究本具国际性，"一切学术文化欲其发扬光大，断非任何一个时期或任何一国之人所能独尽其责任的……而忽略了其承先启后，交流互助，相因相成的道理"，[2] 认为国际学术的切磋琢磨，为人类进步、人群融洽之本，在从事学术研究过程中，"决不应忽略国际合作"。[3]

并且，朱家骅以近代国家从事于学术研究精益求精、不遗余力的精神为例指出：

---

[1] 《大学与大学生的使命》（1944 年 12 月 25 日），《朱家骅先生言论集》，第 291 ~ 292、295 页。

[2] 《欢迎英国托德斯、尼德汉两教授致词》（1943 年 4 月 10 日），《朱家骅先生言论集》，第 84 ~ 85 页。

[3] 《大学与大学生的使命》（1944 年 12 月 25 日），《朱家骅先生言论集》，第 295 页。

文化发达科学进步的国家，多有国家学院的设置，其组织形式，无论属于学会性质，和国家学术组织或属于研究所集合组成，更或属于兼具二者，都是由全国学术权威为构成主体。对于国家学术政策，备政府的咨询，力谋学术的进步，并致力于国际学术的合作。[①]

换言之，中研院若欲成为真正的"学术中心"，所有的研究工作都应能以"国际标准"来加以衡量。[②] 而其中学术性刊物是学术研究成果记录与交流的最佳方式之一，它不仅可供学界做进一步深入研究之参考，亦可使世界学者明识中国之学术贡献。并且，以当时中研院的实际院务情况，发行具国际水平之学术刊物是相较容易进行的具体措施。鉴此，中研院评议会在1941年曾决议发行中文的《学术汇刊》与西文的《科学纪录》（Science Record）两种学术性刊物。

对这两本刊物，朱家骅认为早应出版而"催之再三"。[③] 最终在朱家骅支持下，《学术汇刊》与《科学纪录》终得发行，以专载纯粹科学与应用科学具创造性的短篇论文，前者由叶企孙任总编辑，目的在"将国内外之重要研究结果综合报告于国内学术界"；后者由吴有训任总编辑，目的在"将国内之最近研究结果宣扬于国外"。这两本刊物是中研院在大陆期间除各所各自之专刊、集刊外，第一次出版的学术性院刊。

只是抗战军兴以来，纸张缺乏、印工昂贵、图表之制版困难，印刷费已涨到初印时两倍，[④] 在中研院经费内根本无法筹款续印。相

---

① 《国立中央研究院概况》（1948年7月26日），《朱家骅先生言论集》，第91页。
② 《第二次院士会议开幕致词》（1957年4月2日），《朱家骅先生言论集》，第102～103页。
③ 《复傅斯年》（1942年3月2日），朱家骅档案，函号：301-01-07-012。
④ 当时学术性刊物因印刷成本过高，销路不佳，书局亦不欢迎。因此，在1941和1942年度出版物中，科学类刊物自然科学占7%，1943年度减为4%。卢于道：《抗战七年来之科学界》（1944），杜元载主编《抗战时期之学术》，革命文献第59辑，第109页。

较之于英美两国虽在战时，各种学术刊物犹皆依期印行；苏联在敌军逼近、莫斯科已受严重威胁之际，学术刊物出版亦未中辍，且源源不断寄往国外；中国学术研究之推动实尤不足。为此，朱家骅还曾特别给蒋介石上签呈请求拨款刊行然未果。因此，抗战期间仅得各出二册。① 同时，在朱家骅的催促下，还辑印中国各学科的《科学论著目录》十大类。

此外，朱家骅虽知应世界科学事业进步之要求，国际科学合作及联系是为至要工作，虽欲积极推动国际学术交流活动与国际科学合作，但亦因限于经费未能按照预定计划分别进行，与国际学术交流形如隔绝。1941 年 12 月日本偷袭太平洋美国海军基地珍珠港，英、美对日宣战，国际战局改变。四年多来，中国苦撑待变的希望成为事实，从此与英、美、苏并列国际四强。盟军于 1942 年 1 月 5 日成立中缅印战场指挥总部，以蒋介石为该战区最高统帅，不断地为中国提供物资与经援。随着中国国际地位的提升，中国科学研究成果也受到国际学术界的重视，恢复了与国际学界隔绝多年的交流。

1943 年 4 月，英国皇家学会、大英学院、牛津大学、剑桥大学以及英属印度其他学术教育文化机关团体派遣代表陶德斯、李约瑟（当时亦曾翻译成"尼德汉"）、任义克三教授；美国国家科学院、美国学术团体总会亦以葛德石教授为代表访华，传达英美学术界对中研院之敬仰与推动学术合作之意。其中，陶德斯和李约瑟代表英国学界提出了中英互相供给研究资料，交换研究意见及文献，交换

---

① 《学术汇刊》第一卷第一期在 1942 年 11 月问世，第一卷第二期则迟至 1944 年 12 月才得以出刊。《科学纪录》（Science Record）第一卷第一、二期在 1942 年 8 月出版，第一卷第三、四期则亦迟至 1945 年 9 月始得再次出版。《拟院长上委座签呈稿》（1943 年 9 月），朱家骅档案，函号：301 - 01 - 07 - 016；《国立中央研究院公函建议政府倡助科学研究》（1944 年 2 月 22 日）、《国立中央研究院院稿签呈转送主席蒋》（1944 年 10 月 31 日），教育部档案之中央研究院档案，"国史馆"藏，卷宗号：1196/261 - 8B。同文亦见《建议政府倡助科学研究及报聘英美学术机关》，中央研究院档案，中国第二历史档案馆藏，卷宗号：393 - 360；《抗战以来中央研究院之概况》（1942 年 10 月 10 日），《朱家骅先生言论集》，第 78 页。

教授、学生等科学合作办法的具体建议。中研院方面则聘请陶德斯为史语所通信研究员，李约瑟为化学所通信研究员与动植物研究所通信研究员。[①] 朱家骅还积极协助李约瑟在中国设置组成中英学术合作事务所，办理中英国际科学合作事宜。当时朱家骅还特别邀请学识资望高、与英人关系良好的中英庚款会附设之中国蚕桑研究所所长许元龙[②]兼任中研院代表，出面协助李约瑟办理该事务所之设置。当时朱家骅还指示许元龙，待李约瑟抵达时，要将蚕桑研究所工作"妥为介绍，引起其兴趣，借可促其多予援助"，并对于有关中英双方合作事宜多所指示，开启了中英科学研究合作事业。[③]

　　对英美两国学界主动向中国学术机关展现友谊之手，[④] 朱家骅认为："此种国际学术合作，不仅可以促进科学本身的进步，同时可使全世界爱好和平的国家，沟通彼此生活方式的了解，实有益于世界和平，有助于大同之治也。"[⑤] 特别是中国为新兴科学的后起之秀，朱家骅认为更必须埋头钻研才能迎头赶上。因此，1943 年 12 月李四光向朱家骅提出设置"全院参考之图书馆"（即中研院之图书总馆）之议后，朱家骅大为赞同。朱家骅以为，中研院为中国最高学术研究机关，原有图书设备已不完备，中经

①　《中央研究院院史初稿》，第 49 页；《欢迎英国陶德斯、尼德汉两教授致词》（1943 年 4 月 10 日）、《国立中央研究院评议会第二届第二次年会开幕词》（1944 年 3 月 8 日），《朱家骅先生言论集》，第 84～85、86 页。

②　许元龙在此之前为中研院国际科学合作事业办事处处长。

③　不过，对于朱家骅所指示的详细内容之相关史料，目前并未发现。《丁燮林函》（1943 年 7 月 26 日）、《致许骧》（1943 年 8 月 18、22、10 月 19 日）、《复许骧》（1943 年 8 月 31 日），朱家骅档案，函号：301－01－07－020。

④　1943 年李约瑟教授访华，在人才与图书仪器两方面都略有资助。美国除大使馆方面征集中国国内科学论文介绍至国外杂志发表，并酌予稿费外，还印行美国科学指导，分赠国内各科学机关；外交部也惠赠图书影片，由教育部及中华教育文化基金委员会等共同设立国际学术文化资料供应委员会，制造放印机，在非学术中心所在地设立图书影片馆。凡此皆为抗战后期对中国科学研究事业的重要助力。卢于道：《抗战七年来之科学界》（1944），杜元载主编《抗战时期之学术》，革命文献第 59 辑，第 111 页。

⑤　《第二次任教育部长就职致词》（1944 年 12 月 14 日），《朱家骅先生言论集》，第 171 页。

迁徙，不无损失，珍本因购置不齐，近年来新出之书籍杂志更形缺乏。在英美向中研院提出具体合作计划后，朱家骅更认为应该要"乘此国际局势，尤其文化及学术合作方面于我有利之时，有及时设置全院参考图书馆之必要，不仅为本院工作之必须，且可成为国内一切学术之权威"。[①] 因此，立即以"密函"指示中研院国际科学合作事业办事处处长许元龙从购置英、美各国所有重要书刊入手，设法"大量搜集"，一时无法运回中国者可暂存国外，待战后再运回。[②]

朱家骅把握此有利时机，于1944年即派员参加第六届太平洋科学会议、第六届国际植物学会议等国际学术会议。[③] 同时，积极推动国际学术合作事宜。朱家骅于1944年召开的评议会中便指示，将其列为该次会议讨论的重点议题之一，会中通过建议政府"推遣学术访问团于友邦"以倡助科学研究之决议。另外，该次评议会决定，由中研院暂订4人报聘英美学术机关，院内服务与院外服务之评议员各占半数，其人选由议长、秘书、总干事决定。朱家骅在会后即积极推动，认为人选应早日确定，以便呈请蒋介石核准后定期出国，因而致函评议会秘书翁文灏，推荐在院内服务之评议员陶孟和、竺可桢及院外服务之评议员李书华、曾叔伟。为此事，朱家骅还特别在1945年度的评议会预算中编列出国访问临时费概算。关于推遣学术访问团于友邦一案，经朱家骅主导，

① 《致许骧（密）》（1943年12月14日），朱家骅档案，函号：301 - 01 - 07 - 018。

② 当时李四光亦建议，此事不宜交由评议会推选委员办理，因为担心事业尚未形成而已公开，不独有阻碍，且恐其他方面另有企图。因此朱家骅并特别指示许元龙"此事在未形成之前，暂不公开为妥"。《李仲揆来函摘要》（1943年12月4日）、《复李仲逵》（1943年12月14日）、《致许骧（密）》（1943年12月14日）、《复李仲揆、汪缉斋》（1944年1月5日），朱家骅档案，函号：301 - 01 - 07 - 018、301 - 01 - 07 - 005。

③ 《国立中央研究院稿 送行政院胡会计长铁岩》（1944年9月6日）、《国立中央研究院稿送中央设计局：经费预决算表》（1944年8月13日），中央研究院档案，中国第二历史档案馆藏，卷宗号：393 - 1789；《中央研究院院史初稿》，第57页。

1945 年教育部与中研院会商后，决议由中研院推举自然科学学者四人①访问英、美、法、苏，约以半年为期，商洽学术合作，如交换刊物、交换科学情报等学术合作事宜。不过，就当此事进入最后准备阶段时，蒋介石突然于 6 月下令中研院学术访问团"暂缓派遣"。②

此外，1943 年 9 月朱家骅听闻蒋介石交代中央设计局审议公费留学名额时，随即致函中央设计局局长熊天翼，说明中研院工作与研究人员出国进行学术交流之重要性，为中研院争取每年 30 名的公费留学名额。③

三　倡导西南、西北边疆研究

对于中国西南与西北的科学研究，朱家骅早在 1926 年任职中山大学期间便十分重视，为当时最早关注中国西南边疆发展的学者之一。在他的全力支持下，将科学研究的领域扩及中国边远的西南方。

1931 年日本展开一连串的侵华军事行动后，国民政府以西南作为对日抗战的基地，计划将中国的教育学术机构迁往西南。朱家骅在 1932 年弃学从政后，即积极运用职务便利推动西南、西北地区的各项事业建设。例如，1932 年任教育部部长时停办劳动大学，以该校经费移作设立西北农业专科学校之用。1934 年，在交通部

---

① 此所谓之自然科学学者意指"专攻理论科学研究者"。

② 《教育部所开之会倡助科学研究案研讨会纪录》（1945 年 3 月 14 日）、《国立中央研究院评议会、教育部文稿会呈送主席蒋》（1945 年 5 月 25 日）、《国立中央研究院院稿送评议会翁秘书咏霓：函商出国招聘人选问题》（1944 年 6 月 9 日）、《翁文灏函》（1944 年 6 月 14 日）、《国民政府军事委员会代电教育部朱部长》（1945 年 6 月 27 日）、《国立中央研究院评议会三十四年度出国访问临时费概算表》（无日期），中央研究院档案，中国第二历史档案馆藏，卷宗号：393 - 360；《教育部、国立中央研究院评议会文稿会呈主席蒋》（1945 年 5 月 25 日、6 月 7 日），教育部档案之中央研究院档案，"国史馆"藏，卷宗号：196/261 - 8B；《国立中央研究院评议会第二届第二次年会开幕词》（1944 年 3 月 8 日），《朱家骅先生言论集》，第 86 页。

③ 《傅斯年函》（1944 年 9 月 6 日）、《复傅斯年》（1944 年 9 月 13 日），朱家骅档案，函号：301 - 01 - 07 - 012。

长任内，以兼任中英庚款会董事长之便利，用庚款筹设苏、赣、皖、鄂、湘、川、陕、豫、鲁等 9 省长途电话网络、西南及西北各省无线电话网。1936 年西安事变时，南京可与洛阳通话，调兵遣将即是其成效，抗战时期更发挥了极大的作用。1937 春，他又主导由中英庚款会指拨法币 20 万元补助西北甘、宁、青各省教育，并于 6 月聘请陶孟和、顾颉刚、王文俊、英人戴乐仁组织"西北考察团"，前往上述各省做实际考察与设计。1938 年 1～2 月，根据"西北考察团"之建议，从基本教育入手开发边疆，在兰州设甘肃科学教育馆、在青海设湟川中学、在酒泉设河西中学、在贵州安顺设黔江中学。①

1940 年 9 月朱家骅就任中研院院长后，为加速对西南、西北之了解，并开发抗战建国所需之各项资源，便以西南与西北的研究作为中研院新的研究重心。尤其在 1941 年日军进驻越南，西北边陲成为中国唯一畅通于国际的战时军运大道。1941 年 7 月中，朱家骅亦以国民党组织部部长身份前往西北（兰州、河西、酒泉、安西、阳关、嘉峪关、青海、宁夏）视察党务、学校及玉门油矿等近 2 个月，认为西北有丰富的资源及学术研究材料。返回后，即发动中研院史语所、中央博物院筹备处、中英庚款会附设的中国地理研究所组织"西北史地考察团"，于 1942 年 5 月出发，赴西北进行学术考察。②同时，为彻底了解西南边疆民族之语言文化及风土民情，朱家骅在国民党八中全会上提案通过增设有关边疆民俗民族语言文化之研究所。

1. 主导"西北史地考察团"之成行

中研院在朱家骅担任总干事时期迁往西南，当时他已一再强调针对西南、西北进行科学研究的重要性。1941 年起便积极推动组织

① 胡颂平编《朱家骅年谱》，第 28、35、40、44 页；王文俊：《骝师与边疆教育》，《朱家骅先生逝世纪念册》，第 427～431 页。

② 胡颂平编《朱家骅年谱》，第 52～53 页。

第一支由中国人组成的"西北科学考察团"。限于经费，最后缩小组织为"西北史地考察团"。

对中国西北进行有计划的科学研究工作始于 1925 年。当时由瑞典人发起，结合中国学者，共同组织了"西北科学考察团"，在居延附近曾发现大批汉代书简。1931 年蔡元培也有筹组"西陲科学考察团"的构想，不过没有实现。①

1941 年 7 月中旬，朱家骅以国民党组织部部长身份前往陕、甘、宁、青等西北各省视察组织部业务近 2 个月。他认为要发展西北，必先进行学术上之详密考察，以作为政府开发的科学依据；且河西一带，自汉唐即为中国通往西域之门户，又为乌孙、大月氏、回鹘、吐蕃、西夏以及汉族角逐之场，至今民族复杂，古城遗迹弥望皆是。因此，诸如各民族之调查、古城史迹文物之考察发掘、汉唐文物政治之推究、新疆天山南北路之探讨、求其与欧洲学者在中亚工作的发生联系，以为中国史地学术研究奠一坚实之基础，并提高学术研究的水平。回到重庆后，他一方面立即商之中研院史语所所长傅斯年，中央博物院筹备处主任李济及中英庚款会下设的中国地理研究所所长李承三，力主由这三个机关共同组织学术性的"西北科学考察团"赴西北考察；另一方面则积极向政府申请经费，结果经费部分未获批准。当时傅斯年曾认为，以中研院当前"人力、物力不扩充，工作已办不了，扩充恐更是空洞"，因而有西北考察团之未准"未必即是不幸"之语。②

但朱家骅并未因此放弃。他于 1942 年 1 月缩小组织规模，由他主持的中英庚款会出资补助，仍由中国地理研究所、中央博物院与中研院合作共同组织"西北史地考察团"（亦有时名为"西北科学考察团"），由辛树帜任团长、李承三为总干事，分为历史考古、地理、动植物三组，分别进行西北之历史、地理、地质、生物等各方面之科学

① 黄汲清：《我的回忆：黄汲清回忆录摘编》，第 85 页。

② 《傅斯年函》（1942 年 2 月 23 日），朱家骅档案，函号：301－01－07－012。

调查研究。中央博物院筹备处聘请西南联大教授向达担任历史组主任，专责敦煌方面的研究工作；史语所派夏鼐、劳干、石璋如负责历史及考古工作；中国地理研究所派李承三、林超、周廷儒负责地理调查研究工作，以李承三兼地理组主任；植物组则有专家吴印禅、单人骅二人，以吴印禅为主任。在 1942 年 5 月由兰州分两路赴甘、宁、青一带考察（陆续工作到 1945 年）。地理与植物两组因工作相近，联合经青海西行至敦煌一带采集标本，并进行地质地理调查研究；历史考古组则由兰州出发，北抵居延海，西至敦煌，先后在渭水、泾水、雍水流域调查及发掘，并曾在甘肃境内调查天水的伏羲城及皇城等遗迹长达半年。1942 年 11 月，劳干还到居延一带，进行精密研究，一年以来在学术上有极重大的发现。这一科学考察团，对于历史考古及地理地质方面的学术研究极有价值与贡献。①

　　1942 年夏，蒋介石自西北视察返渝后，即昭示开发西北之重要性，并另外指示以中央各机关官员太多可裁移西北从事垦殖或开发实业，经行政院拟定开发西北初步设施办法及公务人员移垦西北办法大纲，呈奉蒋介石核定实施。其中关于中研院部分则是要求社会所迁至兰州以西的肃州（今酒泉）。②

---

① 劳干前往甘肃居延附近考察，发现大量汉简。其后将此考察团发现之汉简照相，合并整理研究考释，出版《汉简考释》，成为治汉史及西北史迹之原始资料。朱家骅还将劳干的研究成果于 1943 年 9 月进呈蒋介石备览。石璋如先在敦煌工作，1943 年 1 月转往陕西泾水、渭水、雍水三流域做遗迹考古，著有《关中考古调查报告》。夏鼐著有考古论文《齐家期墓葬的新发现及其年代的考订》《新获之敦煌汉简》《武威唐代吐谷浑慕容氏墓志》《临洮寺洼山发掘》四篇。向达著有《论敦煌千佛洞的管理研究以及其它连带的几个问题》，另有上朱家骅的专函。地理组李承三、林超、周廷儒初在甘肃肃州、祁连山一带考察地质、地层及构造，均有精详之剖面图与解释，岩层运动之时期判断，山岭盆地地形之生成构造，做成地质剖面图二十余幅，又以横穿祁连山山脉走向，未经前人考察，亦得一较佳之剖面。地理组曾远至新疆工作。孙斌：《朱家骅先生与中央研究院》，《中央研究院成立五十周年纪念论文集》，第 36～37 页；石璋如：《朱骝先生与西北史地考察团》，《朱家骅先生逝世纪念册》，第 372～373 页。

② 《孔祥熙函（行政院副院长）》（1942 年 11 月 19 日），朱家骅档案，函号：301 - 01 - 07 - 028。

但是朱家骅认为，社会所之藏书籍及历年来在各地调查所得之资料，卷帙繁多，倘欲全部运至西北，所费甚巨。且该所之研究人员及事务人员倘全数移至西北，旅费和运费亦将不少。再者，该所之研究人员各有其专门之范围，未必皆为西北方面所需要者。同时西北方面所需要之研究人才，例如民族学、语言学、地质学、气象学方面之专家亦不在该所，而在中研院之他所。总此考虑，与其将社会所全部迁至西北，不如将此迁移经费转落实到他之前发起的"西北科学考察团"计划。由中研院选派与西北问题有关系之研究人员十余人赴西北工作，则西北所需要之研究范围与各种人才均能包括在内，并可在酒泉设立工作站，经常从事调查研究工作。较单以社会所一所迁往，徒费巨额迁移运输等费为得计。因此呈请负责此项业务的行政院副院长孔祥熙"设法在开发西北专款项下拨付"。① 虽然，朱家骅的"西北科学考察团"之议在1942年10月获准进行，但因实际拨付之经费不多，规模无法扩大。朱家骅仍以原组织成团之"西北史地考察团"继续进行西北各地考察工作，自1943年5月起历时两年。②

另外，1943年，朱家骅对中研院动植物研究所所长王家楫组织"川边动植物调查团"的构想十分赞成。只是中研院经费困难，无法满足预计全部费用。为此，朱家骅曾为调查费之不足，与当时的四川省省长张群面商由川省补足差额之可能性。但张群也因金额过大颇觉为难，虽表示"当为设法考虑"，最后仍无法成案。③

当时参与"西北史地考察团"的石璋如认为，抗战时期，在生活艰苦与交通阻塞的困苦环境下，朱家骅能筹款组团到遥远的西北

---

① 《复孔祥熙》（1943年2月16日），朱家骅档案，函号：301 - 01 - 07 - 028。
② 《签呈总裁：报告居延汉简之发现及中研院考释经过》（1943年9月18日）、《电傅斯年》（1943年2月26日），朱家骅档案，函号：301 - 01 - 06 - 300、301 - 01 - 07 - 028；《石璋如先生访问纪录》，第408页；李光谟：《从清华园到史语所：李济治学生涯琐记》，清华大学出版社，2004，第160页。
③ 《致张群》（1943年8月11日、无日期）、《王家楫函》（1943年5月4日），朱家骅档案，函号：301 - 01 - 07 - 023、301 - 01 - 07 - 023。

考察"是一件不容易的事业",但亦说明了朱家骅对学术事业的重视。他说:"朱先生坚决的促其实现,由此正可以说明朱先生随时随地,都特别重视学术工作。"①

2. 推动边疆问题研究

朱家骅1941年前往西北视察两个月,深感边疆地区战略地位之重要。而为了解边疆民族之语言文化及风土民情、训练边地服务之人,自以语言为第一步。遂在随后召开的国民党八中全会中提案建议以史语所之民族语言学专家李方桂或凌纯声领军,增设有关边疆民俗民族语言文化之研究所,由"语言学"入手,从事边疆问题之纯学术研究。但是,会上决议成立的"边疆文化研究所"案与朱家骅之原提案有多处重要差别,例如"边疆"二字即原提案无之。且政府用边疆之名义所望于此所者,主要在发挥其政治作用,并欲达"速效"。此目的,大违中研院"学院立场之清净法门"与"实事求是"之治学精神。② 朱家骅亦认为:"边疆二字,已欠妥当,既不科学,又不能包括一切,此种开杂货铺之办法,甚不相宜,称'所'而内容又非纯粹研究,亦不合理。"③ 益令朱家骅甚悔当年主持中山大学时对设置"东方学院"之议,未能立即着手进行。④ 特别是朱家骅向来尊重纯学术研究,重视中研院学人之专业学术意见,史语所之李方桂、凌纯声皆反对;吴定良亦指,凌纯声奉命筹备边疆文化所,第四组只剩他一人,不成为组;史语所所长傅斯年的意见亦以不办为上策。⑤

此事最难之点即在此所是奉国民党八中全会决议而行,且于九

---

①　石璋如:《朱骝先先生与西北史地考察团》,《朱家骅先生逝世纪念册》,第373页。

②　《傅斯年密函》(1942年2月15日),朱家骅档案,函号:301-01-07-012。

③　《复傅斯年》(1942年3月2日),朱家骅档案,函号:301-01-07-012。

④　《复傅斯年》(1942年2月19日),朱家骅档案,函号:301-01-07-012。

⑤　《傅斯年函》(1942年2月6、13、14、23日)、《傅斯年密函》(1942年2月15日、29日,3月10日),朱家骅档案,函号:301-01-07-012;《傅斯年函朱家骅》(1942年2月12日),傅图整编史语所档案,中研院历史语言研究所傅斯年图书馆藏,编号:李75-2。

中全会开会时曾书面呈复中央"已在筹备进行其事"，事关中研院面子。如何下台，如何进行，如何可以合理，如何有效，如何不失中研院之声誉等问题都令朱家骅甚感为难。遂邀集到渝之各所长（天文、气象、物理、工程不在内）在寓商讨两三个小时，未得善策。最后，实事求是的朱家骅提出"决意不办"的主张，并转将加强历史语言所已有之边疆语言学、民族学、人类学研究，地质所注意边疆地质，社会所注意边疆经济等。同时基于欲研究边疆问题必须首先学习各民族语言，朱家骅建议中央从速筹设"亚洲学院"，内分蒙、藏、回、朝鲜、缅甸、泰国、越南、马来、印度、波斯、土耳其、阿拉伯等部，或系将来俟有基础，再于该院内分设各种研究所。①

1942 年秋新疆盛世才与苏联决裂，转向国民党，任国民党中央组织部部长的朱家骅认为该省环境特殊，"关系西北前途至巨"，当即恢复省党部之组织，于 1943 年规划党务与行政教育共约两百人前往布置。同时朱家骅认为该省民族学与其他研究均甚重要，对于党务之推进及该省一切设施必多裨益，故特别调用中央大学教授黄如今主其事，并指示黄如今在该省党部设定一研究室，专事此项研究工作；再向傅斯年"借派"凌纯声补该省党部执行委员兼研究室主任。朱家骅的盘算是由凌纯声携带史语所工作同志数人前往，如此则史语所可以"不费而开展工作，且得各种宝贵之资料，实亦上算"。② 朱家骅的这项计划不仅在国民党中常会上获得通过，蒋介石也大感兴趣，还特地召见了凌纯声等，新疆省主席盛世才亦致电表达欢迎之意。③

除此之外，上述另设专所从事边疆问题研究一事虽已无由进行，

① 《复傅斯年》（1942 年 3 月 2 日），朱家骅档案，函号：301 - 01 - 07 - 012。

② 《致傅斯年》（1943 年 1 月 14 日），朱家骅档案，函号：301 - 01 - 07 - 012。

③ 《朱家骅电凌纯声》（1943 年 2 月 23、25 日、3 月 6 日、4 月 1 日），傅图整编史语所档案，中研院历史语言研究所傅斯年图书馆藏，编号：李 13 - 4 - 2、李 13 - 4 - 3、李 - 13 - 4 - 7、李 - 13 - 4 - 14。

但朱家骅认为，中研院史语所中有语言学专家李方桂、丁声树、董同龢，人类学专家吴定良、凌纯声、芮逸夫等人，对于西南边境之语言及民族均已调查多年，得有丰富材料。不过，因边境辽阔，迄今尚有未调查之区域。他以为此项工作不宜因经费拮据而致停顿。因此，于 1943 年 9 月特别上呈蒋介石，争取"特拨"西南边疆之语言学及人类学考察经费，以继续此项工作。①

本章小结

朱家骅追随蔡元培"科学救国""学术救国"的路线，视学术研究为"神圣事业"，② 认为学术研究工作进步的终极目的即在于对国家社会需要有所贡献。因此学术研究工作自然需和其他各种事业"切取联系"，务使国家得其用，社会得其益。③ 特别是这次抗战，朱家骅认为是御侮图存的民族战争，亦是国民革命的延续。这次抗战的目的，"不仅争取军事上的胜利，保卫我国家民族的生存独立。而且在抗战进行之中，政府与人民，上下一致，排除一切困难，努力完成建国的大业"。④ 随着战事的延长，他深切意识到"国民革命之大业，已进展至最严重而伟大之阶段，对外须与日本军阀作更剧烈而更持久之战争；对内尤须廓清一切障碍，从事于国家根本事业之建设"。⑤ 因此，朱家骅根据古今中外教育学术界在国家民族危在旦夕之时，奔走呼号，舌敝唇焦，以唤起民族觉醒，从而转危为安的历史经验，认为前方的战士是"民族思想的前线奋斗者"，而后方教育学术界服务同仁则是"在后方推动民族力量

① 《拟院长上委座签呈稿》（1943 年 9 月），朱家骅档案，函号：301 - 01 - 07 -016。
② 《抗战以来中央研究院之概况》（1942 年 10 月 10 日），《朱家骅先生言论集》，第 83 页。
③ 《国立中央研究院概况》（1948 年 7 月 26 日），《朱家骅先生言论集》，第 94 页。
④ 《抗战三年以来的政治进步》（1940 年 6 月 20 日），《朱家骅先生言论集》，第 476 页。
⑤ 《告全国教育学术界同仁书》（1940 年 3 月 24 日），《朱家骅先生言论集》，第 437 页。

的战士"。① 深信教育学术界人士可以对全国人民发挥甚大之"领导"作用，对完成抗战建国、民族更生大业之重责能够发挥其最大力量。因此，他不断呼吁学术界人士团结一致为抗战救国共同努力。

他在1940年3月底曾以德国费希特教授之"告国人书"诸讲演为典范，发表《告全国教育学术界同仁书》，指出："思想之统一，为力量集中之基础，而力量集中，又为抗战胜利建国成功之要素。"而教育学术界在革命建国力量中"永久为一领导力量"。因此，今后整个民族意识之提高，"尤有赖于教育学术界之启迪陶镕。……国家民族万代光荣，皆惟我教育学术界同仁是赖矣"。② 希望唤起全国教育学术界同仁团结一致，本过去之革命精神，对民族复兴工作做更大之努力。他深信，只要教育学术界能发挥其研究精神与组织力，则国家民族的更生力量便会繁荣滋长，便能从抗战中将中国建设成一个现代化的国家。③

中研院为中国体制内之最高学术研究机关，蔡元培等亟欲将其发展成中国现代学术研究中心与基地，实行科学研究，这与联络、合作国内外之学术研究成为其创院之两大任务。在朱家骅的认知里，真正所谓的"学术中心"须有"巨额之经费""完善之设备"与"积学专门之士"精肄其中，经日积月累的努力而后学术事业才能臻于"昌明之域"，也才能够达成任务与使命。④ 1940年9月，朱家骅以国民党组织部部长之职兼领中研院后，所积极努力者即在于希望为学术研究同仁打造一个"设备完善""生活无

① 《学校党务之鹄的》（1940年7月7日），《朱家骅先生言论集》，第447页。
② 《告全国教育学术界同仁书》（1940年3月24日），《朱家骅先生言论集》，第437页。
③ 《自立更生与教育学术界的组织力》（1940年10月23日），《朱家骅先生言论集》，第453页。
④ 《复周聂其璧》（1941年3月22日），朱家骅档案，函号：301-01-07-018；《第二次院士会议开幕致词》（1957年4月2日），《朱家骅先生言论集》，第102～103页。

虞"，可以"安于研习""潜心工作"之学术研究环境。希望将中研院发展成为一个在各个领域都能与国际学术并驾齐驱的现代学术研究机构。其目标在于达成抗战建国的理想，终极关怀则在于希望能够为人类知识的累积做出贡献，为开创人类福祉略尽绵力。

只是朱家骅认为"学术中心"的三大基本元素，即"巨额之经费""完善之设备"与"积学专门之士精擘其中"，对于战时之中研院是无一不缺。

经费短缺是严重影响中研院学术研究事业推进的关键因素。如前章所述，中研院经费多由政府拨发，加上中基会与中英庚款会的大力挹注，在蔡元培时代虽不宽绰，但各所经费有基本保障，研究人员待遇相对优裕而稳定。蔡元培为保持中研院的学术独立自主地位与谋求稳定发展，本有设置中研院独立基金之议，但至蔡元培过世前，一直无法达成基金设置的目标金额。① 朱家骅自 1940 年上任后，为解决战时中研院经费拮据问题，屡屡直陈蒋介石"特准"增加经费。在他的争取下，年度经费虽随之高增，② 但因战时物价狂

---

① 中研成立之初，组织法中明文规定筹集最小限度为 500 万元的"基金"。但这项基金仅于 1928 年蔡元培任大学院长时拨到 50 万元，蔡元培去职后未再续拨。至 1935 年 3 月，中研院举办特种事业，各所收入可以归入基金者渐多，如工程所的钢铁、玻璃、陶瓷之试验场，物理所的仪器制造场，以及与全国经济委员会棉统制委员会合办的棉纺织染实验馆等。总干事丁文江认为有组织基金保管委员会之必要，遂拟就《国立中央研究院基金暂行条例》8 条，于 1935 年 6 月 4 日获国民政府核准施行。据此，该院基金部分的增益与应用都有规则可循。蔡元培认为这是丁文江对中研院的重大贡献之一。《中央研究院院史初稿》，第 46～47 页；《呈中央政治会议（呈送本院一年来工作报告）》，国立中央研究院文书处编《国立中央研究院十七年度总报告》，第 274 页；国立中央研究院文书处编《国立中央研究院二十三度总报告》，第 11～12、168～169 页。

② 例如，1940 年便获准增加中研院之预算基数。中研院自 1941 年度起，全院总经费逐年增加，1939 年度为 81.9 万元、1940 年度为 93.14 万元、1941 年度为 188 万余元、1942 年度为 270 余万元、1943 年度为 470 余万元、1944 年度为 1078 余万元、1945 年度为 4431 余万元。且自 1944 年度起有了事业费预算。另外，朱家骅亦利用其党政关系向银行借贷以渡难关，如 1944 年 12 月底向四联银行透支借贷了 120 万元。《中央研究院院史初稿》，第 41～42 页。

飙，币值日低，只够维系中研院之"不绝如缕"，对于中研院学术事业之进展并无大帮助。① 因此，党政工作考核委员会每每在中研院之年度工作考核报告总评中提出中研院"研究经费过少至影响发展"的意见。例如，1940 年度工作考核报告总评说："应用科学之研究，亦有必要，为发展起见，经费似嫌过少。""发展研究事业计经费似嫌过少。"② 1941 年度工作成绩考察报告也说："各所所需费用，如购置调查发掘采集旅费，则随物价增加已二十倍于战前，致工作未能如期开展。"③ 1942 年度的工作考语特别指出："经费过少，以致工作受影响。"④ 中研院经费短缺致使维持艰困的情形已可概见。

中研院抗战以前各所虽规模已具，但图书、仪器十分完备者本寥寥无几。战时国家财政困难经费更加困窘，加上受到日军截断中国国际海陆交通路线影响，运输日渐困难、外汇日渐难得，非但研究所需之国外原物料不可多得，连订购外国图书、杂志益感困难，光要"增添"各种重要试验应需之器材设备已是极度困难之事，遑

---

① 中研院经常费预算战前为 130 万元，1943 年时增至战前 3 倍余，若再加上生活补助费及米代金，约为战前 6 倍。但是各地物价增加之倍数却远高过于经费增加之倍数，如在重庆与桂林一百数十倍、昆明则二百数十倍于战前。又如，1944 年度经常费预算数（近 680 万元）较之抗战前中研院全年经费总数（130 万元）为 5 倍余，但 1944 年的物价指数与战前相较，平均亦在 500 倍以上。朱家骅：《国立中央研究院简说》（1953 年 12 月 23 日）、《朱家骅上蒋介石签呈，松字第 247 号》（1943 年 9 月 17 日）、《李书华函》（1944 年 12 月 7 日），朱家骅档案，函号：301 - 01 - 07 - 005、301 - 01 - 07 - 007、301 - 01 - 07 - 016、301 - 01 - 23 - 120；《国立中央研究院稿送中央设计局》（1944 年 8 月 13 日），中央研究院档案，中国第二历史档案馆藏，卷宗号：393 - 1789；《中央研究院院史初稿》，第 41～42 页。

② 《党政工作考核委员会政务组二十九年度中央政务工作成绩考察报告》（1941 年 1 月），国民党教育部特种档案，国民党党史会藏，案卷号：特 006：119/155 - 81。

③ 《中央研究院三十年度工作成绩考察报告》（1942 年 11 月），《中央研究院院史初稿》，第 43 页。

④ 《朱家骅上蒋介石签呈，松字第 247 号》（1943 年 9 月 17 日），朱家骅档案，函号：301 - 01 - 07 - 016。

论"完善"设备。①

当时心理所所长汪敬熙便曾哀叹"有钱买不到货,买到也难运到,工作更加不易""一切工作大部分都停顿了"。② 动植物所所长王家楫也曾有抗战以后中研院各所同仁"在精神方面处处不落人后,但往往限于设备不获展其所长,殊属可惜"之叹。③ 由于物资缺乏,研究设备、原料无法输入,担任组织部部长的朱家骅还曾商请桂省主席黄旭初与桂林党部负责人李济深,"赠予"在桂省境内击落之敌机残骸,从其中取出有用之原料或工具,或采其他代用品,研发、制造精致仪器、人造橡皮等。④ 中研院于1941年新增之数学所筹备处便因为所订购之图书、仪器无法运至,迟至1947年7月才得以正式成立。

除了经费短缺、设备不全,研究人员的逐渐流失也是中研院战时的一个严重危机。中研院因经费过于紧缩,薪给与院外同类机关相较实在太薄,各所人员多有为了家计不得不另谋高就者。⑤ 例如,

① 例如教育部于1940年前后总计拨发美金100万元给各大学及专科学校从美国添购图书和仪器设备。因受日军封锁海陆交通运输之故,多数已购之图书和仪器,或中途损失,或无法运输,历时五年,订购的图书和仪器至少有一半以上未曾运到,战时设备补充添置之困难由此可见一斑。《今日之教育——第四届参政会第一次大会报告》(1945年7月9日)、《抗战第八年之教育》(1945年7月7日)、《朱家骅先生言论集》,第225、173页;卢于道:《抗战七年来之科学界》(1944),杜元载主编《抗战时期之学术》,革命文献第59辑,第113页。

② 《汪敬熙致胡适》(1940年9月17日),《胡适往来书信选》(中),第484~485页。

③ 《王家楫函》(1944年1月15日),中央研究院档案,中国第二历史档案馆藏,卷宗号:393-2232。

④ 《签呈总裁:报告视察桂湘粤赣黔等省经过》(1943年8月13日)、《函周至柔》(1943年11月4日)、《密函李任潮》(1943年8月21日)、《李济深电》(1943年11月9日)、《复李济深》(1943年11月11日),朱家骅档案,函号:301-01-06-300、301-01-07-020、301-01-07-027。

⑤ 中研院所长资历与地位相当于大学校长,1943年时,每月薪水补助费、办公费合计仅二千数百元,研究员仅一千数百元,尚不及事业机关小职员收入1/3,亦不足供子女一人在中学一学期教育费用。以史语所所长傅斯年为例,他除一石米贴外,所得之薪水"仅当当年三元之用"。引自《傅斯年函》(1943年6月17日),朱家骅档案,函号:301-01-07-018。另见《朱家骅上蒋介石签呈,松字第247号》(1943年9月17日),朱家骅档案,函号:301-01-07-016。

气象所于 1940 年 3 月底迁到重庆后，所内四研究员中，涂长望与黄逢昌陆续辞职。所长竺可桢曾形容，该所移渝两年后，书籍未打开，房子亦未着手建筑，"朝气变为暮气"，重要人员星散，所有工作，如高空、测候、日照、广播地震均已停顿，而仪器损失已是"余事"。① 在社会所任职长达 11 年的副研究员汤象龙亦曾于 1940 年 12 月致函朱家骅陈明社会所人员流失的严重情况。他指出，社会所原为中研院之第二大所，盛时研究人员达 40 余人，战时基本人员先后散去 2/3，近一年来十年以上之老同事离所者达八九人。最后连所中唯一之专任研究员杨西孟亦于该年辞职他就。从此社会所无专任研究员。1940 年 12 月，全所职员共不过十五六人。汤象龙目睹此危机，再回忆昔日之盛状，"不胜悲痛"，因而向朱家骅请求："社所经费之须加调整者久矣，而同仁待遇之须加调整尤为急切！"② 史语所助理员李景聃在 1941 年便"因穷辞职"。③ 地质所亦有若干研究员及副研究员因受生活压迫曾有去职之拟议。④ 天文所也因经费困难，设备缺乏，新聘研究员李珩因无力迁眷，决定仍返华西大学重执教鞭。研究员李国鼎技精才宏也因薪给微薄，难赡事蓄，改就资源委员会炼钢厂之职务。⑤ 心理研究所创所时有 7 人，1936 年最高峰时曾达 18 人之多，但抗战期间几乎是"一人成所"的状态。⑥ 为了解决中研院因薪金与津贴过少致人才流失的问题，工程研究所所长周仁之夫人聂其璧也曾致函朱家骅请求改善。她指出：

　　缘研院向系清苦机关，就一般论，欲人才之造诣于某种学问，往往非超过大学教授不可，而待遇常反不及，不但一则兼

① 《竺可桢日记》第 7 册，第 322 页。
② 《汤象龙函》（1940 年 12 月 6 日），中央研究院档案，卷宗号：393 - 2232。
③ 《傅斯年函》（1941 年 4 月）、《致陈立夫函》（1941 年 4 月 29 日），朱家骅档案，函号：301 - 01 - 07 - 018。
④ 《李四光函》（1941 年 4 月 23 日），朱家骅档案，函号：301 - 01 - 07 - 002。
⑤ 《张钰哲函》（1944 年 9 月），朱家骅档案，函号：301 - 01 - 07 - 025。
⑥ 《傅斯年函》（1942 年 2 月 13 日），朱家骅档案，函号：301 - 01 - 07 - 012。

课并无限制，一则专任定为章程，他所就璧所知，以工所而论，常见追随×夫子竟多年之老同事其生活几无不有江河日下之苦，故非忠于职守或为研究而研究者，读书种子图不他迁，即以子竞而论，若改业他务，何苦召冠满京华，斯人独憔悴之讥，此实研院之问题，而亦工程界之隐忧。①

面对中研院人才的不断流失，傅斯年忧心忡忡地迭函要朱家骅设法"补救"。傅斯年说：

> 同人之穷兄所素知。……退一步，即是走一批人，盖目下薪津皆不算事，只靠此一石米。弟又如何下去哉。负罪请命。望兄速有以极济之也。……教育部各机关全发米，中大亦然，最近大公报且有纪录，谓中大全发米后"水涨船高"之云。②

又说，

> 若再有多人走，本院之外表，亦难维持。
> ……
> 始终以为本院如再有人走，再有一二所若心理所之样子，实者在门面也支持不下了。③

不仅研究人员流失，就是总干事也都无法久任。抗战期间，朱家骅的总干事全是凭借其个人在学界的私交情谊，向其他教育学术机构"商借"者。但就是因为时属战期，总干事工作事繁且杂，院务维持既不易，推展更属困难，使任者不断求去。如傅斯年在朱家

---

① ×为原信中无法辨识之字。《周聂其璧函》（1941年3月14日），朱家骅档案，函号：301 - 01 - 07 - 018。
② 《傅斯年函》（1943年6月17日），朱家骅档案，函号：301 - 01 - 07 - 018。
③ 《傅斯年函》（1943年8月14日），朱家骅档案，函号：301 - 01 - 07 - 012。

骅不断以"引退"要挟下，勉强以史语所所长兼任，1942年9月因病请辞。继任的叶企孙负责清华大学特种研究所，是校长梅贻琦的左右手，亦商借而来。① 两年后叶企孙坚返西南联大任教，改聘北平研究院副院长李书华接任。② 李书华为朱家骅1924年在北京大学任教时的同事，而后又同为中英庚款会中国籍董事与中研院评议会数理组评议员，与朱家骅颇有私谊。1945年抗战胜利后，李书华也因无法辞脱北平研究院请辞，再改聘物理学家萨本栋继任。六年间，总干事的无法久任和频频更换，亦见朱家骅在此时撑持中研院之不易。

另外，当时中研院不仅仅是经费、人才、设备三俱缺乏，连各所研究成果都因战时紧缩开支，无力出版，致中研院历年研究所得、具有学术价值之专著未能随时发表，积存原稿与日俱增，坐令研究成果束之高阁，不能供学术界参考，发挥效用。例如，心理研究所所长汪敬熙1942年，将纪念蔡元培的讲演撰成一册，并将其二十之工作做一总述，内容均当时生理心理学中重要之发现，但交稿年余，毫无付印之征兆。在李庄之史语、社会两研究所研究成绩及一切著作也因经费支绌而印刷困难，只能先印行一小部分。甚至连评议会通过决议刊行的中研院定期刊物《科学纪录》《学术汇刊》之印刷费亦属"勉强应付"，在抗战期间也只得各印行两次。朱家骅对此心痛不已，视为

---

① 当时梅贻琦之所以愿意"出借"叶企孙，似乎有以叶企孙为中研院与清华大学学术事业"合作"之意图。在同意叶企孙出任中研院总干事后，提出要叶企孙继续担任清华大学特种研究所之职务。但朱家骅认为中研院甚愿与各大学在学术研究上共同合作，但不愿与外人"专与一校合作之感想"，未免"瓜田李下"，婉拒梅贻琦的提议，坚持叶企孙专任中研院总干事。而这可能也是叶企孙不愿久任的原因之一。《函梅贻琦》（1941年6月27日）、《致叶企孙函》（1941年7月11日）、《梅贻琦函》（1941年9月12日）、《复梅贻琦函》（1941年9月30日），朱家骅档案，函号：301-01-07-002。

② 叶企孙坚辞总干事之因，据与他一起在中研院任事的同事曾向其侄女透露，主要是"跟傅斯年合不来"。其次是叶企孙觉得长期脱离教书"不合适"，且当初离开昆明时，是向联大（按应是向清华）请的假，按当时规定不能超过两年。引自虞昊、黄延复《中国科技的基石：叶企孙和科学大师们》，第436页。

"莫大损失"，但因"已苦无力支付"，只能徒叹"奈何"。①

抗战时期，中研院的岌岌可危不只是上述内部问题，院外觊觎中研院，意欲中研院"改隶"之声也不曾断过。在战时求急效的要求下，成立于1935年的资源委员会充分发挥应用科学的研究效能，对中国战前与战时的国防、实业发展有极重要的帮助。相较之下，中研究偏重基础理论科学，所从事的研究就显得是"不急之务"。原本评议会应发挥联系国内学术研究机构、团结全国之学者专家以报效国家的功能，也因战时交通不便、联系困难而未发挥作用。尤其在与资源委员会对比下，当时外界一般观感，中研院是不见功的单位。

最重要的因素还是政治收编的考虑。早在蔡元培去世前，"改隶"之议即起。中研院在蔡元培长院时期，之于学术界、教育界与知识界的代表意义不只在于体制内唯一之国家级"学术研究机构"的地位，还在于其为蔡元培仅存的唯一事业，是中国学术自由与独立自主精神之象征。因此，中研院的"改隶"不仅仅关系到中研院机构本身在政府组织体制内位阶变动，学界与知识界更关心的是中研院所象征的学术自由、独立自主精神的存废。1940年2月行政院讨论中研院工程研究所增加实验费时，便"群言纷起"要将中研院改隶，在当时若果真改动，则实等同逼迫蔡元培辞职。幸经朱家骅与翁文灏、王世杰商议后，联袂与当时的教育部部长陈立夫洽谈，始得化解。②

1940年9月朱家骅长院后，此事仍不断被提起。例如，1940年10月后，参事室主任王世杰便有以中研院物理、化学、工程三所经

---

① 《国立中央研究院稿送中央设计局》（1944年8月13日）、《国立中央研究院稿送行政院胡会计长铁岩》（1944年9月6日）、《抄录心理研究所汪敬熙同志来函》（1943年1月29日），中央研究院档案，中国第二历史档案馆藏，卷宗号：393 - 1789、393 - 2232；《签呈总裁：赴蓉演讲后沿途至各处视察党务及中央研究院工作各情形》（1942年9月26日），朱家骅档案，函号：301 - 01 - 06 - 300。

② 《傅斯年函》（1940年2月26日）、《复傅斯年》（1940年3月1日），朱家骅档案，函号：301 - 01 - 07 - 011。

费办广西大学，以李四光为校长之议。① 又如，1942 年 2 月，国民党九中全会前蒋介石大有将中研院合并于教育部或考试院之意，经朱家骅疏通，请中央秘书处暂行搁置不提。九中全会后，朱家骅再邀王亮畴、吴铁城、陈布雷、翁文灏、王世杰等人叙谈。当时朱家骅甚至已经做了最坏打算：如果蒋介石坚持"必实行"，那他"只有引退"。② 1943 年 12 月立法院讨论中研院组织法时，中研院"改隶"之说再次成为重点讨论议题。1944 年 10 月再次密传，教育部欲以统一学术研究机构与研究院有一部分经费系由教育经费项下拨发为由，提请将中研院改隶教育部。③ 诸此之事皆靠朱家骅当时在党政上的高位，四处疏通，设法平息。

总之，朱家骅虽有延续蔡元培"学术救国""科学建国"之远大的理想与抱负，顾念抗战建国责任之艰巨，凡可为中研院尽力者，他无不全力以赴，努力突破各项困难，咸以树立良好之科学研究风气、促进中国科学独立为终极目标。但形势比人强，在长达八年的对日抗战期间，中研院各所饱受不断迁徙之苦。在国家财政困难的情况下，中研院经费短绌；因受到敌人对交通运输封锁之影响，物资极为艰苦，研究设备、图书、仪器、药品、材料得不到补充，各所之研究成果出版之所需亦苦无力支付。另外，诸如各种研究必须之考察调查以及考古发掘，囿于经费不能尽量派遣专门人员实地工作。人才亦因现实经济问题不断流失。且由于战时物资缺乏，生活日趋艰苦，致研究人员不能不顾及日常的琐碎事务，分占了一部分工作时间与

---

① 《竺可桢日记》第 6 册，第 391 页。

② 此事并未有史料直接证明是蒋介石之意，不过以朱家骅信中所提众人集议情况言之，若非蒋介石之意，朱家骅必不需要如此大费周章。《傅斯年函》（1942 年 2 月 23 日）、《急电傅斯年（极密）》（1942 年 3 月 2 日）、《再复傅斯年》（1942 年 3 月 2 日），朱家骅档案，函号：301 - 01 - 07 - 012；《竺可桢日记》第 8 册，第 306 页。

③ 《孔祥熙函（行政院副院长）》（1942 年 11 月 19 日）、《复孔祥熙》（1943 年 2 月 16 日）、《陶孟和函》（1943 年 12 月 1、17、27 日）、《复陶孟和》（1943 年 12 月 30 日），朱家骅档案，函号：301 - 01 - 07 - 028；《吴道坤函（密）》（1944 年 10 月 2 日），中央研究院档案，中国第二历史档案馆藏，卷宗号：393 - 2232。

精力。① 诸此种种均致使院内研究工作无法维持经常性的进展。②

　　就是对外落实合作与联络科学研究之任务也执行不易。在抗战前，政府预计战事不可避免，科学界同仁亦见趋势如此，为增强国家国防力量，教育界与学术界皆积极从事战事准备。可是战事既起，各教育、学术机关纷纷内迁，图书、仪器损失不少，外来供应日益艰难。加上战时交通困难，自从各学术机关内迁之后，内地多以汽车或飞机为交通运输工具，费用既贵，数量亦少。故欲集各处会员于一地，对于私人经济负担，殊嫌过重；即使私人财力可以负担，而行程、时间亦难准确。故集会之事，殊不易举。③ 例如依规定每年举行一次的中研院评议会即无法如计划进行。朱家骅接任院长至抗战结束六年间只举行了两次。④ 本应于 1945 年任期届满改选的第二届评议员也因战时改选不便而延长任期三年。特别是有关评议会议决各促进科学事业发展之议案，如联络国内各研究机关，商承政府，厘定战时工作计划，以期于抗战有更大之贡献；会同教育部、经济部、农林部，检讨全国研究事项之方针及其分工合作办法；召集全国教育学术会议、派员留学等多未能办到。⑤

---

① 例如，1943 年 6 月中旬，物理所长丁燮林便因家属在粤被囚久未释放，身心不安而告假数月以为休养。《丁燮林函》（1943 年 6 月 17 日），朱家骅档案，函号：301 - 01 - 07 - 020。

② 物理学家严济慈便指出，自 1937 年对日抗战后，他便"再没有发表过一篇科学研究工作的论文"。金涛：《严济慈先生访谈录》，《中国科技史料》1999 年第 3 期，第 239 页。

③ 卢于道：《抗战七年来之科学界》（1944），杜元载主编《抗战时期之学术》，革命文献第 59 辑，第 107 页。

④ 1940 年朱家骅接任后即于 1941 年 3 月召集第一次评议会。第二次评议会因战时交通不便，经费短绌，直到 1944 年朱家骅再次上签呈给蒋介石特准拨款才得以召开。第三次则是在 1946 年 10 月复员后才召开。

⑤ 《朱家骅上蒋介石签呈，松字第 247 号》（1943 年 9 月 17 日），朱家骅档案，函号：301 - 01 - 07 - 016；《国立中央研究院稿送中央设计局：检送三十四年度本院工作计划事业计划及岁出经常门暨岁出临时门概算表》（1944 年 8 月 13 日），中央研究院档案，中国第二历史档案馆藏，卷宗号：393 - 1789；《党政工作考核委员会政务组二十九年度中央政务工作成绩考察报告》（1941 年 1 月），国民党教育部特种档案，国民党党史会藏，案卷号：特 006；119/155 - 81；《竺可桢日记》第 10 册，第 146 页。

而与国际学界合作和联系也极度困难，中研院的研究工作推展确实大受影响。于是政府对科学界的希望，以及科学界对服役于战事的心愿，皆未能充分实现，当时便有人撰文感叹："这些几乎是出人意料之外。"① 朱家骅也不得不坦言，在抗战期间确实"无法充分尽我们的职责"，"学术研究工作实在遭到了空前的严重困难"。② 傅斯年亦曾有"值此战时本院实做不出何等大事出来"之语。③

中研院在抗战时期因外在客观条件限制未能尽如计划发展，研究事业进展迟缓，但也并非"毫无作为"。各研究所之工作仍力谋适合于抗战之需，日求益晋。自1937年全面抗战爆发以后，蔡元培即已在评议会中揭示中研院理论科学与应用科学同时并进的新工作方针，为战争期间之国防及建设事业贡献学术研究之成果。朱家骅接任中研院后亦延续蔡元培的这项指示，在六年的战乱播迁中，仍本一贯之研究精神，根据各研究所之学科特点和研究人员专长，继续参加国防工业军需品的研发，或接受委托直接或间接为抗战服务，如从事矿产资源调查、工农业生产、战时经济调查等服务。对于难以立见成效之学科，则依照战前所定计划及疏迁后历年增加之工作，循序从事学理研究。

因此党政工作考核会每年度对中研院的考语大体说来都还是持肯定态度。例如，1940年度便是："该院各所工作尚称努力，各所研究有属纯粹科学者，有属于应用科学之基础，……抗战以来，中央研究院对于实际问题之研究，已予以相当注意。"④ 1941年度的工作考核中有"该院各所研究，原订计划共计46类94目，其已实施者虽表现颇多，可供抗建之需要，但进展不齐，有因人才设备所限，发展迟滞"

① 卢于道：《抗战七年来之科学界》（1944），杜元载主编《抗战时期之学术》，革命文献第59辑，第105页。
② 朱家骅：《国立中央研究院评议会第二届第三次年会开会词》（1946年10月20日），北京大学档案馆藏，馆藏号：BD1946121-1。
③ 《傅斯年函》（1942年2月23日），朱家骅档案，函号：301-01-07-012。
④ 《党政工作考核委员会政务组二十九年度中央政务工作成绩考察报告》（1941年1月），国民党教育部特种档案，国民党党史会藏，案卷号：特006：119/155-81。

之评语。① 1942 年度的工作考语说："全部人员于设备图书缺乏状态之下，犹能完成预定之各主要工作，且有时超过原定计划，实属难得。"②

朱家骅延续推动蔡元培未竟之志业，领导中研院学人从事科学救国之理想。中研院中第一代学人所积极努力的是发展与推动"科学"在中国生根。他们的工作重点不在于"开花结果"而在于"播种"，做好"基础"工程。因此，朱家骅更积极以中研院为中心基地，在行政组织体制建设上，建立中研院为真正实践"民主"与"科学"的典范机构。以中研院实行科学研究作为发展中国现代科学事业的中心与基地，并进一步领导、联络、结合、统筹全国之学术研究机构，共同为"科学"在中国"生根"的学术大业而努力。朱家骅的志向是远大的，但实际执行是艰难的。

创建初期的前十年是中研院在大陆稳定成长的重要奠基期，抗战一起诸事困难，连作为"全国学术合作枢纽"的评议会在战时也只召开两次，且会中决议案几乎完全无法落实执行。

若就中研院的组织任务实践来看，仅"实行科学研究"有进展。对朱家骅来说，战时诸事难以推动，许多事情未能如意。不过，就是因为时代不佳，朱家骅认为更应该要在艰困的环境中寻找出路，更加积极努力推动中国学术事业的现代化。他曾将此志告诉同济大学校长丁月波，"吾人当前之任务，厥为发扬固有之文化，推进科学之发达"。③ 1942 年 8 月，朱家骅前往李庄探视史语所时，见史语所在经费无多、环境极度困难情况下，仍有刻苦工作之精神，敬佩在怀，认为在此"学术空气沉闷之时，而有如此蓬勃之气象，大与德国学者在第一次欧战后情形相类"。令他对国家建设、民族复兴"顿

---

① 《中央研究院三十年度工作成绩考察报告：中国国民党五届十中全会纪录》（1942年 11 月），杜元载主编《抗战时期之学术》，革命文献第 59 辑，第 289～290 页。
② 《朱家骅上蒋介石签呈，松字第 247 号》（1943 年 9 月 17 日），朱家骅档案，函号：301－01－07－016。
③ 《函丁校长》（1942 年 5 月 10 日），《朱家骅先生言论集》，第 298 页。丁校长为同济大学校长丁月波。

增一新希望"。① 抗战期间，中研院在他手下增添了三个筹备处与一个研究所，是中研院组织扩大增所较多的一个时期。另外，同时兼任中英文教会董事长的朱家骅还于 1940 年在该会下新办中国地理研究所和中国蚕桑研究所，并主导由该会出资于 1942 年组织"西北史地考察团"前往西北进行学术考察。

此外，应战时之特殊需要，学界普遍重视应用科学，忽略纯粹科学之研究的现象亦令朱家骅忧虑。他认为：

> 以科学家立场论之，本无所谓纯粹应用之分，其所采取之研究方法，根本相同，不过其所研究之问题不同而已。应用科学即纯粹科学之应用，而纯粹科学亦每因应用科学扩充其范围，增加其问题。故应用科学之研究，遇有重大问题，每有待于纯粹科学之研究，为之解决者；且纯粹科学的研究，往往在获得新知识之后，可以产生新工业。各国每有应用科学家于研究应用科学之余，从事于纯粹科学之研究工作，以求其更进一层之进步。我国科学发展未久，经数十年之努力培养，科学人才，仍未甚多，而纯粹科学人才，为数尤少。此少数之人才，现时度其艰窘之生活，其克苦自励，益为社会所钦重。凡此少数人才，实为造就后进之基础，亟须多加维护培植。非特纯粹科学之本身荣枯攸关，其于应用科学事业之影响，亦至巨大。②

所以，朱家骅在 1941 年和 1944 年的评议会会议上都一再重申纯理论科学的重要性。③ 为起带领作用，朱家骅除指示中研院各所要

---

① 《致傅斯年》（1942 年 9 月 15 日），朱家骅档案，函号：301 - 01 - 07 - 012。

② 《国立中央研究院评议会第二届第二次年会开幕词》（1944 年 3 月 8 日），《朱家骅先生言论集》，第 87 页。

③ 《国立中央研究院评议会第二届第一次年会致辞》（1941 年 6 月 30 日）、《国立中央研究院评议会第二届第二次年会开幕词》（1944 年 3 月 8 日），《朱家骅先生言论集》，第 74~77、85~87 页。

加强纯理论科学的研究，并增设研究纯理论科学的数学、植物等所，自此确定中研院以理论科学为主、以应用科学为辅的研究方针。

1942 年时，朱家骅懊悔地说道："战时一切困难，难期成效，……然过去五年以来，亦常以战事关系，未作积极打算，今日思之，已后悔莫及，况今战事结束，尚遥遥无期，情形更难于昔日，奈何奈何。"[①] 为改此弊，朱家骅自 1943 年起既为中研院长远发展计，也为中国现代学术事业的推进考虑，积极针对战后复员之国家建设需要预作筹划。以研究人才部分来说，朱家骅于 1943 年底分函中研院各所所长，要求各所在 1944 年度中酌量增加研究人员编额。朱家骅指出：

> 当前之危机无过于研究人员之逐渐减少，将来之困难无过于研究员人之不易增加。本院之研究人员过去已不为多，而今日比之战前为数较少；若曰俟战后复员时再行增益，则彼时人才未必即多，且各方待求延揽必更不易。本院之所以能维持至今者，以旧有同人之不忍舍而高就为其主因，故若不于此时预备复员后之人才，一旦复员之时机到临，必有不易措手之处。[②]

同时指示各所要提拔或培育后进之研究人才，尤以所内之助理员、助理研究员、副研究员等青年研究人员"值得最先考虑"。至于应否于 1944 年度公开招考研究生或助理员，或是与邻近大学合作以培育新人，则于院务会议中再行讨论。不过实事求是的朱家骅本着"宁缺毋滥"的用人原则，一再强调"决不因之降低研究人员之标准"。[③]

朱家骅也向政府力争增加中研院之员额编制，1943 年度为 250人，在 1945 年 3 月增至 307 人。朱家骅再于 1945 年度请增编制员

---

① 《再复傅斯年》（1942 年 3 月 2 日），朱家骅档案，函号：301 - 01 - 07 - 012。
② 《朱家骅致函各所长》（1943 年 12 月），中央研究院档案，中国第二历史档案馆藏，卷宗号：393 - 1789。
③ 《朱家骅致函各所长》（1943 年 12 月），中央研究院档案，中国第二历史档案馆藏，卷宗号：393 - 1789。

额，获准增列职员 110 人，共为 418 人。[①] 在经费上，中研院自 1944
年度开始有了事业费预算。中研院之年度预算也从 1943 年度的 470
余万元，在 1944 年度增为 1078 余万元，在 1945 年度增为 4431 余万
元。[②] 此外朱家骅认为战后的复员与复兴，需要学术界贡献与努力者
更多，因此学术事业本身的战后复员与重建方案更应先行规划以为
将来建国之根本。因此朱家骅特于 1944 年再次召集评议会，以战后
学术事业的复员复兴、谋中国学术之自立及与友邦之学术合作为该
次会议讨论之重点议题。

　　评议会即根据朱家骅所提示的几项议题进行讨论。总结所有提案
决议之要旨如下：甲、自国府建都南京后，十余年来国内科学研究初
有基础，极可宝贵，宜多予培植，使其发扬光大。乙、科学研究及各
项建设之基础，如不重视科学研究而徒重用技术，则国家建设将缺乏
基础。丙、学术自立，关系国家前途，欲求中国学术独立，不可不努
力充实国内各研究机关及大学之设备，以求建立本国科学研究基础。
丁、在中国科学研究进行之始，应确定其目的，不仅为中国，亦为人
类共同之至会与幸福着想，应凭此态度与世界科学家合作。最后再根
据上述要旨，拟定撰成倡助学术之六点建议呈请政府采纳。内容如下：
一、对于各种科学，宜以平衡发展，相互联系，促其进步。二、建设
学术中心以培养科学人才。三、筹备举行全国学术会议。四、设立国
家学术研究奖金。五、维持并鼓励有关高深学术研究之刊物。六、推
遣学术访问团于友邦等六项倡助科学研究建议案。于 1944 年底得当时
国民政府主席蒋介石批采纳，指示原建议前两项发交教育部参酌办理，
其余各项由中研院会同教育部"就国家财力所及，分别准备，筹议办

---

① 朱家骅系请求准予在 1945 年度增至 530 人。《国立中央研究院稿送行政院胡会计长
　铁岩》（1944 年 9 月 6 日），中央研究院档案，中国第二历史档案馆藏，卷宗号：
　393 – 1789；《拟院长上委座签呈稿》（无日期），朱家骅档案，函号：301 – 01 – 07 –
　016；《竺可桢日记》第 9 册，第 357 页；《国防最高委员会第一五六次常务会议记录》
　（1945 年 3 月 12 日），中国国民党中央委员会党史委员会编《国防最高委员会常务会议
　纪录》第 7 卷，近代中国出版社，1996 年影印本，第 165 页。

② 《中央研究院院史初稿》，第 41～42 页。

法呈核"。①

朱家骅这些为战后学术事业复兴"未雨绸缪"的筹划就成为他战后推动中研院院务进展之重要的指导方针与参考蓝图。加上 1944年朱家骅回任教育部部长，战后他便以兼长教育、学术之便利，将中研院与中国现代学术事业发展推进到另一个新阶段。

---

① 《国立中央研究院评议会第二届第二次年会开幕词》，《朱家骅先生言论集》，第 85~86 页；《建议政府倡助科学研究及报聘英美学术机关：国立中央研究院院稿签呈转送主席蒋》（1944 年 10 月 31 日）、《建议政府倡助科学研究及报聘英美学术机关：国民政府军事委员会代电》（1944 年 12 月 5 日），中央研究院档案，中国第二历史档案馆藏，卷宗号：393 – 360；《国立中央研究院公函》（1945 年 2 月 22 日），教育部档案之中央研究院档案，"国史馆"藏，卷宗号：196/261 – 8B；《复傅斯年》（1942 年 3 月 2 日），朱家骅档案，函号：301 – 01 – 07 – 012；钱建明：《抗战时期迁都重庆之中央研究院》，《民国档案》1998 年第 2 期，第 6 页。

第五章
战后国家学院理想
之逐步推进（1946 ~ 1949）

　　二战后期国际主义复苏，中国在战争期间虽已成为世界四强之一，取消百年来的不平等条约，恢复国家尊严，并在战后被视为一新兴区域势力。但朱家骅站在"世界的中国"这一角度，看清以科学为中心的新世界观已经来临，此时的科学成就已直接关乎国家的国防安全与国际地位。1945 年 8 月 15 日美国对日投放两颗原子弹事件深深地震撼了朱家骅的心。他深切体认到原子弹背后所依凭的学术力量、世界科学发展的突飞猛进，与中国因"不重视学术"致使科学研究事业"程度差得太远"的事实，这令他产生中国在世界"生存"的强烈危机意识。但也因此益加坚定他加速推动发展中国科学研究事业，以"学术"强国的路线。此时，朱家骅所关怀者，不单单是中研院这个学术事业机构的发展，更在于如何透过这个学术机构事业的推进，能对建设一现代化中国有所贡献，进而善尽中国身为世界一员对维护世界和平的责任与义务。所以在此国家复员建设重要时期，谋求中国学术之独立自主、加强国内外的学术交流与合作，同时兼顾发展自然科学与社会人文科学研究，是朱家骅为中研院战后复员所拟定的新的工作方针。他善用回任教育部之行政便利，① 强力主导由中研院接收日本在华设置的上海自然科学研究所、

---

① 朱家骅 1944 年 11 月回任教育部部长，主管全国最高教育文化行政机构的同时仍是全国最高学术研究机构中研院院长。自国民政府成立以来，同时担任学术、教育文化行政机构领导者，除蔡元培外，朱家骅是第二人。

北平人文科学研究所、北平近代科学图书馆，充实中研院设施。为健全中研院组织，推动中研院院士会的成立，完成"国家学院"以"院士"为组成主体的中国现代学术体制建置。同时，为进行原子研究，积极推动近代物理研究所及跨学科学术研究中心之建设，并开创了中研院与国际学界科学技术合作的先例。

此外，美国的两颗原子弹再次证实"科学研究"对国家发展与国际地位提升的重要性。"发展科学研究"在战后成为中国各界的一致体认与共识。蒋介石在 1946 年召开的评议会上大谈"世界学术之进展无一刻之静止，而国防建设之需要尤为迫切"，"无科学即无国防"，"建国万端，要以学术为基础"。1946 年国防最高委员会便决议通过日后国家总预算内需有 1% 为"科学研究"之费用，连国防部都决定将在军费项下提出 2% 为科学研究之用，并派科学家出国研究。① 而这些切实且具体的决议，标志着中国科学史上一个重要阶段的来临，同时也为朱家骅在战后推动学术事业创造有力的契机。回首中研院自创设以来，无时不在艰困的环境下求发展，特别是抗战期间进展迟缓。相比之下，1945 年 9 月抗战胜利至 1949 年 4 月国民党退出京沪期间，在朱家骅的全力护持下，为中研院学术事业进展最顺利的一个时期。

第一节　战后学术建国之理想

在抗日战争与第二次世界大战的战争历程中，朱家骅观察欧美各国力争上游的是科学研究事业，在战场上竞技的是科学发明成果，甚至在国计民生与个人生活上也都是以"科学"为准衡。世界科学

---

① 《蒋主席训词》（1946 年 10 月）、朱家骅：《国立中央研究院评议会第二届第三次年会开会词》（1946 年 10 月 20 日），北京大学档案馆藏，馆藏号：BD1946121 - 1；《中央研究院评议会第二届第三次年会纪录》（1946 年 10 月），中央研究院档案，中国第二历史档案馆藏，卷宗号：393 - 1557；《竺可桢日记》第 10 册，第 232~233 页。

发展已到"不可以道里计"的程度，让朱家骅有"惊心动魄"的惊叹。美国对日的两颗原子弹为第二次世界大战画下句点，证明了科学研究成果是决定现代战争胜负的关键因素，让朱家骅再次看到"科学权威之伟大"，但同时也让朱家骅因中国科学落后而产生强烈的"生存威胁"危机意识，益加认为中国"再不能抱残守缺，自认满足，必须认清时代，迎头赶上"。① 特别是长年的战争，因国家财政与交通运输之困难，中研院虽为国家最高学术研究机构，不仅设备欠缺、人才罗致不易，国际交流几乎停顿，评议会议决各案大多未能办到。因此，朱家骅强调战后复员工作的目的，不在于"恢复战前状态"，而在于"急起直追，迎头赶上"西方的科学。为求能"迎头赶上"，朱家骅认为，"必先力谋学术的自立，研究上有更多的创造"。中研院作为国家最高学术研究机构，朱家骅更觉所负使命重大，须要"兢兢业业，悉力以赴！"②

一　原子弹的震撼与中国生存的危机感

如前章述及，二战期间，朱家骅观察到战争中所发明的新式武器没有一件不是科学研究的成果，而决定胜负的因素在于科学研究的"竞技"。③ 他即已深刻意识到"科学时代"与"科学战争"的来临。1945 年 8 月，美国对日投放的两颗原子弹，证明欧美科学事业已发展到"支配原子能"时代。反观中国却尚停留在使用体力与畜力阶段，益显中国科学研究事业的落后。这个事实更深深刺激了朱家骅。他推想以现今科学进步的速度，万一不幸发生第三次世界大

---

① 朱家骅：《全国教育善后复员会议开会致词》（1945 年 9 月 20 日），《朱家骅先生言论集》，第 177 页。

② 《中国教育学术团体联合年会致词》（1945 年 8 月 18 日）、《全国教育善后复员会议期间纪念周讲词》（1945 年 9 月 24 日）、《国立中央研究院评议会第二届第四次年会开幕词》（1947 年 10 月 15 日）、《自然科学之重要性》（1945 年 10 月 17 日）、《我们对于青年的希望》（1946 年 8 月 26 日），《朱家骅先生言论集》，第 67、180、89、69～70、367～368 页。

③ 《自然科学之重要性》（1945 年 10 月 17 日），《朱家骅先生言论集》，第 70 页。

战，"其残杀性的凶猛，当将更甚于今日之原子能与原子弹的应用，这时中国在战斗序列中所处的地位如何？"思及此，更令朱家骅产生中国在世界"生存"的强烈危机意识，认为必须及早防范。① 他益加认为"学术一端关系之重，恐怕非其它任何事项所能同日而语"。②

在这次战争中，德、日之使用"科学"欲遂其征服世界之野心，使人类备尝"科学误用"之苦，也让朱家骅对于"科学"有另一新的体悟与认识。"人类文化是多方面的，科学不过是其中的一个方面而已。科学进步只能代表人类文化之片面的进步，科学的发达，也有时可以弄到不是人类的幸福。"③ "科学"作为一"工具"，三百年来给予人类之影响，是"善为运用，诚可增进人类幸福；不善运用，亦能毁灭人类"。因此朱家骅在1944年评议会年会召开时便呼吁评议员，在拟定未来科学研究方针时，"不应忽略科学之社会功用"，须"同时同样重视社会科学与人文科学之发展"。④ 在此思维下，朱家骅战后即筹划在中研院内设置人文社会、生物和数理化三大类组的跨学科学术研究中心，以均衡发展自然科学与人文社会科学。

朱家骅再以中国为世界一员角度设想，认为战后中国对于世界的和平繁荣和中国后代子孙的永享升平，不受战争磨难负有重责。他指出，中国占有全世界约1/4人口，必须建设起来，方能稳定远东局势而为世界和平的基础。因此中国在"抗战必胜"的目标达成后，更需速求国家现代化的完成。⑤ 所以战后复员工作的意义并非在"恢复战前的状态"，而在如何致力于建设中国成为一"民治、民有、

---

① 《我们对于青年的希望》（1946年8月26日），《朱家骅先生言论集》，第367~368页。

② 《拟开会辞》（1946年3月5日），朱家骅档案，函号：301-01-22-047。

③ 《对英国科学协会广播词》（1941年9月26日），《朱家骅先生言论集》，第7页。

④ 《国立中央研究院评议会第二届第二次年会开幕词》（1944年3月8日），《朱家骅先生言论集》，第87页。

⑤ 《敌人投降时对教育界学术界文化界同仁广播词》（1945年8月14日），《朱家骅先生言论集》，第175~176页。

民享"的现代化国家。① 此建设现代化中国的万端工作，朱家骅亦认为，皆须以"学术"为基础。

他指出：

> 依这一次世界大战的情势看来，我们若再不努力，国家前途将不堪设想。可是现在我们的科学基础，尚如此薄弱，人民智识水准又如此之低，要想在短期内达到现代化的目的，完成建国的使命，教育的责任，就非常艰巨。抗战八年，我们的国际地位，虽已增高，我们的需要，也更为迫切。②

> 学术的威力，到今日更为显而有证。原子炸弹决定第二次世界大战的最后胜负，这不是学术战胜一切支配一切的实例吗？……今后世界各国学术发达何等迅速。学术力量发展到何等程度，我们正不易逆料，但学术始终是决定世界一切的主动力，那是天经地义，历千万年而颠扑不破的基本原则。③

因而更加坚定他加速推动发展中国学术现代化，进而谋求与国际学术界的合作和交流，期能急起直追，迎头赶上西方各国在科学上的进步。因此战后他不厌其烦地提出重视学术研究事业的呼吁。无论在中国教育学术团体联合年会上，④ 或是在对教育界、学术界、文化界广播时，还是在全国善后会议致辞时，都不断强调"原子弹"背后所凭恃的"学术力量"，要求教育学术界必须认清"我们的学术

---

① 《抗战第八年之教育》（1945 年 7 月 7 日）、《敌人投降时对教育界学术界文化界同仁广播词》（1945 年 8 月 14 日）、《全国教育善后复员会议开会致词》（1945 年 9 月 20 日）、《全国教育善后复员会议期间纪念周讲词》（1945 年 9 月 24 日），《朱家骅先生言论集》，第 173、174、177、180～181 页。

② 《教育工作概况》（1945 年 4 月 23 日），《朱家骅先生言论集》，第 219 页。

③ 《拟开会辞》（1946 年 3 月 5 日），朱家骅档案，函号：301－01－22－047。

④ 《中国教育学术团体联合年会致词》（1945 年 8 月 18 日），《朱家骅先生言论集》，第 67 页。

文化，程度差得太远"，① "我们几乎相差了几世纪"② 的事实。在
1946 年战后第一次召开的中研院评议会致辞时，他仍语重心长地直
陈："我们学术研究根基本浅，而战时世界科学的进步，其惊人速
度，更使我们望尘莫及，整个民族的国际地位，乃至生存问题，我
们已感到严重的威胁。"③ 在此思维下，战后积极推动发展中国自己
的原子能研究是此阶段朱家骅加速推动中国学术现代化、提倡前沿
学科研究、提升中国国际竞争力最重要的一项研究方针。

二　中研院的战后重心

基于对上述科学世界新趋向之体认，与对中国在国际社会生存
的强烈危机感，朱家骅在抗战后期便对战后中研院新的工作方针有
所关注。为规划战后全国学术研究工作之组织及联系，以期学术界
对于战后建国工作能有贡献，朱家骅于 1944 年再次召集已两年没有
集议的评议会。在评议会开幕致辞中，他便明白揭示战后学术事业
的复员复兴、谋中国学术之自立及与友邦之学术合作是该次会议讨
论之重点议题。事实上，这也是朱家骅战后推动中研院发展的重要
指导方针。

1. 谋求中国学术之独立自主

朱家骅认为："一个国家的学术不能自立，即一个国家独立的条
件，尚未完备。"④ 谋求中国学术之独立自主是他就任代理院长以来
力求达成的目标。

朱家骅在就职代理院长致辞时便已明白指出："盖中国国力未

① 《敌人投降时对教育界学术界文化界同仁广播词》（1945 年 8 月 14 日），《朱家骅
先生言论集》，第 176 页。
② 《全国教育善后复员会议开会致词》（1945 年 9 月 20 日），《朱家骅先生言论集》，
第 177 页。
③ 朱家骅：《国立中央研究院评议会第二届第三次年会开会词》（1946 年 10 月 20），
北京大学档案馆藏，馆藏号：BD1946121。
④ 《国立中央研究院评议会第二届第二次年会开幕词》（1944 年 3 月 8 日），《朱家
骅先生言论集》，第 86 页。

充，科学尚未发达，值此抗战时期，本院一方面应求急切之功，使研究工作适应抗战需要，一方面尤须为久远着想，分工不厌其细，研究不厌其精，毕生尽瘁，专心致知，使学术研究之独立与发展名实允乎。"①

在 1944 年为规划战后中国学术复兴事宜所召开的评议会上，朱家骅再次提出"谋中国学术之自立"为该次会议之重点议题。朱家骅指出："一个国家的学术不能自立，即一个国家独立的条件，尚未完备。吾人应如何规划我国学术自立，使早日奠定共基础。"② 中国在世界科学发展一日千里，突飞猛进的生存压力下，欲求中国学术能迎头赶上西方科学先进国家，朱家骅认为"必先力谋学术的自立，研究上有更多的创造"。而欲谋中国学术之自立与国际学术之合作发挥最大效能，朱家骅则认为"究非先得充分完成设备和远大的计划不可"。③

因此在 1944 年 11 月底，朱家骅二度担任教育部部长，对于战后学术教育文化事业的复员工作，充分运用同时掌管学术、教育行政之便利，积极推动中研院评议会建设学术中心以培养科学人才、筹备举行全国学术会议、设立国家学术研究奖金、推遣学术访问团于友邦、各科并重、科学研究刊物出版等六项"倡助科学研究"决议案之逐步落实，以求加速实现"学术建国"之理想。他根据上述评议会决议案，主导由中研院与教育部多次集议研拟具体施行计划，于 1945 年 3 月中旬呈核。④ 同时对于中研院，不论是员额编制、预算经费，还是设备充实等，在教育部权限之内，无不竭力提供"协助"。

---

① 《代理中央研究院院长就职谈话》（1940 年 10 月 1 日），《朱家骅先生言论集》，第 73 页。

② 《国立中央研究院评议会第二届第二次年会开幕词》（1944 年 3 月 8 日），《朱家骅先生言论集》，第 86 页。

③ 《国立中央研究院评议会第二届第四次年会开幕词》（1947 年 10 月 15 日），《朱家骅先生言论集》，第 89、88 页。

④ 《教育部、国立中央研究院评议会文稿会呈主席蒋》（1945 年 5 月 25 日、6 月 7 日），教育部档案之中央研究院档案，"国史馆"藏，卷宗号：196/261 - 8B。

以经费来说，中研院自 1944 年度起有了事业费预算，年度预算也大幅增加，编制员额也从 1943 年的 250 人在 1945 年度增为 530人。[①] 在充实图书、仪器、设备方面，他在复员时期还强势主导了由中研院接收日本在中国之上海自然科学研究所、北平人文科学研究所和近代科学图书馆、台湾台北研究所、东北大陆科学院等，充实中研院研究设备。并积极推动中研院之跨学科学术研究中心，如数理化学术研究中心、生物学术研究中心、人文科学学术研究中心之设置。另外对于院士会，朱家骅认为事关中研院内部组织体制之健全与中国学术事业基础之奠定亦积极着手进行。朱家骅之诸此种种作为，目标就是使中研院早日成为"实至名归"的国家学术研究中心，确实领导国家学术事业之进展，以其科学研究之成果，使中国尽早进入现代国家之林。

2. 促进国内外学术研究合作

评议会本应是联络和团结中国教育、学术界的中心枢纽。只是评议会成立不久，中日战争即起，是以该项任务因经费与交通困难"未能进行尽善"。朱家骅有鉴于此，认为不论是战后学术事业的复员复兴，或谋我国学术之自立，或与友邦之学术合作皆"必先自国内学术研究普遍进步与充分合作做起"。[②]

国内外学术研究合作是朱家骅推进中国学术现代化的重要步骤和关注的重点方向之一。他认为推广科学之应用，让人民普遍接受

---

① 《拟院长上委座签呈稿》（1943 年 9 月），朱家骅档案，函号：301－01－07－016；《国立中央研究院稿送行政院胡会计长铁岩》（1944 年 9 月 6 日），中央研究院档案，中国第二历史档案馆藏，卷宗号：393－1789；《中央研究院院史初稿》，第 42 页。

② 《国立中央研究院评议会第二届第二次年会开幕词》（1944 年 3 月 8 日），《朱家骅先生言论集》，第 85~86 页。另见《建议政府倡助科学研究及报聘英美学术机关：国立中央研究院稿，签呈转送主席蒋》（1944 年 10 月 31 日）、《建议政府倡助科学研究及报聘英美学术机关：国民政府军事委员会代电》（1944 年 12 月 5 日），中央研究院档案，中国第二历史档案馆藏，卷宗号：393－360；《国立中央研究院公函》（1945 年 2 月 22 日），教育部档案之中央研究院档案，"国史馆"藏，卷宗号：196/261－8B。

科学如识，使科学风气遍及全国，并进一步集全国上下之力求科学迅速发展，如此一来，于治学、于"建国"均会有极大的帮助。因此，每在评议会集议时就提出呼吁。

例如，在1941年第一次评议会上他便明白指出："自当勉力为之，与一切事业机关觅取密切联系，亦望政府各机关充分予以赞助与合作也。"①

在1944年的第二次评议会上，朱家骅再次强调学术合作的重要性，说："战后学术事业的复员复兴，乃至谋我国学术之自立，及与友邦之学术合作，必先自国内学术研究，普遍进步与充分合作做起。"②

在1946年的第三次评议会上，朱家骅更不讳言地指出："中国人的通病，合作精神太差，学人也难完全例外，我国的学术研究人员和我们人口比较为数实在太少了，倘使各行其是，各研究机关和大学及学术团体不能保持密切联系，更不易收互助切磋的成效，以致工作上不免重复，不能作有计划分工与合作。"③ 朱家骅认为若要中国学术事业得以快速发展与进步，去除这种从事学术研究的弊病是很重要的，而中研院更负有矫正之责。

3. 理论科学重要性的再次强调

朱家骅默察，中国提倡西洋学术，几十年来科学成绩仍旧"不甚大"。特别是在抗战期间，提倡科学的成效终是有限，科学依然落后。究其原因就在于"不培养充分科学的精神"，而误于"中学为体、西学为用"的论调。事实上，早在抗战期间，朱家骅就已提出中国科学研究存在因战争需求而太过重视应用科学，忽略基础理论科学研究的危机。原子弹的发明根基于跨学科理论科学研究之成果，

---

① 《国立中央研究院评议会第二届第一次年会致辞》（1941年6月30日），《朱家骅先生言论集》，第74～75页。
② 《国立中央研究院评议会第二届第二次年会开幕词》（1944年3月8日），《朱家骅先生言论集》，第86页。
③ 朱家骅：《国立中央研究院评议会第二届第三次年会开会词》（1946年10月20日），北京大学档案馆藏，馆藏号：BD1946121。

证明了朱家骅对学术的宏观眼光。因此，在战后复员的关键阶段，朱家骅不厌其烦地再次倡导学术研究要"体用并重"，关注理论科学研究的重要性。

　　他在 1945 年 9 月召开的全国善后会议上便明白指出："我们要着重实用，也要特别加强纯粹科学的研究。一个国家在学术上没有创造和发明，只得随人向背，我们要激发研究精神，充实研究的一切设备。"① 又在 1946 年的一场演讲中说："实际上体与用是不可分的，无体之用无所附丽，无用之体不能为用，假如很武断地将它截为两段，便得不到调和和进步。"②

第二节　国家学院理想之逐步推进

　　如前一再提及，朱家骅深知"人才""设备""资金"是构成一学术研究中心的基本要件。此阶段，朱家骅利用回任教育部部长之行政便利，除增加中研院人员编制与经费预算外，其推动中研院成为中国真正的国家学院理想的落实还可从以下三方面观察。第一，接收日本遗留科研机构以充实中研院的研究设备；第二，为发展中国原子能研究计划，增设近代物理研究所，并积极推动跨学科学术研究中心的设置，创国内学术资源横向整合与国际学术合作事业之先例；第三，以国际学界国家学院体例，成立院士会，完成国家学院以"院士"为组成核心的体制。

一　充实设备

　　抗战胜利后，首要工作即是复员东归，整顿为战争破坏的旧家园，尽快恢复研究工作。战争期间，一方面受到日军截断中国国际

---

　　① 《全国教育善后复员会议开会致词》（1945 年 9 月 20 日），《朱家骅先生言论集》，第 177 页。
　　② 《我们对于青年的希望》（1946 年 8 月 26 日），《朱家骅先生言论集》，第 367～368 页。

交通和国家财政困难影响，外国图书、仪器与各种实验所需之原料器材，或无力添购，或无法运到，影响研究工作之进行。另一方面，中研院在南京之原院所未受重大损毁，但在上海之理、化、工三所损失颇大修复不易；且在西迁时，中研院增加一所三筹备处，京沪旧有房舍自然不敷使用。反观日人为遂其侵华企图，不惜投入大量资金研究中国各种物产，在中国设置的上海自然科学研究所、北平人文科学研究所和近代科学图书馆、东北大陆科学院及台湾台北研究院等科研组织，其房舍、仪器设备、图书等研究设施均甚充实完善。朱家骅认为，应善加利用其原有设备，俾适应今后国家建设之需要；而中研院为国家之最高学术研究机构，交由中研院接收"庶办理既便而成效易彰"。① 因此，朱家骅运用教育部部长职务之便，一方面指示教育部尽速拨下巨款筹备搬回京沪；另一方面则强力主导由中研院接收上述日本科研机构，统合学术研究资源，以期中研院仪器、设备、图书可以迅速扩充，于最短期间内恢复科学研究工作。

按照当时政府制定的标准接收流程规定，所有"敌伪机关"应先由国军统一接收，有关文化教育机关则交教育部接收，再由教育部决定接办机关。当时已回任教育部部长的朱家骅在国军正式接收前，便先于8月27日手谕中研院化学所所长吴学周、动物所所长王家楫、气象所代所长赵九章等，先赴京沪接收中研院原有之财产；同时亲自指派蒋复璁为教育部京沪区教育特派员，指示他到上海接收日军所有之自然科学研究所后，交由中研院接管；聘任沈兼士为平津区教育特派员，负责将北平人文科学研究所及北平近代科学图书馆接收后移交中研院，归并于历史语言研究所。② 至于日人在台湾

---

① 《教育部公函》（1945年10月11日），教育部档案之中央研究院档案，"国史馆"藏，卷宗号：196/261-2。

② 北平近代科学图书馆为日本东方文化事业总会所办，该内藏图书七万余册。史语所接收后，在北平成立北平图书史料整理处整理，不过该处成立未久，国共战起，华北局势动荡，遂将接收之图书选其珍贵者，陆续运至南京，由图书馆登记编目，随后于1949年1月运往台湾，现存于中研院之傅斯年图书馆。

所设之台北研究所，因主要研究内容与农林业相关，朱家骅特意指派植物所所长罗宗洛为教育部台湾区教育复员辅导委员会特派员，负责前往台湾接收。当时还有位于东北的大陆科学院，行政院则指示由中研院、经济部和农林部一同接收。① 若按接收程序规定，理应按照朱家骅之指示，顺利将上述机关交由中研院接管。事实上，由于战争的破坏，所有机关皆欲趁此机会接收日人留下之诸如房屋、图书、仪器、生产工厂等有用、能用的软硬件设施，希望尽早恢复原本之工作与生活。所以，谁能最后接收，全凭主事者之本事了。

以上海自然科学研究所为例，该所占地宽大，建筑华丽，图书仪器及其他研究设备完整，战时亦未遭重大损失，当时觊觎者不在少数。该所便是靠朱家骅为教育部部长之便利掌握"先机"始得顺利完成接收。当时朱家骅为夺"先机"，除指示中研院方面先行"卡位"，并于9月12日指示中研院总办事处正式行文教育部，请求完成接收后，即将上海自然科学研究所及其他学术研究机关交由中研院接办。与此同时，朱家骅在9月14日军方人员进驻上海自然科学研究所后，立即指示中研院留沪同仁杨肇燫先行组织中研院京沪照料委员会，与教育部京沪区教育特派员蒋复璁合组上海自然科学研究所接收委员会，于9月22日由教育部正式接收。9月26日朱家骅又指示中研院再次行文教育部，请求"早赐提请行政院会议，将上海自然科学研究所核拨本院接收以利工作"。教育部在收到此公文后，朱家骅立即再以教育部部长身份于9月28日批示："敌人在沪所设之自然科研究所、在台湾所设台北研究所、在东北所设之大陆科学院均照原有范围交由中央研究院接收办理。"同时指示将呈文交于行政院备案。9月28日吴学周等即移住此间，并于10月1日正式

---

① 《国立中央研究院公函教育部》（1946年7月23日），教育部档案之中央研究院档案，"国史馆"藏，卷宗号：196/261 - 10. A；《国立中央研究院评议会第二届第三次年会纪录第二次大会》（1946年10月21日），北京大学档案馆藏，馆藏号：BD1946121；朱家骅：《三十年来的中央研究院》（1957年6月9日），《朱家骅先生言论集》，第111~112页。

挂牌设立中研院"特派员办公处"，昭告世人。①

不过，当时行政院方面尚未正式明令批示接收单位，外间传闻甚多，届时能否真交归中研院接管不无疑问。10 月 12 日，朱家骅又收到吴学周急电告知上海自然科学研究所"争取者甚多"，要朱家骅"速请行政院议决交本院接收应用，并请最高当局急电何总司令及上海有关方面查照，恳电复俾有应付根据"。② 经朱家骅向各相关单位——"疏通"，终于 10 月 27 日得到行政院正式交由中研院接收之公文，并于 11 月 5 日正式由中研院接收院产，京沪区特派员吴学周在沪会同教育部京沪区特派员蒋复璁进行交接。同时将该所之原有业务分别划由中研院之物理、化学、动植物、医学、心理、数学等各研究所继续接办。③

位于台湾的中央研究所与东北的大陆科学院，朱家骅虽力争接收，然未能如愿。

台湾中央研究所是台湾最大的研究机关，直属于日本总督府。内分农业、林业、工业与卫生四部，并于各地设立如药品、园艺、种畜、茶叶、林业等 11 个试验支所，其研究主要内容多与农、林业相关。④ 因此，教育部组织台湾区教育复员辅导委员会时，朱家骅特别借调中研院植物研究所所长罗宗洛为特派员赴台负责接收台湾的文教科研机构，其主要目的即为接收台北研究所。如前曾述，朱家骅以教育部部长之职，早于 9 月 28 日即指示将台北研究所交由中研

①　《国立中央研究院公函》（1945 年 9 月 26 日）、《教育部公函》（1945 年 10 月 11 日），教育部档案之中央研究院档案，"国史馆"藏，卷宗号：196/261－2；《中央研究院接收上海自然科学研究所报告》（1946 年 8 月 19 日），国民政府档案，"国史馆"藏，微卷号：262。

②　《吴学周电朱家骅》（1945 年 10 月 12 日），教育部档案之中央研究院档案，"国史馆"藏，卷宗号：196/261－2。

③　《教育部电中央研究院》（1945 年 10 月 27 日），教育部档案之中央研究院档案，"国史馆"藏，卷宗号：196/261－2；《中央研究院接收上海自然科学研究所报告》（1946 年 8 月 19 日），国民政府档案，"国史馆"藏，微卷号：262；《国立中央研究院简说》（1953 年 12 月 23 日），朱家骅档案，函号：301－01－07－005、301－01－07－007。

④　朱家骅在全国教育善后复员会议上便提案由教育部先行接收。《全国教育善后复员会议报告》（1945），朱家骅档案，函号：301－01－09－071。

院接收办理，再指派植物所所长罗宗洛到台湾接收，接着于 12 月 12 日呈请行政院同意将台北研究所拨归中研院。①

台湾行政长官公署长陈仪亦于 1946 年 1 月 11 日措辞强硬地代电教育部指陈，虽然行政院明令指示"应由中研院接收"，但按接收程序，该研究所应先由该公署接收后再定接办机关。而且日人在台湾所设各种科研机构，除南方人文科学研究所、南方资源研究所及热带医学研究所原属台北大学，已由国立台湾大学接收；工业研究所及地质调查所则由经济部派员接收；国民精神研修所因不合国情已解散；其余农业试验所、糖业试验所、水产试验所及天然瓦斯研究所均系为研究台湾省实际问题而设立者亦经由长官公署农林、工矿两处分别接收。陈仪言下之意，摆明了台湾的文教科研机构是由"台湾行政长官公署"而非"教育部"负责接收，且长官公署已完成接收，并分派接办机关，中研院此时若仍欲"接收"，即是"强行介入"。由于无法进行接收，罗宗洛只好于 1946 年 5 月 19 日飞返南京。②

为了接收事，朱家骅与陈仪打起了笔墨仗，公文往返，迭经交涉，延宕多时，至 1948 年中研院仍无法介入。由于陈仪不肯放手，坚决主张由省办理，并派员完成接收。朱家骅无可奈何下，只好"不再坚持"，于 1948 年 3 月 24 日行文行政院备案，陈明放弃原行政院核准由中研院接办之议，"暂维持"由长官公署接办之现状。接收台湾学术研究机构案最后只能以此了结。③

---

① 罗宗洛 1945 年 11 月 15 日率同委员陆志鸿、马廷英以及台湾籍教授杜聪明、林茂生等一起正式接收日设之"台北帝国大学"。国民政府随即于 11 月 20 日的行政院第 723 次会议中决议，将台北帝国大学更名为国立台湾大学，罗宗洛成为代理校长。

② 罗宗洛于七月请辞国立台湾大学代理校长职务。

③ 《国立中央研究院公函》（1945 年 9 月 26 日）、《行政院指令》（1945 年 12 月 12 日）、《台湾行政长官公署代电教育部》（1946 年 1 月 11 日）、《教育部公函：行政院秘书处》（1948 年 3 月 24 日）、《行政院通知单》（1948 年 4 月 8 日），教育部档案之中央研究院档案，"国史馆"藏，卷号：196/261 - 2、196/261 - 3、196/261 - 4；《国立中央研究院评议会第二届第三次年会纪录第二次大会》（1946 年 10 月 21 日），北京大学档案馆藏，馆藏号：BD1946121。

又如设在东北长春的大陆科学院成立于 1935 年 3 月，下设 1 个分院，3 个直属研究所，4 个工场，23 个研究实验室，职工有 800 多人，是为当时在中国境内规模最大、人员最多的外国综合型研究机构。朱家骅在战后全国教育善后复员会议上，便提案由中研院"整个接收"，将其纳入中研院组织中。[①] 但行政院认为，该院部分研究所与经济部、农林部业务相关，决定由中研院与经济、农林两部分别接收。但朱家骅再三考虑认为，如分割接收，势必影响该院之原有效能，而建议行政院，该科学院仍应保持完整，由一个机关接收，以专责成而利工作。结果，行政院决定交由经济部接收。但 1946 年年底，朱家骅才听说该院迄犹无人负责，遂以教育部之令，电饬长春大学就近照料，并请植物研究所所长罗宗洛前往了解情况。[②]

虽然接收台湾台北研究所与东北大陆科学院无法如愿，但中研院仍因朱家骅同任教育部部长之优势，顺利接收日本的上海自然科学研究所、北平人文科学研究所和近代科学图书馆，扩充中研院的图书、仪器、设备。此外，1945 年春行政院组织机关调整时，将中国医药研究所、南洋研究所、两广地质调查所、敦煌艺术研究所、国际学术文化资料供应委员会等单位裁撤并入中研院。但朱家骅认为两广地质调查所、国际学术文化资料供应委员会和敦煌艺术研究所成立有年，且有专业学术威望，就此裁撤甚为可惜，遂决定两广地质调查所、国际学术文化资料供应委员会另案办理，敦煌艺术研究所则仍由教育部主管。[③]

朱家骅一方面忙着主导中研院接收日设科研机构，充实中研

---

① 《全国教育善后复员会议报告》（1945），朱家骅档案，函号：301-01-09-071。
② 《国立中央研究院评议会第二届第三次年会纪录第二次大会》（1946 年 10 月 21 日），北京大学档案馆藏，馆藏号：BD1946121。
③ 《致美国康乃尔大学中国文学教授谢迪克》（1946 年 4 月），朱家骅档案，函号：301-01-07-005；《国立中央研究院评议会第二届第三次年会纪录第 5 次大会》（1946 年 10 月 24 日），北京大学档案馆藏，馆藏号：BD1946121。

院研究设施；另一方面也积极着手复员工作，希望能尽速恢复研
究工作。复员工作首要解决的是房舍分配问题。抗战期间中研院
先后增设 1 所 3 处，战前南京院址本已不敷应用，现在更形困难。
朱家骅为各研究所能于最短时间内恢复工作，决定重新调整各所
所址。几经商议才勉强安排：总办事处、评议会秘书处、人事管
理委员会、设计考核委员会、天文所、气象所、地质所、社会
所、历史语言所迁还南京旧址（原址）；数学、物理、化学、动
物、植物、医学、心理等 7 个研究所共同迁入上海自然科学研究
所，工学研究所的钢铁实验部分暂留昆明，其余部分迁回上海理
工实验馆。为便于联系京沪两地各所，在上海设置驻沪办事处统
办上海各所、处之一般行政事宜。体质人类学研究所筹备处则因
主持乏人，进展困难，停止筹备。因旧有房舍不敷应用，同仁迁
返将无屋可住，朱家骅在派员接收中研院旧产业、清理院区的同
时，另在南京旧址后面盖新宿舍，于 1946 年春完工，迎接同仁东
还。①

　　抗战胜利后，朱家骅为使中研院能迅速返回京沪，尽速恢复研
究工作，9 月即指示教育部拨下复员费用，交给新任总干事萨本栋
积极筹备迁返京沪。中研院各所自 1945 年 9 月开始筹划、接洽交
通工具等还都事宜，并陆续将图书、仪器及人员集往重庆待船运回
京沪。未料，在各研究所准备就绪后，才发现原先洽定之运输船舶
皆在军事统制之列，不仅无法起运，且一再盘驳、存仓与保险，耗
费不赀。原领到之还都费，仅应付随时包制、起卸、保险等款项，
至 1946 年 6 月已支用将罄，无余款可应付物价上涨期间的车船票
价、运费、食宿费等。此等困难皆非朱家骅意料所及，因此朱家
骅除联系交通部俞大维，请求给中研院运输工具方便外，8 月底
"中研院代理院长"朱家骅再次向"教育部部长"朱家骅提出追

---

① 《国立中央研究院公函》（1946 年 3 月 18 日），教育部档案之中央研究院档案，
　　"国史馆"藏，卷宗号：196/261 - 3；《石璋如先生访问纪录》，第 314 页。

加还都经费。此外，在四川李庄之历史语言、社会及体质人类学三研究所在抗战胜利后即开始整装准备东还。原本以为随将启程返京的史语所同仁，在"临行"前夕还非常感性地于 5 月 1 日在李庄板栗坳牌坊头立碑纪念，为史语所在抗战期间的不断迁徙与李庄近六年之生活留下一历史见证，没想到却因交通运输工具与经费告罄迟迟无法成行。1946 年 10 月底，朱家骅只好上书当时国民政府军事委员会委员长蒋介石，获得准予提前配运中研院及中央博物院所有古物、图书、科学仪器等之指令，始得于年底踏上归途重返南京。①

在朱家骅的四处张罗下，中研院各所至 12 月上旬才全部迁竣到达京、沪两地。复员后，各研究所之中心工作、设备添配、人员增聘等均有长足进展。完成细部接收工作后，各所即开展研究工作。大家满怀希望从此安定，徐图发展。1947 年初，傅斯年亲手在史语所门顶题写"中央研究院历史语言研究所"衔牌，还在史语所办公大楼的演讲厅请同仁聚餐。致辞时，他满怀信心地说："从此之后我们可以安心工作，史语所八年的流离可说是告一段落了。"②

二 推动中国原子能研究计划

1945 年 8 月日本投降之后，美、苏成为亚洲的支配力量，基本改变了东亚各国的战略地位。此一新的国际局势，对甫在国际社会占有一席之地的国民政府来说，既是一个新的机会，也是一个新

---

① 《国立中央研究院公函：国立中央研究院还都经费追加预算》（1946 年 8 月 25 日）、《国民政府军事委员会委员长重庆分营快邮代电》（1946 年 10 月 26 日）、《中研院电教育部》（1946 年 6 月 1 日）、《教育部代电交通部、中研院》（1946 年 6 月 14 日），教育部档案之中央研究院档案，"国史馆"藏，卷宗号：196/261 - 10. A、196/261 - 10. B；朱家骅：《国立中央研究院简说》（1953 年 12 月 23 日），朱家骅档案，函号：301 - 01 - 07 - 005、301 - 01 - 07 - 007；《石璋如先生访问纪录》，第 314~315 页。

② 转引自《石璋如先生访问纪录》，第 308 页。

的威胁。美国对日的两颗原子弹，不仅终结战争，也同时宣示以科学为中心的新世界观的来临。掌握最新的科学知识与科技产品以建立国家国防能力的观点主导了世界多国政府与学界未来的发展方针。战后主要国家对科学研究都较战前大为注意，尤其以原子能研究为甚。① 此时，具备原子能研究的能力与实力已不只是单纯的学术研究问题，还关乎国家国防安全与国际实力。因此，战后中国上下，无论政府、学界还是社会，都视发展中国自己的原子能研究为强化国防、抵御外来威胁最重要的重建计划之一。而且与国际学界的合作，尤其是与战时军事盟友美国合作，学习其经验，发展中国的原子能研究，不失为一捷径，亦可借此与西方科学先进国家建立紧密的合作伙伴关系。朱家骅认为，中研院为国家最高学术研究机构，理当负起推动和促进中国战后与国际学界的科学合作之责。他的主要措施有两项：第一，成立近代物理研究所专事原子能研究；第二，筹建结合数学、化学与物理学的数理化学术研究中心。

1. 成立近代物理研究所专事原子能研究

美国对日的两颗原子弹证实了伽马放射线及原子核分裂会产生无穷能量，更标志着人类社会与科学研究将进入一新阶段。对于研究原子物理学，朱家骅早觉有此需要，此时益感中国大有急起直追之必要。所以，朱家骅在广岛被炸后数日，邀集中研院数、理、化专家与政府部门有关机关负责人员，如资源委员会主委翁文灏、吴有训、吴大猷及军政部次长俞大维等，在其重庆寓所研议筹设原子物理研究所，专事原子能研究。数次叙谈筹划，都因人才与设备困难而无具体结果。于是，朱家骅转计划在中研院下增设原子物理研究所（随后更名为近代物理研究所）。既然中研院已确定从事原子能研究，为求事半功倍，寻求盟国美国的科学技术协助是必要的措施。

---

① 《李书华由伦敦致函朱家骅》（1945 年 11 月 19 日），中央研究院档案，中国第二历史档案馆藏，卷宗号：393 - 2232。

此时美国基于其全球战略考虑，亦极愿意支持中国取代日本成为亚太地区主导势力，协助中国发展原子能研究便是其中一项重要政策。因此，虽然推动设置近代物理所的过程并不顺利，但朱家骅却成功地为中美科学技术合作开创了先例，并为未来两岸发展原子能研究培植了一代研究人才。

1945 年 9 月，总干事李书华再度请辞挽留未果，朱家骅即改聘应美国国务院之邀，正在美国大学进行巡回讲座的物理学者萨本栋继任，告知筹设原子物理研究所之构想，托他就近在美国物色原子能研究专家，并洽购原子物理研究之仪器设备。萨本栋与美国国防科学研究所（The National Defense Research Committee of The United States）所长布什博士（Dr. Vannevar Bush）及加州大学原子能研究所所长劳伦斯博士（Dr. Ernest O. Lawrence）联系，两人皆乐意协助中国成立原子能研究所，劳伦斯博士甚至愿意帮助规划。两位教授的支持反映了当时美国学界对中国发展原子能研究抱较为支持的态度。

1945 年 11 月，萨本栋由美返回重庆，朱家骅立即要他积极筹备成立"原子物理研究所"。萨本栋初步计划该所的研究重心在"原子能及雷达"学理研究，初估设备费用为 150 万美元。[①]

事实上，美国原子弹大大刺激了中国学术界、教育界，当时要求研制原子弹的呼声不断，因而在中国掀起了一股"原子能研究

---

① 照当时估计设置原子能研究需要之设备总计共约 200 万美元。当时美国奇异（G. E.）公司承诺赞助约价 50 万美元的 60 英寸磁场回旋仪。亦即中研院需自备 150 万美元。不过，劳伦斯教授竭力建议，因核子研究进步甚速，不如进而研究氢原子核，但如此则至少需要可产超过 2.5 亿电子伏特高能氢原子核的 130 英寸以上直径的磁场回旋仪。《报告院务稿》（1955 年 4 月 23 日）、《关于原子能研究资料（密件）》（1955 年 3 月 8 日辑），朱家骅档案，函号：301 - 01 - 07 - 005、301 - 01 - 07 - 020；朱家骅：《国立中央研究院简说》（1953 年 12 月 23 日），朱家骅档案，函号：301 - 01 - 07 - 005、301 - 01 - 07 - 007；李书华：《追忆朱骝先先生》，《朱家骅先生逝世纪念册》，第 316 页；《三十年来的中央研究院》（1957 年 6 月 9 日），《朱家骅先生言论集》，第 111 页。

热潮"。① 就在朱家骅为中研院积极筹备原子物理研究所的同时，北平研究院在副院长亦为中研院前总干事李书华的主持下，也积极着手进行该项研究。其实，北平研究院原来即有从事原子研究之镭学研究所，随后为立法院更名为"原子学研究所"，欲其发展原子学研究之意极为清楚。② 李书华于 1945 年 11 月 1～16 日作为代表出席联合国教育文化组织在伦敦的创设会议后，于 19 日从伦敦致函教育部部长朱家骅汇报开会情形。③ 除提及各国对于科学研究均较战前大为注意，"尤以对于原子的研究为甚"，建议朱家骅要特别关注"中央及北平两研究院之经常及临时费明年度均需为增加，并需拨一笔美金外汇作为充实图书仪器设备费用，以便树立战后科学研究工作之基础"。其中尤其强调该所之"人"及"设备"两方面均需及时加以充实。当时北平研究院该所除原有之研究员陆学善、钟盛标外，

① 例如 1945 年 10 月 25 日即有李诗长函教育部嘱转请中研院注意原子弹之研究，并对原子弹之研究提出四项建议。1946 年蒋介石出巡东北时，有李济东呈送铀矿一包，经交中研院化验分析，该矿石标本确具有高成分放射性元素。所以朱家骅随即上呈蒋介石报告中研院的化验结果，并提出呈请设置研究原子能仪器之特殊设备等四项建议。又如，熊式辉 1947 年 1 月 6 日也代电呈报东北铀矿产量及开采意见。连胡适也于 1947 年 8 月前后写信给白崇禧、陈诚，建议在北京大学集中研究原子能的一流学者（开列了在国外的专家学者钱三强、吴健雄、张文裕等九人），专心研究最新的物理学理论与实验，并训练青年学者，以为国家将来国防工业之用。《朱家骅呈蒋中正对李济东呈铀矿矿石具高成分放射性元素之建议》（1946 年 12 月 7 日）、《熊式辉代电：呈报东北铀矿产量及开采意见》（1947 年 1 月 6 日），蒋中正总统档案，革命文献、筹笔，"国史馆"藏；《抄李诗长函》（1945 年 10 月 25）、《教育部公函中央研究院 函转研究原子弹建议》（1945 年 11 月 1 日），教育部档案之中央研究院档案，"国史馆"藏，卷宗号：196/261－9B；《致白崇禧、陈诚》（1947），耿云志、欧阳哲生编《胡适书信集》中册，第 1115～1117 页。

② 北平研究院于 1932 年成立镭学研究所，1945 年 10 月新修正公布之国立北平研究院组织条例中将"镭学研究所"改为"原子学研究所"。

③ 1945 年 7 月，同盟国教育部长会议决议召集参加联合国的各国政府派遣代表。9 月 25 日，中国决定代表五人，首席代表原为教育部长朱家骅，但其因事无法出席，改电请胡适担任，另四人为李书华、程天放、赵元任、罗家伦。11 月 1～16 日在伦敦开会讨论创设联合国教育文化组织。刘维开编《罗家伦先生年谱》，中国国民党中央委员会党史委员会，1996，第 201 页；赵新那、黄培云编《赵元任年谱》，第 281 页。

李书华趁在英国之便，联系聘定当时在英留学的物理学者钱三强、王大珩、傅水义、朱树屏加入北平研究院，张文裕则尚在接洽中。因此，当时最需要加强的是"设备"。[①]

　　就在朱家骅对如何延揽专攻原子能研究学者、汇集中国发展原子能研究所需要的设备与经费大伤脑筋时，军政部部长陈诚和次长兼兵工署署长俞大维早已奉蒋介石之密命，着手筹备进行这一重大的国防科学研究计划。朱家骅因此还与军政部发生"抢人"插曲。原来，1945 年秋天，刚到中美联合参谋本部就任中国战区参谋长的魏德迈曾向俞大维传达美方愿协助中国学习制造原子弹之意。俞大维立即将这一讯息报告蒋介石。而在此之前，基于中美同盟之故，美国曾将一册详细叙述美国原子弹发展经过的机密报告交给蒋介石。基于国防机密考虑，1945 年冬陈诚将"原子能研究所"隐名为"国防科学与技术研究所"，聘定曾昭抡、华罗庚、吴大猷三人分别负责化学、数学及物理学三研究所的筹划工作，并拟就进行计划，包括于 1947 年五六月间，赴美研究美国在此次战争中科学与技术研究实施情形，并征询美国科学家对中国此举之意见；同时详细计划实验室之设备及研究工作之程序等，期于出国后数月中完成各项设计及国内进行研究实验室之建筑。[②]

---

① 事后，朱家骅曾希望从北平研究院物理研究所和原子学研究所拉几位研究员到中研院去，结果仅钱临照一人由北平研究院物理所转中研院物理所。李书华：《追忆朱骝先先生》，《朱家骅先生逝世纪念册》，第 316 页；《李书华由伦敦致函朱家骅》(1945 年 11 月 19 日)，中央研究院档案，中国第二历史档案馆藏，卷宗号：393 - 2232。

② 1946 年 11 月 29 日国防部部长陈诚聘俞大维（时任交通部部长）、曾昭抡、吴大猷、任之恭、赵忠尧、萨本栋、吴有训、魏学仁、李书华、钱昌祚及顾毓琇为"原子能研究委员会委员"，以俞大维为主任委员，主持"原子试验器"制造事宜。聘函中曾提及"经签奉主席批准拨款"。吴大猷等回到昆明西南联大后，立即挑选了五位将与他们三人同往美国的优秀学生为助手。在前往美国之前，他们对这五名学生的现代物理学学科基础进行密集培训，并由学生翻译美国政府给中国的有关原子弹的最高机密文件，1957 年获得诺贝尔物理奖的李振道便是其中一名学生。吴大猷：《回忆》，中国友谊出版公司，1984，第 40～41 页；《吴大猷函》(1946 年 4 月 9 日)，朱家骅档案，函号：301 - 01 - 07 - 020；顾毓琇：《纪念朱骝先先生》，《朱家骅先生逝世纪念册》，第 356 页；顾毓琇：《关于我国筹备原子科学研究的几封信》，《传记文学》1963 年第 6 期，第 19～20 页。

有关原子能研究的课题不仅有强势竞争对手，筹划过程亦是一波数折，并不顺遂。例如在 1946 年 1 月，几位美国科学家奉命前往东京评估战后日本科学设备，过境上海时曾建议朱家骅接收日本航空研究之风洞及原子研究之回旋仪。朱家骅深表认同，立即指派教育部次长顾毓琇到东京麦帅总部接洽，商讨将日本原子能研究设备转移给中国的事宜。但因联系上出了问题，待顾毓琇于 2 月底抵东京时，该套原子能研究设备已掷于海底，而令朱家骅甚为扼腕。又如，朱家骅于 1946 年 3 月、4 月分别给蒋介石上签呈，报告拟在中研院设置原子物理研究所，请求政府拨助 200 万美元的经费。但蒋介石以国家财政困难，批示"可先筹划设计，但暂时缓办"。蒋介石言下之意，就是此事虽然重要，但无款可拨，要朱家骅先"纸上谈兵"。

甚至连该所主持人之"访才"，朱家骅也都碰壁。当时中研院物理研究所所长丁燮林早已数度请辞所长职务，至此已无法再行强留，朱家骅原本属意时任联大教授的吴大猷继任，迭函以原子能研究之重要性游说吴大猷，吴大猷始向朱家骅陈明军政部的上述计划，婉拒朱家骅之邀约，并建议朱家骅与陈诚商讨两机构对此研究议题的具体合作办法。事实上，军政部国防科学与技术研究所与中研院原子物理研究所名称虽异，但是研究的实质内容确实多有重叠之处，且中研院该所并未获得蒋介石之支持，设备经费开销过巨，就算教育部倾力支持，中研院也不可能独力实现，而人才聘任亦是难题。因此，朱家骅遂找陈诚洽商两单位合作共同研发之可行性。不过，陈诚坚持认为该项研究事关国防机密，必须单独设立机构，不便联合办理而未果。①

---

① 《吴大猷函》（1946 年 4 月 9 日）、《关于原子能研究资料（密件）》（1955 年 3 月 8 日辑），朱家骅档案，函号：301 - 01 - 07 - 020；《三十五年院务会议记录》（1946）、《朱家骅致蒋介石》（1946 年 3 月 26 日），中央研究院档案，中国第二历史档案馆藏，卷宗号：393 - 1259、393 - 141；顾毓琇：《纪念朱骝先先生》，《朱家骅先生逝世纪念册》，第 355～356 页；顾毓琇：《关于我国筹备原子科学研究的几封信》，《传记文学》1963 年第 6 期，第 19～20 页；胡颂平编《朱家骅年谱》，第 64 页；《三十年来的中央研究院》（1957 年 6 月 9 日），《朱家骅先生言论集》，第 112 页；《国立中央研究院概况：民国 17～45 年》，第 6 页。

　　朱家骅虽然四处碰壁，但并未就此放弃在中研院设置近代物理研究所，从事原子能研究的构想，依然积极推动该所之设置。因为他认为中研院之数学、物理、化学研究所颇有成绩，已具备原子能研究之基础条件，只要各所分工合作，相辅相成，从事原子能研究必不成问题。同时1946年召开的评议会中也对物理研究提出"原子核物理与超短波两大问题均不可忽视"的意见。不过原子能研究设备需费甚巨，设置一座原子核冲击器即需50万美元以上，一时尚无法筹到此项巨款。限于经费，朱家骅退而求其次，决定先从纯学理研究入手，暂设一小规模的研究单位。此外，为慎重起见，并与军政部之计划有所区隔，朱家骅接受萨本栋的建议，将筹备中之"原子物理研究所"改称"近代物理研究所"，专事理论研究，且为有别于原设立之"物理研究所"，冠以"近代"二字。1947年2月，正式通过中研院院务会议决议，以近代物理研究所致力于原子能基本原理研究。①

　　为添购最起码之原子能研究设备，朱家骅另作具体计划上呈行政院争取经费补助。经朱家骅多方接洽，行政院方面特允将中研院事业费中增列的美元预算大部分作为添购近代物理所之仪器设备费用。同时，朱家骅还先后派遣教育部次长顾毓琇与中央大学物理系主任（亦为中研院数理组院士）赵忠尧赴美，就购买原子能研究设备及延揽专家回国事进行接洽，并寻求美国原子能研究专家的技术支援。

　　1946年8月，朱家骅派顾毓琇赴欧美，进一步接洽原子研究合作事宜。劳伦斯博士不仅同意义务帮助规划设计，协助我国建造原子回旋仪，并愿意亲自来华义务指导装置和实验，还要求中研院派遣30位青年数理化工学者前往该校培训与进修深造。劳伦斯并亲函蒋介石，

---

① 《国立中央研究院评议会第二届第三次年会纪录第五次大会》（1946年10月24日），北京大学档案馆藏，馆藏号：BD1946121；《关于原子能研究资料（密件）》（1955年3月8日辑），朱家骅档案，函号：301-01-07-020；朱家骅：《国立中央研究院简说》（1953年12月23日），朱家骅档案，函号：301-01-07-005、301-01-07-007；朱家骅：《三十年来的中央研究院》（1957年6月9日），《朱家骅先生言论集》，第112页；《国立中央研究院概况：民国17~45年》，第6页。

表达乐意协助之意，该信后由顾毓琇译成中文经教育部部长、国防部部长会呈蒋介石，获蒋介石批准，交行政院拨款筹划进行。[①] 既有此事实表现，当时在国外的中国籍相关方面的学者专家如吴大猷、钱三强、彭桓武、张文裕、袁家骝、吴健雄等均同意应中研院之聘回国。此所筹备至此，初期研究人员与设备皆具，总算是拨云见日。所以，朱家骅随后在南京新建的数理化研究中心即从物理所新厦之建造着手，其中一部分建筑更是针对近代物理实验室之特殊设备与需求而设计兴建的。

1946 年夏，美国在太平洋比克里岛（Bikini Island）举行原子弹试爆，邀请各同盟国参观，此时兼任中研院院长与教育部部长的朱家骅即特派在中研院物理所从事核科学研究的赵忠尧为代表，于 8 月赴美观摩试爆，后留在加州大学继续学习研究，并负责采购中研院近代物理研究所所需的原子能研究设备。朱家骅以教育部名义，商请中华教育文化基金会借款 12 万美元，托其携美，请劳伦斯教授代为设计，由加州大学代为制造高压发电机及小型磁场回旋仪等近代物理研究所所需之最小量仪器设备。在赵忠尧赴美洽购仪器后，朱家骅随即成立近代物理研究所筹备处，由总干事萨本栋兼任筹备处主任，准备在仪器设施全部运到后，即行建所。1948 年夏天，有关仪器设备分批运到。惜筹备未竣，国共内战已起，中研院仓促播迁，朱家骅经年辛勤筹备之近代物理研究所功败垂成。这是朱家骅极感遗憾的一件事。[②]

---

① 顾毓琇认为是行政院主持人对此不加重视，使此计划未能实现。朱家骅在教育部任内对原子研究之重视，亦显其深具学术眼光与先见之明。顾毓琇：《纪念朱骝先先生》，《朱家骅先生逝世纪念册》，第 356 页。

② 《报告院务稿》（1955 年 4 月 23 日），朱家骅档案，函号：301 - 01 - 07 - 005；朱家骅：《国立中央研究院简说》（1953 年 12 月 23 日），朱家骅档案，函号：301 - 01 - 07 - 005、301 - 01 - 07 - 007；《四十四年本院在美院士谈话会报告》（1955 年 3 月 5 日），朱家骅档案，函号：301 - 01 - 07 - 009；《关于原子能研究资料（密件）》（1955 年 3 月 8 日辑），朱家骅档案，函号：301 - 01 - 07 - 020；《朱家骅致萨本栋电》，中央研究院档案，中国第二历史档案馆藏，卷宗号：393 - 394；《国立中央研究院概况：民国 17 ~ 45 年》，第 6 页；《三十年来的中央研究院》（1957 年 6 月 9 日）、《国立中央研究院评议会第二届第四次年会开幕词》（1947 年 10 月 15 日），《朱家骅先生言论集》，第 112、88 页；胡颂平编《朱家骅年谱》，第 64 页。

2. 数理化学术研究中心之筹建

发展"学术研究中心"为中国学术现代化之基地，是朱家骅自掌理中山大学以来不变的理想与目标。随着"抗战必胜"的实现，建设现代化国家是朱家骅亟欲达成的新目标，而国家建设以"学术"发展为首基是朱家骅坚信不疑的信念，且朱家骅向来重视倡导学术资源整合与学术合作之风。他认为，学术研究工作"是一方面从专题分别研究，另一方面亦须求其综合关连成为系统"，不仅重视单项学科的纵向发展，更看重各学科间的横向联系。在 1936 年任总干事时即认为物理、化学、工程三所工作极为重要，有意网罗中国第一流人才，推动改革。此时，为落实推动中研院早日成为"名实相符"的"国家学院"，领导现代学科研究，他积极推动将各种密切相关的学科，如数理化、生物科学、人文社会科学等研究集中，分别设置跨学科学术研究中心。当时在发展原子能研究的目标下，以筹建数理化研究中心为首要规划。

1936 年朱家骅担任中研院总干事时即有将中研院建设成为世界一流的"国家学院"的"宏图"。朱家骅本即认为，中国幅员广袤，北方自以北平为宜，但北平已有清华大学及北京大学备具规模；南方自以南京为适，惟南京尚无学术建树可言。[①] 在蔡元培的支持下，决定将中研院各所集中南京，但南京原有院地范围狭小无法扩建。经过仔细规划，朱家骅勘定一面积两千余亩的地皮，作为建立中国现代学术研究中心之发展基地，后因抗战军兴未及实现。朱家骅对此理想之中辍深感遗憾，而战争期间更是万事推动困难。至 1944 年胜利在望，朱家骅特别召开评议会集议，为战后学术复兴、发展中国现代科学事业预作规划，会中即决议提请政府"建设学术中心以培养科学人才"。朱家骅随即在 1945 年春上签呈给蒋介石，提出"对于各项科学，宜以平衡发展，互相联系，促其进步。同时兴建学

---

① 朱家骅一直都认为上海为经贸中心，非专注学术研究之良地。

术中心以培养科学人才"的建议。①

战后，朱家骅认为"建国"无不有待于科学之弘扬，国家建设需学术界贡献者尤多，所以图谋与各学术教育机关通力合作。中研院为全国最高学术研究机关自应有所作为。朱家骅筹划推动他在总干事期间未竟的理想：集中各所于南京，打造中研院为中国现代学术之"研究本部"。同时为赶上西方科学，由中研院开风气之先，设立跨学科的学术研究中心，树立典范。② 朱家骅初步规划兴建"数理化""生物科学""人文科学"等跨学科之"学术研究中心"，作为中国科学研究事业发展之基地，提供给中国学术精英一个研究设备充足、无后顾之忧的纯学术研究环境，让中研院成为实至名归的"国家学院"，并企望进一步把中研院之研究学风普及全国。

朱家骅为推动中研院各所集中形成"研究本部"，在 1947 年初的一次院务会议中，以各所分置京沪，业务联系不甚方便；在上海的八个研究所房舍不够分配，地点亦嫌散漫，恐致影响工作为由，提案通过将中研院各所集中南京的决议。不过，中研院南京院地本即不敷应用，根本无法满足未来发展之需要，决定另勘面积两千亩左右新地，作为全院各所的发展基地。③ 但朱家骅清楚地知道，以当时国民政府

① 《关于原子能研究资料（密件）》（1955 年 3 月 8 日辑），朱家骅档案，函号：301 - 01 - 07 - 020。

② 《建议政府倡助科学研究及报聘英美学术机关：国立中央研究院院稿签呈主席蒋》（1944 年 10 月 31 日）、《国立中央研究院三十七年度第三次院务会议纪录第一次会》（1948 年 7 月 22 日）、《检送三十四年度本院工作计划事业计划及岁出经常门暨岁出临时门概算表请查照审核》（1944 年 8 月 13 日），中央研究院档案，中国第二历史档案馆藏，卷宗号：393 - 360、393 - 1265、393 - 1789；《国立中央研究院公函》（1945 年 2 月 22 日），教育部档案之中央研究院档案，"国史馆"藏，卷宗号：1196/261 - 8B；朱家骅：《三十年来的中央研究院》（1957 年 6 月 9 日），《朱家骅先生言论集》，第 108 页；《竺可桢日记》第 6 册，第 241、280、294 页。

③ 朱家骅计划将上海之各所都移到南京，只留工程研究所和医学研究所，前者用杏佛馆，后者用在君馆。《勘查本院院址报告》（1947 年 2 月 10 日）、《国立中央研究院三十七年度第三次院务会议纪录第一次会》（1948 年 7 月 22 日），中央研究院档案，中国第二历史档案馆藏，卷宗号：393 - 1262、393 - 1265；《三十年来的中央研究院》（1957 年 6 月 9 日），《朱家骅先生言论集》，第 112 页。

的财政状况，一次要购买两千多亩的土地实在"窒碍难行"；且一时
要上海各所同时迁到南京，限于经费与房舍，事实上又不可能。他也
清楚国家要进步，各学科必须无所偏重地均衡发展，但是近代的学术
研究门类细密，且都已有长足进步，以中国科学落后之事实观之，要
同时一一有所成就，非但人才不够，就是财力上也不可能应付，只能
分别缓急，按部就班，逐年发展，逐渐实现。

其时，美国的两颗原子弹引发中国各界基于国家国防安全考虑，
急切地要求发展原子能研究。朱家骅认为原子能研究必须结合物理、
数学、化学、工学各学科之联合致力，而这些学科研究在中国以中
研院最具基础，且研究人员与仪器设备相对也以中研院最为完备，
特别是中研院物理、化学两所研究人员与设备在当时中国都是翘楚，
抗战前其在仪器制造方面都开中国之先河，颇有成绩。最重要者，
朱家骅以近代科学在欧洲发展之程序，先数学、天文、物理、化学，
后为生物、地质各科学，而后才是人文社会学科为参照典范，认为
奠立科学研究基础必须从建立数理化研究中心开始。①

朱家骅衡诸各现实条件后，决定先迁物理、化学两所到京，再结
合数学所与新筹设的近代物理研究所，合建一数理化研究中心；接着
再陆续推动以动、植物两所为主体的生物研究中心和以文史、社会科
学为重点的人文科学研究中心的兴建。朱家骅盘算着，如此，各个研
究所不仅可以集中南京，亦可趁新建之便，次第充实各所设备。

在 1946 年 6 月各研究所尚在复员迁徙途中，朱家骅即在南京召
开的院务会议上主导决议筹建数理化研究基地，作为数学、物理、

①　朱家骅：《国立中央研究院评议会第二届第三次年会开会词》（1946 年 10 月 20），
北京大学档案馆藏，馆藏号：BD1946121；《建议政府倡助科学研究及报聘英美学
术机关：国立中央研究院院稿签呈主席蒋》（1944 年 10 月 31 日）、《中央研究院
院长朱家骅与各所及院外人员洽办公司事务往来函件（1943～1947）》，中央研究
院档案，中国第二历史档案馆藏，卷宗号：393－360、393－2232；《国立中央研
究院公函》（1945 年 2 月 22 日），教育部档案之中央研究院档案，"国史馆"藏，
卷宗号：1196/261－8B；《国立中央研究院评议会第二届第四次年会开幕词》
（1947 年 10 月 15 日），《朱家骅先生言论集》，第 88 页。

化学三所新址之议案，是为朱家骅推动设置的第一个跨学科学术研究中心，以原子能研究为第一个合作研究的课题。随后立即在南京九华山小韩家庄勘定了 240 余亩地皮，为数学、物理、化学 3 所建造办公大厦各一座，作为数学、物理、化学三所新址，以形成数理化研究中心基地。同时为尽快从事近代物理及普通物理之学理研究，又以物理所之房舍建造为优先。①

　　1947 年 1 月，中研院请求教育部增拨修建房屋及设备费用，教育部随即"优予"拨发"建筑设备及扩充改良费"20 亿元，让中研院顺利完成购地手续，着手数理化研究中心兴建事宜。首先招标兴建的是物理研究所实验室及研究人员宿舍。不过，开标之时，适值金价狂涨，厂家多存观望，致标价超出预算甚巨，朱家骅将上述 20 亿元悉数投入，尚犹不足。因此，1947 年 2 月 21 日，朱家骅指示教育部担任中研院向银行借款的"承还保证人"，由教育部发公函给四联总处，② 替中研院商借 7 亿元作为数理化研究中心的建筑费，并承诺"由部担保归还"。③ 而在建筑期内，物价激增无已，工资一再调整，费用数更，不胜负荷。所以，数理化研究中心的筹建工程，从招标开始即在朱家骅全力护航下，以"教育部担保"借贷兴建。

① 《国立中央研究院三十七年第一次院务会议纪录第一次会》（1948 年 2 月 5 日），中央研究院档案，中国第二历史档案馆藏，卷宗号：393 – 1265；《国立中央研究院概况：民国 17～45 年》，第 5 页；《国立中央研究院概况》（1948 年 7 月 26 日）、《国立中央研究院评议会第二届第四次年会开幕词》（1947 年 10 月 15 日），《朱家骅先生言论集》，第 94、88 页；朱家骅：《国立中央研究院简说》（1953 年 12 月 23 日），朱家骅档案，函号：301 – 01 – 07 – 005、301 – 01 – 07 – 007.

② 农民银行、中央银行、中国银行、交通银行当时合称"四行"。四联总处即指此四银行之"联合办事总处"。

③ 《教育部公函四联总处》（1947 年 2 月 21 日）、《国立中央研究院公函教育部》（1947 年 7 月 11 日）、《国立中央研究院公函教育部》（1947 年 10 月 6 日），教育部档案之中央研究院档案，"国史馆"藏，卷宗号：196/261 – 1；《国立中央研究院三十七年第一次院务会议纪录第一次会》（1948 年 2 月 5 日），中央研究院档案，中国第二历史档案馆藏，卷宗号：393 – 1265；《国立中央研究院概况》（1948 年 7 月 26 日）、《国立中央研究院评议会第二届第四次年会开幕词》（1947 年 10 月 15 日）、《三十年来的中央研究院》（1957 年 6 月 9 日），《朱家骅先生言论集》，第 94、88～89、112 页。

例如，1947 年 7 月，物理所房屋建筑即将完成，但水电设备及路面下水道等工程，经估计至少还须 10 亿元，而此后工资之增给及物理所由沪迁京旅运费尚不在内。加上当时又获准征收毗连土地 20 余亩，所应付地价及补偿费用为数不赀，而原有建筑经费早已用罄。7 月 11 日，中研院又向教育部请求"增拨" 20 亿元，以竟全功。朱家骅在收文当天，立即指示教育部高教司、总务司，在"紧急措施费分配时酌予拨付"。但教育部当年的实际得款尚不及原申请数之 1/3，部属机关经费分配本极"万分困难"，仅能配给中研院 4 亿元。由于差距过大，对于中研院短缺之数，朱家骅只好再次呈请总统府与行政院另拨款解决。又如，10 月，中研院再度透支，行文教育部"借支" 2 亿元应急，朱家骅指示"准予照借"。只是教育部此时根本无款可以"垫借"。于是，再次由教育部担保，向四联总行"借贷" 2 亿元。①

此外，数理化研究中心在完成物理所硬体建设后，1948 年接着进行数学所兴建工程。但因物价高涨，超出原预算甚巨，无法全部支付。为求能如期完工，早日开始工作，8 月初再向教育部申请"补助" 200 亿元。虽然朱家骅早在教育部下半年年度经费中，为数学所编列将近 3100 亿元的兴建专款，但为解当时的燃眉之急，朱家骅依然指示酌予补助 60 亿元。同时为兴建在沪数学、物理、化学三所迁京之员工宿舍，朱家骅还以特别项目向行政院报请追加经费，于 1948 年 10 月底得行政院准予，增拨五万金圆为员工宿舍建筑费。②

总之，数理化研究中心的建筑工程在朱家骅的全力护航下顺利

---

① 《教育部代电四联总处、中研院》（1947 年 10 月 18 日），教育部档案之中央研究院档案，"国史馆"藏，卷宗号：196/261－1。

② 《国立中央研究院公函教育部》（1947 年 7 月 11 日）、《萨本栋函朱家骅、教育部高教司长周鸿经、总务司长贺和钦》（1947 年 7 月 25 日）、《朱家骅复萨本栋》（1947 年 7 月 29 日）、《国立中央研究院代电教育部》（1948 年 8 月 7 日）、《吴克家签呈》（1948 年 9 月 7 日）、《教育部代电》（1948 年 10 月 12 日）、《行政院准予中研院追加增拨金圆五万元职员宿舍建筑费》（1948 年 10 月 25 日），教育部档案之中央研究院档案，"国史馆"藏，卷宗号：196/261－1、196/261－4。

进行。朱家骅在 1947 年 10 月召开的第二届评议会第四次年会上还信心满满地报告说：

> 不久物理所就可迁京，数学所亦可同来，明年再及化学所，届时就可完成数理化研究中心。获得适合研究的环境后，对于国防科学的研究，当能有所贡献。我们深知科学研究的发展，不应有所偏倚，一俟数、理、化三所迁京以后，再作动、植物两所之新建设与迁京工作。①

1947 年冬，物理所大楼落成，数学、物理两所于 1948 年 3 月先行迁至南京。物理所并将原有之地磁研究部分移归气象研究所接办。1948 年 8 月初，数学研究所大楼亦将完成；化学研究所建筑工程也紧密进行中。但自 11 月初的淮海战役后，京沪局势紧张，中研院只能尽速疏迁，朱家骅的计划就此终结。

三　创设院士会

朱家骅视中研院组织体制之健全为奠定中国现代学术事业基础的重要一环。朱家骅于 1940 年长院之后始终以为，中研院既是仿西方之"国家学院"体制设计，唯有以"学者"为中研院组织之主体，始得构成实至名归的"国家学院"。对于中研院未有主要任务上之组成分子，他认为在体制上并不完备。中研院虽设有具全国代表意义的评议会，但对内性质较重，且因战祸连连，在统一领导和组织协调各学术机构之间的任务方面收效甚微。就倡导学术研究而言，实"仍感不足"。②

---

① 《国立中央研究院评议会第二届第四次年会开幕词》（1947 年 10 月 15 日），《朱家骅先生言论集》，第 88~89 页。

② 朱家骅：《国立中央研究院简说》（1953 年 12 月 23 日）、《国府纪念周报告》（1947 年），朱家骅档案，函号：301-01-07-005、301-01-07-007、301-01-07-005；《三十年来的中央研究院》（1957 年 6 月 9 日）、《国立中央研究院评议会第二届第四次年会开幕词》（1947 年 10 月 15 日），《朱家骅先生言论集》，第 111、88~89 页。

尤其战后重建工作正要开展，如何联系、团结全国科学研究人才与学术机构，如何整合学术资源，贡献学界力量，成为日益重要的课题。朱家骅检讨过去，规划将来，认为"面临着一切环境的剧烈变动，应如何健全院本身的组织机构，并如何使会本身的代表性质更得合理基础，借以加强工作效能，而使全国学术确有机会去尽量发展"，是中研院当前之要务。特别是借完成中研院国家学院体制，缩短与国际学界距离已是"不容再缓"之事。① 因此，成立院士会是他战后积极推动的重点工作之一。

院士制度最早起源于欧洲。1666 年法国国王路易十四设立了法兰西科学院，延聘许多当时著名科学家专事科学研究工作，称他们为"Member of Academy"（有时亦以"Academician"称之），此即为世界历史上第一批国家科学院的"Member"（即中国之"院士"，以下皆以"院士"称之）。在"院士"的努力工作下，迅速推动了法国科学事业的发展，使法国一跃成为欧洲大陆的科学中心。其他国家遂纷纷仿效法国，成立科学院，如俄国的圣彼得堡皇家科学院、普鲁士皇家科学院、英国皇家科学院，都采用"院士"来称呼其选出之杰出科学家。自此"院士"成为学术界给予学者最高荣誉的桂冠。各国国家科学院的规模和职能各有不同，但基本上不脱两种形态。第一种是不设研究机关，仅在研究政策上担任政府顾问，供政府咨询，如英国皇家学会、法国科学院，是属自发性的学术性社团组织；第二种，不仅担任政府科学研究政策的顾问和咨询，且自设研究所，从事科学研究工作，如苏联国家科学院。上述两种"国家学院"皆由孚众望之科学家组成，以"院士"为构成"学院"的主体。换言之，近代文化发达、科学进步的国家，为求学术研究的精益求精，多有国家学院之设置，无论其组织形式为何，都由全国学术权威为构成主体，以"院士"为其基本成员，内为政府国家学术政策之顾问，力谋学术之进步，外谋国际学术研究之合作，专事科

---

① 《国立中央研究院概况》（1948 年 7 月 26 日），《朱家骅先生言论集》，第 94～95 页。

学研究及指导、联络、奖励学术工作。①

中研院就是在这种追随西方以"国家学院"发展国家科学研究事业模式的思维下成立。② 因此，1927 年中研院成立之初，组织法中便有"名誉会员"之设置。③ 此谓"会员"之中文译称，即后来之"院士"前身。不过值得一提的是，中研院早期几度修正的组织法对"会员"之权利义务并没有任何规定。此一阶段的"会员"系为单纯的"荣誉头衔"，并非中研院体制内正式"组织"。所以，对于中研院并无"义务"，亦不负担院中事务。亦即，中研院作为国家最高学术研究机关，其初期之构成主体并非如西方国家科学院之"院士"。

这并非刻意"独树一帜"，而是中研院之性质虽为中国之"国家学院"，但 1927 年筹备创设之时选举"院士"颇有困难。更现实的问题是，当时中国科学研究事业尚在起步阶段，科学并不发达，不仅研究工作"基础未固"，且研究人才极为匮乏，设置"院士"尚非其时。所以不得不迁就事实，采渐进方式，先从中研院自身设置研究所从事科学研究工作着手，一面巩固科学研究基础，一面以为示范，用以提倡科学研究，使社会各方面能逐渐养成学术研究风气，

---

① 《国立中央研究院概况》（1948 年 7 月 26 日），《朱家骅先生言论集》，第 91 页。

② 此思路可由 1927 年颁布之《中华民国大学院中央研究院组织条例》第一、二条规定中清楚看见。第一条规定："本院定名为中央研究院，为中华民国最高科学研究机关。"第二条明言成立宗旨为"本院受中华民国大学院之委托，实行科学研究，并指导、联络、奖励全国研究事业，以谋科学之进步，人类之光明"。国立中央研究院文书处编《国立中央研究院十七年度总报告：法规》，第 2 页。

③ 中研院成立之初，在组织法中将英文之"Member"直译为"会员"。1927 年颁布的《中华民国大学院中央研究院组织条例》第五条规定，中央研究院设"名誉会员"和"通讯员"。1928 年 4 月颁布的《修正国立中央研究院组织条例》此条文并未更动。不过，1928 年 11 月再次公布修正的《国立中央研究院组织法》第一条规定："国立中央研究院直隶于国民政府，为中华民国最高学术研究机关。"将"为中华民国最高科学研究机关"中的"科学"二字改"学术"，确立国立中央研究院为全国最高学术研究机关的地位。有关"会员"的部分也稍有变动，第七条中规定："国立中央研究院设名誉会员。"第八条，将"名誉通讯员"修正为"名誉会员"，以资一律。国立中央研究院文书处编《国立中央研究院十七年度总报告：法规》，第 1~6 页；《中央研究院院史初稿》，第 167 页。

进一步推动科学研究事业之发展和科学人才之培养，待中研院逐渐充实，规模渐备后，再行完成体制。也就是为了适应事实需要，中研院组织法上第二条明定之两点任务，即把自身从事科学研究放在第一点，而把指导、联络、奖励学术的主要任务摆在第二点。因此，早期"会员"之设置仅是为显示当时对从事科学研究专家学人的尊崇和对西方国家学院制度追随之义。[①]

中研院自设研究所从事科学研究工作，落实"示范与倡导作用"的第一项任务，但是第二项"指导、联络、奖励学术之研究"才是中研院设置的最终目标与使命，在尚未设置"会员"之前，将如何达成？几经琢磨思量，即有设置评议会作为院士制度之预先准备，"暂代"中研院作为国家科学院尚无条件设置"会员"，构成学院主体体制的缺憾，担负起中研院第二项任务。[②] 这就是中研院创立时，于院长之下分行政、研究、评议三大部门，以评议部门为全国最高学术评议机关，而未设置"院士会"之因。

朱家骅在 1936 年担任总干事期间即已观察到，中研院自成立以来，只做到自身从事科学研究工作的任务，虽设有评议会执行"指导、辅助、联系、奖励全国学术研究事业"任务，但在中研院行政、研究、评议三足鼎立的组织架构下，对内性质较重，而招致外界对中研院"孤立主义"之批评。他曾努力尝试打破中研院的"孤立主义"。1940 年长院之后，因战时交通与经费困难，集会不易，无能善尽第二项任务，朱家骅一直筹思如何真正落实达成第二项任务、计划如何完成中研院体制。

---

① 《国立中央研究院概况》（1948 年 7 月 26 日），《朱家骅先生言论集》，第 94 页；《国立中央研究院概况：中华民国 17 年 6 月～37 年 6 月》，第 6 页；朱家骅：《中央研究院审定院士候选人的程序》，《大陆杂志》1957 年第 5 期，第 166 页；朱家骅：《国立中央研究院简说》（1953 年 12 月 23 日），朱家骅档案，函号：301-01-07-005、301-01-07-007。

② 《国立中央研究院评议会第二届第四次年会开幕词》（1947 年 10 月 15 日），《朱家骅先生言论集》，第 89 页；朱家骅：《朱家骅代院长在第三届评议会第一次会议之开幕词》（1957 年 4 月 3 日），《中央研究院史初稿》，第 209 页。

朱家骅基本主张，所谓"国家学院"必须有其构成分子（即英文之"member"），要达成第二项任务则须汇集全国重要学术人士成立正式组织。因此，为健全中研院为"国家学院"之体制，也为完成"国家学院"之使命，朱家骅认为必须依组织法中有关"会员"之规定，举行"会员"选举。① 他在 1941 年、1944 年召开的两次评议会中，都就中研院组织法得设"会员"之规定提出讨论。此举本欲随即举行"名誉会员"选举，完成中研院"国家学院"体制，但考虑战争尚未结束，交通阻隔，选举不便，最后决议于下次年会再议。② 另外，评议员普遍觉得"会员"一词太过通俗，无法显现其内涵与深义，经多次讨论后始决议以"院士"定名。③ 而朱家骅为加速推动

---

① 1935 年 5 月公布施行的《国立中央研究院评议会条例》第五条第四款评议会"选举中央研究院之名誉会员"之规定未曾落实。朱家骅：《国立中央研究院简说》（1953 年 12 月 23 日），朱家骅档案，函号：301 – 01 – 07 – 005、301 – 01 – 07 – 007。

② 中央研究院第二届评议会第二次年会于 1944 年 3 月 8、9 日在重庆召开。在 3 月 6 日的"会前会"聚餐中，评议会秘书翁文灏提出包括"是否选举名誉会员"等四件重要议案进行讨论。经逐项讨论后，当场决定于大会时组织"名誉会员候选人推举委员会"，进行"名誉会员"选举事宜。不过在评议会正式会上，因考虑到战争尚未结束，交通阻隔，选举不便等因素，即推翻前议，决定于下次年会时再提出讨论。但推定由吴有训、翁文灏、傅斯年、李四光、李书华等共同针对"Member of Academia Sinica"的中文译名、选举及有关事项进行研议，于下次年会时提出讨论，吴有训为召集人。其中关于"Member of Academia Sinica"的中文译名一案，是因为中央研究院组织法上所规定之"会员"是"Member of Academia Sinica"直译的一种普通的译名，评议员普遍认为"会员"一词太通俗，显现不出其内涵与意义，几经讨论，无法得出共识，才决定交由上述委员会先行研议，届时提会讨论。但"下次年会"因战火漫漫，迟至 1946 年 10 月才得以召开。《中央研究院评议会第二届第二次年会到渝评议员谈话会》（1944 年 3 月 6 日）、《中央研究院评议会第二届第二次年会纪录》（1944 年 3 月 8～9 日），中央研究院档案，中国第二历史档案馆藏，卷宗号：393 – 546、393 – 1556；《评议会第二届第三次年会记录》（1946 年 10 月 20～24 日），北京大学档案馆藏，馆藏号：BD1946121 – 1；《三十年来的中央研究院》（1957 年 6 月 9 日），《朱家骅先生言论集》，第 111 页；《竺可桢日记》第 10 册，第 233～234 页。

③ 朱家骅在 1944 年 3 月第二届评议会第二次年会闭幕后不到一星期，立即召集在渝评议员翁文灏、陶孟和、汪敬熙、李四光、吴定良、茅以升、周仁、庄长恭、何廉、傅斯年、姜立夫、张云、李济、吴有训、戴芳澜、王家楫、丁燮林、李书华、谢家荣、张钰哲、吴学周、竺可桢、吕炯，与总干事叶企孙等 25 人举行"谈话会"。会中，"名誉会员候选人推举委员会"召集人吴有训报告"Member

"院士会"成立，在 1944 年评议会后又立即召集评议员"谈话会"，完成"院士会"之前制会议。

抗战胜利后，朱家骅认为，近二十年来中国科学研究事业已非昔比，学术界人才辈出，若干部门及个人在科学上的成就，已为国际学术界所赞誉。[1] 且中研院已由战前的十个研究所，扩展到十四个研究所（含筹备处），规模日备，各机构已陆续复员东还。又经过十余年与国外科学界的交流，中研院已逐渐为国外学术团体承认之"中国国家学院"。朱家骅认为，"内为学术之进步，外为国际之合作"，以谋中国学术之独立，此时举行院士选举完成国家学院体制已刻不容

of Academia Sinica"之中文译名、选举人资格和学科范围等事项，与其他委员初步研议之结果。其中有关"院士"之名，系于 1946 年 10 月召开之第三次评议会决议者。10 月 22 日第三次大会一开始，即决定将第一案"请规定 Member of Academia Sinica 之名称设置、选举及有关事项案"与第二案"请设置中央研究院院侣及修正评议会组织与任务案"两案合并讨论。首先针对"Member of Academia Sinica"的中文译名"院员""院士""院正""院侣"及"学侣"诸意见进行讨论，经过冗长的讨论与交换意见后，最后傅斯年建议称为"院士"，得到了吴有训、竺可桢等多数评议员支持，经决议通过，将"Member of Academia Sinica"定名为"院士"。《国立中央研究院评议会第二届第二次年会闭幕后举行之在渝评议员谈话会》（1944 年 3 月 16 日），中央研究院档案，中国第二历史档案馆藏，卷宗号：393－546；朱家骅：《国立中央研究院简说》（1953 年 12 月 23 日），朱家骅档案，函号：301－01－07－005、301－01－07－007；《国立中央研究院概况》（1948 年 7 月 26 日），《朱家骅先生言论集》，第 94～95 页；朱家骅：《中央研究院审定院士候选人的程序》，《大陆杂志》1957 年第 5 期，第 166 页；国立中央研究院文书处编《国立中央研究院首届评议会第一次报告》，国立中央研究院总办事处，1937 年 4 月，第 10～11 页；《评议会第二届第三次年会记录》（1946 年 10 月 20～24 日），北京大学档案馆藏，馆藏号：BD1946121－1；《三十年来的中央研究院》（1957 年 6 月 9 日），《朱家骅先生言论集》，第 111 页；《竺可桢日记》第 10 册，第 233～234 页。

[1] 中国现代意义的学术研究在 20 世纪初才起步，直到三四十年代，新式知识分子始逐渐取得初步的成绩和建树，如数学的陈省身、姜立夫、苏步青、华罗庚、熊庆来；物理学的丁西林、严济慈、赵忠尧、叶企孙、吴有训、许德珩、吴大猷；化学的王琎、曾昭抡、庄长恭、范旭东、侯德榜、吴蕴初；地质学的李四光、丁文江、翁文灏、黄汲清、谢家荣；医学的汪敬熙、林可胜、蔡翘；气象学的竺可桢、涂长望、赵九章；动植物学的伍献文、胡先骕、秉志；工程技术方面如凌鸿勋之于铁路、茅以升之于桥梁、萨本栋与顾毓琇之于电机、周仁之于炼钢、梁思成之于建筑等。

缓。于是 1946 年 10 月 20～24 日召开第二届第三次评议会年会，"健全中央研究院组织机构"和"发展科学"是这次评议会的焦点议题。为加速选举院士之前制作业，朱家骅在 15 日先召集到京评议员谈话会，进行年会讨论议案之会前会，将修正评议会组织法条例及评议员选举方法列为第一优先讨论议案。①

朱家骅在评议会开幕致辞时，不讳言地指出中国当前科学研究环境与条件的困乏与危机。他说：

> 我们学术研究根基本浅，而战时世界科学的进步，其惊人速度，更使我们望尘莫及，整个民族的国际地位，乃至生存问题，我们已感到严重的威胁，固然国人提倡西洋学术为时已久，而政府自从奠都南京以后，尤其在抗战期间对于科学之提倡，三令五申成效终是有限。

在这抗战结束未久，建设正要开始的时候，朱家骅认为，想要发展科学研究，健全中研院内部组织体制是第一要务。他在结束致辞时特别指出：

> 应如何健全院本身的组织机构，并如何使会本身的代表性质，更得合理基础，借以加强工作效能，而使全国学术确有机会去尽量发展，也要请各位先生多多指教。②

所谓"健全院本身的组织机构"说的即是"院士会议"的建置。

---

① 《国立中央研究院评议会第二届第三次年会到京评议员谈话会记录》（1946 年 10 月 15 日），北京大学档案馆藏，馆藏号：BD1946121 - 1；《第二次院士会议开幕致词》（1957 年 4 月 2 日）、《国立中央研究院评议会第二届第四次年会开幕词》（1947 年 10 月 15 日），《朱家骅先生言论集》，第 99、88～89 页；《国府纪念周报告》（1947 年），朱家骅档案，函号：301 - 01 - 07 - 005。

② 朱家骅：《国立中央研究院评议会第二届第三次年会开会词》（1946 年 10 月 20 日），北京大学档案馆藏，馆藏号：BD1946121 - 1。

因此该次评议会最重大的决议，就是设置"院士"，修改《国立中央研究院组织法》和《中央研究院评议会条例》。① 紧接着，中研院上述修正法条在 1947 年 3 月 13 日经国民政府公布施行，为"院士选举"与"院士会"设置提供法律依据。② 既然国家学院体制之"法条组织"已经完成，接下来的重责大任即是将"法条组织"落实为"实际组织"。选举院士、筹设"院士会"为朱家骅下一步的重点。

朱家骅立即于 3 月 15 日召集京沪评议员举行谈话会，讨论"院士选举规程"及"院士会议规程"，会中推举胡适、翁文灏、萨本栋、傅斯年、茅以升、吴有训、李济七名评议员组成院士选举规程草案起草小组，以萨本栋为召集人。3 月 26 日，朱家骅再召集京沪评议员第二次谈话会，修正通过"起草小组"所拟就的《国立中央研究院院士选举规程草案》，遵照评议会第二届第三次年会决议，以通信方法征求各评议员同意后施行。③ 于是，评议会便以此"选举规程"为依据，进行中国学术史上第一次"院士选举"。

---

① 关于修正《国立中央研究院组织法》，按委员会意见，主要是新增第 5 条至第 10 条和修定第 11 条与第 12 条，规定了院士选举的资格、名额、提名、职权和学科分组，并确定由评议会制定院士选举规程及院士会议规程。拟修正《中央研究院评议会条例》部分则修订了第 2 条、第 3 条、第 4 条、第 6 条、第 8 条条文，以配合中研院组织法之修正内容。

② 1947 年 1 月 27 日，中央研究院将上述修正草案上呈国民政府，交立法院审议修正通过，完成立法程序。1947 年 3 月 13 日由国民政府公布施行，为院士选举的筹备提供了法律依据。《国立中央研究院概况：中华民国 17 年 6 月～37 年 6 月》，第 4、10～12 页；《评议会第二届第三次年会记录》（1946 年 10 月 20～24 日），北京大学档案馆藏，馆藏号：BD1946121‐1；《国立中央研究院评议会第二届第四次年会开幕词》（1947 年 10 月 15 日）、《第二次院士会议开幕致词》（1957 年 4 月 2 日），《朱家骅先生言论集》，第 88～89、99 页。

③ 3 月 17 日举行"小组会"，达成以下共识：一、院士选举投票方法，在第一次选举时由评议会决定，此后由院士会议决定。二、因院士会议是否举行尚待讨论，故院士会议规程草案在全体谈话会讨论后再草拟。三、人文组中国文学一科限定"所选以领导文学风气及精研经籍者为限，文艺创作家不在内"。四、每组的分科及各科名额分配，在每次办理选举时由评议会决定。因每组中各科之发展水平未必相同，如其中某一学科特别发达，可就该组中名额酌予增减。这些共识在 1947 年 10 月第二届评议会第四次会议中追认通过。《院士会议及选举规程、中央研究院京沪评议员谈话会记录》，中央研究院档案，中国第二历史档案馆藏，卷宗号：393‐1034。

"院士"为终身名誉职，是中国最崇高之学术荣衔。"院士选举"标志着中国学术研究事业的进步与发展前景，更重要的历史意义在于中国现代学术研究机构体制的确立与定型。这不仅仅是中研院的事、学术界的事，更是"国家的大事"。① 朱家骅基于这次"院士选举"深具划时代与树立典范意义，非常郑重其事，恪守中研院之学术自治精神，初期的讨论、法案的修正都直接交由评议会公开讨论，组织专事小组筹划，最后交返评议会公决，完全排除政治介入的机会。对办理"选举"事宜，朱家骅更为谨慎，坚持采用超然民主方式选举院士，且选举过程力求做到公平、公正、公开与透明。② 因此，这次院士选举过程中最大的特色即是"按表操课"，每一个步骤都是根据"院士选举规程"进行。

首先根据第四条规定，以院长朱家骅为主席，评议会秘书翁文灏及总干事萨本栋为院士选举筹备委员会秘书，再以通信方法票选数理组吴有训、茅以升、吴学周、谢家荣、凌鸿勋；生物组王家楫、罗宗洛、林可胜、汪敬熙、秉志；人文组胡适、傅斯年、王世杰、陶孟和、李济等15位评议员为委员，组织第一次院士选举筹备委员会（以下简称筹委会）。

5月初，筹委会便根据组织法第七条③、院士选举规程第八条④：之候选人资格提名规定，将《国立中央研究院院士候选人提名表》

---

① 胡适之语。《胡适日记全编》第7册，第666页。
② 会中公推吴有训、翁文灏、傅斯年、李书华、胡适、萨本栋、周鲠生、秉志、陈垣等9位评议员组织"第一议案审查委员会"，由胡适担任召集人，针对中研院组织法与评议会条例之修订，和拟定院士第一届如何产生及名额进行细部审核。《评议会第二届第三次年会记录》（1946年10月20～24日），北京大学档案馆藏，馆藏号：BD1946121－1；《竺可桢日记》第10册，第234页。
③ 组织法第七条："国立中央研究院院士之选举，应先经各大学、各独立学院、各著有成绩之专门学会或研究机关，或院士或评议员各五人以上之提名，由中央研究院评议会审定为候选人，并公告之。"
④ 院士选举规程第八条："凡提名院士候选人时，须依本规程所附《院士候选人提名表》之格式填写，连同有关之著作及其它文件，挂号寄送本院院士选举筹备委员会。"

《国立中央研究院院士选举规程》《国立中央研究院组织法》《国立中央研究院评议会条例》等文件寄给全国各符合条件之学术研究机构；并依规定于南京、汉口、广州、重庆四地的《中央日报》，上海、天津的《大公报》，北平的《华北日报》，成都的《中兴日报》等刊登《国立中央研究院第一次院士选举筹备会通告》，昭告第一届院士选举正式举行，其目的在于广邀全国学术界学人共襄盛举。①

　　"选举院士"乃为中国学界历史性的大事，各教育学术机关、团体对于提名人选皆十分慎重。叶企孙在 1947 年 6 月 14 日的日记中写道："到北研物理所，出席中国物理学会之理事会，讨论之主题为向中研院推荐院士之候选人。"但直到 7 月 12 日始有结果出炉。6 月 26 日："月涵约校内（按：指的是清华大学）九人讨论推荐中研院院士问题。"胡适在 7 月 15 日给史语所诸公的信里也说："承嘱代填院士提名单，今奉上五份。"北京大学直到 7 月 16 日才送出 37 名院士候选人名单。显见学界对于提名人选之审慎态度。② 经筹委会初步审查，合于资格的被提名者涵盖 59 个学术教育机关、团体，总计有

---

①　《国立中央研究院第一次院士选举筹备会通告》内容如下："本会现已依法成立，即日起在南京鸡鸣寺一号本院内办理本院第一次院士选举之预备工作。依照本院组织法之规定，第一次选举之院士名额为八十人至一百人，分配于数理，生物及人文三组；由各大学，各独立学院，各著有成绩之专门学会或研究机关，提名院士候选人。兹特登报通告，本院第一次院士候选人之提名期间自登报之日起至三十六年七月二十日截止，统希查照办理为荷！三十六年五月十二日（所有本院组织法及院士选举规程等法规，函索即寄）。"《中央研究院院士选举规程及院士候选人提名表》（1947 年 5 月），北京大学档案馆藏，馆藏号：BD1947058。另见《院士会议及选举规程、中央研究院京沪评议员谈话会记录》《第一次院士选举提名一览表》，中央研究院档案，中国第二历史档案馆藏，卷宗号：393 - 1034、393 - 1598；《国立中央研究院概况：中华民国 17 年 6 月～37 年 6 月》，第 16～17 页。

②　由于抗战期间不少被提名人的著作因迁徙而散佚，汇集颇费时日，为顾全实际困难，筹委会再次公告，将提名截止日期顺延一个月，至 8 月 20 日。虞昊、黄延复：《中国科技的基石：叶企孙和科学大师们》，第 453 页；胡颂平编《胡适之先生年谱长编初稿》第 6 册，第 1977 页；《送交给国立中央研究院院士候选人提名表三十七件》（1947 年 7 月 16 日），北京大学档案馆藏，馆藏号：BD1947059；《国府纪念周报告》（1947），朱家骅档案，函号：301 - 01 - 07 - 005。

822 人，朱家骅为中国地质学会与中研院所提名的院士候选人。① 进
一步审核后，拟出一份 510 人的初审名单。筹委会在 10 月 13 日最
后一次审查会议中，再删除 108 人，确定初审提名候选人 402 人，
正式提交 10 月 15 日召开的第二届评议会第四次年会。② 至此，筹委
会结束院士选举提名筹备工作的阶段性任务。接下来，选举院士候
选人与院士的重责大任便正式交给中研院评议会。

　　1947 年 10 月 15～17 日召开的第二届评议会第四次年会，追认
院士选举规程及审定与公布院士候选人名单。朱家骅在开幕致辞时
便直接指出这次评议会的历史意义。

> 　　一年以来，即依照决议着手拟订各种有关章则，并积极筹
> 备院士选举工作。此次评议会主要任务，即为院士候选人的审
> 定与公布，再经明春特别召开评议会正式选举，即可召开院士
> 会议。以后每年由院士会增选若干人，有了院士，本院就完成
> 了体制，奠定我国学术的基础，而对于倡导今后科学的研究，
> 尤具深长意义。③

　　评议会公推胡适、李书华、秉志分别担任人文组、数理组、生
物组之院士候选人分组审查召集人，依据法规规定之院士候选人资
格，分组详细审查初审合格之院士候选人名单，再提交评议会全体

---

① 分别是大学 29 所，提名 535 人；独立学院 13 所，提名 30 人；专门学会 9 个，提
名 54 人；研究机构 8 个，提名 203 人。其中中研院提名 155 人，包括数理组 68
人、生物组 31 人、人文组 56 人。《中央研究院第一次院士选举候选人提名机构
统计表》，中央研究院档案，中国第二历史档案馆藏，卷宗号：393 - 1599。
② 《国立中央研究院概况：中华民国 17 年 6 月～37 年 6 月》，第 16～17 页；《院士
会议及选举规程、中央研究院京沪评议员谈话会记录》、《中央研究院第一次院士
候选人提名册》，中央研究院档案，中国第二历史档案馆藏，卷宗号：393 -
1034、393 - 1597；《胡适日记全编》第 7 册，第 683 页。
③ 《国立中央研究院评议会第二届第四次年会开幕词》（1947 年 10 月 15 日），《朱
家骅先生言论集》，第 88～89 页。

会议公决。① 这次评议员依法审核院士候选人资格之审慎态度，胡适在日记里有清楚的记载。10 月 16 日："晚连夜赶写人文组院士候选人'合格之根据'，到四点才完!"10 月 17 日："评议会续开大会，决定候选人名单，并推人整理各组所拟'考语'。连日讨论甚热烈，最后尚有增减。最后名单数理组 49 人、生物组 46 人、人文组 55 人，共 150 人，此单晚上七点公布。"②

　　第一届院士候选人名单出炉后，随即根据院士选举规程，于 11 月 15 日在政府公报及各地报章上公告候选人名单及其合格根据，广征教育学术界对候选人之公评。这次院士选举在中国学术界是一个盛举，中研院院士候选人的公布不能说在学界掀起多大波澜，但也确实受到知识界、文化界的关注与"指教"。例如天津《大公报》1948 年 1 月 26 日以《为学术界的青年请命》为题，发表社评认为对青年新进之士包罗太少，建议"今后一切学术界的机会，必须尽量向青年的学术工作人员开放，务使青年积学之士能脱颖而出，不致长期埋没"。《中央周刊》也于 1948 年 2 月 22 日刊登署名"伯商"所写的《天风海涛楼札记》一文。

　　　　考语中央研究院自蔡孑民先生逝世后，久感消沉，近年有选举院士之举，曾于各报端公布候选人名单，连篇累牍，诚盛事也。考英美德法诸国，研究院之院士，为学术界之最高地位，当选者不但为一国之学术泰斗，亦且为国际公认之权威学者，必也有其一鸣惊人之著作，有众口交誉之声望，然后方可

---

① 中研院组织法第五条对院士资格之规定："国立中央研究院置院士若干人，依左列资格之一，就全国学术界成绩卓著之人士选举之。对于所专习之学术，有特殊著作发明或贡献者。对于所专习学术之机关领导或主持在五年以上，成绩卓著者。"《国立中央研究院概况：中华民国 17 年 6 月～37 年 6 月》，第 10～12、16～17 页；《院士会议及选举规程、中央研究院京沪评议员谈话会记录》、《中央研究院院士候选人名单及选举票》，中央研究院档案，中国第二历史档案馆藏，卷宗号：393 - 1034、393 - 1620。
② 《胡适日记全编》第 7 册，第 684 页。

当院士之选，非借钻营运动所可济世也。我国初选院士，意义重大，然一考候选人名单，则不禁令人惶愧。甚有国内既无藉藉之名，国外毫无些微之望，初出茅庐，居然膺选为候选人，虽各科皆然，而社会科学为尤甚。甚矣创始之难，而作始之不可不慎也！

　　医师王和夫于 1948 年 3 月 6 日致函评议会，"揭发"候选人马文昭的数篇论文"皆其技术员、助手及友人代作、代写"。袁翰青于 1948 年 3 月 9 日致函评议会，对候选人纪育沣提出质疑；连远在美国新港养病的傅斯年也于 3 月 9 日致函朱家骅、翁文灏、胡适、萨本栋与李济，针对候选人名单提出具体意见。① 这样各抒己见，正是候选人名单公告长达四个月的目的。筹备委员会将这些公评汇集，详加审阅、整理后，提交评议会讨论，作为选举时的参考资料。朱家骅在公告于 1948 年 3 月 15 日期满后，于 25 日召开为期四天的评议会第二届第五次年会，根据上述 150 名院士候选人名单，选举80～100 人为第一届院士。

　　院士选举规程规定，院士选举需经分组审查与全体评议员会议两阶段。在分组审查预选时，朱家骅为数理组院士候选人，数理组

---

① 兰州科学馆馆长袁翰青认为，纪育沣"在化学界虽为前辈，亦偶有论文发表，但所发表之论文均无创见……国内类似纪先生之有机化学家为数不少，今独选纪先生为院士，恐既不能使国内化学界心服，亦不免使国际化学界讶异也！"傅斯年说："（1）候选人中确有应删除者，如刘文典君，……刘君校'庄子'甚自负，不意历史语言研究所之助理研究员王叔岷曾加检视（王君亦治此学）发现其无穷错误，校勘之学如此，实不可为训，刘君列入，青年学子，当以为异。……今列入候选人名单，如经选出，岂非笑话？""医学一项之提名最有问题……其中有人仅写若干小文，并无国际学人之认可；而在国内负医学教育之责者，其事业甚有功于人民及学界亦为国际知名，今以未经论定之小文当选，而医学界之领导者转不列入，甚为不公。"《天津〈大公报〉社评：〈为学术界的青年请命〉》（1948年1月26日）、《伯商：〈天风海涛楼札记〉，〈中央周刊〉》（1948年2月22日）、《王和夫医师函》（1948年3月6日）、《袁翰青函》（1948年3月9日）、《傅斯年美国新港函》（1948年3月9日），中央研究院档案，中国第二历史档案馆藏，卷宗号：393－646。

总票数为 22 票，朱家骅得 19 票，在数理组 49 名候选人中排名 14。结束分组审查后立即进入第二阶段全体评议员会议正式选举，采不记名投票方式。照章此次应选出院士名额为 80～100 人，不过朱家骅希望能选出最高额 100 名院士。[①] 这次出席会议之评议员计有 25人，按"以全体出席人数五分之四投同意票者为当选"之规定，至少需得 20 票始能当选。但投票结果，第一轮仅 67 人顺利当选，计数理组 24 人，生物组 21 人，人文组 22 人。其中朱家骅得 24 票，在数理组中排名第 4，当选为院士。[②] 第一次投票只选出 67 名，未达最少 80 人的目标。经大会讨论决定立即进行补选，由于院士选举不

[①] 中研院组织法第六条明文规定："中央研究院之院士，第一次由中央研究院评议会选举之，其名额为 80～100 人，嗣后每年由院士选举，其名额至多 15 人。"增选院士的工作则交由院士会议选举，以继续罗致学术上有特殊成就之人士。初步规划以 300 名为院士总额。《国立中央研究院概况：中华民国 17 年 6 月～37 年 6月》，第 16～17 页；朱家骅：《国立中央研究院简说》（1953 年 12 月 23 日），朱家骅档案，函号：301－01－07－005、301－01－07－007；《院士会议及选举规程、中央研究院京沪评议员谈话会记录》，中央研究院档案，中国第二历史档案馆藏，卷宗号：393－1034；《国立中央研究院评议会第二届第五次年会开会词》（1948 年 3 月 25 日）、《国立中央研究院第一次院士会议开幕词》（1948 年 9 月 23日），《朱家骅先生言论集》，第 89～91、96～97 页。

[②] 其中姜立夫、吴有训、李四光、陈桢、李宗恩、林可胜、胡适、陈寅恪、赵元任等 9 人获得"全数票"；而在地质学方面，第一名为李四光 25 票，朱家骅与翁文灏同为 24 票、谢家荣 22 票、杨钟健 21 票、黄汲清 20 票。朱家骅是符合组织法第五条第二款"对于所专习学术之机关，领导或主持在五年以上，成绩卓著者"之资格，分别由中国地质学会（朱家骅曾为该会理事长）与中研院两研究机关提名为院士候选人，当选为第一届院士。其当选理由根据第一届院士候选人公告之资格说明为："研究德国侏罗纪石灰岩。创办并主持两广地质调查所，奠定华南地质研究之基础。"对于朱家骅的当选，当时有人颇不以为然。地质学家杨钟健在回忆录中曾提及："选举时，地质方面候选人有十二名，被选中六人，即朱家骅、翁文灏、李四光、谢家荣、黄汲清和我。此六人中，独朱对于地质方面的实际工作太少，然因别的原因（推进工作有功）而当选。此事为许多人所不满。"事实上，朱家骅的"当选资格依据"，并未言尽他当选之资格，以朱家骅当时身兼中研院院长、评议会长、教育部部长，位居中国文化学术教育界领袖地位，领导中国文教科学事业的推进与发展，其贡献不小，因此当选院士应是"实至名归"。《中央研究院院士候选人名单及选举票》，中央研究院档案，中国第二历史档案馆藏，卷宗号：393－1620；《第一届院士录》，《中央研究院院史初稿》，第200 页；《国立中央研究院院士录 第一辑》，国立中央研究院，1948；杨钟健：《杨钟健回忆录》，地质出版社，1983，第 167 页。

仅为中研院之创举，更是中国学界之创举，朱家骅基于"宁缺毋滥"的原则，[①] 总计经过4次补选，始选出中研院第一届院士81名，计数理组28人、生物组25人、人文组28人。[②] 从修改法案至正式选举完成，总计历时三年的院士选举工作至此尘埃落定。这同时是中研院评议会第一次也是最后一次选举中研院院士，此后之院士增选工作将移交院士会议执行。此外，院士会议本身有论文委员会与学术讲演委员会之设置，[③] 并由各组院士各推秘书一人，[④] 负责主持学术联系事项，以加强组织开展工作，树立制度，开创中国新的学术体例。

有了院士会议，评议会似无存在之必要，但因评议会已有十多年历史，其性质与院士会议亦不尽同，且人数较少，容易集会，经院士会议郑重研议之后，认为有继续存在之价值，所以修订此后评议员产生方式，改由院士会议选举之，评议会则当作院士会议的常设机构，表里运用，并行不悖。至其原来职权早于1947年修正评议会条例时已予调整。[⑤] 简言之，中研院过去的重心在"评议会"，今后则是在"院士会"。院士会议制定国家学术方针，与受政府之委

---

① 《三十年来的中央研究院》（1957年6月9日），《朱家骅先生言论集》，第113页。
② 在这81名当选院士中，无一不是凭个人的研究成果或是对发展学术研究事业有贡献而当选。其中1/4出自中研院，其余则来自全国各学术教育机关，如国立北平研究院、地质调查所、资源委员会、中央卫生实验院；来自国私立高等教育机构的有北大、清华、浙大、复旦、武大、中央大学、辅大、湘雅医学院；还有私立研究机构者，如洛氏基金会创办的协和医院、静生生物调查所、中国科学社生物研究所、永利公司黄海化学工业研究社等。依当时中国学术研究事业进展的实际情况来说，当选之院士确实具备广泛的代表性。
③ 属院士会议之组织者，设置两个常设委员会。一为"论文委员会"，二为"学术讲演委员会"。《报告：本院一次院士会议所有决议案决议事项》（1948年9月23～25日），朱家骅档案，函号：301-01-07-009。
④ 3个学组各设学术秘书：数理学组秘书竺可桢；生物学组秘书李宗恩；人文学组秘书汤用彤。
⑤ 《国立中央研究院概况：中华民国17年6月～37年6月》，第4页；《国立中央研究院第一次院士会议开幕词》（1948年9月23日）、《三十年来的中央研究院》（1957年6月9日），《朱家骅先生言论集》，第96～98、113页。

托，办理学术设计、调查、审查及研究事项等任务。① 意味着国家科学事业从此朝着政策化、制度化和科学化的轨道发展，就此确立中研院主持者为院长、构成主体为院士、学术评议之责属于评议会，而从事学术研究者则为各研究所。至此，中研院为国家学院之体制终告完成，亦代表着国家学术体制化的最终形成。

另外值得一提的是，由于院士选举是在国共战起，局势纷乱的情况下进行，当时在美国养病的傅斯年非常不赞成在此时刻再搞一个这么大的选举。他在给胡适的信中忧心忡忡地说：

> 话说天下大乱，还要选举院士，去年我就说，这事问题甚多，弄不好，可把中央研究院弄垮台。大家不听，今天只有竭力办得他公正、像样，不太集中，以免为祸好了。②

事实上，由于这次选举办法十分慎重，对院士资格的审查十分严格，其选举的公正性受到学界的普遍肯定与认同。例如，数理组院士杨钟健评论这次选举说：

> 近年来，国内学术界闹得最热闹的，莫过于中央研究院关于院士之选举。……院士之当选，在国内一时被认为特殊荣誉。至少在产生方式方面，十分慎重，缺少弊端，其为一般人之重视，当亦在此。……事后，我也听到许多对于选举院士不满意之怨言，见仁见智，各有不同。大凡一事之举，欲求各方面均能如愿是不大可能的，好在大体方面并不很错，且以后还有补

---

① 院士会议的主要任务，依照中研院组织法及院士会议规程的规定如次：（一）选举院士及名誉院士；（二）选举评议员；（三）议订国家学术方针；（四）受政府之委托，办理学术设计调查审查及研究事项；（五）宣读重要学术论文。不过，受国共内战与大陆政权易主影响，中研院的院士会并未有发挥其作用之机会。

② 《致胡适函》（1947 年 6 月 20 日），欧阳哲生主编《傅斯年全集》第 7 卷，第 349 页。

救机会，即每年仍有选出十五人之规定，第一次未入选者，以后仍有机会。①

夏鼐在选举后给傅斯年的信中也说道：

此次评议会所作之事，为选举院士而已。名单发表后，外界一般意见，以为较候选人名单为佳，以其标准似较严格也。惟有少数人批评其缺点：（1）遗珠甚多。②（2）当选者，与中央研究院同仁及有关人物过多。（此以"近水楼台"之故，自所不免。）（3）老辈中有许多早已不做研究工作，且年轻时亦未曾有重要贡献之研究工作。所谓"科学界中的政客"，虽有院士资格第二项可言，但嫌所占比例太高，然此等见仁见智，各人之看法不同也。③

此外，中研院作为国家最高学术研究机关，在这次院士选举过

---

① 杨钟健：《杨钟健回忆录》，第 166、167 页。

② 夏鼐提到"遗珠之憾"，杨钟健也曾论说："真正的饱学之士被遗漏者亦有其人。譬如裴文中连第一次推荐时即未被列入，而他却在近年来，尤其是在抗战期中，对学术工作很有成绩。"不过杨钟健以为，以后每年仍有选出 15 人之规定，第一次未入选者，以后仍有机会。因此，并不以为"大患"。对于这次院士候选人名单中尚有学术界知名之士未经选入，朱家骅也深感"遗憾"，他曾公开解释说，按照院士选举规程规定，"院士候选人"亦可经由五名评议员联署提名之，但因第一次院士选举是由评议会评议员执行，为免"瓜田李下"，昭示"大公"而"昭慎重"，评议员并未行使"提名"职权。此外，这次提名机关团体，其主持人往往自己谦逊而提名他人，其本人反而不举；或注意本机构人士而未及其他人士，或注意其他人士而未及本机构人士，或提名机构不合规定，碍于法规规定，中研院无法"代庖"补救而致"遗珠"。所幸按规定每年均可增选至多 15 人，且由院士会议执行，朱家骅认为此举"当可补救遗珠之憾"。杨钟健：《杨钟健回忆录》，第 166~167 页；《国立中央研究院概况》（1948 年 7 月 26 日）、《国立中央研究院评议会第二届第五次年会开会词》（1948 年 3 月 25 日）、《国立中央研究院第一次院士会议开幕词》（1948 年 9 月 23 日），《朱家骅先生言论集》，第 94~95、90~91、97~98 页。

③ 转引自罗丰《夏鼐与中央研究院第一届院士选举》，《考古与文物》2004 年第 4 期，第 87 页。

程中，秉承了蔡元培坚持的学术独立自主精神，纯粹以学者个人之学术造诣与在学界之贡献为衡量标准，排除了政治介入的机会，也不受学者个人之政治立场影响。[1] 当选之院士全是依凭其个人学术造诣或在学术界之贡献而获殊荣，保证了选举的公正性，也体现了中研院的学术独立自主精神，树立了中国现代学术选举的典型范例，为中国学术史上一空前大事，也是朱家骅尊重纯学术研究和学术独立自主精神的一次展现。

中研院从 1928 年正式成立，至 1948 年选举第一届院士，完成国家学院体制创建，正好整整 20 年。院士制度的建立，是中研院创院 20 年来组织建设、学术发展的巅峰，其历史价值不仅仅在于完成了中研院国家学院以院士为构成主体的学术体制建设，更重要的意义在于标志着中国学术研究事业已达"国家学院"水平，由草创进入稳定成长的阶段，是中国现代学术史与科学发展史上重要的里程碑，具有划时代的深远意义。

朱家骅特地于 1948 年 9 月 23～25 日召开第一次院士会议的同时，庆祝中研院 20 周年院庆。院士会开幕当日蒋介石还亲临致辞，祝贺中研院 20 周年庆。

朱家骅在院士会议开幕致辞时，说明这次会议的深远意义。

> 我们选择了中央研究院二十周年纪念的今天，来开院士会议，是在回忆，也在前瞻，回忆到我们过去穷年累月的历尽艰困，而终于在学术上有些成就和贡献。前瞻到在遥远的研究途程上，我们又将怎样的锲而不舍地继续努力。

朱家骅回顾了过去 20 年的筚路蓝缕与艰苦辛酸，指出：

> 二十年来，我国的学术确有进步，这当然算不得是什么奇

---

[1]　最典型的范例就是郭沫若、马寅初两人的当选。

迹，进步得不够，但是若干学者的成就，不仅使我学术放一异彩，而蜚声于国际者，在各部门学科中，均大有人在。这确是难能可贵的。因为我们是处在一个不重视学术的环境的。

但过去已已，来者可追，最重要的是要展望未来。对于中国现代学术发展的未来，朱家骅亦直言道出了对学人、对政府与对社会的"希望"。

> 我们治学的人，当本着"正其谊不谋其利，明其道不计其功"的一贯精神，孜孜矻矻地工作，总期对国家学术暨人类幸福有所献替。但我们诚挚希望：第一、政府应本着宪法基本国策章，多多奖励科学的发明与创造，并予研究工作完善的设备。第二、社会各方多多鼓励学术的研究，增高学术研究风气，扩大我们智识的领域。①

其实院士会开议期间，解放军已在 9 月 24 日攻下山东济南，将向长江下游推进，国民党政权岌岌可危。院士会最年长的院士张元济（82 岁）代表院士致辞时，即悲观地提出警告说："战事不到二年。已经成了这个现象。倘若再打下去。别的不用说。我恐怕这个中央研究院也就免不了要关门。"② 即便局势如此，朱家骅个人也还认为院士会议的正式成立是中国学术研究事业的里程碑，对于中国学术与科学发展仍抱有无限的希望与憧憬。他在闭幕会致辞时指出：

> 此次院士会议在我国学术史上，实有划时代之意义，中国输入西洋科学始于明代，但其间一再受传统观念和环境的影响，

---

① 《国立中央研究院第一次院士会议开幕词》（1948 年 9 月 23 日），《朱家骅先生言论集》，第 95、98 页。

② 《在国立中央研究院第一次院士会开幕式上致词》，《张元济诗文》，商务印书馆，1986，第 228 页。

未有成就，前清末叶为新运动提倡新教育界，介绍西洋文化，而科学仍未能在我国生根，国民政府奠都南京以后，成立本院亦已有二十年历史，到今天院士选举后才真正完成本院体制，奠定科学研究的基础，可以说今后我们科学研究工作，走上了新的阶段，希望今后科学研究工作，在各位先生领导之下，加速推进，二十年后，必有更好的成就和贡献。①

他并乐观地认为：

院士选定，本院体制完成，将来一面与国际合作，一面在国内与各学术研究机构，共同为中国学术研究努力，我们相信，再过二十年以后，一定会比以往的二十年，有更多更大的成就。②

朱家骅满心以为院士制度建立以后，"自此得以时常承教，共策国家学术研究之方针及推进院务之途径"。同时，此后理应由院士会议每年增选院士至多15人，及推选国外学者为名誉院士，继续罗致学术上有特殊成就之人士，以交流学术成果，中国现代学术事业可以从此发扬。③ 当时为庆祝中研院第一届院士会议暨中研院成立20周年，中研院内还举办了热闹的流水席晚宴。石璋如回忆说：

上午开会，晚上就请吃饭，从总办事处到地质研究所前头的空旷处，桌子一路排开，放上酒跟点心，夜里灯火通明，称作游园会。刚开始的时候人很多，爱去哪桌吃、喝酒都可以，

---

① 朱家骅：《第一次院士会议闭幕辞》（1948年9月25日），朱家骅档案，函号：301-01-07-009。
② 《国立中央研究院评议会第二届第五次年会开会词》（1948年3月25日），《朱家骅先生言论集》，第91页。
③ 《四十四年本院在美院士谈话会报告》（1955年3月5日）、《致本院在美院士谈话会函稿》（1955年3月7日），朱家骅档案，函号：301-01-07-009。

可是天候不巧，打了响雷下起阵雨，大家就集中到总办事处的演讲大厅去了。我记得杨希枚领头唱平剧，非常热闹。①

只是，中研院同仁像这样相聚一起的欢乐就此成为绝响。中研院各所在对日抗战中经历数次迁徙离散仍得回归一体，却在国共内战的硝烟炮火中分道扬镳、天各一方。

第一次院士会议后不久，国民党政权已在风雨飘摇之中，院士会议及第三届评议会已无法召集，朱家骅呈报政府，将院士会议年会及历年院士选举暨第三届评议会，展至交通及秩序复常可以集会时再行召集，并依法补办历年院士选举；至于第三届聘任评议员之任期，自集会之日起算，除分别奉函通知每位院士、评议员外，并曾刊载于穗、台、渝、昆各大都市报纸公告之。② 只是谁也没料到，这一延就是9年。

总之，解放军推进神速，10月12日国民政府再度退往重庆，11月28日再迁成都，12月7日再往台北。12月中旬，中研院部分人员抵达台北。中研院研究部门到台湾的只有历史语言研究所和数学所，其余全部人员与设施均留大陆。院士81人，9人在台湾，12人在北美，其余59人皆留大陆。对朱家骅来说，中研院在他手中"几乎尽失"。此后，如何维持尚存的研究单位和徐图发展是朱家骅到台湾后的唯一重心了。

第三节 中研院的留离

1949年这一年，是中国政权再次更替的一年，也是中研院从

---

① 《石璋如先生访问纪录》，第316页。
② 依法每年应举行院士会议并选举院士，从1949年起，以时局关系，1949年度院士会议与选举提名都无法进行。《报告：本院一次院士会议所有决议案决议事项》（1948年9月23～25日）、《38年度院士选举延期一年之通知书》（1949年9月13），朱家骅档案，函号：301-01-07-009。

此分隔的一年。1948 年 11 月，国民党军队在辽沈战役中节节败退。朱家骅虽忧心政府战况，但更关切中国现代学术事业"现有成就"的"保全"。作为"学术救国""科学救国"思想的追随者与实践者，朱家骅坚信学术事业为"救国""建国"之基；坚信"自由环境"对学术进步之必要性与重要性。特别是他自中研院筹备期即参与其中；后任总干事、院长，抗战期间苦心经营，对创院二十年来的筚路蓝缕和现有人才、设备的得之不易知之甚深。此时位居中枢的他，对于局势演变见闻深切，为保全中国仅有之"国家学院"的学术研究基地、护持稀有图书、仪器，主导促成中研院"暂迁"广州、桂林、台湾之决议，并不避嫌地为中研院的再次迁徙四处筹款。但毕竟国共内战不同于同仇敌忾的对日抗战，中研院绝大部分同仁在迁与不迁间犹豫。朱家骅不愿见蔡元培之事业与学术界同仁 20 余年辛苦积累之成果就此灰灭于他手上，不敢放弃"为学术自由而奋斗"之职责，不顾傅斯年等"结束"中研院的意见，以"重建"中研院为其"必须履践"之志愿，尚有先保持中研院"现有基础"，再伺机扩充之念。只是面对"未迁者"音讯全无、"迁出者"意志消沉、"出国者"无意归国、"归国者"不愿追随的残酷事实，心力交瘁的朱家骅也开始思考"结束"中研院的必要。

一　中研院的分离

1948 年 9 月 23～24 日，朱家骅甫在中研院南京北极阁盛大举行中研院第一届院士会议暨中研院成立 20 周年院庆，回顾过去、展望未来；而蒋介石为表示对学术事业的重视与对学者的敬重，特地亲自出席会议致辞，场面极其隆重热烈。当天晚上中研院内还举办了热闹的流水席晚宴。只是当时任谁都不会想到，中研院同仁像这样相聚一起的欢乐就此成为绝响。

事实上，自 1948 年起国民政府败局已定。例如，1948 年 6 月底担任行政院院长不到一个月的翁文灏即对浙大校长竺可桢大吐对政局极为悲观的想法。8 月翁内阁进行"币制改革",试图改善恶化的金融市场又失败。[①] 此时"反内战、反饥饿、反迫害"的学潮此起彼落,随着中共军事上的推进,情势更加严峻。[②]

而此时,台湾地处边陲,远离战场,是较为安定的省份。自1947 年 4 月起,国防部在美国顾问协助下陆续在台湾设陆军训练司令部等其他军事机构,国民党以台湾为最后根据地的用心可见一斑。据此,朱家骅首先私下与傅斯年等几位所长商讨适时向后方疏迁的可能性与必要性,并秘密规划中研院可能迁台之准备。[③] 1948年10月底,彼时币值尚未贬落,交通方便,起运不难。除数、史二所决定全部迁台外,因局势时张时弛,同仁观望迟疑。朱家骅于其他文教机关既无先例,甚或毫无所悉之时,便毫不避嫌,也不畏旁人指摘,向当时的行政院院长翁文灏力争,获准将中研院 1948年下半年外汇 15 万美元的预算,折拨 300 万元金圆券为应变费,作为疏运赴台之用。同时,再利用自己为教育部长的职务之便,指示教育部拨借疏运费用 100 万元为中研院图书的迁运费,总计请得400 万元金圆券,作为中研院各所疏迁赴台、穗、桂各地运输安置费用。[④]

1948 年底中共发起战略决战后,战况对国民党更为不利。1948 年 11 月 30 日、12 月 4 日,朱家骅先后两次以"谈话会"

---

① 《竺可桢日记》第 11 册,第 142、246～259 页;郭廷以:《近代中国史纲》,第779～780 页。

② 郭廷以:《近代中国史纲》,第 781～782 页。

③ 史语所资深研究员石璋如证实,1948 年 8 月间,史语所即有再次迁徙之说。石璋如说:"三十七年八、九月起,前方传来国民政府战事不利的消息,史语所又有装箱准备搬迁的讯息。"《石璋如先生访问纪录》,第 317 页。

④ 《致留京全体同仁》(1949 年 2 月 1 日)、《致沪各所所长及全题同仁函》(1949年 5 月 14 日)、《致赵元任先生函》(1949 年 5 月 23 日)、《分致李所长、汪所长、赵元任先生函》(1949 年 7 月 14 日)、《致傅所长函》(1949 年 8 月 5 日)、《复胡适》(1949 年 9 月 30 日),朱家骅档案,函号:301－01－07－032、301－01－07－010;杨树人:《中央研究院最近的十年》,《朱家骅先生逝世纪念册》,第 327 页。

的形式，就近召集在南京各所主管集议研商是否搬迁。[①] 会中虽
"原则决定"搬迁，但朱家骅领导中研院之风格一向是承袭蔡元
培之学术自主、自治精神，秉持着中研院"学术自治"的传统。
值此危难之时，朱家骅虽知当前情势严峻，仍坚守中研院院风，
不愿破坏传统精神，不强做主张，所以各所是否确定迁移，由各
所出席代表在会后于当日或次日尽速征询全体同仁意见，由各所
自行做出最后决定。若有可能出国者，亦将助其成行。不过，会
中仍以搬迁的前提下，针对如何搬、向哪儿搬以及搬去如何工作
进行研商，最后草拟了几项紧急应变措施。例如，因决定南迁，
亟须做木箱应迁，决议停止九华山数理化中心建筑工程，将尚未
使用之木料制成木箱，装置图书、仪器，以备搬迁之需。又因当
时广西大学、台湾大学和中山大学都曾表示欢迎中研院前去合
作，考虑到与各地大学及教育文化机构合作，既可落实"联系"
学术的任务，又可使研究工作不至停顿，[②] 因此初步决定以广州、
桂林、台湾三处为迁移目的地，数学所、物理所、气象所、历史
语言所部分与台湾大学合作，天文所和中山大学天文系或与广州
学术机关合作，地质所与两广地质调查所合作，社会所俟与同仁
商谈后再定。撤退的路线则是先向上海集中，再分向上述各后方

---

① 计有数学所所长姜立夫、陈省身；天文所所长张钰哲、地质所代理所长俞建章、
　植物所所长罗宗洛、气象所所长赵九章、社会所所长陶孟和、史语所所长傅斯年、李
　济参加，物理所的专任研究员钱临照、施汝为等人出席。就在此紧急时刻，总干
　事兼物理所所长萨本栋因发现罹患癌症，拟赴美就医，当场请辞，为朱家骅慰
　留，并给假赴沪休养 3 个月；朱家骅则指定物理所研究员钱临照暂代总干事，施
　汝为暂代物理所所长。萨本栋赴美不久即不治去世。《三十年来的中央研究院》
　（1957 年 6 月 9 日），《朱家骅先生言论集》，第 113 页。
② 评议会 1946 年第二届第三次年会中便通过"与各大学合作案"，允许专任研究员
　在大学任有关其研究之学科一门，每周授课以不超过四小时为限。并于必要时，
　得由各大学商借专任研究员，对于其专长学科授课一学期或一学年。在此危急时
　刻正好适用，且又可落实评议会之决议案。《国立中央研究院评议会第二届第三
　次年会纪录第五次大会》（1946 年 10 月 24 日），北京大学档案馆藏，馆藏号：
　BD1946121-1；《竺可桢日记》第 10 册，第 148 页。

出发。①

当时各所给朱家骅的答复中并未有反对搬迁者，所以 1948 年 12 月 9 日朱家骅在南京总办事处正式召开临时院务会议，当时甫辞去行政院院长职务的翁文灏以院士资格与会，表达支持迁院的立场。会中正式确定以广州、桂林、台湾为迁移目的地，以台湾为最后目的地。各所尽可能与当地各大学或学术机关合作，暂定数学所、植物所、历史语言所一部分与台湾大学，天文所与中山大学；物理所与兼所长萨本栋商定；地质所与两广地质调查所，心理学所、医学所与广西学术机关；保留化学、动物、气象、工学 4 个所等决议。②

朱家骅在院务会议确定全体迁移后，即加速疏迁的前制作业脚步，多方同时进行：一面指示动用在九华山修建化学研究所尚未使用之木板木料，赶造木箱，由各所先将重要图书文物仪器设备检装待运；一面派员赴广州、台湾、桂林等地接洽；一面力促政府方面尽速将前请之金圆券 400 万元拨下，并将其半数先后汇往台湾，作为中研院迁台之预先准备；一面接洽运输工具，向蒋介石呈请先将在南京之历史语言研究所及数学研究所全部古物、图书，会同中央及故宫两院等古物、书籍运台，获得随同附运允可。其余南京各所

① 当时即推派陈省身、钱临照、赵九章、俞建章、张钰哲、傅斯年、社会所代表 1 人等 7 人组成安全小组委员会，由代理总干事钱临照担任召集人。另外，在上海各所装箱工作可以稍缓，但应备粮以备不时之需。《四十四年本院在美院士谈话会报告》（1955 年 3 月 5 日），朱家骅档案，函号：301 - 01 - 07 - 009；《三十年来的中央研究院》（1957 年 6 月 9 日），《朱家骅先生言论集》，第 113 页；杨树人：《中央研究院最近的十年》，《朱家骅先生逝世纪念册》，第 327 页。

② 出席者计有姜立夫、张钰哲、吴学周、李四光（俞建章代）、王家楫（伍献文代）、罗宗洛、赵九章、傅斯年、陶孟和、冯德培、周仁、汪敬熙（鲁子惠代）、李济、陈获帆、余又荪、吕仲明、王懋勤等 18 人出席，另有陈宗器、梁方仲、陈省身、钱临照、施汝为、辜孝一、王梦鸥等 7 人列席。陶孟和并未出席，朱家骅事后始知，他曾在报上发表反对古物搬迁的文章。《致美国康乃尔大学中国文学教授谢迪克》（1956 年 4 月）、《四十四年本院在美院士谈话会报告》（1955 年 3 月 5 日），朱家骅档案，函号：301 - 01 - 07 - 005、301 - 01 - 07 - 009；杨树人：《中央研究院最近的十年》，《朱家骅先生逝世纪念册》，第 327 页；李扬编著《国立中央研究院史》，第 42 页；胡颂平编《朱家骅年谱》，第 79 页。

重要文物、设备与人员，亦因朱家骅积极联系运输工具始得分批成行，先运上海集中，再行转运；无法装运之设备未免损坏失散，或装箱，或庋藏于博物院仓库。此时正好台湾大学校长出缺，中研院既已决定迁台，朱家骅便与傅斯年商量，请其接长校长一职，第一为中研院迁台预先布置，第二为中研院与台湾大学合作做准备，第三则是为迎接国内学人赴台之安排。朱家骅几经劝说，始获傅斯年首肯。①

事实上，11 月底 12 月初朱家骅连续几次召集的集议中，皆无人反对撤退的决议，但会后即起变化。代理总干事钱临照虽费心劳力积极主持疏迁工作，但因年纪较轻，在"老人"众多的研究院中无法"压住阵脚"。② 到了实际启运公物时，各所意见不一，观望态度逐渐显露并化成具体行动。就在朱家骅为中研院的再度迁徙四处张罗请托之际，社会所和地质所提出拒迁主张，暗中进行反搬迁的"抵制行动"，经朱家骅亲自监督，才顺利启运集中于上海。

首先提出拒绝搬迁的是陶孟和主持的社会研究所。陶孟和在参加院中决策会议时，不仅未反对疏迁，还拟好迁所至桂林与广西大学合作的计划，且每次与朱家骅晤谈也无拒迁之表示。其实陶孟和并不反对搬迁，但他反对迁台，反对跟着国民党"逃难"，因为他憎恶国民党的腐败无能与反动。他当时便向社会所同仁说：

> 共产党来了，只要能把国家搞好，我们应该欢迎；即使我被撤职乃至杀头，为国家着想，也应该欢迎。……咱们不去台湾，只要大家表示意见，我扮"三花脸"和朱去争。③

---

①　《四十四年本院在美院士谈话会报告》（1955 年 3 月 5 日）、《复胡适》（1951 年 9 月 30 日），朱家骅档案，函号：301 - 01 - 07 - 009、301 - 01 - 07 - 010；《三十年来的中央研究院》（1957 年 6 月 9 日），《朱家骅先生言论集》，第 113～115 页。

②　杨树人：《中央研究院最近的十年》，《朱家骅先生逝世纪念册》，第 328 页。

③　李文治：《关于陶孟和先生》，《工商经济史料丛刊》第 3 辑，文史资料出版社，1984，第 55 页。

在院务会议决议迁院后，陶孟和为求"抗争有理"，乃召集所务会议，表达坚决反对中研院迁台之意，并说："朱家骅的意见，别人不敢顶，我敢顶，朱家骅是我的学生。"① 但会中并未达成"反搬迁"共识，于是陶孟和采用记名投票表决，结果以反对疏迁多一票决定不迁。陶孟和即拿着投票结果跟朱家骅交涉。② 事实上，撤迁决策是经过院务会议决议通过者，照章各所并无自行决定之权力，如果所务会议又不依法集会，那更是违法的举动。且按照规定，临时雇员不具参加所务会议资格，更遑论参与投票表决，而朱家骅审视了这份记录，发现参加表决者包括所内全体助理员、事务人员及临时雇用之计算员，以致正负相差一票，明显于法不合。陶孟和自知理亏，不再坚持，始将社会所按计划先迁至沪。1949 年 2 月，研究员梁方仲等亦随总办事处同赴广州。但当时亲近陶孟和者都知道，陶孟和是坚决反对中研院搬迁，并打定主意，如果他无法阻止整个中研院南迁，至少也要把社会所和其他所尽可能保存下来。③

虽说院务会议决定迁台，南京各所也积极着手打包，但从社会所的记名投票可见，同仁对于迁移的歧异与去留之间的内心摆荡表露无遗。陶孟和是中研院资望最高者之一，他的态度与主张对反搬迁者来说是极大的鼓舞与支持；对于犹疑者来说，则成为关键性的决定指标。且陶孟和效应的影响层面甚至扩及在沪各所，而这股反

① 汪敬虞：《关于陶孟和先生》，《工商经济史料丛刊》第 3 辑，第 58 页。

② 陶孟和说："同事们不愿去台湾，我没有办法强迫他们搬家。"转引自李文治《关于陶孟和先生》，《工商经济史料丛刊》第 3 辑，第 55 页。

③ 当时连准备回国的杨西孟都接到国内朋友的信，说陶孟和坚决不去台湾。杨西孟：《追求真理，不断前进》，《工商经济史料丛刊》第 3 辑，第 40 页；巫宝三：《纪念我国著名社会学家和社会经济研究事业的开拓者陶孟和先生》，《近代中国》第 5 辑，第 389~390 页；严仁赓：《回忆陶孟和先生》，《工商经济史料丛刊》第 3 辑，第 5~6 页；彭泽益：《关于陶孟和先生》，《工商经济史料丛刊》第 3 辑，第 55~56 页；杨树人：《中央研究院最近的十年》，《朱家骅先生逝世纪念册》，第 327 页；《四十四年本院在美院士谈话会报告》（1955 年 3 月 5 日）、《中央研究院第二次院士会议预备会纪录》（1956 年 11 月 24 日），朱家骅档案，函号：301-01-07-009、301-01-07-009。

搬迁的集体力量逐步地由点而线而面，最后形成一股强大的集体势力。社会所的彭泽益回忆说：

> 地质研究所、气象研究所和紫金山天文台三个单位，看到社会研究所反对搬迁，也按兵不动，并同陶孟和取得联系，（此事我亲自经历，并通过我联系）一致抵制。这个讯息传到中央研究院在沪各研究所，极大地鼓舞了那里的反搬迁、护院斗争。[①]

社会所的老人巫宝三也认为陶孟和的主张："极大地鼓舞了南京各研究所反搬迁的斗争，也对中研院在上海的各研究所在反搬迁斗争上产生重要的影响。"[②]李文治也说："当时地质所、气象所和天文台人心动荡，都在可搬不可搬的十字路口上徘徊。陶先生的坚决行动，稳住了军心，几个所都不搬了。"[③]

地质所在有社会所前例可循下，也在启运前夕提出拒绝搬迁的意见。地质研究所所长李四光于抗战复员后在朱家骅的协助下出国养病，由研究员俞建章代理所长。朱家骅认为地质所乃李四光苦心经营，迁所事大，为表示对李四光的尊重，他电询李四光意见，李四光回复一切听从朱家骅主持。朱家骅遂与研究员俞建章、陈恺、李承三等多次商谈决定先迁广州，重要仪器设备则运沪储藏；同时分派陈恺赴广州为迁所作准备、李承三赴重庆试觅新址。就在李承三、喻德渊、陈恺等南行后，在南京人员即仿社会所模式，借所务会议作变更南迁之议，拒绝启运图书、仪器。[④]

---

① 彭泽益：《关于陶孟和先生》，《工商经济史料丛刊》第3辑，第55～56页。
② 巫宝三：《纪念我国著名社会学家和社会经济研究事业的开拓者陶孟和先生》，《近代中国》第5辑，第390页。
③ 李文治：《关于陶孟和先生》，《工商经济史料丛刊》第3辑，第55页。
④ 《四十四年本院在美院士谈话会报告》（1955年3月5日），朱家骅档案，函号：301-01-07-009。《分致李所长、汪所长、赵元任先生函》（1949年7月14日），朱家骅档案，函号：301-01-07-032；杨树人：《中央研究院最近的十年》，《朱家骅先生逝世纪念册》，第327页；李扬编著《国立中央研究院史》，第42页。

　　此时，朱家骅仍坚守中研院之学术自治精神，不愿施行"强制"手段，仍邀所内同仁"掬诚商谈"。面对朱家骅，没有任何人提出坚拒播迁主张，或肯定拒迁之言，并随即照原议启运了第一批公物至沪。但事实上，地质所人员已秘密进行串联，以强势多数达成反搬迁共识，并致函李四光说明其共同决议。对于地质所迁往广州一事，李四光回复主张："任有志者前往；若为地质研究所及同仁避乱，似无多大意义，我个人绝不赞成。"①李四光的"意见"对地质所反对搬迁者来说无疑是一颗定心丸，坚定了他们抵制搬迁的行动。此时，南京情势日急，运输已极困难，所以他们在第二批预备启运公物上采取了"拖"字诀的策略。先是要求俞建章必须保证对迁移之公物负起全部责任，继而要求朱家骅必须以院正式公文函地质所指示疏迁，方可考虑装运与否。由于情势紧急，朱家骅不忍同仁在犹疑观望之中稍予散佚，"万不获已"，依其所请，由院正式下令指示启运及准备南迁。②越日，所内答复可以运沪，但又附带决议要求俞建章等要保证"不准再由沪他运"。③经此周折，早已错过原定之运输时间。但在朱家骅多方奔走接洽运输车辆后，仍得顺利交运。④

① 李四光于1949年1月19日回信给自愿留守南京的许杰、赵金科嘉勉他们愿留守看护书籍、仪器行止。同时因忧虑同仁在此青黄不接之时，发生柴米等各项生活问题，愿将他个人名下所存的少许积资公开作本所研究工作、个人救济之用。陈群等：《李四光传》，人民出版社，1984，第178页；马胜云、马兰编著《李四光年谱》，地质出版社，1999，第180~181页；李扬编著《国立中央研究院史》，第42页。

② 朱家骅对于"形于公牍"，下令迁移一事，认为有违中研院自由、自主传统精神以为憾事，而耿耿于怀。《致沪各所所长及全题同仁函》（1949年5月14日），朱家骅档案，函号：301-01-07-032。

③ 1949年1月13日，研究员许杰、赵金科、斯行健、孙殿卿、张文佑、刘之远、吴磊伯、马振图、谷德振、陈庆宣、徐煜坚等11人在张文佑住处密商反对搬迁，并起草了一个反对搬迁的誓约："同仁等为尊重学术工作之独立与自由，兼顾及今后生活之困难，现已意见一致，决定留住南京或上海，以此相约，立誓遵守。如有违约背义者，应与众共弃之，永远不许在地质界立足。"他们并将此事写信告诉所长李四光。陈群等：《李四光传》，第177~178页；马胜云、马兰编著《李四光年谱》，第180页。

④ 《四十四年本院在美院士谈话会报告》（1955年3月5日）、《致沪各所所长及全题同仁函》（1949年5月14日）、《分致李所长汪所长赵元任先生函》（1949年7月14日），朱家骅档案，函号：301-01-07-009、301-01-07-032。

又如，物理所也"有样学样"，采取了"消极抵制"的策略。当时物理所的助理员李寿枬回忆说，研究员钱临照因兼任代理总干事一职，希望由物理所带头装运，便三天两头到所内催同仁赶紧装箱。但"同仁们并不想去台湾，因此私底下商量怎么抵制搬家"，于是采取了"磨洋工"的办法。李寿枬说：

> 搬家只有靠我们几个年轻人，我来的最早，由我负责这个事儿。我们想了一些办法，白天装箱，晚上再把箱子打开，把东西拿出来，重新放回去，院里来人了，我们就装，他走了我们就磨洋工，所以天天装箱，天天没装。后来拖来拖去火车拖过了。[1]

由于已经赶不及迁运上海，物理所的图书、设备仪器为免战祸，便转存在南京中央博物院地下室。就这样，物理所所有的图书、仪器设备完整地保留在南京；至于人员的部分，则依照原议，除留守人员外，其余人员或前往上海集中或遣散。

这些抵制行动是中研院过去几次迁徙中未曾出现过的。不过，这也足以说明中研院的学人此时对国民党政府丧失信心，并对共产党政府开始怀抱期待。但无论如何，在朱家骅的亲自"紧迫盯人"中，按照原本计划把南京各所人员和重要设备尽量集运上海，等待下一波转运。而历史语言及数学两研究所文物图书及设备则随故宫和中央博物院等运送古物的专舰由南京启运，于1948年12月底抵达台湾。傅斯年亦于1949年1月21日接任台湾大学校长职务，并请中研院总务主任余又荪担任台湾大学总务长，担任中研院迁台的

---

[1] 值得一提的是，其中还包括当时朱家骅因准备筹设近代物理研究所，由教育部与中研院联合出资聘请中央大学物理学教授赵忠尧赴美购置的相关仪器设施，当时已陆续运抵架设。朱光亚说，当时确定不必搬迁之后，"大家都很使劲，几天就装完了，一共有400多箱"。《历史：原子弹调查——蒋介石的核计划》，http://news.sohu.com/20050302/n224499648.shtml，最后访问日期：2017年1月17日。

"先行军"。

朱家骅在接下来的几天内，坐镇中研院在君馆，召开几次院务会议，商讨搬迁问题。而随着中共军事上的推进，朱家骅加紧了中研院迁台的脚步，一面筹划经费，照顾同仁生活；一面要请托运输工具；一面还要派员分赴台湾、广州及广西接洽续迁事务。其间还于1949年2月派钱临照到台湾，探看迁台同仁的情形，并筹备中研院全院迁台事宜。

其时"三大战役"已经结束，解放军进入长江北岸，进逼南京，国民政府于2月4日从南京迁往广州。中研院依组织法规定总办事处需随中央政府南移，1949年2月14日总办事处从上海南下广州。①此时，除史语所和数学所的人员去台湾，以及少数地质研究所的人员前往广西大学接洽合作事宜外，其余都仍分别留住上海和南京。

其实当决定迁台时，即不断有种种关于台湾的负面传言。诸如，台湾很穷，养不起太多人，去的人也只能吃香蕉皮；台湾人对大陆人颇为歧视，去后不能安居；台湾气候温暖，终年有蚊虫；台湾大学学生程度甚低等之说，使不少人对台湾之行心生畏惧。同时先至台湾的史、数所同仁亦函称台湾既不安定，生活费用又高，研究工作也无法进行等种种艰困情况。待迁人员鉴于抗战辗转流徙，备历艰辛，待遇菲薄，生活久苦，以往纵稍有积蓄，早已贴用告罄；复员以后，喘息未定，又传警耗，战时流难迁徙的艰难困苦记忆犹新，又有经济上的顾虑，畏难怕动，瞻前顾后，确实不无生畏，迁台之心更加动摇，当时即已有暂缓到台者。另外，自然还有中共地下党员的说服工作，动摇了在上海集中待行人员的心理。且由京迁沪，

---

① 实际上，中研院当时研究所部分已分京（留守人员）、沪（待转运人员）、台（迁台之史数两所）三处，各处皆有行政业务须待处理。为维持京、沪、穗、台各地同仁生活及事业费用亦须随时与政府接洽拨款接济，总办事处只有负责接洽行政与经费人员迁往广州，仍留人员在京、沪处理院务。《四十四年本院在美院士谈话会报告》（1955年3月5日），朱家骅档案，函号：301-01-07-009；《致赵元任先生函》（1949年5月23日），朱家骅档案，函号：301-01-07-032；胡颂平编《朱家骅年谱》，第74、77页。

新搬进杏佛馆与在君馆宿舍的 46 家甫刚住定，多不愿再搬；加上此时的国共和谈议起，知识界第三条道路之呼吁使中研院同仁存观望之心，对迁移与否益加迟疑而不急于立即设法启程。①

　　就在此时，金圆券狂跌，在 1949 年 3 月、4 月两个月，中研院中级人员每月收入不及银元五角，朱家骅虽酌发膳贴补助，仍饔飧不继，苦不堪言。4 月底上海又值钞荒，稀饭一碗要 5 万元金圆，5 月一碗面要 100 万金圆。朱家骅原本筹得的 400 万元金圆券已完全不值钱。眼看大局艰难日甚，交通日艰，筹款益难，仍多方奔走设法请得款项维持同仁生活。当时光为了筹措这些日常所需，已令朱家骅有心力交瘁之感。而在沪同仁又踌躇不前，朱家骅还得"痛陈利害"，一再劝说、强调迁移的必要性。② 只是，随着国共和谈破灭，中共军队迅速横渡长江，南京、上海易帜。朱家骅过往的一切努力至此"悉成虚掷"。在经费无着、交通困难及无心迁台等因素作用下，中研院院属之 13 个研究所，连筹备中之近代物理所共计 14 个单位绝大多数人员及物资留在了大陆，只有历史语言研究所和数学所、随国民政府迁移的总办事处以及当时分别前往穗、台、桂做联系工作的地质所李承三、陈恺、喻德渊等 3 人、社会所梁方仲 1 人离沪。

　　1949 年中国的科学家对两个政治势力的态度是十分清楚的。他们对国民党政权完全丧失信心，并且对共产党开始怀抱希望。例如，竺可桢婉拒当时教育部部长杭立武与蒋经国要他前往台湾的建议，上海解放后，在日记里写下了他对共产党这个新政权的期待。③ 竺可

---

① 《44 年本院在美士谈话会报告》（1954 年 3 月 5 日）、《复胡适》（1951 年 9 月 30 日）、《致赵元任先生函》（1949 年 5 月 23 日），朱家骅档案，函号：301 - 01 - 07 - 009、301 - 01 - 07 - 010、301 - 01 - 07 - 032；《石璋如先生访问纪录》，第 317 页；《竺可桢日记》第 11 册，第 361 页；胡颂平编《朱家骅年谱》，第 74 页。

② 《致赵元任先生函》（1949 年 5 月 23 日）、《致傅所长函》（1949 年 8 月 5 日），朱家骅档案，函号：301 - 01 - 07 - 032；《竺可桢日记》第 11 册，第 427、431、1242、1246 页；朱家骅：《朱家骅代院长在第三届评议会第一次会议之开幕词》（1957 年 4 月 3 日），《中央研究院史初稿》第 209 页；《三十年来的中央研究院》（1957 年 6 月 9 日），《朱家骅先生言论集》，第 113～114 页。

③ 《竺可桢日记》第 11 册，第 430、434、448 页。

桢在 1949 年对政治变革的态度，代表着大部分中研院学人的志向。因此，原本在国外的学者如李四光、赵忠尧、华罗庚都在 1949 年中共政权建立后回到中国，甚至被共产党公布为"战犯"的翁文灏也于 1951 年在周恩来的邀请下从巴黎回到中国。

二　国统区重建中研院理想之破灭

在朱家骅看来，中研院是蔡元培手创，积学术界同仁 20 余年苦心经营，始粗具规模。对他个人而言，从最初筹拟创设，担任总干事，抗战期间接下院长重担，西迁备历艰辛，直到复员东还，方得逐渐完成中研院体制，健全组织，充实设备，成果将展。却在短短不到一年的时间里几乎分崩离析。此时担任行政院副院长的朱家骅每思及此，深觉愧对国家，愧对蔡元培，也愧对学术界同仁。正因为如此，朱家骅更觉"责任尚重"，不敢放弃为学术奋斗之职责，[①]决心以重建中研院为他"必须践履"之志愿。[②] 此时京、沪虽失，国民党尚保有南方一隅，对朱家骅来说，眼前最重要的任务就是在国统区保护中研院"现有基础"，并相机再行扩充。

朱家骅乐观地盘算着，以地质所来说，其虽未能迁出，但地质研究所研究员陈恺在台北、李承三在重庆、喻德渊在赣，而黄汲清甫返国门，已初步同意到所任研究员，所长李四光也拟于秋间回国。地质所既有李四光领导，另还有研究员 4 人，寻求恢复工作不是难事。而且，在抗战时期，地质所自桂迁渝时，亦曾损失殆尽，就是靠李四光与四川地质调查所合作努力重建，目前在渝仍留有基础。所以朱家骅想要将地质所重集于重庆，与重庆大学及四川地质调查所再度合作。朱家骅认为，虽然重庆大学地质系设备较差，但日后可以陆续添购设备；而西南各省的地质调查工作本在地质所的工作

---

① 《致沪各所所长及全题同仁函》（1949 年 5 月 23 日），朱家骅档案，函号：301 - 01 - 07 - 032。

② 《致傅所长函》（1949 年 7 月 22 日），朱家骅档案，函号：301 - 01 - 07 - 032。

计划之内，与四川地质调查所的再度合作自然不怕没工作可做。如一切可以顺利施行，朱家骅估计，地质所至少可以勉强维持其在抗战时之状态。以心理所来说，所长汪敬熙在国外，朱家骅相信只要汪敬熙回国登高一呼，届时人员、设备即可继续充实开展，随时可以恢复工作。社会所则尚有研究员梁仲方，亦可有一番作为。至于其他学科之重建，朱家骅则将希望放在台湾大学。当初在南京讨论搬迁事宜时，朱家骅强调各研究所与各大学之合作方案即是为了补救研究所迁移之一径。当时傅斯年在台湾大学给予中研院内同仁的"便利"，即是一个"范例"。所以，朱家骅希望届时能与傅斯年在台湾大学延揽的学者专家配合，慢慢增加设备，重建中研院其他各所。①

此外，对于未迁同仁，朱家骅从未放弃。他认为，苟能接出一人，从事学术研究工作，即是为学术界、为中研院保持一份元气，更为中研院保留了重建基础。所以，中研院总办事处虽随国民政府所在地撤迁，但朱家骅仍分别在穗、港、台、渝设极小规模之办事处，目的就是留一据点，提供未来可能南来的京沪同仁一些照顾。②

另外，朱家骅也将延揽学术人才的眼界延伸到当时尚在外国的中国学人。他分函在国外的地质所所长李四光、心理所所长汪敬熙、史语所研究员赵元任与欲辞职的数学所所长姜立夫，希望他们能够以"维护科学之素衷"，"共同致力于科学基础之重建"，一起共同号召国外其他学人"归向"。特别是值此困境，此责任"更十倍于所内工作"。③朱家骅认为，今后"设能延揽一人，即为院充实一份力

---

① 《分致李所长、汪所长、赵元任先生函》（1949 年 7 月 14 日）、《致傅所长函》（1949 年 7 月 22 日、8 月 5 日）、《致李所长函》（1949 年 10 月 26 日），朱家骅档案，函号：301-01-07-032。

② 《致姜所长函》（1949 年 6 月 28 日）、《致傅所长函》（1949 年 6 月 29 日、7 月 22 日）、《分致李所长、汪所长、赵元任先生函》（1949 年 7 月 14 日）、《复赵元任先生稿》（1949 年 8 月 10 日）、《致赵忠尧先生函》（1949 年 8 月 11 日），朱家骅档案，函号：301-01-07-032。

③ 《致姜所长函》（1949 年 7 月 18 日），朱家骅档案，函号：301-01-07-032。

量，能培造一人，即为国家延展一份科学种子，保持此基础，自当
继续不断，共同期能重建，一旦情势好转，……则恢复原有规范较
易着力"。① 至于如何筹备经费，改善同仁生活，朱家骅则以为可以
再慢慢设法，尽力以图。②

只是朱家骅虽满怀信心，并有为重建中研院而努力不懈的坚定
毅力，但面对未迁者音讯全无、迁出者意志消沉、出国者无意归国、
归国者不愿追随的困境，中研院已分崩离析的事实，不得不认真思
考傅斯年曾提出的"结束"中研院的必要性。

数学所所长姜立夫于 1949 年 1 月亲自主持将数学所有关书籍装
箱跟随史语所运到台湾，后因所内经费枯竭，生活苦不堪言，且数
学所研究员陈省身与胡世桢已赴美，王宪钟亦有赴美之议，而李华
宗因病将赴港调治，所内无人，研究工作几乎无法进行。自 6 月起，
姜立夫以为"要是研究所，要有研究工作"，他不能只是挂一个牌
子，而迭次函电朱家骅，坚辞所长及研究员职务。③ 他并以所内既无
人又无钱，为体政府财政困难，建议"结束"数学所业务，还拟具
三点数学所善后方法。姜立夫"结束"所务之语，令朱家骅"回环
诵读，内心深痛"。④

朱家骅一向视数学为"科学之基础""研究科学之母"，中国科
学落后，"亟须加意提倡"。⑤ 特别是值此中研院"保留基础"之关
键时刻，不论是助成出国深造者，或延揽到台领导青年学者研究，
或予同仁南来便利，或予后进治学机会，"无非为科学保留持续力
量，其任务与意义实较充实所内人事尤为重要"。⑥ 因此，朱家骅多
次函电，苦口婆心地劝留姜立夫，对姜立夫所提之经费、人才等困

① 《分致李所长、汪所长、赵元任先生函》（1949 年 7 月 14 日）、《致姜所长函》（1949 年 7 月 18 日），朱家骅档案，函号：301 - 01 - 07 - 032。
② 《致傅所长函》（1949 年 8 月 5 日），朱家骅档案，函号：301 - 01 - 07 - 032。
③ 《傅所长来函》（1949 年 7 月 25 日），朱家骅档案，函号：301 - 01 - 07 - 032。
④ 《致傅所长函》（1949 年 6 月 29 日），朱家骅档案，函号：301 - 01 - 07 - 032。
⑤ 《致姜所长函》（1949 年 6 月 28 日），朱家骅档案，函号：301 - 01 - 07 - 032。
⑥ 《致傅所长函》（1949 年 7 月 22 日），朱家骅档案，函号：301 - 01 - 07 - 032。

难，掬诚以复。

例如经费问题，朱家骅承诺无论如何，"尽弟绵力，必可使能继续工作"。所中研究员多数出国致使所中无人问题，朱家骅则以为，既然陈省身、姜立夫提出中国科学落后，培植数学专才为当务之急，而当时时局纷乱，若有人出国继续进修治学实也是"延长持续力量"，况且研究数学无须必在所内或国内，所以凡可出国进修者皆助其成行。① 对于所内同仁之升等晋级或增聘则"悉请尊裁"。② 同时，朱家骅一再请姜立夫不必消极，以院为重，共同倡导号召，"使学术界同仁知所趋向"。③ 但是，虽有傅斯年"慰劝"，无奈姜立夫去意坚决。④ 不管朱家骅批允与否，径于 7 月 27 日到广州岭南大学任教，不再打算回台湾。在广州时，朱家骅仍数次当面恳留，但都无法让姜立夫回心转意。⑤ 最后朱家骅只好令总干事周鸿经兼任数学所所长一职，化解数学所可能解体的危机。

就在姜立夫离台之际，傅斯年又写信给朱家骅，对朱家骅拟将未及迁台之所在重庆"重新开张"的传闻提出严厉批判，并给出结束史语所的消极暗示。此事更让朱家骅"心痛楚无似"。

傅斯年在 7 月 25 日致朱家骅的信里写道：

> 今日又闻若干沦陷之研究所，吾兄拟在重庆重新开张，弟意国家此时如此艰难，每作一事，要名符其实，既无其事，则不必有其名矣。近月也，似乎中央研究院领到了几个钱，而史语所同人之苦照旧。……弟在史语所二十余年矣，此时谈辞职，对同人不起，不辞？后来全部不可知，其处境比立夫兄更难，

---

① 《致姜所长函》（1949 年 6 月 28 日），朱家骅档案，函号：301 - 01 - 07 - 032。

② 《致姜所长函》（1949 年 7 月 18 日），朱家骅档案，函号：301 - 01 - 07 - 032。

③ 《致姜所长函》（1949 年 6 月 28 日）、《致傅所长函》（1949 年 8 月 5 日）、《致陈省身先生函》（1949 年 8 月 15 日），朱家骅档案，函号：301 - 01 - 07 - 032。

④ 《傅所长来函》（1949 年 7 月 25 日），朱家骅档案，函号：301 - 01 - 07 - 032。

⑤ 《致傅所长函》（1949 年 8 月 5 日）、《致陈省身先生函》（1949 年 8 月 15 日），朱家骅档案，函号：301 - 01 - 07 - 032。

故亦不能不尽情上书，如能派人接收，不到不可收拾之局面，固弟之万幸也。……总之，中央研究院将来必须有一个办法，这个办法必须是实事求是，然若照近数月之情形看，似乎是最忠于中央研究院者最苦，而以中央研究院为吃闲饭之处者最便当，此实不是办法。再谈一句，这时候中央研究院何必再铺张？史语所同人所以不散者，以为同人心中为有一蔡先生之遗影，而弟与同事二十余年矣。……想来想去，前途必然越来越糟，还是请兄赶快派人来，接收历史语言研究所，同人愿留者最好，不愿留者，目下可找一小事，因皆有一技之长。①

对朱家骅来说，结识傅斯年于中山大学，肝胆相照，论交 20 余年，知他之深，爱他之厚，知院况最详，无有逾于傅斯年者。值此时局，正望傅斯年等之相助，尤待傅斯年"继续鼓励，力斗万难"之际，傅斯年的话无疑是对他最沉重的打击。因此，朱家骅写了一封近四千字的长信，道尽他这一年来为保全中研院与勉力支持中研院这样一个残破局面的辛酸血泪与心路历程，并再次向傅斯年明志：同仁早在决定迁移之时便有"听其各散"之沉痛建议，他之所以"不忍交还政府者"，实觉责任太重，今后"必以智能忠于国家民族"，同时亦以重建中研院为他"必须践履之志愿"。

朱家骅在信里沉痛地写道：

对于中央研究院事……弟则亦从蔡先生参加最初筹拟倡设之时，虽中经服职其它机关，未敢忘本院缔造之艰难，凡可尽力，无不为院服务，期能发扬光大，西迁八载，备历艰辛，复员东还，方得逐渐完成体制，正期健全组织，充实设备，讵逢季世，又复播迁，同仁迟回观望，顾虑甚多，京沪环境亦少注意，弟为尊重本院传统精神，同仁公意，祇有力劝，不能相强，

---

① 《傅所长来函》（1949 年 7 月 25 日），朱家骅档案，函号：301 - 01 - 07 - 032。

以致院中设备，各所同仁多半未能迁出，乃为情势所趋，已非力可推及，亦弟办事无力，负罪良深，至此地步，夫复何言，一念及此，诚无以对国家，亦无以对蔡先生，及学术界同仁，此中经过兄知最详，是以对于院务过去之责任、现状之维持、未来之重建，不忍不引为己任，尤更望助于兄等，故宁可不谅于政府，不谅于社会，但不可不谅于学术界同仁，更不可不谅于兄也。

对于傅斯年对朱家骅有意在重庆"重新开所"之批评，朱家骅则澄清指出：

今日爱护本院，敬事蔡先生，弟与兄心志俱同，未来措施，诚如兄言"必须有一办法方不至陷于不可收拾之局面"，弟职责之所在，能不深惧来兹。……苟有助于院者，岂弟之幸而已。……至其它各所人员设备，均陷铁幕，同仁安全，如何消息，沉沉焦灼无似，如何联系，营救出险，苦思不得善策，从何来"拟于重庆重新开张各所"之语，本院慎聘人员向极郑重，弟自到院负责以来，所有院中人员，均经各主管提经院务会议及人事管理委员会，依法决定，不此之由，竟欲罗列所名，徒壮观瞻，弟岂伤心病狂一至于此，读兄书至此五内俱摧，弟所志于将来重建本院者，在蔡先生及学术界同仁手创之实质，期望号召倡导，恢复旧观，发扬光大，何尝有粉饰太平之意，弟竭尽知能以报国家，胡贵于鹜此虚名，互勉互信如兄，尚不获深鉴，弟心痛楚无似，千祈勿轻听传闻，多所顾虑，无任企切。

弟一生自信非常坦白，在院犹然，从政以还，祗于中山大学与交通部任内寄居官舍，此外，均系赁居者，此番来穗，因旅舍开支过昂，万不得已，方始于上月起借住于央行宿舍，弟因重视本身系院构成之一员，故自服务本院以来仅俸薪在院支领，别无开支，而对其职务亦未支领薪津，但对院内同仁服务敢不尽心力，惟无奈才绌能鲜，未能赓承蔡先生之创业，发扬光大，……曩日亚栋兄①曾有"听其各散"之沉痛建议，弟所不忍交还政府者，正为十九同仁在水深火热之中，而在台同仁亦在生活艰苦之下，实觉责任太重，岂有恋栈之图，然今后如何力求安定现况，营救受难同仁，爱护此仅存基础，留为将来重建之依据，兄所提示"必须有一办法"，虽成功不必在我，但不能不有此方案，久存此心。……乃以国事日非，时觉负罪深重，故迩来虽勉力支持，心绪异常恶劣，或亦以血压上至一百六十下至一百一十所致，尤待兄继续鼓励力斗万难，乃正请于劝慰立夫先生之时，兄又有消极之暗示，不敢不掬诚尽陈，务祈曲谅。②

其实，朱家骅位居高层，何尝不知形势几何。他之所以勉强支持中研院这样一个残破局面，只是不忍蔡元培一手创立之事业与学术界同仁积二三十年之心血就此断送在他手上。因此，无论怎样困难，至少也要"设法维持"下去。③

地质所李四光是朱家骅复院规划的要员。朱家骅与李四光相识于民国初年，先于北大共事，后共同筹设中研院地质所。对李四光，他向来是礼遇有加，多方照拂。例如抗战后期，李四光已病，朱家骅即指示中研院补助 3 万元给李四光。复员后，朱家骅以教育部与中研院共同出资，让李四光于 1947 年赴美养病。而李四光在海外经济困窘时，朱家骅总是想方设法助其渡过难关。例如，1948 年 2～3 月，李四光在英国念书的女儿经济支绌，受李四光之托，朱家骅在教育经费极为困难下仍设法补助了 100 英镑；12 月，因教育部外汇甚难筹措，为协助李四光到南美等国进行地质调查，

---

① "亚栋"指的是当时的中研院总干事萨本栋。
② 《致傅所长函》（1949 年 8 月 5 日），朱家骅档案，函号：301 - 01 - 07 - 032。
③ 胡颂平编《朱家骅年谱》，第 81 页。

面恳王世杰由外交部设法补助 2000 美元，朱家骅自己则亲下条谕由教育部补助 2000 美元，助李四光顺利成行。随后，朱家骅因担心李四光生活无以为继，将为院派出国者准备之经费 3500 美元转给李四光。1949 年 7 月初，驻巴西大使郭泰祺函告朱家骅，传闻李四光在英生活不易维持，拟秋间乘货船归国，但川资无着。朱家骅再次积极为李四光筹款，先要赵元任在中研院从美购置余款项下垫支 1000 美元；然后再分函外交部次长叶公超、教育部部长杭立武设法接济。同时再嘱中英文教会汇拨 200 英镑，作为李四光夫妇的返国费用。①

朱家骅认为与李四光是"数十载道义知交"，他相信李四光会跟他站在同一阵线。但其实早在 4 月底 5 月初，中共方面已派人约李四光回国，并规划由李四光或是陶孟和接掌中研院。李四光 6 月上旬即致电陶孟和，表示即将乘轮回国。竺可桢在 6 月亦曾有以李四光"在国际地位、与当局关系"，中研院院长后继人选已成定局之语。由于李四光心意已定，因此京沪易手半年以来，朱家骅迭函李四光皆不曾获复。

直到 10 月 1 日中华人民共和国成立，李四光名列新政协名单时，朱家骅还托人转请李四光提出否认声明。但 10 月 15 日却得李四光"事属公意，似未便妄加诋毁"的"婉拒"复函，李四光的态度与立场实已充分表达，但朱家骅仍不放弃。当 10 月 25 日北京成立中国科学研究院、李四光列名副院长之时，仍相信李四光是被"假借清名"，并在隔日去函李四光，诉说他重建中研院的理想，希

---

① 《致赵元任先生函》（1949 年 7 月 21 日）、《致李所长函》（1949 年 10 月 26 日）、《复李仲揆》（1948 年 3 月 20 日）、《致李仲揆》（1948 年 4 月 23 日、8 月 5 日）、《中英文化协会伦敦办事处陈通伯（陈源）函》（1948 年 10 月 7 日）、《朱家骅之教育部条谕》（1948 年 12 月 18 日）、《复李四光》（1948 年 12 月 18 日）、《郭泰祺函（驻巴西大使）》（1949 年 7 月 6 日）、《复郭泰祺》（1949 年 7 月 23 日）、《致李仲揆、分致外交部次长叶公超、教育部长杭立武设法接济》（1949 年 7 月 22 日），朱家骅档案，函号：301 - 01 - 07 - 032、301 - 01 - 23 - 121。

望李四光提出"澄清"。① 自然，朱家骅的这些努力不会有任何结果。

至此，朱家骅掌握下的中研院，就院行政组织三大部门来说，研究所未迁者已无可能恢复，仅剩的两个研究所（数学、史语）所长已先后提出"结束"所务，地质所所长李四光也不愿复电表态；中研院的决策部门院士会与评议会根本无法召集运作；就连行政部门的总办事处也摇摇欲坠，呈现支离破碎的局面。

中研院总办事处秘书主任王懋勤是朱家骅在浙江省民政厅厅长任内亲自监考当选的第一任县长，为朱家骅的重要亲信之一。对于中研院的境遇，他认为行政部门工作有重新检讨的必要，于是送上签呈给朱家骅，直言报告院务发展至今的纷扰杂沓与同仁之间的交相倾轧不合情况。中研院总办事处本即为处理中研院学人与政府间的行政事务而设，现中研院各研究所几未撤出，所有院务及国内外学术合作均无从进行，总办事处的功能与作用大大缩减，除洽领经费外，"无事可做"。王懋勤估计，总办事处"至少在一年之内，不至有何意义之工作可为"。② 且总办事处员工情绪低落，亦陷入徘徊彷徨之中，王懋勤无奈地说："现在这副班子，实在无法配菜。"③

1949 年 10 月 5 日，王懋勤报告：

> 实则今后穗处实无事可做，如对于今后工作人事经费措施

---

① 《致李所长函》（1949 年 8 月 11 日、10 月 26 日）、《致李仲揆》（1949 年 7 月 22 日、8 月 5 日）、《电郑天锡大使》（1949 年 10 月 3 日）、《李四光电陈源》（1949 年 10 月 18 日），朱家骅档案，函号：301 - 01 - 07 - 032、301 - 01 - 23 - 121；《竺可桢日记》第 11 册，第 436、458 页。

② 《王懋勤函》（1949 年 6 月 1 日），朱家骅档案，函号：301 - 01 - 23 - 080。

③ 中研院总办事处秘书主任王懋勤曾进行总办事处员工去留意愿调查，结果愿赴台者只有王懋勤自己与秘书王梦鸥二人，而总务、会计部门全部迁渝。但是大家仍在彷徨犹疑中，例如王梦鸥虽愿赴台，但仍"尚在彷徨回湘打算之中"，而总务组的吕仲明则是打着"赴台赴渝或赴港等机会回沪"，似亦在彷徨之中。《王懋勤函》（1949 年 6 月 1 日），朱家骅档案，函号：301 - 01 - 23 - 080。

无全盘打算及合适调度，对于台，穗，渝，昆四处联系，无适当办法，不做事转可省错舛，否则必不失于重复，即失于挂漏错舛，越多头绪越乱，……本院院所间之误会，同仁间之不和谐，与日俱增，……他若台币拨款，本不应再有问题，乃竟生问题，……数所余屋之分配均不应成问题者，亦拖泥带水，引起微词。①

总办事处迁到重庆后，益显“危局”。王懋勤再密上签呈指出：

今后行政，十九侧重总务，而总干事、总务主任常川留台，何能照应全局。……会计帐目，稽集两年，似尚无从下手整理，何能顾及稽察。……何况时局演变可能更坏于今，离乱之时，理智全泯，以往已有扣印、封车、开箱分钱之举，以后岂无透支滥借亏空移挪之行为。万一发生问题，又将何以善后？②

王懋勤的上述报告道出了中研院艰难的现实处境和狂澜难挽的事实。

面对残局，朱家骅“心力交瘁”，开始审慎思考应否结束院务。朱家骅于11月18日密电商之傅斯年。

战事日趋激烈前途堪虞，弟决继续尽力，义无反顾，此后交通恐难维持，一切必更艰苦，本院无补军事，此间机构，拟即予撤销，除一二人赴台外，其余人员遣散，名额取消，院务集中台北，诸希偏劳照料，至兄前谈及之结束意见，时至今日，似更有考虑之处，不知同人以为如何，弟从政廿余年，愧对国

① 《王懋勤函》（1949年10月5日），朱家骅档案，函号：301－01－23－080。
② 《王懋勤签呈》（无日期，依内容推测应为1949年10月迁重庆后），朱家骅档案，函号：301－01－07－032。

家，客冬以来，更心力交瘁，痛苦尤深，兄对大局有何高见，
希一并赐知。弟家骅①

无奈，中共军队推进迅速，10 月 12 日国民政府再度退往重庆，11
月 28 日再迁成都，12 月 7 日再往台北。朱家骅设法迁出人员的一切努
力与在国统区重建中研院的设想至此悉成泡影。

总之，中研院研究部门到台湾的只有一个完整的历史语言研究所
和半个数学所，其余人员与设施均留大陆。对朱家骅来说，中研院在
他手中"几乎尽失"，此后如何维持尚存的研究单位和徐图发展是朱
家骅迁台后的唯一重心了。

本章小结

1928 年中研院成立、设置各个研究所，是"科学"在中国体制
化、专业化、组织化、制度化，也是社会化的开始。从 1935 年的评
议会到 1948 年的院士会成立，则应可视为"科学权威"在中国的建
立与被普遍认识的过程。因而，1945～1949 年，中研院在朱家骅的
努力下，发展中国原子研究、寻求中美科学技术合作（与国际学界
的合作）、筹建跨学科的学术研究中心和成立院士会，在在都展现了
中国学术事业的渐趋成熟与茁壮成长，标志着中国科学研究事业已
迈入一个新的历史进程。

尤其 1948 年，这一年对朱家骅与中研院来说，都是别具历史意
义与价值的一年。在战乱的艰困环境下成长的中研院是国民政府时
期中国最主要的纯学术研究机构，也是唯一一个国家级的学术研究
机构。从蔡元培于 1928 年创院至朱家骅于 1948 年完成以院士为组
成核心分子的"国家学院"体制，建立起中国现代学术研究机构体
系基础，正好整整 20 年。这 20 年的发展历程也是中国现代学术事

---

① 《电傅斯年》（1949 年 11 月 18 日），朱家骅档案，函号：301 - 01 - 07 - 012。

业发展史的重要历史阶段。

回顾这 20 年来的筚路蓝缕，草创前 10 年是中研院学术事业发展的黄金时期。特别是 1932 年后，教育经费从不拖欠，为 20 年来所未有。加上中基会与中英庚款会对于各大学、学术研究机构设备费用的不断补助，研究风气日盛，学术水平大幅提高。中研院总计先后成立了 10 个研究所，评议会也于 1935 年成立，使中研院组织完备，初具规模。有学者认为，1937 年抗战前五年是民国以来教育学术的黄金时代。[1]

1937 年抗日战争全面爆发，日本大规模入侵中国，对于中国科学事业的发展是灾难性的。随着战事的蔓延，东部的学术教育文化机构与设施被迫内迁，严重影响了中国学术事业现代化的发展进程。中研院各研究所即随着战火的蔓延，四处迁徙。限于诸事困难，朱家骅纵有发展中研院与中国现代学术事业的理想抱负，真正能付诸实现者并不多。

抗战后期，朱家骅已观察到此时已进入科学战争时代，一个国家的学术不能自立，即一个国家独立的条件尚未完备。在此期间，朱家骅深刻体悟到孙中山过去一再强调的"欲使中国进于世界上一等地位，还须迎头赶上欧美之科学"之深意。美国向日本投放原子弹已证明了世界科学已经进步到"支配"原子能的时代，但反观中国过去几十年的教育却"未能造成一批能够发明原子炸弹的人"，[2]让朱家骅看清了中国科学严重落后的事实。尤其在面对以"科学"为中心的新世界，更让朱家骅产生了强烈的生存危机意识。战后中国的复员与复兴，更需要学术界之贡献与努力。所以，学术研究事业本身的复员与复兴，被朱家骅视为"当务之急"。[3] 特别是这次世

---

① 郭廷以：《近代中国史纲》，第 670 页。

② 《敌人投降时对教育界学术界文化界同仁广播词》（1945 年 8 月 14 日），《朱家骅先生言论集》，第 175～176 页。

③ 《国立中央研究院评议会第二届第二次年会开幕词》（1944 年 3 月 8 日），《朱家骅先生言论集》，第 85、87、85～86 页。

界大战中德、日两国之使用科学，以遂其征服世界之野心，他认为正是科学误用之范例。所以战后朱家骅更加重视在规划未来之科学研究方针时，兼重社会人文科学之发展。

　　基此理念，抗战胜利后，朱家骅以教育部部长职务之便，积极推动中研院尽速复员与扩展院务，并整合学术研究资源。他首先主导由中研院接收南洋研究院、中国医药研究所、上海自然科学研究所、北平人文科学研究所、东方文化研究所及近代科学图书馆等日本在中国所办的学术文化教育事业之房产、图书、仪器、设备等，扩充中研院的学术研究设备。基于国防科学之迫切需要与国家财政困难之考虑，积极筹设近代物理研究所，建立数理化研究中心，旨在发展中国原子研究。原子研究计划的推动，是朱家骅对国际新近科学知识与科技发展的前瞻性学术远见，同时也是他开启中研院与西方先进学术社群合作的试金石，并有借此强化国防与巩固国际地位的企图。① 此外，朱家骅为完成中研院"国家学院"体制，更在国共内战的动荡局势下，于1948年举办院士选举，9月正式成立院士会。院士会的成立完成了中研院作为国家最高学术研究机构的组织设计。蒋介石等国民政府官员的莅会，代表着政府对学术事业与科学体制的支持与认同，从而为中国现代学术发展建构了一套组织体制模式和先例。同时，增设近代物理研究所，新建之数理化研究中心即将完工，物理、化学、数学三所迁集南京、添购的原子能研究仪器设备也陆续运回中国。因此，1948年这一年，是中研院创院以来学术事业发展最鼎盛的一年。不仅是朱家骅学术救国理想的逐步实现，也同样展现了这群汇集在中研院的知识分子群体在科学救

---

　　①　以中研院来看，该项发展原子研究计划因1949年的政治变动而中断。但当时购置的原子研究设备与培训的专业人才，在1949年之后分别成为两岸政权发展原子研究的重要基础，如赵忠尧之于大陆，吴大猷之于台湾。以赵忠尧来说，他是中央大学物理系教授，1946年朱家骅以中研院与教育部之名合聘，赴美负责采购近代物理研究所设备。1949年后，他不仅带回美国研究原子能最新的科技知识与资讯，还将那批他定制研究原子能的加速器部件及实验器材运回中国。中国的原子能研究便是在此基础上开始进行的。

国、学术救国的共同理想下，努力于现代化学术事业发展而奋力不懈的精神。这一年不论是对中国学术界还是对中研院，乃至对朱家骅个人之学术事业，都是成果丰硕、值得纪念的一年，在中国现代科学史和学术史上具有划时代的重要意义和影响。

不过，从1948年11月底淮海战役后不到一年时间内，朱家骅亲自参与创建、培植成长至如此根基之"国家"最高学术研究机关，在1949年时落到仅剩史语、数学两所迁至台湾的悲惨结局，20多年的心血付诸一炬。他认为这是他"诚信未孚，领导无方所致"，而感"深罪之迨"。① 为求补过，他以重建中研院为其"必须履践"之志愿，抵台后随即辞去一切官职，专心致力于中研院的重建工作。②

朱家骅悲叹从政20余年，"一无所成，有悖初衷"。③ 但其实中研院20多年来各研究所积累的仪器设备、延揽与培育的研究人才、以院士为主体的中国现代学术体制的建置、开创中国学科间横向结合的数理化学术中心的筹建、与国际学术界的学术合作的先例，还有为发展原子研究计划所添购的设备与培植的人才等，均展现出其已确立现代学术研究机构体制，奠定学术研究基础，超越两岸的政治纷争，在1949年之后，成为大陆与台湾同属"一个中国"的学术文化连接脐带。无论是台湾还是大陆都在其已建立的学术基业上继续发展。

---

① 朱家骅在给李四光、汪敬熙、赵元任的信中亦不断说到自己的愧疚。《分致李所长、汪所长、赵元任先生函》（1949年7月14日），朱家骅档案，函号：301 - 01 - 07 - 032。

② 《致傅所长函》（1949年7月22日），朱家骅档案，函号：301 - 01 - 07 - 032。

③ 《复胡适》（1951年9月30日），朱家骅档案，函号：301 - 01 - 07 - 010。

第六章

在台重建学术研究中心之努力
（1949～1957）

　　"重建中研院"是朱家骅 1949 年底抵台之后萦绕于心的首要之事。朱家骅到台后，默察大局，已知留台年月将甚漫长。他认为，在当时局势下，七年之病，欲求三年之艾，唯有从学术上着手，特别是现代战争更须仰赖科学研究的辅助。中研院作为台湾最高学术研究机关，尽管迁台物资设备、人才极为少数，尽管台湾学术研究环境与条件与往昔相去甚远，但如果今后能迅速恢复，并健全发展，"维持过去在国际学术界之声誉，继续达成领导学术工作之任务"，也是一大贡献。① 此外，朱家骅对于中研院"残破不堪"的现况一直"惶歉在心"，自认从政 20 余年，"一无所成，有悖初衷"，深觉愧对蔡元培与教育文化科学界同仁而不敢放弃为学术奋斗之职责，② 为求"补过"。抵台后，即坚辞"行政院"副院长，从此退出"权力核心"，专注于学术事业。③ 他以重建中研院为职志，力图于万难

---

① 《复张群秘书长》（1957 年 1 月 21 日），朱家骅档案，函号：301 - 01 - 07 - 032。
② 《致沪各所所长及全题同仁函》（1949 年 5 月 23 日），朱家骅档案，函号：301 - 01 - 07 - 032。
③ 据《朱家骅年谱》记载，朱家骅在 1949 年 12 月底即提出辞呈，并取得蒋介石的"谅解"。不过，直到 1950 年 3 月 1 日"行政院"改组时才发表，令朱家骅感到"十分遗憾"。由此推测，初抵台湾之时，蒋介石仍欲"重用"朱家骅，但朱家骅去意甚坚，故有此言。胡颂平编《朱家骅年谱》，第 83 页。

处境中恢复中研院学术研究事业，为台湾奠立学术研究初基，发展台湾成为新的学术研究中心。[①] 但对迁台"政府"而言，中研院此时仅具"花瓶"作用，且其时台湾的学术氛围也极其低迷。朱家骅在台既无体制内的政治资源，又无经济外援，斗志虽然依旧高昂，却是"举步维艰"。在台湾不安的政局与国际诡谲的局势中，朱家骅只能采取先求中研院的"生存"，再图恢复组织运作与后续发展的无奈策略。由此益见政治与学术间的微妙互动。

第一节　力求稳固已有基础之困难

朱家骅1949年12月抵台后，对中研院沦落至此悲惨局面"伤心之至"，自认"深罪之迫"，决心专心在台从事倡导学术研究事业，即请辞"行政院"副院长职务，欲以全部精力投注于中研院重建工作。朱家骅考虑当时局势，初步仅求中研院能"维持现有基础"，计划待"基础稳固"后，再图院之恢复与重现。[②] 而迁台图书、文物能得安善庋藏与研究人员能恢复正常研究工作是"维持现有基础"的第一要务。问题是，此时国民党败退台湾，万端以军事为重，局处岛屿，国库虚空，日常支出已穷于应付，根本无暇顾及学术单位之存续。再者，朱家骅此时已脱离"权力核心"，中英文教会与中基会也已无法提供体制外之经济援助。朱家骅虽然亟图恢复中研院，重建学术基地，争取经费的锐气一如往昔，但效果大相径庭，直至1953年10月才争取到第一笔建筑费。历经四年只成"半件事"。

---

① 《复胡适》（1951年9月30日）、《中央研究院在北美院士第一次谈话会》（1955年3月19日）、《致姜所长函》（1949年6月28日）、《致傅斯年函》（1949年7月22日）、《函行政院稿》（1955年1月27日），朱家骅档案，函号：301 - 01 - 07 - 010、301 - 01 - 07 - 009、301 - 01 - 07 - 032；朱家骅：《第三届评议会第一次会议之开幕词及院务报告开幕词》，《中央研究院院史初稿》，第210～211页；《第二次院士会议开幕致词》（1957年4月2日），《朱家骅先生言论集》，第98～103页。

② 《致胡适、李书华密函稿》（1955年4月11日）、《复丁文渊》（1957年11月22日），朱家骅档案，函号：301 - 01 - 07 - 010、301 - 01 - 07 - 012；胡颂平编《胡适之先生年谱长编初稿》第7册，第2608～2610页。

一　史、数两所迁台后之困危

中研院史语所和数学所于 1948 年底 1949 年初迁往台湾，先是住屋无着，后来连薪水都出问题。此时朱家骅虽任"行政院"副院长，但诸事艰困程度远甚于抗战时期之历次迁徙。迁台人员生活艰苦万分，两所所长姜立夫与傅斯年都向朱家骅提出"结束"之议。

1948 年 11 月当南京中央博物院、中研院等六机关文物图书决定运台时，朱家骅便指示教育部方面派出简任秘书杨师庚、中研院史语所方面派出芮逸夫先到台湾布置一切。杨师庚和芮逸夫 12 月 15 日到达台北，立即与台湾相关单位接洽，再往察勘存放文物场所。奈何时间仓促，迁台机关太多，且文物启运在即，遂决定先租赁杨梅镇铁路局仓库暂时存放抵台文物，再觅适当地方。所以，1948 年 12 月 27 日第一批运抵台湾之文物，即照预定计划，一同存放杨梅车站旁的铁路局仓库里。后来，鉴于台湾气候普遍潮湿，以台中一带最为干燥，适宜储存文物，便与台中糖厂接洽，暂借两栋仓库作为储存文物的临时仓库，还拨借一块地皮，建筑职员宿舍。史语所则决定先暂留杨梅，待全院迁台后，再由院方进行整体规划。[①]

两所人员到达台湾后，便面临无屋可住的困境，只好由担任台湾大学校长的傅斯年安排暂住在台湾大学教室内。后傅斯年为解决迁台同仁住屋与台大教师荒等问题，安排了一些合格的史数

---

① 《国立中央研究院四十三年第一次院士谈话会纪录》（1954 年 3 月 31 日）、《四十四年本院在美院士谈话会报告》（1955 年 3 月 5 日）、《函俞鸿钧总裁》（1952 年 5 月 14 日）、《密函行政院》（1952 年 11 月 15 日）、《函杭立武》（1950 年 1 月 19 日），朱家骅档案，函号：301 - 01 - 07 - 009、301 - 01 - 07 - 032、301 - 01 - 12 - 024；《杨师庚报告所运中央研究院等机关文物图书第一二批抵台后运存概况》（1949 年 1 月 22 日），教育部档案之中央研究院档案，"国史馆"藏，卷宗号：196/261 - 6A；杭立武口述《杭立武先生访问纪录》，王萍访问、官曼莉纪录，中研院近代史研究所，1991，第 31 页；《石璋如先生访问纪录》，第 317 页；那志良：《故宫博物院三十年之经过》，中华丛书委员会，1957，第 204～205、208～219 页；那志良：《典守故宫国宝七十年》，紫禁城出版社，2004，第 149～150 页。

所同仁在台大兼课。例如，史语所的李济、董作宾、凌纯声、芮逸夫、高去寻等皆应聘到台大兼课，成为台大与史语所合聘人员，而台大兼课者即顺理成章的可以住在台大宿舍，没教书的则暂时先住在杨梅。数学所也暂时安置于台湾大学，算是勉强解决同仁住房问题。①

石璋如回忆当年初抵台湾时的"惨状"指出：

> 我在民国三十七年底坐船来台湾，当时在船上只感觉到晕晕糊糊的，来台湾之后住在台湾大学医学院的教室。当时因为没有地方住，就住到教室里头。人多的可以住一间教室，人少的就两家住一间教室，我就跟萧纶徽家共住一间教室，教室有前后二门，萧走前门，我走后门，两家中间用帐子拉起来隔开。公家只给一家做了一张方形大床，上头可以搁两张榻榻米，全家人就挤在一起、睡在上头。这就是我们的住。李济先生比我们早来一段时间，家眷多，也住在台大医学院。②

1949 年 2 月，故宫、中博等机关将存放杨梅铁路局仓库的文物迁往台中糖厂仓库，史语所便接收其空余之仓库，稍加修葺，权充史语所所址，总计三处：一为存放运台图书用，主管图书之同事即宿在此仓库内；二为图书室及工作室，所有工作台仅以高凳架木板充之；另一仓库则为单身宿舍及办公室、饭厅、阅报室。就这样，史语所从台大教室迁到杨梅。当时又于市内暨杨梅酌赁民房，作为办公及宿舍之用，但简陋潮湿，不堪言状。中研院代

---

① 史语所及数学所人员抵台时，适值寒假，故借住台湾大学医学院教室内。数学所因人员较少，运台图书经向台湾大学借用校总区三号馆二楼房屋一间存贮，其后即作为办公室，至迁到南港为止。《石璋如先生访问纪录》，第 317～320 页；巫宝三：《纪念我国著名社会学家和社会经济研究事业的开拓者陶孟和先生》，《近代中国》第 5 辑，上海社会科学院出版社，1995，第 390 页；李光谟：《从清华园到史语所：李济治学生涯琐记》，第 124 页。

② 《石璋如先生访问纪录》，第 319 页。

理总干事钱临照随后奉朱家骅令，到台湾视察同仁迁台后情况，眼见同仁居住环境的"惨状"，也建议同仁尽速顶房子住下。但迁台两所同仁考虑到不久全院同仁亦将抵台，安置费用应待届时再行统筹运用，所以住杨梅同仁谓"大家住下去就算了"，台北史语所同仁"依然主张不顶"，故当时仅将数学所部分解决，而史语所如故。①

　　1949 年 4 月 25 日，朱家骅在史、数两所迁台后首次抵台。隔日上午即偕傅斯年至杨梅镇视察，目睹运抵台湾之图书、文物、设备，整箱堆存杨梅旧仓库，并在旧仓库腾出地方作为办公之所，因为地方太小的关系，运去书籍只打开了一两百箱上架。接着又去探视同仁居住的地方，见同仁散居于附近简陋民宅，有的甚至一个房间住了全家。② 下午返台北，又探望仍暂借住在台湾大学医学院教室的董作宾与李济，见他们两家同住一个教室，用一块白布拦在中间，算是分作两家，生活艰苦的情形，不忍卒睹。朱家骅虽听过代理总干事钱临照回报在台同仁生活艰困，但没有目睹，不能体会竟至此等

①　《致美国康乃尔大学中国文学教授谢迪克》（1956 年 4 月）、《四十四年本院在美院士谈话会报告》（1955 年 3 月 5 日）、《复胡适》（1951 年 9 月 30 日）、《致留京全体同仁》（1949 年 2 月 1 日）、《致沪各所所长及全题同仁函》（1949 年 5 月 14 日）、《致赵元任先生函》（1949 年 5 月 23 日）、《分致李所长、汪所长、赵元任先生函》（1949 年 7 月 14 日）、《致傅所长函》（1949 年 8 月 5 日），朱家骅档案，函号：301 - 01 - 07 - 005、301 - 01 - 07 - 009、301 - 01 - 07 - 010、301 - 01 - 07 - 032；《三十年来的中央研究院》（1957 年 6 月 9 日），《朱家骅先生言论集》，第 113 ~ 115 页；杨树人：《中央研究院最近的十年》，《朱家骅先生逝世纪念册》，第 327 页；李扬编著《国立中央研究院史》，第 42 页；胡颂平编《朱家骅年谱》，第 79 页；《石璋如先生访问纪录》，第 317 页。

②　石璋如回忆当时在杨梅"狼狈不堪"的生活环境指出："我们租下为铁路局所有、较高大的平房——货仓，作为堆放箱子的地方；民间所有、较低矮的平房——米仓作为办公兼单身同仁的宿舍。在米仓附近还有厨房，也同时在旁边设了饭厅。公家在米仓附近，与大成路、旧镇公所一带租了一批房，再加上原先的公家宿舍，作为从南京来的公务人员的宿舍。这个时候我们住得非常狼狈，比如说米仓附近的宿舍，多是楼房，楼下是百姓做生意的地方，楼上让公务员住，另外连堆杂物的号房都租给公家住，像王志维就是住号房。"《石璋如先生访问纪录》，第 319 ~ 320 页。

万分艰难地步。直到此时，朱家骅才理解为何当时抵台人员会写信给上海同仁劝他们不要来。[1] 朱家骅迭与同仁详商，亟欲能有紧急补救办法。但此时迁台机关越来越多，已无法妥善安排，朱家骅极感棘手。[2]

5月中旬，朱家骅一面力劝在沪同仁尽速迁台，一面急函傅斯年为在沪同仁办理入台相关手续，并要傅斯年在台北市外围乡镇为在沪同仁觅屋。但是，时日迁延，币值狂跌，朱家骅原为同仁筹措之迁台安置经费贬值至几为"废纸"。其时，两所迁台人员住宿问题尚无法妥善解决，现在还要再加上全院其他同仁，更是困难重重。除住房无着，连经费都近枯竭，几到"同仁下船之时，即无法付款"的"绝境"。[3] 继1948年年底当时总干事萨本栋的"听其各散"的"沉痛建议"后1949年7月中研院仅剩的史、数二所所长也先后向朱家骅提出"结束"之议。

---

① 胡颂平编《朱家骅年谱》，第79页。

② 例如，4月26日，招商局已完全迁往台北，计有轮船30艘，载立法院、监察院眷属及政府文件赴台。引自《竺可桢日记》第11册，第1242页。另见《国立中央研究院四十三年第一次院士谈话会纪录》（1954年3月31日）、《本院在美院士谈话会报告》（1955年3月5日）、《复胡适》（1951年9月30日）、《傅所长来函》（1949年7月26日）、《王懋勤函》（1949年9月15、16日），朱家骅档案，函号：301－01－07－009、301－01－07－010、301－01－07－032、301－01－23－080；《三十年来的中央研究院》（1958年6月9日），《朱家骅先生言论集》，第113～115页；胡颂平编《朱家骅年谱》，第79页；《石璋如先生访问纪录》，第319～320页。

③ 傅斯年1949年5月23日明白函告朱家骅："此间住房无着，而存款因照新标准发薪一月，并与仓库订立杨梅房屋租约，所余仅有台币二千余万元，故住处、款项两事，弟等百思不得办法。"五天后，傅斯年再与姜立夫同函朱家骅再次陈明台湾困境。傅斯年信中指出，"（一）此间住房，除杨梅再竭力挤一下，可住一个家庭外（此事弟办去已大费困难），此外毫无住处。（二）存款除当时以一亿买纸外，因发本月薪水，已等于告罄，台湾大学自己欠帐不了，已无款可借，故同仁下船之时，即无法付款。在此两项问题无办法之前，同仁大量来此，弟在道义上绝对同情，绝对尽力帮忙，但物质上（付款及住房）实无办法。"数学所研究员李华宗正患重病，傅斯年并附笔叮嘱提醒："如李先生病……仍尚未愈，此间生活似比广州为苦，请转告李先生慎重考虑。"益见台湾当时生活的艰苦。《傅斯年函》（1949年5月23日）、《傅斯年、姜立夫同函》（1949年5月28日），朱家骅档案，函号：301－01－07－032。

9月初，总办事处部分迁台后，朱家骅除指示中研院秘书主任王懋勤代往探视杨梅史语所同仁并寻求改善之道，自己也两度前往杨梅探视同仁。每见同仁工作场所、住所的陋劣都"心甚不安"。1949年9月15日，他特别放下政务，告假一星期赴台，专事处理改善住宿问题。其间，朱家骅不顾胃疾复发，仍抱病处理公务。至此，宿舍问题始得解决。① 石璋如说：

> 朱家骅院长很接近职员，也很关心大家的生活，曾经亲自去看过宿舍。当时有许多同仁的小孩就读杨梅中学，杨梅中学的校长与大成路的游锦章有亲戚关系，就劝他把余屋租给公务员，我就这样分配到大成路游家楼上，那里是我跟高去寻先生两家一起租的。……房子有张大床，中间有门可以拉起来，我分配到北边，我家只有我跟石磊两口，高家则有三口人，要住大地方。因为我先去，人口简单，觉得这里可以住，就同意住下。高先生一看，说两家怎么能住一张床，就不住这里，请公家改分配其它地方。刚来台湾的时候，我们的确很穷困，住的办法其实很不合适。在台大医学院的时候还两家住一间教室，一家一张床，中间还可以分隔，这里要长期居住，却两家一张床，自然是很不合适的。我是比较晚来杨梅，像先到的芮逸夫、杨时逢，就住到单间的公家宿舍，内部虽然都是榻榻米，可是住的条件已经很好，像旧镇公所至少也是每家一个小单位。②

除住房困难外，史、数两所抵台人员的薪水和经费也大成问题。

---

① 《分致中央党部秘书处、非常委员会秘书处、致阎院长（锡山）、致田培林电》（1949年9月13日）、《新闻稿》（1949年9月15日）、《王懋勤函》（1949年9月15日）、《复王懋勤》（1949年9月16、30日），朱家骅档案，函号：301 - 01 - 07 - 032、301 - 01 - 23 - 080；胡颂平编《朱家骅年谱》，第82页。
② 《石璋如先生访问纪录》，第320页。

由于台湾使用台币，迁台时中研院总办事处便先后于 1949 年 1 月 12 日、2 月 2 日、2 月 7 日三度呈请行政院，自 1949 年 1 月起将中研院迁台人员之生活费照台湾标准发给台币，但至 4 月初仍未得回复。在台人员的薪饷划拨与各项行政经费初因汇兑不通，再因台湾对汇台款限制甚严，继则金融贬值，迟迟无法取得以致困顿万分。当时若无傅斯年帮忙向台湾省主席陈诚借款抒困，中研院迁台人员恐早因经济枯竭而无以维生。

1949 年 2 月，台湾省政府公布《中央驻台机关及人员经常费垫付暂行办法》。朱家骅立即指示按规定函请行政院、教育部、主计部迅转函台湾省政府，自 2 月起按照国立台湾大学同薪级教职员工之待遇，垫付中研院在台工作人员生活费。可是直到 5 月中旬教育部仍未答复。一纸公文，竟延宕四个月之久。由于战事紧急，中研院全院迁移在即，朱家骅忧心如焚，一面力劝在沪同仁尽速迁台，一面亲促教育部拨款。直到 5 月 31 日，教育部始以"特速件"代电台湾省政府，由台省府按月垫发中研院在台员工生活费。

问题是，因为"垫付"需以中央银行担保为前提，此时恰逢台湾改革币制，中央银行坚持须待新台币兑换标准出炉与汇率确定后才愿洽办，致又拖延。在朱家骅紧盯下，于 6 月 24 日获得行政院长阎锡山的一纸批准令。6 月 29 日，朱家骅亲批核准续迁部分员工生活费，即转台省府暨财、审二部，此外由总办事处跟催财政部转函中央银行担保。关于新台币待遇案，朱家骅也于当日亲批交主计处、财政部照办，转函中央银行按照新台币修正担保数额办理，并亲电陈诚特别关照。在朱家骅亲自紧盯下，当天即收到台湾省政府同意垫借历史语言研究所及数学研究所 4～5 月薪饷及经费之公文。

原本以为整个薪饷及经费案就此结束，未料财政部先于 7 月 13 日为中研院在台员工薪饷及经费自 2 月担保案行文中央银行，后于 7 月 26 日又函教育部指称该项经费早已拨给中研院，补办借款担保手续一节"未便照办"。① 为何发生此等乌龙事件，原因不得而知，但国民政府行政体系之失序却是显而易见的。

其间，台湾生活费逐日高涨。至 6 月，教授的收入尚不足买一石米，迁台两所人员生活情况更加艰苦万分，甚至穷困到需要慈善机构的救助。傅斯年为使中研院同仁在台能团聚一处不致分散，竭尽所能聘任两所同仁到台湾大学兼课。② "国家"最高学术机关之精英学人此时竟沦落到需要"慈善机构""救助"，并需要靠"兼课"来"保障"生活，其生活窘迫至极的情况不言而喻。对朱家骅来说，过去轻而易举的"垫发""担保"案，现在连他自己亲自催、批公事，却仍延宕半年无法完成。这是他长院以来未曾有过的困境。

事实上，自金圆券急遽贬值后，政府即进行币制改革。5 月改"关元"、7 月改"银元"，二日三更，反致人心惶惶，更令朱家骅无可如何。例如，朱家骅不避指摘，向行政院力争，坚持中研院迁台同仁生活费部分以"项目"方式办理获准，并谈妥财政部同意担保，但隔日台湾省便大幅提高预算基数。朱家骅原本谈妥的数额已不敷应付，碍于预算法规限制，只能重新洽谈。又如，朱家骅好不容易

---

① 朱家骅在 1949 年 5 月 17 日致教育部公函中沥陈中研院迁台之困境。"自本年二月迄今为时四月，筹借术穷，罗掘俱尽，最近为便于研究工作，拟将来穗之非必要留驻人员及公物运台，并使南京撤出之人员及上海设法疏迁人员径赴台湾，……谨电请将本院在台员工生活费及必需经费，由台湾省政府按月垫发，早赐核复，以应转知洽办。"《国立中央研究院代电》(1949 年 4 月 6 日、1949 年 5 月 17 日、1949 年 8 月 6 日)、《教育部代电，特速件》(1949 年 5 月 31 日)、《行政院指令》(1949 年 6 月 24 日)、《台湾省政府代电》(1949 年 6 月 29 日)、《教育部代电》(1949 年 7 月 5 日)、《财政部、台湾省政府代电》(1949 年 7 月 26 日)，教育部档案之中央研究院档案，"国史馆"藏，卷宗号：196/261 - 6A；《致傅所长函》(1949 年 6 月 29 日、1949 年 8 月 5 日)，朱家骅档案，函号：301 - 01 - 07 - 032。

② 石璋如回忆说："有次有个慈善性质的救济团来到这里，预备帮助我们一部分人，还要照相，就有人认为已经很穷了，还要让人拍照，觉得很没有面子，就反对照相。可是也有人说，救济团一片好意，拍摄大家穷苦的情形，还可以让更多人知道我们的苦处，愿意出钱出力。"引自《石璋如先生访问纪录》，第 320 页。另见《王懋勤函》(1949 年 9 月 10 日)、《傅斯年电》(无日期)，朱家骅档案，函号：301 - 01 - 23 - 080、301 - 01 - 07 - 010。

罗掘库存，再向教育部以学术研究补助费借支部分款项，于 7 月初结汇新台币 6000 元。7 月 29 日，朱家骅原指示再汇新台币 7000 元，却因银元跌值，仅实结成 6680 元。尽管战局混乱，在朱家骅的百般努力下，总算使中研院顺利取得 7～9 月三个月的台币经费。① 但是，在此接洽过程中经历的种种"状况"，是朱家骅从政以来之首见，亦是从未有过的"难堪"。所谓一叶知秋，除显示国民党政府在军事上的节节败退，已无暇顾及无助于军事行动的学术机关的存续，朱家骅在行政部门的影响力亦见日落西山之象。

面对如此内外交迫的困境，朱家骅虽曾萌生结束院务之念，但每想到自己长院负一切责任，却迟迟无法改善，深以为愧，抵台后再度燃起重建中研院之斗志。

二　维持之困难

中研院迁台后，只剩史、数两所。数学所因图书、人员较少，在傅斯年的协助下已在台大获得安置。但史语所人、物众多，暂租之杨梅火车站仓库仅避风雨，且迁台图书史料皆为攸关中国历史文化之国宝。因此，朱家骅筹思"重建"中研院的第一步便是新建"院基"，安善存放图书史料，使研究人员尽速集中，恢复正常研究工作。此时失去政治光环的朱家骅"举步维艰"，光为跨出重建中研院的"第一步"，便耗去四年多时间。过程之艰辛危难，前所未有。

史语所存放图书史料的杨梅镇铁路局仓库年久失修，又经战时轰炸，虽略加修葺，隘陋异常，且该处密迩铁路车站，仓屋栉比，本极不适宜，一旦空袭更是危险，安全堪虑。加以当时以抢运保全为先，处处因陋就简，勉强堆放。除与台湾大学学术合作者外，大部分研究人员都以此仓库为研究场所。但该处地方狭隘，天雨屋漏，

---

① 《复胡适》（1951 年 9 月 30 日）、《致傅斯年函》（1949 年 8 月 5 日）、《王懋勤函》（1949 年 9 月 10 日），朱家骅档案，函号：301 - 01 - 07 - 010、301 - 01 - 07 - 032、301 - 01 - 23 - 080。

不但不适于做研究工作的场所，就是保存图书史料设备亦不合用。因此，史语所迁台后，整理与研究两难进行，开箱者不及十分之一。且以地位局促，甚至有人员因生活艰窘，食宿寝处、安顿眷属都在此仓库旁者。

朱家骅 1949 年抵台辞去一切公职，即积极着手设法史语所之古物、图书以及人员之安顿。他希望至少能先筹建包含图书馆与工作室的史语所迁台图书史料储藏工作处（即史语所所址），一为保存图书史料，二为展开工作，三则为改善杨梅人员居住条件。① 中研院自创院以来，一直未有独立自主的基金财源，其日常支应、学术研究事业推展所需经费多赖政府拨款维持。这时，对迁台政府而言，财政本极困窘，抵台的最初几年凡事又以军事为主，既无力又无暇顾及学术事业。中研院此时仅是"装饰"门面之用，给予中研院的经费拨助极为有限，仅够勉强维持日常开销，遑论其他。所以最初几年，朱家骅日夜焦虑、施尽全力者皆在于此。

迁台初期，考虑当时依然处于"备战"状态，朱家骅要求中研院新院地需同时具备防空安全、近台北以便于台大兼课人员交通往返便利、独立一格且具未来发展空间三项条件。因此，迁台后关于新院址虽一直有所研议，但因都不符合朱家骅的三项条件而未能成议。② 例如，1949 年 10 月"国立中央博物图书院馆联合管理处"成立后，

---

① 朱家骅：《国立中央研究院简说》（1953 年 12 月 23 日）、《复谢迪克》（1956 年 6 月 22 日）、《国立中央研究院在台院士四十三年第二次谈话会纪录》、《复胡适》（1952 年 7 月 24 日、1951 年 9 月 30 日、1951 年 10 月 29 日）、《致陈院长辞修函稿》（1951 年 6 月 23 日）、《密函行政院》（1952 年 11 月 15 日），朱家骅档案，函号：301 - 01 - 07 - 005、301 - 01 - 07 - 007、301 - 01 - 07 - 005、301 - 01 - 07 - 009、301 - 01 - 07 - 010、301 - 01 - 07 - 032；《三十年来的中央研究院》（1958 年 6 月 9 日），《朱家骅先生言论集》，第 115～116 页；杨树人：《中央研究院最近的十年》、程毅志：《朱骝先先生与中央研究院的重建》，《朱家骅先生逝世纪念册》，第 332、360 页。

② 石璋如也忆及，当年朱家骅衡量新院址的标准："一是离台北不远，二是有山可以挖山洞储存图书文物。朱院长也希望研究院能自成一个单位。"《石璋如先生访问纪录》，第 326 页。

选定台中北沟山区作为两院文物迁台新居时，傅斯年与王世杰皆先后建议利用此两院新建仓库机会，追加款项，将中研院图书、史料一并移运台中存放。但朱家骅考虑中研院图书、史料不仅是珍贵的文化宝物，同时也是重要的学术研究资料；且史语所一些人员在台大兼课，如将图书、史料移迁台中，将造成从事学术研究的诸多不便；更实际的问题在于当时如要政府增拨建筑费亦未必可能，而否定此议。①

又如，1950 年 1 月初，朱家骅曾和傅斯年商量借拨台大房地，将在杨梅的图书先搬迁一部分至台湾大学校本部，暂时先解决同仁居住杨梅仓库的窘困情况，但最后也因实际困难作罢。另外，史语所也有同仁主张在杨梅仓库附近建一费用较低的小型仓库。但朱家骅认为。第一，杨梅镇离台北有两小时之火车路程，史语所有一部分人员在台大兼课，因院中无职员宿舍，兼课人员多寓居台大宿舍，如此往返极为不便；第二，史语所租借的杨梅火车站仓库位于交通要道，为军事要地，一旦空袭绝不安全，且杨梅仓库又不能展开工作，远不如抗战期间之昆明李庄等地。该处既不能得到工作方便，又不符合防空安全要求，这项提议自然遭到否决。②

---

① 当时中央博物图书院馆联合管理处在台理事举行谈话会，由吴稚晖、傅斯年、王世杰发起，主张选择离开市区，在靠近山麓的地点筹建郊外仓库，经选定台中北沟山区建修古物存放之库房，继奉核定经费，郊外库房共建三处，完全储存故宫博物组的文物。当时傅斯年曾建议朱家骅借此机会将史语所文物迁至台中。1950 年春，蒋介石复"总统"职时，朱家骅又再次召集商酌庋藏迁台文物仓库暨工作房屋之事。当时"总统府秘书长"王世杰再提另请经费搬往台中故宫博物院仓库旁之建议。此时朱家骅似乎不再坚持，但最后仍因经费无着，无法实现。

② 傅斯年当时已在台大校本部匀出三五间完好房屋，医学院方面亦匀一点。但所谓"实际上的困难"所指为何，目前并未有资料说明。《国立中央研究院四十三年第一次院士谈话会纪录》（1954 年 3 月 31 日）、《国立中央研究院在台院士四十三年第二次谈话会纪录》（1954 年 12 月 30 日）、《复胡适》（1951 年 10 月 29 日）、《致王总统府秘书长》（1951 年 4 月 25 日），朱家骅档案，函号：301－01－07－009、301－01－07－010、301－01－07－032；《国立中央研究院院务谈话会第三次会记录》（1950 年 1 月 8 日），《中央研究院院务谈话会记录》，中研院，1949～1972；《三十年来的中央研究院》（1958 年 6 月 9 日），《朱家骅先生言论集》，第 116 页；《杭立武先生访问纪录》，第 31 页；那志良：《故宫博物院三十年之经过》，第 219、307 页。

　　朝鲜战争爆发后，美国立即派其第七舰队进驻台湾海峡，台湾也处于备战状态。1951 年 2 月，台湾筹备防空疏散，通令各机关编拟疏建计划与预算。鉴于保护文物国宝安全责任重大，朱家骅随后更加积极寻觅适当院址，常常亲自四处勘察。

　　他在 1951 年 2 月 3 日召集院务谈话会决议，先行洽租鹿鸣坑茶场，另在台北郊区之公馆、新店一带觅租适当房屋或自行筹建简单房舍。① 2 月底 3 月初，朱家骅在木栅镇山坳相中当年日人作为防空疏建地区的一块地皮。他勘查后认为，该地既具防空功能，交通便利，离台大约 25 分钟之公共汽车路程，离公路亦仅七八分钟，还可开展工作，并有未来发展腹地。朱家骅迭向"行政院长"陈诚详陈，史语所迁台图书古物的重要性与疏迁的必要性，但历经数度磋商，皆因财政困窘未有定论。最后朱家骅无可奈何，只好妥协缩小计划，仅提出建筑史语所仓库两座及工作室与宿舍之简单工程，初估费用为新台币 89.4 万元，② 但请款未获核准。③

---

① 石璋如回忆说："（当时）大家都在构想那里才是安全的地方？有人建议远离铁路、在杨梅附近就地储藏。车站北边附近临河一带的高地，上头未种水稻，相当平坦，便有人建议在此购地建屋，可是想到当地离铁路不远，安全问题仍无法解决，便告作罢，后来当地被别人买下来建屋。新竹也曾有人愿意提供青草湖附近的地供研究所使用，但与我们首以安全、次以离台北不远的原则不合，亦告作罢。也有人建议搬到台大第六宿舍后面靠山处一带，可凿山作防空洞，也离台大很近，可是经过调查发现台大东北边的蟾蜍山，有高射炮阵地跟司令部、基隆路一带有兵工厂也不合乎安全原则。"《石璋如先生访问纪录》，第 324 ~ 325 页。

② 1951 年春天估算两座仓库约为 52 万元，宿舍为 39 万余元。

③ 朱家骅：《国立中央研究院简说》（1953 年 12 月 23 日），朱家骅档案，函号：301 - 01 - 07 - 005、301 - 01 - 07 - 007301 - 01 - 07 - 007；《国立中央研究院四十三年第一次院士谈话会纪录》（1954 年 3 月 31 日）、《国立中央研究院在台院士四十三年第二次谈话会纪录》（1954 年 12 月 30 日）、《四十四年本院在美院士谈话会报告》（1955 年 3 月 5 日）、《致胡适》（1954 年 7 月 20 日）、《复胡适》（1951 年 10 月 29 日）、《致王总统府秘书长》（1951 年 4 月 25 日），朱家骅档案，函号：301 - 01 - 07 - 009、301 - 01 - 07 - 010、301 - 01 - 07 - 032；《国立中央研究院院务谈话会第 17 次会记录》（1951 年 2 月 3 日），《中央研究院院务谈话会记录》；杨树人：《中央研究院最近的十年》，《朱家骅先生逝世纪念册》，第 330 页；《三十年来的中央研究院》（1958 年 6 月 9 日），《朱家骅先生言论集》，第 116 页。

最终，朱家骅提出将史语所宿舍工程部分费用编入疏散经费、仓库工程部分则以项目方式申请经费的折中方案，始获陈诚同意提交预算小组讨论。朱家骅依过往洽商经验，以为至此已无问题。朱家骅为赶时程，期于"行政院"案定之日即可兴工，立即指示院内从速编制仓库工程预算书，并着手洽办租地事宜。朱家骅在将木栅建库预算书与计划书送交"行政院"核办的同时，还不忘分函"总统府"秘书长王世杰、"行政院"秘书长张其昀、"立法院"秘书长黄少谷等过去的故旧同僚，请托直接或间接协助帮忙促成。但因各机关所列疏散费太大、当局财政穷困无法负担，中研院的请款遭到搁置。①

朱家骅迟至 6 月始知此项消息，立即详函陈诚，力争"败部复活"的机会，但未得复。隔日他再写一封"情理并茂"的千言书，派人专程送到陈诚家里。② 未久，当局即通令停止疏散，疏散费无由申请，建筑宿舍经费亦落空。但朱家骅盘算，建筑仓库之经费本与疏迁案无关，决定再以项目方式重新洽请，并命中研院方面仍按计划筹备木栅建库事宜。他自己则多方奔走，再三交涉，争取建库经费，各方虽表"赞同"，但 1951 年 9 月底建库筹备工作已近完成时，

① 朱家骅曾告诉胡适："目前进行之计划，固为防空打算，但为工作起见，更为需要，所谓大计划也者，亦不过借防空安全为名，使史语所工作得以开展而已，并无其它奢侈之欲望。"《复胡适》（1952 年 7 月 24 日），朱家骅档案，函号：301 - 01 - 07 - 010；《国立中央研究院四十三年第一次院士谈话会纪录》（1954年 3 月 31 日）、《国立中央研究院在台院士四十三年第二次谈话会纪录》（1954年 12 月 30 日），朱家骅档案，函号：301 - 01 - 07 - 009；《致胡适》（1954 年 7月 20 日）、《分函致王雪艇秘书长、张晓峰秘书长、黄少谷秘书长、何联奎》（1951 年 4 月 25 日）、《致陈院长辞修函稿》（1951 年 6 月 23 日、1952 年 4 月 22日）、《密函行政院》（1952 年 11 月 15 日），朱家骅档案，函号：301 - 01 - 07 - 010、301 - 01 - 07 - 032；《国立中央研究院院务谈话会第 18 次会记录》（1951 年3 月 3 日）、《中央研究院院务谈话会记录》；《三十年来的中央研究院》（1958 年6 月 9 日），《朱家骅先生言论集》，第 116 页；《石璋如先生访问纪录》，第 325页；程毅志：《朱骝先先生与中央研究院的重建》，《朱家骅先生逝世纪念册》，第 363 页。

② 《致陈院长辞修函稿》（1951 年 6 月 23 日），朱家骅档案，函号：301 - 01 - 07 - 032。

仍无拨款，终是"画饼"之议。①

在四处碰壁，求助无门的情况下，朱家骅深刻了解到，当时台湾财政极度支绌，② 维持"现状"已经困难万分，当局对于中研院经费上的"酌量补助"已算是尽最大关切与重视，短期内根本不可能有大量拨助。因此，朱家骅已不再将希望全部投注在当局补助上。朱家骅为求中研院的延续与发展及研究工作能进行不断，此时只能另行设法筹款。他不顾旁人反对用外国钱办学术研究事业的意见，开始积极向岛外相关组织争取"经援"。③

对于"外援"，远在美国的胡适是朱家骅第一个请求协助筹集经费者。中研院过去在大陆时期最大的两个"经援"机构就是中华教育文化基金董事会（简称"中基会"）与中英文教基金董事会（简称"中英文教会"）。④ 此时中英文教会约 20 万美元的结余款已经冻结，所以朱家骅决定先向胡适求助，⑤ 希望中基会能伸出援手，并

---

① 《国立中央研究院四十三年第一次院士谈话会纪录》（1954 年 3 月 31 日）、《国立中央研究院在台院士四十三年第二次谈话会纪录》（1954 年 12 月 30 日）、《致胡适》（1954 年 7 月 20 日）、《复胡适》（1951 年 9 月 30 日）、《密函行政院》（1952 年 11 月 15 日），朱家骅档案，函号：301 - 01 - 07 - 009、301 - 01 - 07 - 010、301 - 01 - 07 - 032；《国立中央研究院院务谈话会第 22 次会记录》（1951 年 7 月 2 日）、《国立中央研究院院务谈话会第 25 次会记录》（1951 年 10 月 6 日），《中央研究院院务谈话会记录》；《三十年来的中央研究院》（1958 年 6 月 9 日），《朱家骅先生言论集》，第 116 页。

② 就国民党当时的财政情况来说，1949 年度的收支差额在 87% 以上，1950 年度实际差额为支出总额（亦经除去偿付债本数）38%，1951 年度减至 21%。由此数据即可清楚看出，当时国民党财政困窘的实况。《中国国民党第七届中央委员会第二次全体会议记录》，第 95 ~ 96 页。

③ 《复胡适》（1951 年 10 月 29 日）、《复胡适》（1952 年 7 月 24 日）、《致胡适、李书华》（1955 年 4 月 11 日）、《李济函》（1954 年 12 月 6 日）、《国立中央研究院在台院士四十三年第二次谈话会纪录》（1954 年 12 月 31 日），朱家骅档案，函号：301 - 01 - 07 - 010、301 - 01 - 23 - 124、301 - 01 - 07 - 009。

④ 中英文教会原称"管理中英庚款董事会"，中英不平等条约在 1943 年取消后，改称"中英文教基金董事会"。在创建时期，中基会和中英庚款会补助经费甚为可观，是除政府之外中研院最重要的经援机构。《中央研究院院史初稿》，第 47 ~ 48 页；李扬编著《国立中央研究院史》，第 27 ~ 28 页。

⑤ 胡适当时是中基会董事兼总干事。

期待胡适能在美国帮忙筹集经费。对此，朱家骅在信中无奈指出，这实在是"他方亦不容易，实因无可设法，故特再向吾兄有此恳求"，只有"转恳老兄或有办法，……不知兄以为如何，若此事有成，则本院尚可勉强维持，文物亦得妥为安全保存，同仁得安心工作，非仅弟一人感激也"。①　其时，中基会受战时与战后通货膨胀影响，占全部资产50%以上的投资已化为乌有，当时每年收入甚微，除资助台大师生留学与社团研究补助外，②已无余力可作其他事业。但以胡适与傅斯年、史语所、中研院的关系，胡适自是义不容辞，承诺将协助转向美国公私方面募款或请款。

　　同时，朱家骅不放弃任何一丝可能机会，积极争取外援，先后准备两种备忘录，投寄给诸如福特基金会、洛氏基金会③等专门资助文化与学术研究的基金会，争取资助。另外，当时岛外友人关切中研院院况者亦不乏人。诸如"驻美大使"顾维钧、美国"驻华大使"蓝钦、亚洲基金会驻台代表饶戴维（David N. Rowe）、美国夏迪克教授等对于中研院亦非常关切，都曾协助四处筹募款项。美国西雅图华盛顿大学远东及苏俄研究所所长泰勒（George E. Taylor）教授、美国洛氏基金会文史部主任发司（Charles B. Fahs）、日本学者长谷川与其他研究汉学之国际人士还曾专程赴杨梅观摩，交换学术意见，眼见史语所残破不堪状况，都非常热心地协助中研院寻求可能的经援。④

---

① 《复胡适》（1951年10月29日）、《复胡适》（1951年9月30日），朱家骅档案，函号：301-01-07-010。

② 中基会该年度总计资助台大（1）教员留学5人，毕业生2人；（2）在台大设国内研究补助费，奖励40人。《复胡适》（1951年10月29日），朱家骅档案，函号：301-01-07-010。

③ 洛氏基金会当时朱家骅等多以"罗氏"称之，本书则统一以现在译名"洛氏"称之。

④ 这些外国友人或将备忘录转致其他可能提供协助者，或积极向其他可能的私人团体寻求支持。其中泰勒及夏迪克两教授最为热心，主动向各方设法，并一再为中研院向福特基金会提出请求补助。特别是泰勒对于美方之不予补助，甚表愤慨，不断在福特基金会方面出力，但经周鸿经几次接触了解，认为"福特基金会中人

其中，洛氏基金会文史部主任发司 1952 年 4 月底 5 月初访台，重点即在明了台湾文教事业之活动及其发展情形。他关心史语所图书史料存藏仓库疏建案，还专程前往木栅实地察勘建筑基地，曾有洛氏基金会可先补助 5 万美元之语，给了朱家骅无限希望。于是，朱家骅在 1952 年 5 月 6 日的院务谈话会中指示，尽速准备建筑相关设计图表、说明等，正式向洛氏基金会申请补助。发司返美后即致函胡适，表示洛氏基金会原则上同意在中基会补助 5000 美元的前提下，接受中研院不超过 1 万美元的申请补助案。胡适在确定中基会方面可以担承募足此 5000 美元之数后，立即函请朱家骅从速提交一个 1.5 万美元的建筑计划补助申请案。胡适的来信使朱家骅精神大振，因为这 1.5 万美元的补助款是朱家骅抵台后争取经费困境的"破冰"之款，是朱家骅为中研院在台复院的一个重要开端。①

不过，当时因为台湾物价不断上涨，1951 年初估计只需新台币 48 万元的建筑经费，因请款拖延，1952 年春概算时已需 135 万元，②

　　对台情况不了解，且不感兴趣，请其补助恐非易事"。《周鸿经函》（1956 年 12 月 13 日、1957 年 1 月 20 日）、《复周鸿经》（1956 年 12 月 25 日）、《致周伦阁》（1957 年 1 月 13 日）、《复谢迪克函》（1956 年 6 月 22 日）、《国立中央研究院在台院士四十三年第二次谈话会纪录》（1954 年 12 月 30 日）、《1955 年本院在美院士谈话会报告》（1955 年 3 月 5 日）、《胡适函》（1951 年 10 月 8 日）、《复胡适》（1952 年 7 月 24 日）、《致胡适》（1954 年 7 月 20 日）、《复胡适》（1956 年 12 月 16 日）、《密函行政院》（1952 年 11 月 15 日）、《函行政院稿》（1955 年 1 月 27 日）、《复李济》（1954 年 12 月 17 日），朱家骅档案，函号：301 - 01 - 07 - 002、301 - 01 - 07 - 005、301 - 01 - 07 - 009、301 - 01 - 07 - 010、301 - 01 - 07 - 032、301 - 01 - 23 - 124。

①　现在中研院南港院中史语所背后那座平顶的平房仓库就是胡适向中基会与洛氏基金会捐款建筑的，是台湾中研院的第一座建筑物。《胡适函》（1952 年 7 月 21 日）、《复胡适》（1952 年 7 月 24 日）、《密函行政院》（1952 年 11 月 15 日）、《函行政院稿》（1955 年 1 月 27 日），朱家骅档案，函号：301 - 01 - 07 - 010、301 - 01 - 07 - 032；《国立中央研究院院务谈话会第 31 次会记录》（1952 年 5 月 6 日），《中央研究院院务谈话会记录》；《查理士法斯昨离台赴菲》，《联合报》1952 年 5 月 8 日，第 2 版。"法斯"即"发司"。

②　为核实当时物价，朱家骅 3 月 2 日重新缩编中研院历史语言研究所图书古物标本仓库及员工疏散房屋工程追加概算各一份，总计约需 135 万新台币，送请"行政院"审核。原本建筑经费仅近 90 万元，现在缩减一半工程，却已需费 135 万元。当时台湾物价高涨情况可见一斑。

4 月迨洛氏基金会发司访台时，初估已需 150 万元之谱，至 7 月底实估则需 214 万元。也就是说，即便当局核准了 135 万元经费，建筑费尚不足 79 万元。而此时台湾物价甚高，洛氏基金会与中基会补助的 1.5 万美元尚不及战前同数银元之购买力，争取其他"外援"又极难，故只能再向当局追加预算。但如此，又需另行交涉，甚费时日。因此，朱家骅除依 1.5 万美元之预算提交兴建计划书外，还请胡适在美设法争取补足此数，[①] 俾得完成原定之工程计划，使中研院迁台人员早日集中一处，恢复正常研究工作。[②]

　　与此同时，经朱家骅一再与"行政院"各主管部门力争之后，经费补助也稍见眉目。1951 年秋，朱家骅再向"行政院"要求将建库经费编入 1952 年度预算之内，但有关方面认为以"项目"提请即可，不必列入年度预算。1952 年 1 月朱家骅依议以"项目"方式提出申请时，物价再次高扬。朱家骅考虑当局财政困窘，将原本规划的建筑工程缩减一半，仅先建仓库、研究室与杨梅员工宿舍，但已需 135 万元。4 月中旬，朱家骅虽已得"行政院"院长陈诚"口头承诺"筹拨款项，但因请款数额增加，又只是陈诚的"口头承诺"，"前车之鉴"不远，未免再生变化，朱家骅隔日立即致函陈诚，强调这次概算"虽以物价关系，较诸去年多出一倍，而百数十万台币之数，究属无多，当非不可能之事，敢烦吾兄察核，惠予鼎力设法，特加关照主办人员，始能有所成议"。5 月初，收到"行政院"已交"主计处"核签的正式复函后，朱家骅兴奋不已，奉此复函为"正式书诺"，一面指示院内积极筹备一切征购兴建工作，加紧勘察建院基地；一面则请托"行政院"主计长庞松舟"鼎力相助成议"。在获得庞松舟"已催请财政小组提前审议"的肯定回复后，朱家骅打铁趁热，再向"中央银行"总裁俞鸿钧请托，一再强调"概算所列之数，当是二月间所估计，历时已久，势难再减"，务请俞鸿钧"惠予

---

① 新台币 79 万元当时约合 5 万美元。

② 《复胡适》（1952 年 7 月 24 日），朱家骅档案，函号：301 - 01 - 07 - 010。

鼎力设法，早日促成"。① 另外朱家骅也积极争取美援相对基金项下之补助，通过"财政部长"严家淦协助，美国安全分署长施干克"原则赞同"提出财经小组讨论。②

8月，朱家骅收到"主计处"回复，表示建库经费135万元已由原本的"项目追加预算"改列于1953年度预算。由于该经费系列在1953年度的预算中，朱家骅为求早日动工兴建，一方面取得"财政部长"严家淦允诺，一俟1953年度预算草案正式成立，即可由"财政部"代向台湾银行借支拨付，先行动工，当时估计再过一个月即可预借应用；另一方面则指示总干事周鸿经筹组"建筑小组"，负责新觅建筑基地等事宜。③ 不过，这项改列1953年度预算之批议迟迟未见"行政院"方面之正式公文回复。在朱家骅一再查询下，直到10月中旬才知"行政院"送"立法院"的1953年年度预算草案内，根本未将中研院的建库费用列入审查。中研院的仓库建筑费预算再次遭到搁置。④ 从接洽预算到组织建筑委员会积极重新觅地，一切又是白忙一场。

朱家骅自1949年到台后，为求早日重建学术研究事业之基，无

---

① 《致陈院长辞修函》（1952年4月22日）、《行政院主计长庞松舟函》（1952年5月10日）、《函俞鸿钧总裁》（1952年5月14日），朱家骅档案，函号：301–01–07–032。

② 《复胡适》（1952年7月24）、《国立中央研究院简说》（1955年4月23日）、《四十四年本院在美院士谈话会报告》（1955年3月5日）、《密函行政院》（1952年11月15日），朱家骅档案，函号：301–01–07–010、301–01–07–005、301–01–07–009、301–01–07–032；杨树人：《中央研究院最近的十年》，《朱家骅先生逝世纪念册》，第330页；《国立中央研究院院务谈话会第30次会记录》（1952年3月7日），《中央研究院院务谈话会记录》。

③ 在1952年8月2日的院务谈话会中决议由总干事周鸿经、董作宾、李济、陈盘、芮逸夫、杨时逢等六人筹组建筑小组，李济担任召集人，积极规划进行新院建筑筹备事宜。朱家骅亦积极新觅仓库建筑基地。他认为，建筑基地应在比较安全及交通方便之地区如新店木栅等处觅致，并以购买为原则。《国立中央研究院院务谈话会第34次会记录》（1952年8月2日）、《国立中央研究院院务谈话会第35次会记录》（1952年9月6日），《中央研究院院务谈话会记录》。

④ 《国立中央研究院院务谈话会第36次会记录》（1952年10月15日），《中央研究院院务谈话会记录》；《密函行政院》（1952年11月15日），朱家骅档案，函号：301–01–07–032；《施干克博士昨访朱家骅》，《联合报》1951年12月5日，第2版。

日不在跟政府部门交涉、请托，但得到的都只是口惠实不至的"慨允"，年复一年，"辄为成议"，"终不定案"。对此，朱家骅纵有满腹委屈与不满，但在台湾除了向当局请款之外，实在别无他法。

于是，1952年11月15日朱家骅密函"行政院"，文长将近两千字，剀切陈辞，详陈这两三年来申请经费的艰辛历程与史语所杨梅人员生活之艰难与安心工作处所之缺乏，重批"行政院"年复一年，"延不定案"，使得"国家上乘瑰宝未予安置"，"学术研究亦未能顺利进行"。朱家骅痛陈，此种种狼狈情形已引起台湾学者之不安①及国际文教人士之关切。他忧虑地指出，此项情形倘不改善，不仅学术研究工作无法进行，攸关民族文化与光荣史乘的珍贵文物易致损失，且"足影响学术界对国家保存民族文化，提倡学术研究之信心"。但中研院"经费微薄，支绌不遑"，根本无法应付，当局在财政上"纵有为难，亦属无可节免之事"，唯有仰赖当局之"统筹兼顾"。②

朱家骅的"悲愤痛陈"发生效用，"行政院"同意拨款，但以统筹财政支应"艰困异常"为由，对中研院所请之史语所仓库与员工宿舍兴建工程经费采取"分期拨给建筑款"方式。1953年8月，第一期建筑费新台币80万元终于拨到，中基会与洛氏基金会之1.5万美元补助款亦将拨下。朱家骅耗费将近四年时间始得奠下中研院在台复院初基。③

---

① 如中研院院士胡适、赵元任、李方桂、陈省身等人均纷函询及。
② 《密函行政院》（1952年11月15日），朱家骅档案，函号：301-01-07-032。
③ 中基会补助5000美元、洛氏基金董事会补助1万美元，折兑新台币约为23万元。连政府已拨款80万元，合计为103万余元。仅能先完成仓库两座及历史语言研究所必须在所工作之少数人员使用房舍，其余数学研究所房屋暂从缓议。虽然工程减少，但建筑费却再次上涨到189万元。朱家骅：《国立中央研究院简说》（1953年12月23日）、《国立中央研究院四十三年第一次院士谈话会纪录》（1954年3月31日）、《国立中央研究院在台院士四十三年第二次谈话会纪录》（1954年12月30日）、《四十四年本院在美院士谈话会报告》（1955年3月5日）、《复胡适》（1953年8月19日）、《致胡适》（1953年8月31日）、《函行政院稿》（1955年1月27日），朱家骅档案，函号：301-01-07-005、301-01-07-007、301-01-07-009、301-01-07-010、301-01-07-032；《三十年来的中央研究院》（1958年6月9日），《朱家骅先生言论集》，第116页；杨树人：《中央研究院最近的十年》、程毅志：《朱骝先先生与中央研究院的重建》，《朱家骅先生逝世纪念册》，第330、363页。

　　"行政院"补助款既已拨到，朱家骅为免夜长梦多，立即着手筹建，实地踏勘结果发现，原先勘租木栅的基地地点潮湿，就防震、防洪、防风、防潮湿等各方面考虑，皆不适宜。8月朱家骅又在新店相中碧潭附近基地30余亩，将成交时，无意中发现位于木栅背面山后北麓的南港镇旧庄里山中基地环境甚佳。朱家骅认为，此处山峦环抱，自成一区，环境清幽，是为治学场所。且台湾一岛，面积不大，如言空袭毁损，此地隐在山环之中，似当合于理想防空适用标准。同时，与木栅镇仅一山脊之隔，此间距市区12公里，距铁路线亦在两三公里，因此虽处山环之中，交通尚称便利，且附近尚有余地可为未来发展之腹地，诸此种种皆较木栅、杨梅为优。至于气候潮湿问题，朱家骅也仔细调查确定，南港不在雨线之内，气候与台北无殊。① 于是，朱家骅最后敲定以南港为中研院复院基地，随即招标，先建造仓库一座、小型会议室一幢、眷舍及单人宿舍十余幢，自1953年11月25日签约起120个工作日竣工。也就是说，只要工程顺利，大约在1954年春季即可完工。② 这是中研院在台复院的奠基工程。③

① 1954年3月胡适前往兴建中的南港新院地参观时，当天正好下着雨，胡适因曾听闻南港气候潮湿而提出疑虑。朱家骅经过一番仔细调查与观察后确定，南港气候大致与台北无甚区别，冬季雨水或许较多，但夏季晴天则多于台北，反较为干燥。而且朱家骅对于南港新院址除空袭安全无问题外，交通方面汽车可以直达院门，离台北市中心20分钟可到，尚称便利。对于南港新址颇为满意。《复胡适》(1954年5月13日)、《致胡适》(1954年7月20日)，朱家骅档案，函号：301 - 01 - 07 - 010。

② 不过第一期工程因冬季雨水较多，开工四余月，仅有六十个晴天，工程进度大受影响。那时从南港到旧庄还没有道路，除利用台车进出外，只有一条牛车路勉强可通。1954年3月返台参加国民大会的胡适到南港参观中研院建造中的仓库工程，即是坐着台车进去的。

③ 对朱家骅定南港为中研院重建院址，流传有几个小故事。中研院院士李亦园表示，中研院寻址南港有两种说法：一种是爱钓鱼的朱家骅有一次在南港钓鱼，看上这里山明水秀而选定此地；另一种说法是当年院方在南港、外双溪故宫后山及新店三地选择，结果因为南港一坪地价只要新台币2元而雀屏中选，其他两地则因为地价太贵或风水因素作罢，但是迁院初期交通不便，还得坐台车上班。中研院研究员石磊（史语所研究员石璋如之子）也曾指出，当时朱家骅非常喜爱钓鱼，

朱家骅原本规划建筑两座 80 立方丈①的仓库。他考虑的是，杨梅仓库容积为 120 立方丈，建两座 80 立方丈的仓库除可安置图书、史料、古物外，亦有多余空间可以恢复正常研究工作，且文物既经迁移，保管与使用尤为重要，若是单将文物存储于仓库，而管理人员不在附近照料，仍不能迁运；而若研究人员离开资料太远，亦同样影响研究工作效能。因此，少部分工作室与宿舍也是必要的建筑。但是，当局第一次 80 万元的拨款与中基会、洛氏基金会 1.5 万美元补助款，仅勉强够建一座 80 立方丈容量的仓库、一幢十人单身宿舍、两幢眷属宿舍，远较实际需要差得多。而且一座 80 立方丈的仓库容量仅及原来暂租仓库三分之二，不仅无以容纳全部文物之庋藏，更遑论开展工作。所以朱家骅又一再地与"行政院长"陈诚洽请续拨第二笔建筑工程费近 72 万元，于 1954 年 5 月照数领到。7 月，中研院南港新址第一期仓

来到当时都是农田和鱼池的南港，觉得环境不错，才在现址重建院区。还有另一说法是，朱家骅到了南港发现此处山峦环抱，就风水角度来说，像是一太师椅，风水奇佳，且处山中隐密，又可防空袭，安全无虞。石璋如也说："所有方有经费后积极寻觅地址，在台北附近找到了三块地方，就是木栅、士林、南港一带。寻找新址的要求有几项：一是离台北不远，二是有山可以挖山洞储存图书文物。朱院长也希望研究院能自成一个单位。用这几项要求衡量各地，木栅虽然自成单位，却有水患问题，便不予作考虑……士林当时还没有路，若是修路将增添太多支出，也不予考虑；曾有人说南港现址是朱家骅先生跟马先生钓鱼时碰巧发现，可以自成单位，在附近的庙就有现成的山洞，过去傅先生安置研究院所考虑的是远离市区，南京的研究成果不佳，就与研究人员晚上多跑出去活动有关，李庄则远离市区，没有外界诱惑，研究成绩就好得多。南港离台北虽不算远，但还有一段距离，综合的条件便相当不错，成为新的院址。"朱家骅：《国立中央研究院简说》（1953 年 12 月 23 日）、《国立中央研究院在台院士四十三年第二次谈话会纪录》（1954 年 12 月 30 日）、《1955 年本院在美院士谈话会报告》（1955 年 3 月 5 日）、《复胡适》（1953 年 8 月 19 日、1954 年 5 月 13 日）、《董作宾函》（1953 年 8 月 17 日），朱家骅档案，函号：301 - 01 - 07 - 005、301 - 01 - 07 - 007、301 - 01 - 07 - 009、301 - 01 - 07 - 010、301 - 01 - 07 - 013；《三十年来的中央研究院》（1958 年 6 月 9 日），《朱家骅先生言论集》，第 116 页；杨树人：《中央研究院最近的十年》、程毅志：《朱骝先生与中央研究院的重建》，《朱家骅先生逝世纪念册》，第 330、363 页；《石璋如先生访问纪录》，第 326～327 页；胡颂平编《胡适之先生年谱长编初稿》第 7 册，第 2404～2405 页；胡颂平编《朱家骅年谱》，第 91 页。

① 1 立方丈约等于 36 立方米。

库建筑工程完成验收，第二期史语所办公大楼建筑工程亦同时开工，预计当年10月底完工。为便就近看管照顾，史语所即先迁入两家，待第二期工程完成后，杨梅人员与文物便可全部搬入新址。①

由于当局拨到的第一、二期工程款与1.5万美元补助款受物价波动过剧影响，在此时仅敷完成仓库一座、工作室二幢及宿舍七幢而已。若欲将全部图书、史料、古物启封陈列，至少须再建80立方丈仓库一座或含书库之工作大楼一幢。同时，第一、二期工程虽已足供杨梅人员全部迁入，但在台大兼课人员之宿舍、总办事处之办公处所尚无着落。朱家骅为使中研院所有单位与人员全部集中新址，恢复真正有系统之正常工作与运作，立即着手进行第三期工程土地征收与工程款之筹措。初步估算，第三期工程费用至少非再筹新台币220余万元。唯须顾念台湾财政困难，不能超出前两期之总数（总共151万余元），故1954年6月朱家骅在获得新上任的台湾"行政院"院长俞鸿钧、"财政部"部长徐柏园亲允续拨第三期建筑工程款157.6万元后，于8月底正式呈送请款公文。②

至于不敷之数，虽然依据过去接洽经验，一般美援不涉及科学研究事业，过去两三年来实际成果极为有限，但朱家骅并不气馁，不放弃争取任一可能的机会，继续向岛外热心科学研究之基金会社团接洽，冀能稍获赞助，使中研院迁台人员集中南港之整个计划可

① 朱家骅：《国立中央研究院简说》（1953年12月23日）、《国立中央研究院在台院士四十三年第二次谈话会纪录》（1954年12月30）、《1955年本院在美院士谈话会报告》（1955年3月5日）、《复胡适》（1954年5月13日）、《致胡适》（1954年7月20日、9月7日）、《复李先闻函》（1954年7月14日），朱家骅档案，函号：301-01-07-005、301-01-07-007、301-01-07-009、301-01-07-010、301-01-23-123；杨树人：《中央研究院最近的十年》，《朱家骅先生逝世纪念册》，第330页；《三十年来的中央研究院》（1958年6月9日），《朱家骅先生言论集》，第116页。

② 《国立中央研究院在台院士四十三年第一次谈话会纪录》（1954年3月31日）、《复胡适》（1954年5月13日）、《致胡适》（1954年7月20日、9月7日）、《复李先闻函》（1954年7月14日）、《函行政院稿》（1955年1月27日），朱家骅档案，函号：301-01-07-009、301-01-07-010、301-01-23-123、301-01-07-032。

以完成。1954 年 9 月，朱家骅请托胡适在美国"再为张罗"。① 同时，朱家骅听说美国对外工作总署中国分署美援会近年来对台援助扩及于高等教育事业，便往洽询，但该署对"研究工作"不感兴趣。朱家骅并不死心，仍透过各种关系与管道，希望其能将美援范围扩大及于"研究事业"，注意中研院之学术研究工作。虽费两三年之力仍因彼等对于中研院的学术研究工作无兴趣而未有结果。②

---

① 《致胡适》（1954 年 9 月 7 日），朱家骅档案，函号：301 - 01 - 07 - 010。
② 当时适逢"驻美大使"顾维钧返台，表达对中研院未来发展关切之意。朱家骅即请他在华府帮忙推动，建议美方将美援范围扩充至学术研究工作，或设法帮忙另外筹募款项。顾维钧建议朱家骅拟具备忘录，允诺返美后将竭力向美对外事业委员会负责人史塔生接洽，并作其他种种试探性接洽。朱家骅随后也将该备忘录中、英文副本寄给胡适，希望胡适"从旁帮同进行"。1954 年 12 月李济赴华盛顿时，朱家骅特地要李济访顾维钧，了解实际接触情况。但顾维钧一改过去"积极支持"态度，仅建议中研院邀请若干同情自由中国的美国教育文化界人士到台湾一行，再由他们向美国政府建议或可发生效力。李济认为顾维钧的话"虽不免有推托之意，也不能说他完全没有理由"。朱家骅当然赞同顾维钧的建议，但"邀访经费"从何而来？将又会是另一问题。事实上，朱家骅私下曾有中研院"外援"一事，顾维钧若能运用外交手腕"切实"进行，"料当不无希望"之言。言下之意，也认为顾维钧并未"竭力"。不过，由过去争取外援的经验与顾维钧态度的转变，想必顾维钧也碰了不少钉子，显见朱家骅当时争取外援之不易。此外，朱家骅于 1954 年 12 月透过陶希圣引介，指示总干事周鸿经前往美援会在台办事处，拜访美援会财务处处长褚肇民，但褚明白表示美援会只注意地方教育及侨生教育，未及"学术研究"工作，建议中研院以研究台湾当前实际经济建设事业问题，例如植物所与农复会合作、经济所与经济安定委员会合作，或许有机会获得赞助。朱家骅随即请植物所筹备处主任李先闻与经济所筹备处主任杨树人拟具申请补助方案，多次提交美援会争取补助。不过皆未有结果。《周鸿经函》（1955 年 12 月 1、14 日）、《复谢迪克》（1956 年 6 月 22 日）、《复胡适、赵元任》（1955 年 2 月 24 日），朱家骅档案，函号：301 - 01 - 07 - 002、301 - 01 - 07 - 005、301 - 01 - 07 - 009；《国立中央研究院在台院士四十三年第一次谈话会纪录》（1954 年 3 月 31 日）、《国立中央研究院在台院士四十三年第二次谈话会纪录》（1954 年 12 月 30 日）、《四十四年本院在美院士谈话会报告》（1955 年 3 月 5 日），朱家骅档案，函号：301 - 01 - 07 - 009；《复胡适》（1954 年 5 月 13）、《致胡适》（1954 年 9 月 7 日、12 月 17 日）、《致胡适、李书华（密函稿）》（1955 年 4 月 11 日）、《王蓬（行政院美援运用委员会）函尹仲容部长》（1955 年 5 月 11 日）、《函行政院稿》（1955 年 1 月 27 日）、《致李先闻》（1955 年 3 月 28 日）、《李先闻复函》（1955 年 4 月 1 日）、《李先闻函》（1956 年 2 月 4 日）、《李济函》（1954 年 12 月 6 日）、《复李济》（1954 年 12 月 17 日）、《致杨树人》（1956 年 2 月 8 日）、《杨树人函》（1956 年 4 月 10 日），朱家骅档案，函号：301 - 01 - 07 - 010、301 - 01 - 07 - 032、301 - 01 - 23 - 123、301 - 01 - 23 - 124、301 - 01 - 23 - 421。

此阶段，不仅在外援方面毫无成果，就连与当局部门接洽也再碰钉子。第三期建筑经费自 8 月底申请后，经多月不断交涉，直至 1954 年 12 月方得"行政院"允列新台币 80 万元的通知，且必须待数月"立法院"完成预算审议后才能拨款。由于当时物价持续高涨，如待款拨动工，则费用势必大增。为此，总干事周鸿经与"行政院"相关主管人员如主计长庞松舟等大动肝火。"行政院"方面认为中研院前致"行政院"公文"措辞太厉"，且认为目前拨发购地费及建筑费甚有困难。由于彼此底线相差甚远，多有争执，数度"不快"，最后"行政院"方面让步，同意中研院增加原额编制不得超过 20 人，经费部分亦可望有所增加，但新请之购地费及建筑费总数仍不能超过 80 万元。①

虽然第三期工程请款并不顺利，但中研院南港院址第二期工程如期顺利完工，住在杨梅的史语所人员终于结束了长达 6 年的流浪生活，在 1954 年 12 月中旬搬到南港新院址，再次有了属于自己的家。至此，中研院总算是在台湾立定了脚跟。对于南港院址，朱家骅十分满意，对台湾及中研院未来学术事业发展很有信心。他曾对胡适说：

> 南港新址最近看来尚为堂皇，为保留发展余地起见，拟再收购土地约合五十亩，在此建立初基，始有逐渐恢复整个院的计划，将来回大陆后则此新址，亦可留作在台工作之用，如届时筹设海洋研究所等。②

杨梅史语所人员虽已迁至南港，但图书、史料箱限于空间未能完全打开，在台大兼课的史、数所人员依然借住台大宿舍，上述建设离朱家骅重建中研院的第一步目标即"稳固"现有基础、让中研

---

① 朱家骅当时基于"重建"中研院之需要，请求增加原额编制与中研院之经费。以原额为例，"行政院"初只拟为 10 人，在力争下，"行政院"底线是不超过 20 人。《周鸿经函》（1954 年 12 月 14 日），朱家骅档案，函号：301 - 01 - 07 - 002。

② 《致胡适》（1954 年 7 月 20 日），朱家骅档案，函号：301 - 01 - 07 - 010。

院人员集中工作仍相距甚远。因此，不只是总干事周鸿经火冒三丈，连朱家骅都上了火气。1955年1月底大病初愈后，[①]与"行政院"打起笔墨仗。

朱家骅在1955年1月27日行文"行政院"，文稿长达五千多言，除不厌其烦地再次陈述中研院仓库建筑工程之重要性与必要性、历年请款之艰辛，并毫无掩饰地直指"行政院"历年来对中研院申请经费的"官僚作风"与"形式主义"，抨击"行政院"毫不重视科学学术研究，致碍海外学人"归向"，还严词要求"行政院"明确表态"对于学术研究及号召学人之真实主张，俾有循从由"。[②]

接着，朱家骅又分别修书给"行政院"院长俞鸿钧、"总统府"秘书长张群、"财政部"部长徐柏园，陈明只拨下80万元根本未能解决中研院的实际困难，言词之中亦现"软中带硬"的态度。[③]朱家骅沉痛地指出："吾人号召，在台科学研究，关切学人生活，本系当前切要问题，然行政院秉衡国饷，本院职司学术研究责任所在，观感所系，即不能漠视现实症结原因，而空言粉饰。"[④]

朱家骅的"重炮"再度奏效，第三期工程款80万元不须待"立法院"通过预算，即可由台湾银行息垫，先行招标开工建筑工作大楼。1955年2月，南港新址第三期建筑大楼工程动工，预计夏初完工。朱家骅紧接着再征购毗连之稻田与台车道左边靠近山坡的稻田，作为将来修建宿舍之用，再将台车道道路拓宽修整，使出入更加方便。至于第三期建筑工程的后半费用72.6万元，则在朱家骅的不断

---

① 朱家骅在1954年12月底突患出血性急性肠炎，经紧急送医，一星期后始度过危险期，住院三周后回家休养，旬余始告恢复。《复李济》（1955年2月25日），朱家骅档案，函号：301-01-23-124；胡颂平编《朱家骅年谱》，第92页。

② 《函行政院稿》（1955年1月27日），朱家骅档案，函号：301-01-07-032。

③ 《函俞鸿钧总裁》（1955年1月28日）、《分函总统府秘书长张群、财政部部长徐柏园稿》（1955年2月12日），朱家骅档案，函号：301-01-07-032。

④ 《分函总统府秘书长张群、财政部部长徐柏园稿》（1955年2月12日），朱家骅档案，函号：301-01-07-032。

催促下，于 5 月初获增预算。从数字上说，政府的拨款已勉如中研
院当初所请之数，但因物价继续飞涨，建筑材料已上涨 30%，且因
拨款手续濡缓，领到之款实值又与实际需求经费差距甚巨，已无法
完成原计划之最低限度初步工程——使台北人员亦可全部搬去。所
以朱家骅再行交涉追加此项因物价波动而不足之数。[①]

1955 年冬，朱家骅为了购地、建筑和充实各研究所之经费，再
次向"行政院"力争，催请追加"实际折蚀"经费，甚至曾要"行
政院""确实答复"到底要不要中研院这个"学术机构"存在。朱
家骅说：

> 关于申请史语所文物仓库工作室等建筑费一案，自卅九年
> 春起，即迭与有关机关口头磋商，四十年三月正式编送概算。
> 贵院搁置未办。……此事自初次造送预算，迄今已四年有
> 余……其间因物价不断变动，严重影响币值，无可讳言，自不
> 应由本院负其责任也。
>
> ……
>
> 中国科学院接收当年本院移出之人员不及五百人，现已扩
> 增至一千五百人……本院史语所基础深厚，所藏之文物，弥足
> 珍视，除有重要珍本外，另有有价值之积稿四百余万字，迭经
> 请求，亦不能印行……今以度支困难，谓学术工作可以从
> 缓，……岂谋国者心之所能安？

---

① 朱家骅：《国立中央研究院简说》（1953 年 12 月 23 日），朱家骅档案，函号：
301 - 01 - 07 - 005、301 - 01 - 07 - 007；《国立中央研究院在台院士四十三年第
一次谈话会纪录》（1954 年 3 月 31）、《国立中央研究院在台院士四十三年第二次
谈话会纪录》（1954 年 12 月 30）、《四十四年本院在美院士谈话会报告》（1955
年 3 月 5 日）、《复胡适、赵元任》（1955 年 2 月 24 日），朱家骅档案，函号：301 -
01 - 07 - 009；《复李济》（1954 年 12 月 17 日、1955 年 2 月 25 日）、《致胡适》
（1955 年 3 月 24 日），朱家骅档案，函号：301 - 01 - 07 - 010、301 - 01 - 23 -
124；《国立中央研究院院务谈话会四十四年第一次会议记录》（1955 年 2 月 5
日）、《国立中央研究院院务谈话会四十四年第四次会议记录》（1955 年 5 月 7
日），《中央研究院院务谈话会记录》。

……

本院究属依法设置之国家学术研究最高机构，已有廿七年之历史，设备人才，亦较有基础，今为谋工作之进行而请求若干经费，竟弃置不理，殊为费解。

……

"政府"若干临时开支之中，其性质之重要远不如学术研究，而支出之数额在数百万乃至千万以上者，似亦往往而有，此为社会人士所共睹共闻。而对于本院不得已之少数请求，独踌躇再三，实百思不得其解。本院机构之存在，今日如尚有需要，总期贵院再赐考虑。①

对朱家骅来说，这几年来全副精神、全部精力只为了这一件事，但是连这一件事也没办成。这与过去他参政之时，一笔定案、一诺千金相较，确是天壤之别。难怪他曾感叹："此间热心科学者甚多，但真正了解科学者实少，本院虽为最高学术机关，而一切则各方视同一般行政机关。"②

在朱家骅不留情面的连续"重击"下，中研院在1956年度预算获增列事业费202万元、建筑费120万元，同时新增员额30名。只因物价再次高涨，1956年建筑费拨下时已完全不敷原计划之费用。③同时，在1954年7月南港第一期工程完工后，朱家骅拟增设与恢复植物、民族学、考古学、近代史、化学、动物及经济等研究所，南港基地必须扩大与增建，经费支出亦将大幅增加。而政府拨款每每旷日费时，致延宕时机，1956年9月朱家骅决定动支自己主管的中

---

① 以上引文皆转引自程毅志《朱骝先先生与中央研究院的重建》，《朱家骅先生逝世纪念册》，第360～361页。
② 《复胡适、赵元任》（1955年2月24日），朱家骅档案，函号：301-01-07-009。
③ 例如，原仅15元一方的地价，半年后以涨到每方180元。《国立中央研究院院务谈话会四十五年第一次院务会议记录》（1956年7月9日），《中央研究院院务谈话会记录》；《复胡适》（1956年4月12日），朱家骅档案，函号：301-01-07-010。

英文教会最后一笔20万美元冻结款。①

　　中英文教会过去在朱家骅的主导下对文教事业一意培护，成绩卓著。迁台以后，朱家骅考量该款无多，不足分配而"冻结"未用。现在朱家骅认为，中研院为"国家"最高学术研究机关，为文教学术机构之代表，基于中研院在学术工作上之领导地位亟待特别维护之实况，若以余款拨助中研院"俾业已筹设及规划中之各研究所得以积极进行"，立见成效，也是一大贡献。于是，按照从前的成例，洽请中英文教会资助：（1）增建工作室及宿舍，以求各研究人员集中南港工作。（2）开办经济研究所，并恢复化学、植物两个研究所，以为适应台湾实际需要。（3）赶速续购南港土地，作为今后中研院院务拓展之腹地。②

　　同为中英文教会董事长的朱家骅在收到中研院的申请案后，便先私下一一说服其他董事支持一次性资助中研院，然后召开在台董事正式谈话会，讨论中研院的申请案。③最终决议同意将该会在美约20万美元余款予以解冻，悉数补助中研院作为恢复化学、动物两研

①　在迁台后，多方本曾建议动用中英文教会的这笔款项，但朱家骅以为该会向来对教育文化事业之辅助，"必以补助之款能确收实效为原则"。且此款为数不多，又受战后美元贬值影响，市值已与银元相差无几。战前该会支配补助，年常以数百万计，所以此款照币值计算，已不及战前支配额1/10，若再分散补助，势必难期实效，决定先行"冻结"。在朱家骅的强力主导下，中英文教会的最后这笔款项用于赞助中研院的学术研究事业上，附带但书即为该会此后"维持"所需的办公经费须由中研院负担。周琇环编《中英庚款史料汇编》（下），第385~387页；《周鸿经函》（1956年10月8日），朱家骅档案，函号：301-01-07-002；《三十年来的中央研究院》（1958年6月9日），《朱家骅先生言论集》，第118页；杨树人：《中央研究院最近的十年》、程毅志：《朱骝先生与中央研究院的重建》，《朱家骅先生逝世纪念册》，第333、362页；杨树人：《怀念朱骝先生》，《传记文学》1964年第1期，第24页。

②　程毅志：《朱骝先生与中央研究院的重建》，《朱家骅先生逝世纪念册》，第362页。另见杨树人《中央研究院最近的十年》，《朱家骅先生逝世纪念册》，第333页。

③　当时中国籍董事只有杭立武、刘瑞恒、朱家骅三人在台湾，其余董事，如英籍副董事长马锡尔、中国籍董事李书华、王国栋、曾养甫、曾镕浦、宋子良都散居岛外。遂以"谈话会"暂代，再将在台董事谈话会决定事项分函征求其他董事意见。

究所，并充实植物研究所及筹设经济研究所之用。但动用时，中研院需组织"补助金运用委员会"。[1]

随后，朱家骅多管齐下，抢购中研院基地，筹备动物、化学与经济三研究所等数事并进。但是，因为1956年底起至1957年中研院陆续亟须支付的款项，如在南港继续购地不敷价款、地上旧有建筑物及青苗补偿费、化学研究所建筑费、近代史所研究办公大楼建筑不敷款等虽已得政府补助，只限于行政程序无法立即拨付，朱家骅于1957年4月请求"财政部长"徐柏园出面为中研院担保，向台湾银行借款"应急"，以利建筑工程进行不断。未久，中英文教会补助款陆续到院，朱家骅即以购地建院之实际需要，先行垫付上述款项。另外，专为陈列殷墟文物之考古馆建筑费预算120万元、化学所图书仪器需付款，朱家骅亦从该项补助金项下先行垫付。上述这些"垫付款"，朱家骅都是以中研院院务推展之实际需要，在"政府"经费拨到时即行归复补助金项下的前提下，取得"中英文教基金补助费运用委员会"同意，变更用途，先行垫付者。[2]

---

[1] 中英文教基金补助费运用委员会除由王世杰、刘瑞恒、张其昀、周书楷、李济、朱家骅、杨树人等中英文教会及研究院代表外，尚有"审计""财政""教育""外交"各部及"行政主计处"的首长共同组织，作为这笔补助款运用的监督单位。《国立中央研究院院务谈话会四十五年第二次院务会议记录》（1956年9月24日）、《国立中央研究院院务谈话会四十五年第三次院务会议记录》（1956年12月8日），《中央研究院院务谈话会记录》。

[2] 针对中英文教会补助款专用于恢复化学、动物两研究所，并充实植物研究所及筹设经济研究所的要求，朱家骅即提出1956年11月24日中研院第二次院士会议预备会中讨论，会中决定先交由院务会议商讨决定。朱家骅又于1956年12月8日中研院院务谈话会中提出讨论，会中决议，先行筹备动物、化学与经济三研究所，并聘魏岩寿为化学所筹备主任、梁序穆为动物所筹备主任、杨树人为经济所筹备主任。唯当时经济研究所因名额未奉政府核定，故未立即着手进行。中研院方面亦同时将补助款案呈奉"总统"核准。至此，中研院连同筹设之各所，已有8个研究所，随着研究所的增设与恢复，朱家骅更加紧增购院址基地。中研院最初在南港旧庄购地建屋，限于经费，只两甲有零，随后续购四甲地，但因附近新建工厂亦抢购土地，地主居奇抬价，使地价高涨。当时朱家骅担心中研院毗连土地若为他人购去，将阻碍中研院未来的发展腹地，即不断接洽，但以经费无着，迟迟无法定案。在1956年，鉴于中英文教会补助对象涉及四个研究所的筹设和恢复，需地更多，南港地皮将不敷使用，且为中研院将来之长远发展着想，朱家骅

中研院就在中英文教会的这笔"冻结款"挹注下，从此脱困重生，回归"学术研究"正轨，奠定在台复院之基础，亦为台湾日后学术研究事业推展之基地。但朱家骅个人却因这笔"冻结款"的动支而落得被"逼退"的下场。

第二节　学术研究事业与组织体制之恢复

朱家骅坚信学术研究事业攸关国本，抵台后即一意于中研院恢复。但中研院始终格于经费无着，举措俱艰，无法发展。外界不了解实情，以为中研院迁台后只做些毫无发展且为不急之务的考古工作，责中研院设所太少、研究项目太少，应配合现实需要，恢复或增设研究所。朱家骅虽想尽速恢复原有各所，但他向来实事求是，认为"科学工作艰苦非凡，必须按部就班，脚踏实地来作的，决不是空口说白话，挂个招牌就可以敷衍的"。① 恢复设所"首须物色确堪领导及力能胜任是项学科研究之人员"；另外"须购置适于研究是项学科之设备"。② 特别是现代科学的研究"必须有工作的场所和工作的设备，绝非因陋就简，抱残守缺，所能做到"。③ 基此"宁缺毋滥"的审慎态度，直到1954年中研院初基已定时，朱家骅才开始进行

在中英文教会补助款尚未拨到前，即督促继续收购南港院址毗连土地，以备将来扩充之用。幸有朱家骅的深谋远虑，中研院始得免受年来地价飞涨之影响。《国立中央研究院院务谈话会四十五年第三次院务会议记录》（1956年12月8日）、《中央研究院院务谈话会记录》；《复周鸿经》（1956年12月25日）、《中央研究院第二次院士会议预备会纪录》（1956年11月24日）、《致徐柏园》（1957年4月12日），朱家骅档案，函号：301 - 01 - 07 - 002、301 - 01 - 07 - 009、301 - 01 - 07 - 032；杨树人：《中央研究院最近的十年》、程毅志：《朱骝先先生与中央研究院的重建》，《朱家骅先生逝世纪念册》，第337~338、362~363页。

① 《第二次院士会议开幕致词》（1957年4月2日），《朱家骅先生言论集》，第98~101页。

② 《致美国康乃尔大学中国文学教授谢迪克》（1956年4月），朱家骅档案，函号：301 - 01 - 07 - 005。

③ 《国立中央研究院简说》（1953年12月23日），朱家骅档案，函号：301 - 01 - 07 - 005、301 - 01 - 07 - 007。

复院计划。为早日达成理想，朱家骅采取同时并进的方式加速推展院务：一方面致力于各研究所的陆续恢复与增设，落实中研院自行从事科学研究以为倡导之第一任务；另一方面则积极推动中研院院士会和评议会的恢复集会，实行联络、奖励学术研究合作之第二任务。

一　在台恢复与新增研究所

研究所的恢复与增设是中研院学术事业在台已趋稳定的重要象征。1954 年 7 月，中研院南港新院址第一期工程完工，杨梅第一批人员进驻。朱家骅认为中研院"现有基础"已固，考虑中研院实际经费情况与台湾经济、社会的事实需要后，决定先行恢复植物研究所，增添民族学、考古学、近代史三所。化学工业研究所、动物研究所、经济研究所、近代物理研究所皆有"确堪领导及力能胜任"该学科研究之学者专家，仪器设备亦可先取与院外研究单位合作的方式进行。另外，物理、地质、哲学、教育等研究所亦是朱家骅第一阶段力图恢复与新设之所。① 不过，朱家骅在院长任内只顺利完成了近代史研究所、民族学研究所之增设及植物、动物、化学研究所之恢复，而考古学所、近代物理所和经济学所则未及成案。

1. 恢复植物研究所

朱家骅考虑到台湾农业在经济上占极重要地位，植物研究在改良、发展农业上具有重要贡献，而且迁台前植物所研究员也是中研院第一次选出的院士李先闻②即应台湾糖业公司改良甘蔗品

---

① 《致美国康乃尔大学中国文学教授谢迪克》（1956 年 4 月），朱家骅档案，函号：301 - 01 - 07 - 005。

② 李先闻（1902～1976），植物遗传学家，中国植物细胞遗传学的奠基人。1915 年考取清华留美预备学校，于 1923 年赴美，1926 年入康乃尔大学，主攻遗传学。1929 年获博士学位后回国，先受聘于中央大学任蚕桑系教授，继而自费留学日本，在九州帝国大学从事蚕体细胞遗传研究。此后在作物的遗传学研究和育种栽培两个方面都有优异成绩。1946 年入中研院植物研究所任研究员，继续进行麦、粟等细胞遗传研究。1948 年当选为中研院生物组院士，年底往台湾任台湾糖业公司专家顾问，从事甘蔗育种改良，获得优异成绩，被农民誉为"甘蔗之神"。

种之需求，在台从事改良品种、增加蔗糖生产等研究，颇有成绩。1954 年 7 月中研院南港新址第一期工程完工后，朱家骅随即在院务谈话会提议通过恢复植物研究所，聘李先闻为筹备主任，是为中研院迁台后恢复的第一个研究所。[①] 筹备期间，因房舍及设备付之阙如，仅能采取与各学术研究机构合作的权宜措施，即将新聘人员安排于台湾糖业试验所、台湾大学，利用这两个机构从事研究，其中最主要的研究课题便是李先闻领导之水稻细胞遗传学研究。[②]

2. 新设民族学研究所筹备处

史语所之民族学组按中研院组织法本应单独设所。在 1954 年 12 月的院务谈话会中，曾有将民族学组独立成所，以便从事台湾当时为数 20 万之原住民族及中国民族文化史研究。但朱家骅考虑到当时中研院实际经费状况，认为可等将来有急切必要时，再行考虑建所。未久，因台湾交通日便，台湾原住民与现代文化接触日繁，如不及时加以记录、研究，则其原始文化或将消失，随即于 1955 年 8 月扩展成立民族学研究所筹备处，由史语所研究员凌纯声主持该所筹备工作，首要工作是台湾原住民文化之研究。[③]

---

① 朱家骅后将该案提交于 12 月 30 日召开的第二次院士谈话会上追认，同意恢复植物研究所，设置筹备处。此外，1955 年 3 月纽约召开的中研院在北美院士第一次谈话会中亦甚赞同植物所早日正式成立。但直到 1959 获国家长期发展科学委员会补助始得在南港中研院现址兴建生物馆。1951 年夏新馆落成，人员迁入，集中工作，始粗具规模，于 1962 年正式成立，李先闻任所长。

② 《国立中央研究院院务谈话会四十三年第七次会议记录》（1954 年 7 月 10 日）、《中央研究院院务谈话会记录》；《国立中央研究院四十三年第一次院士谈话会纪录》（1954 年 3 月 31 日）、《国立中央研究院在台院士四十三年第二次谈话会纪录》（1954 年 12 月 30 日）、《四十四年本院在美院士谈话会报告》（1955 年 3 月 5 日）、《致美国康乃尔大学中国文学教授谢迪克》（1956），朱家骅档案，函号：301 - 01 - 07 - 009、301 - 01 - 07 - 005；杨树人：《中央研究院最近的十年》，《朱家骅先生逝世纪念册》，第 331 页。

③ 民族学研究所于 1965 年 4 月正式成所，聘凌纯声为所长。杨树人：《中央研究院最近的十年》，《朱家骅先生逝世纪念册》，第 332 页。

3. 考古学研究所

朱家骅认为，史语所考古学组 20 余年来，对于先古史、上古史学进行调查、发掘、整理、考据之研究贡献实多，工作十分繁重，有独立为所的必要，且中研院组织法中早已明订考古学所之设置。因此在 1954 年 12 月召开的在台院士第三次谈话会中提出并通过了考古学所独立设所，以李济为筹备处主任之案。但考古学组设所一事，李济虽未坚持反对，但坚拒担任所长。史语所所长董作宾对分立考古所一事在公开场合并不表示看法，私下却认为"以维持孟真成规为最善"。① 史语所其他人员亦有异议，认为此事为"不急之务"，时机不宜。结果，分设考古所未成事实。②

4. 近代史研究所筹备处

近代史研究所的筹设是朱家骅迁台复所或新建所中，过程波折最多、付出心力最大者。若非他的学术识见与坚持，该所恐早已夭折，由此更加可见朱家骅对于新增研究所之苦心孤诣。

朱家骅在 1936 年担任总干事时，即认为中国自鸦片战争后，与世界各国间之接触频繁，互成因果。国民党推翻清朝，创造民国，

---

① 《董作宾函李济》（1955 年 4 月 12 日），转引自李光谟《从清华园到史语所：李济治学生涯琐记》，第 332～333 页。

② 史语所在 1955 年 6 月 30 日的所务会议中，便曾针对考古学和民族学分别设立研究所一案提出会中讨论。会中决议，出席之各研究员李济、石璋如、芮逸夫、陈槃、凌纯声、高去寻、周法高、董作宾等以记名方式提出个人具体意见，抄送院长朱家骅参考。大体来说，李济、石璋如、高去寻、周法高、陈槃对于考古组分设与否的意见是一致的，众人并不是坚决反对设所，只是觉得此事为"不急之务"，时机不宜。所长董作宾在 1955 年 7 月 7 日将公众意见汇集后，致函朱家骅转达史语所诸公多不赞成分设考古所事。《国立中央研究院四十三年第一次院士谈话会纪录》（1954 年 3 月 31 日）、《国立中央研究院在台院士四十三年第二次谈话会纪录》（1954 年 12 月 30 日）、《致胡适、李书华》（1955 年 4 月 11 日）、《董作宾函》（1955 年 7 月 7 日）、《中央研究院历史语言研究所四十三年度所务会议记录》（1955 年 6 月 30 日），朱家骅档案，函号：301－01－07－009、301－01－07－010、301－01－07－013、301－01－07－029；李光谟：《从清华园到史语所：李济治学生涯琐记》，第 333 页。

与 20 世纪之中国关系尤为深巨。其所造成中国政治、经济、社会各方面剧烈演变，为我国有史以来所仅见，其影响于当前政治及国际关系至为深切，是一异常重要之时期。加上治近代史学着重在面对现实，侧重史实之因果及其可能引起之影响趋势，与国家当前之政治及国际关系息息相关，而有意推动中国近代史研究。朱家骅曾向当时史语所长傅斯年建议，再另增近代史组着手此具时代性研究工作，但傅斯年以主持乏人而作罢。朱家骅担任代理院长后，又曾与傅斯年数度商谈，总因近代史资料搜集及人才延揽问题而迟迟未能进行。①

迁台后，朱家骅欲聘专攻近代史的学者张贵永、郭廷以为史语所兼任或专任研究员，组织近代史组，从事近代史研究，但当时所内意见不一，所长董作宾也迟疑未决。朱家骅原本打消此念，② 但至 1953～1954 年台湾"立法院"多责难中研院忽略近代史研究，而有要求从事近代史研究之议。同时冷战开始，外国学者亦感觉到过去对于中国的研究与了解不够，开始关注中国近代史研究，如西雅图华盛顿大学远东及苏俄研究所所长泰勒和亚洲基金会在台负责人饶戴维都表示对中国近代史研究的浓厚兴趣，欲与中研院合作研究此议题。1954 年底，饶戴维主动建议以近代史研究作为两机构学术合作之尝试，并愿意 1955 年 1 月先补助 1 万美元，供购置图书资料之用。若是可行，未来可另行设法扩及中研院全院的补助。饶戴维所提之补助方案十分具体，是朱家骅几年来罕遇的一次"外

---

① 王聿均：《朱家骅与近代史研究所》，陈三井主编《走过忧患的岁月：近史所的故事》，中研院近史所出版，1995，第 193～194 页；杨树人：《中央研究院最近的十年》，《朱家骅先生逝世纪念册》，第 331 页；《国立中央研究院在台院士四十三年第二次谈话会纪录》（1954 年 12 月 30 日）、《国立中央研究院简说》（1953 年 12 月 23 日）、《致胡适、李书华》（1955 年 4 月 11 日），朱家骅档案，函号：301 - 01 - 07 - 009、301 - 01 - 07 - 005、301 - 01 - 07 - 007、301 - 01 - 07 - 010；胡颂平编《朱家骅年谱》，第 92 页。

② 董作宾当时或以对于近代史研究尚有待研商之处，或以不必在史语所内增设一组，或以另成组织分工专治，不必混入史语所现在各组工作范围之内为宜回复朱家骅，但皆未有切实答复。

援"机会。①

　　为中研院未来发展计，推动近代史研究所之设立势在必行。朱家骅于 1954 年 12 月 30 日抱病主持在台院士第二次院士谈话会，通过决议设置近代史研究所筹备处，以郭廷以为筹备处主任。② 朱家骅

---

①　饶戴维原本表示 1955 年秋季会另有五千美元之补助，但后来没有下文。朱家骅始发现原来饶戴维就是要近史所帮他编纂《道咸同三朝筹办夷务始末引得》。此工具书是近史所最初完成的一套工作书。对此朱家骅心中颇为不满，曾表示："他一面要求近代史所为他作一种索引，那是他自己要用的。所以希望近代史所作了这个索引卡片之后，送他一份，近代史所固然因为他的推动而成立，我们不能不感激他；但他所为继续增加的钱，就没有做到，只另外拿了一万美金订了一个合约，作为影印外交部档案的流动资金（按：'出版基金'）。根据以后的发展，饶戴维也可以说是骗了我们。我们上了一个大当。我们所希望的都落空了，所以我说要美国人的钱，真是难于上青天。"不过近史所也确实因为饶戴维的"推动"而成立。王聿均：《朱家骅与近代史研究所》，陈三井主编《走过忧患的岁月：近史所的故事》，第 219～220 页；《国立中央研究院简介》（1953 年 12 月 23 日）、《国立中央研究院在台院士四十三年第二次谈话会纪录》（1954 年 12 月 30 日）、《致胡适》（1955 年 3 月 24 日）、《致胡适、李书华》（1955 年 4 月 11 日），朱家骅档案，函号：301－01－07－005、301－01－07－007、301－01－07－009、301－01－07－010；杨树人：《中央研究院最近的十年》，《朱家骅先生逝世纪念册》，第 331 页；胡颂平编《朱家骅年谱》，第 92 页。

②　当天有王宠惠、王世杰、李先闻、凌鸿勋、董作宾等 6 人出席，李济因赴美告假，总干事周鸿经列席。近史所之成立就当时中研院组织法规上来说是有实际上的困难的。据 1954 年 12 月 28 日新修订公布的中研院组织法第三条规定中所列举 23 个中研院研究所中，并未明列有"近代史研究所"，虽有但书说明"中央研究院于必要时，得依评议会之决议，增设其他研究所或研究室。关于各研究所所长及研究人员之资格，由评议会定之"，但是此时评议会与院士会议尚未恢复集会，而这也就是近史所成立的为难之处了。由于此事紧急，朱家骅认为值此特殊阶段应有所变通，遂提议在院士会议及评议会未恢复前，筹备近史所一事提院士谈话会讨论。为消弭其他院士对近史所成立在组织法规问题上的疑义，朱家骅在会中便主动说明指出，组织法上虽未列举近代史所，但抗战时期中研院筹备数学研究所，及体质人类所与分设植物所时均系因事业之需要，先行筹备，待正式建所，再行呈请修正组织法增列。依此前例，近史所可待未来筹备结果可以正式成所时，请求修正组织法，增列该所。朱家骅的意见得到王世杰的支持，"总以事业为重，再完备法律手续"。史语所所长董作宾对近史所成立表赞同意见。不过王世杰对是否有"适当的人选"与"适当的经费"提出疑问。为此，朱家骅特别补充说明指出："近代史之研究，不仅有国际友人赞助合作，且亦为时代之所需要，除事业费可以获得国际友人补助外，经常经费方面，本院原保留有研究人员名额，无须另外请求增加原额。"至于人选方面，郭廷以、张贵永等可延揽到院工作。最后会中决议通过设置近代史研究所筹备处。对于朱家骅起用郭廷以为所

筹思 18 年的近代史研究计划终得付诸实现。[①] 1955 年 1 月 30 日，朱家骅正式聘任郭廷以为近代史研究所筹备处主任，并聘任张贵永为专任研究员，陶振誉为兼任研究员。当天台湾的各家重要媒体都以显著的篇幅报道近代史研究所筹备处成立的消息，显见当时各界对近代史研究所成立的重视。[②]

长，当时院内、院外都有异议。郭廷以在朱家骅任教育部长时，曾于 1948 年 7 月继凌纯声担任教育部边疆教育司司长（于 1949 年 3 月去职），二人可说是旧识。对进用郭廷以，院外有朱家骅起用自己人之语，院内亦有疑义。但朱家骅认为，郭廷以一向作近代史研究，二十余年未尝间辍。虽未曾至国外深造进修，但亦能阅读英文书刊，是位"才实干练"的学者，留洋与否并不影响其所学，认为郭廷以"堪胜任此事"。《致胡适、李书华》（1955 年 4 月 11 日）、《国立中央研究院简说》（1953 年 12 月 23 日）、《国立中央研究院在台院士四十三年第二次谈话会纪录》（1954 年 12 月 30 日）、《四十四年本院在美院士谈话会报告》（1955 年 3 月 5 日），朱家骅档案，函号：301 - 01 - 07 - 010、301 - 01 - 07 - 005、301 - 01 - 07 - 007、301 - 01 - 07 - 009；胡颂平编《朱家骅年谱》，第 92 页；程毅志：《朱骝先先生与中央研究院的重建》，《朱家骅先生逝世纪念册》，第 365 页。

① 近史所筹备期间，初期工作重点在于档案资料之搜集、中西图书之添购、研究人员之罗致与训练，以及研究计划之厘定与进行等项。1955 年 8 月商得"外交部"同意，将该部所藏之清末民初北洋时期之外交档案移交近史所保存整理，供学术研究之用。其中民国部分中俄、中美、中日关系史料内容丰富，日后与美国华盛顿大学远东及俄国研究所合作整理编纂中俄、中美关系史料便是以这批档案为主。至 1957 年，近代史研究所将整理之百余年重要外交史料择要加予整编，计划陆续影印复刊，计已有四千余种。经十年之筹备，规模略具，遂于 1965 年 4 月正式成所，郭廷以为首任所长。《致美国康乃尔大学中国文学教授谢迪克》（1956）、《报告院务稿》（1955 年 5 月 5 日）、《朱家骅在台北立法院之教育委员会上的报告》、《国立中央研究院在台院士四十三年第二次谈话会纪录》（1954 年 12 月 30 日）、《致胡适、李书华》（1955 年 4 月 11 日）、《致胡适》（1955 年 3 月 24 日）、《复胡适、赵元任》（1955 年 2 月 24 日）、《复李济》（1955 年 2 月 25 日），朱家骅档案，函号：301 - 01 - 07 - 005、301 - 01 - 07 - 005、301 - 01 - 07 - 009、301 - 01 - 07 - 010、301 - 01 - 23 - 124；胡颂平编《朱家骅年谱》，第 92 页；《中央研究院院史初稿》，第 103 ~ 104 页；杨树人：《中央研究院最近的十年》、程毅志：《朱骝先先生与中央研究院的重建》，《朱家骅先生逝世纪念册》，第 331、365 页。

② 2 月 1 日正式成立近代史研究所筹备处，所址初设于台湾大学图书馆三楼一间中英文教会余屋。《中研院士会议 决定增设近代史研究所 聘郭廷以为筹备主任》，《中华日报》1955 年 1 月 30 日；《中央研究院决定增设两研究所》，《中央日报》1955 年 1 月 30 日；《中研院将增设近代史研究所 考古组工作发展设立独立研究所》，《新生报》1955 年 1 月 30 日；《中央研究院院史初稿》，第 103 页。

近代史研究所筹备处成立后，在香港出版的《自由人》便提出批评。① 随后在 1955 年 3 月中旬召集的中研院北美院士第一次谈话会中，有关近史所的筹设，朱家骅列为"报告事项"而非"有待研商之问题"项下。② 但近史所的筹设却成为会中讨论的热点议题，最后还提出"建议"。

> 近代史研究所不在组织法第三条所列二十三所之内，依本条规定，本院"得依评议会之决议，增设其它研究所或研究室"。今院士会议与评议会已在准备集会，近代史研究所的增设，是否可以待评议会集会时决议进行？③

会后，胡适致函朱家骅告知北美院士会议情形与决议事项时，特别针对新设近代史研究所之"建议"作进一步解释。

> 近代史研究所一个问题似曾引起台港两地最多的注意，我们也曾与济之兄及劳、全、黄三位细谈，似史语所同人多数不满意于筹备员的人选。又虑到不经评议会决议，外间反对更易

---

① 《自由人》之批评，系见于胡适信中之语，未见其批评与研究院答复内容。王聿均：《朱家骅与近代史研究所》，陈三井主编《走过忧患的岁月：近史所的故事》，第 210 页；《胡适函致朱家骅、周鸿经、董作宾》（1955 年 3 月 26 日），朱家骅档案，函号：301 - 01 - 07 - 010。

② 该次会议是朱家骅力倡两年后始得召开，因此朱家骅十分珍视此一难得机会，将中研院迁台七年来的概况及他"时时萦怀"有待研商之问题分做报告，航邮寄上。朱家骅准备的书面资料长达八千字，内容分为"报告事项"和"有待研商之问题"两大方面，并另附有中研院规程六件。李济离开未久，对于台湾情势及本院实况知之甚详，朱家骅也致函李济请其代为"报告"院务。《四十四年本院在美院士谈话会报告》（1955 年 3 月 5 日）、《中央研究院在北美院士第一次谈话会》（1955 年 3 月 19～20 日）、《复胡适》（1955 年 3 月 7 日）、《复李济》（1955 年 2 月 25 日），朱家骅档案，函号：301 - 01 - 07 - 009、301 - 01 - 07 - 010、301 - 01 - 23 - 124。

③ 《中央研究院在北美院士第一次谈话会》（1955 年 3 月 19～20 日），朱家骅档案，函号：301 - 01 - 07 - 009。

有所借口。故同人的建议〔(5)与(三)①〕，用意实系要为诸
兄解除或减轻反对，要为诸兄建议一缓冲的办法，使大家可得
一个从容考虑的机会。(自由人上的批评及本院答复，我也看见
了)我与济之及史语所有关诸人所最顾虑的一点是筹备近代史
研究所而不能取得史语所多数工作者的支持与合作，那是最不
幸的事。故此次我们关于此一事的建议，用意止是要请骝公与
彦兄借此机会，多征求史语所同人的质直意见，免得将来发生
更大的困难。此意想能蒙诸兄的谅解。②

李济私下也曾语人，这次北美院士提出决议案，每件都是极郑
重地、细心地讨论一番所得的结论，绝不是敷衍了事。不过"执行
人是否要感觉到纠纷"，那就不好说了。③

北美院士的"建议"对朱家骅来说实是一大打击，使其陷入进
退维谷的艰困处境。当时他便心情低落，对友人感叹：

"立法院"催我们添办这个研究所，政府也答允另外给经
费，给员额，可是我们自家的人，偏有那么些闲话。④

又说：

成立近代史研究所筹备处的事情，是做为院长报告的，但
他们把这案子竟而否决了。他们对于郭廷以当近代史筹备主任
的人选不同意，而且对于成立近代史的原则也表示反对。筹备

---

① 即是指上述对近史所的决议案。
② 《胡适函致朱家骅、周鸿经、董作宾》(1955 年 3 月 26 日)，朱家骅档案，函号：
301 - 01 - 07 - 010。
③ 李光谟：《从清华园到史语所：李济治学生涯琐记》，第 333 页。
④ 程毅志：《朱骝先先生与中央研究院的重建》，《朱家骅先生逝世纪念册》，第 359 ~
360 页。

近代史所的经过有不得已的情形，且为既成事实，现在非但不能取消，而且要继续进行。①

董作宾在给李济的信中也提到朱家骅的难处。

> 此次兄等谈话会记录到后，骝公似甚着急，且此间"行政院"未允近代史所筹备，"总统府"亦未核准备案，而事实上近代史所已成立三个月，每月数人发薪，尚不能报销也，故骝公甚着急。昨（朱）有一长函致胡公及润老②详加解释，或胡公将转兄等阅之。事实上近史所成骑虎不下之势，人已聘了很多（不清楚），外面多责难，又不能中辍不办，办又无根据。此朱公自寻苦恼耳。③

胡适信里明白点出"史语所同仁多数不满意于筹备员的人选"，朱家骅担心郭廷以知道此事后会尴尬、难过，还特别交代总干事周鸿经千万别让郭廷以知道此事，所以这件事成了院内高层间的"秘密"。④

即便心情低落，问题还是需要解决。既然胡适信里提到史语所人员反对近史所成立，朱家骅不得不再次向胡适等诸人再作一次详

---

① 王聿均：《朱家骅与近代史研究所》，陈三井主编《走过忧患的岁月：近史所的故事》，第214页。

② 胡公指胡适，润老指李书华。

③ 《董作宾致李济》（1955年4月12日），转引自李光谟《从清华园到史语所：李济治学生涯琐记》，第332～333页。

④ 事实上，近史所筹设的工作姑且不论朱家骅主观意愿，单就客观事实而论，确实有无法停止之难处。第一，在北美院士谈话会举行前，近史所筹备处已于2月份成立，筹备主任、研究员及助理员等均已聘定，预算也已动支，正式展开工作，为既成事实，如何能令其中止？第二，近史所筹备案是经1954年12月30日的在台院士谈话会决议通过而执行，1955年3月20日的北美院士谈话会再提出否决，实为矛盾之处。第三，与亚洲基金会商定的合作方案业已进行，如何可以轻易取消承诺？第四，近代史研究所的筹设也是应"立法院"的一再建议及史学界的共同期望。诸此种种，攸关中研院声誉，兹事体大，实在难以骤停。王聿均：《朱家骅与近代史研究所》，陈三井主编《走过忧患的岁月：近史所的故事》，第215页；程毅志：《朱骝先先生与中央研究院的重建》，《朱家骅先生逝世纪念册》，第365页。

尽的分析与解释说明。朱家骅首先听从了胡适"多征求史语所同仁的质直意见"的建议，特地召集史语所人员举行"座谈"，结果长达三小时的座谈会，史语所人员"无言以对"，倒反成了朱家骅个人的"独角戏"。① 再对照董作宾之前"此朱公自寻苦恼耳"② 之语，实已反映了史语所人员对此事的看法与立场。随后，朱家骅再写了一封长达近四千字的密函信，分致胡适、李书华与其他北美院士，特别针对近代史研究所成立的详细经过、适法性及郭廷以资格的"疑义"提出详细说明。朱家骅坦言此事至此，已势成骑虎。

朱家骅这封信发出后，院内异议始休。而"教育部"也认为，近代史研究与"国际现势及组织"和"俄帝侵略中国史"有关，且目前各校院尚无同性质研究所之设立，增设近代史研究所就学术研究言"确有需要"而同意增设。③ 至此，一场风暴总算平息，近史所筹备工作按原定计划进行。1955 年 10 月，近史所迁至南港，暂借史语所办公。史语所与近史所两所的研究人员相处融洽，并没有出现胡适所顾虑的"不支持、不合作"的情形。总算朱家骅的苦心孤诣没有白费。④

----

① 董作宾在致李济函中谈到当日座谈情形时说："骝公日前曾到南港，招同仁座谈，自南京说起，一气谈三小时，不过解释考古、民族、近代史分立问题而已，无人发言而散。"董作宾在末尾所言："弟勉强维持其残年，一切无兴趣，故先赞成反对皆无表示。"《董作宾致李济》（1955 年 4 月 12 日），转引自李光谟《从清华园到史语所：李济治学生涯琐记》，第 332～333 页。

② 《董作宾致李济》（1955 年 4 月 12 日），转引自李光谟《从清华园到史语所：李济治学生涯琐记》，第 332～333 页。

③ 朱家骅随后并争取到"教育部"部长张其昀允诺，同意在该部提回之清华基金项下分拨 2 万美元补助近史所与民族所之筹备。结果是补助了 1 万美元，近史所与民族所各一半。《复李济》（1955 年 2 月 25 日），朱家骅档案，函号：301 - 01 - 23 - 124；《朱家骅函教育部》（1955 年 8 月 27 日）、《张其昀复函朱家骅》（1955 年 9 月 3 日）、《教育部函主计处》（1955 年 8 月）、《教育部签呈》（1956 年 2 月 21 日），"教育部"档案之中央研究院档案，"国史馆"藏，卷宗号：196/261 - 5。

④ 史语所的石璋如回忆当时与近史所一起办公的情形说："史语所当时有好几所一起办公，像植物所、民族所筹备处、近史所筹备处都在这里，也相当热闹。郭廷以先生相当能干，是东南大学毕业生，曾经做过教育部边疆司长，跟董作宾先生是河南同乡，数学所的许光耀也跟郭友善，所以近史所成立的时候他们都帮了忙。"《石璋如先生访问纪录》，第 333 页。

6. 动物所、经济所、化学所之筹备

1956 年 9 月，中英文教会同意将最后冻结款 20 万美元补助恢复化学、动物两研究所，并充实植物研究所及筹设经济研究所。朱家骅即积极着手动物所、化学所之恢复与经济所之筹设，于院务会议通过聘魏岩寿为化学所筹备主任、梁序穆为动物所筹备主任、杨树人为经济所筹备主任。但随后蒋介石要求全额集中于现代化学研究所之筹设的手谕，打乱了朱家骅原来的一切规划。①

朱家骅最初对于化学所不作大规模规划的原因就是台湾化学专家缺乏，罗致不易，故初步拟先就如烟、酒、糖业及其他食品工业与台湾发酵工业有关者做起，所以聘请治学范围专重发酵的魏岩寿为化学所筹备主任，拟先着重于发酵部分。蒋介石既指示该款专立化学所之用，自然不能不扩大组织与范围，设法罗致优秀人才，治购最新式之仪器、图书等重要设备。② 此外，蒋介石的"手谕"并未言及动物所与经济所，但当时动物所、经济所的筹备工作亦在进行中，实难骤然取消。所以，朱家骅于 1957 年 3 月还是依照原议延聘魏岩寿筹备化学研究所、梁序穆筹备动物研究所、代理总干事杨树人筹备经济研究所。但杨树人因代理总干事职务，明白以中研院当时之经费，如无外援，实负担不了这么多单位同时进行，也认为

---

① 当时蒋介石批示："似可集中使用于筹办一现代化学研究所，使其能达到国际标准，并应与其它高级研究机构如台大清华原子能研究所等合作，务使设备不致重迭浪费，而能将全部经费用于购置最新之设备。"《复张群秘书长》（1957 年 1 月 21 日），朱家骅档案，函号：301 - 01 - 07 - 032。

② 对于化学所所长人选朱家骅曾大伤脑筋，因为魏岩寿年事已高，且其治学范围专重发酵，朱家骅担心他对全部化学或不能处理，曾请托到美讲学的总干事周鸿经帮忙物色一"治学范围较广，而有办事之才者"之化学家主持其事。但当时美国所需之化学人才甚多，招聘不易。有关从事物理化学与核子化学之研究，朱家骅亦因主持无人而觉为难，还向德国方面请托协助物色专家。此外，化学所计划已变，房屋建筑内部规划也必须从大处着想，必须合于最新式之国际标准，但台湾当时并无可商之人，所以朱家骅又再请托周鸿经，"婉托在美之中国化学专家代为拟一草案"，以为将来之用。《致周鸿经》（1957 年 1 月 23 日）、《复周鸿经》（1957 年 2 月 3 日、3 月 7 日）、《周鸿经回复》（1957 年 2 月 19 日）、《复张群秘书长》（1957 年 1 月 21 日），朱家骅档案，函号：301 - 01 - 07 - 002、301 - 01 - 07 - 032。

经济研究不若自然科学研究的切于实用，且易招惹是非，遂坚不受命，以全力助成其他各所。因此，经济学所的筹设在朱家骅院长任内并未实现。[①]

7. 近代物理研究所迁台重新推动

1955 年时，物理学家魏学仁到台湾发表《原子能和平应用》讲演，在台湾掀起原子能研究热潮，议论甚多，并多指责中研院未有从事原子能研究。其实，朱家骅在 1945 年即已关注这项研究，并于 1947 年成立近代物理研究所筹备处。迁台之后，朱家骅观察到原子能运用于医药、农业、工业各方面，在军事更已推及于炮、潜艇及飞机各方面，进步之速至为惊人，因此他认为应急起直追，赶速进行研究。

此时朱家骅筹思，可以集合留居岛外之数理化学者专家，如吴大猷、李书华、张文裕、吴健雄、袁家骝、周长宁、陈省身、周鸿经、胡世桢、周炜良、王宪钟、樊畿、吴宪、萨本铁、黄鸣龙等诸人，充实数学所，恢复物理、化学所，先从事于纯学理之小规模研究，作研究原子能之准备，自可事半而功倍。所以，朱家骅迳与当局洽谈，期能重新筹备，并特别上签呈给蒋介石陈述此项研究之重要性，但蒋介石以当前财力困难为由，"拟暂从缓议"。朱家骅虽仍继续积极争取，但"教育部"以当时已准"清华大学"成立研究所从事原子科学研究为由婉拒。朱家骅对自抗战胜利以来，积极主张由中研院领导从事原子科学研究之理想未能实现，深感无奈与遗憾。[②]

---

① 事实上，当时经济研究所因名额未奉政府核定，故未立即着手进行。《致周鸿经》（1957 年 1 月 23 日）、《中央研究院第二次院士会议预备会纪录》（1956 年 11 月 2 日），朱家骅档案，函号：301 - 01 - 07 - 002、301 - 01 - 07 - 009；《三十年来的中央研究院》（1958 年 6 月 9 日），《朱家骅先生言论集》，第 118 页；杨树人：《中央研究院最近的十年》，《朱家骅先生逝世纪念册》，第 333、338 页；《国立中央研究院院务谈话会四十五年第三次院务会议记录》（1956 年 12 月 8 日），《中央研究院院务谈话会记录》。

② 《报告院务稿》（1955 年 4 月 23 日）、《国立中央研究院简说》（1953 年 12 月 23 日）、《中央研究院第二次院士会议预备会纪录》（1956 年 11 月 2 日）、《四十四年本院在美院士谈话会报告》（1955 年 3 月 5 日），朱家骅档案，函号：301 - 01 -

　　总之，中研院迁台后，在朱家骅的苦心经营下，除迁台之史、数所外，在1954年至1956年，先后恢复植物、动物、化学研究所，并新增近代史研究所及民族学研究所，标志着中研院的学术研究事业已突破现实困境，正逐步向前迈进。

　　如前章曾提，中研院设置研究所从事科学研究的深层意义在于担负起引领前沿学科研究，并进一步提倡科学研究风气。就是因为中研院之研究所皆具开风气之先的历史使命，朱家骅担任院长以来对研究所主持人都坚持"宁缺毋滥"的审慎态度。在台新设或恢复之所，他依然坚守此原则，特别重视主持人之精选，植物所长李先闻、民族学所长凌纯声、近代史所长郭廷以、化学所长魏岩寿、动物所长梁序穆，无一不是在其专业学科领域具学术声望，且具行政领导能力的学者。

　　另外，中研院迁台八年（1948～1956年），限于经费困窘，在朱家骅手中无能善尽其学术领导之责任与义务。并且恢复与新设之研究所一时难以全面添置所需之仪器设备与图书，甚至连所址亦无。成立初期多采用与学术机关或是事业机关合作的方式维持，例如植物所与台糖合作，近史所筹备处成立之初设在中英文教会内。不过，这种合作模式亦为中研院未来与台湾之学术研究机构与事业机关的学术合作与学术资源整合树立了良好的典范。

　　而朱家骅既设定台湾为新的学术研究基地，又极重视理论与应用之充分配合，因此新设或恢复之所多以台湾当时经济生产、学术文化等切需进行科学研究者为主要研究议题与方向。上述这些恢复或新增之研究所确实为台湾日后的学术研究事业奠下稳定发展之初基。

07-005、301-01-07-005、301-01-07-007、301-01-07-009、301-01-07-009；魏学仁：《原子能之发展及其影响》，《星期评论》（1955年2月28日剪报）、《关于原子能研究资料（密件）》（1955年3月8日），朱家骅档案，函号：301-01-07-020；《教育部签呈》（1956年2月21日），教育部档案之中央研究院档案，"国史馆"藏，卷宗号：196/261-5；《中研院概况民国十七年至四十五年》，中研院，第6页；顾毓琇：《纪念朱骝先先生》、魏岩寿：《悼骝先先生》、李书华：《追忆朱骝先先生》，《朱家骅先生逝世纪念册》，第356、279～280、316页。

二　院士会议与评议会之恢复运作

迁台后，朱家骅已认识到世界科学技术的进步已走上一个"革命时期"，身处这个大进步的时代里，已不容再有"无可救药的落伍想法"，纵使不能迎头赶上，"至少也要跟着走"，否则将"不能容身在这个世界上"。① 中研院作为在台最高学术研究机构，对于发展与推广学术研究事业自是责无旁贷。② 为迎头赶上新的科学时代，需赶快议定适应时代需要的台湾学术研究方针。此项任务，朱家骅认为唯有尽速使因战争而中断的中研院决策中心——评议会和院士会复会，恢复中研院组织体制正常运作一途。

问题是，1948 年选出的 81 名院士，仅 21 人不在大陆，在台湾者只有 9 人。③ 而按照规定，院士会之法定人数为"院士全体三分之一出席"，亦即至少需有 27 名院士出席始能成会。若欲修正此项规程（依第八条及第九条之规定）又需召集评议会。但评议会之议事规程规定之法定人数为"过半数之评议员出席"。评议员有当然评议员（院长、总干事及各所所长）和聘任评议员，姑且不论当然评议员以全数或实际迁台之人数计算全数，即以聘任评议员过半数计，第三届评议会聘任评议员 32 人，加上院长及总干事，"过半数"应为 17 人。但当时在台者仅 4 人，在海外者仅 5 人，加起来尚不及 1/3。④ 此外，修正议事规程为评议会职权，第二届评议员任期早经届满，第三届评议会又尚未成立，若欲减少法定人数或欲以"补选"

---

① 《第二次院士会议开幕致词》（1957 年 4 月 2 日），《朱家骅先生言论集》，第 98 ~ 103 页。

② 朱家骅：《朱家骅代院长在第三届评议会第一次会议之开幕词及院务报告开幕词》，《中央研究院院史初稿》，第 209 ~ 210 页。

③ 分别是朱家骅、王宠惠、李济、李先闻、凌鸿勋、董作宾、王世杰、吴敬恒、傅斯年。傅斯年 1950 年去世，吴敬恒于 1953 年逝世。

④ 当然评议员有：院长，总干事，数学、历史语言、心理三研究所所长（筹备处主任按例不计算在内）。评议员在台者朱家骅、周鸿经、董作宾、凌鸿勋、王世杰、王宠惠；在美者，汪敬熙、陈省身、李书华、林可胜、李济、胡适、赵元任。

评议员补救以得"集会"，仍须先行"集会"始能"修法"或"补选"。如此一来，无论是评议会或是院士会都陷入进退维谷的法理困境，无法正式集会。①

为此，朱家骅于1953年1月召集在台院士第一次谈话会，讨论如何恢复院士会及评议会，但不得其解。1954年3月，朱家骅趁胡适回台参加"国民大会"之便，召集在台院士第二次谈话会，决议为使院士会议及评议会能集会，"或修正有关条款，或另订一临时暂行法，先与有关机关商洽后再呈报'总统府'核备"。②

经过长久琢磨，朱家骅终于找到可能且可行的解套办法。他认为，根据院士会议规程规定，"院士全体三分之一出席，方足法定人数"，其中之"全体"二字，并未伸述或明确定义。且院士既系国家著名学者，为终身名誉职，原无固定职守，自系散居各地，依法每年增选，其人数本无固定名额，因此只要"全体"二字之解释获得解决，即可集会。援以往"中央民意机关"集会例，以调查登记现在地区之人数，为实有人数，或改以1/5出席为法定人数。

随后，朱家骅将其设想提交1954年12月召开的在台院士第三次谈话会进行讨论。会谈中，王宠惠提出以公告报到后之院士人数为准，此数额即为以后之全体人数；凡开会时不能来台出席者，可以通信方式建议及表决等上述两点修正意见，获得出席院士一致决议。③ 至此

---

① 《国立中央研究院四十三年第一次院士谈话会纪录》（1954年3月31日）、《国立中央研究院简说》（1953年12月23日），朱家骅档案，函号：301-01-07-009、301-01-07-005、301-01-07-007。

② 出席者计有在台院士朱家骅、王宠惠、李济、李先闻、胡适、凌鸿勋、董作宾等7人，吴敬恒于1953年10月30日逝世，王世杰因足伤请假未能出席，总干事周鸿经列席。《国立中央研究院四十三年第一次院士谈话会纪录》（1954年3月31日），朱家骅档案，函号：301-01-07-009。

③ 出席者为朱家骅、王世杰、王宠惠、李先闻、凌鸿勋、董作宾等6人，总干事周鸿经列席。王宠惠认为，修正"全体三分之一出席"条文系属评议会职权，且纵修正为1/5，现在不过18人，在台的不过六七人，既不能全数来台，事实上仍难正式集会。《国立中央研究院在台院士四十三年第二次谈话会纪录》（1954年12月30日），朱家骅档案，函号：301-01-07-009。

总算解决了院士会议和评议会集会之法理问题。

　　会谈结束之后，朱家骅便促请胡适召集在北美的 13 位院士谈话会，追认这项"决议"，以便落实。事实上，朱家骅早在 1953 年召集在台第一次院士谈话会后，即先后两次当面恳托胡适召集留美院士、① 评议员，举行非正式聚会，使其了解中研院近况，并希望能就中研院研究事业之未来发展交流意见，但胡适一直未有积极动作。1954 年 7 月，中研院南港新院址第一期工程完工，朱家骅认为中研院在台已立初基，有延揽人才、加速推动院务扩展之必要。自 9 月起，不断函请胡适尽速召集在美院士谈话会，除希望解决院士集会问题与中研院之持续发展外，更希望能借此"为国举才"。②

　　由于院士集议问题确实亟须解决，胡适于 1955 年 3 月 19 日至 20 日在纽约举行"北美院士谈话会"，当日除吴大猷因事不能到会外，其余 12 人全员到齐。③ 朱家骅十分珍视此次难得的机

---

①　当时在北美的院士计有：李书华、胡适（纽约），赵元任（剑桥），陈克恢（印第安纳波里斯），陈省身（普林斯顿），萧公权、袁贻瑾、李方桂（西雅图），林可胜（艾尔卡特），汪敬熙（巴尔的摩），吴宪（布鲁克林），吴大猷（渥太华）。

②　朱家骅十分重视"为国举材"之事，给胡适与李济的信中多次提及。例如，1954 年 9 月 7 日给胡适的信中提到，凡在美与院有直接、间接关系者皆可在受邀之列，"既可增加彼等对于本院之兴趣，并可借此物色新人"。1954 年 9 月 14 日给李济的信也叮咛："最好于院士、评议员之外，其它与院有关研究人士亦须约集聚谈，如此可收切实联系之效，并可增加彼等对院兴趣，其愿回国者可以回来，并可物色新人。" 1954 年 12 月 15 日再函胡适："在美与院有直接、间接关系者不在少数，院士评议员之外，似亦可约集彼等一谈，既可增加彼等对于本院之兴趣，并可借此物色新人，……又召集同仁谈话会与如何联络可以使彼等回来，全仗大力帮忙。" 当时朱家骅还在信中附录"直接"与院有关系之联系名单，诸如院士及评议员，胡适、陈省身、李书华、汪敬熙、李方桂、赵元任、林可胜、吴大猷、陈克恢、萧公权、吴宪、殷宏章、李先闻。史语所研究员有劳干、董同龢、全汉昇。数学所研究员或兼任研究员有周炜良、樊畿、胡世桢、王宪锺、廖山涛、杨忠道、范宁生、李新民。物理所有高鼎三。化学所有萨本铁、黄鸣龙。工程所有王宠佑。还有政治学者张忠绂等。《致胡适》（1954 年 9 月 7 日、12 月 17 日）、《致李济》（1954 年 9 月 14 日），朱家骅档案，函号：301 – 01 – 07 – 010、301 – 01 – 23 – 124。

③　分别是赵元任、吴宪、胡适、李济、汪敬熙、陈克恢、萧公权、李方桂、陈省身、李书华、林可胜、袁贻瑾。当时在坎布里奇的历史语言研究所专任研究员的全汉昇、董同龢、劳干也出席。在首日会议结束后，胡适安排了晚宴，另外邀请蒋廷黻、梅贻琦、傅斯年夫人俞大綵、曾宝荪、物理学家袁家骝及其夫人吴健雄与会。

会，而欲尽量使之发挥最大效用，准备了长达八千字的书面资料，其中包括七项"报告事项"：中研院迁台经过、迁台实况、建筑庋藏文物仓库及房屋经过、组织法修正、院士会议与评议会之集会问题、筹备植物及近代史等研究所及辑印院刊等，五大类"有待研商之问题"：院士会议、评议会议集会问题、新院士选举问题、延聘研究员及通信研究员问题、扩充台湾学术研究事业问题等，于会议当天发给出席院士。对于院士会议及评议会集会问题，会中一致赞成在台院士第三次谈话会的决议。① 至此，台美院士达成共识，迁台多年无法复会的院士会和评议会终获可循之"集会办法"。②

朱家骅立即依法将决议案呈请"总统府""备案"。但是，原本以为仅是简单的"行政程序"，"总统府"方面却认为"可以通信方式建议与表决"一事有就法理研究之必要，因此一直延宕未复。为此，朱家骅迭与"府方"商洽，并请王世杰以法学专家之意见"去函解释"。周折年余，始奉到"总统府"正式批准以"院士报到登

---

① 对院士会议及评议会集会问题并稍加补充，建议在表决权之行使，可适用中研院评议会议事规程第八条："对于某特定事项，得用书面委托他一（院士）代表投票（但）每一（院士）同时只能代表一人。"此种可以书面委托代表表决之事项，必须于开会期一个月之前用书面通知各院士。有关院士会议部分，会中并提出临时动议，决议以中研院院士国外委员会为常设机构，推举通讯秘书正副各一人。执行通讯联系事务，并推定胡适和李书华为正、副通讯秘书，处理通信事务。《中央研究院在北美院士第一次谈话会会议记录》（1955 年 3 月 19～20 日），朱家骅档案，函号：301 - 01 - 07 - 009。

② 《中央研究院在北美院士第一次谈话会会议记录》（1955 年 3 月 19～20 日）、《国立中央研究院简说》（1953 年 12 月 23 日）、《致本院在美院士谈会会函稿》（1955 年 3 月 5 日）、《赵元任、胡适致电》（1955 年 2 月 12 日）、《胡适函》（1955 年 2 月 22 日）、《复胡适》（1955 年 3 月 7 日）、《胡适函致朱家骅、周鸿经、董作宾函》（1955 年 3 月 26 日）、《致李济》（1954 年 9 月 14 日）、《复李济》（1955 年 2 月 25 日），朱家骅档案，函号：301 - 01 - 07 - 009、301 - 01 - 07 - 005、301 - 01 - 07 - 007、301 - 01 - 07 - 009、301 - 01 - 07 - 010、301 - 01 - 23 - 124；《胡适致李济》（1955 年 2 月 16 日），转引自李光谟《从清华园到史语所：李济治学生涯琐记》，第 329～330 页；《中研院旅美院士集会纽约》，《联合报》1955 年 4 月 8 日，第 3 版。

记人数为实有全体人数"之公文，使院士会议复会依法有据。① 经登报并通函公告，当时完成报到手续的院士，在台者朱家骅、李济、李先闻、王宠惠、王世杰、凌鸿勋等 6 人，在美者吴大猷、李方桂、萧公权、陈省身、胡适、赵元任、陈克恢、汪敬熙、袁贻瑾、林可胜、李书华、吴宪等 12 人，在香港者董作宾 1 人，共 19 人，此数即为在台院士"全体人数"。②

院士会和评议会这两个展延近九年无法集会的学术最高决策单位，经过朱家骅四年多的努力倡议，终于 1957 年 4 月 2 日在南港新院址举行为期三天的第二次院士会议暨第三届评议会第一次会的集议。③ 朱

---

① 对此周折，朱家骅曾十分不以为然地私下表示："区区小事迄今尚未解决，可笑之至。""近据'总统府'消息，主办人确曾依照雪艇兄意见签注，呈阅'总统'批交中央党部，当系办事人故意兜此圈子，小题大作，至属不解，日来已数度与中央党部接洽，据云尚未到部，此事本属简单，卒至如此周折年余不得解决，更非始料所及，弟当再与党部与府方接洽，力予促成。"《复胡适》（1956 年 4 月 12、30 日），朱家骅档案，函号：301 - 01 - 07 - 010。
② 1948 年选举的 81 位院士，离开大陆的有 22 人，其中萨本栋于 1949 年 1 月在美病逝，傅斯年、吴敬恒先后在台去世。这样，离开大陆居于台湾和北美等地的 19 名院士悉数报到。《中央研究院史初稿》，第 217 页；《中央研究院第二次院士会议预备会纪录》（1956 年 11 月 2 日）、《王世杰函》（1956 年 6 月 7 日）、《复王世杰函》（1956 年 6 月 11 日），朱家骅档案，函号：301 - 01 - 07 - 009、301 - 01 - 07 - 009。
③ 第二次院士会议暨第三届评议会第一次会是中研院迁台后的第一次正式会议，朱家骅极为慎重。趁 1956 年吴大猷到台湾讲学之便，开了一次预备会议，决议于 1957 年 4 月初举行第二次院士会议（即迁台后第一次正式会议），届时将就今后研究工作如何推进及扩大学术合作等各项重要问题作进一步商谈。朱家骅因考虑到胡适 1957 年 2 月有返台计划，而吴大猷须于 4 月初旬返美，便决定趁两人皆在台北之时举行，而决定在 4 月 2 日举行。日期既定，朱家骅一一亲函邀请各院士回台"共襄盛举"，对朱家骅来说，迁台首次院士会议"多来一位好一位"。结果，本来计划出席的胡适、赵元任、李书华、吴宪皆因病，医嘱不宜远行；而陈省身、陈克恢、袁贻瑾、汪敬熙因工作繁重无法分身。当时朱家骅甚为担心出席人数问题，因而有人主张延期开会，但朱家骅认为"开议"不易，决定如期开会。"全体"院士 19 人，出席者为朱家骅、吴大猷、李方桂、萧公权、李济、王世杰、李先闻、董作宾、凌鸿勋等 9 人，王宠惠请假委托王世杰全权代理。蒋介石亲临主持，"副总统"陈诚及"秘书长"张群皆到会表达对院士会议的重视与推崇。《复周鸿经》（1956 年 12 月 25 日、1957 年 3 月 7 日）、《致周鸿经》（1957 年 1 月 13 日）、《分致李润章、陈省身、汪敬熙、赵元任函》

家骅在开议致辞时便明白揭示选举院士、充实评议会、拟定将来学术研究方针，以达成在台湾建立学术研究中心基础之目标，是这次会议的三大中心议题。①

在这三天院士会会议的集议讨论中，虽未及选举新院士，但对于今后在台之学术发展方针则议定有"发展学术研究应巩固初基""设置研究辅导委员会辅助中研院达成各学科研究任务""中研院与大学暨研究机关学术合作案""建议政府统筹政治军事及学术问题订定长期发展学术计划"等多项具体方案。其中，由朱家骅提议中研院与大学暨研究机关学术合作案，及吴大猷提议统筹政治、军事、学术，制定长期（三或五年）发展学术研究计划案之决议，对于台湾后来的学术发展具有重大影响力。

关于"中研院与各大学暨研究机关学术合作案"，朱家骅认为，为充实中研院研究业务，添设及恢复各研究所有其事实之必要。但以台湾学术资源有限的事实观之，关于各研究所之设置以及研究人员，未免重复而收分工合作之效，宜与大学及研究机关商量。经大会讨论总结出五项：（1）为充实中研院研究业务，应设法恢复原有之研究所及筹设新研究所，并与大学及研究机关合作。（2）中研院与合作之大学或研究机关，联合延聘人员。（3）中研院得接受大学之委托，指导学生之研究工作，其学绩本院予以证明。（4）研究工

（1956 年 11 月 28 日）、《李书华函》（1956 年 12 月 17 日、1957 年 3 月 14 日）、《汪敬熙函》（1956 年 12 月 17 日）、《复胡适》（1956 年 11 月 28 日、12 月 16 日），朱家骅档案，函号：301 - 01 - 07 - 002、301 - 01 - 07 - 009、301 - 01 - 07 - 010、301 - 01 - 23 - 200；《中央研究院史初稿》，第 217～218 页；《十二位院士整寿 吴大犹设宴祝贺 会场喜气洋洋 邀约六年后为中研院祝贺七十大寿》，《联合报》1992 年 7 月 6 日，第 4 版；《台北人语 中央研究院院士》，《联合报》1957 年 4 月 2 日，第 3 版；《中研院台海院士昨举行会议 决定明年开院士会议》，《联合报》1956 年 11 月 25 日，第 3 版；《中研院院士 2 次会议总统昨日亲临主持 期勉今后研究学术发展 仍须发扬中国文化精神》，《联合报》1957 年 4 月 3 日，第 1 版。

① 《第二次院士会议开幕致词》（1957 年 4 月 2 日），《朱家骅先生言论集》，第 98～103 页。

作计划与院外之大学及研究机关切取配合及分工。（5）本院研究人员得兼授合作大学之课程，与中研院合作之大学及研究机关，其研究人员得使用本院设备。此项决议，成为今日中研院与各大学及学术机构进行学术合作及为大学训练研究生之开端。至于"制订长期学术计划案"经决议后，由中研院拟具详细计划，促成了"国家长期发展科学委员会"之成立，即现在隶属于"行政院"的"国家科学委员会"之前身。①

　　至于健全中研院组织、协助推进院务方面，则决议组织院士选举筹备委员会，筹办1957年度院士选举，并定于1957年12月中旬举行第三次院士会议，选举新增院士，最高额为15人。② 有关评议会部分，则决议援用院士会议以报到人数为评议会之全体人数办理，恢复评议会集会。且基于评议会组织有充实之必要，议决：加选聘任评议员；已经筹备之各研究所其筹备主任可以当然评议员资格出席评议会（只限本届）；本届会期内院长为集思广益，于评议会开会期间，得以议长名义邀请当地非当届评议员之院士出席与议共策进行。

　　会中并依上述决议，增选张其昀（曾任第一任聘任评议员）、梅贻琦（化学）、钱思亮（工程）、赵连芳（生物科学）、董作宾（院士）五人为第三届聘任评议员。同时，召集第三届评议会第一次会议。由于评议会同样采取以报到人数为计算依据，而第三届评议会

---

① "发展学术应巩固初基"案为萧公权、吴大猷、李方桂所提，其决议要点如下：（1）建议"政府"从速宽筹对于学术研究事业经费，并拟订切合实际之特殊办法，使各种事业不致因经费困难而中辍，工作者不致因生活困苦而影响其工作。（2）本院恢复基金之设置，接受"政府"特拨及外界捐赠，用以应付由研究必需费用之补助。（3）号召及倡导社会暨工商企业重视学术设置研究工作室，并与研究机构合作，或捐赠研究工作之设备，庶使私人及社会团体重视学术研究成为风气。《中央研究院院史初稿》，第218～219页；《第二次院士会议闭幕词》(1957年4月4日)，《朱家骅先生言论集》，第103页。

② 1957年度之院士选举名额分配为生物组、人文组各选举至多四人，数理组等纯粹科学部门之选举至多四人，工学部门之选举至多三人。嗣后每届应选之名额分配，依法于期前定之，而不作硬性规定。

的聘任评议员全是院士，因此完成院士报到手续即视同评议员报到手续之完备。所以，朱家骅立即于 4 月 3 日下午在原地依法召集评议会，举行第三届评议会第一次年会。会中讨论通过数项重要决议案：（1）修正《中央研究院院士会议规程》《中央研究院评议会议事规程》《中央研究院院士选举规程及提名表》《中央研究院评议会选举规程》等四种重要法规。（2）追认已设立之植物、近代史、民族学、动物、化学、经济六个研究所筹备处。（3）成立中研院整理法规小组，负责整理全部单行法规，分别修正或废止，以便循守。①

第三届评议结束后，朱家骅随即着手筹备第二次院士选举。② 由于这次选举是停办近十年后的第一次，代表着院士制度在台湾的正式恢复与延续。在台尚属创举，并且它对中研院之基础及体制建立将起到示范与典范作用，因而一切进行程序皆按旧章特别郑重办理。另外，为示公正与避嫌，朱家骅提出这次选举中，中研院不提名院内学者为候选人，各所筹备处亦不具提名院士候选人之资格。

朱家骅观察，这次各界提名不若第一次选举时慎重，各方对此事"似不热心"，特别是在台各机构对此"极不重视"，外间且有谣言，亦有从中破坏者，已送之提名人选毫不依照规定资格，可谓"绝对不负责任，甚至故意捣乱者"。他甚担心如此下去，"势将影响此一良好制度"。③ 由于提名情况并不理想，且各提名机关团体及居海外之院士评议员以整理著作目录或办理提名联署之手续需时，函商展期。总算在展延一个月后，收到 69 份提名表，其中手续完备

---

① 杨树人：《中央研究院最近的十年》，《朱家骅先生逝世纪念册》，第 335～336 页；朱家骅：《中央研究院审定院士候选人的程序》，《大陆杂志》1957 年第 5 期，第 166 页；《中研院院士会决定明年选举院士 今日续会讨论工作方针 评议会昨亦通过修正各项规程》，《联合报》1957 年 4 月 4 日，第 1 版；《中研院与院士会议》，《联合报》1957 年 3 月 3 日，第 2 版；《院士会议昨日闭幕 通过提案扩充院务 加选钱思亮等为评议员 院士选举筹委亦经推定》，《联合报》1957 年 4 月 5 日，第 3 版。
② 中研院编《中央研究院第一至二十次院士选举纪要》，第 1 页。
③ 《致陈省身》（1957 年 6 月 22 日），朱家骅档案，函号：301-01-07-012。

者 62 份，悉数移送院士选举筹备委员会审定。为展示选举的公平、公正、公开，所有原提名表、著作目录、著作及编制初步名单都陈列在院士选举筹备委员会供检阅。随后朱家骅于 8 月 18 日召集评议会第三届第二次会议，审定 1958 年度院士候选人资格，并经投票选定数理组 15 人、生物组 9 人、人文组 10 人，总计 34 名合格院士候选人，后依法公告，预定于当年底举行第三次院士会议投票选举新院士。①

但朱家骅在这次评议会结束后即以病为由提出辞呈，业已筹备之第二届院士选举则至 1958 年新任院长胡适就任后始告完成，选出 14 名新增院士。② 同时第二次院士选举的顺利完成，意味着院士会恢复活动，每年皆可补选新院士奖掖后起学术人才。对于这次院士选举提名能够顺利，董作宾认为是朱家骅的功劳。他说："院士选举此次能办成，主要的是国际学术界之场面问题，亦朱骝公办了一件大事也。"③

① 当时各学校、团体、中研院院士及评议员提名院士候选人共 30 人，其中多半手续尚未完备。此外尚有台湾大学及若干其他团体提名人选稍停数日方能送到。在美的胡适、李书华、赵元任都主张展延提名截止日。因此院士选举筹备委员会决议将提名时间展延一个月。《四十六年度院士选举筹备委员会委员通知书》（1957年 4 月 23 日）、《四十六年度院士选举筹备委员会第二次会议记录》（1957 年 6 月27 日）、《胡适复函》（1957 年 6 月 27 日），朱家骅档案，函号：301 – 01 – 07 –012、301 – 01 – 07 –010；《中央研究院 昨开评议会》，《联合报》1957 年 8 月 19日，第 3 版；朱家骅：《中央研究院审定院士候选人的程序》，《大陆杂志》1957年第 5 期，第 166 页。

② 按院士选举规程规定，完成院士候选人提名公告 4 个月后，即应召集院士会议进行选举，亦即 1957 年 9 月 9 日公告后，应于 1958 年之 1 月、2 月召集院士选举，不过因受到朱家骅请辞、新任院长胡适尚未正式就职之影响，院士选举迟至胡适就职后才由胡适主持，于 1958 年 4 月 10 日召开第三次院士会议。《复萧公权》（1958 年 3 月 17 日），朱家骅档案，函号：301 – 01 – 07 –012；胡颂平编《胡适之先生年谱长编初稿》第 7 册，第 2668 ~ 2670 页；《中央研究院第三次院士会议记录》，《中央研究院第一至二十次院士选举纪要》；杨树人：《中央研究院最近的十年》，《朱家骅先生逝世纪念册》，第 336 页；《中央研究院院史初稿》，第219 页。

③ 《董作宾致李济函》（1957 年 7 月 30 日），转引自李光谟《从清华园到史语所：李济治学生涯琐记》，第 344 页。

总之，院士为中研院组织之构成主体，院士会为中研院"国家学院"之重要表征，负有议订"国家"学术之方针、受"政府"委托办理学术设计调查审查及研究与选举院士及名誉院士、评议员等职责。评议会则负有决定中研院研究学术之方针、促进国内外学术之合作互助、选举院长候补人、受"政府"委托从事学术之研究与受考试院委托审查关于考试及任用人员之著作或发明事项等职责，与中研院之学术事业推展息息相关。院士会和评议会等决策机构恢复运作后，中研院在台湾才算正式恢复和延续。因此，院士会和评议会恢复运作的意义不仅在于中研院组织体制的恢复运作与在台重建之基础完成，更重要的意义在于标志着其在台学术基础已趋稳定。

第三节　奠定台湾学术研究基础

1956 年，朱家骅利用兼任中英文教会董事长之便，主导将该会最后一笔 20 万美元冻结款全部补助于中研院，是中研院迁台以来所得最大笔的补助款项。不仅对中研院在台学术研究基础的建设与稳固有着极重要的帮助，更为台湾现代学术事业的发展奠定了稳固基础。这笔补助款动支却为朱家骅日后"被迫辞职"的导火线，"结束"了他代理长达 18 年的中研院院长职务。

中英文教会在大陆时期的基金大部分投资在粤汉铁路兴建上，余款一向是存放在英国，其中有一部分息金是指定为资助留英学生之用。有一部分学生因战争转去美国，为方便起见，此部分息金亦转存美国。后因未再续派学生留美，便一直结存在美，总数约为 20 万美元。中英文教会迁台后，因英国承认中华人民共和国，在英余款遭到冻结，中英文教会在台会务历年就靠此款之利息维持。迁台后经济困难，各方觊觎这笔存美余款者不少，不断提出改变用途之建议或计划。身为董事长的朱家骅皆以和基金会之原来宗旨及援助习惯不符而予以严拒，① 甚至拒绝"教育部"调用。

1953 年，"教育部"曾会同有关机关彻底清查中英、中美、中法三项文教基金情形，研议改组各该董事会及基金之运用。并于 11 月函知中英文教会将所余存之款项继续使用于文教事业，以补当局财力之困难。但收到该会函复表示，该会息金之支配系按支配标准处理，并需提出董事会议讨论，目前董事会既无法召开会议，改组董事会亦极有困难，且大部分款项存放英国已被冻结，故该会基金之运用"目前尚不可能"。② 而朱家骅的"严拒"，不仅让若干"有体面的人"失了面子，亦伤了与朱家骅的友谊。朱家骅最后不胜其扰，遂说服了该会其他在台董事"冻结"该款。③

在过去几年中，中研院内早有向该会请求补助之议。朱家骅之所以迟迟未向中英文教会提出，就是考虑到自己上述立场。但中研院迁台以来，经费极其困难，朱家骅七八年来积极努力筹钱，成果却是极为有限。为求在台学术基础之建立，朱家骅也被迫考虑动用该款。朱家骅认为，中研院为当局"体制内"的纯学术机构，非他私人所组设，若因他兼长之故，而使其失去受补助之机会，"于理未妥"。且中研院之受该会补助，早在蔡元培任院长时即已开始，此后该会历次支配亦均居首要，中基会对中研院亦复如此。所以决定"内举不避亲"，向中英文教会提出申请。在中研院提出申请案后，朱家骅再私下说服其他董事，同意将余款全部资助中研院。

---

① 例如，有一主张建议，当时在任的华籍董事每人支一笔退休金，其余作为遣散人员之用，结束会务。另有一计划是董事刘瑞恒提出，欲请款去自行从事某项"医学研究工作"。还有一计划是欲提款资助留美学人从事"研究工作"，受资助者之一还是朱家骅的一位老朋友。杨树人：《怀念朱骝先先生》，《传记文学》1964 年第 1 期，第 24 页。

② "教育部"教育年鉴编纂委员会编《第三次中国教育年鉴》，宗青图书出版公司，1991 年影印本，第 799~800 页。

③ 杨树人：《怀念朱骝先先生》，《传记文学》1964 年第 1 期，第 23~26 页；杨树人：《中央研究院最近的十年》，《朱家骅先生逝世纪念册》，第 332~333 页。

同样一笔钱，过去朱家骅严拒他人的提案，现在却要为自己主持的机构提出的申请案全力护航。朱家骅的"两样态度"，便引发董事刘瑞恒的质疑。刘瑞恒在中英文教会讨论中研院申请案时即提出疑义。全案决议通过后，还两度致函朱家骅，对朱家骅同长中研院与中英文教会"私相授受"提出质疑。

对于刘瑞恒的质疑，朱家骅剀切陈词，在回复的千言长信中指出：

> 　　弟主持会务二十余年，一切措施向秉至公，尤其关于文教事业之补助，悉由董事会议讨论公决，个人从不擅作支配，……，经费之支配不论巨细，均极客观，绝无丝毫己见参杂其间，更决不为个人打算。……抚膺自问，历年来各种处理，对国人、对政府都可无愧，此应为各董事所共明鉴。董事会之组织，虽与普通政府机关相比，其性质似较为独立，但弟自始至终无事不报政府，一切办法都仍力求依照法令，……所以审计部方面，对本会特别有良好之观感，此有其过去报告可为明证。至于本案之提出，弟事前曾一再征询兄等同意，……，决议之时，弟且即席一再声明，此案虽经决议，仍当由个人负其全责。此款本是抗战期间在息金项下奉令购买本国外币债券而来，息金只限用于文教事业，今用之于中央最高学术研究机构，自是天经地义，决非私相授受，断无不可告人之处。
> 　　……
> 　　本会现有余款，过去几年中兄等均一再表示以为最好能与支配，有关方面亦曾提出同样之意见，而所以未即支配者，实以为数不多，分散补助，无裨实益。……本会支配补助，向有两项原则：一不作锦上添花；一则力求集中于值得补助之事业，以期获实效。中研院为国家最高学术机构，且在国际亦著有声誉，在本会息金支配标准乙项规定之研究机关中，最为值得补助应无疑义。……中研院对国内学术研究负有指导、联络、奖励之

义务，因此，顾名思义，自不能不肩起其责任。然以经费竭蹶，无从推进，其申请补助亦出于事不得已，就本会而言，此款不支配则已，若行支配，则中研院自应首先予以考虑。……至于弟之兼长院会，不过适逢其会耳。中研院虽为院长制，内部组织向极公开民主，院中之事，主要同仁无不参预。弟既为院长，对院中一切处理亦必负其全责，本会补助之费，将来动用之时，自当照决议另组聘，正式成立。①

由此，可以见出朱家骅当初"独排众议"，力促此事的不容易。

朱家骅怎么也没想到，中英文教会补助案原本只是依询往例，陈报当局"备案"，完成"法定"行政程序，竟会引发后续诸多周折，甚至导致他去职。

1956 年 10 月初，朱家骅即依法将中英文教会补助案签呈"总统府"，并函"行政院"备案，延宕到 12 月底仍未得复。其间，"教育部"部长张其昀曾提异议，认为应酌为"分润"其他方面，但朱家骅以该补助案系经过董事会议决执行者，此时要求"分润"不合理法，而予以拒绝。② 而后朱家骅透过管道疏通，在"教育部"同意签复后，"行政院"再将此事呈报蒋介石。③

此事拖延到隔年 1 月中旬，蒋介石仍未批复。"行政院"方面亦因请示蒋介石的关系，无法完成备案程序。拖延时日至此，使朱家骅甚为焦虑，因为中英文教会总干事兼董事杭立武一再声明须经备案后方肯副署，故此款无法动用，使中研院许多工作不能进行。例如，中研院前在南港收购基地之价款 140 万元须于 1956 年 11 月以前

---

① 《朱家骅函复刘瑞恒董事说明决以庚款余额资助中央研究院》，周琇环编《中英庚款史料汇编》（下），第 388～389 页。

② 可是朱家骅的拒绝又更加深了日后中伤之尤。杨树人：《怀念朱骝先先生》，《传记文学》1964 年第 1 期，第 24 页；杨树人：《中央研究院最近的十年》，《朱家骅先生逝世纪念册》，第 333 页。

③ 《周鸿经函》（1956 年 10 月 8 日），朱家骅档案，函号：301－01－07－002。

分两次付清，当时因向"行政院"请款，尚无确息，而文教会补助款未得解决，只好暂就近代史所建筑费内挪移一部分，不足之数由朱家骅先向银行借支付清欠款。但此事竟拖延至此，而致利息负担甚巨无法解决。[①]

经再三解释，蒋介石才石同意动支，但变更原来决议补助用途，要求全额集中用于筹设化学研究所。[②] 蒋介石这一变更，使朱家骅处处"为难"。蒋介石既有指示此款既专立化学所之用，自然不能不扩大组织与研究范围及于物理化学与核化学，设法罗致优秀人才，洽购最新式之仪器、图书等重要设备。为了罗致人才，朱家骅只好向德国友人请托协助物色专家。另外，因为计划已变，化学所房屋建筑不能不从大处着想，必须优先增加预算，甚至内部一切设计要合最新式之国际标准。台湾当时连这方面的专家都缺乏，朱家骅只好再托人在美之中国化学专家"代为拟一草案"以供日后之用。此外，这次蒋介石批示未论及的动物、经济两所，但此二所筹备工作也已进行，不能停止设置，将来备案及列入下年度预算等事可能也会有困难。由于筹备处一时实难骤然取消，朱家骅只好硬着头皮，继续进行，并希望能从其他方面另行设法争取经费补救。朱家骅于1957年3月还是延聘魏岩寿筹备化学研究所，另聘梁序穆筹备动物研究所、代理总干事杨树人筹备经济研究所。[③]

不过，朱家骅为争取时效，中英文教会补助款确定可以动支后，即多管齐下，同时进行抢购中研院基地、筹备研究所、兴建恢复与新设各所研究办公大楼等事。补助款陆续到院后，朱家骅在征得中

---

① 《复周鸿经》（1956年12月25日）、《周鸿经函》（1957年1月20日）、《致周伦阁》（1957年1月13日）、《致徐柏园》（1957年4月12日），朱家骅档案，函号：301－01－07－002、301－01－07－032。

② 《复张群秘书长》（1957年1月21日），朱家骅档案，函号：301－01－07－032。

③ 《致周鸿经》（1957年1月23日）、《复周鸿经》（1957年2月3日、3月7日）、《周鸿经复》（1957年2月19日）、《复张群秘书长》（1957年1月21日），朱家骅档案，函号：301－01－07－002、301－01－07－032；杨树人：《中央研究院最近的十年》，《朱家骅先生逝世纪念册》，第333、338页。

英文教基金补助费运用委员会的同意后，先行变更用途，垫付中研院之应付各款，① 待将来经费拨到时即行归复补助金项下。于是，"有心人士"便将朱家骅"变更"补助款用途之事向蒋介石"报告"，指称朱家骅未按"指示"，私自将补助金挪作他用。这件事引起蒋介石的"大怒"。②

蒋介石初则不动声色，在朱家骅告假养病期间，于 8 月 4 日星期天五六点时，带着夫人宋美龄"突然"出现在中研院。到了史语所大楼，见到正在工作中的严耕望，适天欲雷雨，蒋介石等人仅在院内散步五六分钟，待石璋如等闻讯赶到时，蒋介石一行人已登车离去。③

深值玩味的是第二天蒋介石便指示蒋经国询问陈雪屏中研院为胡适建屋事，传达蒋介石意欲付款兴建而要求早日竣工。④ 8 月 6 日，蒋介石即下手谕："中央研究院前奉准动用之二十万元美金，使用有不当之处。应即停止支付。无论现存国内或国外之该笔款项，

---

① 垫付各款细节请参见第六章第一节。

② 杨树人：《中央研究院最近的十年》、程毅志：《朱骝先先生与中央研究院的重建》，《朱家骅先生逝世纪念册》，第 333、337～338、362 页；杨树人：《胡适之书信一束（上）》，《中外杂志》1987 年第 2 期，第 17 页；杨树人：《怀念朱骝先先生》，《传记文学》1964 年第 1 期，第 24 页；《国立中央研究院院务谈话会四十五年第二次院务会议记录》（1956 年 9 月 24 日）、《国立中央研究院院务谈话会四十五年第三次院务会议记录》（1956 年 12 月 8 日），《中央研究院院务谈话会记录》。

③ 据当时受李济之托协助处理所务的石璋如说："四十六年夏天，由于天气炎热，又没有外人，尤其在星期六快下班、星期天的时候，同仁常穿着拖鞋、汗衫上班。在八月四日星期六（按：当日为星期日，星期六为石璋如之误记），是个闷热的阴天，下午五点多蒋总统突然偕同蒋夫人、带着随扈来到院里，大概是要找朱家骅院长的麻烦，蒋一行人抵院时，院方已经下班了，多处门房深锁，卫队直接到所上，就碰到还没回家的严耕望先生，严先生先请一行人至会议室暂坐，随即来找我告知上事，我才刚到家脱下衣服，马上穿回衣服出来。我到所时只见到蒋总统一行人已出所的背影，无法对他们有所招待，谁知道这样就出错了。中央研究院有固定的上班时间，蒋总统来所时已属下班时间，不能说中研院偷懒不上班。"《石璋如先生访问纪录》，第 374～375 页；《杨树人函》（1957 年 8 月 5 日），朱家骅档案，函号：301－01－23－421。

④ 《杨树人函》（1957 年 8 月 14 日），朱家骅档案，函号：301－01－23－421。

均予冻存。应将全部已用未用款项查报，俟奉核准后，再行处理。"除指示"于十日内见复以凭陈报"，并要"行政院""查办"到底。由于事出突然，连当时"总统府"秘书长张群都不知道到底发生了什么。① 朱家骅原与总干事杨树人商量好，待事情清楚后再上辞呈。不过朱家骅在 8 月 17～18 日主持完为选举 46 年度院士候选人召开的评议会后，隔二日便提出辞呈，仅告诉杨树人说："读书人，应如是耳！"②

蒋介石迅即批准朱家骅的辞呈，并再下手谕，内称：

> 该院任意移用公款，是否已触犯国库法，应交俞院长查明处理。所有移用之款，统限于一星期内缴还，不得拖延。又该项美金，何以可由该院任意汇回随便支用，有无委员会管理审核。查报现尚留美国之余款，暂停支付。③

蒋介石批准后，立即要秘书长张群发布。张群则以朱家骅健康情况不佳为由，委婉"建议"蒋介石，"暂先保存，缓数日再交下"。④ 同时为顾及朱家骅的"尊严"，有关朱家骅辞呈的批文仅行知"行政院"，而不送中研院。在人事命令正式公布之前，总干事杨树人以朱家骅"倦勤"为由，直接或间接通知各所，并促各单位办理各项交接清点手续。虽然朱家骅请辞获准尚未正式发布，但各方

---

① 当时总干事杨树人与院中同仁揣测，蒋介石 4 日下午 6 时到南港，恐是蒋介石去南港前已有消息，只是亲自前往"踏勘"后证实罢了。只是不知究系何人告密，内容为何。杨树人并将此间发生之事函告在台中养病的朱家骅，并先向"总统府"秘书长张群、"行政院"主计长庞松舟说明该补助款之用途，另外还陆续找了朱家骅故旧陈诚、吴忠信、张道藩、陆翰芹、姚从吾、蒋慰堂、陈雪屏等帮忙缓颊。《杨树人函》（1957 年 8 月 8、10 日），朱家骅档案，函号：301－01－23－421。

② 杨树人：《怀念朱骝先先生》，《传记文学》1964 年第 1 期，第 25 页。

③ 《杨树人函》（1957 年 8 月 28 日），朱家骅档案，函号：301－01－23－421。

④ 《杨树人函》（1957 年 8 月 24 日），朱家骅档案，函号：301－01－23－421。

对此事早已流言四起。①

　　"行政院主计处"方面则依令着手"清查"中研院财务状况，并监督中研院之经费使用。关于中研院经费，自蔡元培起，就立下了院长和总干事不直接动支经费的传统，一切度支悉凭总务主任、会计主任和出纳主任的三颗图章。朱家骅和他聘任的总干事都是维持这项"传统"，不直接过问经费，不经手动支公款。此时杨树人认为他身为代理总干事，有义务把这件事调查清楚。他说："一个人的名誉最要紧，特别是一个学术界的人；如果我明知这里面并没有什么毛病，我必须尽我最大的力量抵御那些破坏朱先生名誉的手段。"②为还朱家骅一个清白，杨树人在盛暑深夜挥汗亲自着手整理账目，

---

① 对于朱家骅递出辞呈蒋介石毫不挽留地立即批准，外界不明缘由，便有各种版本的揣测与传闻。有人说，蒋介石当天在前往中研院路上，因沿途道路坑坑洼洼，一路颠簸已心生愠火，到中研院后，又见门前门后杂草丛生，脏乱不堪，又招待无人，更是"火上加油"，入院后，再见"全国最高学术研究机关"的员工们在办公室时竟是衣衫不整，又偷懒不上班，返府后，即怒不可遏大骂朱家骅，要他辞职下台。加上有人趁机"煽风点火"，说了朱家骅不少坏话，逼得朱家骅只有自行请辞。有人说，是与中英文化教育基金董事会将最后一笔余款拨助中研院有关。也有人说，蒋介石对于朱家骅1949年跟李宗仁、阎锡山合作组阁的往事还在记仇有关。还有人说，胡适当时准备回台湾定居，恰在这时，雷震给胡适写了封信，希望他与张君劢主导在台湾组织领导新的反对党，实行真正的民主，才能使台湾的政治有所生机与进步。蒋介石为防止胡适组织新党与他对垒，便决定给胡适一个"适合的职务"。另外还有人说，胡适在政治立场上是坚决反共，当时大陆正兴批胡风，台湾眼见大陆批胡，于是就捧胡，使胡适与台湾合拍。石璋如认为："当时若非大陆清算胡适，以他的自由派立场，总统也不太放心的。当局既然有心安排胡先生出任中研院院长，自然就要虚位以待，朱先生必须辞职。"到底朱家骅"何以"要辞职？"官方说法"是"个人健康因素"，但当时一般的普遍认知是为"情势"所逼。何以提前？确实是蒋介石要求。但蒋介石为何一定要朱家骅辞职，目前并没有明确的材料可以解释真正原因，但由蒋介石关切胡适住宅兴建问题看来，"虚位"以待胡适的可能性极高。《杨树人函》（1957年8月23、24日），朱家骅档案，函号：301－01－23－421；《王世杰日记（手稿本）》第7册，中研院近代史研究所，1990，第1页；《胡适日记全编》第8册，第497页；李光谟：《从清华园到史语所：李济治学生涯琐记》，第200页；胡颂平编《胡适之先生年谱长编初稿》第7册，第2595页；胡颂平《朱家骅先生年谱》，第100页；杨树人：《中央研究院最近的十年》，《朱家骅先生逝世纪念册》，第336、339页；杨树人：《怀念朱骝先先生》，《传记文学》1964年第1期，第24～25页；《石璋如先生访问纪录》，第375页。

② 杨树人：《怀念朱骝先先生》，《传记文学》1964年第1期，第24页。

准备说帖。主管部门经过仔细调查，证实中研院关于此款的动用并无违法。而朱家骅先前购地之垫支款项如当局不承认，势须准许出售土地归垫，而该土地现值早已大大超过原垫而有余，且已垫之款绝不可能于一星期内追还，"行政院长"俞鸿钧指示分别在 1957 年度及 1958 年度预算内将拨款归垫。①

不过朱家骅请辞获准，中研院院长更换是势在必行。当时即有人向蒋介石"建言"，中研院直属"总统府"，"总统"有权特派"大员""整理"研究院。照规定，中研院院长出缺应由评议会选出三个候补人，报请"总统"圈定；如果评议会尚未恢复集会，"总统府"犹可派员整理。但经过朱家骅之努力，院士会议及评议会均已恢复集会，体制健全，若不依法办理，不仅"违法"，届时，将可能不是"整理"中研院，而是"解散"中研院。蒋介石在琢磨之后，于 8 月底正式通知朱家骅请辞获准，指示中研院依法选举"院长候补人"三人，呈请"总统"遴任。这将是中研院评议会第二次执行"选举"院长的任务。②

对于新任院长人选，蒋介石虽无明确指示，但当时坊间盛传蒋介石曾致电胡适要他回国接掌中研院，尽管被"总统府"方面公开斥为"子虚乌有"。③ 不过，从前有蒋介石主动要出资为胡适在台湾建屋之说，后有频频垂询关切胡适能否当选之动作观之，蒋介石之意甚为清楚。事实上，蒋介石最终还是按捺不住，仍于评议会集会前一天请"总统府秘书长"张群转达要胡适当选之意。④

其实，撇开蒋介石的"意旨"不论，就学术界来说，1940 年蔡元培去世后，胡适即被公认为蔡元培接班人的首选。当时威望依旧，

① 杨树人：《怀念朱骝先先生》，《传记文学》1964 年第 1 期，第 25 页；《杨树人函》（1957 年 8 月 24、28 日；9 月 2、9 日），朱家骅档案，函号：301-01-23-421。

② 杨树人：《中央研究院最近的十年》，《朱家骅先生逝世纪念册》，第 339 页；胡颂平编《胡适之先生年谱长编初稿》第 7 册，第 2595 页；胡颂平编《朱家骅先生年谱》，第 101 页；《中央研究院评议会密函》（1957 年 9 月 12 日）、《杨树人函》（1957 年 9 月 9 日），朱家骅档案，函号：301-01-07-012、301-01-23-421。

③ 《杨树人函》（1957 年 9 月 21），朱家骅档案，函号：301-01-23-421。

④ 杨树人：《胡适之书信一束（上）》，《中外杂志》1987 年第 2 期，第 18 页。

这一次补选，仍是"众望所归"。对朱家骅个人来说，好不容易带领中研院走出停顿的"冬眠期"，此时正蓄势待发，他并不希望中研院的未来发展因自己的去职而受到影响，希望能延续蔡元培所遗留的唯一事业，并完成创院学人"科学救国"的共同理想。就中研院未来前途与在台学术事业发展来说，以蒋介石此时对于胡适的"热切召唤"，这将会大大有助于中研院学术事业的推展。朱家骅深知"个中奥妙"，于公于私，都希望胡适能接棒。

朱家骅在评议会集会前特别致函胡适，传达台北学人的意向，并向胡适说明中研院现在"初基已定"，更需要他接手，继续推动中研院成为"实至名归"的"最高学术研究机构"，为建立学术研究中心的共同理想而努力。朱家骅在信中说道：

> 吾兄于上次选举时已为众望所归，而此次各方仍望兄能出来主持，非仅对院有其极大裨益，即对国家而言，亦有很多贡献。因兄为国效力之处正大，辅助总统，亦必不少也。

又说：

> 院士会议竟停顿十年之久。……今年四月始得依法召开第二次院士会议。评议会乃于八月间开会选出本年度之三十二名院士候选人，照此进行，院务亦可勉强稳定。至于院中本研究工作，……撤至台湾后之残破局面，目不忍睹，为兄所深知。……南港之院址，似已非兄当年所见者可比。现又收购土地合前共有三百六十余亩，再能收购一二百亩，则可勉称完整；如果即在此地基发展，共有八个单位，亦勉可树立初基。①

在学界，胡适是"众望所归"，但朱家骅亦为在台学人所认同、

---

① 胡颂平编《胡适之先生年谱长编初稿》第 7 册，第 2608~2610 页。

敬重者。众所周知，南港新院址的初基确是朱家骅惨淡经营的成果。因此，评议员中大有为朱家骅的被逼退抱屈者，胡适即为其中之一。中研院迁台后，远在美国的胡适是朱家骅重要的谘商与协助者，深知朱家骅这些年维系中研院的不易与艰辛，对于朱家骅在如此情况下"退场"，"深感遗憾"。① 在写给朱家骅的慰问信末段感伤地说："法孝直若在，必无此失；使傅孟真若在，也决不会有此事发生。"② 并在日记里愤愤地写道："此次骝先辞职，实等于被逼迫去职。海外有六个评议员，都很愤慨。"③ 胡适还曾感慨地对旁人说道："这次朱先生的辞职，如果孟真还在，可能不会发生。"又说："孟真的死，实在太可惜了！"④ 所以在投票选举的前一天，即有评议员主张，为表达对朱家骅艰苦维持中研院 18 年的敬意与其被逼退的不平，不惜"忤旨"，仍选举朱家骅为院长候补人之一。⑤ 但朱家骅下台系蒋介石所要求，且风波刚过，朱家骅深恐再引起"不必要的误会"，嘱托杨树人代向评议员转达不愿再次"被举"之意。⑥ 同时首次请假，未出席 11 月 3 日为选举院长召开的评议会临时会议。⑦

----

① 胡颂平编《胡适之先生年谱长编初稿》第 7 册，第 2619～2620 页。
② 胡颂平编《胡适之先生年谱长编初稿》第 7 册，第 2608～2610 页。
③ 胡颂平编《胡适之先生年谱长编初稿》第 7 册，第 2611 页；《胡适日记全编》第 8 册，第 499～500 页。
④ 胡颂平编《胡适之先生年谱长编初稿》第 7 册，第 2656～2657 页。
⑤ 胡适即委托王世杰代选举院长候补人，依序为：（一）朱家骅，（二）李济，（三）李书华。胡颂平编《胡适之先生年谱长编初稿》第 7 册，第 2611 页；《胡适日记全编》第 8 册，第 499～500 页。
⑥ 杨树人：《怀念朱骝先先生》，《传记文学》1964 年第 1 期，第 25 页；杨树人：《胡适之书信一束（上）》，《中外杂志》1987 年第 2 期，第 18 页。
⑦ 当时蒋介石曾传达，朱家骅若是"方便"，仍以出席评议会会议"为较堂皇"。对此要求，杨树人个人甚觉不平，其后为文表示："在评议会集会那天，似乎还有一种压力，要他以抱病之身出席会议。也许还有人明知他度量宽大，出席后可以投他一票，在打如意算盘？那未免太可耻了！"朱家骅原本确实曾认真考虑应"高层"要求而出席主持评议会，但因不少评议员意欲再次举他为院长候选人为他申屈，若是出席并再次当选候补人，情况恐将再次"复杂化"。最后在 11 月 2 日开会前夕决定不出席。《王勤懋签呈》（1957 年 10 月 30 日）、《杨树人函》（1957 年 10 月 29 日），朱家骅档案，函号：301-01-07-008、301-01-23-421；杨树人：《怀念朱骝先先生》，《传记文学》1964 年第 1 期，第 25 页。

朱家骅虽未出席评议会，但依惯例会议皆以院长致辞揭幕，因此朱家骅仍提了书面致辞稿。在致辞稿中，朱家骅说的虽是他对这次评议会"选举贤能，主持院务"的深切期许，但字里行间更多说的是他自己在台这些年主持院务的艰辛，因此与其说这是一篇"开幕致词稿"，不如说是朱家骅个人的"毕业感言"，为迁台这些年来服务中研院的总结。

朱家骅在致辞稿中指出：

> 本院系代表国家之最高学术研究机关，为国际学术团体之一员，故念国家及本院在国际间之学术声誉与历史，维系学术界向心之瞩望，不敢不尽力经营，使之稍具规模，……更不得不着眼于罗致人才，储备国用，设法使在院工作者，确能有所作为，而未能来院工作者，亦有为国致力之联系，因是数年来兢兢业业，寻求召开院士会议，恢复评议会，重奠院址，充实原有之研究所，增筹组设新研究所推广学术合作范围之途径，所以再再向政府请款，及向国内外之中英文教基金董事会，中华教文基金董事会暨亚洲协会，美国洛氏基金会等机构，接洽补助，凡此种种，莫不基于上陈之观念，期以万分困难之中，使学术研究业务，勉副国策之要求。无如近年以来，病体衰瘁，每感力不从心，事与愿违，复凛于责任之艰巨，及学术界同仁对于本院展望之殷，自不敢因循贻误，曾经沥情呈请辞职，邀蒙总统垂鉴微忱，俯如所请。今者诸位先生在院集会，无任欣幸，用谨掬诚陈述，敬祈选举贤能，主持院务，幸甚幸甚。①

由于议长请假，遂公推王世杰为主席。② 这次选举的总投票数是

---

① 《第三届第三次评议会朱家骅致词文稿》（1957 年 11 月 3 日），朱家骅档案，函号：301－01－07－008。
② 依照评议会集会惯例，正式会前夕会有一非正式之聚餐会，预先进行议案之意见交流与沟通。根据 1940 年院长选举立下的"惯例"，在此非正式集会中，进行假投票，预先了解评议员的"多数意向"，以免于正式投票时因意见分散，选不出人来。这次开议前夕蒋介石透过张群明确传达希望胡适当选。但中研院一切选举，尊重学术自治权与学人自由意志，没有事前运动或奔竞的风气，评议员亦不

19 票,依法规采记名投票，以得票较多且超过投票数总半数者为当选，亦即至少需得 10 票始能当选。但这次选举并不顺利，直到第四轮投票，始选出胡适、李济、李书华三人为院长候补人，呈请蒋介石圈选。① 同时评议会认为，朱家骅长院 18 年间适逢中研院抗战与迁台之艰巨时期。他竭力维系中研院作为最高学术研究机构的学术尊严及研究水平，为国家举才与培植人才；复营恢复，建筑南港院址，逐渐奠定在台之学术基础，贡献殊深，劳绩不可没，决议评议会全体名义修一感佩函亲送朱家骅宅邸，表达敬佩之深意。②

隔天，蒋介石即同时发布朱家骅辞职获准和特任胡适为院长的

　　奉他人意见而投票选举。这次选举因现实环境与气氛已十分清楚，胡适是一定会当选为候补人之一，也必然会被圈派长院，因此这一次并没有进行假投票。临时会在南港新院址举行，全体评议员总数为 24 人，出席人数 14 人，已达过半数的法定人数。请假者除朱家骅与陈省身未委托代表投票外，其余 5 人皆依法委托其他评议员代为投票。杨树人：《胡适之书信一束（上）》，《中外杂志》1987 年第 2 期，第 18 页；杨树人：《中央研究院最近的十年》，《朱家骅先生逝世纪念册》，第 339 页；《中央研究院第三届评议会第三次会议记录第一次大会》（1957 年 11 月 3 日），朱家骅档案，函号：301 - 01 - 07 - 008。

① 第一次结果胡适得 18 票、李济 10 票、朱家骅 9 票，朱家骅再多 1 票就又入选。结果因未足三名法定候补人规定，又再继续投票。直到第四轮，李书华以 10 票入选。朱家骅个人对这样的结果颇为满意。另杨树人在 1964 年《怀念朱骝先先生》一文中言及朱家骅得 9 票，但在 1987 年《胡适之书信一束（上）》说朱家骅得 8 票。笔者推估 1964 年离事件较近，记忆应较清晰，所以采用 9 票之说。《中央研究院第三届评议会第三次会议记录第一次大会》（1957 年 11 月 3 日），朱家骅档案，函号：301 - 01 - 07 - 008；胡颂平编《胡适之先生年谱长编初稿》第 7 册，第 2611 页；胡颂平编《朱家骅先生年谱》，第 101 页；杨树人：《怀念朱骝先先生》，《传记文学》1964 年第 1 期，第 25 页；杨树人：《胡适之书信一束（上）》，《中外杂志》1987 年第 2 期，第 18 页；杨树人：《中央研究院最近的十年》，《朱家骅先生逝世纪念册》，第 339 页。

② 在投票选举之前，李先闻提出临时动议，认为朱家骅 18 年来不辞劳瘁，培育保护这个机构，对院贡献甚大，同仁应该表示敬佩和感谢之意。此议获得李济、张其昀附议，提出大会讨论，当场获得出席评议员的一致同意，决定以全体名义修一感佩函。这封慰问函系以"致慰朱代理院长功绩感佩函"为题，会后由王世杰持函率领全体评议员亲到朱家骅寓邸面致慰问之忱。《中央研究院第三届评议会第三次会议记录第一次大会》（1957 年 11 月 3 日），朱家骅档案，函号：301 - 01 - 07 - 008；杨树人：《中央研究院最近的十年》，《朱家骅先生逝世纪念册》，第 339～340 页；《胡适等三院士候补中研院长 全体评议员函慰朱家骅 中研院昨开三届评议会》，《联合报》1957 年 11 月 4 日，第 3 版。

人事任命。① 胡适初以身体原因为由一再"婉拒"，但各方劝进函电不曾间断，经过一个多月的长思后，胡适"决计不再辞职"，② 于 12 月 6 日电复同意回台长院。但请蒋介石先任命李济为代理院长，使

---

① 蒋介石在这次选举结果出炉隔天即行发布新院长之任命，相较 1940 年之延宕半年，且经中研院"诉愿"后始批下由朱家骅代理院长一事比较，饶富趣味。此外，蒋介石为了胡适的回台，私人拨出特别款 20 万元为胡适筹建住宅。11 月 10 日指示陈雪屏到南港看地。蒋介石私人大手笔出资为胡适兴建住宅一事，对照朱家骅迁台后日夜为筹建史语所图书史料仓库，长达 4 年而不可得的窘况，主政者个人的"好恶"表露无遗。《杨树人函》（1957 年 11 月 10 日、12 月 5 日），朱家骅档案，函号：301 - 01 - 07 - 002、301 - 01 - 23 - 421；《石璋如先生访问纪录》，第 376 页。

② 胡适最初以个人身体原因为由，坚不受命，政府、朱家骅及各方友人劝进函电络绎不绝。例如，李济即曾于 11 月 5 日函胡适，劝他要救救"这个蔡孑民、丁在君、傅孟真仅余之事业"。胡适对此确实陷入深思之中，并不断地与梅贻琦、王云五交流意见。梅贻琦认为胡适若不干，李济、李书华也不会干，结果是评议会得重开选举会。且梅贻琦与王云五还认为若是胡适坚拒，蒋介石也不可能任命李济为代理院长。此外，在朱家骅"出事"后，即传出"高层"有意派"中央大员""整顿"中研院的消息。因朱家骅请辞获准，胡适派令亦已发表，若胡适不愿接任，中央研究院院长之位"虚空"，蒋介石将直接指派"中央大员""教育部长"张其昀（亦为国民党中央委员）接任。据说，张其昀在院长选举投票前曾积极运动，争取入选。因此一般推估，依当时情势，如果胡适坚不受命，则张其昀可能接任，那么中研院将"可能落入国民党人士之手"，使学界人士十分忧虑。胡适在几经辗转反侧后，为了故友"蔡元培、丁文江、傅斯年的遗业"，最后才决定接下中研院这副重担。余英时曾评论胡适此举是守住了"自由主义派学人的唯一学术事业"。不过，这项"传闻"目前没有直接史料得以佐证。《杨树人函》（1957 年 11 月 10 日、12 月 5 日）、《致胡适》（1957 年 12 月 2 日）、《胡适电》（1957 年 11 月 5 日），朱家骅档案，函号：301 - 01 - 07 - 002、301 - 01 - 07 - 010、301 - 01 - 23 - 421；胡颂平编《胡适之先生年谱长编初稿》第 7 册，第 2611 ~ 2613、2617、2621 ~ 2622 页；胡颂平编《朱家骅先生年谱》，第 101 页；《石璋如先生访问纪录》，第 376 页；杨树人：《怀念朱骝先先生》，《传记文学》1964 年第 1 期，第 25 页；杨树人：《胡适之书信一束（上）》，《中外杂志》1987 年第 2 期，第 17 ~ 18 页；杨树人：《中央研究院最近的十年》，《朱家骅先生逝世纪念册》，第 340 页；《总统特任胡适长中央研究院》，《联合报》1957 年 11 月 5 日，第 1 版；《总统电促胡适返国就任中研院长新职 并请代邀李杨返国讲学》，《联合报》1957 年 11 月 6 日，第 1 版；《胡适纪念演讲会 胡适掌中研院首日就跟蒋中正唱反调 批判复兴中华文化口号 当年就嫌台湾大学太多》，《联合报》2002 年 12 月 18 日，第 14 版；方寒星：《黄埔鹿耳门 台湾的宝剑神器》，《联合报》2004 年 6 月 10 日，第 15 版；《黑白集：遥想胡适当年》，《联合报》2004 年 9 月 23 日，第 2 版。

他可以安心调养，早日回台就职。李济于 1958 年 1 月 1 日正式接手，交接仪式则于 1 月 11 日举行。① 至此，朱家骅正式交卸"代理"中研院院长达 18 年的重担。

朱家骅虽是被迫下台，但他自己认为稍获宽慰的是，中研院院士会与评议会已恢复集会，并选出新增院士与评议员，若"照此进行"，院务已可"勉强稳定"。院中已有 7 个研究所，且南港院址经逐年抢购"勉称完整"，足以在此地基发展，"树立初基"。②

本章小结

"收成是好的，收成是很多的，可惜做工的人太少了。"③ 这是胡适最喜爱的一句话，也是朱家骅在台湾推动学术事业的最佳写照。对此，朱家骅自己也曾感叹："此间热心科学者甚多，但真正了解科学者实少，本院虽为最高学术机关，而一切则各方视同一般行政机关。"④ 中研院在台湾虽然物资设备不完全、人才不完备，但在朱家骅的努力经营下，总算奠定了在台稳固的发展基础，并为台湾学术建设和经济成长提供必要的人员、经验和组织模式，成为台湾现代学术研究事业基地与中心。所以，收成仍是好的。

就政治上言，朱家骅常常觉得身为国民党从政党员，大陆丢失、国民党迁台，无论理由为何，他等在政府工作二三十年之人是脱不了

---

① 胡颂平编《胡适之先生年谱长编初稿》第 7 册，第 2611～2613、2617～2618、2621～2622、2630 页；《中研院新旧任院长昨举行交接礼总统特派张秘书长监交同时举行蔡子民诞辰纪念会》，《中央日报》1958 年 1 月 12 日，第 1 版；《中研院新旧任昨举行交接 代院长李济致词证实胡适有意久居南港》，《联合报》1958 年 1 月 12 日，第 3 版；《杨树人签文》（1957 年 12 月 29 日），朱家骅档案，函号：301－01－07－002；杨树人：《中央研究院最近的十年》，《朱家骅先生逝世纪念册》，第 340 页。

② 胡颂平编《胡适之先生年谱长编初稿》第 7 册，第 2608～2610 页。

③ 胡颂平编《胡适之先生年谱长编初稿》第 8 册，第 3032～3034 页。

④ 《复胡适、赵元任》（1955 年 2 月 24 日），朱家骅档案，函号：301－01－07－009。

责任的。① 就学术事业言之，朱家骅身为中研院代理院长，面对中研院只迁出史、数所的不堪局面，同仁流离失所的惨状，愧怍甚深。抵台后立志以全部精力从事倡导学术研究工作，全力筹措经费，规划中研院的重建，使学术研究同仁得以安于研习。同时增设研究所，恢复评议会与院士会之组织运作，致力于推动发展台湾的科学研究事业，以建设台湾成为新的学术研究中心，以培植各类科学人才。②

迁台后，当局一因财政窘困，二因一切以军事为重，不重视学术事业发展，更因多数人不存久居之想，而不愿在学术研究事业上投资。③此时朱家骅已远离"权力核心"，既无政治资源，又无经济外援，纵

---

① 《复李书华》（1957年10月29日）、《复丁文渊》（1957年11月22日），朱家骅档案，函号：301-01-23-200、301-01-07-012；胡颂平编《胡适之先生年谱长编初稿》第7册，第2608~2610页。

② 《国立中央研究院稿送行政院胡会计长铁岩》（1944年9月6日），中央研究院档案，中国第二历史档案馆藏，卷宗号：393-1789；《第二次院士会议开幕致词》（1957年4月2日），《朱家骅先生言论集》，第99~100页。

③ 同一时期，台湾当局对科学研究事业的态度与大陆方面正好成一强烈的对比。1949年9月，中国人民政治协商会议第一届全体会议通过的《中国人民政治协商会议共同纲领》第43条便有："努力发展自然科学，以服务于工业、农业和国防的建设，奖励科学的发现和发明，普及科学知识。"在社会主义的政治制度，特别是中华人民共和国面临的国际、国内形势决定了中国的科技体制必然从自由研究模式转变成面向国家需求的模式。这一转变是通过以苏联科学院为参照的中国科学院建设方案。1949年底，中共通过接收中研院和北平研究院等全国之学术研究机构，调合全国科研力量，组建了包括自然科学和社会科学21个独立科学研究机构的中国科学院。该院初期有职工575人，其中科研人员316人，高级研究人员122人，中级研究人员172人，投入经费（包括科学事业费和基本建设费）287.2万元。据中国科学院在1949年12月至1950年4月的调查，高级科学专家不超过900人，其中得到同行公认的专家只有160人左右。但至1955年已有职工7978人，其中科研人员2977人，高中级以上的研究人员1024人，投入经费371953.5万元。1955年的各项指标相较于1950年有大幅发展。短短五六年间，中国科学院已发展成为中国学术领导和科学研究中心。反观迁到台湾的中研院1953年底时，仅编制员工53人，技工、工友10人。全院经费（含所有职员工薪饷总数）还比不上抗战以前院长和总干事二人所得的薪给和公费的购买价值。《国立中央研究院简说》（1953年12月23日），朱家骅档案，函号：301-01-07-005、301-01-07-007；董光璧主编《中国近现代科学技术史》，第594页；路甬祥：《中国近现代科学的回顾与展望》，《自然科学史研究》2002年第3期，第198~199页；路甬祥等：《科学之旅》，辽宁教育出版社，2001，第101~102页。

然胸怀大志、纵具国际宏观眼光亦推动困难。

抵台初期，在 1950 年 1 月仅按照一般"中央"公教人员比例，以实际到台人数确定中研院每月经费新台币 2.8 万余元（折合美元只有 2000 元，并含员工薪津），远不及省级公教机关及事业机关之待遇，遑论战前生活水平。同时因当局裁减各机关员额，中研院也由大陆时期的 500 多人缩编为 58 人。此时，中研院的经费与员额和在大陆时期相差甚远，但至少还列属"国家"行政组织中之一独立机构。① 不过，1950 年 4 月 19 日"行政院"召开的第 126 次会议通过"中央研究院可否改隶教育部"的决议，险些使中研院这一"最高学术研究机构"在台难以"保全"，幸经朱家骅力陈方得维持。②

不过，虽得"生存"却不足以"发展"。朱家骅抵台后竭尽所能奔走呼号，至 1953 年 10 月才得到第一笔建筑经费，费了四年的时间才只做成了半件事。史语所积稿二百数十万字一直无法付印，最后还是在中基会的补助下才得以付梓。③ 史语所从 1948 年迁台后暂居杨梅车站仓库，至 1954 年 7 月始得搬离。所以，朱家骅才会感叹地说："此间热心科学者甚多，但真正了解科学者实少，本院虽为最高学术机关，而一切则各方视同一般行政机关。"④

总算在朱家骅的惨淡经营下，中研院得以在南港树立初基。这是中研院创院以来第一次有整体的院区规划。石璋如评价朱家骅是一个"最有理想的人物"。⑤ 胡适认为，南港"是做研究工作的一个

① 杨树人：《中央研究院最近的十年》，《朱家骅先生逝世纪念册》，第 330 页；《四十四年本院在美院士谈话会报告》（1955 年 3 月 5 日），朱家骅档案，函号：301 - 01 - 07 - 009；《三十年来的中央研究院》，《朱家骅先生言论集》，第 115 页。

② 《行政院训令》（1950 年 5 月 3 日）、《教育部呈行政院（会参事室）》（1950 年 5 月 12 日），教育部档案之中央研究院档案，"国史馆"藏，卷宗号：196/261 - 6B。

③ 《中央研究院在北美院士第一次谈话会》（1955 年 3 月 19～20 日）、《致胡适》（1955 年 3 月 24 日）、《李济函》（1955 年 4 月 10 日），朱家骅档案，函号：301 - 01 - 07 - 009、301 - 01 - 07 - 010、301 - 01 - 23 - 124。

④ 《复胡适、赵元任》（1955 年 2 月 24 日），朱家骅档案，函号：301 - 01 - 07 - 009。

⑤ 《石璋如先生访问纪录》，第 327 页。

理想处所"。①

　　迨至 1957 年朱家骅卸任时，中研院在台则初基已固。在组织上，中研院决策机构评议会和院士会议已恢复集会，中研院组织体制已告完备，对于台湾学术方针及院务推进有所依据。不仅奠定了中研院在台湾再兴的基础，也为台湾日后的学术研究事业发展树立了良好的典范。同时，研究单位也增至 7 个，除迁台之历史语言研究所、数学研究所外，尚有植物研究所、动物研究所、近代史研究所、民族学研究所、化学研究所五个筹备处。员额方面，1948 年编制规定，研究人员与行政人员共 488 人，技工警察 78 人，工役 125 人；迁台后，员额缩编，只剩 58 人。后因研究所增加，业务开展，再三向"行政院"申请加添员额，到 1955 年时增加了 20 人，1956 年时又增加了 30 人，共计编制员额为 108 人。据 1957 年 3 月 31 日统计，当时中研院实有研究人员及职员共 120 人（20 人兼任），技工司机 8 人，工友 16 人。全院经费部分，1948 年上半年度经常费法币 222953 万元，事业费 426000 万元，包括外汇 20 万美元；下半年度经常费 3560671 万元，事业费 30961050 万元，包括 15 万美元。迁台后，1950 年月支新台币 2.8 万余元，经迭向政府请求，虽然事业费逐年增加，但此项经费之增加因物价继续上涨，依通案调整俸薪，实际经费数额似乎增加两倍多，在实值上却又贬低数成。经一再呼吁请求增拨，至 1957 年时全年总经费为新台币 480 万。② 此外在南港院址并已次第扩充，历年经朱家骅陆续抢购扩充之院基，至 1957 年止总计约有三十甲土地。③

---

① 胡颂平编《胡适之先生年谱长编初稿》第 8 册，第 2996 页。

② 1951 年始增发事业费全年新台币 7.2 万元，1952 年增为 17.2 万元，并增加 5 名员额。1953 年经费调整为月支新台币 3.5 万余元，1954 年 7 月调整为月支新台币 6.3 万余元。随着物价上涨，中研院可刊印之论著数量一年不如一年，经一再呼吁请求予以增拨。

③ 《三十年来的中央研究院》（1958 年 6 月 9 日），《朱家骅先生言论集》，第 115、118 页；杨树人：《中央研究院最近的十年》、程毅志：《朱骝先生与中央研究院的重建》，《朱家骅先生逝世纪念册》，第 336、363~364 页；《四十四年本院在美院士谈话会报告》（1955 年 3 月 5 日），朱家骅档案，函号：301-01-07-009。

至 1958 年 1 月朱家骅移交时，中研院现金部分则约有 14 万美元、200 多万新台币，足供接任院长的胡适继续推动院内一部分新建筑工程进行。[1] 另外，朱家骅利用中英文教会补助款陆续垫付的南港继续购地不敷价款、新购地之地上物补偿费、化学研究所建筑费、近史代所研究办公大楼建筑不敷款总计近新台币 360 万元垫付款，经朱家骅提议报请政府拨还，全数归化学研究所使用。[2] 若相较中研院过去请款困难情形来看，这笔追加预算倒像是中研院的一笔意外之财，造就了中研院在台湾稳定的成长与茁壮，亦显见朱家骅的学术前瞻性眼光与决策的正确。

　　一个学术研究机构展现具体学术成就最重要的还是看其研究成果。中研院迁台后在朱家骅手上八九年间（1949～1957 年），困于经费无着，确实无大成就，但亦不至 "毫无" 学术成果。数学所采取养才于外的方针，几位有成就的数学专家在美国讲学研究颇有声誉，研究结果多在国际知名的数学刊物发表。1957 年 5 月初总干事兼数学所所长周鸿经去世后，代理所长林致平计划分设应用数学研究组，并着手培植年青的学者。历史语言研究所先后在董作宾和李济的领导下保持固有声誉不坠，该所之集刊自 1950 年起即恢复出版，每年一两册不等。植物所、动物所、化学所、民族学所及近代史所等恢复与新设之所，在朱家骅去职后依然根据他拟定的方针推进所务。例如，植物所先期在李先闻的主持下与台糖公司合作，后进一步扩大研究范围，与其他学术机构合作进行水稻育种的试验，并积极罗致人才、培植后进。又如民族学研究所在凌纯声的领导下发展迅速，对台湾原住民的人种、生活、文化的调查研究已遍及台湾各地，采集的标本极为丰富，并创办所内集刊，发表研究成果。化学研究所在魏岩寿主持下，亦按预定计划和台湾省烟酒公卖局合

① 《致胡适》（1958 年 3 月 7 日），朱家骅档案，函号：301 - 01 - 07 - 010。

② 《国立中央研究院院务谈话会四十七年第二次院务会议记录》（1958 年 6 月 7 日），《中央研究院院务谈话会记录》；程毅志：《朱骝先先生与中央研究院的重建》，《朱家骅先生逝世纪念册》，第 362～363 页。

作研究，推进所务。

朱家骅一向认为纯学术书刊不仅表示台湾学界的学术水平与在学术上之贡献，且可提高国际地位，出版与否关系甚大。但由评议会编辑、作为学术论著公布之英文《科学纪录》及中文《学术汇刊》因经费困难早已停刊。朱家骅因深感有出版此类纯学术论著之必要，在1952年度预算中编列出版费，纂辑《中央研究院院刊》，内容包括自然科学及人文科学，文字不论中文或外文。朱家骅原拟分年发行，目标是希望能逐渐充实扩增至每年出版4辑。不过初因集稿需时，第1辑于1954年6月方得印行，为当时在台的第一本纯学术性刊物。[①]当时朱家骅还自己集资在院外组织发行另一学术性刊物《大陆杂志》，作为学术研究成果发表的另一园地。

朱家骅亦注意参加国际学术团体的交流活动。1954年菲律宾举行第八届太平洋科学会议时，他派李济担任团长；1957年与教育部合办出席在泰国举行的第九届太平洋科学会议，由李先闻担任团长，得到国际科学界的重视。

中研院虽立初基，但未能使院中学术工作与时俱进，"去理想甚远"。因此，他并未因被迫去位而怀忧丧志，仍希望中研院未来在新任院长胡适的领导下，能有所推进，而乐于"随时尽力帮忙"。他给萧公权的信中便说道：

> 弟忝主院务十八年，心长力拙，未能使本院工作与时俱进，实深惶愧，来台以后，惟心力交瘁，亦仅能使本院在南港重立初基，去理想仍甚远，每怀留美诸同仁暨学术界老友对本院之殷望，疚愧何已，惟环顾国内研究机构亦以本院较具基础，今后仍仗群策群力在艰难环境中，促其发展，俾臻完善。[②]

---

① 《致庞松舟主计长》（1951年9月10日）、《四十四年本院在美院士谈话会报告》（1955年3月5日），朱家骅档案，函号：301-01-07-032、301-01-07-009。

② 《复萧公权》（1958年3月17日），朱家骅档案，函号：301-01-07-012。

实际上，他对中研院与台湾学术事业发展的关心与付出也确实从未因卸任而终止，而且仍然维持着直接而紧密的关联。如1958年4月，中研院即将召开院士会议，举行停顿十年的院士选举（亦是中研院第二次的院士选举），不仅是院士会议恢复活动的象征，亦是中国学术在台湾向前迈进的象征。朱家骅此时虽已非院长，但认为为昭慎重，出席人数"越多越好"。因此，他在会前致函尚在美国的新任院长胡适，提醒胡适"此次院士会议须办理新院士选举，似以出席人数越多越好"。① 亦请在美院士萧公权"如晤在美院士盼能多敦促偕同适之兄同来最为企幸"。② 此外，4月胡适回台就任后，朱家骅还特地到南港陪同胡适探勘中研院南港的地界。③ 又如，朱家骅虽卸任院长，但仍是中研院院士（第一次选出的院士，为终身职），并随即被增选为中研院第三届、第四届聘任评议员。随后由胡适发起组织的"国家长期发展科学委员会"中，他亦被聘任为委员。

综上观之，朱家骅虽黯然下台，但并不因此而遭到学术界的冷落。这亦可见出朱家骅虽个人不从事学术研究，却是功在学术。1958年4月10日，胡适在就职中研院院长致辞时，便特别感谢朱家骅说："中央研究院有三十年的历史，这三十年的历史，可以说是我的老朋友的心血造成的。……他们把一生最重要的时期，……把全部的精力贡献给中央研究院，甚至牺牲性命。朱先生更苦心维持了中央研究院十八年。"④ 在同日举行的第三次院士会议开幕式致辞上，胡适再次说道："中央研究院原有十几个研究所，从大陆迁来台湾的只有两个研究所，由于傅斯年先生和朱院长的远见，将最强的部分历史语言研究所搬了出来。"⑤ 1959年7月1日举行的第四次院士会议上，胡适又提道："由于朱骝先先生、傅孟真先生的远见，把史语

① 《致胡适》（1958年3月7日），朱家骅档案，函号：301-01-07-010。

② 《复萧公权》（1958年3月17日），朱家骅档案，函号：301-01-07-012。

③ 胡颂平编《胡适之先生年谱长编初稿》第7册，第2677页。

④ 胡颂平编《胡适之先生年谱长编初稿》第7册，第2659页。

⑤ 胡颂平编《胡适之先生年谱长编初稿》第7册，第2666页。

所的全部及数学所的一部搬出来了。后来提到这里院址的建筑，完全是朱骝先先生的努力和政府的帮忙。"① 即便在 1960 年 12 月 15 日中研院为胡适举办的祝寿酒会上，胡适致答谢词时仍不忘提及："中央研究院有今日基础……最大的功劳，当然是朱骝先先生了。朱先生先当总干事，后当院长，他当了十八年的院长，在两度极艰难的时代，把中央研究院带到三十多岁的成年，尤其是南港今天的基础，都是朱先生的功劳。"②

　　因之，"中央研究院如果没有朱先生，就没有今天的中央研究院"是胡适对朱家骅之于中研院的赞语。③ 但若从中研院之于海峡两岸之学术现代化转型的历史价值观之，则朱家骅致力于中国学术现代化的努力，应肯定其确实具有不可取代之地位。

---

① 胡颂平编《胡适之先生年谱长编初稿》第 8 册，第 2950 页。
② 胡颂平编《胡适之先生年谱长编初稿》第 9 册，第 3407～3409 页。
③ 胡颂平编《胡适之先生年谱长编初稿》第 7 册，第 2657 页。

结　语

> 朱家骅当了十八年的院长，像傅孟真、陶孟和、李四光，
> 共有十多位所长，都是很有脾气的人。他能维持十八年之久，
> 我真佩服他。
>
> ——胡适[1]

　　"欲谈改革，亦非俄顷立办，必有理想，有中心，发为一种运动。"[2] 这是朱家骅针对新生活运动的一次公开谈话，也反映了他推动中国学术事业现代化转型的中心思想。

　　朱家骅作为一个以国家兴亡为己任的传统与现代兼具的知识分子，时时怀抱"欲从根救起中国民族，必须迎头赶上西洋文化"的使命感。[3] 如何改变中国长久以来的贫弱局面？如何造成坚实之国力，推进久远之文明，以确保民族之永存？是他一生不变的关怀。在"救国"的主轴思路下，他考察欧美国家富强之因，反观中国贫弱现况，总结以为："唯有厉行建设促成现代化，才能带动国家达成真正的统一。"[4] 而他在政治信仰上和蔡元培、胡适等自由主义派知识分子不尽一致，但在 20 世纪初期现代学术尚属萌芽阶段的中国，推动中国学术现代化，进而发展中国成为一个足与世界竞争的现代

---

① 胡颂平编著《胡适之先生晚年谈话录》，第 173 页。
② 《新生活运动与教育之关系》（1947 年 2 月 16 日），《朱家骅先生言论集》，第 383 页。
③ 《如何迎头赶上西洋文化》（1942 年 10 月 31 日），《朱家骅先生言论集》，第 18 页。
④ 方志懋：《序》，《朱家骅先生之事功与思想论集》。

化民族国家的理想上，却有着共同的目标。从而衍生出他以欧美先进国家为师，从学术与政治两大方面同时并进，推动中国之"现代化"，实现救国之理想。他弃学从政，不过其中心旨趣未曾稍离发展中国现代学术研究事业之理想，转以"服务学人"，创造良好的纯学术研究环境为志向。因此，胡适认为朱家骅从政之后无暇治其专门之学，但他的事功"并不比有著作的人不重要"。[①] 王世杰亦评价朱家骅是国民党中"思想最现代化之一人"。[②]

一 学术理想之实践

朱家骅深受德国学术兴国与强国历史经验影响，视学术研究为救国、兴国、强国的神圣事业。他坚信学术昌始为文化繁荣、国家兴盛之标志；科学则关乎国家民族乃至全人类命脉；唯有使中国成为学术昌明、组织坚强的现代国家，才能确保民族生命之永存，才能立国于科学世界![③] 显然，对朱家骅而言，发展中国现代学术与他复兴国家民族之理想是紧密联结的；建设富强的现代化民族国家是他的终极关怀，发展科学以推动中国学术现代化转型则是巩固国本、富强安康的基础；而"移植"欧美科学先进国家的教育学术机构体制、学科设置、学科内涵与机构精神是他实现"学术救国"理想的必然策略。

不过，朱家骅观察世界一流"学院"，无一不是经过百年以上的淬炼。面对中国现代科学事业"毫无根基"这一事实，如何使"科学"在中国"生根"是他首要关注的议题。他始终认为研究学术事业"为百年大计"，是必须"铢积寸累"，"难望速成"，也难

---

① 胡颂平编《朱家骅年谱》，第 113 页。
② 《王世杰日记》下册，第 979 页。
③ 《学校党务之鹄的》（1940 年 7 月 7 日）、《科学世界与建国前途》（1943 年 4 月 8 日）、《十科学团体联合年会致词》（1948 年 10 月 9 日），《朱家骅先生言论集》，第 450、37、72 页。

求"急功"。① 他作为一个教育、学术行政机关管理者，无论在中山大学或在中研院，所努力者都是希望建立足供后人循迹而进的稳固"基础"。因此，他以发展现代学术、推动中国现代化为理想，不曾因他在党政界的"飞黄腾达"或远离"权力核心"而有所改变。中研院史语所考古名家石璋如便认为朱家骅是"最有理想的人物"。②

本书清楚可见，朱家骅为自然科学学者出身，崇尚理性，实事求是，富科学精神。他在领导中研院的 18 年中，以参政知识分子在体制内的利便，积极健全中研院组织体制、开拓新的学术领域、发掘新的研究议题、确立各种评鉴制度、设置学术研究中心以整合促进内部学科间的沟通合作。诸此举措，其目标极为鲜明，是以国际一流学术研究机构为师，希望给中研院立下一个坚实可靠、足供后人持续推进、发展的基础，从而能够逐步成长为一个现代化的国际级学术研究机构。显而易见，他在推进中国学术研究事业现代化上，是一个具国际视野，随时关注国际学界主流脉动，思维与时俱进的学术行政领导者。

朱家骅认为，一个真正具有学术涵养的"学术研究中心"，"研究人员"和"研究设备"是从事学术研究工作两项"必不可少"的要件，能以"国际标准来加以衡量"才是真正迈向国际化的要素。③ 所以，为奠定中国学术事业现代化发展的稳固基础，他对学术事业建置都是以国际学术标准为准则。这是他自 1926 年在中山大学负责教育学术行政管理工作以来，努力想要切实完成的历史使命。

---

① 朱家骅：《朱家骅代理中央研究院长后向蒋介石所做的工作报告》（1930），中央研究院档案，中国第二历史档案馆藏，卷宗号：393 - 82 重；《国立中央研究院评议会第二届第四次年会开幕词》（1947 年 10 月 15 日），《朱家骅先生言论集》，第 89 页。

② 《石璋如先生访问纪录》，第 327 页。

③ 朱家骅：《第二次院士会议开幕致词》（1957 年 4 月 2 日），朱家骅档案，函号：301 - 01 - 07 - 005、301 - 01 - 07 - 009。

中国地质学创始人之一的章鸿钊曾言："国家一种事业，决不是一时代所得完成的，全在有人能承先启后，不断努力，才会开花结果，发扬光大。要不然，便像埋下一颗种子，小小发一枝芽，出几瓣叶，没有开花结实的一样。"[1] 朱家骅作为中国由传统到现代转型的一个过渡历史人物，他的独特性即在于"串连者"的角色。无论在中山大学或在中研院，他都继蔡元培之后，成了中国学术现代化转型链条中的一个重要环节，起到了"承先启后"的作用，也体现了现代中国这群以"学术"为救国途径的知识分子群体在共同的理想下形成连贯的整体。

而联结朱家骅与蔡元培的关键因素，不在他俩过往从事反清革命的相同经历、浙江同乡或在北大共事情谊，而在他们对建构中国现代"学术社会"的相同理想。[2] 朱家骅与蔡元培均受德国大学学术兴国历史经验影响与刺激，看重大学学术研究效能，以大学为教育机构的主要任务之一，是培育学术人才中心。蔡元培先于北大，朱家骅后于中山大学，以建设中国现代"学术研究中心"为核心目标，推动大学的教育学术改革。尤其是 1926 年北京的高等院校因政治乱局无以为继时，朱家骅即以中山大学为基地，承继起北京大学推动中国教育学术现代化转型未竟的历史任务。就是这一相同的学术理想，成就了他在 1940 年蔡元培死后，能够与胡适、翁文灏并列，以民主方式被举为蔡元培的继任者。

在中国尚未有国家级纯学术研究机构设置前（即中研院设置前），以蔡元培为代表的新式知识分子群体以欧美先进大学作为发展教育与学术的参照体系，视"国立大学"为中国学术与教育现代化转型的基地。胡适在美国求学时曾对中国尚无一所"研究高深学问的大学"而深感羞愧。[3] 蔡元培有"大学者，研究高深学问者也"

---

①　章鸿钊：《中国地质学发展小史》，商务印书馆，1937，第 38 页。

②　顾颉刚之语。顾潮编《顾颉刚年谱》，第 169 页。

③　《胡适日记全编》第 2 卷，第 62～63 页。

之语。① 朱家骅也有"'大学'是一个研究高深学术的机关"之说。②
这群为了学习欧美先进国家富国强兵之方以救国族的新式知识分子，
自觉地不远千里赴欧美留学，接受西方自由民主思想熏陶、追求真
理的科学精神与科学方法训练后，陆续回到中国。其中，有志发展
中国现代教育、学术事业者，在中国尚未有体制内纯学术研究机构
设置前，多投身大学之中。

　　1928 年，以中研院为国家最高学术机构，专责学术研究事业，
是中国教育、学术从此"各有所专"分向发展的开始。由中研院自
行从事学术研究，开拓新的学科研究领域以为示范，引领学术研究
风气；并寄望在学术研究事业推进中，实现中国富强与世界并驾齐
驱的理想；进而能造福人类，对人类知识的累积略尽绵力。这是以
蔡元培为中心的新型学术群体创设中研院作为国家级综合学术研究
机构的远大抱负。学术自治权和纯学术研究自由是欧美学术、教育事
业最根本的价值观与最崇高的精神指标。因此，以学术自治权、纯学
术研究自由和科学精神为内涵的中研院精神与传统，是中研院在上述
实用目标外，其作为一具代表性的现代化学术研究机构的真正精髓。

　　纯学术研究机构专业化、组织化、制度化是 20 世纪中国学术现
代化转型的重要指标，也是中研院作为中国学术现代化转型典范的
另一重要表征。19 世纪末，中国对欧美先进国家的学术事业基本上
仅处于单纯的引进与传播层次；20 世纪初期，在民主与科学思潮大
兴后，知识界也关注到专业化、组织化与制度化的纯学术研究机构
建置对发展中国现代学术事业的必要性。任鸿隽便曾为文强调组织
专门从事学术研究机构的重要性。他说："夫发明有待研究，而研究
有待于历史之积力。然则研究将由何术以继续不辍耶？曰：是有组
织之法在。"③

① 《北京大学开学式演说词》（1918 年 9 月 20 日），《蔡元培全集》第 3 卷，第 382 页。
② 《就任国立中山大学校长讲演词》（1930 年 10 月 6 日），《朱家骅先生言论集》，第 270 页。
③ 任鸿隽：《发明与研究》，《科学》1918 年第 1 期。

现代学术研究事业专业化的意义是将"学术研究"归属为"一种特殊形态的职业",其显著的特征包括专业技能(expertise)、责任(responsibility)和团队意识(corporateness)。① 中研院为具专业学科知识的知识分子提供了一个可以全心全意从事研究工作的组织空间,从而成功地建构了后科举时代新一代读书人不同于传统形态的学术社会与学术社群,确立了新一代知识分子在新时代的社会定位。而中国学者由业余学术研究者进阶到全职的专业科学研究者这一转换历程亦标志着"科学"在中国社会化过程的一个里程碑。组织化的目的是以群体的力量加速推动学术研究事业的进展。蔡元培在北京大学、朱家骅在中山大学,他们所做的努力就是"集中人才",广纳有志研究学问与培养后进的四方学者于一处,共同为中国学术事业的现代化而努力。制度化则是欲将"机构"发展置于一个"法制"的机制上,尽量降低"人为因素"的影响,使机构不会因个人去留干扰到组织运作与发展。因此,制度化是累积进步不可或缺的一环。蔡元培和朱家骅分别在北京大学和中山大学努力推动的"教授治校"民主管理体制,目的也即在此。

1940年朱家骅接任中研院代理院长,延续蔡元培未竟志业,"守成"之余,努力有所"开创",在蔡元培已建立的基础上,继续推动中研院向现代化迈进。他清楚界定自己作为一个纯学术研究机构的领导者与行政管理者的责任与义务是为学人服务,创造良好的纯学术研究环境。② 他所关注的重点在中研院行政体制建置上,目标在确立以学术独立自主、学术研究自由与科学精神为核心价值的现代学术制度。朱家骅代理中研院院长18年,对中研院与中国学术现代化转型有重要贡献。不仅在善加运用其参政优势,于抗战困顿时期、战后复员时期,

---

① 塞缪尔·亨廷顿:《军人与国家:文武关系的理论与政治》,洪陆训等译,时英出版社,2006,第28~32页。

② 《致沪各所所长及全题同仁函》(1949年5月14日)、《致赵元任先生函》(1949年5月23日)、《致傅所长函》(1949年8月5日)、《复赵元任先生稿》(1949年8月10日),朱家骅档案,函号:301-01-07-032。

维系中研院这个蔡元培的"最后遗业"的"存在"，更在中研院这个"国家最高学术研究机构"组织建制的完善与制度化的深化。

就"国家学院"组织建制来说，蔡元培时期在组织架构上虽是采用行政、研究、评议会三权分立形式，但基本上仍以院长为中心，并非如世界先进国家以"精英学者"为核心组成。对此，朱家骅始终认为是中研院"国家学院"体制上的不完备。1948年，他无视国共内战国民党军节节败退的紧急局势，仍积极主导推动院士会成立。从此以中国学术精英组成的院士会成为国家学术政策研议中心，完善中研院为"国家学院"的组织体制，标志着中国现代学术事业已迈向新的历史阶段。院士会另有三个值得一提的历史意涵：第一，开中国学术机构体制实行院士制度先河；第二，在院士选举过程中，基本排除政治因素，坚持"学术独立"立场，以学术造诣为取"士"的主要原则和标准，保证选举公正性与客观性，从而深化了公平、公正、公开的学术选举制度。第三，中研院从1928年成立至1948年院士会设置，亦体现了"科学权威"在中国从"观念传播"到"组织落实"，再到"制度建设"的发展过程。

以制度之深化来说，朱家骅长达15年的德式教育养成，深知学术自治权与纯学术研究自由之于学术进步的重要性。因此，树立以学术自由、独立自治、科学精神为中心思想的现代国际化学术范式，建置一个良好的学术体制以为持续发展的稳固基础是他长久以来的学术理想，也是他身为一个学术机构行政领导者亟欲达成的历史使命。

大体说来，一个"制度"的确立需要经过"生成""操作""巩固"这三个不同层次的考验。[①] 以院长更替为例，中研院以评议会评

---

① 国际政治学家塞缪尔·亨廷顿指出，民主政治赖以存在的前提是"必须有制度化的方式来改变政府"。所谓的"制度化的方式"就是通过"选举"的方式更换"统治者"，而"两次政权易手是对民主政治的一个高难度的检验"。以上论述说的虽是政治民主制度的建立，但亦可套用此标准来看朱家骅对于推动中研院制度化与树立中国学术机构制度化典范的实践程度。塞缪尔·亨廷顿：《第三波——20世纪后期民主化浪潮》，刘军宁译，上海三联书店，1998，第316～317、320～321页。

议员民主投票选举继任院长的规定，便是在朱家骅的全力护航下始得顺利完成立法。在法条转化为实际操作时，他作为"承"蔡元培之"先"，"启"胡适之"后"的转承点，成功地通过"两次易手"的高难度考验，从而巩固并确立中研院这个民主选举院长制度的持续进行。

"法治"与"法制"是朱家骅在推动中研院制度化过程中非常重视的一环。他认为，要谈"民主"，需先谈"法治"不可；欲建"制"必先建"法"；"厉行法治"则是"建国"最迫切的基本要务。他指出，民主是一种负责任、守纪律的生活方式，亦即是法律至上的生活方式；人人有法的观念，其行为自有法的规范，制度才有权威，才能保存，才能改进，社会如此，政治亦是如此。而无法治的"民主政治"等于暴民政治。① 因此，他深信，一切依法行事，不因个人去留或好恶影响组织发展与运作，是建立组织机构稳定、长远发展的重要基础。当他承蔡元培之后就任代理院长时便一再公开宣示他治院首要方针，就是一切院务按蔡元培已建立的体制、规章与精神运作。② 他所谓一切院务照章行事便是为确立中研院组织运作的"法制化"。

事实上，无论是在中山大学还是在中研院，公事上朱家骅总是坚守"依法行政"的准则，以身作则守护已确立的制度与规范。最典型一例是院士会的成立，他推动院士会设置的首要工作是从组织法修正开始；院士选举的每一过程、每一步骤都是按院士选举法进行，无一例外。又如迁台的中研院院士与评议员在当时是绝对少数，依法无法召集正式集会。但朱家骅并未因人数少与局势的特殊状态而改变他的守法精神，仍坚持从法律上寻求解脱之道以正式召集会议。

---

① 《法律教育的一种看法》（1947 年 6 月 27 日）、《法律教育委员会第六次会议致词》（1948 年 7 月 1 日），《朱家骅先生言论集》，第 310、312、317 页。

② 《代理中央研究院院长就职谈话》（1940 年 10 月 1 日）、《国立中央研究院评议会第二届第一次年会致辞》（1941 年 6 月 30 日），《朱家骅先生言论集》，第 73、74 页。

中研院在蔡元培与朱家骅手中 20 年,基本完成构建"国家学院"的体制与各项重要制度,成为中国学术从传统向现代转型的成功典范。如果说中研院的组织化初成于蔡元培与丁文江,其组织化、制度化的进一步深化与国家学院院士体制的完成则应归功于朱家骅。因此,若以中研院为中国学术现代化转型的个案考察,那么我们可以这样说:这个历史任务起于蔡元培,完成于朱家骅。这是朱氏对中国学术现代化转型的重要贡献。

再以维护蔡元培时代树立的纯粹学术研究与学术自治传统来看,朱家骅不是一个自由主义者,在那个高唱"德先生""赛先生"的时代,他也未曾参与过任何一次思想论战。但作为一个学术机构的行政领导者,在发展现代学术研究事业上,他却是切实身体力行的行动者。

中研院虽是中国第一个国家级纯学术研究机构,但其作为国民政府组织之一的官方性质,在其创建本身即是学术与政治结盟合作的结果,是一个颇具政治意义的决议,也是一个基于中国现实政治社会条件下的理性决定。中研院与政府之间始终存在必然的联结和难以解脱的干系。诚如胡适所言,既然中研院组织明文规定,中研院隶属国民政府,院长由国民政府"特任",经费来源又从财政部取得,"其中全无一点保障可以使政治势力不来干涉。故甚不易争得独立的地位"。①

孙中山是 1912 年民国建立以来第一个将国家学术发展置于国家现代化计划重要地位的领导人。对于正处国民党内宁汉派系权力斗争中的蒋介石来说,国家学术研究机构的建置不仅是完整其建国计划的一环,更具有彰显其政权正统性的政治意涵。而对于试图以"学术""科学"救国的知识分子群体来说,民国建立以来,在战争不断、政治腐败、经济衰敝的动荡社会里,无法取得稳定经济援助的科研工作受到严重的阻碍,难以迅速、有效地发展。这群中国第

---

① 《胡适日记全编》第 5 册,第 652 页。

一代科学精英深切地了解到国家资源的挹注对发展现代化学术来说是不可或缺的支持力量。同时，在建设现代化国家的共同目标下，国民政府愿意提供稳定的经费发展学术事业，中研院的学术精英也愿意为国家前途而献身科学事业，如此一致的共识形成了国家与学术社群间新的关系模式。而这一关系模式大体说来是源自对苏联国家科学院建构模式的移植：在国家支持下，集合与支持专业学者从事科学研究工作，以求快速地达成国家现代化与工业化的目标。就在这样的历史背景下，在体制内发展国家级学术研究机构成为学界与国民政府的一致目标。

中研院与政府之间的这种紧密关系并不意味着在中研院内的这群知识分子群体是国民党政权下的"顺民"。相反的，他们多是中国留学欧美的学术精英，深受欧美学术自由与学院自治权的精神影响，深信不受政府干预的研究自由与学术独立自主是一个纯学术机构的基本精神与核心价值，也是学术事业推进的不二法门，是他们必须全力捍卫的学术精神。

不过，中研院是一个实行中央集权政治体制下的官方机构，在财源上高度仰赖政府的资助。当中研院学者伸张其学术自由与自治权的同时，也相对地会得到政府方面的技术性抵制，从而影响其学术发展进程。例如1930年代蔡元培与蒋介石决裂，结果是评议会延迟九年始得成立。1940年院长候补人选举，学者为坚守学术自由与独立自主，抵制蒋介石的政治干预，结果是中研院院长虚悬半年。这也微妙地说明，中研院学术自由与自治权的维护不易，与其作为体制内之一官方机构的必然局限性。这也益发可见身为参政知识分子摆荡在政治与学术间的尴尬处境。

1940年朱家骅出任代理院长，作为一以学术救国为理想的参政知识分子，正好成为中研院这个高扬研究自由与学术自治的纯学术研究机构与施行中央集权政治体制政府间矛盾冲突的缓冲中心。

朱家骅历来视"学术"为国家与人类命脉之所寄，而研究人员是"国家至宝"。尤其中国经数十年努力培养，科学人才仍未甚多，而此少数人才即为造就后进之基础，"亟须多加维护培植"。① 抗战军兴，他认为是学人发挥学术效能报国的最佳时机，特别是在对日战争的情况下，"需要人才，如是之切，培养人才，如是之难"。他主张对这些"业已养成的少数有用人才"，要更加"尽力加以爱护"。② 但事实上，却反因战事，教育、学术机关迁徙，人员紧缩，造成学者失业，或因谋生不易而转行的现象。对有志学术研究者不能安心工作，甚至改就他业一事，朱家骅认为是国家学术、文化上的"重大损失"。③ 因而推动学术事业除注重充分的参考书籍、合理的设备外，特别强调"适当的生活环境"与"研究学术之环境"对"养才"的重要性。④

朱家骅出任代理院长后除一再强调提倡学术与尊重学人之风气必需更加重视与发扬。作为一院之长，他的自我界定是学术行政领导者的角色，是为学者"服务"的。于公，为爱护国家有数之科学人才；于私，为关切患难相共之道义友好，为研究人员提供较为自由的学术研究环境与较为安定的生活条件是他的职责所在。⑤ 因此，他尽力运用参赞中枢的机会，善用体制内的资源，扶助学术事业发展。除努力将外界的干扰减至最低，排除学者在研究工作上遇到的困难和阻力，并在经济上与研究工作上给予最大可能的支持，为科研人员创造较为理想的学术研究环境。

---

① 《国立中央研究院评议会第二届第二次年会开幕词》（1944 年 3 月 8 日）、《第二任教育部部长就职致词》（1944 年 12 月 14 日），《朱家骅先生言论集》，第 87、171 页；《致陈院长辞修函稿》（1951 年 6 月 23 日），朱家骅档案，函号：301 - 01 - 07 - 032。

② 《悼朱子元君》（1942 年 9 月 19 日），《朱家骅先生言论集》，第 731 页。

③ 《拟院长上委座签呈稿》（1943 年 9 月），朱家骅档案，函号：301 - 01 - 07 - 016。

④ 朱家骅：《国立中央研究院评议会第二届第三次年会开幕词》（1946 年 10 月 20 日），北京大学档案馆藏，馆藏号：BD1946121 - 1；《致陈院长辞修函稿》（1951 年 6 月 23 日），朱家骅档案，函号：301 - 01 - 07 - 032。

⑤ 《致沪各所所长及全体同仁函》（1949 年 5 月 14 日）、《致赵元任先生函》（1949 年 5 月 23 日）、《致傅所长函》（1949 年 8 月 5 日）、《复赵元任先生稿》（1949 年 8 月 10 日），朱家骅档案，函号：301 - 01 - 07 - 032。

值得一提的是，他出任代理院长时，是在国民党组织部部长任内。当时国民党在后方各高校广设党支部，积极网罗学人入党，以图扩张党务。但在中研院内，出于尊重自蔡元培时代已形成的纯学术研究超然地位，让研究人员专心致力于研究工作，他既未在院内设立党支部，也不要求院内研究人员入党或涉党务，而是以开明的态度包容那些意见相左、观点各异的学者。最典型的一人是1941 ~ 1943年担任中研院总干事的物理学者叶企孙。他对政治向无特别倾向，但对国民党却无好感。受聘为总干事时便与朱家骅约法三章，决不愿到国民党党务机关商讨院务，并要求朱家骅每星期至少到中研院两小时共商院务。对上述"要求"，朱家骅从未"违言"。① 因此，傅斯年认为朱家骅是一个"大度"之人。② 朱家骅对中研院精神与传统之维护，中研院史语所先秦史及人类学专家杨希枚便赞扬朱家骅虽身居党要，且曾主持组织部，"但在中研院任内，却嗅不到一点党味儿！真可说是做到学术自由"。③

1957年朱家骅辞职获准，胡适被蒋介石圈选为继任者，对于接任与否极为犹疑。当时学界盛传若胡适拒绝，蒋介石将直接指派"中央大员"接任以"整顿"中研院。如此一来，中研院将"可能落入国民党人士之手"，这使学界人士十分忧虑。为此，李济曾去函胡适，劝他要救救"这个'蔡子民、丁在君、傅孟真仅余之事业'"。余英时曾评论胡适接任院长一职，是守住了"自由主义派学人的唯一学术事业"。如果说，胡适以一自由主义者接任院长，从而延续自由主义派学人的"唯一学术事业"，是值得称许的。那么，朱家骅以一位三民主义信徒一直维护中研院的纯粹学术研究和学术独立精神氛围，为自由主义知识分子保留了一块学术阵地，亦属不易，应视为是朱家骅对中国现代学术的另一贡献。另外，中研院院长由

---

① 虞昊、黄延复：《中国科技的基石：叶企孙和科学大师们》，第551、568页。
② 《傅斯年函》（1940年9月25日），朱家骅档案，函号：301 - 01 - 07 - 031。
③ 杨希枚：《致编者函（二）》，《朱家骅先生逝世纪念册》，第476页。

蔡元培而朱家骅的政学角色，再经过胡适这个纯学术角色，完成了中国学术现代化转型的历史进程，亦是一项值得称许的贡献。

大体说来，任何一项新事业始创之初，开创者个人的学术素养，在基本方向、领导风范上，乃至道德水平，都对事业的发展有着至关重要的影响。朱家骅出于对学术的尊重与对学术繁荣的追求，不仅努力于发展中国现代学术事业，还努力于树立一种科学精神，努力于确立一种适合中国学术事业发展的有效机制。这一点在中国学术现代化转型发轫之时尤显重要。特别是他在思想斗争激烈而复杂的政治、社会、国际背景下，护持一个纯学术研究场所，为纯学术研究提供了体制上的依托与保障。就这一点上来说又是别具历史价值，应当承认这是他对中国现代学术事业的另一贡献。他对于中研院的重要性，不仅在于维系、发展了这样一个学术机构，更在于他在中研院内确立了一种为研究而研究的传统，一种以国际标准要求的准则，一种实事求是的科学精神，这是他留给同属一个中国的两岸学术社群的一份学术遗产。

二 学术与政治之间

从 1911 年至 1949 年，中国一直处于国内外战争纷扰不休的状态，"政治"具有绝对的支配地位，学术始终难以取得独立、超然于政治之上的自主权与自由权。这对已转型为专业学者的知识分子来说，如何处理学术与政治之关系是一复杂的抉择。对政治抱持不感兴趣的胡适在抗战期间出任了驻美大使，傅斯年也当了参政会参议员，厌恶政府行政工作的翁文灏还当了行政院院长。在那样混乱的中国，要建立一个学术自由、独立自主与科学的学术社会，用中研院第一任总干事杨杏佛的话说，那是一件不识时务的事。[①] 事实上，

---

① 《傅档》I 278，转引自王汎森《中国近代思想与学术的谱系》，河北教育出版社，2001，第 336 页。

从中研院由国家法律明文定位为"国家最高学术研究机构"却费了 20 年才得以完善"国家学院"体制这一点来看，外在局势影响了中国学术现代化发展的进程。这再次说明学术与政治在中国难以脱钩，这也是朱家骅最后选择弃学从政的重要因素。

朱家骅与他同时期关心国运的知识分子一样，是传统与现代特质兼具的新一代知识分子。长达 15 年的德式教育使他成为中德文化融合的集合体。既是中国的，又是西方的；既是一位具高度的民族意识与爱国主义色彩的知识分子，也是一位有着深厚自然科学与人文科学学养和学术理想的学者。在传统中国知识分子"以天下兴亡为己任"的入世政治观影响下，面对国族存亡之危境，他选择捐书弃学，投身政治。在参政的同时，始终记取知识分子对国家学术教育文化的重责大任，转以"服务"学人，致力倡导科学精神，以发扬现代学术、教育、文化事业为职志。留德经历让他对德国傲人的行政官僚体系有着深刻的认识与理解。所以，他总是尽最大可能从行政上来促进学术研究的发展，为学者创造良好的纯学术研究条件。

朱家骅从 1917 年担任北大德文教员开始，即将其救国途径由"实业"转向"教育学术"。在 1918 年二度留学时，便将其学科专业由应用科学的"采矿"转向理论科学的"古生物学"，以专研科学理论为志向。不过，1911 年辛亥革命虽然推翻了封建帝制，带来的却仍是军阀割据的动乱局面，严重影响了中国教育学术现代化转型进程。1932 年淞沪事变后，他更清楚地认识到此时单靠学术已无法救国。

朱家骅秉承中国传统士人"经世致用"的入世政治观，相信"王学之功，不在禹下"，只要有一二领袖主动提倡，改变风气并非不可能的事。[①] 他认为中国的贫弱与文化的衰落，病根皆起因于政治不上轨道，只要能革新政治，确立良好的行政制度，"风行草偃"，上行下效，则一切问题自将迎刃而解，定可打倒强敌，百废俱兴，

---

① 《新生活运动与复兴民族》（1942 年 3 月 20 日），《朱家骅先生言论集》，第 380 页。

国家太平。在救亡图存、富国强兵的理想下，朱家骅和丁文江一样对替国家做事的能力充满自信，也强烈主张读书人不应全不过问政治，而要挑起改良政治的担子来。① 他曾与人言："在中国今日复杂的社会中做事，往往有许多困难，许多障碍，……我们要救国，就要在这种环境中找出一条生路来，千万不能因为这些而烦闷，而灰心。……要取法外国之所长，补救本国之所短。"② 又说："革命工作，有时也要走曲线，大家都知道我的性情，是个直出直入的人，但有时也不得不违背良心去走曲线，为了工作，不如此又有什么办法。"③

朱家骅在这样的信念下，为康济时艰，响应 1931 年九一八事变以来社会各界"学者从政"的呼吁，于 1932 年 2 月辞去手创的两广地质调查所所长职务，接任教育部部长。在辞去两广地质调查所所长的同时，将个人地质学藏书 4000 多册送给该所。

朱家骅弃学从政的另一项重要考量是欲借政治力量来加速推动中国现代学术事业的发展，以强化国力、对抗外侮。

一般说来，人才的汇集、研究设备的充实、不虞匮乏的研究经费是成就一个专事学术研究机构的基本要件。归根究底，最关键要素在于其拥有"巨额的经费"。不过，在战乱不休，"人治"重于"法治"的中国政治环境下，因纯学术研究无法对现实发展有直接、当下的帮助（如资源委员会一般），既难以引起民间企业兴趣给予适当经援，也不易吸引政府出资大力支持。因此，一个不事生产、无经济自主来源的纯学术研究机构的存在，主政者的支持与否成为最重要的因素。对此，地质学家叶良辅便曾有感而发地说：

现代科学进步，研究所需之参考图书，实验仪器，非个人

① 沈刚伯：《追记骝先生的言行二三事》，《朱家骅先生逝世纪念册》，第 259 页。
② 《校闻》，《国立中山大学日报》第 456 号，1929 年 7 月 1 日，第 1～2 版。
③ 赵铁寒：《我追随朱先生的历史片段》，《朱家骅先生逝世纪念册》，第 395 页。

能力所能置备，需有公共机关为之协助。民国二十年以来，内争不息，政无常轨，创立研究机关，筹备经费，尤贵政治手腕，至于学识优长，能力充实，则反视为第二要素。①

可见，在战乱不停的中国，学术关系、政治关系、经济关系"三位一体"的支持才是一个以学术自由、独立自主与科学精神为核心价值的学术研究机构得以"生存"与"发展"的三大基本要素。但"学术精英"如何可以与"权力精英"达成共识，以同样高度看待中国学术现代化的重要性？与其让"权力精英"主动将"资源"释出，还不如"学术精英"直接参与政治，成为"权力精英"一员，作为"权力精英"与"学术精英"的直接联系管道来得便捷。丁文江深知个中"奥秘"而投身政治，一再倡议"好人政府""好人政治"的重要性。他曾慨然地对朋友说："政治不澄清，科学工作是没法推进的，我们必须先造出一种环境来，然后科学工作才能在中国生根。"② 如同丁文江不忘情于政治，想要借政治力量为学术事业、科学工作创造一个良好的发展环境一样，朱家骅从政的目的之一也是在此。他献身政治，自己不再从事学术研究，但转以"服务"学人，致力倡导学术研究为职志。

知识分子在体制内外推动学术事业发展的差异，朱家骅与蔡元培是两个典型的案例。原本不愿再涉政治的蔡元培1926年重返政坛，成为"权力精英"的一员，始得成功地推动体制内的"纯学术机构"中研院的成立。只是随着蔡元培的退出"权力核心"，中研院失去了依凭的政治关系，其发展也自然受到局限。丁文江死后，朱家骅是蔡元培选择继任总干事的首选。除了朱家骅个人具有远大的学术理想，还具备实践理想的行政领导才干，更重要的是他的"学术关系""党政关系""经济关系"一应俱全。他"内外"兼备的条

①　叶良辅：《地质学小史》，商务印书馆，1955年影印本，第106~107页。
②　李济：《怀丁在君》，《独立评论》第188号，1936年，第36页。

件也就成为被知识界推举为蔡元培继任人选的重要因素。

以 1949 年前中国局势的混乱，若非朱家骅善加运用他的党政关系与兼任中英庚款会董事长的经济方便，即便他有再大的学术行政抱负，中研院也难以继续保持其学术独立和"国家学术机构"的地位，更不用说在学术研究事业上有所推进。1949 年朱家骅抵台后不再受到重用，卸去官职专任中研院代理院长，成为"局内的局外人"。① 他的学术理想依旧，但进展却是有限，仅为了一个史语所庋藏文物图书的仓库便费了四年多的时间，让朱家骅大有"推不动"之慨。② 这与他过去参赞中枢时，一笔定案、一诺千金相较，确是天壤之别。

朱家骅当初捐书弃学，投身政治时，怀抱使中国现代化之宏图。可是，面对一个有几千年历史的古国，欲谈兴革，改变长久以来的"传统"和"习惯"不是易事。因此，无论在浙江省政府、教育部还是交通部，他常跟友人谈起他在政府机构大兴改革所遭遇到的各种阻力时都摇头叹息。③ 1942 年 3～4 月，朱家骅胃疾复发，出血三日始止，医嘱至少须卧床休养一个月，但他以精神渐好，仍在病榻上批阅重要公文。傅斯年致函问病时，即劝他辞去"出力无益"之组织部部长。

　　兄有此病累年矣，此次勿望摆脱一切，作数月之绝对休息，万不可再中途出来，以致前功尽弃也，弟年来稍知世故，深觉中国人之事，作与不作，结果差不多，此老子所谓"唯之与阿"也。若能趁此疾，辞去出力无益之组织部，尤为佳事，且此时

---

① 查尔斯·里利之言，正符合朱家骅辞去官职后的处境。查尔斯·里利：《蒋廷黻：局内的局外人》，张新译，《档案与史学》1999 年第 3 期。
② 《朱家骅致胡适函》（1957 年 10 月 30 日），胡颂平编《胡适之先生年谱长编初稿》第 7 册，第 2610 页；《复丁文渊》（1957 年 11 月 22 日）、《复萧公权》（1958 年 3 月 17 日），朱家骅档案，函号：301－01－07－012。
③ 赵铁寒：《我追随朱先生的历史片段》，《朱家骅先生逝世纪念册》，第 395 页。

应将身体治好以为后来报效国家之用。①

对傅斯年"作与不作,结果差不多"之语,朱家骅感触良深,"叹为知言"。只是国难当前,他无可奈何地回复表示:

> 弟频年仆仆,非不知此,正因良心及责任所驱使,不能自己,非有所希冀也。抗战以来,感触尤多,……徒以目睹陷区同志之蹈汤赴火,弟何敢苟求自逸,故惟有行期心之所安耳。②

朱家骅对自己从政的这件事,事后深深懊悔,曾对友人说:

> 幼时喜欢读书,很想研究科学;现在干久了政治,已是欲罢不能,极想回头读书,却是为时已晚!③
>
> 唉!还是你们做学问的好!我颇失悔,我丢开学问的工作太久了,现在也不能回头。④

当时他便常劝朋友从事学术研究工作才是自己的"本业"。⑤

1957年朱家骅卸任时,又先后对李书华、胡适、丁文渊说道自己从政30余年"一无所成"。他说:

> 从政三十余年,一无所成,对个人与国家具无裨益,言念及此,罪恶殊深。⑥
>
> 惟觉罪孽深重者,三十余年来曾任各种各样工作,均超过

---

① 《傅斯年函》(1942年4月8日),朱家骅档案,函号:301 - 01 - 07 - 012。
② 《复傅斯年》(1942年4月8日),朱家骅档案,函号:301 - 01 - 07 - 012。
③ 沈刚伯:《追记骝先生的言行二三事》,《朱家骅先生逝世纪念册》第259页。
④ 沈刚伯:《朱骝先生的成就与修养》,《传记文学》1976年第6期,第7~8页。
⑤ 胡颂平编《朱家骅年谱》,第37页。
⑥ 《复李书华》(1957年10月29日),朱家骅档案,函号:301 - 01 - 23 - 200。

　　我之能力，以致毫无所成，真正对不起自己和国家耳。①

　　　犹忆从政三十余年，曾做过各种各样之工作，均无所成，对国家社会无交代。②

　　言下之意甚为后悔当初弃学从政的决定。显然，朱家骅置身政治旋涡，却常怀文士心境，留恋书斋生活。沈刚伯认为朱家骅若不从政，则"必能在地质学上大有成就"。③

　　朱家骅虽后悔自己弃学从政的选择，但学界对他从政一事抱持肯定的看法。

　　沈刚伯认为朱家骅"牺牲自己"从政去替大众做事的牺牲精神"是有代价而且值得颂扬的"，并赞扬他"曾在教育文化界中无形地产生过一种好影响，也可以说是一种力量，那就是他在给从事文教的人们一种鼓励"。④ 董作宾供职中研院34载，终身"师事"者有三位，一位是傅斯年，一位是胡适，另一位就是朱家骅。他最敬佩的就是朱家骅从事学术文化事业的识见和精神。⑤ 毛子水回顾朱家骅从政40年来在政治上的实践，"颇为高兴"他当年认为使朱家骅这等开明的知识分子能够参与政治，比北洋军阀当好得万倍的测度"并没有错"，最敬佩朱家骅在学术文化方面的"知人善任"。他说："傅孟真先生在中山大学文学院和中研院的成就，世人都知道；但设使没有朱先生的知人善任，虽有大才如孟真，即能成就，亦必困难得多。我每想到孟真在中山大学及历史语言研究所的事业，便不能不想起朱先生的鉴识，这等处是朱先生使我终身敬服的地方。"⑥

　　其实，朱家骅晚年评述自己一生功业时，自认为他从政为官担

① 胡颂平编《胡适之先生年谱长编初稿》第7册，第2610页。
② 《复丁文渊》（1957年11月22日），朱家骅档案，函号：301-01-07-012。
③ 沈刚伯：《朱骝先先生的成就与修养》，《传记文学》1976年第6期，第7~8页。
④ 沈刚伯：《朱骝先先生的成就与修养》，《传记文学》1976年第6期，第8页。
⑤ 董作宾：《痛念朱家骅先生》，《朱家骅先生逝世纪念册》，第265页。
⑥ 毛子水：《骝先先生哀词》，《朱家骅先生逝世纪念册》，第257页。

任了许多不同的职务，都因时间太短而没有什么成就，未曾有任何贡献于国家、社会、民生者，唯以在学术教育文化事业上奠定了一点基础为安慰。①

正所谓不以言举人，不以人废言。在中国现代学术史上，若仅以学术著作论英雄，无疑朱家骅的成就与同时期的著名学者，如胡适、傅斯年等相比是一点影响力也没有。但若以朱家骅为全国学术研究精英组成之中研院评议会在反制政治干预，坚守学术独立精神与原则下，票选成为中研院院长，并任期长达18年这一事实来看，朱家骅在中国现代学术史上自有别人不可替代的地位。

王世杰认为朱家骅对中研院迁移和重建"的确是功不可没"。② 李书华肯定朱家骅"对于中央研究院是有大功的"。③ 胡适更屡屡在公开谈话中赞扬朱家骅对中研院的劳苦功高。他说：

> 中央研究院如果没有朱先生，就没有今天的中央研究院。④

> 中研院有今日基础，都是以前蔡子民先生、杨杏佛、丁在君、傅孟真、萨本栋诸人的功劳。在蔡先生时代，中研院还只是十几岁的小孩；最大的功劳，当然是朱骝先先生了。朱先生先当总干事，后当院长，他当了十八年的院长，在两度极艰难的时代，把中研院带到三十多岁的成年，尤其是南港今天的基础，都是朱先生的功劳。⑤

1962年胡适去世时，朱家骅的健康情况已日渐衰颓，绝无可能

① 笔者2004年3月9日对朱家骅晚年机要秘书方志懋先生进行访谈。他曾论及，朱家骅晚年常常叹气地告诉门生故旧，他一生做那么多事都因时间太短没有什么成就，若说对国家社会有点贡献的话，还是在学术教育方面。
② 《中研院将辅助各大学研究所》，《联合报》1965年4月29日，第2版。
③ 李书华：《追忆朱骝先先生》，《朱家骅先生逝世纪念册》，第316页。
④ 胡颂平编《胡适之先生年谱长编初稿》第7册，第2657页。
⑤ 胡颂平编《胡适之先生年谱长编初稿》第9册，第3408~3409页。

再担中研院院长重任，且他当年即是在蒋介石的"示意"下去职。该次选举朱家骅仍当选继任院长候选人。[1] 1963 年 1 月 3 日，朱家骅溘然长逝。中研院院务会议一致通过以即将落成之民族学研究所新厦定名为"朱家骅纪念馆"，永志朱家骅对中研院的付出与贡献。自 1972 年起每年办理"朱家骅院长讲座"，以为纪念朱家骅倡导学术研究之功。[2]

综上观之，朱家骅领院 18 年，带领中研院经历抗战迁徙、复员重建，特别是 1949 年迁台后的重建复院，其历程倍加艰辛。就台湾的现代学术事业发展来说，他将中国学术现代化的种子由大陆带到受了日本殖民统治半个世纪的台湾，重新建立起属于中国自己的学术研究事业与中国现代化学术基地。以此来说，这也是朱家骅对于同属一个中国的现代学术事业另一大贡献。

总之，朱家骅是中国从传统向现代转型过程的一个过渡性历史人物。作为一个参政知识分子，在风起云涌的大时代变迁中，鞠躬尽瘁于他自己的人生选择，体现出现代知识分子的爱国情怀与民族精神，这种为学术而牺牲自我的人格魅力是值得敬佩的。他的一生折射了民族分裂，也折射了国家不完全统一对学术的伤害。他在最艰难的条件下维持与发展中研院，为中国学术现代化转型做出了努力，完成了他的阶段性使命。在学术上，他领导中研院延续大陆所建立的体制，在台湾重建发皇，为中国现代学术在台湾生根奠定了基础，也可以视为中国学术文化在台湾的延续。朱家骅个人虽不从事学术研究，却是功在学术。他一生的努力终究在中国、在台湾的学术现代化道路上留下了痕迹。

清初沈葆桢曾以"极一生无可如何之遇，缺憾还诸天地是创格

---

① 《王世杰日记》下册，第 958 页。

② 《国立中研院院务谈话会五十二年第一次院务会议记录》（1963 年 1 月 7 日），《中央研究院院务谈话会记录》；《总统昨祭吊朱家骅之丧 民族学研究所大楼决定名为朱家骅馆》，《联合报》1963 年 1 月 8 日，第 2 版；《院务会议纪录》，http://academicians. sinica. edu. tw/04. php，最后访问日期：2017 年 1 月 17 日。

完人"赞咏郑成功筚路蓝缕开辟台湾的功德。而朱家骅终生为中国学术事业现代化努力的境遇又何尝不是如此。他一生在党政界的风云际会,看似光彩耀人,但实际上却是无时无地不在忧虑紧张之中。[①] 即便是他着力最多、最为关注的学术事业,对他自己而言也是未竟的理想。无怪乎他会有对自己从政 30 余年"一无所成"而悲叹。无论如何,毕竟他终生忠于自己的选择,未竟理想是缺憾,只能"还诸天地"了。

[①] 朱家骅在 1925 年 33 岁即发胃病;1929 年 37 岁患上失眠症;1942 年胃疾复发,出血三日始止,依然在病榻上批阅公文。傅斯年致函问病时,即劝朱家骅要"作数月之绝对休息"。朱家骅复信坦言,因公务繁忙,对身体健康"向来太大意","以往原则,非继续不断作痛,即不愿休息"。自问病原所在"不在工作",而是"年来心绪太劳"。此外,他因戮力从公,忽略家庭,致与夫人程亦容离异。对此他曾感叹:"我从政以来,以公务羁身,责任心重,疏忽了家庭温暖,只怪自己。"言下黯然。《复傅斯年》(1942 年 4 月 8 日),朱家骅档案,函号:301 - 01 - 07 - 012;胡颂平编《朱家骅年谱》,第 15、25 页;杭立武:《敬悼朱骝先先生》、白瑜:《品克忠恕的朱骝先先生》,《朱家骅先生逝世纪念册》,第 325、407 页。

主要参考文献

档案

傅斯年档案，中研院历史语言研究所藏。

傅斯年图书馆整编史语所档案，中研院历史语言研究所藏。

国立中央研究院档案全宗，中国第二历史档案馆藏。

胡适档案，中研院近代史研究所胡适纪念馆藏。

"蒋中正总统"档案，"国史馆"藏。

教育部档案（国民政府），"国史馆"藏。

特种档案，国民党党史馆藏。

政治会议广州分会纪录，国民党党史馆藏。

中国国民党中央执行委员会常务委员会议录暨中央执行委员会常务委员及各部长联席会议会议录，国民党党史馆藏。

朱家骅档案，中研院近代史研究所档案馆藏。

朱家骅个人档案，"国史馆"藏。

中研院史料

《国立中央研究院学术汇刊》（1942～1944）。

《国立中央研究院院务月报》（1929～1931）。

《国立中央研究院章程》，国立中央研究院，1928。

《国立中央研究院现行法规章程》，国立中央研究院，1929。

《国立中央研究院组织法及筹备经过》，国立中央研究院，1929。

《国立中央研究院组织法、评议会条例、评议会规程》，国立中央研究院，1936。

《国立中央研究院现行法规章程》，国立中央研究院总办事处，1937。

《国立中央研究院重要法规章程》，国立中央研究院总办事处，1939。

国立中央研究院文书处编《国立中央研究院十七年度总报告》，国立中央研究院总办事处，1929。

国立中央研究院文书处编《国立中央研究院十八年度总报告》，国立中央研究院总办事处，1930。

国立中央研究院文书处编《国立中央研究院十九年度总报告》，国立中央研究院总办事处，1931。

国立中央研究院文书处编《国立中央研究院二十年度总报告》，国立中央研究院总办事处，1932。

国立中央研究院文书处编《国立中央研究院二十一年度总报告》，国立中央研究院总办事处，1933。

国立中央研究院文书处编《国立中央研究院二十二年度总报告》，国立中央研究院总办事处，1934。

国立中央研究院文书处编《国立中央研究院二十三年度总报告》，国立中央研究院总办事处，1935。

国立中央研究院文书处编《国立中央研究院二十四年度总报告》，国立中央研究院总办事处，1936。

国立中央研究院文书处编《国立中央研究院首届评议会第一次报告（评议会第一二次年会之开会报告及提案）》，国立中央研究院总办事处，1937。

国立中央研究院总办事处编《国立中央研究院评议会第二次报告书（内含本院首届评议会第三次年会记录及附件)》，国立中央研究院，1938。

国立中央研究院文书处编《国立中央研究院二十六年度到二十八年度总报告》，国立中央研究院，1939。

国立中央研究院编《国立中央研究院院士录第一辑》，国立中央研究院，1948。

国立中央研究院总办事处编《国立中央研究院概况：民国十七年六月~三十七年六月》，国立中央研究院，1948。

国立中央研究院总办事处编《国立中央研究院概况》，1930。

《国立中央研究院评议会报告》，国立中央研究院，1937。

中研究院院刊编辑委员会编《国立中央研究院院刊》第 1~3辑，中研院，1954~1956。

中研院编《中央研究院院务谈话会记录（附在台院务谈话会记录，1949 年 11 月 11 日~1951 年 12 月 8 日)》，1949~1972。

《中央研究院》，行政院新闻局丛刊 81，行政院新闻局，1947。

史料汇编

北京师范大学校史资料室编《碧血溅京华纪念三一八惨案六十周年》，北京师范大学出版社，1986。

北平中德学会：《北平中德学会工作年报》第 1 期，北平中德学会，1939。

陈鹏仁主编《中国国民党党务发展史料：非常委员会及总裁办公室资料汇编》，近代中国出版社，1999。

陈学恂、田正平编《中国近代教育史资料汇编·留学教育》，上海教育出版社，1991。

陈元晖主编《中国近代教育史资料汇编·戊戌时期教育》，上海教育出版社，1993。

陈元晖主编《中国近代教育史资料汇编·高等教育》，上海教育出版社，1993。

陈元晖主编《中国近代教育史资料汇编·教育行政机构及教育团体》，上海教育出版社，1993。

杜元载主编《抗战前之高等教育》，革命文献第 56 辑，中国国民党党史委员会，1971。

杜元载主编《抗战时期之学术》，革命文献第 59 辑，中国国民党党史委员会，1972。

房兆楹辑《清末民初洋学学生题名录初辑》，中研院近代史研究所，1962。

付道慧：《五卅运动》，复旦大学出版社，1985。

《国立北京大学廿周年纪念册》，北京大学，1918。

国立北京大学卅一周纪念宣传股编《北京大学卅一周年纪念刊》，1929。

国民参政会史料编辑委员会编《国民参政会史料》，1962。

"国史馆"编《革命开国文献》第一辑史料（三），"国史馆"，1996。

郭恒钰、罗梅君主编《德国外交档案：1928～1938 年之中德关系》，许琳菲、孙善豪译，中研院近代史研究所，1991。

黄季陆主编《抗战前教育与学术》，革命文献第 53 辑，中国国民党党史委员会，1971。

黄季陆主编《抗战前教育政策与改革》，革命文献第 54 辑，中国国民党党史委员会，1971。

黄季陆主编《抗战前教育概况与检讨》，革命文献第 55 辑，中国国民党党史委员会，1971。

江长仁编《三一八惨案资料汇编》，北京出版社，1985。

教育部教育年鉴编纂委员会编《第一次中国教育年鉴》，传记文学出版社，1971 年影印本。

教育部教育年鉴编纂委员会编《第二次中国教育年鉴》，文海出版社，1986 年影印本。

"教育部"教育年鉴编纂委员会编《第三次中国教育年鉴》,宗青图书出版公司,1991 年影印本。

李云汉主编《中国国民党临时全国代表大会史料专辑》,中国国民党中央委员会党史委员会,1991。

罗家伦等:《西北建设考察团报告》,"国史馆",1968。

罗玲和文:《一九三三至一九三九年间之德国外交政策》,杨丙辰译,中德学会,1942。

荣孟源主编《中国国民党历次代表大会及中央全会资料》,光明日报出版社,1985。

上海市档案馆编《五卅运动》,上海人民出版社,1991。

上海社会科学院历史研究所编《五卅运动史料》,上海人民出版社,1981。

舒新城编《中国近代教育史资料》,人民教育出版社,1961。

舒新城编《近代中国留学史》,上海文化出版社,1989 年影印本。

舒新城编《近代中国教育史料》,文海出版社,1979。

舒新城编《近代中国教育思想史》,上海书店,1993 年影印本。

孙敦恒、闻海选编《三一八运动资料》,人民出版社,1984。

万仁元、方庆秋主编《中华民国史史料长编》,南京大学出版社,1993。

王修身主编《中国共产党北京历史》,北京出版社,2001。

王焕琛:《留学教育:中国留学教育史料》,"国立编译馆",1980。

王学珍、郭建荣主编《北京大学史料》,北京大学出版社,2000。

王学珍等主编《北京大学纪事 1898~1997》,北京大学出版社,1998。

《五卅运动》,上海人民出版社,1976。

吴相湘、刘绍唐主编《国立中山大学现况》,传记文学出版社,

1971 年影印本。

吴相湘主编《驻德使馆档案钞》，台湾学生书局，1966。

萧继宗主编《中国国民党宣言集》，编者印行，1976。

阳明山会谈筹备处：《阳明山会谈第二次会议重要文件辑录》，1961。

易汉文主编《金声玉振：名人在中山大学演讲录》，中山大学出版社，2004。

徐棠：《辛亥革命敢死团缘起与沪军革命史略》，《中华民国开国五十年文献》第二编第三册，正中书局，1963。

中共北京市委党史研究室编《第一次国共合作在北京》，北京出版社，1989。

中国第二历史档案馆编《中国国民党中央执行委员会常务委员会会议记录》，广西师范大学出版社，2000。

中国第二历史档案馆编《中华民国史档案资料汇编》第五辑第一编教育（一），江苏古籍出版社，1994。

中国第二历史档案馆编《中华民国史档案资料汇编》第五辑第二编教育类，江苏古籍出版社，1997。

中国第二历史档案馆编《中华民国史档案资料汇编》第五辑第三编，江苏古籍出版社，2000。

中国第二历史档案馆编《中德外交密档 1927 年—1947 年》，广西师范大学出版社，1994。

中国第二历史档案馆编《五卅运动和省港罢工》，江苏古籍出版社，1985。

中国国民党中央改造委员会编《中国国民党第七次全国代表大会党务报告》，1952。

中国国民党中央委员会秘书处编《中国国民党第五届中央执行委员会常务委员会会议记录汇编》，时间不明。

中国国民党中央委员会秘书处编《中国国民党第六届中央执行委员会常务委员会会议记录汇编》，1954。

中国国民党中央委员会议秘书处编《中国民国党第七届中央委员会第二次全体会议记录》，时间不明。

中国国民党中央委员会议秘书处编《中国国民党第七届中央委员会第二次全体会议记录》，1953。

中国国民党中央委员会议秘书处编《中国国民党第七届中央委员会第三次全体会议记录》，1953。

中国国民党中央委员会议秘书处编《中国国民党第七届中央委员会第四次全体会议》，1954。

中国国民党中央委员会党史委员会编《中国国民党历届历次中全会重要决议案汇编》，1979。

中国国民党中央委员会党史委员会编《中华民国重要史料初编对日抗战时期》第七编，中华民国重要史料初编编辑委员会，1981。

中国国民党中央委员会党史委员会编《国防最高委员会核定案（财政专门委员会）161～180 次》，时间不明。

中国国民党中央委员会党史委员会编《国防最高委员会常务会议纪录》第 7、8 卷，近代中国出版社，1996 年影印本。

中山大学档案馆编《孙中山与中山大学》，中山大学出版社，1999。

中研院近代史研究所编《国民政府与韩国独立运动史料》，中研院近代史研究所，1988。

周琇环编《中英庚款史料汇编》，"国史馆"，1993。

朱家骅：《中国敢死团起辞》，《中华民国开国五十年文献》第二编第三册，正中书局，1963。

朱文原主编《蒋中正总统档案目录》，"国史馆"，1998。

其他史料

年谱

曹伯言、季维龙编《胡适年谱》，安徽教育出版社，1986。

陈天锡编《戴季陶（传贤）先生编年传记》，文海出版社，

1977。

　　高平叔：《蔡元培年谱长编》，人民教育出版社，1996～1998。

　　顾潮编《顾颉刚年谱》，中国社会科学出版社，1993。

　　韩一德、姚维斗编《李大钊生平纪年》，黑龙江人民出版社，1987。

　　胡颂平编《胡适之先生年谱长编初稿》，联经出版事业公司，1990。

　　胡颂平编《朱家骅年谱》，传记文学出版社，1969。

　　李学通：《翁文灏年谱》，山东教育出版社，2005。

　　刘维开编《罗家伦先生年谱》，中国国民党中央委员会党史委员会，1996。

　　马胜云、马兰编著《李四光年谱》，地质出版社，1999。

　　孙常炜编《蔡元培先生年谱传记》，"国史馆"，1985～1987。

　　孙德中遗稿、孙常炜增订《民国蔡孑民先生元培简要年谱》，台湾商务印书馆，1981。

　　王光远编《陈独秀年谱（1879～1942）》，重庆出版社，1987。

　　王仰之辑《丁文江年谱》，江苏教育出版社，1989。

　　赵新那、黄培云编《赵元任年谱》，商务印书馆，1998。

　　中国地质学会编《黄汲清年谱》，地质出版社，2004。

日记

《胡适日记全编》，曹伯言整理，安徽教育出版社，2001。

《梅贻琦日记（1941～1946）》，黄延复、王小宁整理，清华大学出版社，2001。

《王世杰日记》，中研院近代史研究所编印，2012。

书信

《蔡元培书信集》，高平叔、王世儒编注，浙江教育出版社，2000。

耿云志主编《胡适遗稿及秘藏书信》第19、25、29、36册，黄山书社，1994。

耿云志、欧阳哲生编《胡适书信集》，北京大学出版社，1996。

李卉、陈星灿编《传薪有斯人：李济、凌纯声、高去寻、夏鼐与张光直通信集》，三联书店，2005。

鲁迅：《两地书》，人民文学出版社，1973。

《鲁迅书信集》上卷，人民文学出版社，1976。

中国社会科学院近代史研究所中华民国史组编《胡适往来书信选》，中华书局，1979。

文存

蔡元培：《蔡孑民先生言行录》，广西师范大学出版社，2005。

陈天锡编《戴季陶先生文存》，"中央"文物供应社，1959。

陈天锡编《戴季陶先生文存续编》，1967。

陈天锡编《戴季陶先生文存三编》，1971。

陈天锡编订《戴季陶先生文存》第 2 卷，中国国民党中央委员会，1959。

高平叔编《蔡元培政治论著》，河北人民出版社，1985。

高平叔编《蔡元培论科学与技术》，河北人民出版社，1985。

高平叔编《蔡元培教育论著选》，人民教育出版社，1991。

桂勤编《蔡元培学术文化随笔》，中国青年出版社，1996。

洪晓斌编《丁文江学术文化随笔》，中国青年出版社，2000。

欧阳哲生主编《傅斯年全集》，湖南教育出版社，2003。

王聿均、孙斌合编《朱家骅先生言论集》，中研院近代史研究所，1977。

王韬：《漫游随录》，岳麓书社，1985。

张君劢等：《科学与人生观》，辽宁教育出版社，1998。

中国蔡元培研究会编《蔡元培全集》，浙江教育出版社，1997。

中国社会科学院近代史研究所中华民国史研究室等合编《孙中山全集》第 1、8～11 卷，中华书局，1981、1986。

竺可桢：《竺可桢全集》，人民出版社，1984。

传记、回忆录、访问纪录、忆述资料

蔡尚思：《蔡元培》，江苏古籍出版社，1982。

蔡元培：《蔡孑民先生言行录》，广西师范大学出版社，2005。

陈公博：《苦笑录》，东方出版社，2004。

陈天锡编《戴季陶先生编年传记》，文海出版社，1977。

陈布雷：《陈布雷回忆录》，传记文学出版社，1967。

陈平原、郑勇编《追忆蔡元培》，中国广播电视出版社，1997。

陈平原、夏晓虹编《北大旧事》，三联书店，1998。

陈群等：《李四光传》，人民出版社，1984。

崔志海：《蔡元培》，浙江人民出版社，1998。

戴光中：《书生本色：翁文灏传》，杭州出版社，2004。

邓家彦口述《邓家彦先生访问纪录》，郭廷以等访问，中研院近代史研究所，1990。

丁琴海：《丁文江》，河北教育出版社，2001。

董宝瑞等：《李大钊传》，天津古籍出版社，2005。

段万倜、曾问渠编《中国地质事业开拓者：李四光》，科学普及出版社，1989。

费侠莉：《丁文江：科学与中国新文化》，丁子霖等译，新星出版社，2006。

顾潮：《历劫终教志不灰——我的父亲顾颉刚》，华东师范大学出版社，1997。

郭建民：《章鸿钊》，河北教育出版社，2001。

郭廷以口述《郭廷以先生访问纪录》，张朋园、林泉访问，中研院近代史研究所，1987。

杭立武口述《杭立武先生访问纪录》，王萍访问、官曼莉纪录，中研院近代史研究所，1991。

胡适等：《丁文江这个人》，传记文学出版社，1979。

胡适：《丁文江的传记》，安徽教育出版社，1999。

胡适：《丁文江传》，海南出版社，2002。

胡颂平编著《胡适之先生晚年谈话录》，联经出版事业公司，1984。

黄汲清：《我的回忆：黄汲清回忆录摘编》，地质出版社，2004。

黄绍竑：《五十回忆》，岳麓书社，1999。

黄通口述《黄通先生访问纪录》，陆宝千访问，中研院近代史研究所，1992。

黄宗甄：《罗宗洛》，河北教育出版社，2001。

季羡林等：《旅德追忆：二十世纪几代中国留德学者回忆录》，商务印书馆，2000。

蒋复璁口述《蒋复璁口述回忆录》，黄克武编撰，中研院近代史研究所，2000。

蒋廷黻英文口述《蒋廷黻回忆录》，谢锺琏译，传记文学出版社，1984。

焦润明：《傅斯年传》，人民出版社，2002。

劳干：《记朱家骅先生》，《传记精华》第 4 集，中外杂志出版社，1973。

雷颐编校《中国现代学术经典：傅斯年卷》，河北教育出版社，1996。

《李大钊传》，人民出版社，1980。

李光谟：《从清华园到史语所：李济治学生涯琐记》，清华大学出版社，2004。

李璜：《学钝室回忆录》，传记文学出版社，1973。

李济：《感旧录》，传记文学出版社，1967。

李书华：《碣庐集》，传记文学出版社，1967。

李学通：《书生从政——翁文灏》，兰州大学出版社，1996。

黎洁华、虞苇：《戴季陶传》，广东人民出版社，2003。

梁东元编《倾听大师们的声音》，湖北人民出版社，2007。

聊城师范学院历史系等编《傅斯年》，山东人民出版社，1991。

凌鸿勋口述《凌鸿勋先生访问纪录》，沈云龙访问，中研院近代史研究所，1997。

刘克选、周明东：《叶企孙传》，浙江文艺出版社，2000。

刘俐娜：《顾颉刚自述》，河南人民出版社，2005。

罗敦伟：《五十年回忆录》，中国文化供应社，1952。

《罗志希先生传记暨著述资料》，中华民国史料研究中心，1976。

马超俊口述《马超俊先生访问纪录》，郭廷以、王聿均访问，中研院近代史研究所，1992。

马夷初：《我在六十岁以前》，沈云龙主编《近代中国史料丛刊续编》第 953 册，文海出版社，1983。

毛子水：《师友记》，传记文学出版社，1978。

平津国立院校教职员联合会：《驳朱家骅部长整顿大学教育意见书》，1931。

钱伟长主编《一代师表叶企孙》，上海科学技术出版社，1995。

阮维周口述《阮维周先生访问纪录》，杨翠华访问，中研院近代史研究所，1992。

阮毅成：《八十忆述》，联经出版事业公司，1984。

桑兵等编《戴季陶辛亥文集》，香港中文大学出版社，1991。

沈云龙主编《朱家骅先生纪念册》，文海出版社，1986。

石璋如口述《石璋如先生访问纪录》，陈存恭等访问，中研院近代研究所，2002。

陶希圣：《八十自序》，中国大陆问题研究中心，出版时间不详。

陶希圣口述《陶希圣先生访问纪录》，陈存恭等访问，"国防部"史政编译局，1994。

王为松编《傅斯年印象》，学林出版社，1997。

翁文灏：《回顾往事》，《文史资料选辑》第 80 辑，1982。

吴大猷：《回忆》，中国友谊出版社，1984。

谢世俊：《竺可桢传》，重庆出版社，1993。

许德珩：《许德珩回忆录：为了民主与科学》，中国青年出版社，2001。

许进主编《百年风云许德珩》，北京出版社，2003。

杨仲揆：《中国现代化先驱：朱家骅传》，近代中国杂志社，1984。

杨钟健：《杨钟健回忆录》，地质出版社，1983。

易汉文主编《中山大学专家小传》，中山大学出版社，2004。

于建坤：《李四光》，河北教育出版社，2001。

俞建章：《回忆李四光老先生》，《李四光纪念文集》，地质出版社，1981。

岳玉玺：《傅斯年：大气磅礴的一代学人》，天津人民出版社，1994。

岳玉玺等编选《傅斯年选集》，天津人民出版社，1996。

赵正楷：《徐永昌传》，山西文献社，1989。

张彬：《倡言求是 培育英才——浙江大学校长竺可桢》，山东教育出版社，2004。

张奠宙、王善平：《陈省身传》，南开大学出版社，2004。

张希哲口述《张希哲先生访问纪录》，张存武访问，中研院近代史研究所，2000。

郑彦棻：《往事忆述》，传记文学出版社，1985。

"中央大学"编《中大八十年》，"中央大学"，1995。

周天度：《蔡元培传》，人民出版社，1984。

《竺可桢传》，科学出版社，1990。

朱传誉主编《丁文江传记资料》，天一出版社，1979～1981。

朱传誉主编《朱骝先传记资料》，天一出版社，1979、1985。

朱家骅先生治丧委员会编《朱家骅先生逝世纪念册》，大陆杂志社，1963。

朱家骅等：《纪念丁文渊先生》，出版时间不详。

朱家骅等：《戴季陶先生逝世十周年纪念特刊》，1959

朱志敏：《李大钊传》，山东人民出版社，1998。

邹鲁：《回顾录》，岳麓书社，2000。

报刊

北京大学日刊（1917～1926）

晨报（1918、1924～1926）

东方杂志（1924～1926）

国立中山大学日报（1927～1931）

京报（1924～1926）

科学（1917）

联合报（1951～2004）

民国日报（1924～1926）

民立报（1910）

人民日报（1947～1989）

申报（1910、1924～1926）

世界日报（1926～1949）

益世报（1924～1926）

中央日报（1928～1949）

中央通讯社（1939～2004）

工具书

包华德主编《中华民国史资料丛稿译稿：民国名人传记辞典》第4分册，沈自敏译，中华书局，1983。

陈旭麓、李华兴主编《中华民国史辞典》，上海人民出版社，1991。

丁致聘编纂《中国近七十年来教育记事》，"国立编译馆"，1970。

"国史馆"征校处时政科编《中华民国行宪政府职名录》，"国史馆"，1988。

"国史馆"编《国史拟传》，"国史馆"，1988~1996。

郭廷以编《中华民国史事日志》，中研院近代史研究所，1979~1985。

郭廷以编《近代中国史事日志》，中研院近代史研究所，1963。

李盛平主编《中国近现代人名大辞典》，中国国际广播出版社，1989。

刘寿林等编《民国职官年表》，中华书局，1995。

刘维开编《中国国民党职名录》，中国国民党中央委员会党史委员会，1994。

马齐彬等编《中国国民党历史事件·人物·资料辑录》，解放军出版社，1988。

秦孝仪主编《中国现代史辞典·人物部分》，近代中国出版社，1985。

《孙中山词典》，广东人民出版社，1994。

汪新、刘红：《南京国民政府军政要员录》，春秋出版社，1988。

文史资料研究委员会编《浙江百年大事记》，浙江人民出版社，1985。

许师慎编《国民政府建制职名录》，"国史馆"，1984。

徐友春主编《民国人物大辞典》，河北人民出版社，1991。

张朋园、沈怀玉编《国民政府职官年表》第1卷，中研院近代史研究所，1987。

张宪文等主编《中华民国史大辞典》，江苏古籍出版社，2001。

赵铭忠、李祚明主编《中国第二历史档案馆指南》，中国档案出版社，1994。

中国社会科学院近代史研究所中华民国史研究室编《人物传记》，中华书局，1988。

《中华留学名人辞典》，东北师范大学出版社，1992。

《中华民国现代名人录》，中国名人传记中心，1991。

中华民国人事录编纂委员会编《中华民国人事录》，中国科学公司，1953。

《中华民国史事纪要（初稿）纲文备览》第 1 册（民国前十八年至民国前一年），"国史馆"，1990。

《中华民国史事纪要（初稿）纲文备览》第 2 册（民国六年至民国十年），"国史馆"，1991。

中央教育科学研究所编《中国现代教育大事记（1919——1949）》，教育科学出版社，1988。

著作

阿特巴赫：《比较高等教育》，符娟明、陈树清译，文化教育出版社，1985。

安宇、周棉主编《留学生与中外文化交流》，南京大学出版社，2000。

巴里·巴恩斯：《科学知识与社会学理论》，鲁旭东译，东方出版社，2001。

本杰明·史华兹：《寻求富强：严复与西方》，叶凤美译，江苏人民出版社，1996。

彼得·贝格拉：《威廉·冯·洪堡传》，袁杰译，商务印书馆，1994。

布朗：《群体过程》，胡鑫、庆小飞译，中国轻工业出版社，2007。

布占祥、马亮宽主编《傅斯年与中国文化："傅斯年与中国文化"国际学术研讨会论文集》，天津古籍出版社，2006。

蔡建国：《蔡元培与近代中国》，上海社会科学院出版社，1997。

蔡建国编《蔡元培先生纪念集》，中华书局，1984。

蔡元培研究会编《论蔡元培：纪念蔡元培诞辰 120 周年学术讨论会文集》，旅游教育出版社，1989。

陈敦源：《民主与官僚：新制度论的观点》，韦伯文化事业出版社，2002 年影印本。

陈洪捷：《德国古典大学观及其对中国大学的影响》，北京大学出版社，2002。

陈进金：《抗战前教育政策之研究（民国 17～26 年）》，近代中国出版社，1997。

陈廉：《第一次国共合作史》，北京图书馆出版社，1998。

陈明远：《文化人与钱》，百花文艺出版社，2001。

陈能治：《战前十年中国的大学教育（1927～1937）》，台湾商务印书馆，1990。

陈启天：《最近三十年中国教育史》，文星书店，1962。

陈平原等编《晚明与晚清：历史传承与文化创新》，湖北教育出版社，2002。

陈平原：《中国现代学术之建立——以章太炎、胡适之为中心》，北京大学出版社，1998。

陈平原：《北大精神及其它》，上海文艺出版社，2000。

陈平原：《在东西方文化碰撞中》，浙江文艺出版社，1987。

陈万雄：《五四新文化的源流》，三联书店，1997。

陈学徇、田正平编《留学教育》，上海教育出版社，1991。

陈学恂、田正平主编《中国教育史研究·近代分卷》，华东师范大学出版社，2001。

陈学恂、高奇主编《中国教育史研究·现代分卷》，华东师范大学出版社，1994。

陈以爱：《中国现代学术研究机构的兴起：以北大研究所国学门为中心的探讨》，江西教育出版社，2002。

陈远编《斯人不在》，广西师范大学出版社，2006。

岱峻：《发现李庄》，四川文艺出版社，2004。

迪金森：《近代地理学创建人》，葛以德译，商务印书馆，1980。

丁钢、刘琪：《书院与中国文化》，上海教育出版社，1992。

丁石孙等:《蔡元培研究集:纪念蔡元培先生诞辰130周年国际学术讨论会文集》,北京大学出版社,1999。

丁守和:《民主科学在中国的命运》,中华书局,1994。

丁晓禾主编《中国百年留学全纪录》,珠海出版社,1998。

董宝良、周洪宇主编《中国近现代教育思潮与流派》,人民教育出版社,1997。

董光璧:《中国近现代科学技术史论纲》,湖南教育出版社,1992。

董光璧:《传统与后现代——科学与中国文化》,山东教育出版社,1996。

董光璧主编《中国近现代科学技术史》,湖南教育出版社,1997。

董守义:《跨出国门:清末出国潮》,辽宁人民出版社,1997。

杜继东:《中德关系史话》,王忍之主编《百年中国史话》第3辑,社会科学文献出版社,2000。

杜科罕:《德国的精神》,琪桐译,中德学会,1943。

杜美:《德国文化史》,北京大学出版社,2000。

杜维明:《道、学、政:论儒家知识分子》,上海人民出版社,2000。

杜佐周等:《近百年来之中国教育》,龙门书店,1975。

段宏俊编《留学生与留学问题》,云天出版社,1970。

段云章、马庆忠编《孙中山词典》,广东人民出版社,1994。

段治文:《中国现代科学文化的兴起1919~1936》,上海人民出版社,2001。

范·弗拉森:《科学的形象》,郑祥福译,上海译文出版社,2002。

范小方等:《国民党理论家戴季陶》,河南人民出版社,1992。

范岱年主编《科学传统与文化——中国近代科学落后的原因》,陕西科学技术出版社,1983。

樊洪业主编《中国科学院编年史（1949～1999）》，上海科技教育出版社，1999。

方可编《蒋介石和他的高级幕僚》，河南人民出版社，2000。

方东美：《科学哲学与人生》，黎明文化事业公司，1978。

费正清、费维恺编《剑桥中华民国史》，刘敬坤等译，中国社会科学出版社，1994。

弗·兹纳涅茨基：《知识人的社会角色》，郏斌祥译，译林出版社，2000。

耿云志、闻黎明编《现代学术上的胡适》，三联书店，1993。

耿云志主编《胡适研究丛刊》第3辑，中国青年出版社，1998。

耿云志等：《西方民主在近代中国》，中国青年出版社，2003。

顾长声：《传教士与近代中国》，上海人民出版社，1981。

顾昕：《中国启蒙的历史图景：五四反思与当代中国的意识形态之争》，牛津大学出版社香港有限公司，1992。

郭恒钰：《共产国际与中国革命：第一次国共合作》，李逸六译，东大图书公司，1991。

郭少棠：《权力与自由：德国现代化新论》，华东师范大学出版社，2001。

郭廷以：《近代中国的变局》，联经出版事业公司，1987。

郭廷以：《近代中国史纲》，香港中文大学出版社，1980。

郭绪印主编《国民党派系斗争史》，上海人民出版社，1992。

郭颖颐：《中国现代思想中的唯科学主义》，雷颐译，江苏人民出版社，1995。

郭湛波：《近五十年中国思想史》，山东人民出版社，1997。

《国立中山大学成立五十周年特刊》，"国立中山大学"台湾校友会编印，1974。

《国立中山大学成立五十五周年特刊》，"国立中山大学"校友会，1979。

《国立中山大学的回顾与展望》，"国立中山大学"校友会，

1986。

汉金斯：《科学与启蒙运动》，任定成、张爱珍译，复旦大学出版社，2000。

汉斯格特·派泽特：《联邦德国的高等教育：结构与发展》，陈洪捷、马清华译，北京大学出版社，1993。

贺国庆：《德国和美国大学发达史》，人民教育出版社，1998。

贺麟：《文化与人生》，商务印书馆，1988。

洪万生：《从李约瑟出发——数学史、科学史文集》，九章出版社，1985。

怀特：《俾斯麦》，曹京实译，中德学会，1944。

黄福庆：《近代中国高等教育研究——国立中山大学（1924～1937）》，中研院近代史研究所，1988。

黄汲清、何绍勋主编《中国现代地质学家传》，湖南科学技术出版社，1990。

黄菊艳主编《近代广东教育与岭南大学》，商务印书馆，1995。

黄敏兰：《学术救国——知识分子历史观与中国政治》，河南人民出版社，1995。

黄仕忠编《老中大的故事》，江苏文艺出版社，1998。

黄新宪：《中国留学教育的历史反思》，四川教育出版社，1991。

黄小勇：《现代化进程中的官僚制：韦伯官僚制理论研究》，黑龙江人民出版社，2003。

黄修荣：《国共关系史》，广东教育出版社，2002。

黄延复主编《梅贻琦先生纪念集》，吉林文史出版社，1995。

黄义祥编《中山大学史稿1924～1949》，中山大学出版社，1999。

蒋梦麟：《西潮·新潮》，岳麓书社，2000。

焦润明：《傅斯年传》，人民出版社，2002。

杰罗姆·格里德尔：《知识分子与现代中国》，单正平译，南开大学出版社，2002。

金林祥：《蔡元培教育思想研究》，辽宁教育出版社，1994。

金耀基：《从传统到现代》，时报文化出版企业有限公司，1990。

金耀基：《中国现代化与知识分子》，时报文化出版企业有限公司，1991。

鞠曦：《中国之科学精神》，四川人民出版社，2000。

柯伟林：《德国与中华民国》，陈谦平等译，江苏人民出版社，2006。

来新夏等《北洋军阀史》，南开大学出版社，2000。

李方桂：《李方桂先生口述史》，王启龙、邓小咏译，清华大学出版社，2003。

李建德辑《中国矿业调查记》，文海出版社，1987。

李泉：《傅斯年学术思想评传》，北京图书馆出版社，2000。

李世涛主编《知识分子立场——民族主义与转型期中国的命运》，时代文艺出版社，2000。

李四光研究会筹备组地质学会地质力学专业委员会编《李四光纪念文集》，地质出版社，1981。

李喜所：《近代中国的留学生》，人民出版社，1987。

李喜所：《近代留学生与中外文化》，南开大学出版社，2005。

李喜所：《中国留学史论稿》，中华书局，2007。

李学通：《幻灭的梦：翁文灏与中国早期工业化》，天津古籍出版社，2005。

李扬编著《国立中央研究院史》，图书情报工作杂志社，1998。

李云汉主编《中国国民党党史论文选集》，近代中国出版社，1994。

李杨：《两种智慧——科学与中国政治》，吉林教育出版社，1989。

李泽厚：《中国现代思想史论》，东方出版社，1987。

利斯纳：《法德英美教育与建国》，崔载阳译，民智书局，1930。

黎难秋主编《中国科学翻译史料》，中国科学技术大学出版社，

1996。

梁山等：《中山大学校史（1924～1949）》，上海教育出版社，1983。

梁柱：《蔡元培与北京大学》，北京大学出版社，1996。

廖风德：《学潮与战后中国政治（1945～1949）》，东大图书公司，1994。

林家有：《政治·教育·社会——近代中国社会变迁的历史考察》，天津古籍出版社，2004。

林毓生：《中国传统的创造性转化》，三联书店，1988。

林毓生：《政治秩序与多元社会》，联经出版事业公司，1990。

林毓生：《中国意识的危机》，穆善培译，贵州人民出版社，1986。

林子勋：《中国留学教育史（一八四七至一九七五年）》，华冈出版有限公司，1976。

刘纯、王扬宗编《中国科学与科学革命——李约瑟难题及其相关问题研究论著选》，辽宁教育出版社，2002。

刘华杰主编《“无用”的科学》，福建教育出版社，2002。

刘健清等：《蒋介石和胡适》，吉林文史出版社，1995。

刘敬忠、田伯伏：《国民军史纲》，人民出版社，2004。

刘军宁主编《北大的传统与近代中国》，中国人事出版社，1998。

刘青峰编《胡适与现代中国文化转型》，香港中文大学出版社，1994。

刘明：《学术评价制度批判》，长江文艺出版社，2006。

刘述先主编《儒家思想与现代世界》，中研院中国文哲研究所，1997。

刘志强、张学继：《留学史话》，社会科学文献出版社，2000。

留学生丛书编委会编《中国留学史萃》，中国友谊出版公司，1992。

路甬祥等：《科学之旅》，辽宁教育出版社，2001。

罗荣渠、牛大勇编《中国现代化历程的探索》，北京大学出版社，1992。

罗永明主编《我们的中大》，中山大学出版社，2001。

罗志希：《科学与玄学》，商务印书馆，1999。

吕乃基：《科学文化与中国现代化》，安徽教育出版社，1993。

吕芳上：《革命之再起——中国国民党改组前对新思潮的响应》，中研院近代史研究所，1989。

吕芳上：《从学生运动到运动学生：民国八年至十八年》，中研院近代史研究所，1994。

马亮宽：《傅斯年教育思想研究》，辽宁教育出版社，1997。

马振犊、戚如高：《蒋介石与希特勒——民国时期的中德关系》，东大书局，1998。

迈克尔·马尔凯：《科学与知识社会学》，林聚任等译，东方出版社，2001。

冒荣：《科学的传火者——中国科学社述评》，南京大学出版社，2002。

那志良：《故宫博物院三十年之经过》，中华丛书委员会，1957。

那志良：《典守故宫国宝七十年》，紫禁城出版社，2004。

潘吉星主编《李约瑟集》，天津人民出版社，1998。

普赖斯：《巴比伦以来的科学》，任元彪译，河北科学技术出版社，2002。

钱曼倩、金林祥主编《中国近代学制比较研究》，广东教育出版社，1996。

曲士培：《中国大学教育发展史》，山西教育出版社，1993。

任定成：《在科学与社会之间——1915～1949年中国思想潮流的一种考察》，武汉出版社，1997。

任鸿隽：《科学救国之梦——任鸿隽文存》，樊洪业、张久春选编，上海科技教育出版社、上海科学技术出版社，2002。

塞缪尔·杭廷顿：《军人与国家：文武关系的理论与政治》，洪陆训等译，时英出版社，2006。

塞缪尔·亨廷顿：《第三波——20 世纪后期民主化浪潮》，刘军宁译，上海三联书店，1998。

赛义德：《知识分子论》，单德兴译，三联书店，2002。

桑巴特：《德意志社会主义》，杨树人译，华东师范大学出版社，2007。

桑兵：《晚清学堂学生与社会变迁》，学林出版社，1995。

桑兵：《清末新知识界的社团与活动》，三联书店，1995。

桑兵：《孙中山的活动与思想》，中山大学出版社，2001。

商务印书馆编《最近三十五年之中国教育》，上海书店，1990 年影印本。

沈云龙：《民国史事与人物论丛》，传记文学出版社，1981。

石兴泽：《学林风景：傅斯年与他同时代的人》，河南人民出版社，2005。

舒新城编《近代中国教育思想史》，上海中华书局，1928。

司徒尚纪主编《地理学在中山大学 70 年（1929～1999）》，中山大学出版社，1999。

苏云峰：《从清华学堂到清华大学（1911～1929）》，三联书店，2001，

孙邦正编《六十年来的中国教育》，"国立编译馆"，1971。

孙荣圭、崔广振：《中国地质事业早期史》，北京大学出版社，1990。

唐文权、桑兵编《戴季陶集（1909～1920）》，华中师范大学出版社，1990。

汤一介编《论传统与反传统》，联经出版事业公司，1989。

汤学智、杨匡汉：《台港暨海外学界论中国知识分子》，河南人民出版社，1994。

陶菊隐：《北洋军阀统治时期史话》，三联书店，1957～1959。

滕大春主编《外国教育通史》，山东教育出版社，1990。

田正平：《留学生与中国教育近代化》，广东教育出版社，1996。

同济大学党委宣传部编《同济大学》，浙江大学出版社，2001。

托马斯·库恩：《必要的张力：科学的传统和变革论文选》，纪树立等译，福建人民出版社，1981。

王炳照、阎国华主编《中国教育思想通史》第五、六卷，湖南教育出版社，1994。

王大珩、于光远主编《论科学精神》，中央编译出版社，2001。

王东杰：《国家与学术的地方互动——四川大学国立化近程（1925～1939）》，三联书店，2005。

王汎森、杜正胜编《傅斯年文物资料选辑》下册，傅斯年先生百龄纪念筹备会，1995。

王汎森：《中国近代思想与学术的谱系》，河北教育出版社，2001。

王凤鸣：《中国教育史》，正中书局，1974。

王良卿：《三民主义青年团与中国国民党关系研究（一九三八～一九四九）》，近代中国出版社，1998。

王奇生：《中国留学生的历史轨迹：1872～1949》，湖北教育出版社，1992。

王奇生：《留学与救国——抗战时期海外学人群像》，广西师范大学，1995。

王守中：《德国侵略山东史》，人民出版社，1988。

王天一等编《外国教育史》，北京师范大学出版社，1995。

王维礼主编《蒋介石的文臣武将》，河南人民出版社，1989。

王星拱：《科学方法论》，水牛出版社，1988。

王聿均、万绍章：《朱家骅先生之事功与思想论集》，中华民国联合国同志会，1992。

王贞丽：《清末民初中德外交关系探讨》，尚志图书社，1989。

王直华主编《百年科学话题》，福建教育出版社，2002。

汪一驹：《中国知识分子与西方》，梅寅生译，久大文化，1991。

魏源：《海国图志》，陈华等点校注释，岳麓书社，1998。

维拉·施瓦支：《中国的启蒙运动——知识分子与五四遗产》，李国英等译，山西人民出版社，1989。

翁智远主编《同济大学史》第1卷，同济大学出版社，1987。

吴大猷：《科学与科学发展》，远流出版公司，1986。

吴定宇主编《走近中大》，四川人民出版社，2000。

吴景平：《从胶澳被占到柯尔访华——中德关系 1861～1992》，福建人民出版社，1993。

席泽宗：《科学史十论》，复旦大学出版社，2003。

肖裕声：《李大钊的军事活动》，军事科学出版社，1988。

萧公权：《中国政治思想史》，联经出版事业公司，1982。

萧超然等：《北京大学校史 1898～1949》，上海教育出版社，1981。

邢兆良：《中国传统科学思想研究》，江西人民出版社，2001。

熊月之：《西学东渐与晚清社会》，上海人民出版社1994。

许纪霖：《中国知识分子十论》，复旦大学出版社，2003。

许纪霖：《智者的尊严——知识分子与近代文化》，学林出版社，1991。

许美德：《中国大学 1895～1995：一个文化冲突的世纪》，许洁英译，教育科学出版社，2000。

薛毅：《国民政府资源委员会研究》，社会科学文献出版社，2005。

严如平主编《蒋介石与结拜兄弟》，团结出版社，2002。

杨翠华、黄一农主编《近代中国科技史论集》，中研院近代史研究所，1991。

杨东援主编《同济大学志 1907～2000》，同济大学出版社，2002。

杨焕勤、张蕴华：《柏林洪堡大学》，湖南教育出版社，1986。

杨奎松：《失去的机会？——抗战前后国共谈判实录》，广西师范大学出版社，1992。

叶闯：《科学主意批判与技术社会批判》，淑馨出版社，1996。

叶隽：《近代学术视野中的留德学人》，同济大学出版社，2004。

叶良辅：《地质学小史》，商务印书馆，1955 年影印本。

于语和、庚良辰编《近代中西文化交流史论》，山西教育出版社，1997。

余文堂：《中德早期贸易关系》，稻禾出版社，1995。

余英时：《中国文化与现代变迁》，三民书局，1992。

余英时：《中国思想传统的现代诠释》，江苏人民出版社，1995。

余英时：《中国知识分子论》，河南人民出版社，1997。

余英时：《士与中国文化》，上海人民出版社，2003。

余英时等：《中国历史转型时期的知识分子》，联经出版事业公司，2002。

虞昊、黄延复：《中国科技的基石叶企孙和科学大师们》，复旦大学出版社，2000。

喻德渊：《中国地质学》，地质出版社，1959。

约瑟夫·本一戴维：《科学家在社会中的角色》，赵佳苓译，四川人民出版社，1988。

岳南：《李庄往事》，浙江人民出版社，2005。

张彬：《从浙江看中国教育近代化》，广东教育出版社，1996。

张枬、王忍之编《辛亥革命前十年间时论选集》第 1、2 卷，三联书店，1963。

张德胜：《思入风云——现代中国的思想发展与社会变迁》，巨流图书公司，1997。

张殿兴、荆名取编撰《五四风云人物文萃·蔡元培》，人民日报出版社，2005。

张晓唯：《蔡元培评传》，百花洲文艺出版社，1993。

张晓唯：《蔡元培与胡适（1917~1937）——中国文化人与自由

主义》，中国人民大学出版社，2003。

章伯锋、李宗一主编《北洋军阀（1912～1928）》第 1 卷，武汉出版社，1990。

章鸿钊：《中国地质学发展小史》，商务印书馆，1955 年影印本。

章开沅等主编《中国近代史上的官绅商学》，湖北人民出版社，2000。

赵振玫主编《中德关系史文丛》，中国建设出版社，1987。

曾庆榴：《广州国民政府》，广东人民出版社，1996。

郑大华：《民国思想史论》，社会科学文献出版社，2006。

郑海麟：《知识分子与中国现代化运动》，湖南人民出版社，1990。

郑祥福、洪伟：《科学的精神》，三联书店，2001。

中德学会编《德国留学指导书》，中德学会，1937。

中德学会编《中德学会概况》，中德学会，1939。

中国社会科学院科研局、《中国社会科学》杂志社编《五四运动与中国文化建设》，社会科学文献出版社，1989。

中国社会科学院历史研究所、中山大学历史系合编《纪念顾颉刚先生诞辰 110 周年论文集》，中华书局，2004。

中国新闻出版公司编《中华民国大学志》，中国新闻出版公司，1953。

中山大学人类学系编《梁钊韬与人类学》，中山大学出版社，1991。

中山大学中文系编《鲁迅在广州》，广东人民出版社，1976。

中山大学中文系函授办公室编《纪念鲁迅来广州五十周年专辑函授通讯》，中山大学中文系函授办公室，1977。

《中央研究院成立五十周年纪念论文集》，中研院，1978。

中研院近代史研究所编《六十年来的中国近代史研究》上册，中研院近代史研究所，1996。

中研院总办事处秘书组编《中央研究院院史初稿》，中研院，1988。

钟叔河：《走向世界：近代中国知识分子考察西方历史》，中华书局，2000。

周策纵：《胡适与近代中国》，时报文化出版企业有限公司，1991。

周昌忠：《西方科学的文化精神》，上海人民出版社，1995。

周棉主编《留学生与中国的社会发展》，中国矿业大学出版社，1997。

周阳山主编《五四与中国》，时报文化出版企业有限公司，1990。

朱汉国：《南京国民政府纪实》，安徽人民出版社，1993。

朱家骅：《世界文化的前途》，云天出版社，1970。

朱家骅讲述《法律教育》，法律教育委员会，1948。

朱有瓛主编《中国近代学制史料》第 2 辑上册，华东师范大学出版社，1992。

庄俞、贺圣鼐编《最近三十五年之中国教育》，商务印书馆，1931。

邹容：《革命军》，冯小琴评注，华夏出版社，2002。

A. N. Whitehead, *Science and the Modern World*. New York: Free Press, 1967.

Arthur Wright, ed., *Studies in Chinese Thought*. Chicago: Chicago University Press, 1953.

Benjamin Schwartz, *China and Other Matters*. Cambridge: Harvard University Press, 1996.

Bertrand Russell, *The Impact of Science on Society*. London: Routledge, 1994.

C. P. Snow, *The Two Cultures*. London: Cambridge University Press, 1993.

Charlotte Furth, *Ting Wen-chiang : Science and China's New Culture.* Cambridge: Harvard University Press, 1970.

D. W. Y. Kwok, *Scientism in Chinese Thought 1900 – 1950.* New York: Biblo and Tannen, 1971.

David S. G. Goodman, *China and the West: Ideas and Activist.* New York: Manchester University Press, 1990.

Derk Bodde, *Chinese Thought, Society, and Science.* Honolulu: University of Hawaii Press, 1991.

Edwin E. Moise, *Modern China, A History.* New York: Longman Group Limited, 1994.

Fansen Wang, *Fu Ssu-nien: A life in Chinese History and Politics.* Cambridge: Cambridge University Press, 2000.

Hao Chang, *Chinese Intellectuals in Crisis: Search for Order and Meaning, 1891 – 1911.* Berkeley CA: Southen Materials Center, 1987.

Herbert Butterfield, *The Origin of Modern Science 1300 – 1800.* New York: Free Press, 1965.

Hon Yaw Tong, *Boxer Iindemnity Remissions and Education in China.* New York: Columbia University Press, 1933.

I. B. Cohen, *Revolution in Science.* Cambridge: Harvard University Press, 1985.

Immanuel G. Y. Hsu, *The Rise of Modern China.* Oxford: Oxford University Press, 1978.

Jiahua Zhu, *China's Postal and other Communications Services.* Shanghai: China United Press, 1937.

John King Fairbank, *Chinese Thought and Institutions.* UMI Press, 1995.

John King Fairbank, *The Great Chinese Revolution 1800 – 1985.* New York: Harper & Row, 1987.

Joseph Needham, *Science and Civilisation in China.* London:

Cambridge University Press, 1954.

L. Wittgenstein, *Tractatus Logico-Philosophicus*. London: Routledge & Kegan Paul, 1961.

Lorne Eugene Glaim, *Sino-German Relations, 1919 – 25*: *German Diplomatic, Economic, and Cultural Reentry into China after World War I* . Washington: Washington State University, 1973.

Michael Gasster, *Chinese Intellectuals and the Rrevolution of 1911*: *the Birth of Modern Chinese Radicalism.* Washington: The University of Washington Press, 1969.

Oswald Spengler, *The Decline of the West.* New York: Oxford University Press, 1991.

S. A. M. Adshead, *China in World History.* New Zealand: University of Canterbury, 1995.

Shiwei Chen, Government and Academy in Repubican China: History of Academia Sinica, 1929 – 1949. Ph. D thesis, Harvard University, 1998.

Thomas Kuhn, *The Structure of Scientific Revolutions.* Chicago: Chicago University Press, 1970.

Thomas Kuhn, *The Essential Tension.* Chicago: Chicago University Press, 1977.

Tom Sorell, *Scientism.* London: Routledge, 1991.

Tse-tsung Chow, *The May Fourth Movement*: *Intellectual Revolution in Modern China.* Stanford: Stanford University Press, 1967.

W. Mabbett, *Modern China*: *the Mirage of Modernity.* Sydney: Croom Helm Australia Pty Ltd, 1985.

Weiming Tu, ed. , *The Confucian World Observed.* Honolulu: University of Hawaii Press, 1992.

Wen-Hsin Yeh, *The Alienated Academy* : *Culture and Politics in Republican China, 1919 – 1937.* Cambridge: Council on East Asian Studies

Harvard University, 1990.

William C. Kirby, *Germany and Republican China*. Stanford: Stanford University Press, 1984.

Yi-rong Young, *Chinese Intellectuals' Sense of Mission and their Attitude toward Foreign Study*. University Microfilms Internation, 1986.

Yu-Sheng Lin, *The Crisis of Chinese Consciousness*. Madison: University of Wisconsin Press, 1976.

学位论文

安大玉:《五四时期中国的科学主义》,硕士学位论文,政治大学,1998。

陈晓慧:《由上而下的革命:中国国民党改造之研究(1950~1952)》,博士学位论文,政治大学,2000。

陈以爱:《中国现代学术研究机构的兴起——以北京大学研究所国学门为中新的探讨(1922~1927)》,博士学位论文,政治大学,1999。

靳军:《德国博士生培养模式研究》,硕士学位论文,北京大学,2000。

赖志伟:《书生从政:朱家骅在国民政府的政治活动(1927~1949)》,硕士学位论文,台湾大学,2004。

李磊:《中国地质科学体制化与留学生》,硕士学位论文,北京大学,2004。

李绪武:《清末留学教育之研究》,硕士学位论文,政治大学,1967。

林绮慧:《学者办党:朱家骅与中国国民党》,硕士学位论文,台湾师范大学,2004。

林永昌:《清末民初中国学生留学德国之研究(1876~1917)》,硕士学位论文,中兴大学,1999。

刘国权:《蒋梦麟"教育救国"思想研究》,硕士学位论文,北京大学,1993。

万丽鹃：《一九五〇年代的中国第三势力运动》，博士学位论文，政治大学，2001。

王良卿：《动荡中的改革：中国国民党从"革新"走向"改造"（1945～1950）》，博士学位论文，政治大学，2003。

吴爱华：《从知识体系到课程体系——英法德美四国大学近代科学教育的比较》，硕士学位论文，北京大学，1998。

萧胜文：《罗家伦与中央大学发展之研究（1932～1941）》，硕士学位论文，台湾师范大学，1999。

徐保达：《王世杰与民国政治》，硕士学位论文，政治大学，2001。

叶隽：《中国现代留德学人及其对德国文化的接受》，博士学位论文，北京大学，2003。

周琇环：《中英庚款的退还与运用》，硕士学位论文，台湾师范大学，1998。

朱孔京：《中国近代早期官派留美、留欧教育的比较》，硕士学位论文，北京大学，2001。

期刊论文

白瑜：《怀念从政学人朱家骅与王世杰》，《传记文学》1982年第1期。

白至德：《追寻父亲白寿彝先生的学术踪迹——父亲在大学的生活（1925～1932年）》，《史学史研究》2004年第1期。

包遵彭等编《近代中国留学思想之变迁》，《中国近代史论丛：维新与保守》第1辑第7册，正中书局，1967。

鲍学谦：《朱家骅其人其事》，《文史春秋》1999年第2期。

陈道毅：《一幕向蒋介石献鼎的闹剧》，《文史精华》1996年第3期。

陈翰笙：《追念蔡孑民先生》，《蔡元培先生纪念集》，中华书局，1984。

陈浩望：《国民政府中央研究院第一届院士当选经过》，《文史博览》2001 年第 3 期。

陈进金：《抗战前国民党的教育政策（民国 13～26 年）》，《中国国民党党史论文选集》第 5 册，近代中国出版社，1994。

陈美美：《胡适、朱家骅、尹仲容三先生传》，《台湾文献》，台湾省文献委员会，1987。

陈培源：《地质学在中国大陆的进展与观感》，《科学月刊》第 230 期，1989。

陈平原：《兼容并包的大学理念》，《方法》1995 年第 5 期。

陈绍贤：《追念朱骝公的风范》，《每月人物专题座谈会：朱家骅》，《传记文学》1976 年第 6 期。

陈胜昆：《中国科学社的组合经过与主要活动》，《科学月刊》第 168 期，1983。

陈胜昆：《中国近代的地质学研究（上）——外国地质学者在中国的调查研究》，《科学月刊》第 133 期，1981。

陈胜昆：《中国近代的地质学研究（中）——抗战以前中国地质学的发展》，《科学月刊》第 139 期，1981。

陈胜昆：《中国近代的地质学研究（下）——抗战时期的中国地质学》，《科学月刊》第 140 期，1981。

陈天涯、李光辉：《蔡元培与近代中国的科学事业》，《青海师专学报》2000 年第 1 期。

陈仪深：《知识分子参与政治的两难》，《政治学报》第 13 期，1985。

程天放：《In memory of an esteemed friend and comrade》，《英文简讯》1963 年第 1 期。

程毅志：《Tributes to Dr. Chu Chia-hua》，《英文简讯》1963 年第 1 期。

大陆杂志编辑委员会：《大陆杂志十年》，《大陆杂志》1960 年第 1、2 期合刊。

大陆杂志编辑委员会：《庆祝朱家骅先生七十岁论文集》，《大陆杂志》特刊第 2 辑，1962。

大陆杂志社编《朱家骅先生事略（1893～1963）》，《中国近代学人象传初辑》，大陆杂志社，1971。

邓传楷：《The personification of noble generosity》，《英文简讯》1963 年第 1 期。

丁建弘：《李鸿章与俾斯麦》，中国德国史研究会、青岛中德关系研究会编《德国史论文集》，青岛出版社，1992。

丁文渊：《国立同济大学》，《中华民国大学志》，中国新闻出版公司，1953。

董作宾：《痛念朱家骅先生》，《新生报》1963 年 1 月 8 日。

杜伟：《我所知道的朱家骅》，《浙江文史资料选辑》第 2 辑，浙江人民出版社，1962。

杜伟、于龙：《浙江 C. C. 的派系纷争》，《浙江文史资料选辑》第 3 辑，浙江人民出版社，1962。

杜扬：《试论任鸿隽的科学观——评〈科学救国之梦：任鸿隽文存〉》，《中国科技史料》2005 年第 1 期。

段异兵、樊洪业：《1935 年中央研究院使命的转变》，《自然辩证法通讯》2000 年第 5 期。

樊洪业、李真：《科学家对五四新文化运动的贡献》，《自然辩证法通讯》1989 年第 3 期。

樊洪业、段异兵：《"研究院"东渐考》，《自然辩证法通讯》1990 年第 4 期。

樊洪业：《中央研究院院长的任命与选举》，《中国科技史料》1990 年第 4 期。

樊洪业：《中央研究院机构沿革大事记》，《中国科技史料》1985 年第 2 期。

樊洪业：《前中央研究院的创立及其首届院士选举》，《近代史研究》1990 年第 3 期。

樊洪业：《马相伯与函夏考文苑》，《中国科技史料》1989 年第 4 期。

樊洪业：《从"格致"到"科学"》，《自然辩证法通讯》1988 年第 3 期。

樊洪业：《从科举到科学：20 世纪初中国的教育革命》，任定成等主编《科学前沿与现时代》，江苏人民出版社，2001。

范柏樟：《李四光创立的桂林科学实验馆》，《中国科技史料》1990 年第 8 期。

方一戈：《1937：朱家骅力阻"焦土"杭州》，《文史春秋》2004 年第 2 期。

方志懋：《朱骝先先生的蕴蓄与事功》，《传记文学》1976 年第 6 期。

房士阁、时风：《中央研究院正式成立》，《农机市场》2001 年第 6 期。

傅宝真：《在华德国军事顾问史传》，《传记文学》1974 年第 1 期。

傅宝真：《塞克特将军第二次使华》，《传记文学》1976 年第 1 期。

傅长禄：《蔡元培与国立中央研究院》，《史学集刊》1982 年第 2 期。

傅启学：《我与骝先先生有关的几件事》，《传记文学》1976 年第 6 期。

甘家馨：《给国民党带来新观念新作风的朱先生》，《传记文学》1976 年第 6 期。

高大鹏：《The man I know》，《英文简讯》1963 年第 1 期。

高思庭：《国民党政府统治教育事业概述》，《文史资料选辑》第 87 辑，2000。

高廷梓：《对朱骝先先生的片断回忆》，《传记文学》1976 年第 6 期。

高越天：《一个值得怀念的日子》，《征信新闻》1963 年 1 月 5 日。

龚一之：《朱家骅（1893～1963）》，《中外杂志》1996 年第 6 期。

顾昕：《文化价值与科学》，《自然辩证法通讯》1989 年第 5 期。

顾昕：《唯科学主义与中国近现代知识分子》，《自然辩证法通讯》1990 年第 3 期。

顾毓琇：《关于我国筹备原子科学研究的几封信》，《传记文学》1963 年第 6 期。

关德懋：《在华德国军事顾问史传》，《传记文学》1975 年第 4 期。

管辉、刘鼎铭：《抗战胜利后国民政府留用日本原子能专家的一组史料》，《民国档案》1994 年第 3 期。

郭恒钰：《孙中山与德国（一九二一）》，《国立政治大学历史学报》1997 年第 14 期。

郭金海：《1948 年中央研究院第一届院士的选举》，《自然科学史研究》2006 年第 1 期。

郭沫若：《在中国科学院学部成立大会上的报告》，《科学通报》1955 年 7 月号，中共中央文献研究室编《建国以来重要文献选编》第 6 册，中央文献出版社，1993。

郭正昭：《中国科学社与中国近代科学化运动（1914～1935）》，《中国现代史专题研究报告》辑 1，中华民国史料研究中心，1971。

郭子韶：《阮毅成学步朱家骅》，《浙江文史资料选辑》第 2 辑，浙江人民出版社，1962。

《国立中央研究院》，《民国春秋》1994 年第 2 期。

"国史馆"编《朱家骅先生事略》，《国史馆藏民国人物传记史料汇编》第 2 辑，"国史馆"，1989。

哈贝斯坦、王元：《华罗庚（1910～1985）》，《中国科技史料》2002 年第 3 期。

杭立武：《追忆朱骝先先生》，《传记文学》1976 年第 6 期。

何艾生、梁成瑞：《中央研究院的建立与初期发展》，《自然》1997 年第 1 期。

何思源：《德国民族及德国人之国家观念》，马亮宽、王强选编《何思源选集》，北京出版社，1996。

何应钦：《朱家骅先生与中国文化（朱家骅先生逝世三周年纪念词）》，《大陆杂志》1966 年第 2 期。

侯且岸：《蔡元培教育与学术思想述论》，《北京教育学院学报》2003 年第 1 期。

胡光麃：《早期出洋的游学生》，《传记文学》1979 年第 2 期。

胡国枢：《浙江在辛亥革命中的地位与作用》，《浙江学刊》2001 年第 5 期。

胡梦华：《国民党 CC 派系的形成与经过》，柴夫：《CC 内幕》，中国文史出版社，1988。

胡梦华：《CC 外围组织诚社始末》，《文史资料选辑》第 14 辑，1961。

胡颂平：《我所知道的朱先生》，《传记文学》1976 年第 6 期。

黄道炫、钟建安：《1927～1937 年中国的学术研究》，《史学月刊》2001 年第 2 期。

黄得时：《归骨于田横之岛——傅斯年与台大不被世人所知的几项往事》，《联合报副刊》1986 年 11 月 15 日。

黄福庆：《东亚同文会——日本在华文教活动研究之一》，《中央研究院近代史研究所集刊》第 5 期，1976 年 6 月。

黄福庆：《欧战后日本对庚款处理政策的分析——日本在华文教活动研究之二》，《中央研究院近代史研究所集刊》第 6 期，1977 年 6 月。

黄佳：《无政府主义的传入与辛亥革命时期的暗杀风潮》，《湖南大学学报》2000 年第 2 期。

黄义祥：《中大春秋：国立中山大学的著名教授》，《中山大学校报》第 78 期，2004。

黄知正：《五四时期留美学生对科学的传播》，《近代史研究》1989 年第 2 期。

霍有光：《外国势力进入中国近代地质矿产领域及影响》，《中国科技史料》1994 年第 4 期。

姬丽萍：《抗战前中央研究院的建立及其成就评析》，《山西师大学报》2001 年第 2 期。

嵇发根：《朱家骅和湖州的两所学校》，《湖州职业技术学院学报》2003 年第 2 期。

嵇穆：《敬悼朱家骅博士》，《中央日报》1963 年 1 月 9 日。

蒋复璁：《朱骝先先生的追忆》，《传记文学》1963 年第 2 期。

蒋复璁：《朱骝先先生对中国文化教育与贡献》，《传记文学》1976 年第 6 期。

蒋复璁：《朱骝先先生对于中国图书馆及博物馆的贡献》，《中华日报》1963 年 1 月 7 日。

金涛：《严济慈先生访谈录》，《中国科技史料》1999 年第 3 期。

金永植：《中国传统文化中的自然知识——中国科学史研究的一些问题》，王道还译，《史学评论》第 9 期，1985 年 1 月。

近代中国杂志社：《"训政时期之高等教育"口述历史座谈会纪实》，《近代中国》1978 年第 7 期。

《抗战时期迁都重庆之中央研究院》，《民国档案》1998 年第 2 期。

科学月刊编辑室：《地质学的启蒙人——丁文江（中国科学家列传九)》，《科学月刊》第 89 期，1977。

科学月刊编辑部：《中央研究院——七十周年特别报导》，《科学月刊》第 345 期，1998。

孔庆泰：《前中央研究院的组织机构和重要制度》，《历史档案》1984 年第 3 期。

李崇年：《追怀朱骝先老师》，《中外杂志》1976 年第 2 期。

李光谟：《李济与友人通信选辑》，《中国文化》1997 年第 1 期。

李国祁：《清季自强运动前期国人对西方的认识与其改革思想》，《历史学报》第 17 期，1989。

李国祁：《自强运动时期李鸿章的外交谋略与政策》，《清季自强运动研讨会论文集》，中研院近代史研究所，1987。

李精益：《当代中国科学事业的种树人——叶企孙》，《科学月刊》第 355 期，1999。

　　李寿雍：《深念朱骝先先生》，《传记文学》1976 年第 6 期。

　　李铁铮：《郭泰祺是怎样被免职的?》，《传记文学》1993 年第 6 期。

　　李喜所：《近代留学生对祖国的贡献》，《中国近代史》（人大复印资料）1987 年第 6 期。

　　李喜所：《辫子问题与辛亥革命》，《社会科学研究》2001 年第 6 期。

　　李学通：《地质调查所沿革诸问题考》，《中国科技史料》2003 年第 4 期。

　　李学通选注《翁文灏日记（1936 年）选》，《中国科技史料》2002 年第 1 期。

　　李扬：《解放前夕南京科技界反搬迁斗争》，《炎黄春秋》1999 年第 3 期。

　　李亦园：《四十年来的民族学研究所——一个全程参与者的回顾与反思》，《中央研究院民族学研究所集刊》第 80 期，1996。

　　李勇慧、张风仪：《中国现代学术界中的"霸才"傅斯年》，《山东档案》1996 年第 2 期。

　　李远哲：《中央研究院组织法修正的目的、原则及重点》，《立法院院闻》1999 年第 3 期。

　　李远哲：《中央研究院学术发展的现况与未来》，《立法院院闻》1999 年第 5 期。

　　李云汉：《抗战前中国知识分子的救国运动》，《中国现代史论集》第 8 辑，联经出版事业公司，1985。

　　李宗侗：《朱家骅傅斯年致李石曾吴稚晖书》，《传记文学》1964 年第 6 期。

　　梁辰美：《郭沫若民国时期曾被选定为国立中央研究院院士》，《郭沫若学刊》2003 年第 4 期。

　　梁寒操：《The party lost a faithful disciple of Dr. Sun Yet-Sen》，《英文简讯》1963 年第 1 期。

林能士：《国民党派系政治与韩国独立运动》，《国立政治大学历史学报》1997 年第 14 期。

林能士：《从朱家骅档案看韩国独立运动》，《国立政治大学历史学报》1992 年第 9 期。

林文照：《中央研究院的筹备经过》，《中国科技史料》1988 年第 2 期。

林文照：《中央研究院概述》，《中国科技史料》1985 年第 2 期。

林泽：《朱家骅》，朱信泉、严如平主编《中华民国史资料丛稿民国人物传》第 4 卷，中华书局，1984。

林增华：《"五四"运动后至大革命时期广州学生运动中的左右派斗争》，《广东文史资料》第 24 辑，1979。

刘德美：《清季的学政与学风、学制的演变》，《历史学报》1989 年第 17 期。

刘广定：《谈五四时期的科学研究》，《科学月刊》第 240 期，1989。

刘广定：《真实的中国科学家丁文江先生》，《科学月刊》第 254 期，1991。

刘巨全：《A self-denying man》，《英文简讯》1963 年第 1 期。

刘立群：《中德关系史研究在中国》，裘元伦、刘立群主编《亚洲背景下的中德关系》，社会科学文献出版社，1996。

刘明：《论民国时期的大学教员聘任》，《二十一世纪》第 30 期，2004 年 9 月。

刘绍唐主编《十二月号专题人物：朱家骅》，《每月人物专题座谈会专辑》第 1 册，传记文学出版社，1976。

刘绍唐主编《朱家骅（1893～1963）》，《民国人物小传》第 1 册，传记文学出版社，1981。

刘敬坤：《仕途通达的朱家骅》，严如平主编《民国著名人物传》第 2 卷，中国青年出版社，1996。

刘维开编《中国国民党改造史料选辑》，《近代中国》第 136

期，2000。

卢宜宜：《洛克菲勒基金会的中国项目（1913～1941）》，《中国科技史料》1998 年第 2 期。

陆翰芹：《朱骝先先生的一生》，《中央日报》1963 年 1 月 9 日。

路甬祥：《中国近现代科学的回顾与展望》，《自然科学史研究》2002 年第 3 期。

罗敦伟：《大义凛然的朱骝先夫子》，《中央日报》1963 年 1 月 10 日。

罗丰：《夏鼐与中央研究院第一届院士选举》，《考古与文物》2004 年第 4 期。

罗久芳：《从先父罗家伦日记及家书看王世杰免职案》，《传记文学》1990 年第 3 期。

罗久芳注记、邵铭煌校读《罗家伦先生日记（民国三十六年至三十九年）》，《近代中国》第 131 期，1999。

罗久蓉：《从"科玄论战"谈科学的客观性》，《科学月刊》第 169 期，1984。

吕实强：《中央研究院近代史研究所三十年史稿·前言》，《中央研究院近代史研究所特刊》（二），中研院近代史研究所，1985。

马存坤：《朱骝先先生二三事》，《传记文学》1971 年第 5 期。

马存坤：《忆说朱家骅》，《中外杂志》1986 年第 2 期。

马建中：《国民党陕西省党部的派系斗争（1940～1949 年）》，《西安文史资料》第 4 辑，1983。

毛子水：《傅孟真先生略传》，《自由中国》1951 年第 1 期。

毛子水：《骝先先生哀词》，朱家骅先生治丧委员会编《朱家骅先生逝世纪念册》。

《民国时期"国立中央研究院"——中国近代第一个全国最高科学研究机构》，《民国春秋》2001 年第 1 期。

民国档案编辑部：《朱家骅为在华各教会大学募捐及发展事复司徒雷登函一件》，《民国档案》1994 年第 1 期。

民国档案编辑部：《翁文灏悼丁文江文两篇》，《民国档案》1994 年第 1 期。

民国档案编辑部：《关于抗战外交及国民精神总动员——军委会参事室座谈会记录》，《民国档案》1995 年第 1 期。

那廉君：《傅孟真先生轶事》，《传记文学》1969 年第 6 期。

潘光哲：《中研院的"一千零一夜"》，《书屋》2005 年第 2 期。

潘江：《农商部地质研究所师生传略》，《中国科技史料》1999 年第 2 期。

钱建明：《抗战时期迁都重庆之中央研究院》，《民国档案》1998 年第 2 期。

钱思亮：《朱家骅先生于教育学术工作的贡献（1972 年 5 月 27 日朱先生 80 冥诞纪念会致词)》，《大陆杂志》1972 年第 6 期。

曲凯南：《朱家骅传》，《民国档案》1991 年第 4 期。

任鸿隽：《中国科学社社史简述》，《中国科技史杂志》1983 年第 1 期。

阮维周：《朱骝先先生与地质学教育》，《传记文学》1976 年第 6 期。

阮维周：《追思（朱家骅)》，《中国地质学会专刊》1963 年第 6 号。

阮毅成：《记朱家骅先生》，《浙江月刊》1984 年第 9 期。

沈刚伯：《朱骝先先生二三事》，《传记文学》1963 年第 2 期。

沈刚伯：《朱骝先先生的成就与修养》，《传记文学》1976 年第 6 期。

沈元肇：《朱家骅先生传略》，《浙江月刊》1995 年第 9 期。

史晶：《以史为镜》，《党政干部学刊》1997 年第 10 期。

施爱东：《傅斯年、顾颉刚与民俗学》，叶春生、关溪莹编《传统社会与现代民俗文化》，黑龙江人民出版社，2002。

施若谷：《"科学共同体"在近代中西方的形成与比较》，《自然科学史研究》1999 年第 1 期。

式一：《朱家骅与中央研究院——兼论朱氏的用人作风》，《自由人》第 269 号，1963。

宋艳丽、赵朝峰:《抗战前国民政府的学校军事教育政策》,《历史档案》2004 年第 4 期。

苏瑞林:《两次大战之间德国对华政策的演变》,刘善章、周荃主编《中德关系史文丛》,青岛出版社,1991。

孙斌:《朱家骅先生思想论》,《国立编译馆馆刊》1980 年第 1 期。

孙斌:《朱家骅与辛亥革命》,《国魂》第 434 期,1982。

孙斌:《朱家骅先生与中央研究院》,《中央研究院成立五十周年纪念论文集》,中研院,1978。

孙任以都:《学术界的发展（1912～1949）》,费正清主编《剑桥中华民国史》第 2 部,章建刚等译,上海人民出版社,1992。

孙闻浪:《爱因斯坦两次到中国》,《文史春秋》2004 年第 4 期。

孙宅巍:《中央研究院的来龙去脉》,《民国档案》1997 年第 1 期。

谭慧生:《朱家骅》,《民国伟人传记》,百成书店,1976。

唐振常:《中研院的创建者——蔡元培的晚年生活》,《自然》1997 年第 1 期。

陶希圣:《傅孟真先生》,《中央日报》1950 年 12 月 23 日,第 1 版。

陶希圣:《敬悼朱骝先先生》,《中央日报》1963 年 1 月 9 日。

陶英惠:《蔡元培与大学院》,《新知杂志》1973 年第 5、6 期。

陶英惠:《蔡元培与北京大学 1917～1923》,《中央研究院近代史研究所集刊》第 5 期,1976 年 6 月。

陶英惠编《蔡元培年谱》,《中央研究院近代史研究所专刊》第 36 期,1976。

陶英惠:《蔡元培与中央研究院一九二七～一九四〇》,《中央研究院近代史研究所集刊》第 7 期,1978 年 6 月。

陶英惠:《朱家骅传》,《国史馆馆刊》第 21 卷,1996。

陶英惠:《深谋远虑奠盘基:朱家骅与中央研究院》,《中外杂志》2000 年第 2～5 期。

田淼:《陈省身采访录》,《中国科技史料》2000 年第 2 期。

涂健、陈明:《从"文学堂"校训看孙中山的德育观》,《华南理工大学学报》2001 年第 1 期。

万绍章：《朱家骅先生言论集献词》，《大陆杂志》1977 年第 6 期。

汪晖：《"赛先生"在中国的命运》，汪晖等主编《学人》第 1 辑，江苏文艺出版社，1991。

汪晖：《吴稚晖与中国反传统主义的科学观》，汪晖等主编《学人》第 3 辑，江苏文艺出版社，1992。

汪嘉健、汪东欣：《"胡适手稿"回归补记》，《工程建设与档案》2000 年第 4 期。

王安娜：《第一次世界大战后的德中关系》，《近代史资料》1983 年第 3 期。

王成圣：《高瞻远瞩洞烛先机：爱国学人朱家骅》，《中外杂志》2000 年第 6 期。

王传瑞：《清末南洋劝业会的产生及影响》，《安庆师范学院学报》1999 年第 1 期。

王德威：《被压迫的现代性：没有晚清，何来五四？》，《联合文学》第 139 期，1996。

王德箴：《The loss of a valiant fighter and a devoted scholar》，《英文简讯》1963 年第 1 期。

王尔敏：《近代中国知识分子应变之自觉》，《中国近代现代史论文集》第 18 编（近代思潮上），台湾商务印书馆，1986。

王光焘：《悼念朱家骅先生》，朱家骅先生治丧委员会编《朱家骅先生逝世纪念册》。

王合群：《国民党派系斗争与浙江"二五减租"运动的兴起》，《民国档案》2002 年第 2 期。

王鸿祯等：《中国地质科学 50 年的简要回顾》，《中国科技史料》1999 年第 4 期。

王启民：《台湾地区的"中央研究院"及其"地球科学研究所"》，《华北地震科学》1997 年第 3 期。

王聿均：《朱家骅先生言论集缘起》，《大陆杂志》1977 年第

6 期。

王聿均:《朱骝先先生的教育思想》,《大陆杂志》1982 年第
5 期。

王聿均:《朱家骅对浙江建设的贡献》,《抗战前十年国家建设史
(1928~1937) 研讨会论文集》,中研院近代史研究所,1984。

王聿均:《朱家骅与韩国独立运动》,《韩国学报》1985 年第
5 期。

王聿均:《朱家骅先生的经世思想》,《大陆杂志》1986 年第
5 期。

王聿均:《抗战前后朱家骅对教育的贡献》,《珠海学报》1988
年第 16 期。

王聿均:《朱家骅对教育的贡献》,《中外杂志》1990 年第 5、6 期。

王聿均:《中央研究院之初创与抗战期间的播迁》,《国父建党革
命一百周年学术讨论集》第 3 册,近代中国出版社,1995。

王聿均:《朱家骅与近代史研究所》,陈三井主编《走过忧患的
岁月:近史所的故事》,中研院近史所,1995。

王梓良:《大陆杂志三十年》,《大陆杂志》1980 年第 1 期。

威廉·C. 珂尔比:《1914 年前德国在中国》,周东明译,刘善
章、周荃主编《中德关系史文丛》,青岛出版社,1991。

韦启良:《蔡元培:学界泰斗人世楷模——大学校长列传之一》,
《河池师专学报》2004 年第 1 期。

魏洪钟:《蔡元培与中国科学》,《上饶师专学报》1994 年第
2 期。

魏岩寿:《悼骝先先生》,《中华日报》1963 年 1 月 7 日。

文榕生:《"中国院士"的考证》,《自然》2004 年第 4 期。

翁文灏:《回忆一些我国地质工作初期情况》,《中国科技史料》
2001 年第 3 期。

巫宝三:《纪念我国著名社会学家和社会经济研究事业的开拓者
陶孟和先生》,《近代中国》第 5 辑,上海社会科学院,1995。

吴大猷：《早期中国物理发展的回忆（续三）》，《物理》2005 年第 8 期。

吴凤鸣：《中国地质事业的开拓者——章鸿钊》，《中国科技史料》1994 年第 1 期。

吴干：《A wrong summon from on high》，《英文简讯》1963 年第 1 期。

吴国盛：《科学史的意义》，《中国科技史料》2005 年第 1 期。

吴人：《中央大学大礼堂》，《民国春秋》1998 年第 3 期。

席泽宗：《杰出科学史家李约瑟》，《中国科技史料》1994 年第 3 期。

席泽宗：《钱临照先生对中国科学史事业的贡献》，《中国科技史料》2000 年第 2 期。

夏鼐：《中央研究院第一届院士的分析》，《观察》第 5 卷第 14 期，1948。

萧雅宏：《评介黄丽安〈朱家骅与中央研究院〉》，《国史馆馆刊》2014 年第 6 期。

谢泳：《从中国院士制度的变迁看国共两党的文化理念》，《当代中国研究》2002 年第 3 期。

谢泳：《中国现代大学的"制度设计"》，杨东平主编《大学之道》，文汇出版社，2003。

辛达谟：《德国外交档案中的中德关系》（1～4）、（5）、（6），《传记文学》1982 年第 4 期、1983 年第 3 期、1983 年第 5 期。

熊月之：《晚清社会对西学的认知程度》，王宏志编《翻译与创作：中国近代翻译小说论》，北京大学出版社，2000。

徐伯凤：《旧中国的教育家——朱家骅》，《浙江档案》2004 年第 6 期。

徐辉：《五四科学思潮辨》，《自然辩证法通讯》1994 年第 2 期。

徐可熛：《谈庚款忆骝公》，《传记文学》1976 年第 6 期。

徐明华：《中央研究院与中国科学研究的制度化》，《中央研究院近代史研究所集刊》第 22 期下册，1993 年 6 月。

徐文镐：《吴有训年谱》，《中国科技史料》1997 年第 4 期。

许知为：《朱家骅歪解杜诗》，《纵横》2004 年第 6 期。

杨翠华：《中基会的成立与改组》，《中央研究院近代史研究所集刊》第 18 期，1989 年 6 月。

杨翠华：《胡适对台湾科学发展的推动："学术独立"梦想的延续》，《汉学研究》第 41 期，2002。

杨翠华：《东西方对近代中国科技史研究的趋势》，《中国现代史专题研究报告》辑 12，中华民国史料研究中心，1987。

杨树人：《朱家骅与中央研究院》，《中外杂志》1976 年第 4 期。

杨树人：《胡适之书信一束》，《中外杂志》1987 年第 2、3 期。

杨树人：《怀念朱镏先生》，《传记文学》1964 年第 1 期。

杨树人：《中央研究院最近的十年》，朱家骅先生治丧委员会编《朱家骅先生逝世纪念册》。

杨天石：《吴开先等与上海统一委员会的敌后抗日工作——读台湾所藏朱家骅档案》，《民国档案》1998 年第 4 期。

杨雨青：《五卅运动的收束与"首都革命"的发生》，《北京党史》2000 年第 3 期。

杨仲揆：《朱家骅先生的风范与事功》，《近代中国》第 48 期，1985 年 8 月。

姚荣松：《中央研究院语言学研究所筹备处成立经过及其回顾与前瞻》，《华文世界》第 86 期，1997。

叶兆言：《学府回望》，《天涯》1999 年第 2 期。

叶其忠：《1923 年"科玄论战"评价之评价》，《中央研究院近代史研究所集刊》第 26 期，1996 年 6 月。

叶其忠：《从张君劢和丁文江两人和〈人生观〉一文看 1923 年"科玄论战"的爆发与扩展》，《中央研究院近代史研究所集刊》第 25 期，1996 年 6 月。

佚名：《蒋介石的秘密核计划》，《海事大观》2007 年第 3 期。

殷桐生：《我看中德文化交流》，裘元伦、刘立群主编《亚洲背景下的中德关系》，社会科学文献出版社，1996。

游战洪：《德国军事技术对北洋海军的影响》，《中国科技史料》1998 年第 4 期。

余立德：《A noble career of an educator》，《英文简讯》1963 年第 1 期。

于波：《张相文后的中国地学会：从经费状况看中国地学会四十余年风雨历程》，《中国科技史料》2004 年第 2 期。

于洸：《著名地质学家和地质教育家孙云铸教授》，《中国科技史料》1995 年第 2 期。

于衡：《以身殉校的傅斯年》，《传记文学》1973 年第 5 期。

俞大绎：《忆孟真》，《仙人掌杂志》1977 年第 1 号。

俞叔平：《骊先生的两封信影响了我毕生的命运》，《传记文学》1976 年第 6 期。

俞叔平：《中德文化关系之回顾与前瞻：悼中德文化协会理事长朱骊先先生》，《征信新闻报》1963 年 1 月 9 日。

元青：《民国时期中国留德学生与中德文化交流》，《近代史研究》1997 年第 5 期。

袁向东：《华罗庚致陈立夫的三封信》，《中国科技史料》1995 年第 1 期。

袁英林：《"二陈"与国民党 CC 派》，《文史资料选辑》第 105 辑，中国文史出版社，2000。

曾宝荪：《A great lass to the Chinese nation and to the cause of freedom》，《英文简讯》1963 年第 1 期。

曾昭璇：《两位德国学者对我国华南地貌研究的贡献》，《中国科技史料》1990 年第 4 期。

张尔平：《民国时期的中国矿冶工程学会》，《中国科技史料》2004 年第 3 期。

张剑：《中国学术评议空间的开创——以中央研究院评议会为中

心》,《史林》2005 年第 6 期。

张剑:《1940 年的中央研究院院长选举》,《档案与史学》1999年第 2 期。

张剑:《未能当选学部委员的首届中央研究院院士名单考》,《史林》2002 年第 2 期。

张剑:《从"革命救国"到"科学救国"——任鸿隽尽瘁于推展科学的一生》,《学术界》2003 年第 6 期。

张九辰:《中国近代地学主要学科名称的形成与演化初探》,《中国科技史料》2001 年第 1 期。

张九辰:《竺可桢与东南大学地学系——兼论竺可桢地学思想的形成》,《中国科技史料》2003 年第 2 期。

张树年:《忆父亲张元济先生（续十八）》,《编辑学刊》1996 年第 6 期。

张水木:《巴黎和会与中德协约》,《中国历史学会史学集刊》第 13 期,1981。

张水木:《德国与庚子拳乱》,《中国历史学会史学集刊》第 15期,1983。

张水木:《第一次世界大战期间的中国对德外交政策》,《近代中国》1984 年第 39、40 期。

张素亮:《中国院士制的沿革史》,《中国科技史料》1998 年第 2 期。

张文:《朱家骅与 CC 系在中统局的较量》,《钟山风雨》2003 年第 1 期。

张文佑、吴磊伯:《前中央研究院地质研究所近况》,《科学通报》1950 年第 1~8 期。

张以诚:《各具特色比翼飞——漫话 1949 年前全国三大地质机构》,《国土资源》2003 年第 6 期。

张以诚:《花开四野荆棘路——漫话新中国成立前专业和地方性地质机构》,《国土资源》2003 年第 8 期。

张以诚:《为了灿烂美好的明天——记南京解放前夕地质界的反搬迁斗争》,《国土资源》2004 年第 3 期。

张银玲:《20 世纪前半期中国地学期刊的区域分布特征》,《西北大学学报》2001 年第 5 期。

赵金祁:《中央研究院吴故院长对改革科学教育的真知灼见》,《科学教育月刊》第 229 期,2000。

赵兴胜:《1928~1937 年的张静江》,《近代史研究》1997 年第 1 期。

《浙江百年大事记》,《浙江文史资料选辑》,浙江人民出版社,1962~1986。

《征信新闻报》社论:《有学有术一代宗师:敬悼朱骝先先生》,《征信新闻报》1963 年 1 月 9 日。

郑寿麟:《中德互派驻使全表》,《传记文学》1958 年第 4 期。

郑梓:《傅斯年与台湾议坛的一段生死因缘:纪念傅校长九秩冥诞》,《台湾风物》1985 年第 1 期。

中华日报记者:《论半世纪人物咸推杰出朱骝先良谟为国用》,《中华日报》1963 年 1 月 4 日。

钟敬文:《重印〈民俗〉周刊序》,杨哲编《钟敬文生平思想及著作》,河北教育出版社,1991。

周邦道:《朱家骅传略——当代教育先进传略初集稿之一》,《大陆杂志》1975 年第 4 期。

周昌忠:《逻辑实证主义的科学观》,《自然辩证法通讯》1983 年第 5 期。

周德伟:《An irreparable loss to Chinese intelligentsia》,《英文简讯》1963 年第 1 期。

周惠民:《德国军事顾问撤出中国始末》,《庆祝抗战胜利五十周年两岸学术研讨会论文集》,联经出版事业公司,1996。

周雷鸣:《一九四八年中央研究院院士选举》,《历史学研究》2006 年第 2 期。

周书楷：《骝先先生所具有的领袖人才的四种品德》，《传记文学》1976 年第 6 期。

周琇环：《中英庚款会的文教事业》，《国史馆学术集刊》第 3 卷，1993。

周琇环：《中英庚款会成立之缘起（公元 1911 年至 1931 年）》，《国史馆馆刊》第 16 卷，1994。

周琇环：《管理中英庚款董事会史料选辑》，《国史馆馆刊》第 14 卷，1993。

周元燊讲、谢天长记录《周元燊院士演讲：我所知道的中央研究院数学所（自 1948 至 1980 年）》，《数学传播》1999 年第 2 期。

周质平：《胡适的黯淡岁月》，《上海档案》1996 年第 2 期。

朱国勋：《追念先君骝先公》，《传记文学》1976 年第 6 期。

《朱家骅》，刘继增、张葆华主编《中国国民党名人录》，湖北人民出版社，1991。

《朱家骅先生事略》，《大陆杂志》1965 年第 1 期。

朱家骅：《戴季陶先生与中山大学》，陈天锡编《戴季陶先生文存三续编》，中国国民党中央委员会党史委员会，1971。

朱家骅：《中英庚款十年来管理概况》，《图书月刊》第 1 卷第 4 期，1941 年 5 月。

朱家骅：《教育的复原与善后》，《前锋》第 1 期，1945 年 10 月。

朱家骅：《中央研究院审定院士候选人的程序（评议会第二次会议集会开始）》，《大陆杂志》1957 年第 5 期。

朱家骅：《附录：抗战以来中央研究院概况》，《当代评论》第 3 卷第 10 期，1943 年 2 月。

朱家骅：《建军与将校团》，《当代评论》第 3 卷第 3 期，1942 年 11 月。

朱家骅：《科学研究意见》，《当代评论》第 2 卷第 4 期，1942 年 2 月。

朱家骅：《三十年来的中央研究院》，《大陆杂志》1959 年第

8 期。

朱家骅：《戴季陶先生与中山大学》，《大陆杂志》1959 年第 5 期。

朱薇：《北平教授的抉择》，《北京党史》2004 年第 1 期。

竺可桢、艾素珍：《东南大学地学系介绍》，《中国科技史料》2002 年第 1 期。

庄吉发：《于式枚与德国宪政考察》，《近代中国历史人物论文集》，中研院近代史研究所，1993。

庄心在：《难忘的长官：朱家骅与吴铁城》，《中外杂志》1983 年第 3 期。

网络资源

陈明远：《五四前后北京文化人群体（7）》，《文化人的经济生活》，http：//book. sina. com. cn/longbook/his/1111394831 _ wenhuarendejingji/40. shtml。

黄侯兴：《成思危父亲成舍我办报历险记》，http：//www. people. com. cn/GB/14677/21965/22070/2403065. html。

李学通：《一九四〇年中央研究院院长的选举》，http：//www. edubridge. com/erxiantang/library/zyyxj. htm。

李学通：《近代中外科学合作中的权利——对西北科学考察团的再认识》，http：//www. cass. net. cn/file/2006060860207. html。

《人民的学者——钟敬文》，www. cctv. com/folklore/…/100795. shtml。

《"象牙塔"的奠基者和捍卫者中大八十年·人文寻踪之校长篇》，《南方都市报》，//www. nanfangdaily. com. cn/southnews/tszk/nfdsb/whzg/200411090372. asp。

《西北科学考察团》，http：//chinaabc. showchina. org/rwysjxl/sczlswgtxjdzj/sylm/200703/t110062. htm。

索　引

A

阿旃陀　300

B

白崇禧　375

北京大学（北大）　3，11，14，21，
32，35~37，44，47~55，64，66~
69，74，76，77，80~82，84，89，
94，106，110，122，136，147，
162，164，170，172，177，179，
186，188，203，215，239，248，
264，266，326，347，351，358，
362，365，368，370，371，375，
379，381，383，390~395，409，
510，512，517

北京政府　29，55，56，64，65，67，
68，77，83，86，87，104，173，
252

北平研究院　194，209，251，273，

277，289，309，347，376，377，
400，500

北洋工学院　273

比克里岛（Bikini Island）　380

边疆文化研究所　338

兵工署　314，377

秉志　189，254，255，291，304，
391，394，396

布朗（Rupert Brown）　18

C

蔡堡　275

蔡元培（蔡孑民、蔡先生）　3，6，
12~16，20~23，29，31，34~37，
40，42，45~49，52，55，57，62，
73，81，85，87，89，90，93，94，
102，105，110~112，119，122，
125，143，146，151，152，157，
158，162，167，172，178~180，
183，185~188，190~209，211~

213，215～217，219～221，223～
225，230，232～235，237～251，
257，258，265～268，270，273，
277，278，282，283，288，290，
291，293，295，304，317，318，
328，335，340～342，347～349，
351，352，357，381，403，407，
409，418，424，428，432，486，
492～494，498，507，510～516，
518，522，523

陈布雷　8，60，233，252～254，
258，267，349

陈诚　5，375，377，378，439，444，
445，449，453，480，491

陈地球　316

陈恺　413，418

陈克恢　478，480

陈立夫　245，308，311～314，345，
348

陈省身　321，322，391，408～410，
420，421，451，474，476，478，
480，483，496

陈延炯　246

陈仪　370

陈寅恪　11，43，216，251，254，
255，259，277，278，399

陈源　139，250～252，259～261，
425

谌湛溪　214

川边动植物调查团　285，337

D

大陆科学院　364，367～369，371

大学院　8，110，167，183，187，
188，191，192，194，195，198，
200，201，207，209，213，216，
219，227，229，232，342，388

戴季陶　15，29，31，60，62，63，
87，99，104～113，115，116，
118，121，123，125，127，130，
136，143，144，160，171，178，
182，184～186，221，222，246，
269

戴乐仁　274，334

党化教育　14，97，98，108，116，
122，185

党政工作考核委员会　343，350，
351

地理研究所　125，176，229，244，
275，286，334～336，353

地质调查所　3，35，38，40，42，
125，172～176，178，183，184，
190，213～215，222，223，225，
233，239，292，309，370，371，
399，400，409，410，418，419，
521

地质研究所　22，39，173，174，
176，199，213，214，223，243，
292，293，405，413，414，416，
418

丁文江（丁在君、在君）　10，35，

39，40，42，43，126，173，176，187，189，199，202，206，208～211，218，219，221～223，226，239，304，342，391，498，515，521，522

丁文渊 28，280，433，499，523～525

丁声树 340

董同龢 340，478

董作宾（彦兄） 5，139，163，435，436，450，452，465～467，469～472，476，477，479，480，482，484，503，525

杜元载 277，291，293，296，317～319，324，329，331，343，350，351

敦煌艺术研究所 371

F

发司（Charles B. Fahs） 447～449

法兰西科学院 188，193，387

樊畿 474，478

泛太平洋科学会议 189

方子卫 224，225

冯德培 324，410

傅水义 377

傅斯年（孟真、傅孟真） 11，43，73，99，110，111，118，127，138，139，145，146，148，160～163，168，173，178，184，199，200，215，216，224，233，234，

242～247，251～260，262～271，276，278～280，285，289，290，304～308，310～317，321，329，333，335，337～339，344～349，351，352，354，355，367，373，390，391，393，394，398，401，402，407～411，415，419～423，427，428，433，434，436，437，439～441，443，447，466，476，478，480，498，505，518，519，523～526，528

G

高去寻 435，438，465

葛德石 330

顾颉刚 18，81，82，99，100，139，160，163，168，169，179，216，274，334，510

顾孟余 47，53，63，68，75，76，78，80，82，104～107，110，112，160，233，251～253，255，257，258，272

顾维钧 85，447，455

顾毓琇 224，240，279，312，314，377～380，391，474

管理中英庚款董事会（管理英国退还庚款董事会、中英庚款会、英庚款会） 2，213，217，218，223，242，269，271～277，286，311，312，320，331，334，335，342，347，429，523

关颂韬　323

广州政治分会　2，125，168，173，
　184，213

国防科学与技术研究所　377，378

国防设计委员会　210

国防最高会议　245

国防最高委员会　252，257，262，
　297，307，308，354，358

国际学术文化资料供应委员会　331，
　371

国际植物学会议　332

国家长期发展科学委员会　3，464，
　482，505

国家科学院　4，196，203，228，
　239，254，330，387～389，516

国家学院　89，94，119，122，156，
　179，180，183，186，188，190，
　192，193，195，207，212，216，
　228，239～242，249，254，256，
　267，286，288，329，357，358，
　366，381，382，386～391，393，
　401，403，407，428，430，485，
　513，515，520

国立编译馆　8，57，77，271～273

国民政府　2～5，8，9，12，14，16，
　21，64，68，69，71，72，74，75，
　78，82～84，94，104，106～111，
　116，119，122，159，160，168，
　186，187，192～195，198，199，
　209，211，213，217～221，226，
　227，230，232，234，235，237，

244，246，249，250，257，262，
　267，290，292，307，308，316，
　333，342，355，357，364，368～
　370，373，382，388，393，405～
　408，416，417，419，428，430，
　440，515，516

国民参政会　244，292

郭沫若　115，117，158，159，217，
　403

郭任远　254，275

郭廷以　30，236，240，262，292，
　304，408，429，466～468，470～
　472，475

郭心崧　144，145，163，185，312，
　315

过探先　189

H

哈安姆　36，38，126，161，174，
　235

杭立武　217，279，310～312，316，
　417，425，434，443，460，488，
　528

贺师俊　315

何应钦　5，184，314，315

胡世桢　420，474，478

胡适（胡公）　1，3，6，11，16，
　21，28，35，47，53，64，66，88，
　112，140，169，189，191，212，
　215，216，223～225，227，233，
　245，250～261，263～270，274，

279，289，296，304，307，326，344，375，376，393～399，401，408，417，431，433，436，437，441～452，454～456，458，459，465～467，469～472，476～480，484，490，491，493～499，501，503～508，510，514，515，518，519，523～526

胡先骕　135，189，254，255，291，304，391

华罗庚　280，322，377，391，418

淮海战役（徐蚌会战）　386，431

黄国璋　275

黄汲清　52，174，335，391，399，418

黄鸣龙　229，474，478

黄少谷　445

黄如今　339

黄旭初　344

J

剑桥大学　39，330

蒋复璁　5，48，63，65，80，82，271～276，367～369

蒋经国　5，417，490

蒋介石（介公、委座、总裁）　4，10，14，62，63，85，87，104，106，107，110，184，186～188，192，209，210，212，221，230，232，242～245，247，248，250～253，255～267，269，276，277，

282，283，292，287，308，309，313～315，330，332，333，336，339，340，342～344，349，350，352，355，358，373，376～381，403，407，410，415，430，432，443，473，474，480，488～498，509，515，516，518，527

姜立夫　254，255，289，321，322，390，391，399，408，410，419～421，434，437

交通部　2，9，213，219，221，223，224，271，312，315，333，372，377，423，523

教育救国　85，93，188

金邦正　189

近代史研究所　3～8，17，19，30，55，64，112，176，190，193，194，199，217，229，232，241，318，434，463，465～472，475，491，502

近代物理研究所　358，366，374，379，380，383，415，430，463，474

近代科学图书馆　358，364，367，371，430

九一八事变　185，202，209，210，225，229，235，241，279，291，521

居延汉简　274，337

军事委员会　2，242，246，277，285，314，315，324，325，333，

355，364，373

军政部 228，374，377～379

K

抗战建国纲领 292

克里德纳 235

科学共同体 18，19

科学救国 93，95，187，189，190，
195，223，224，238，241，250，
256，281，297，340，352，407，
430，494

孔祥熙 233，244，245，257，315，
336，337，349

库恩（Thomas Kuhn） 18

L

兰克学派 215

蓝钦（Rankin） 447

劳动大学 110，194，333

劳干 5，274，336，478

劳伦斯（Dr. Ernest O. Lawrence）
375，379，380

镭学研究所 376

李承三 335，336，413，417，418

李国鼎 273，345

李方桂 316，338，340，451，478，
480，482

李珩 345

李华宗 273，420，437

李济（李济之、济之） 20，35，43，
85，107，145，183，184，214～

216，246，255，278，3116，335，
337，344，376，390，393，394，
398，409，410，435，436，446，
448，450，455，457，458，461，
465，467～472，476～480，484，
490，492，495，497～499，501，
503，504，518，522

李济东 375

李济深 107，145，184，344

李景聃 345

李石曾 5，62，64，76，87，105，
110～112，127，145，146，148，
160，166，178，188，194，216，
251

李诗长 375

李书华（润公） 5，42，53，65，
66，70，72，76，80，82，194，
218，223，255，273，277，280，
289，332，343，347，374～377，
390，394，396，433，446，455，
460，465～468，471，472，474～
476，478～481，484，495，497，
498，500，524，526

李四光 29，38～40，62，66，68，
173，174，176，183，199，200，
208，214，228，236～238，243，
244，254，255，266，279，304，
331，332，345，348，390，391，
399，410，413，414，418，419，
424～426，431，507

李文治 411～413

李先闻　454，455，463，464，467，475～478，480，497，503，504

李约瑟　325，330，331

李庄　262，276，309～311，324，347，352，373，443，452

理化实业研究所　201，215

利皮特（Lippitt）　20

历史语言研究所（史语所）　161，184，200，207，215，216，279，285，313，338，339，367，373，398，406，410，417，422，428，439，448，451，465，478，502，503，505，525

历史语言学　215

联合国教育文化组织　376

梁方仲　410，412，417

梁思成　276，391

梁思永　276

梁序穆　461，473，475，489

辽宁医学院　273

林超　280，336

林可胜　255，289，318，319，322，323，391，394，399，476，478，480

临时全国代表大会　292

凌纯声　338～340，435，464，465，467，475，503

凌鸿勋　254，255，391，394，467，476，477，480

岭南大学　183，421

刘瑞恒　460，461，485，487，488

刘英士　3，269，280

路秀三　323

罗家伦（志希）　5，11，43，47，48，73，160，161，246，280，376

罗宗洛　126，163，289，327，368～371，394，408，410

洛氏基金会　400，447～449，451，453，496

M

马君武　28，30，31，33，85，112，253，254

马轶群　312，314～316

马文昭　398

毛子水　5，43，85，140，279，525

茅以升　254，255，390，391，393，394

梅贻琦（月涵）　3，290，347，478，482，498

美国国家科学院　330

美国国会图书馆　274

美国学术团体总会　330

缪凤林　279

N

南洋研究所　371

牛津大学　330

P

庞松舟　449，456，491，504

彭桓武　380

彭泽益 412，413

普鲁士皇家科学院 387

Q

七七事变（卢沟桥事变） 233，246，309

钱三强 375，377，380

钱临照 377，408～411，415，416，436

清华大学 177，203，215，289，290，337，347，381，395，474

全国善后会议 361，366

R

任鸿隽 95，189，190，200，223，250，251，254，255，262，304，305，311，511

任义克 330

芮逸夫 309，340，434，435，438，450，465

S

三一八惨案 3，8，14，16，94，98，99，108，109，122，156，179，187，192，242，249，277，288，298，518

三民主义 3，8，14，16，94，98，99，108，109，122，156，179，187，192，242，249，277，288，298，518

萨本栋（亚栋） 19，289，347，372，375，377，379，380，385，391，393，394，398，408，410，424，437，480，526

萨本铁 474，478

单人骅 336

上海自然科学研究所 324，357，364，367～369，371，372，430

上海医学院 273，286，324

沈葆桢 527

沈刚伯 5，12，25，140，160，279，280，521，524，525

沈兼士 53，66，72，78，79，82，139，367

圣彼得堡皇家科学院 387

生理研究所 229，244，275，322

盛世才 339

施若谷 19

实验医学研究所 286，318，323

石璋如 274，309，336～338，372，373，405，406，408，417，434～438，440，442，444，445，452，465，472，490，491，497，498，501，509

数理化研究中心 380，381，383～386，430

数学天文系 99，320

数学研究所 286，287，300，319～322，386，410，439，451，467，502

四联总处 384，385

思想自由 13

淞沪事变 225, 241, 271, 272, 520

孙中山 16, 29 ~ 31, 56 ~ 58, 62, 63, 77, 83, 84, 86, 87, 94, 98, 112, 122, 127, 133, 160, 166, 168, 173, 179, 188, 189, 191, 192, 194, 429, 515

T

台北研究院 367

台湾大学 8, 279, 370, 409 ~ 411, 415, 416, 419, 434 ~ 437, 439 ~ 441, 443, 464, 468, 484, 498

台湾糖业试验所 464

台湾行政长官公署（长官公署） 370

太平洋科学会议 189, 332, 504

陶德斯 330, 331

陶孟和（孟和） 47, 200, 236 ~ 238, 243, 244, 246, 255 ~ 257, 262, 274, 279, 289, 291, 305, 310, 319, 332, 334, 349, 390, 394, 408, 410 ~ 413, 425, 435, 507

汤象龙 345

体质人类学研究所 287, 289, 300, 319, 324 ~ 326, 372

W

王宠惠 258, 467, 476, 477, 480

王大浀 377

王国维 11

王和夫 398

王家楫 199, 236 ~ 238, 243, 244, 255, 286, 289, 291, 304, 313, 327, 337, 344, 367, 390, 394, 410

王懋勤 20, 410, 426, 427, 437, 438, 440, 441

王世杰 5, 8, 11, 53, 65, 66, 112, 208, 223, 244, 246, 250 ~ 255, 257, 258, 260, 261, 263, 265, 267, 268, 348, 349, 394, 425, 443, 445, 461, 467, 476, 477, 479, 480, 491, 495 ~ 497, 508, 526, 527

王文俊 274, 334

王宪钟 420, 474

王毅侯 243, 244, 262, 278, 313

汪敬熙 126, 139, 143, 160, 161, 163, 173, 199, 200, 228, 236 ~ 238, 243, 244, 252, 253, 255, 265, 289, 296, 304, 323, 327, 344, 347, 390, 391, 394, 410, 419, 431, 476, 478, 480

汪精卫 29, 58, 62, 75, 112, 188, 192, 225, 251, 252, 279

魏德迈 377

魏学仁 377, 474

魏岩寿 5, 189, 461, 473 ~ 475, 489, 503

翁文灏（翁内阁） 39, 40, 42, 43, 173, 176, 183, 189, 209,

210，214，222～224，233，239，
250～258，260～270，291，296，
304，307，326，332，333，348，
349，374，390，391，393，394，
398，399，407，408，410，418，
510，519

巫宝三　412，413，435

吴大猷　374，377，378，380，391，
430，474，478，480～482

吴定良　255，289，324～326，338，
340，390

吴健雄　375，380，474，478

吴铁城　349

吴宪　474，478，480

吴学周　300，367～369，390，394，
410

吴印禅　336

吴有训　289，329，374，377，390，
391，393，394，399

吴稚晖　62，64，76，79，80，87，
105，106，110，111，127，145，
146，148，160，166，178，194，
216，230，251，254，443

X

希特勒　63，246，302

西北考察团　274，334，335

西北科学考察团（西北史地考察团）
274，335，337

西北农业专科学校　333

西南联大　254，268，277，280，

289，321，322，336，347，377

夏迪克（Prof. Shadick）　447

夏鼐　278，336，402

向达　292，336

湘雅医学院　273，400

萧伯纳　241

萧公权　478，480，482，484，504，
505，523

谢家荣　40，126，163，174，176，
214，390，391，394，399

谢家声　255，291

协和医学院　323

协和医院　322，400

心理学研究所（心理研究所）　139，
143，173，199，215，318

辛树帜　126，160，163，175，272，
335

新文化运动　86，135，136，180，
188

行政院　2，4，209，232，244，257，
261，271，274，276，279，308～
310，315，325，332，336，337，
347～349，354，364，368～371，
379，380，385，407，408，410，
418，432～434，439，440，442，
444，445，447～458，471，482，
488，489，491～493，500～502，
519

熊式辉　375

徐柏园　5，454，457，461，462，
489

徐悲鸿　38，43，275

徐浩　278

徐渊摩　174，183，214

许元龙　331，332

学人治院　196，198，199，287，
　288，290，319

学术救国　13，15，20～23，85，89，
　90，98，187～189，223，238，
　248，250，256，266，281，282，
　340，349，407，430，508，516

学院自由　13，97，196，197，205

学者从政　225，521

Y

严家淦　450

阎锡山　439，491

杨杏佛　112，187～189，192，195，
　199，200，206，212，215，216，
　218，221，224，226，264，304，
　519，526

杨师庚　434

杨树人　84，221，245，289，408～
　413，436，442，444，450～452，
　454，455，459～462，464，466，
　467，473，474，483～486，488～
　493，495～499，501，502

杨西孟　345，412

杨希枚　406，518

杨肇燫　368

杨振声　139，140，163，216，289

杨钟健　399，401，402

姚从吾　43，251，254，268，277，
　280，491

药学研究所　229

叶良辅　255，521，522

叶企孙　255，289，290，329，347，
　390，391，395，518

叶叔衡　209，210

医学研究所　286，287，289，300，
　318，319，322，323，370，382

尹仲容　455

英国皇家科学院　387

英国皇家学会（英国皇家学院）
　189，209，330，387

余井塘　312，314

余青松　199，200，255，321

余英时　281，498，518

余又荪　410，415

俞大维　43，140，279，314，372，
　374，377

俞飞鹏　314，315

俞鸿钧　434，449，454，457，493

俞建章　214，408～410，413，414

喻德渊　413，417，418

原子能研究所　375，377，473

原子学研究所　376，377

原子物理研究所　374～376，378，
　379

袁翰青　398

袁家骝　380，474，478

袁贻瑾　478，480

院士制度　387，389，403，405，

483，513

院士会　3，92，96，157，286，329，
341，358，364，366，386，387，
389～393，395，396，399，400，
402～407，412，426，428，430，
433，461～463，467～469，474～
485，493，494，496，499，500，
502，505，509，513，514

Z

曾叔伟　332

曾昭抡　377，391

张其昀　254，255，291，445，461，
472，482，488，497，498

张群　5，29，62，252，260，262，
285，337，432，457，473，480，
489，491，493，496

张文裕　273，375，377，380，474

张锡钧　323

张元济　404

张作霖　70，76，80，139，191

章元善　189

赵九章　280，289，367，391，408～
410

赵元任　5，139，140，189，216，
224，246，269，289，304，376，
399，408，413，414，416，417，
419，420，425，431，436，451，
455，458，459，467，476，478～
480，484，499，501，512，517

赵忠尧　377，379，380，391，415，

418，419，430

浙江大学　57，110，126，176，254，
273，296，326

郑彦棻　111～113，123，131，166，
175，182，287

植物研究所　135，172，173，199，
243，285～287，292，300，320，
326，327，331，337，369，371，
461，463，464，473，502

中国蚕桑研究所　275，331，353

中国地理研究所　125，275，286，
334～336，353

中国地质学会　3，55，176，177，
297，300，395，399

中国东方语言历史科学研究所　215

中国美术学院　275

中国科学社　95，99，104，189，
190，194，209，210，239，304，
400

中国科学院　217，458，500

中国物理学会　395

中国心理生理研究所　275

中国医药研究所　371，430

中国营造学社　273

中国语言文学系　138，141，143，
215

中国之命运　297

中华教育文化基金董事会（中基会）
167，217，218，269，296，342，
429，433，446～449，451，453，
486，501

中山大学 3，14，15，21，22，30，38，43，45，56，82～84，88，89，93～136，139～146，148～151，153～186，213～216，223，227，235，269～271，273，275，279，286～288，320，322，326，327，333，338，381，409，410，422，423，509，510，512，514，521，525

中央博物馆 12，218

中央大学 3，110，161，185，195，203，213，223，246，270，271，273，279，280，296，317，339，379，400，415，430，463

中央设计局 332，333，343，347，350

中央图书馆 12，207，271，273，274

中央卫生实验处 273

中央学术院 107，188，192，194

中央研究院（中研院） 8，9，13～17，41，42，94，96，126，188，190，192～195，197～205，207～209，211～222，226～243，245，247，251，255～257，259，262，264，266～268，270，274，275，279，282～287，291～298，300，305，307～310，317～319，321，322，324～327，329～333，336，340，342～345，347，349～351，353～355，358～360，362～365，367～375，377～380，382～405，408～414，417，421，422，429，433，434，436，437，439，442～448，450～452，454，455，458～462，464～472，474，476，477，479，480，482～484，486，488～490，493，496～506，508，514，516，517，526，527

中央政治会议 2，105，184，193～195，211，213，220～223，225，242，342

中英科学合作馆 325

中英文化协会 273，425

中英学术合作事务所 331

周长宁 474

周枚荪 259，289

周鸿经 273，289，385，421，447，450，455～457，459，462，467，469～471，473，474，476，477，479，480，488，489，503

周峻（蔡夫人、蔡周峻） 233，277

周聂其璧 308，341，346

周仁 189，199，200，224，228，233，255，289，304，310，345，390，391，410

周廷儒 336

周炜良 474，478

竺可桢 32，37，104，189，199，200，208，223，224，228，234～238，246，251，254，255，258，260，264，265，285，289，292，

296，304，308，309，313，321，
332，345，348 ~ 350，354，358，
382，390，391，394，400，407 ~
409，417，425，437

朱光亚　415

朱树屏　377

褚民谊　62，87，112，158，216

庄长恭　199，224，225，228，390，
391

庄泽宣　139，163，173，278

自由主义　11，15，16，23，187，
268，270，498，507，515，518

资源委员会　210，235，264，265，
269，292，293，317，345，348，
374，400，521

"总统府"　10，445，457，471，
479，488，491，493

后　记

　　本书是以我的博士学位论文《朱家骅学术理想及其实践研究》为基础修改而成。北京大学作为中国新文化运动发源地，对于从小生长在台湾、就读历史学系的我来说是一个圣地。2002 年 8 月底，怀抱着朝圣的兴奋心情，只身拉着行李去到北京大学历史学系攻读博士学位。时光荏苒，六年即逝。2008 年 8 月，告别学生生涯，带着不舍哲人圣地的离愁返台。2009 年 6 月，通过"国史馆"第一届国史研究奖助审核；2016 年 9 月，通过东方历史学术文库出版审查。自选题、搜集史料至撰写修订完成付梓，费时十年有余。回首来时路，心中只有无限感激。

　　首先，要感谢我的博士指导教授北京大学历史学系欧阳哲生及博士后研究指导教授中研院近代史研究所前所长黄克武教授。欧阳教授在我入学后即不厌其烦地与我沟通、讨论，指导我完成学位论文。在获得出版机会后，两位教授不时关心，不断给我修改建议，并拨冗为本书赐序。他们严谨的治学态度与实事求是的学术研究精神对我产生了潜移默化的影响。

　　另外在我论文写作及书稿修改过程中，北京大学教授房德邻、罗志田、徐勇、刘一皋、尚小明、牛大勇，清华大学教授蔡乐苏，中国社会科学院研究员闻黎明、王奇生，同济大学教授李乐曾，政治大学教授刘维开，"国史馆"助修郭维雄，以及多位我不知其名的匿名评阅学者，在百忙之中悉心审阅我的论文，并提示了许多宝贵修改意见。中研院近代史研究所研究员张朋园和台湾史研究所研究员陈秋坤两位老师在我前往中研院近史所查阅档案时，总是经常邀请我外出享用美食。特别是张朋园老师不时关心我、鼓励我、给我信心，并对我的论文提出了许多宝贵建议。中研院院士张玉法与近史所研究员陶英惠两位老师还特别帮我联系、陪我同往朱家骅晚年担任其秘书职务的方志懋先生家里进行访谈。北京大学教授张注洪在 2004 年引介我参加了我人生第一场国际学术会议，使我获益良多。在此一并致谢。

我还要感谢同门、同班同学及一起住在北大勺园四号楼二楼、情同姊妹的台湾与香港同学。特别要谢谢陈友良、潘惠祥、崔岷、李国芳、李松涛与冯国华贤伉俪及英年早逝的学妹谢慧，在我修改论文阶段，特别抽出时间看我的论文，给我直言的建议。其中又以谢慧与潘惠祥最费心，帮我的忙也最多。北大勺园四号楼二楼来自台湾与香港的同学有张若梅、林宜逸、林宜慧、张如慧、李蔚雯、盛起新、吴玉萍、孙维璐、李婉薇、王振瑜。在我足不出"楼"、废寝忘食赶论文时，四号楼二层既是我的食堂，也是我的便利商店。每个同学出门时一定会帮我买便当，带回牛奶、面包、泡面等补给品。学位论文有着他们满满的爱心与仗义相助的情谊。我由衷地感谢他们陪伴我在北大的学习生活，跟我分享在北大的酸甜苦辣与点点滴滴，给了我许多帮助、教益和回味无穷的欢乐回忆。

四姨郑蔡淑娇、四姨丈郑国梁、五伯父黄溪堂、五伯母黄罗雪从小对我爱护有加；堂哥黄敏男与张美惠贤伉俪，友人罗那、李金城、吕丽淑、周芳荏、黄乾玉、梁秀琼、郭汉辰、张琇贵、王孟春、洪顺月、林昌鸿与张良贞贤伉俪、陈申青、蔡莞莹，不时鼓励我，在此一并致谢。

在中研院博士后期间，副所长余敏玲，胡适纪念馆馆长潘光哲，研究员罗久蓉、张淑雅、黄自进、林满红，同事蔡蓉茹、严晓佩、张学谦、林威妏、何光诚、林敬智伉俪，不时鼓励我，指导我或与我进行学术上的深度交流，让我受益不少。在此一并致谢。

另外还有一位想感谢的人，是我论文与书稿得以完成的重要精神力量——前任上司伍泽元先生。我于 1996 年起任其机要秘书，正是他遭逢人生逆境之始。他虽横逆加身，但坚毅如昔；并时以"俯仰无愧""行有不得，反求诸己"劝诫后人要更加努力向上。在我文思枯竭，想要放弃时，便以他为榜样，激励自己继续前进。斯人虽远，但永驻我心。

方志懋先生于 2005 年、伍泽元先生于 2008 年、学妹谢慧于 2009 年、王正华老师于 2011 年先后驾鹤西归。无能亲送论文书稿致谢，深感遗憾。谨此虔诚默祷致谢。

最后，要特别感谢的是我的家人。无论求学或是工作，他们总是在精神上与经济上全力支持我，做我最稳当的后盾。我的手足兄弟在我 2000 年前往英国、2002 年再到北大念书，担负起照顾家里的一切责任。减轻了我长年在外，未能反哺、承欢膝下的愧疚，也同时让我无后顾之忧地可以尽情高飞。

谨以此书献给我已故慈父黄文雄、敬爱的母亲黄蔡淑贞、哥哥黄泰福、弟弟黄明德及弟妹张美珍。感谢他们这么多年来对我如海天般的宽大包容，无求回报的付出，与无时无刻的支持。

我是一个幸运的人，也是一个幸福的人。对此，我一直都心怀感恩，感谢上天的恩典，一路有这么多爱护我的人相伴。

黄丽安

台湾高雄陋室

2017 年 4 月

《东方历史学术文库》 书目

1994 年度

《魏忠贤专权研究》，苗棣著

《十八世纪中国的经济发展和政府政策》，高王凌著

《二十世纪三四十年代河南冀东保甲制度研究》，朱德新著

《江户时代日本儒学研究》，王中田著

《新经济政策与苏联农业社会化道路》，沈志华著

《太平洋战争时期的中英关系》，李世安著

1995 年度

《中国古代私学发展诸问题研究》，吴霓著

《官府、幕友与书生——"绍兴师爷"研究》，郭润涛著

《1895～1936 年中国国际收支研究》，陈争平著

《1949～1952 年中国经济分析》，董志凯主编

《苏联文化体制沿革史》，马龙闪著

《利玛窦与中国》，林金水著

《英属印度与中国西南边疆（1774～1911 年)》，吕昭义著

1996 年度

《明清时期山东商品经济的发展》，许檀著

《清代地方政府的司法职能研究》，吴吉远著

《近代诸子学与文化思潮》，罗检秋著

《南通现代化：1895～1938》，常宗虎著

《张东荪文化思想研究》，左玉河著

1997 年度

《〈尚书〉周初八诰研究》，杜勇著

《五、六世纪北方民众佛教信仰——以造像记为中心的考察》，
　　侯旭东著

《世家大族与北朝政治》，陈爽著

《西域和卓家族研究》，刘正寅、魏良弢著

《清代赋税政策研究：1644～1840 年》，何平著

《边界与民族——清代勘分中俄西北边界大臣的察哈台、满、汉
　　五件文书研究》，何星亮著

《中东和谈史（1913～1995 年）》，徐向群、宫少朋主编

1998 年度

《古典书学浅探》，郑晓华著

《辽金农业地理》，韩茂莉著

《元代书院研究》，徐勇著

《明代高利贷资本研究》，刘秋根著

《学人游幕与清代学术》，尚小明著

《晚清保守思想原型——倭仁研究》，李细珠著

1999 年度

《唐代翰林学士》，毛雷著

《唐宋茶叶经济》，孙洪升著

《七七事变前的日本对华政策》，臧运祜著

《改良的命运——俄国地方自治改革史》，邵丽英著

2000 年度

《黄河中下游地区东周墓葬制度研究》，印群著

《中国地名学史考论》，华林甫著

《宋代海外贸易》，黄纯艳著

《元代史学思想研究》，周少川著

《清代前期海防：思想与制度》，王宏斌著

《清代私盐问题研究》，张小也著

《清代中期婚姻冲突透析》，王跃生著

《农民经济的历史变迁——中英乡村社会区域发展比较》，徐浩著

《农民、市场与社会变迁——冀中 11 村透视并与英国农村之比较》，侯建新著

《儒学近代之境——章太炎儒学思想研究》，张昭君著

《一个半世纪以来的上海犹太人——犹太民族史上的东方一页》，潘光、王健著

《俄国东正教会改革（1861~1917）》，戴桂菊著

《伊朗危机与冷战的起源（1941~1947 年）》，李春放著

2001 年度

《〈礼仪·丧服〉考论》，丁鼎著

《南北朝时期淮汉迤北的边境豪族》，韩树峰著

《两宋货币史》，汪圣铎著

《明代充军研究》，吴艳红著

《明代史学的历程》，钱茂伟著

《清代台湾的海防》，许毓良著

《清代科举家族》，张杰著

《清末民初无政府派的文化思想》，曹世铉著

2002 年度

《唐代玄宗肃宗之际的中枢政局》，任士英著

《王学与晚明师道复兴运动》，邓志峰著

《混合与发展——江南地区传统社会经济的现代演变（1900—
1950)》，马俊亚著

《敌对与危机的年代——1954～1958年的中美关系》，戴超武著

2003 年度

《西周封国考疑》，任伟著

《〈四库全书总目〉研究》，司马朝军著

《部落联盟与酋邦》，易建平著

《1500～1700年英国商业与商人研究》，赵秀荣著

2004 年度

《后稷传说与祭祀文化》，曹书杰著

《明代南直隶方志研究》，张英聘著

《西方历史叙述学》，陈新著

2005 年度

《汉代城市社会》，张继海著

《唐代武官选任制度》，刘琴丽著

《北宋西北战区粮食补给地理》，程龙著

《明代海外贸易制度》，李庆新著

《明朝嘉靖时期国家祭礼改制》，赵克生著

《明清之际藏传佛教在蒙古地区的传播》，金成修著

2006 年度

《出土文献与文子公案》，张丰乾著

《"大礼议"与明廷人事变局》，胡吉勋著

《清代的死刑监候》，孙家红著

《〈独立评论〉与20世纪30年代的政治思潮》，张太原著

《德国 1920 年〈企业代表会法〉发生史》，孟钟捷著

2007 年度

《中原地区文明化进程的考古学研究》，高江涛著

《秦代政区地理》，后晓荣著

《北京城图史探》，朱竞梅著

《中山陵：一个现代政治符号的诞生》，李恭忠著

《古希腊节制思想》，祝宏俊著

《第一次世界大战后美国对德国的政策（1918～1929)》，王宠
　波著

2008 年度

《古代城市形态研究方法新探》，成一农著

《政治决策与明代海运》，樊铧著

《〈四库全书〉与十八世纪的中国知识分子》，陈晓华著

《魏晋南北朝考课制度研究》，王东洋著

《初进大城市》，李国芳著

2009 年度

《知识分子的救亡努力——〈今日评论〉与抗战时期中国政策的
　抉择》，谢慧著

2010 年度

《冷战与"民族国家建构"——韩国政治经济发展中的美国因素
　（1945～1987)》，梁志著

《清末考察政治大臣出洋研究》，陈丹著

2011 年度

《周道：封建时代的官道》，雷晋豪著

《民族主义政治口号史研究（1921～1928）》，王建伟著

2012 年度

《现代中国的公共舆论——以〈大公报〉"星期论文"和〈申报〉"自由谈"为例》，唐小兵著

《卜子夏考论》，高培华著

2013 年度

《时间的社会文化史——近代中国时间制度与观念变迁研究》，湛晓白著

《占领时期美国对日文化改革与民主输出》，张晓莉著

《宾礼到礼宾：外使觐见与晚清涉外体制的变化》，尤淑君著

2014 年度

《清代人丁研究》，薛理禹著

《走向统一：西南与中央关系研究（1931－1936）》，罗敏著

2015 年度

《信心行传：中国内地会在华差传探析（1865～1926）》，林美玫著

2016 年度

《清代法律的常规化：族群与等级》，胡祥雨著

《历史书写与认同建构：清末民国时期中国历史教科书研究》，刘超著

《刻画战勋：清朝帝国武功的文化建构》，马雅贞著

《东方历史学术文库》稿约

一、东方历史学术文库初设于1994年，已出版百余种历史学专著，现由广东省东方历史研究基金会资助出版，该基金会系由企业家和学者自愿捐助、在广东省民政部门注册成立的非营利社会团体。

二、凡向本文库提出申请，经评审通过入选的史学专著（30万字以内为宜），将由社会科学文献出版社出版。近五年内出版的外文专著之中译稿本、港澳台学者专著之简体字稿本均可申请。博士论文经过至少一年的修改后可申请。

二、收入本文库的史学专著，研究方向以中国近现代史（1840~）、世界近现代史为主，兼及历史学其他学科。

三、文库的学术追求是出精品。入选文库的专著，为有较高水平，或解决重大课题，或确立新观点，或使用新史料，或开拓新领域的专题研究成果。

四、入选专著，必须遵守学术著作规范，须有学术史的内容和基本参考书目，引文、数据准确，注释规范，一律采取页下注。请勿一稿两投。

六、申请书稿应为已达到出版要求的齐、清、定作品，申请人须提供两份作品纸文本。申请书稿、申请表均不退还。

七、每年3月1日至4月30日为该年度申请受理时间。9月评审结果通知申请者本人。

　　八、欲申请者，可函索申请表，并提供作品题目、作者简介及联系办法。

　　联系地址：北京市西城区北三环中路甲 29 号院 3 号楼华龙大厦 A 座 1407#

　　邮编：100029

　　电话：010 – 59367256

　　电子信箱：jxd@ ssap. cn

　　联系人：王珏

图书在版编目（CIP）数据

朱家骅学术理想及其实践／黄丽安著 . -- 北京：
社会科学文献出版社，2018.1
（东方历史学术文库）
ISBN 978 - 7 - 5201 - 1704 - 3

Ⅰ. ①朱… Ⅱ. ①黄… Ⅲ. ①朱家骅（1893 - 1963）
- 人物研究 - 文集 Ⅳ. ①K825.4

中国版本图书馆 CIP 数据核字（2017）第 268126 号

· 东方历史学术文库 ·

朱家骅学术理想及其实践

著 者 ／ 黄丽安

出 版 人 ／ 谢寿光
项目统筹 ／ 宋荣欣
责任编辑 ／ 李期耀

出 版 ／ 社会科学文献出版社 · 近代史编辑室（010）59367256
地址：北京市北三环中路甲 29 号院华龙大厦 邮编：100029
网址：www. ssap. com. cn
发 行 ／ 市场营销中心（010）59367081 59367018
印 装 ／ 北京季蜂印刷有限公司

规 格 ／ 开本：787mm × 1092mm 1/16
印张：39.25 字数：542 千字
版 次 ／ 2018 年 1 月第 1 版 2018 年 1 月第 1 次印刷
书 号 ／ ISBN 978 - 7 - 5201 - 1704 - 3
定 价 ／ 158.00 元